Rapport final de la quarante-troisième Réunion consultative du Traité sur l'Antarctique

RÉUNION CONSULTATIVE
DU TRAITÉ SUR L'ANTARCTIQUE

Rapport final de la quarante-troisième Réunion consultative du Traité sur l'Antarctique

Paris, France
14 - 24 juin 2021

Volume II

Secrétariat du Traité sur l'Antarctique
Buenos Aires
2021

Réunion consultative du Traité sur l'Antarctique (43e : 2021 : Paris)
Rapport final de la quarante-troisième Réunion consultative du Traité sur l'Antarctique. Paris, France, 14 - 24 juin 2021.
Buenos Aires : Secrétariat du Traité sur l'Antarctique, 2021.
526 p.

ISBN 978-987-8929-12-5

1. Droit international – Questions environnementales. 2. Système du Traité sur l'Antarctique. 3. Droit environnemental – Antarctique. 4. Protection de l'environnement – Antarctique.

DDC 341.762 5

Publié par :

Secretariat of the Antarctic Treaty
Secrétariat du Traité sur l'Antarctique
Секретариат Договора об Антарктике
Secretaría del Tratado Antártico

Maipú 757, Piso 4
C1006ACI Ciudad Autónoma
Buenos Aires - Argentina
Tel: +54 11 3991 4250
ats@ats.aq

Ce rapport est également disponible à : *www.ats.aq* (version numérique) et exemplaires achetés en ligne

ISSN 2346-9900
ISBN (vol. II): 978-987-8929-12-5
ISBN (oeuvre complète): 978-987-8929-02-6

Table des matières

VOLUME I

Mesure 10 (2021) : Zone spécialement protégée de l'Antarctique n° 131 (Glacier Canada, lac Fryxell, vallée Taylor, Terre Victoria) : Plan de gestion révisé

Mesure 11 (2021) : Zone antarctique spécialement protégée n° 134, (Pointe Cierva et îles au large des côtes, Côte de Danco, Péninsule antarctique) : Plan de gestion révisé

Mesure 12 (2021) : Zone spécialement protégée de l'Antarctique n°148 (Mont Flora, Baie Hope, Péninsule antarctique) : Plan de gestion révisé

Mesure 13 (2021) : Zone spécialement protégée de l'Antarctique n° 155 (cap Evans, île de Ross) : Plan de gestion révisé

Mesure 14 (2021) : Zone spécialement protégée de l'Antarctique n° 157 (baie Backdoor, cap Royds, île de Ross) : Plan de gestion révisé

Mesure 15 (2021) : Zone spécialement protégée de l'Antarctique n° 158 (Pointe Hut, île de Ross) : Plan de gestion révisé

Mesure 16 (2021) : Zone spécialement protégée de l'Antarctique n° 159 (cap Adare, côte de Borchgrevink) : Plan de gestion révisé

Mesure 17 (2021) : Zone spécialement protégée de l'Antarctique n° 163 (glacier Dakshin Gangotri, terre de la Reine Maud) : Plan de gestion révisé

Mesure 18 (2021) : Zone spécialement protégée de l'Antarctique n° 167 (Île Hawker, Terre Princesse Elisabeth) : Plan de gestion révisé

Mesure 19 (2021) : Zone spécialement protégée de l'Antarctique n° 176 (îles Rosenthal, île Anvers, archipel Palmer) : Plan de gestion

Mesure 20 (2021) : Zone spécialement protégée de l'Antarctique n° 177 (îles Léonie et sud-est de l'île d'Adélaïde, péninsule antarctique) : Plan de gestion

Mesure 21 (2021) : Zone spécialement protégée de l'Antarctique n° 178 (île Inexpressible et Baie Seaview, mer de Ross) : Plan de gestion

Mesure 22 (2021) : Liste révisée des Sites et monuments historiques de l'Antarctique : Épave du San Telmo

Mesure 23 (2021) : Système des zones protégées de l'Antarctique : Liste reformatée des sites et monuments historiques

Annexe : Liste révisée des Sites et monuments historiques

2. Décisions

Décision 1 (2021) : Système des zones protégées de l'Antarctique : Liste reformatée des sites et monuments historiques

Décision 2 (2021) : Statut du personnel du Secrétariat du Traité sur l'Antarctique

Annexe : Statut du personnel du Secrétariat du Traité sur l'Antarctique

Décision 3 (2021) : Rapport, programme et budget du Secrétariat

Annexe 1 : Rapport financier certifié 2019-2020

Annexe 2 : Rapport financier provisoire 2020-2021

Annexe 3 : Programme du Secrétariat pour l'exercice 2021/2022

Décision 4 (2021) Renouvellement du mandat du Secrétaire exécutif

Annexe : Lettres à M. Albert Lluberas et M. Felipe Solá

Décision 5 (2021) : Plan de travail stratégique pluriannuel pour la Réunion consultative du Traité sur l'Antarctique

Annexe : Plan de travail stratégique pluriannuel de la RCTA

Décision 6 (2021) : Manuel des règlements et lignes directrices applicables au tourisme et aux activités non gouvernementales dans la Zone du Traité sur l'Antarctique

Annexe : Brochure des opérateurs touristiques

Décision 7 (2021) : Mise à jour des exigences en matière d'échange d'informations sur les expéditions nationales

Annexe : Exigences en matière d'échange d'informations

3. Résolutions

Résolution 1 (2021) : Code de conduite environnemental du SCAR pour les activités de recherche en géosciences sur le terrain en Antarctique

Annexe : Code de conduite environnemental du SCAR pour les activités de recherche en géosciences sur le terrain en Antarctique

Résolution 2 (2021) : Guide révisé pour la présentation de documents de travail contenant des propositions de désignation de Zones spécialement protégées de l'Antarctique, de Zones gérées spéciales de l'Antarctique ou de Sites et monuments historiques.

Annexe : Guide révisé pour la présentation de documents de travail contenant des propositions de désignation de Zones spécialement protégées de l'Antarctique, de Zones gérées spéciales de l'Antarctique ou de Sites et monuments historiques.

Résolution 3 (2021) : Lignes directrices pour les visites de sites

Annexe : Liste des sites soumis aux lignes directrices pour leur visite

Résolution 4 (2021) : Lignes directrices générales et Liste de contrôle des Lignes directrices pour les visites de sites de l'Antarctique

Annexe 1 : Lignes directrices générales pour les visiteurs de l'Antarctique

Annexe 2 : Liste de contrôle des Lignes directrices pour les visites de sites.

Résolution 5 (2021) : Maladie du coronavirus 2019 et l'Antarctique

Résolution 6 (2021) : Sécurité aérienne en Antarctique

Résolution 7 (2021) : Système de gestion d'urgence sismique

Résolution 8 (2021) : L'Antarctique dans le contexte du changement climatique

Résolution 9 (2021) : Cadre opérationnel des observateurs volontaires embarqués pour le tourisme maritime dans la zone du Traité sur l'Antarctique

Annexe : Cadre opérationnel des observateurs volontaires embarqués pour le tourisme maritime dans la zone du Traité sur l'Antarctique

Résolution 10 (2021) Formulaire des rapports de site post-visite pour les activités touristiques et non gouvernementales en Antarctique

Annexe : Formulaire des rapports post-visite

Photographie des chefs de délégation

VOLUME II

Acronymes et abréviations

ACAP	Accord sur la conservation des albatros et des pétrels
AMP	Aires marines protégées
ANC	Autorité nationale compétente
ASOC	Coalition sur l'Antarctique et l'océan Austral
BP	Document de contexte
CCAMLR	Convention sur la conservation de la faune et de la flore marines de l'Antarctique et/ou Commission pour la conservation de la faune et de la flore marines de l'Antarctique
CCAS	Convention pour la protection des phoques de l'Antarctique
CCNUCC	Convention-cadre des Nations Unies sur les changements climatiques
CCS	Centre de coordination des opérations de sauvetage
Clubs IGP&I	Groupe international des clubs de protection et d'indemnisation
COI	Commission océanographique intergouvernementale
COMNAP	Conseil des directeurs des programmes antarctiques nationaux
CPE	Comité pour la protection de l'environnement
CS-CAMLR	Comité scientifique de la CCAMLR
EGIE	Évaluation globale d'impact sur l'environnement
EIE	Évaluation d'impact sur l'environnement
EPIE	Évaluation préliminaire d'impact sur l'environnement
FIPOL	Fonds d'indemnisation pour les dommages dus à la pollution par les hydrocarbures
GCI	Groupe de contact intersessions
GIEC	Groupe intergouvernemental d'experts sur l'évolution du climat
GSPG	Groupe subsidiaire sur les plans de gestion
GSRCC	Groupe subsidiaire chargé de la réponse au changement climatique
HCA	Comité hydrographique sur l'Antarctique
IAATO	Association internationale des organisateurs de voyages dans l'Antarctique
IP	Document d'information
OACI	Organisation de l'aviation civile internationale
OHI	Organisation hydrographique internationale
OMT	Organisation mondiale du tourisme
OMI	Organisation maritime internationale
OMM	Organisation météorologique mondiale
PCTA	Partie consultative au Traité sur l'Antarctique
PNUE	Programme des Nations unies pour l'environnement
PTRCC	Programme de travail en réponse au changement climatique
RCBA	Région de conservation biogéographique de l'Antarctique
RCTA	Réunion consultative du Traité sur l'Antarctique
RETA	Réunion d'experts du Traité sur l'Antarctique
SAR / R&S	Recherche et sauvetage
SCAR	Comité scientifique pour la recherche en Antarctique
SEEI	Système électronique d'échange d'informations
SMH	Sites et monuments historiques

SOLAS	Convention internationale pour la sauvegarde de la vie humaine en mer
SOOS	Système d'observation de l'océan Austral
SP	Document du Secrétariat
STA	Système du Traité sur l'Antarctique ou Secrétariat du Traité sur l'Antarctique
ToR	Mandats
UAV/RPAS	Véhicules aériens sans pilote / systèmes d'aéronefs pilotés à distance
UICN	Union internationale pour la conservation de la nature
VSSOS	Séjour court par voie maritime d'une nuitée sur site
WP	Document de travail
ZGSA	Zone gérée spéciale de l'Antarctique
ZICO	Zones importantes pour la conservation des oiseaux
ZSPA	Zone spécialement protégée de l'Antarctique

PARTIE II

Mesures, Décisions et Résolutions (Suite)

4. Plans de gestion

Collines Larsemann, Antarctique oriental
Zone gérée spéciale de l'Antarctique n °6

Plan de gestion

1. Introduction

Les collines Larsemann sont une zone libre de glace d'environ 40 km^2 et constituent l'oasis côtière la plus méridionale dans la région de la baie Prydz, en antarctique oriental. Les zones côtières libres de glace sont rares en Antarctique, d'où l'importance de la région des collines Larsemann en termes environnementaux, scientifiques et logistiques.

Les collines Larsemann ont été désignées Zone gérée spéciale de l'Antarctique (ZGSA) en 2007, en réponse à une nomination conjointe de l'Australie, la Chine, l'Inde, la Roumanie et la Fédération de Russie. La raison principale de la désignation était de promouvoir la coordination et la coopération entre les Parties dans la planification et la conduite d'activités dans la région, dans l'optique d'atteindre de meilleurs résultats de protection de l'environnement.

Le plan de gestion original pour le ZGSA n° 6 des collines Larsemann a été adopté par le biais de la Mesure 2 (2007). Un plan de gestion révisé pour la zone a été adopté en vertu de la Mesure 15 (2014).

1.1 Géographie

Les collines Larsemann sont situées environ à mi-chemin entre les collines Vestfold et la plate-forme glaciaire d'Amery, sur la côte sud-est de la baie Prydz, terre Princesse Elizabeth, Antarctique oriental (69° 30' de latitude sud, 76°19'S, 58 de longitude est) (Carte A). La zone libre de glace se compose de deux grandes péninsules (Stornes et Broknes), de quatre petites péninsules et d'environ 130 îles côtières. La péninsule la plus à l'est, celle de Broknes, est de surcroît divisée en deux versants, un versant occidental et un versant oriental, par le fjord Nella. Les zones libres de glace les plus proches sont les îles Bølingen (69°31'58" de latitude sud, 75°42' de longitude est), à 25 km au sud-ouest, et les îles Rauer (68°50'59" de latitude sud, 77°49'58" de longitude est) à 60 km au nord-est.

D'après l'analyse des domaines environnementaux de l'Antarctique (Résolution 3(2008)), les collines Larsemann sont situées dans le domaine environnemental D *Géologie côtière de l'Antarctique orientale.* D'après les régions de conservation biogéographiques de l'Antarctique (Résolution 3, 2017), les collines Larsemann sont situées dans la région biogéographique 7 *Antarctique de l'Est.*

1.2 Présence humaine

1.2.1 Historique des visites

La zone des collines Larsemann a été initialement cartographiée en 1935, par une expédition norvegienne menée par le capitaine Klarius Mikkelsen. De brèves visites ont été effectuées par diverses nations au cours des 50 années suivantes ; toutefois, ce n'est qu'à partir du milieu des années 1980 que la zone a connu des interventions humaines notables ou soutenues. La période de 1986 à 1989 a vu un développement rapide des infrastructures dans la région ; une base de recherche d'été australienne (Law Base), une station de recherche chinoise (Zhongshan) et une station de recherche de l'URSS (Russie) (Progress) ont été établies à environ 3 km les unes des autres dans l'est de Broknes. Une piste d'atterrissage de 2 000 mètres pour aéronefs à skis a également été exploitée par la Russie sur le plateau glaciaire au sud de Broknes, et plus de 100 vols intracontinentaux s'y sont posés durant cette période. Zhongshan et Progress sont utilisées toute l'année, tout comme la station Bharati, qui a été créée par l'Inde en 2012/2013. Law Base est exploité de façon saisonnière.

1.2.2 Science

Les stations entreprennent des travaux de recherche dans les domaines suivants : hydrologie, glaciologie, météorologie, sismologie, géomagnétique, chimie atmosphérique, localisation GPS (système de positionnement universel), physique atmosphérique, cosmophysique et physiologie humaine. Les recherches de terrain menées dans les collines Larsemann portent sur la géologie, la géophysique, la géomorphologie, sciences du Quaternaire, la glaciologie, l'hydrologie, la limnologie, l'écologie, la géoécologie, la biologie, ainsi que des études sur la biodiversité (notamment moléculaire), la biotechnologie et les impacts des activités humaines.

1.2.3 Visites touristiques

Des visites touristiques sporadiques par bateau ont été effectuées dans la région dans les années 1990. Ils offrent des excursions à la demi-journée où les passagers étaient transportés à terre par hélicoptère et visitent ensuite à pied la zone occupée par les stations, les lacs, les colonies d'oiseaux et les autres caractéristiques de la région orientale de Broknes.

1.2.4 Activités futures

La poursuite des activités humaines dans les collines Larsemann est favorisée par le milieu côtier et le paysage libre de glace. Les Parties qui interviennent déjà dans la zone entendent y poursuivre leurs activités, comme en témoignent les projets actuels et futurs de développement des installations des stations ainsi que la mise en place de traversées vers l'intérieur des terres depuis la zone. Une attention particulière sera accordée à la sécurité de l'amélioration des routes, en particulier le nivellement proposé de la crête sur la route reliant Progress à l'aérodrome.

1,3. Durée de la désignation

La ZGSA est désignée pour une durée indéterminée. Le plan de gestion sera révisé au moins tous les cinq ans.

2. Valeurs de la zone

La région de la baie Prydz comporte plusieurs affleurements rocheux et îles océaniques qui constituent une proportion importante de la zone libre de glace du littoral antarctique oriental. Les collines Larsemann, qui forment une zone libre de glace d'environ 40 km^2 constituent l'oasis côtière la plus méridionale (69°30' de latitude sud) dans ce secteur géographique, et la seconde par sa taille après les collines Vestfold (environ 410 km^2), situées à 110 km au nord-est. Ces oasis côtières sont particulièrement rares en Antarctique. Ces oasis côtières sont particulièrement rares en Antarctique. En tant que telles, les collines Larsemann représentent un site biogéographique important de valeur environnementale, scientifique et logistique.

2.1 Valeurs environnementales et scientifiques

Une bonne partie des recherches scientifiques menées dans les collines Larsemann dépend de l'état relativement peu perturbé du milieu naturel ; c'est pourquoi la protection des valeurs scientifiques contribuera largement à la connaissance et à la protection des nombreuses valeurs environnementales de la zone.

Les collines Larsemann, dont la géologie diffère notablement de celle des autres affleurements de la région de la baie Prydz, offrent une fenêtre géologique exceptionnelle sur l'histoire de l'Antarctique. Les nombreuses caractéristiques géologiques et géomorphologiques exposées donnent de précieuses indications sur la formation des paysages et l'histoire de la calotte de glace polaire. Nombre de ces caractéristiques sont hautement vulnérables aux perturbations physiques.

La péninsule Broknes est une des rares zones côtières de l'Antarctique qui est demeurée en partie libre de glace durant la dernière glaciation et les sédiments qui s'y sont déposés contiennent des archives biologiques et paléoclimatiques datant d'environ 130 000 ans.

Les péninsules Stornes et Brattenvet sont exceptionnelles du point de vue de leur vaste développement de séries de minéraux borosilicatés et phosphatés, scientifiquement notables pour leur variété et leur origine. Les recherches en cours tâchent de repérer les processus géologiques qui ont à ce point concentré du bore et du phosphore. Stornes abrite également quantité de foraminifères, des diatomées et des mollusques bien préservés. Les valeurs géologiques exceptionnelles de Stornes, et sa valeur en tant que site de référence pour Broknes — qui est plus sévèrement touché — sont sous la protection de la Zone spécialement protégée de l'Antarctique (ZSPA) n° 174 Stornes.

Les collines Larsemann abritent plus de 150 lacs. Bien que quelques-uns des lacs les plus scientifiquement importants se trouvent sur la partie orientale de Broknes, les lacs des collines Larsemann sont collectivement reconnus comme l'une des caractéristiques écologiques les plus remarquables de la ZGSA. Les lacs sont extrêmement précieux du fait de leurs écosystèmes naturels relativement simples. Étant susceptibles de subir des modifications physiques, chimiques et biologiques, une gestion des activités humaines à l'échelle de l'ensemble du bassin versant s'impose pour protéger leurs valeurs scientifiques. Les champs de neige et ruisseaux de ces bassins versants représentent en outre des lieux importants de mesure des processus hydrologiques naturels, ainsi que de toute expansion des impacts anthropiques.

En outre, de nombreux lacs dans la région des collines Larsemann sont caractérisés par des inondations, (accompagnées de) la destruction des barrages de neige et de glace, la formation de barrages sur les plans d'eau et le rejet d'eau par les canaux émergents. Ces caractéristiques présentent un intérêt tant du point de vue scientifique que dans le cadre de mesures visant à assurer la sécurité des opérations de transport.

Le microclimat relativement clément et la présence d'eau douce en été sont par ailleurs propices à des formes de vie antarctiques. Des pétrels des neiges, des océanites de Wilson et des labbes antarctiques se reproduisent dans la zone, et des phoques de Weddell viennent se reproduire et muer sur les berges. Les mousses, les lichens et les couches de cyanobactéries sont très communs, et on en trouve d'importantes concentrations dans certains endroits. L'accessibilité comparative de ces sites biologiques en fait une caractéristique précieuse et vulnérable de la zone.

Étant donné l'histoire courte et bien documentée des interventions humaines dans la zone, les collines Larsemann fournissent également d'excellentes possibilités pour l'étude et la mesure des impacts humains.

2.2 Valeurs logistiques

En tant que site des stations permanentes de trois programmes nationaux antarctiques, la ZGSA des collines Larsemann constitue une importante base de soutien logistique pour l'accès à la région méridionale de la baie Prydz et à l'intérieur de l'Antarctique, notamment à la station Kunlun au Dome A (Chine), à Vostok (Russie) et à la région des montagnes Grove. L'Australie et la Chine ont entrepris de grandes traversées à l'intérieur des terres avec le soutien de leurs installations dans les collines Larsemann. Depuis 2008, la Russie a transféré sa base de ravitaillement de la station Vostok de la station Mirny aux collines Larsemann

La présence d'une piste d'atterrissage de neige existante desservie par la Russie qui exploite des avions moyen-courriers augmente également la valeur logistique de la zone, tout comme l'utilisation du fjord Thala comme option de secours pour le déchargement des navires afin d'augmenter le succès et la sécurité des opérations de fret. Compte tenu de la nature à long terme des icebergs bloquant le passage maritime vers les stations Progress et Zhongshan, l'utilisation du fjord Thala pour l'approvisionnement durable des stations de la péninsule de Broknes et pour la livraison de marchandises aux stations intérieures est importante. La Russie prévoit d'utiliser le fjord de Thala à partir de la saison estivale 2021/22 pour livrer des matériaux de construction et du carburant à la station de Vostok. L'accès se fera par la péninsule de Stornes, le long de la frontière avec la ZSPA 174 Stornes, qui est actuellement le seul passage entre le fjord de Thala et le continent. Pour favoriser un passage en toute sécurité, des travaux sont menés depuis 2015 pour identifier les crevasses glaciaires et les plans d'eau dangereux.

2.3 État naturel et valeurs esthétiques

Stornes, les petites péninsules et les îles côtières portent moins de signes d'une présence humaine qu'ailleurs dans la ZGSA. La ZGSA présente une valeur esthétique notable avec ses collines dénudées et accidentées, entrecoupées par les lacs et les fjords et, à l'arrière-plan, le glacier Dålk, les îles côtières, les icebergs et le plateau; cela justifie sa protection.

3. Buts et objectifs

Les collines Larsemann sont désignées en tant que ZGSA afin de protéger leur environnement en favorisant la coordination et la coopération entre les Parties pour la planification et la conduite d'activités humaines dans la zone.

En adoptant ce plan de gestion, les Parties s'engagent à :

- fournir à tous les visiteurs, notamment le personnel participant aux programmes nationaux de recherche, les visiteurs occasionnels reliés à ces programmes et les participants aux activités non gouvernementales, des lignes directrices sur la manière de mener leurs activités ;
- minimiser les impacts cumulatifs et autres sur l'environnement en encourageant la communication et en veillant conjointement et de manière cohérente à la protection de l'environnement dans leurs activités de recherche et de soutien ;
- minimiser les perturbations physiques, la contamination chimique et les impacts biologiques dans la région, principalement par une utilisation raisonnée des véhicules ;
- empêcher la contamination de l'environnement en appliquant des pratiques rigoureuses de gestion des déchets, de manipulation et de stockage des substances dangereuses ;
- mettre en œuvre les mesures nécessaires pour protéger l'environnement de l'introduction involontaire ou la libération d'espèces non indigènes ;
- maintenir l'état naturel et les valeurs esthétiques de la zone ;
- préserver la possibilité de réaliser des recherches scientifiques en s'attachant à ne pas compromettre les valeurs scientifiques de la zone ; et,
- améliorer la compréhension des processus naturels à l'œuvre dans la zone, notamment en menant des programmes conjoints de suivi et d'enregistrement de données.

4. Description de la Zone

4.1 Géographie et limite de la zone

La ZGSA comprend la zone libre de glace et les îles côtières collectivement appelées collines Larsemann (voir la Carte A) ainsi que le plateau adjacent. La ZGSA englobe les terres :

débutant à 69°23'20" de latitude sud et 76°31'0" de longitude est, à l'est de la pointe sud de Dalkoy, puis de là,

du nord à 69°22'20" de latitude sud et 76°30'50"de longitude est, au nord de Dalkoy

du nord-ouest à 69°20'40" de latitude sud et 76°21'30" de longitude est, au nord de l'île Striped

du nord-ouest à 69°20'20" de latitude sud et 76°14'20" de longitude est, au nord-est de l'île Betts

du sud-ouest à 69°20'40" de latitude sud et 76°10'30" de longitude est, au nord-ouest de l'île Betts

du sud-ouest à 69°21'50" de latitude sud et 76°2'10" de longitude est, au nord-ouest de l'île Osmar

du sud-ouest à 69°22'30" de latitude sud et 75°58'30" de longitude est, à l'ouest de l'île Osmar

du sud-ouest à 69°24'40"de latitude sud et 75°56'0" de longitude est, à l'ouest de l'île Mills

du sud-est à 69°26'40" de latitude sud et 75°58'50" de longitude est, au sud de Xiangsi Dao

du sud-est à 69°28'10" de latitude sud et 76°1'50" de longitude est, au sud-ouest de pointe McCarthy

du sud-est à la côte, à 69°28'40" de latitude sud et 76°3'20" de longitude est

du nord-est à 69°27'32" de latitude sud et 76°17'55" de longitude est, au sud du site de la piste d'atterrissage russe

du sud-est à 69°25'10" de latitude sud et 76°24'10" de longitude est, sur le versant ouest du glacier Dålk

du nord-est à 69°24'40" de latitude sud et 76°30'20" de longitude est, sur le flanc est du glacier Dålk, et du nord-est pour revenir à 69°23'20" de latitude sud et 76°31'0" de longitude est.

L'objectif est de gérer conformément au présent plan de gestion la conduite de toutes les activités humaines notables menées dans les collines Larsemann.

Aucune démarcation artificielle n'est en place.

4.2 Climat

L'une des caractéristiques climatiques majeures des collines Larsemann est la présence de vents catabatiques forts et persistants qui soufflent depuis le nord-est pendant la majeure partie de l'été. De décembre à février, les températures de jour sont souvent supérieures à 4 °C et peuvent dépasser 10 °C, la moyenne mensuelle se situant légèrement au-dessus de 0°C. En hiver, les températures mensuelles moyennes se situent entre – 15 °C et – 18 °C. Les précipitations neigeuses dépassent rarement 250 mm d'équivalent eau par an. La couverture de neige est généralement plus profonde et persistante à Stornes qu'à Broknes. La banquise côtière demeure importante tout au long de l'été, tandis que les fjords et les baies sont rarement libérés des glaces.

4.3 Caractéristiques naturelles

4.3.1 Géologie

Les collines Larsemann (et les îles Bolingen et les promontoires de Brattstrand voisins) sont différentes d'autres parties de la baie Prydz, en raison principalement de l'absence de digues ferromagnésiennes et de vastes charnockites. Les expositions de socle rocheux dans les collines Larsemann se composent de roches volcanogéniques et sédimentaires supracrustales qui se sont métamorphosées dans des conditions de facies granulite (800–860°C, 6–7 kbar au maximum) durant l'ère paléozoïque « panafricaine » (~500-550 Ma). Les conditions métamorphiques ont été suivies d'une décompression. Les roches ont été soumises à une forte fusion ainsi qu'à plusieurs épisodes de déformation et elles ont été l'objet d'une intrusion par plusieurs générations de pegmatites et de granites. Les roches supracrustales reposent sur un socle d'orthogneiss à orthopyroxène de l'ère protérozoïque, ou elles en émanent peut-être.

4.3.2 Géomorphologie

La forme allongée des caractéristiques topographiques à grande échelle des collines Larsemann est le résultat de couches compositionnelles, de plis et de failles (linéaments) dans le socle rocheux métamorphique. Le paysage est disséqué par de vastes fjords et vallées structurellement contrôlés en V d'une profondeur dépassant rarement 100 m à terre ; la plus longue est de 3 km (baie Barry Jones). La hauteur maximale au-dessus du niveau de la mer est de 162 m (pic Blundell).

La côte est généralement formée d'un socle rocheux et les seules plages se trouvent au fond des fjords ou dans des baies protégées et isolées. On trouve plusieurs exemples de lacs de barrage, accompagnés de gorges et de cônes de déjection. Les îles océaniques sont probablement des roches moutonnées, isolées par le niveau actuel de la mer.

Les reliefs sculptés par les vents sont nombreux – même si les fragments de sel et de glace contribuent très largement au décollement des particules – tandis que le vent a essentiellement un rôle de transport Les reliefs périglaciaires sont également fréquents, mais ni très abondants, ni très développés.

Le sol est quasiment inexistant du fait de l'absence des processus chimiques et biologiques de formation des sols. Les dépôts superficiels sont communs, mais limités aux zones basses ; ils comprennent des graviers de congère, des matériaux déposés par les vents, des éboulis et des dépôts fluviatiles. Des sols très minces (moins de 10 cm) peuvent également être trouvés en association avec des lits de mousse épars et des concentrations discontinues de lichens. Dans divers endroits, on trouve une couche de permafrost entre 20 et 70 cm en dessous de la surface.

Sur le versant nord-est de Stornes, aux environs du 69"31'48°" de latitude sud et du 76°07 de longitude est, se trouve un affleurement constitué de sédiments marins post-déposition du Pliocène (4,5 – 3,8 Ma) pouvant atteindre 40 cm d'épaisseur. Ces sédiments occupent une étroite terrasse à environ 55 mètres au-dessus du niveau de la mer, et ont permis le développement de foraminifères abondants et bien préservés, ainsi que de diatomées et de mollusques assez bien préservés.

Sur Broknes, des zones qui sont demeurées libres de glace d'un bout à l'autre du dernier maximum glaciaire contiennent des dépôts de sédiments (dans les lacs) qui enregistrent les changements climatiques, biologiques et écologiques couvrant le dernier cycle glaciaire.

4.3.3 Lacs et champs de neige

Les collines Larsemann comptent plus de 150 lacs de salinité (eau douce à légèrement saline) et de taille variables, depuis des mares superficielles à de vastes bassins creusés par la glace ; la plupart sont toutefois de petite taille (5 000 – 30 000 m^2) et peu profonds (2 à 5 mètres). Les lacs sont gelés en surface pendant l'hiver, et la plupart dégèlent en été pendant des périodes pouvant aller jusqu'à deux mois, ce qui permet aux vents catabatiques de les brasser en profondeur. La plupart des lacs sont alimentés par l'eau de fonte, et certains présentent des ruisseaux et des décharges constamment alimentés durant l'été qui abritent des crustacés, des diatomées et des rotifères. Ces cours d'eau sont particulièrement visibles sur Stornes.

La petite taille des bassins versants et leurs eaux quasi-pures rendent les collines Larsemann particulièrement vulnérables aux impacts résultant des activités humaines. Des études ont mis en évidence une modification de la chimie des eaux, de l'apport en éléments nutritifs, de l'eau de fonte et de la sédimentation dans plusieurs lacs du versant est de Broknes, à proximité immédiate de la station et du réseau routier. Si les impacts dus à l'activité humaine sont évidents dans ces lacs, la majorité des autres lacs de Broknes et du reste de la zone ne semble globalement pas avoir été modifiés.

Les lacs sur la partie orientale de Broknes ont l'archive sédimentaire la plus longue parmi tous les lacs de surface de l'Antarctique. Il semblerait que la banquise n'ait pas progressé au-delà du lac Nella et qu'elle n'ait pas raclé le lac Progress de telle sorte que ces lacs et les lacs vers l'extrémité nord de la péninsule sont d'une très grande utilité pour les milieux scientifiques.

La superficie des champs de neige des collines Larsemann ont augmenté d'une valeur estimée à 11 % durant les 50 dernières années. Pendant l'été un réseau hydrographique temporaire se forme à partir de la fonte des champs de neige et des glaciers. Les ruisseaux charrient de l'eau, des ions, des matières en suspension et des polluants vers les bassins versants, les lacs et les baies.

Selon les résultats des observations de ces dernières années, de nombreux lacs de la région sont caractérisés par des crues périodiques. Des études détaillées consacrées à ces phénomènes ont été menées sur les plans d'eau de la péninsule de Broknes depuis la saison 2017/2018, et incluent des levés hydrologiques et géophysiques ainsi que des observations à long terme de la dynamique des plans d'eau. La fréquence et la nature des inondations sont déterminées par un certain nombre de facteurs, y compris les caractéristiques climatiques et géomorphologiques de chaque plan d'eau. Les crues des lacs Kristalnoe (Progress) (LH-59) et Discussion se produisent presque chaque année, et celles du lac Bolder (LH-73) à intervalles de quelques années, lorsque les niveaux d'eau critiques sont atteints.

4.3.4 Biote des lacs et des cours d'eau

Le groupe le plus diversifié et le plus répandu de producteurs primaires des plans d'eau continentaux de l'oasis est constitué des cyanobactéries (algues bleu-vert), parmi lesquelles de nombreuses espèces endémiques de l'Antarctique et de la région de Prydz Bay. Les diatomées sont deuxièmes en termes de diversité et de répartition des espèces. Environ 40 % des taxons de diatomées vivant dans les eaux douces et saumâtres des collines Larsemann sont endémiques de la baie de Prydz ou de l'Antarctique (trouvés principalement dans la partie orientale de Broknes). Les algues vertes jouent également un rôle important. Les desmidiales sont représentés par seulement quatre espèces appartenant à trois genres : *Actinotaenium*, *Cosmarium* et *Staurastrum*, mais dominent souvent dans les communautés d'algues. Ils vivent généralement dans des communautés benthiques, mais des espèces du genre *Cosmarium* sont également observés occasionnellement dans le plancton. Les algues dorées se trouvent soit dans le plancton (espèces du genre *Paraphysomonas*) ou au repos (stomatocystes) au fond des lacs. Les algues dinophytes (dinoflagellés) sont également présentes dans le plancton des plans d'eau d'eau douce, mais leur abondance varie considérablement d'une année à l'autre.

La caractéristique la plus notable du biote de presque tous les lacs de la région est la présence de vastes couvertures de feutre bleu-vert de cyanobactéries (tapis cyanobactériens) qui se sont accumulées ici depuis le retrait des glaciers et qui, à certains endroits, ont jusqu'à 130 000 ans. Ces tapis ont généralement une épaisseur de 1 à 10 cm, mais dans de rares cas, ils peuvent atteindre 1,5 m, ce qui n'est pas observé dans d'autres systèmes antarctiques d'eau douce. Ils contiennent des cyanobactéries, des algues eucaryotes (vertes, desmidiales, diatomées) et des stades de repos d'espèces planctiques d'algues dorées. La base du tapis est composée de cyanobactéries filamenteuses, généralement des genres *Leptolyngbya, Phormidesmis* et *Pseudanabaena.* Des communautés similaires, mais d'une épaisseur moindre et d'une composition différente en espèces d'algues et de cyanobactéries, sont souvent présentes dans les réservoirs temporaires, les cours d'eau et les zones d'infiltration humides.

Les nanoflagellés hétérotrophes sont plus courants que les nanoflagellés autotrophes, bien que leur diversité d'espèces soit faible (seulement trois ou quatre espèces dans la plupart des lacs). Des ciliés sont présents en petits nombres, *Strombidium* étant l'espèce la plus commune. On trouve également une espèce d'*Holyophyra* dans la plupart des lacs. Les rotifères sont sporadiquement présents dans plusieurs lacs, tandis que le cladocère *Daphniopsis studeri* est commun, quoiqu'en petit nombre.

4.3.5 Oiseaux de mer

Les océanites de Wilson (*Oceanites oceanicus*), les labbes antarctiques (*Catharacta maccormicki*) et les pétrels des neiges (*Pagodroma nivea*) se reproduisent dans les collines Larsemann. Si le nombre approximatif de couples reproducteurs ainsi que leurs emplacements à Broknes sont largement documentés, leur répartition dans le reste de la zone demeure quant à elle incertaine.

Des labbes antarctiques sont présents dans la zone de la mi-octobre au début du mois d'avril ; environ 17 couples en phase de reproduction nichent sur Broknes, ainsi qu'un nombre analogue d'oiseaux qui ne sont pas en phase de reproduction. Les nids de pétrel des neiges et d'océanites de Wilson logés dans des fragments abrités du socle rocheux, des crevasses, des pentes rocheuses et des éboulis sont généralement occupés d'octobre à février. Environ 850 à 900 couples de Pétrels des neiges et 40 à 50 couples d'océanites de Wilson vivent à Broknes ; les principales concentrations de Pétrels des neiges sont présentes à Crête Base, sur les affleurements rocheux proches du glacier Dålk à l'est et sur le plateau au sud.

Malgré l'exposition apparemment favorable du site pour la nidification, aucune colonie de manchots Adélie (*Pygoscelis adeliae*) en phase de reproduction n'est présente aux collines Larsemann, peut-être à cause de la persistance de la glace de mer après la période d'éclosion des œufs. Toutefois, des oiseaux appartenant aux colonies d'archipels voisins, (situés entre les îles Svenner et Bolingen), viennent occasionnellement dans la zone pendant l'été et jusqu'à la période de mue. Les manchots empereurs (*Aptenodytes forsteri*) visitent également parfois la zone.

4.3.6 Phoques

Les phoques de Weddell (*Leptonychotes weddelli*) sont nombreux sur les côtes des collines Larsemann ; dès le mois d'octobre, ils viennent mettre bas sur la glace de mer où ils séjournent également pendant la période de mue, de la fin décembre à mars. Ils viennent mettre bas sur la glace de mer adjacente aux îlots au nord-est de Broknes, et il est habituel de voir des groupes de phoques en mue échoués sur le littoral de Broknes, à proximité des stations et dans des crevasses de marée des fjords occidentaux. Durant des campagnes aériennes effectuées pendant la mue, on a observé des groupes de plus de 1 000 phoques, de nombreux groupes de taille importante (50 à 100 individus) échoués au fjord Thala et sur des radeaux de glace immédiatement à l'ouest de Stornes, et de nombreux petits groupes disséminés parmi les îles océaniques et les zones de glace au nord-est de Broknes. Des phoques mangeurs de crabe (*Lobodon carcinophagus*) et des léopards de mer (*Hydrurga leptonyx*) viennent parfois dans la zone.

4.3.7 Microfaune

Cinq genres de tardigrades terrestres (*Hypsibius, Minibiotus, Diphascon, Milnesium* et *Pseudechiniscus*), qui comprennent six espèces, ont été observés dans des lieux associés à la végétation. Les lacs et cours d'eau offrent un ensemble d'habitats abritant une faune riche et variée. Dix-sept espèces de rotifères, trois tardigrades, deux arthropodes, des protozoaires, un plathelminthe et des nématodes ont été signalés. Le cladocère Daphniopsis studeri, l'une des espèces de crustacés dulcicoles que l'on sait présent dans les lacs du continent antarctique, a été identifié dans la plupart des lacs des collines Larsemann ; il s'agit du plus gros animal présent dans ce système, qui est actuellement limité à la région de la baie Prydz et aux îles subantarctiques dans la province du sud de l'océan Indien. Il fut continuellement présent dans le versant oriental de Broknes durant le dernier maximum glaciaire, ce qui indique que Broknes a fait office d'important refuge glaciaire pour les biotes antarctiques lors d'un ou plusieurs cycles glaciaires complets.

4.3.8 Végétation terrestre

L'échantillonnage des zones côtières depuis les collines Vestfold jusqu'aux collines Larsemann met en évidence une uniformité relative de la flore de la côte Ingrid Christensen qui se limite à une répartition analogue de bryophytes, de lichens et d'algues terrestres. La nature du socle rocheux, et la direction des vents dominants dans la zone de la baie Prydz contribuent sans doute au fait que moins de 1 % des collines Larsemann ait un couvert végétal.

La vie terrestre, notamment les mousses, les lichens et les invertébrés associés, est essentiellement présente à l'intérieur des terres. Cependant, de larges lits de mousse ont été signalés dans des sites abrités des grandes îles à Stornes (notamment Kolløy et Sigdøy), associés aux sites de mue des manchots Adélie et aux nunataks du sud-ouest. Sept espèces de mousse ont été positivement identifiées dans la région : *Bryum pseudotriquetum* qui est le plus abondant, *Grimmia antarctici, Grimmia lawiana, Ceratodon pupureus, Sarconeurum glaciale, Bryum algens* et *Bryum argentum.*

La flore bryophyte comprend également une espèce d'hépatique, *Cephaloziella exiliflora*, trouvée sur un affleurement sans nom au sud de Stornes et qui n'a été signalée que dans quatre autres endroits de la région antarctique. La couverture de lichens est extrêmement vaste au nord-est de Stornes et de la crête Law, sur Broknes. La flore de lichens de la région comprend au moins 25 espèces positivement identifiées. Des études entreprises dans des endroits proches de la côte Ingrid Christensen laissent à penser que les collines Larsemann pourraient abriter près de 200 taxons algaux non marins et 100 à 120 taxons fongiques.

4.4 Impacts humains

Une période d'intense activité humaine, depuis 1986, a provoqué des changements notables de l'environnement local, notamment sur le versant est de Broknes et la péninsule entre le fjord Thala et la baie Quilty. La construction de la station, des installations associées et des routes d'accès a entraîné des dégradations physiques de la surface libre de glace. La fracturation des roches et l'exposition de la couche de permafrost due au passage répété des véhicules ont causé une érosion de surface et modifié le réseau de drainage. Des déversements accidentels d'hydrocarbures, la collecte de l'eau et le rejet des eaux usées sur place ont provoqué une contamination chimique de certains lacs et sols. Les prélèvements d'eau pour le fonctionnement de la station ont réduit les volumes d'eau des lacs à Broknes.

Des espèces de flores introduites ont été détectées (et enlevées), et divers éléments historiques attestent l'ingestion d'aliments d'origine humaine par les espèces sauvages. Les déchets balayés par le vent ainsi que des perturbations de surface dues à la fréquence des piétinements restent problématiques.

Stornes, les petites péninsules et les îles côtières ont été moins fréquemment visitées et sont donc moins perturbées. Maintenir les lieux dans cet état de préservation, et minimiser les impacts ailleurs, est une priorité pour la gestion des collines Larsemann.

4.5 Accès à la zone

4.5.1 Accès terrestre

15 km de routes non goudronnées constituées de matériaux locaux ont été construites sur le versant oriental de Broknes. Une route de 6,7 km relie notamment chaque station à Broknes et au plateau continental au sud. Cette route suit la voie la plus appropriée pour éviter les bassins versants des lacs et les pentes abruptes. Elle comporte quatre sections particulièrement raides : une crête d'environ 0,5 km au sud de Zhongshan ; une série de pentes raides entre Progress et Law Base ; le segment qui traverse la pente à l'ouest du lac Sibthorpe ; et l'ascension du plateau à proximité du glacier Dålk. Le dernier kilomètre de route avant d'arriver au plateau à proprement parler est jalonné de piquets plantés tous les 50 à 100 mètres. Il existe d'autres routes dans la zone

même des stations Zhongshan et Progress, ainsi qu'une courte route d'accès qui relie Law Base à la route principale. Le passage des véhicules sur les aires libres de glace à l'intérieur de la zone est limité à ces routes.

La majeure partie de Stornes, la péninsule la plus à l'ouest des collines Larsemann, se trouve dans les limites de la ZSPA 174. Les déplacements en véhicule à l'intérieur de la ZSPA sont interdits.

La glace de mer perdure entre les fjords ainsi qu'entre le littoral et les nombreuses îles côtières jusqu'à la fin de l'été. Les conditions de la glace sont variables sur les marges orientales et occidentales de la ZGSA en raison de la présence de glaciers. Il convient d'en tenir compte lors de tout déplacement sur la glace de mer. En hiver, il est possible d'accéder à Zhongshan et à Progress par la glace de mer en empruntant la plage située à l'ouest de Zhongshan (69°22'30" de latitude sud et 76°21'33" de longitude est) et celle adjacente à Progress (69°22'44" de latitude sud et 76°23'36" de longitude est), en fonction des conditions hautement variables de la glace. Depuis la glace de mer, on peut accéder à la route principale au sud de la section abrupte située au sud de Progress, soit en empruntant la baie la plus à l'est du fjord Nella (69°22'58" de latitude sud et 76°22'44" de longitude est), soit en passant par l'anse des phoques (69°23'6" de latitude sud et 76°23'49" de longitude est).

On peut accéder aux collines Larsemann par le plateau de glace, depuis Davis située à environ 330 km au nord-est, ou depuis Mawson à l'ouest en suivant la route de traverse du glacier Lambert (environ 2 200 km). La route jalonnée de piquets s'oriente au nord à partir d'un repère situé au point de latitude sud 69°55'23" et de longitude est 76°29'49" et poursuit ensuite vers le nord le long d'une série de repères constitués de piquets et de fûts, pour ensuite rejoindre la principale route d'accès sur le versant oriental de Broknes.

4.5.2 Accès maritime

Aucune aire de mouillage ou zone d'accostage n'est désignée dans la zone en raison des conditions variables de la glace de mer. Les navires mouillent généralement à environ 5 milles nautiques (environ 9 km). Des navires affrétés par l'Inde se sont toutefois approchés jusqu'à 50 m du site de Bharati.

Il est difficile voire impossible d'accéder à la berge orientale de Broknes en raison des débris de glace qui sont parfois présents sur plusieurs centaines de mètres au large où ils sont repoussés par les vents dominants de nord-est. Les hélicoptères sont donc le seul moyen fiable permettant de transporter rapidement des personnes et des fournitures à terre.

En raison des conditions difficiles des glaces et des icebergs et de l'accès à la péninsule de Broknes, depuis 2010, on se concentre de plus en plus sur le fjord Thala comme l'endroit le plus pratique et le plus sûr pour le déchargement des navires. Ces dernières années, la Russie a utilisé le site de déchargement de la péninsule de Stornes pour acheminer des marchandises vers les stations Progress et Vostok. Entre 2021 et 2025, une grande quantité de marchandises associées aux travaux de construction de la gare de Vostok sera transportée à partir de ce point de déchargement.

Les principaux sites utilisés sont :

- la baie située à environ 250 mètres au nord-nord-est de Zhongshan, par 69°22'12" de latitude sud et 76°22'15" de longitude est ; elle consiste en une ouverture d'environ 15 mètres entre des affleurements rocheux et une vaste zone plane à terre permettant les opérations terrestres avec des véhicules ;
- la plage adjacente à Progress (69°22'44" de latitude sud et 76°23'53" de longitude est) ;
- la plage située à l'ouest de Zhongshan, qui ouvre sur fjord Nella (69°22'30" de latitude sud et 76°21'25" de longitude est).
- Fjord Thala, à 50 m du site de Bharati ;
- Fjord Thala, la plage, Stornes (69°25'454'', 76°08'880'' de longitude est).

Conformément au plan de gestion de la ZSPA 174, un permis est requis pour effectuer des débarquements sur tous sauf le coin sud-est de Stornes.

4.5.3 Accès aérien

Les sites désignés pour l'atterrissage et l'avitaillement des hélicoptères doivent être utilisés en priorité pour les opérations héliportées habituelles.

Conformément au plan de gestion de la ZSPA 174, un permis est requis pour survoler ou effectuer des débarquements sur tous sauf le coin sud-est de Stornes.

Il existe deux sites d'atterrissage d'hélicoptères en ciment (69°22'44"de latitude sud, 76°21'32" de latitude sud) à Zhongshan. L'aire la plus au sud est de 15 mètres de diamètre ; une carte de l'Antarctique y est peinte. La seconde aire, située à environ 25 m au nord, est de 20 m de diamètre. Les hélicoptères lourds (notamment Ka-32) atterrissent généralement sur la plus grande aire, tandis que les aéronefs plus légers (Dauphins et Écureuils) atterrissent sur l'aire située au sud. L'approche se fait généralement depuis le versant occidental de Zhongshan, depuis la direction du lac vers les principaux bâtiments, en descendant progressivement au dessus du lac. Les pilotes doivent éviter de réduire leur altitude dans la partie sud du lac, où des radars utilisés pour les études physiques sur la haute atmosphère sont installés une colline de 58 m.

Progress dispose d'un site d'atterrissage d'hélicoptère en béton de 25 m x 25 m à 69°22′38″ de latitude sud, 76°23′11″ de longitude est, à 90 m au nord-ouest du plus grand bâtiment de la zone de la station (carte E).

Bharati dispose d'une aire d'atterrissage d'hélicoptère bétonnée, située à 69°24.40' de latitude sud, 76°11.59' de longitude est, à l'ouest du bâtiment principal de la station, à une altitude de 38,5 m.

L'aire d'atterrissage à Law Base (69°23'20" de latitude sud et 76°22'55" de longitude est) est une zone plane située à environ 60 mètres à l'est de la base. Les hélicoptères atterriraient normalement face aux vents dominants du nord-est.

De petits aéronefs à voilure fixe, sur skis ou roues, ont de temps à autre été utilisés dans la région et peuvent être exploités sur la glace de mer adjacente aux stations bien que les conditions de la glace varient durant l'année ; en outre, il est préférable de limiter les opérations à la zone du plateau du fait de la proximité des colonies de faune sauvage. Des atterrissages ont été effectués près du site de la piste russe précédente et de la piste d'atterrissage enneigée existante (centrée sur 69°26'00" de latitude sud, 76°19'58" de longitude est). Les vents dominants du nord-est et une légère augmentation de la surface suggèrent que l'atterrissage et le décollage vers le nord-est sont préférables.

4.5.4 Accès piétonnier

Aucune restriction n'est imposée à l'accès piétonnier dans la ZGSA (autre que l'exigence d'un permis pour entrer dans la ZSPA 174 Stornes), mais il convient de respecter les dispositions du Code de conduite environnemental ci-joint (voir à l'appendice 1). Il convient d'emprunter les routes établies afin de minimiser les perturbations physiques de la surface terrestre et empêcher la formation de nouvelles pistes. Lorsqu'il n'existe aucune modification apparente de surface, il convient d'emprunter la voie la plus directe entre deux points, en essayant de ne pas suivre systématiquement la même trajectoire et en évitant la végétation et les autres éléments vulnérables, tels que les abords des lacs et les zones d'infiltration.

4.6 Emplacement des structures dans la zone et à proximité

4.6.1 Zhongshan (République populaire de Chine)

Zhongshan est située à la pointe nord-est du versant oriental de Broknes à 69°22'24" de latitude sud et 76°22'40" de longitude est, et à une altitude d'environ 11 mètres au-dessus du niveau de la mer. La station a été créée durant l'été 1988-1989 et a été constamment exploitée depuis lors, pour les besoins du programme permanent de recherche scientifique du programme Antarctique chinois. Ainsi qu'il a été indiqué précédemment, Zhongshan fait aussi office de base de soutien logistique pour la station Kunlun et pour des recherches scientifiques dans d'autres zones de l'intérieur des terres, comme les montagnes Grove et la plate-forme glaciaire d'Amery. De ce fait, Zhongshan constitue un centre de soutien important pour les activités de recherches de la Chine dans l'intérieur des terres antarctiques.

Infrastructure de la station

La station, qui a une capacité d'accueil maximale de 76 personnes, accueille environ 60 personnes en été et 20 à 25 personnes en hiver. Elle est composée de cinq bâtiments principaux et de plusieurs bâtiments de moindre importance (Carte D). On accède à Zhongshan par véhicule depuis la route principale sur le plateau, et un réseau de routes relie les principaux bâtiments de la station. Deux aires d'atterrissage bétonnées pour hélicoptère sont situées à l'ouest du bâtiment principal (voir la section 4.5.3).

Électricité, livraison et stockage de carburant

La station est alimentée en électricité par des génératrices diesel. En fonction de l'état de la glace de mer, le carburant est transféré par barge ou par pipeline depuis le navire et entreposé dans des citernes de vrac situées à l'extrémité sud de la station. Chaque année, 200 à 300 mètres cubes de carburant sont livrés à la station.

Afin d'éviter les activités liées au stockage et transport d'hydrocarbures nuisibles pour l'environnement en Antarctique, une nouvelle installation de stockage d'hydrocarbures a été construite à Zhongshan en 2011. Elle est située sur le versant oriental de la station, dans la zone jouxtant Progress. Cette installation peut stocker autour de 500 t de carburant et contient en outre un équipement de prévention de déversements d'hydrocarbures. L'ancien système de stockage d'hydrocarbures est régulièrement vérifié et entretenu. Il sera déplacé dans la zone du nouvel équipement de stockage d'hydrocarbures pour réduire l'encombrement dans la station et augmenter la sécurité de ses opérations.

Eau et eaux usées

L'eau nécessaire au refroidissement des génératrices et aux installations sanitaires est puisée dans un grand lac situé immédiatement à l'ouest de la station. Les eaux usées sont utilisées pour la chasse d'eau des toilettes après un traitement dans la centrale. Les eaux noires sont collectées et traitées dans la station d'épuration, puis déversées dans l'océan après avoir transité par une série de citernes d'épuration alimentées par gravité.

Gestion des déchets solides

Les déchets combustibles sont stockés à part et brûlés dans un incinérateur diesel à haute température. Du fait du volume de déchets produits, l'incinérateur doit être mis en route en moyenne tous les trois à quatre jours. Les cendres sont collectées et entreposées afin d'être renvoyées en Chine. Les déchets non combustibles sont triés, entreposés au sud de la centrale électrique et évacués par bateau.

Véhicules

Les véhicules sont utilisés dans la zone de la station elle-même et pour transporter des matériaux vers d'autres sites du versant est de Broknes. L'entretien des véhicules, des génératrices et autres équipements est fait à la centrale ou dans l'atelier des véhicules. Les huiles usées sont renvoyées en Chine.

Réapprovisionnement

Le réapprovisionnement est généralement effectué une fois par an en été. Les marchandises sont amenées à terre par barge ou par des traîneaux tractés par les véhicules de traverse.

Communications

Les communications orales avec la Chine se font principalement par radio HF, par INMARSAT, et de plus en plus par le Broadband Global Area Network (BGAN). Le BGAN est devenu le principal outil de communication pour l'envoi et la réception des appels téléphoniques, des télécopies, des courriels et des données scientifiques. La radio HF sert à communiquer dans la zone de la baie Prydz, tandis que la VHF est utilisée pour les communications locales. Une liaison radiotéléphonique permet également de contacter la station Davis (et d'appeler n'importe où dans le monde depuis cette station) ; elle est utilisée pour la diffusion quotidienne des données météorologiques. Un système de communication satellite de type VSAT (terminal à très petite ouverture) a également été installé. Il établit une communication continue, 24/24h, entre la station et la Chine, fournissant des services de communication orale, écrite et de données. Les communications Iridium sont réservées aux urgences.

Science

Les programmes scientifiques menés à Zhongshan sont principalement opérées depuis la station ; ils comprennent météorologie, surveillance de la couche d'ozone, physique de la haute atmosphère, observations de l'activité aurorale, observations géomagnétiques (certaines en coopération avec le programme antarctique australien), observations gravimétriques, sismologie, traitement de l'imagerie satellitaire générée par le satellite en orbite polaire de la NOAA, chimie atmosphérique, télédétection, mesures GPS et physiologie humaine. Les travaux de recherche réalisés l'été à l'intérieur des terres comprennent les évaluations environnementales, le suivi de la neige et de la glace, des sols, de l'eau de mer, des eaux douces, des mousses, des lichens, de la faune et de la flore sauvage, la géologie, la glaciologie et les écosystèmes de la glace de mer.

Des traversées ont également été entreprises à l'intérieur des terres en vue d'études géologiques, géodésiques, glaciologiques et sur les météorites.

4.6.2 Progress (Russie)

Progress est situé à l'est de Broknes à 69°23′ de latitude sud, 76°23' de longitude est, à environ 1 km au sud de Zhongshan. La station d'origine a été établie en 1988 sur un plateau à 300 m de la rive ouest de la baie de Dålk et d'où elle a été déplacée en février 1989. La station a été occupée de façon sporadique et a été fermée pendant l'été 1993/94 et a rouvert pendant la saison estivale 1997/98 pour être exploitée en tant qu'installation de recherche toute l'année. La construction d'un nouveau complexe d'hivernage s'est achevée en 2013. Il comprend un immeuble de bureaux / d'habitation, un complexe énergétique, un garage et une nouvelle infrastructure de stockage de carburant (carte E). La station a une capacité d'accueil de 100 personnes pendant l'été.

Infrastructure de la station

Le complexe de la station principale contient :

- un bâtiment de trois étages de bureaux et d'hébergement pouvant accueillir 50 personnes (25 personnes pendant l'hiver, lorsqu'une chambre individuelle est allouée à chaque personne), cinq laboratoires scientifiques (météorologique, océanographique sec et « humide », d'imagerie satellite, et d'études géophysiques et hydrobiologiques), de salles de séjour, un bureau de station, un centre d'information-radio, un service médical, une cuisine, un entrepôt alimentaire, une salle à manger/cantine, une salle de sport, un sauna, des cabines de douches et toilettes, et
- un bâtiment de deux étages du complexe énergétique (« ZEM ») abritant une centrale diesel, un atelier de réparation pouvant accueillir jusqu'à huit véhicules de transport, une chaufferie automatisée pour chauffer la station (à l'aide de produits pétroliers usagés), une usine de dessalement, la station systèmes de traitement des eaux usées et ateliers de réparation ;
- un centre d'observation pour le suivi des orbites de la constellation de satellites du système de positionnement GLONASS et le suivi géodésique des mouvements tectoniques de la croûte terrestre par les systèmes satellites GPS et GLONASS, un pavillon géomagnétique, un radar pour le suivi de l'état de la glace côtière et des icebergs ainsi que pour le contrôle du trafic aérien des hélicoptères et des aéronefs volant à basse altitude.
- un hangar / garage pour le stockage hivernal des véhicules de traversée servant à alimenter la station de Vostok en convois continentaux de traîneaux-chenilles. (Le bâtiment a été converti en garage à partir de l'ancien complexe de la centrale électrique.)

De plus, la station compte quatre petits modules résidentiels (utilisés principalement pendant la période saisonnière) et un certain nombre de bâtiments de service à des fins diverses.

Progress est en outre équipée d'un système de sécurité GPS permettant de suivre les déplacements du personnel et des véhicules dans un rayon de 20 km autour de la station, les affichant sur un cadran de la salle radio.

L'accès par véhicule se fait par la route principale depuis le plateau, et le réseau de routes reliant les principaux bâtiments de la station. La piste d'hélicoptère de la station est décrite à la section 4.5.3.

Électricité, livraison et stockage de carburant

La centrale dispose d'un complexe d'alimentation électrique composé d'une centrale diesel-électrique d'une capacité totale de 800 kW et d'une chaudière automatique pour le chauffage de la centrale qui utilise des déchets combustibles-lubrifiants.

L'infrastructure de stockage de carburant diesel et d'aviation de Progress comprend quinze réservoirs à double paroi d'une capacité de 75 m^3. Les réservoirs disposent d'un système de canalisation commun qui fournit du carburant aux réservoirs consommables d'une centrale diesel et un système pour mesurer le niveau, la température, la densité, le volume et la masse de carburant. Il existe également un support métallique pour le stockage du carburant et des lubrifiants en tambour, spécialement prévu pour la livraison de carburant à l'héliport. Navire d'expédition - le transfert de carburant à terre se fait par un pipeline flexible.

Approvisionnement en eau

L'eau potable et l'eau pour les besoins des ménages sont tirées du lac Stepped qui est situé au nord-ouest de la zone de la station. L'eau est acheminée vers l'usine de traitement des eaux du complexe énergétique où l'osmose inverse la purifie pour obtenir la qualité de l'eau potable.

Gestion des déchets

Les déchets non combustibles de petite taille sont séparés et compactés pour leur retrait ultérieur. Les déchets combustibles et les déchets domestiques sont brûlés dans un incinérateur à haute température. Les eaux usées provenant du bâtiment principal sont traitées par une unité biologique et déversées dans la baie. Le bâtiment de la centrale électrique, de l'atelier et du garage est également équipé d'une unité de traitement des eaux usées. Les vieux bâtiments, plus petits, ne disposent pas d'unités de traitement des eaux usées ; les déchets humains sont stockés dans des fûts qui sont ensuite renvoyés en Russie.

Les déchets métalliques sont stockés sur la plage voisine de la station avant d'être renvoyés en Russie.

Véhicules

Progress est la principale base de transport pour le soutien aux convois terrestres, notamment les convois vers la station Vostok. Huit à douze transporteurs « Kässbohrer Pisten Bully Polar 300 » sont utilisés à cette fin.

D'autres véhicules sont également utilisés à proximité de Progress pour des activités scientifiques et opérationnelles, notamment le transfert de carburant et de déchets, et le transport du personnel et de l'équipement vers les zones reculées et le plateau pour la préparation des pistes et les opérations de fret. Ces véhicules comprennent les voitures, les véhicules tout-terrain (VTT) à roues et à chenilles et les motoneiges. Il existe également des équipements de remorque pour les convois tracteurs-traîneaux. En hiver, la plupart des équipements sont situés à la station Progress 1 ; en été, certains véhicules peuvent être temporairement localisés sur des champs de neige dans le secteur de l'ancienne gare (voir la sous-section 4.6.6). Pendant les travaux saisonniers, l'équipement de terrain peut être situé près de la piste à une distance qui assure la sécurité des vols.

Des convois de transport plus importants comprenant jusqu'à 38 véhicules Kässbohrer Pisten Bully Polar 300 et Challenger MT 850 sont prévus pour acheminer des matériaux de construction depuis le stockage temporaire sur le plateau jusqu'à la gare de Vostok de 2021 à 2025.

Réapprovisionnement

Le réapprovisionnement est effectué pendant la période estivale (novembre - mars) à l'aide des navires d'expéditions scientifiques « Akademik Fedorov » et « Akademik Tryoshnikov ». Étant donné que le déchargement de la cargaison directement à Broknes n'est pas possible, la cargaison lourde livrée par le navire est transportée sur la banquise côtière jusqu'au site de la péninsule de Stornes (voir la sous-section 4.6.6) pour un transport ultérieur vers la station Progress. Les autres marchandises sont transportées par des hélicoptères Kamov Ka-32. Le déchargement du carburant et des lubrifiants nécessaires pour soutenir les activités des stations Progress et Vostok et les convois tracteurs-traîneaux est effectué par un système de canalisations flexibles, à travers une base temporaire sur la côte est de la baie de Thala (voir sous-section 4.6.6).

Communications

Le système de base pour la transmission d'informations régulières est constitué de stations terriennes par satellite pour la communication avec le bureau RAE et entre les stations antarctiques (canal de téléphonie vocale, transfert d'informations via FTP, courrier électronique). Le transfert des informations scientifiques opérationnelles et des services est également effectué par le biais du système de communication par satellite Inmarsat-C, Inmarsat-B et Iridium. Si nécessaire, le temps de communication dans le domaine des ondes courtes entre les stations est établi. La communication dans la bande VHF s'effectue avec des aéronefs scientifiques et expéditionnaires, des transports de traîneaux à chenilles, des employés sur les routes de terrain, etc.

Science

La station Progress est une importante base scientifique qui assure l'exploitation d'observations (météorologiques, océanologiques, géophysiques) tout au long de l'année et la mise en œuvre de nombreux programmes de recherche saisonniers. Pendant la saison estivale, des recherches scientifiques sur la glaciologie, l'hydrologie terrestre, la biologie, la géologie et la météorologie sont menées à proximité de la station Progress. De plus, la station sert de base de soutien pour la recherche géologique et glaciologique intérieure.

4.6.3 Bharati (Inde)

Bharati est située entre le fjord Thala et la baie Quilty, à l'est de Stornes, à 69°24,41' de latitude sud et 76°11,72' de longitude est, à environ 35 m au dessus du niveau de la mer. La station a été créée durant l'été 2012-2013 pour les besoins du programme permanent de recherche scientifique du programme Antarctique indien. Elle est accessible par bateau par la baie Quilty, mais ne dispose pas d'un accès direct vers l'intérieur des terres par véhicule pendant l'été. Pendant l'hiver, le plateau est accessible par des passages sur des glaces de formation rapide.

Infrastructure de la station

Bharati comprend un bâtiment polyvalent, d'un camp satellite et de plusieurs modules containérisés de plus petite taille (carte F). Le bâtiment principal peut accueillir 47 personnes. Un réseau de routes relie les principaux bâtiments de la station. Une aire d'atterrissage bétonnée pour hélicoptère est située à l'ouest du bâtiment principal (voir la section 4.5.3).

Électricité, livraison et stockage de carburant

L'électricité est fournie par trois unités génératrices d'électricité et de chaleur combinées, alimentées au diesel, et installées dans le bâtiment principal. Le carburant pour ces unités provient d'un réservoir journalier jouxtant la centrale, qui à son tour extrait automatiquement du carburant du parc de carburants le long de pipelines résistants aux fuites, sur une distance de près de 300 m.

Le carburant Jet-A1 est acheminé annuellement du bateau au parc de carburants, via un tuyau de caoutchouc renforcé résistant aux fuites. Le parc de carburants contient 13 containers citernes à double-coque d'une capacité de 24 000 L chacun. Il est situé près du rivage à 69°24.31' de latitude sud, 76°11.84' de longitude est, et à une altitude de 20 m. Il est équipé de capteurs de fuites d'hydrocarbures et d'équipements de prévention.

La livraison de carburants aux unités génératrices d'électricité et de chaleur, et à l'hélisurface pour les hélicoptères et les véhicules se fait à travers un réseau de pipelines, et est contrôlée automatiquement par un système de gestion de bâtiment centralisé basé sur un micro-processeur. Bharati utilise du GPL pour la cuisine, grâce à des bouteilles de gaz de 10 à 14 kg.

Gestion de l'eau et des déchets

L'eau de mer est extraite de la baie de Quilty (côte orientale) à une profondeur d'environ 12 mètres, par des pompes submersibles, avant d'être acheminée vers le bâtiment principal via un réseau de pipelines isolés sur une distance d'environ 300 m. L'eau de mer est versée dans une centrale à osmose inverse. L'eau filtrée est ensuite re-minéralisée et utilisée pour la boisson, le lavage, etc.

Les eaux usées sont recyclées et utilisées pour les chasses d'eau. L'eau issue de la cuisine passe par des séparateurs d'huile, puis rejoint les eaux usées des toilettes. Ces eaux sont alors filtrées et traitées biologiquement. L'eau de qualité suffisante pour la baignade (selon les normes européennes) est rejetée dans la baie Quilty, environ 100 m en aval du point de captage d'eau. Tous les déchets liquides, y compris venant de la cuisine, passent à travers un séparateur d'huile et autres filtres. Les produits restants sont récupérés dans des fûts de 200 L.

Les déchets solides sont séparés entre biodégradables et non-biodégradables, puis stockés dans des fûts de 200 L, pour évacuation.

Logistique

Les véhicules à chenilles - Pisten Bullies et scooters de neiges - servent au transport du personnel et des matériaux autour de la station. L'entretien des véhicules, des génératrices et autres équipements est fait dans l'atelier des véhicules. Les huiles usées sont récupérées et renvoyées en Inde.

Le réapprovisionnement est généralement effectué une fois par an en été. Jusqu'à la mi-décembre, les chargements sont transportés à terre à l'aide de Pisten Bullies et de tracteurs sur les glaces de formation rapide. Après la fonte des glaces de formation rapide, les trajets se font à l'aide de barges à fond plat pour le transport de cargaisons.

Communications

Les communications HF permettent de communiquer avec stations voisines. La VHF est utilisée par les aéronefs locaux, les navires et les opérations de terrain. Le système Iridium à interface ouverte offre une connectivité avec le reste du monde via la télécopie et le téléphone.

Science

Bien que la station soit devenue opérationnelle pour la première fois en mars 2012, les travaux scientifiques débutèrent en 2005. Ils comprennent les évaluations environnementales, le suivi de la glace et de la neige, des sols, de l'eau de mer, des eaux douces, des mousses, des lichens, de la faune et de la flore sauvage, la géologie, la glaciologie et les écosystèmes de la glace de mer. Des observations géomagnétiques et GPS ont commencé en 2007.

4.6.4 Base juridique (Australie)

Law Base est située à l'extrémité sud du versant oriental de Broknes, à environ 1 km au sud de la station Progress et à 2 km au sud de la station Zhongshan, par 69°23'16" de latitude sud et 76°22'47" de longitude est. La base a été créée pendant l'été 1986-1987.

Infrastructure de la station

Law Base se compose d'un bâtiment polyvalent préfabriqué, de cinq cabanes en fibre de verre et d'un petit bloc sanitaire. Tous les déchets produits sont enlevés.

Électricité, livraison et stockage de carburant

L'alimentation électrique est assurée par une petite génératrice à essence qui n'est mise en route que pour charger les batteries, etc. Un petit panneau solaire monté sur le toit des cabanes permet de recharger les batteries des radios HF et VHF. On a recours au gaz pour cuisiner et chauffer le bâtiment principal

L'eau

En été, l'eau de boisson et de lavage provient généralement de la fusion de la neige recueillie sur un amoncellement proche. L'eau de boisson est également parfois collectée dans un petit lac adjacent à la section de route qui relie Law-Racovita-Negoita à la route principale entre la zone nord-est de Broknes et le plateau.

Logistique

Law Base peut être assistée par hélicoptère depuis Davis, des stations situées dans les environs immédiats et depuis les navires qui ravitaillent ces installations. Des quads sont parfois stationnés à Law Base. Ils sont utilisés sur des routes d'accès désignées en soutien des programmes scientifiques estivaux.

Communications

Law Base est équipée de radios HF et VHF.

Science

Les projets de recherche d'été portent sur l'histoire glaciaire de la zone, la géologie, la géomorphologie, l'hydrologie, la limnologie et la biologie ainsi que sur l'étude des impacts humains.

4.6.5 Piste d'atterrissage sur neige compactée et installations connexes (Russie)

Une piste de neige est située à 7 km au sud-ouest de Progress (carte A). La piste mesure 1 500 m de long et 60 m de large et convient aux avions équipés de skis.

Les coordonnées du point de contrôle de piste sont : 69 ° 26'00.32 " de latitude sud ; 76 ° 19'56.36 ". L'accès à la piste se fait par un tracé le long du plateau libre de glace, ainsi que le long du tronçon initial de l'itinéraire intérieur du convoi de tracteurs-traîneaux.

Le complexe de piste contient des modules containers sur patins, à savoir une centrale électrique à diesel, une station de contrôle du trafic aérien (avec des équipements d'accès à internet, à la radio et à la météorologie), des installations permettant de loger six personnes; et enfin, à l'extrémité, une station météorologique automatique.

4.6.6 Structures de moindre importance

L'infrastructure, y compris celle qui est liée à la station Progress, est la suivante :

Plusieurs caboose, un dépôt de bidons de carburant et un parking

Emplacement de certains des véhicules utilisés pour préparer la piste à l'emplacement d'origine de la station (69 ° 24'02 "S, 76 ° 24'07" E) ; il est situé sur le trajet de la gare Progress à la piste et sert de lieu pour la formation de trains de traîneaux-chenilles intérieurs.

Caboose sur la rive du fjord Nella

Situé à 69 ° 23'01 " de latitude sud, 76 ° 22'26" de longitude est, il est utilisé pour la recherche océanographique et hydrobiologique saisonnière.

Plusieurs caboose sur le site de l'ancien géocamp

Situé à 69 ° 24'25 " de latitude sud, 76 ° 24'14" de longitude est, , ce site contient actuellement plusieurs caboose. Le site était auparavant destiné à la recherche géophysique aéroportée, qui comprenait une piste pour les avions An-2 sur un train d'atterrissage de ski, des bâtiments résidentiels pour l'équipage, le personnel aéronautique et les membres de groupes de recherche géophysique; et les réservoirs de carburant.

Un site avec un abri-caboose en bordure est de Stornes

Situé à 69 ° 25'27 " de latitude sud, 76 ° 08'25" de longitude est, utilisé pour le déchargement des cargaisons lourdes livrées des navires à la côte sur la glace fixe. Cet emplacement permet également d'accéder au plateau et à l'aérodrome.

Stockage temporaire de carburant sur la côte est du fjord de Thala
Un dépôt de carburant saisonnier de vessies (600 m3) sur la côte est de la baie de Thala, où des pipelines flexibles sont utilisés pour décharger le carburant pour soutenir les stations Progress et Vostok et les convois de tracteurs-traîneaux.

Stockage ouvert temporaire des cargaisons pour la gare de Vostok (2,2 km au sud en dehors de la ZGSA)

Un site de 1580 × 440 m pour le stockage des modules de construction du nouveau complexe d'hivernage de la station Vostok, situé sur le plateau et délimité par des points d'angle avec les coordonnées suivantes: 69 ° 28'55,303 "S, 76 ° 16'50,459" E.; 69 ° 29'09,384 "S, 76 ° 16'56,067" E ; 69 ° 29'16,427 "S, 76 ° 14'31,970" E.; 69 ° 29'02,345 "S, 76 ° 14'26,388" E . Un camp temporaire composé de conteneurs pour accueillir le personnel impliqué dans les opérations logistiques sera situé au même endroit. La distance entre le centre de la bordure nord du site et la zone de disposition / préparation du convoi est de 8,2 km le long de l'itinéraire. La distance du point de déchargement des navires dans la baie de Thala est de 13,8 km.

Site de suivi

Un site de suivi à long terme a été créé en 1990 à environ 250 mètres au nord-est de Law Base, afin de mesurer le dérasement de surface causé par l'abrasion éolienne et l'haloclastie. Le site est situé sur des gneiss jaunes exposés à forte granulométrie et se compose de 24 sites soumis à une micro-érosion signalés par des cercles de peinture jaune. Le site ne doit pas être traversé à pied pour ne pas perturber les mesures de l'érosion naturelle. (L'utilisation de peinture ou d'autres moyens de marquage permanents doit être découragée, et il est préférable de procéder à des relevés GPS.)

Monuments

Un cairn de roches érigé le 8 février 1958 pour commémorer la première visite d'une expédition australienne de recherche antarctique aux collines Larsemann se trouve au point le plus élevé de l'île Knuckey (69°23'12" de latitude sud et 76°3'55" de longitude est), à environ 1,1 km au nord-ouest de Stornes. Sur le cairn, une note donne le nom des membres de cette expédition. Un mémorial au vice-président du service arctique et antarctique chinois se trouve sur le versant nord de la colline, à la pointe la plus au nord de la côte orientale de Broknes, au nord de Zhongshan. Le monument en ciment abrite une partie des cendres du président.

'Kharkovchanka', un tracteur lourd à neiger utilisé en Antarctique de 1959 à 2010, se trouve sur une colline de 23 m à 69 ° 22'41 "S, 76 ° 22'59" E, À 183 m du bureau principal et de l'immeuble résidentiel de Progress et à 87 m de la rive du lac Stepped. En vertu de la mesure 19 (2015), il a été ajouté à la liste des sites et monuments historiques sous le numéro SMH 92.

Sur une colline surplombant la rive nord de Seal Bay à 69 ° 23'01 "S, 76 ° 23'38" E, il y a un cimetière contenant les tombes de trois membres de l'expédition antarctique russe :

- Andrey Skurikhin, décédé en 1998 (la tombe est un cercueil en métal avec une pierre tombale à côté) ;
- Yuri Pasko, décédé en 2007 (la tombe est un cercueil en métal avec une pierre tombale et une croix à côté) ; et
- Yuri Dostovalov, décédé en 2008 (la tombe est un monticule de pierres avec une pierre tombale).

Chaque tombe est entourée d'une clôture métallique basse. La zone du cimetière est d'environ 30 m^2.

Cache

Une petite cache à nourriture est conservée dans un coffre en plastique au sommet du pic Blundell, sur Stornes (69°6'14" de latitude sud et 76°6'14" de longitude est), qui est le pic le plus élevé des collines Larsemann.

4.7 Emplacement d'autres zones protégées à proximité

La ZSPA 174, Stornes (69 ° 25'S, 76 ° 6'E) fait partie de l'ASMA. Un permis est nécessaire pour entrer dans la ZSPA et y réaliser des activités. Ce permis doit être délivré conformément au plan de gestion de la ZSPA.

La ZSPA n° 169 Baie Amanda (69°15' de latitude sud, 76°49'59,9" de longitude est) se trouve à 22 km au nord-est des collines Larsemann. De même, un permis est nécessaire pour entrer dans la ZSPA et y réaliser des activités; permis qui doit être délivré conformément au plan de gestion de la ZSPA.

HSM 92, le tracteur lourd à neiger «Kharkovchanka» qui a été utilisé en Antarctique de 1959 à 2010 (69 ° 22'41 "S, 76 ° 22'59" E), est situé dans la ZGSA, à proximité de Progress.

5. Zones dans la région

Toutes les activités entreprises à l'intérieur de la ZGSA seront conformes aux dispositions du Protocole au Traité sur l'Antarctique relatif à la protection de l'environnement et du Code de conduite environnemental annexé à ce plan de gestion. En outre, deux zones concourent à satisfaire les objectifs de gestion de la zone.

5.1 Zone des installations

La construction des bâtiments des stations et des infrastructures associées est à l'origine des principaux impacts qu'a subis l'environnement des collines Larsemann. Ces impacts sont cependant principalement limités à la zone des stations et aux routes d'accès qui les relient. Étant donné que les lacs sont reconnus comme étant la principale caractéristique écologique de la zone et qu'ils sont vulnérables aux impacts des activités humaines entreprises dans les limites de leur bassin versant, une gestion à l'échelle du bassin versant tout entier constitue le meilleur moyen de gérer les activités menées dans la ZGSA. Les stations sont assez bien regroupées à Broknes; la plupart des infrastructures sont situées dans des bassins de drainage qui se déversent en mer.

Pour préserver cette situation, une aire réservée aux installations a été définie dans les limites de la ZGSA (carte B) ; elle couvre la majeure partie du versant oriental de Broknes. L'aire des installations est délimitée par le glacier Dålk à l'est, la mer au nord, la côte ou la limite occidentale des bassins versants concernés à l'ouest, et le plateau de glace, y compris la piste d'atterrissage et la route d'accès, au sud. Dans la ZGSA, les infrastructures seront généralement limitées aux zones déjà perturbées dans l'aire des installations. La construction de nouvelles infrastructures ailleurs peut être envisagée sous réserve d'une justification scientifique et/ou logistique adéquate.

5.2 Zone magnétiquement calme

Plusieurs magnétomètres sont utilisés à Zhongshan. Une zone circulaire de 80 mètres de rayon est définie autour des capteurs des magnétomètres à induction situés dans la ravine au nord de la station, à 69°22'12" de latitude sud et 76°22'8" de longitude est ; une autre zone d'un rayon de 80 mètres est définie autour du réseau de magnétomètres situé à l'ouest et des lacs d'approvisionnement en eau ; elle est centrée par 69°22'22" de latitude sud et 76°21'46" de longitude est. Tous les matériaux ferreux doivent être exclus de ces zones pour éviter la contamination des mesures de champ magnétique. Il faut également obtenir une autorisation avant d'entrer. L'Inde prévoie une zone magnétiquement calme à Grovnes.

6. Activités de gestion

Les communications entre les Parties, entre le personnel de terrain et entre le personnel de terrain et leurs bureaux nationaux sont nécessaires à la bonne mise en œuvre du plan de gestion de la ZGSA. Ainsi, les Parties conduisant des programmes de recherche dans la zone s'engagent à maintenir de bonnes communications au niveau de leurs programmes nationaux et sur le terrain. Des discussions annuelles visant à faire le point sur l'exécution du plan de gestion auront lieu en parallèle des réunions annuelles du Conseil des directeurs des programmes antarctiques nationaux.

Les chefs des stations concernées se réuniront également chaque année (si la logistique le permet) et resteront verbalement en contact tout au long de l'année pour discuter des questions concernant la gestion de la région des collines Larsemann.

6.1 Logistique et installations

- Toute nouvelle construction d'infrastructures et de pistes dans les zones libres de glace sera limitée à la portion du versant oriental de Broknes déjà perturbée par les activités humaines et délimitée par la zone des installations (voir la section 5.1) à moins qu'un endroit à l'extérieur de la zone ne soit justifié pour des raisons scientifiques et/ou logistiques appropriées. Cette restriction ne s'appliquera pas aux infrastructures qui seront installées pour garantir la sécurité des ouvriers sur le terrain.
- Une évaluation d'impact sur l'environnement sera réalisée conformément à l'Article 8 du Protocole relatif à la protection de l'environnement avant de construire ou de modifier des structures. Les Parties qui proposeront de mener ces activités informeront les autres Parties conduisant des programmes de recherche dans la zone.
- L'utilisation conjointe des infrastructures devra être favorisée plutôt que la construction de nouvelles installations.
- Les impacts potentiels des structures artificielles sur la faune et la flore sauvage et les valeurs esthétiques sera pris en considération et ramené au minimum en limitant les nouvelles structures, dans la mesure du possible, aux zones déjà perturbées et en les construisant là où elles sont les moins visibles depuis les zones alentours. Des recherches pourront être nécessaire pour mieux évaluer les impacts avant d'entreprendre toute construction.

- De nouvelles aires de stockage du carburant seront si possible entourées d'un mur de contention et implantées à l'extérieur des bassins versants. Le bien-fondé de la localisation actuelle des zones de stockage de carburant sera discuté avant la prochaine révision du plan prévue.
- Les routes empruntées par les véhicules dans des conditions non conformes aux objectifs de ce plan de gestion devront être fermées et la zone touchée devra si possible être remise en état.
- Il conviendra d'examiner les possibilités de coopération en matière de transfert de personnel, de vivres et de carburant.
- Les activités de gestion et d'évacuation des déchets seront conformes, au minimum, aux dispositions énoncées à l'annexe II du Protocole de Madrid.
- Les déchets et les équipements abandonnés seront enlevés de la zone du Traité sur l'Antarctique à la première occasion.
- Les Parties conduisant des programmes de recherche dans la zone élaboreront conjointement des plans d'intervention d'urgence en cas d'incident susceptible de porter atteinte à l'environnement.
- Tous les efforts devront être engagés pour collecter régulièrement et occasionnellement les déchets emportés par le vent.
- Tous les équipements présents sur le terrain devront être périodiquement examinés en vue de leur éventuel enlèvement ou de leur protection contre les vents ou autres risques.
- La remise en état des sites abandonnés ou modifiés devra être envisagée et réalisée chaque fois que possible.

6.2 Espèces introduites

- Les Parties menant des activités dans les collines Larsemann devront :
  - Éduquer le personnel, y compris les entrepreneurs, sur les risques potentiels posés à l'environnement à travers l'introduction d'espèces non indigènes.
  - S'assurer que le personnel pénétrant dans la ZGSA porte des chaussures propres, par exemple, à travers les procédures de nettoyage de bottes (à accomplir de préférence avant son départ pour l'Antarctique) ou l'octroi de nouvelles chaussures.
  - Éviter l'apport de sable non traité, de granulat et de gravier dans la ZGSA.
  - Recueillir et incinérer ou retirer de la région tout sol ou toute matière biologique trouvés dans la cargaison.
  - Retirer de la région ou maintenir au sein des bâtiments de la station tout sol non stérile ayant été introduit dans la ZGSA.
  - Rappeler au personnel des programmes du protocole de Madrid l'obligation de n'apporter aucun sol non stérile en Antarctique, ni de cultiver des plantes ou d'en importer à des fins décoratives.
  - Maintenir toute plante cultivée à des fins de consommation dans l'enceinte des bâtiments de la station.
  - Favorisez l'incinération ou le rapatriement des déchets alimentaires.
  - Empêcher les animaux sauvages d'accéder aux aliments et aux déchets alimentaires de la station.
  - Développer des protocoles visant à éviter la contamination biologiques, ou les contamination croisées, des lacs de la zone, en particulier ceux situés en dehors des aires d'installations.
  - Entreprendre la surveillance des espèces introduites.
  - Partager des informations sur la découverte de toute espèce non indigène introduite lors d'opérations de programmes et persistante dans la Zone, afin d'obtenir des conseils scientifiques et logistiques, pour mettre en œuvre au besoin des actions d'éradication ou de confinement.
  - Mettre conjointement en œuvre ces mesure, lorsque nécessaire.

6.3 Perturbation de la faune

- La nécessité de maintenir des distances de séparation appropriées avec la faune sera prise en compte dans la planification et la conduite des activités dans la zone.

6.4 Gestion des données

- Les Parties ayant des programmes de recherche actifs dans le domaine développeront conjointement et fourniront des contributions à une base de données pour enregistrer les informations de gestion et les métadonnées pertinentes pour aider à la planification et à la coordination des activités. Ce partage de données comprendra des informations géographiques et impliquera l'ajout de noms de lieux régionaux au SCAR *Répertoire géographique composite de l'Antarctique.*
- Des efforts seront faits pour accroître la connaissance des valeurs environnementales de l'ASMA et des impacts des activités humaines sur ces valeurs, et pour appliquer ces connaissances à la gestion environnementale de l'ASMA.

6.5 Science

- La coopération et la coordination de la recherche scientifique seront entreprises dans la mesure du possible.

6.6 Surveillance

- Les Parties ayant des programmes de recherche actifs dans la région entreprendront conjointement des activités de surveillance pour évaluer l'efficacité de ce plan de gestion.

6.7 Monuments

- Les activités seront gérées de manière à assurer la préservation des monuments existants lorsqu'une telle action est jugée souhaitable.
- Le placement d'autres cairns ou monuments en dehors de la zone des installations est interdit.

6.8 Échange d'informations

- Pour renforcer la coopération et la coordination des activités au sein de l'ASMA, pour éviter les doubles emplois et pour faciliter la prise en compte des impacts cumulatifs, les Parties actives dans la zone:
  - distribuer à d'autres de ces Parties les détails des activités qui peuvent avoir une incidence sur le fonctionnement de ce plan de gestion (c'est-à-dire des propositions de retrait ou de création de nouvelles activités de recherche, des propositions de construction de nouvelles installations, des informations obtenues concernant les visites non gouvernementales, etc.) ; et
  - fournir des rapports au Comité pour la protection de l'environnement sur les développements significatifs dans la mise en œuvre de ce plan de gestion.
- Les autres Parties qui proposent de mener des activités dans la région, y compris des groupes non gouvernementaux, informeront au moins une des Parties actives dans l'ASMA de leurs intentions - dans l'esprit des buts et objectifs de ce plan de gestion.

Annexe 1. Code de conduite environnementale

Ce code de conduite est destiné à fournir des directives générales pour aider à minimiser les impacts environnementaux dans les collines de Larsemann, en particulier pour les activités entreprises en dehors des zones de la gare.

Principes généraux

- L'environnement antarctique est très sensible aux impacts des activités humaines et, en règle générale, a une capacité naturelle beaucoup moins élevée à se remettre des perturbations que les environnements des autres continents; tenez-en compte lorsque vous entreprenez des activités sur le terrain.
- Tout ce qui est emporté sur le terrain doit être supprimé. Cela inclut les déchets humains et signifie également éviter l'utilisation ou la dispersion de matières étrangères difficiles à collecter et à éliminer. Retirez les emballages excédentaires avant de quitter la station.
- La collecte ou la perturbation de tout spécimen biologique ou géologique ou objet artificiel ne peut être entreprise qu'avec une approbation préalable et, si nécessaire, conformément à un permis.
- Les détails de toutes les activités sur le terrain (telles que les sites d'échantillonnage, les camps sur le terrain, les dépôts, les déversements d'hydrocarbures, les marqueurs, l'équipement, etc.), y compris le contact du programme national, doivent être enregistrés avec précision pour être transférés dans une base de données de gestion.

Voyages

- Certaines communautés biologiques et formations géologiques sont particulièrement fragiles, même lorsqu'elles sont masquées par la neige. Soyez vigilant et évitez de telles fonctionnalités lorsque vous voyagez.
- Limitez l'utilisation de votre véhicule et de votre hélicoptère à des tâches essentielles pour minimiser les émissions atmosphériques ; formation de pistes et perturbation physique de la surface terrestre; impacts sur les communautés biologiques ; perturbation de la faune; et le potentiel de déversements de carburant. Les lacs qui survolent doivent être évités.
- Limitez l'utilisation de votre véhicule aux itinéraires libres de glace désignés et à la glace de mer et à la glace de plateau. N'accédez qu'aux installations en utilisant les itinéraires existants.
- Planifier et entreprendre l'utilisation des véhicules en se référant aux distances fauniques identifiées dans ce code.
- Faire le plein des véhicules et autres équipements sur la station avant le départ, pour réduire le besoin de ravitaillement sur le terrain.
- Planifiez les activités pour éviter d'avoir à faire le plein ou à changer l'huile dans des conditions venteuses ou dans des zones qui pourraient diriger un déversement accidentel dans les lacs et sur la végétation et d'autres zones sensibles. Utilisez des bidons de carburant avec des buses / entonnoirs.
- Lorsque vous voyagez à pied, utilisez les voies établies et les points de passage désignés dans la mesure du possible.
- Évitez de créer de nouvelles pistes. Là où les pistes établies n'existent pas, emprunter l'itinéraire le plus direct qui évite les zones de végétation et les formations géologiques délicates (comme les éboulis, les sédiments, les lits de cours d'eau et les bords des lacs).

Espèces sauvages

- Ne nourrissez pas la faune.
- Maintenez des distances appropriées avec la faune (voir le tableau).
- Lorsque vous vous déplacez à pied autour de la faune, restez silencieux, déplacez-vous lentement et restez au ras du sol - augmentez votre distance si des perturbations sont évidentes.

Distances auxquelles on peut s'attendre à ce qu'une perturbation se produise à l'approche de la faune à pied

Espèces	Distance (mètres)
Pétrels et albatros géants, reproduction / nidification	100 m
Manchots empereurs (en colonies, se blottir, muer, avec des œufs ou avec des poussins)	50 m
Tous les autres pingouins (en colonies, en mue, avec des œufs ou des poussins)	30 m
Prions, pétrels, skuas, sur les nids Phoques avec chiots et bébés phoques seuls	20 m
Manchots non reproducteurs et phoques adultes	5 m

Distance à laquelle on peut s'attendre à ce que des perturbations se produisent à l'approche de la faune à l'aide de petits véhicules (p. Ex. Quads et motoneiges)

Toute la faune	150 m

Distance à laquelle on peut s'attendre à ce qu'une perturbation se produise à l'approche de la faune à l'aide de véhicules à chenilles

Toute la faune	250 m

Distances auxquelles on peut s'attendre à ce qu'une perturbation se produise lors de l'approche de la faune à l'aide d'aéronefs

Oiseaux	**Verticale** *Hélicoptères monomoteurs* 2500 pieds (~ 750 m) *Hélicoptères bimoteurs* 5000 pieds (~ 1500 m) **Horizontal** ½ nm (~ 930 m)
Phoques	**Vertical et horizontal** Hélicoptères monomoteurs 2500 ft (~ 750 m) Hélicoptères bimoteurs 5000 ft (~ 1500 m) Bimoteur à voilure fixe 2500 ft (~ 750 m)

Campements

- Utilisez le logement existant dans la mesure du possible.
- Placez les emplacements de camping aussi loin que possible des rives des lacs, des lits de cours d'eau, des sites végétalisés et de la faune, pour éviter la contamination et / ou la perturbation.
- S'assurer que l'équipement et les entrepôts sont correctement sécurisés en tout temps pour empêcher la recherche de nourriture par la faune et la dispersion par les vents violents.
- Collecter tous les déchets produits dans les camps sur le terrain, y compris les déchets humains et les eaux grises, pour le retour à la station et le traitement ultérieur ou l'élimination.
- Dans la mesure du possible, utilisez des générateurs solaires ou éoliens pour minimiser la consommation de carburant.

Travail sur le terrain

- Nettoyez méticuleusement tous les vêtements et équipements avant de les amener en Antarctique et avant de se déplacer entre les sites d'échantillonnage, pour éviter la contamination, la contamination croisée et l'introduction et la propagation d'organismes étrangers.
- Ne construisez pas de cairns et réduisez au minimum l'utilisation d'autres objets pour marquer les sites. Supprimez les marqueurs à la fin de la tâche associée.
- Lorsque vous êtes autorisé à prélever des échantillons, respectez la taille de l'échantillon spécifiée dans votre permis et prélevez des échantillons à l'endroit le moins visible possible.
- Utilisez une feuille de protection lors de l'échantillonnage des sols et des fosses de remblayage pour éviter l'érosion éolienne et la dispersion des sédiments plus profonds.
- Faites très attention lorsque vous manipulez des produits chimiques et des carburants, et assurez-vous d'avoir avec vous les matériaux appropriés pour attraper et absorber les déversements.
- Réduisez au minimum l'utilisation d'eau liquide et de produits chimiques qui pourraient contaminer les enregistrements isotopiques et chimiques dans la glace des lacs et des glaciers.
- Nettoyez méticuleusement tout le matériel d'échantillonnage de l'eau et des sédiments pour éviter la contamination croisée entre les lacs.
- Évitez de réintroduire de grands volumes d'eau provenant de la partie inférieure de la colonne d'eau, pour éviter la contamination du lac ou les effets toxiques sur le biote à la surface. L'excès d'eau ou de sédiments doit être renvoyé à la station pour une élimination ou un traitement approprié.
- Assurez-vous que l'équipement d'échantillonnage est solidement attaché et ne laissez rien de gelé dans la glace qui pourrait causer une contamination ultérieure.
- Ne vous lavez pas, ne nagez pas et ne plongez pas dans les lacs. Ces activités contaminent le plan d'eau et perturbent physiquement la colonne d'eau, les délicates communautés microbiennes et les sédiments.

Note : Les lignes directrices énoncées dans ce code de conduite environnementale ne doivent pas s'appliquer en cas d'urgence.

Annexe 2 : Coordonnées du programme national

Australie

Division antarctique australienne

Autoroute de la Manche

Kingston

Tasmanie 7050

Australie

Téléphoner: +61 (03) 6232 3209

Fax : +61 (03) 6232 3357

E-mail: director@aad.gov.au

Inde

Centre national de recherche polaire et océanique

Pointe Sada, Vasco-da-Gama

Goa 403 804

Inde

Téléphoner: +91832 2525 501

Fax : +91832 2525 502

+91832 2520 877

E-mail : mravi@ncpor.res.in

les gens de la République de Chine

Administration chinoise de l'Arctique et de l'Antarctique

1 rue Fuxingmenwai

Pékin 100860

les gens de la République de Chine

Téléphoner: +86 10 6803 6469

Fax : +86 10 6801 2776

E-mail: longway71@163.com

Fédération de Russie

Expédition antarctique russe

Institut russe de recherche scientifique pour l'Arctique et l'Antarctique

38 rue Béring

199397 Saint-Pétersbourg

Russie

Téléphoner: +7 812 337 3205

Fax : +7 812 337 3205

E-mail: klep@aari.ru pom@aari.ru

Annexe 3 : Références et bibliographie sélective de Larsemann Hills

Andreev, M.P. (1990). Lichens of oazis of the East Antarctic. *Novosti Sistematiki Nizshikh Rastenii 27*:93-95. (In Russian.).

Andreev, M.P. (1990). Lichens of the Bunger Oazis (East Antarctic). *Novosti Sistematiki Nizshikh Rastenii 27*:85-93. (In Russian.).

Andreev, M.P. (1991). Lichenological studies in the in the Thirty Forth Soviet Antarctic Expedition. *Informatsionnyi Byulleten Sovetskoi Antarkticheskoi Ekspeditsii 115*:44-47. (In Russian.).

Andreev, M.P. (2006). Lichens of the Prydz Bay area (Eastern Antarctica). *Novosti Sistematiki Nizshikh Rastenii 39*:188-198. (In Russian.).

Andreev, M.P. (2006). Lichens from Prince Charles Mountains (Radok Lake area, Mac.Robertson Land). SCAR XXIX/COMNAP XVIII Hobart Tasmania. SCAR Open Science Conference 12-14 July. SCALOP Symposium 13 July. Abstract Volume. P. 421.

Andreev, M. (2006). The lichen flora of oases of continental Antarctic, and the ecological adaptations of Antarctic lichens. *KSM Newsletter 18*(2):24–28.

Andreev M. (2006). The lichen flora of oases of continental Antarctic, and the ecological adaptations of Antarctic lichens. International Meeting of the Federation of Korean Microbiological Societies, October 19–20, Seoul, Korea. Abstracts. Seoul. Pp. 77–80.

Andreev, M.P. (2008). Lichens from Prince Charles Mountains (Radok Lake area), Mac.Robertson Land. Polar Research – Arctic and Antarctic Perspectives in the International Polar Year. SCAR/IASC IPY Open Science Conference. St. Petersburg, Russia, July 8–11. 2008. Abstract Volume. P. 205.

Andreev, M. (2010). Lichens of continental Antarctic: biodiversity, geography and ecology. Abstracts of 24 Internationale Polartagung (6-12 September 2010, Universitatzentrum Obergurgl). Obergurgl. P. 16.

Andreev, M.P. *and* Kurbatova, L.E. (2012). Botanical investigations on South Shetland Islands in season of 54 RAE. *Russian Polar Investigations 1*(7):21–23. (In Russian.).

Andreev, M.P. *and* Kurbatova, L.E. (2015). Comparative diversity of mosses and lichens in coastal and interior oases of Prydz Bay area (Antarctica). High latitudes and high mountains: driver of or driven by global change? 26th International Congress on Polar Research 6-11 September 2015, München, Germany / Reports on Polar and Marine Research No 690. München, German Society for Polar Research, Pp. 25-26.

Andreev, M.P., Kurbatova L.E., Dorofeev V.I. *and* Ivanov A.Yu. (2015). Alien plants on the Russian Antarctic stations. *Problems of Arctic and Antarctic 4* (106):45-54. (In Russian.).

Andreev, M.P., Kurbatova, L.E., Dorofeev, V.I. *and* Ivanov A.Yu. (2016). Fanerogam plants – aliens in Antarctic. *Russian Polar Investigations 1*(23):23–24. (In Russian.).

Andreev, M.P., Kurbatova, L.E. and Dorofeev, V.I. (2017). Invasive plant species on Antarctic continent. Biodiversity: Approaches of study and conservation. Proceedings of the International Scientific Conference dedicated to 100th anniversary of the Department of Botany, Tver State University (Tver, November 8-11, 2017). (In Russian.).

Antony, R., Krishnan, K.P., Thomas, S., Abraham, W.P. *and* Thamban, M. (2009). Phenotypic and molecular identification of *Cellulosimicrobium cellulans* isolated from Antarctic snow. *Antonie van Leeuwenhoek International Journal of General and Molecular Microbiology* 96(4):627.

Antony, R., Mahalinganathan, K., Krishnan, K.P. *and* Thamban, M. (2011). Microbial preference for different size classes of organic carbon: A study from Antarctic snow. *Environmental Monitoring and Assessment* DOI 10.1007/s10661-011-2391-1.

Antony, R., Mahalinganathan, K., Thamban, M. *and* Nair, S. (2011). Organic carbon in Antarctic snow: spatial trends and possible sources. *Environmental Science and Technology* 45(23):9944–9950, DOI: 10.1021/es203512t.

Antony, R., Thamban, M., Krishnan, K.P. *and* Mahalinganathan, K. (2010). Is cloud seeding in coastal Antarctica linked to biogenic bromine and nitrate variability in snow? *Environmental Research Letters* 5:014009, doi:10.1088/1748-9326/5/1/014009.

Asthana, R., Shrivastava, P.K., Beg, M.J. *and* Jayapaul, D. (2013). Grain size analysis of lake sediments from Schirmacher Oasis (Priyadarshini) and Larsemann Hills, East Antarctica. *Twenty Fourth Indian Antarctic Expedition 2003-2005, Ministry of Earth Sciences Technical Publication* No. 22, pp. 175-185.

Averina S. G. *and* Krasnova A.D. (2016). Characteristics of cultivated strains of cyanobacteria of Lake Stepped (Antarctica). Abstracts of the reports of the international scientific school-conference 'Cyanoprokaryotes (cyanobacteria): taxonomy, ecology, distribution'. *Apatity*. Pp. 12-14. (In Russian.).

Beg, M.J. *and* Asthana, R. (2013). Geological studies in Larsemann Hills, Ingrid Christensen Coast, East Antarctica. *Twenty Fourth Indian Antarctic Expedition 2003-2005, Ministry of Earth Sciences Technical Publication* No. 22 pp. 363-367.

Bian, I., Lu, L. *and* Jia, P. (1996). Characteristics of ultraviolet radiation in 1993-1994 at the Larsemann Hills, Antarctica. *Antarctic Research (Chinese edition) 8*(3):29-35.

Boronina A.S., Popov S.V. ., Pryakhina G.V. Hydrological characteristics of lakes in the eastern part of the Broknes Peninsula, Larsemann Hills, East Antarctica // Ice and Snow, 2019, V. 59, No. 1, pp. 39–48. doi: 10.15356 / 2076-6734-2019-1-39-48. (In Russian).

Burgess, J., Carson, C., Head, J. *and* Spate, A. (1997). Larsemann Hills – not heavily glaciated during the last glacial maximum. *The Antarctic Region: Geological Evolution and Processes*. Pp. 841-843.

Burgess, J. *and* Gillieson, D. (1988). On the thermal stratification of freshwater lakes in the Snowy Mountains, Australia, and the Larsemann Hills, Antarctica. *Search 19*(3):147-149.

Burgess, J. S. *and* Kaup, E. (1997). Some aspects of human impacts on lakes in the Larsemann Hills, Princess Elizabeth Land, Eastern Antarctica. In: Lyons, W., Howard-Williams, C. and Hawes, I. (Eds). *Ecosystem Process in Antarctic Ice-free Landscapes*. A.A. Balkema Publishers, Rotterdam. Pp. 259-264.

Burgess, J.S., Spate, A.P. *and* Norman, F.I. (1992). Environmental impacts of station development in the Larsemann Hills, Princess Elizabeth Land, Antarctica. *Journal of Environmental Management 36*:287-299.

Burgess, J.S., Spate, A.P. *and* Shevlin, J. (1994). The onset of deglaciation in the Larsemann Hills, East Antarctica. *Antarctic Science 6*(4):491-495.

Carson, C.J. *and* Grew, E.S. (2007). *Geology of the Larsemann Hills Region, Antarctica.* First Edition (1:25 000 scale map). Geoscience Australia, Canberra.

Carson, C.J., Dirks, P.G.H.M., Hand, M., Sims, J.P. *and* Wilson, C.J.L. (1995). Compressional and extensional tectonics in low-medium pressure granulites from the Larsemann Hills, East Antarctica. *Geological Magazine 132*(2):151-170.

Carson, C.J., Dirks, P.H. G.M. *and* Hand, M. (1995). Stable coexistence of grandidierite and kornerupine during medium pressure granulite facies metamorphism. *Mineralogical Magazine* 59:327-339.

Carson, C. J., Fanning, C.M. *and* Wilson, C.J. L. (1996). Timing of the Progress Granite, Larsemann Hills: additional evidence for Early Palaeozoic orogenisis within the east Antarctic Shield and implications for Gondwana assembly. *Australian Journal of Earth Sciences 43*:539-553.

China (1996). Oil spill contingency plan for Chinese Zhongshan Station in Antarctica. *Information Paper #87, ATCM XXI*, Christchurch, New Zealand.

Cromer, L., Gibson, J.A.E., Swadling, K.M. *and* Hodgson, D.A. (2006). Evidence for a lacustrine faunal refuge in the Larsemann Hills, East Antarctica, during the Last Glacial Maximum. *Journal of Biogeography* 33:1314-1323.

Dartnall, H.J.G. (1995). Rotifers and other aquatic invertebrates from the Larsemann Hills, Antarctica. *Papers and Proceedings of the Royal Society of Tasmania 129*:17-23.

Dirks, P.H.G.M., Carson, C.J. *and* Wilson, C.J.L. (1993). The deformational history of the Larsemann Hills, Prydz Bay: The importance of the Pan-African (500 Ma) in East Antarctica. *Antarctic Science 5*(2):179-192.

Ellis-Evans, J.C., Laybourn-Parry, J., Bayliss, P.R. *and* Perriss, S.J. (1998). Physical, chemical and microbial community characteristics of lakes of the Larsemann Hills, Continental Antarctica. *Archiv fur Hydrobiologia* 141(2):209-230.

Ellis-Evans, J.C., Laybourn-Parry, J., Bayliss, P.R. *and* Perriss, S.T. (1997). Human impact on an oligotrophic lake in the Larsemann Hills. In: Battaglia, B., Valencia, J. and Walton, D.W.H. (Eds). *Antarctic communities: Species, structure and survival.* Cambridge University Press, Cambridge, UK. Pp. 396-404.

Fedorova, I.V., Savatyugin, L.M., Anisimov, M.A. *and* Azarova, N.S. (2010). Change of the Schirmacher oasis hydrographic net (East Antarctic, Queen Maud Land) under deglaciation conditions. *Ice and Glacier* 3(111):63-70.

Fedorova, I.V., Verkulich, S.R., Potapova, T.M. *and* Chetverova, A.A. (2011). Postglacial estimation of the Schirmacher oasis lakes (East Antarctic) on the basis of hydrologo-geochemical and paleogeographical investigation. In: Kotlyakov, V.M. (Ed.). *Polar Cryosphere and Land Hydrology*. Pp. 242-251.

Gasparon, M. (2000). Human impacts in Antarctica: Trace element geochemistry of freshwater lakes in the Larsemann Hills, East Antarctica. *Environmental Geography 39*(9):963-976.

Gasparon, M., Lanyon, R., Burgess, J.S. *and* Sigurdsson, I.A. (2002). The freshwater lakes of the Larsemann Hills, East Antarctica: chemical characteristics of the water column. *ANARE Research Notes 147*:1-28.

Gasparon, M. *and* Matschullat, J. (2006). Geogenic sources and sink trace metals in the Larsemann Hills, East Antarctica: Natural processes and human impact. *Applied Geochemistry* 21(2):318-334.

Gasparon, M. *and* Matschullat, J. (2006). Trace metals in Antarctic ecosystems: Results from the Larsemann Hills, East Antarctica. *Applied Geochemistry* 21(9):1593-1612.

Gibson, J.A.E. *and* Bayly, I.A.E. (2007). New insights into the origins of crustaceans of Antarctic lakes. *Antarctic Science* 19(2):157-164.

Gibson, J.A.E., Dartnall, H.J.G. *and* Swadling, K.M. (1998). On the occurrence of males and production of ephippial eggs in populations of *Daphniopsis studeri* (Cladocera) in lakes in the Vestfold and Larsemann Hills, East Antarctica. *Polar Biology 19*:148-150.

Gillieson, D. (1990). Diatom stratigraphy in Antarctic freshwater lakes. *Quaternary Research in Antarctica: Future Directions, 6-7 December 1990.* Pp. 55-67.

Gillieson, D. (1991). An environmental history of two freshwater lakes in the Larsemann Hills, Antarctica. *Hydrobiologia 214*:327-331.

Gillieson, D., Burgess, J., Spate, A. *and* Cochrane, A. (1990). An atlas of the lakes of the Larsemann Hills, Princess Elizabeth Land, Antarctica. *ANARE Research Notes 74*:1-73.

Goldsworthy, P.M., Canning, E.A. *and* Riddle, M.J. (2002). Contamination in the Larsemann Hills, East Antarctica: Is it a case of overlapping activities causing cumulative impacts? In: Snape, I. and Warren, R. (Eds). *Proceedings of the 3rd International Conference: Contaminants in Freezing Ground. Hobart, 14-18 April 2002*, pp. 60-61.

Goldsworthy, P.M., Canning, E.A. *and* Riddle, M.J. (2003). Soil and water contamination in the Larsemann Hills, East Antarctica. *Polar Record* 39(211):319-337.

Grew, E.S., McGee, J.J., Yates, M.G., Peacor, D.R., Rouse, R.C, Huijsmans, J.P.P., Shearer, C.K., Wiedenbeck, M., Thost, D.E. *and* Su, S.-C. (1998). Boralsilite ($Al_{16}B_6Si_2O_{37}$): A new mineral related to sillimanite from pegmatites in granulite-facies rocks. *American Mineralogist* 83:638-651.

Grew, E.S, Armbruster, T., Medenbach, O., Yates, M.G. *and* Carson, C.J. (2006). Stornesite-(Y), (Y, Ca)$\square_2Na_6(Ca,Na)_8(Mg,Fe)_{43}(PO_4)_{36}$, the first terrestrial Mg-dominant member of the fillowite group, from granulite-facies paragneiss in the Larsemann Hills, Prydz Bay, East Antarctica. *American Mineralogist* 91:1412-1424.

Grew, E.S, Armbruster, T., Medenbach, O., Yates, M.G. *and* Carson, C.J. (2007). Chopinite, [(Mg,Fe)$_3$□](PO$_4$)$_2$, a new mineral isostructural with sarcopside, from a fluorapatite segregation in granulite-facies paragneiss, Larsemann Hills, Prydz Bay, East Antarctica. *European Journal of Mineralogy* 19:229-245.

Grew, E.S, Armbruster, T., Medenbach, O., Yates, M.G. *and* Carson, C.J. (2007). Tassieite, (Na,□)Ca_2(Mg,Fe^{2+},Fe^{3+})$_2$(Fe^{3+},Mg)$_2$(Fe^{2+},Mg)$_2$(PO_4)$_6$(H_2O)$_2$, a new hydrothermal wicksite-group mineral in fluorapatite nodules from granulite-facies paragneiss in the Larsemann Hills, Prydz Bay, East Antarctica. *The Canadian Mineralogist* 45:293-305.

Grew, E.S., Graetsch, H., Pöter, B., Yates, M.G., Buick, I., Bernhardt, H.-J., Schreyer, W., Werding, G., Carson, C.J. *and* Clarke, G.L. (2008). Boralsilite, $Al_{16}B_6Si_2O_{37}$, and "boron-mullite": compositional variations and associated phases in experiment and nature. *American Mineralogist* 93:283-299.

Grigorieva S.D., Chetverova A.A., Ryzhova E.V., Deshevykh G.A., Popov S.V. Hydrological and geophysical engineering surveys in the area of Progress station (Larsemann Hills oasis, East Antarctica) during the 64th RAE season. *Russian Polar Research*, No. 2, 2019, pp. 23–28. (In Russian).

Grigorieva S.D., Ryzhova E.V., Popov S.V., Kashkevich M.P., Kashkevich V.I. The structure of the near-surface part of the glacier in the area of Thala Bay (East Antarctica) according to the results of the georadar works of the 2018/19 season. *Probl. Arctic and Antarctic*, 2019, V. 65, No. 2, pp. 201–211. doi: 10.30758 / 0555-2648-2019-65-2-201-211(In Russian).

Grigorieva S.D., Kinyabayeva E.R., Kuznetsova M.R., Popov S.V., Kashkevich M.P. The structure of snow-ice bridges of breakthrough lakes of the Broknes Peninsula (Larsemann Hills oasis, East Antarctica) according to GPR data. *Ice and Snow*, 2021, 61 (1). (In Russian).

Grigoreva S.D., Kiniabaeva E.R., Kuznetsova M.R., Kashkevich M.P. Examples of Application of GPR for Ensuring Safety of Infrastructure Objects at the Area of the Russian Antarctic Station Progress (East Antarctica). ENGINEERING AND ORE GEOPHYSICS 2020. 16th scientific-practical conference in conjunction with the workshop "Engineering and Ore Geology 2020". 2020. (In Russian).

He, J. *and* Chen, B. (1996). Vertical distribution and seasonal variation in ice algae biomass in coastal sea ice off Zhongshan Station, East Antarctica. *Antarctic Research (Chinese)* 7(2):150-163.

Hodgson, D.A., Noon, P.E., Vyvermann, W., Bryant, C.L., Gore, D.B., Appleby, P., Gilmour, M., Verleyen, E., Sabbe, K., Jones, V.J., Ellis-Evans, J.C. *and* Wood, P.B. (2001). Were the Larsemann Hills ice-free through the Last Glacial Maximum? *Antarctic Science* 13(4):440-454.

Hodgson, D.A., Verleyen, E., Sabbe. K., Squier, A.H., Keely, B.J., Leng, M.J., Saunders, K.M. *and* Vtyverman, W. (2005). Late Quaternary climate-driven environmental change in the Larsemann Hills, East Antarctica, multi-proxy evidence from a lake sediment core. *Quaternary Research* 64:83-99.

Jawak, S.D. *and* Luis, A.J. (2011). Applications of WorldView-2 satellite data for Extraction of Polar Spatial Information and DEM of Larsemann Hills, East Antarctica. *International Conference on Fuzzy Systems and Neural Computing.* Pp. 148-151

Kaup, E. *and* Burgess, J.S. (2002). Surface and subsurface flows of nutrients in natural and human impacted lake catchments on Broknes, Larsemann Hills, Antarctica. *Antarctic Science* 14(4):343-352.

Kinyabayeva E.R., Grigorieva S.D., Kuznetsova M.R., Mirakin A.V., Popov S.V. Complex surveys for organizing a site for storing and assembling modules of the new wintering complex at Vostok station during the season of the 65th Russian Antarctic Expedition. *Russian Polar Research*, 2020, No. 3, pp. 32–35. (In Russian).

Krishnan, K.P., Sinha, R.K., Kumar, K., Nair, S. *and* Singh, S.M. (2009). Microbially mediated redox transformation of manganese (II) along with some other trace elements: a case study from Antarctic lakes. *Polar Biology* 32:1765-1778.

Kurbatova L.E. *and* Andreev M.P. (2015). Moss and lichenflora of the Larsemann Hills coastal oasis (Prydz Bay region, Continental Antarctic). VII IAC 2015. VII International Antarctic Conference 'Antarctic research: new horizons and priorities'. Kyiv, Ukraine, May 12-14, 2015. Abstracts. Kyiv. Pp. 44-45.

Kurbatova L.E. *and* Andreev M. P. (2015). Bryophytes of the Larsemann Hills (Princess Elizabeth Land, Antarctica). *Novosti Sistematiki Nizshikh Rastenii 49*:360-368.

Li, S. (1994). A preliminary study on aeolian landforms in the Larsemann Hills, East Antarctica. *Antarctic Research (Chinese edition)* 6(4):23-31.

Mahalinganathan, K., Thamban, M. Laluraj, C.M. *and* Redkar, B.L. (2012). Relation between surface topography and sea-salt snow chemistry from Princess Elizabeth Land, East Antarctica. *The Cryosphere* 6:505-515.

Marchant, H. J., Bowman, J., Gibson, J., Laybourn-Parry, J. *and* McMinn, A. (2002). Aquatic microbiology: the ANARE perspective. In: Marchant, H.J., Lugg, D.J. and Quilty, P.G. (Eds). *Australian Antarctic Science: The first 50 years of ANARE.* Australian Antarctic Division, Hobart. Pp. 237-269.

McMinn, A. *and* Harwood, D. (1995). Biostratigraphy and palaeoecology of early Pliocene diatom assemblages from the Larsemann Hills, eastern Antarctica. *Antarctic Science 7*(1):115-116.

Miller, W.R., Heatwole, H., Pidgeon, R.W.J. *and* Gardiner, G.R. (1994). Tardigrades of the Australian Antarctic territories: the Larsemann Hills East Antarctica. *Transactions of the American Microscopical Society 113*(2):142-160.

Pahl, B.C., Terhune, J.M. *and* Burton, H.R. (1997). Repertoire and geographic variation in underwater vocalisations of Weddell Seals (*Leptonychotes weddellii*, Pinnipedia: Phocidae) at the Vestfold Hills, Antarctica. *Australian Journal of Zoology* 45:171-187.

Popov S.V., Sukhanova A.A., Polyakov. Application of the GPR profiling method to ensure the safety of transport operations of the Russian Antarctic Expedition. *Meteorology and Hydrology*, No. 2, 2020, pp. 126–131. (In Russian).

Popov S.V., Boronina A.S., Pryakhina G.V., Grigorieva S.D., Sukhanova A.A., Tyurin S.V. Outbursts of glacial and subglacial lakes in the Larsemann Hills (East Antarctica), in 2017-2018. *Georisk*, 2018, T. XII, No. 3, pp. 56–67. (In Russian).

Popov S.V., Boronina A.S., Grigorieva S.D., Sukhanova A.A., Deshevykh G.A. Hydrological, glacio-geophysical and geodetic engineering surveys in the eastern part of the Broknes Peninsula (East Antarctica, Progress station area) during the 63rd RAE season. *Russian Polar Research*, No. 1, 2018, pp. 24–26. (In Russian).

Pryakhina G.V., Chetverova A.A., Grigorieva S.D., Boronina A.S., Popov S.V. Breakthrough of Lake Progress (East Antarctica): approaches to assessing the characteristics of breakout floods. *Ice and Snow*, 2020, V. 60, No. 4, pp. 613–622. doi: 10.31857 / S2076673420040065. (In Russian).

Quilty, P.G. (1990). Significance of evidence for changes in the Antarctic marine environment over the last 5 million years. In: Kerry, K.R. and Hempel, G. (Eds). *Antarctic Ecosystems: Ecological change and conservation.* Springer-Verlag, Berlin. Pp. 3-8.

Quilty, P.G. (1993). Coastal East Antarctic Neogene sections and their contribution to the ice sheet evolution debate. In: Kennett, J.P. and Warnke, D. (Eds). *The Antarctic Paleo environment: A perspective on global change. Antarctic Research Series* 60*:251-264.*

Quilty, P.G., Gillieson, D., Burgess, J., Gardiner, G., Spate, A. *and* Pidgeon, R. (1990). *Ammophidiella* from the Pliocene of Larsemann Hill, East Antarctica. *Journal of Foraminiferal Research* 20(1):1-7.

Ren, L., Zhao, Y., Liu, X. *and* Chen, T. (1992). Re-examination of the metamorphic evolution of the Larsemann Hills, East Antarctica. In: Yoshida, Y., Kaminuma, K. and Shiraishi, K. (Eds). *Recent Progress in Antarctic Earth Science.* Terra Scientific Publishing, Tokyo, Japan. Pp.145-153.

Ren, L., Grew, E.S., Xiong, M. *and* Ma, Z. (2003). Wagnerite-*Ma5bc*, a new polytype of $Mg_2(PO_4)(F,OH)$, from granulite-facies paragneiss, Larsemann Hills, Prydz Bay, East Antarctica. *The Canadian Mineralogist* 41:393-411.

Riddle, M.J. (1997). The Larsemann Hills, at risk from cumulative impacts, a candidate for multi-nation management. *Proceedings of the IUCN Workshop on Cumulative Impacts in Antarctica.* Washington DC, USA. 18-21 September 1996. Pp. 82-86.

Russia (1999). Initial Environmental Evaluation Compacted Snow Runway at the Larsemann Hills. *Information Paper #79 Corr.2, ATCM XXIII*, Lima, Peru.

Ryss, A. Yu., Andreev, M.P. *and* Kurbatova, L.E. (2012). Nematodes of mosses and lichens of Antarctic: biodiversity, trophic groups, succession stages of communities. Proceedings of the V All-Russian conference with International participation on theoretical and marine parasitology (23-27 April 2012, Svetlogorsk, Kaliningrad district). Nigmatullin, Ch.M. (Ed.). AtlantNIRO Publishing C., Kaliningrad. Pp.186–188.

Sabbe, K., Verleyen, E., Hodgson, D.A. *and* Vyvermann, W. (2003). Benthic diatom flora of freshwater and saline lakes in the Larsemann Hills and Rauer Islands (East Antarctica). *Antarctic Science* 15:227-248.

Safronova T.V. (2016). Algological research of flora in the vicinity of Progress station in the season of the 61st RAE. *Russian Polar Studies 3*(25):17-19. (In Russian.).

Safronova T.V and Smirnova S.V. (2017). Study of the algal and cyanobacterial flora in freshwater waterbodies of the Antarctic in the season of the 62nd RAE. *Russian Polar Research 3*(29):17-20. (In Russian.).

Seppelt, R.D. (1986). Bryophytes of the Vestfold Hills. In: Pickard, J. (Ed.) *Antarctic Oasis: Terrestrial environments and history of the Vestfold Hills*. Academic Press, Sydney. Pp. 221-245.

Shrivastava, P.K., Asthana, R., Beg, M.J. *and* Singh, J. (2009). Climatic fluctuation imprinted in quartz grains of lake sediments from Schirmacher Oasis and Larsemann Hills area, East Antarctica. *Indian Journal of Geosciences* 63(1):81–87.

Shrivastava, P.K., Asthana, R., Beg, M.J. *and* Ravindra, R. (2011). Ionic characters of lake water of Bharati Promontory, Larsemann Hills, East Antarctica. *Journal of the Geological Society of India* 78(3):217-225.

Singh, A.K., Jayashree, B., Sinha, A.K., Rawat, R., Pathan, B.M. *and* Dhar, A. (2011). Observation of near conjugate high latitude substorm and their low latitude implications. *Current Science 101*(8):1073-1078.

Singh, A.K., Sinha, A.K., Rawat, R., Jayashree, B., Pathan, B.M. *and* Dhar, A. (2012). A broad climatology of very high latitude substorms. *Advances in Space Research* 50(11):1512-1523.

Singh, S.M., Nayaka, S. and Upreti, D.K. (2007). Lichen communities in Larsemann Hills, East Antarctica. *Current Science* 93(12):1670-1672.

Spate, A. P., Burgess, J. S. *and* Shevlin, J. (1995). Rates of rock surface lowering, Princess Elizabeth Land, Eastern Antarctica. *Earth Surface Processes and Landforms 20*:567-573.

Stuwe, K. *and* Powell, R. (1989). Low-pressure granulite facies metamorphism in the Larsemann Hills area, East Antarctica: Petrology and tectonic implications for the evolution of the Prydz Bay area. *Journal of Metamorphic Geology 7*(4):465-483.

Stuwe, K., Braun, H.M. *and* Peer, H. (1989). Geology and structure of the Larsemann Hills area, Prydz Bay, East Antarctica. *Australian Journal of Earth Sciences 36*:219-241.

Sukhanova A.A., Popov S.V., Boronina A.S., Grigorieva S.D., Kashkevich M.P. Geophysical surveys in the area of Progress station, East Antarctica, during the 63rd RAE season (2017/18). *Ice and Snow*, 2020, V. 60, No. 1, pp. 149–160, doi: 10.31857 / S2076673420010030.

Thamban, M. *and* Thakur, R.C. (2013). Trace metal concentrations of surface snow from Ingrid Christensen Coast, East Antarctica – Spatial variability and possible anthropogenic contributions. *Environmental Monitoring and Assessment* 184(4):2961-2975.

Thamban, M., Laluraj, C.M., Mahalinganathan, K., Redkar, B.L., Naik, S.S. *and* Shrivastava, P.K. (2010). Glacio-chemistry of surface snow from the Ingrid Christensen Coast, East Antarctica, and its environmental implications. *Antarctic Science* 22(4):435–441.

Wadoski, E.R., Grew, E.S. *and* Yates, M.G. (2011). Compositional evolution of tourmaline-supergroup minerals from granitic pegmatites in the Larsemann Hills, East Antarctica. *The Canadian Mineralogist* 49:381-405.

Walton, D.H., Vincent, W.F., Timperley, M.H., Hawes, I. *and* Howard-Williams, C. (1997). Synthesis: Polar deserts as indicators of change. In: Lyons, Howard-Williams and Hawes (Eds). *Ecosystem Processes in Antarctic Ice-free Landscapes.* Balkema, Rotterdam. Pp. 275-279.

Wang, Z. (1991). Ecology of *Catharacta maccormicki* near Zhongshan Station in Larsemann Hills, East Antarctica. *Antarctic Research (Chinese edition)* 3(3):45-55.

Wang, Z. *and* Norman, F.I. (1993). Foods of the south polar skua *Catharacta maccormicki* in the Larsemann Hills, East Antarctica. *Polar Biology 13*:255-262.

Wang, Z. *and* Norman, F.I. (1993). Timing of breeding, breeding success and chick growth in south polar skuas (*Catharacta maccormicki*) in the Eastern Larsemann Hills. *Notornis 40*(3):189-203.

Wang, Z., Norman, F.I., Burgess, J.S., Ward, S.J., Spate, A.P. *and* Carson, C.J. (1996). Human influences on breeding populations of south polar skuas in the eastern Larsemann Hills, Princess Elizabeth Land East Antarctica. *Polar Record 32*(180):43-50.

Wang, Y., Liu, D., Chung, S.L., Tong, L. *and* Ren, L. (2008). SHRIMP zircon age constraints from the Larsmann Hills region, Prydz Bay, for a late Mesoproterozoic to early Neoproterozoic tectono-thermal event in East Antarctica. *American Journal of Science* 308:573–617.

Waterhouse, E.J. (1997). Implementing the protocol on ice free land: The New Zealand experience at Vanda Station. In: Lyons, Howard-Williams and Hawes (Eds.). *Ecosystem processes in Antarctic ice-free landscapes.* Balkema, Rotterdam. Pp. 265-274.

Whitehead, M.D. *and* Johnstone, G.W. (1990). The distribution and estimated abundance of Adelie penguins breeding in Prydz Bay, Antarctica. *Proceedings of the NIPR Symposium on Polar Biology 3*:91-98.

Woehler, E.J. *and* Johnstone, G.W. (1991). Status and conservation of the seabirds of the Australian Antarctic Territory. *ICBP Technical Publications 11*:279-308.

Zakharov,V.G., Andreev, M.P. *and* Solomina, O.N. (1998). Variations of the glaciation in the Amery Ice Shelf area (East Antarctic) revealed by lichenometry. *The Antarctic 34*:130-139. (In Russian.).

Zhao, Y., Liu, X, Song, B., Zhang, Z., Li, J., Yao, Y. *and* Wang, Y. (1995). Constraints on the stratigraphic age of metasedimentary rocks from the Larsemann Hills, East Antarctica: Possible implications for Neoproterozoic tectonics. *Precambrian Research* 75:175-188.

Zhao, Y., Song, B., Wang, Y., Ren, L., Li, J. *and* Chen, T. (1992). Geochronology of the late granite in the Larsemann Hills, East Antarctica. In: Yoshida, Y., Kaminuma, K. and Shiraishi, K. (Eds). *Recent Progress in Antarctic Earth Science.* Terra Scientific Publishing Co., Tokyo. Pp. 155-161.

Annexe 4 : Cartes de Larsemann Hills

Carte A. Topographie et caractéristiques physiques Carte B. Zones de gestion et zones libres de glace Carte C. Détail du nord de Broknes Carte D. Station de Zhongshan Carte E. Station de progression Carte F. Station de Bharati

Des cartes détaillées de la région sont disponibles sur le site Web du Australian Antarctic Data Center à l'adresse suivante:
http://aadc-maps.aad.gov.au/aadc/mapcat/search_mapcat.cfm
(Références cartographiques n ° 13130 et 13135)

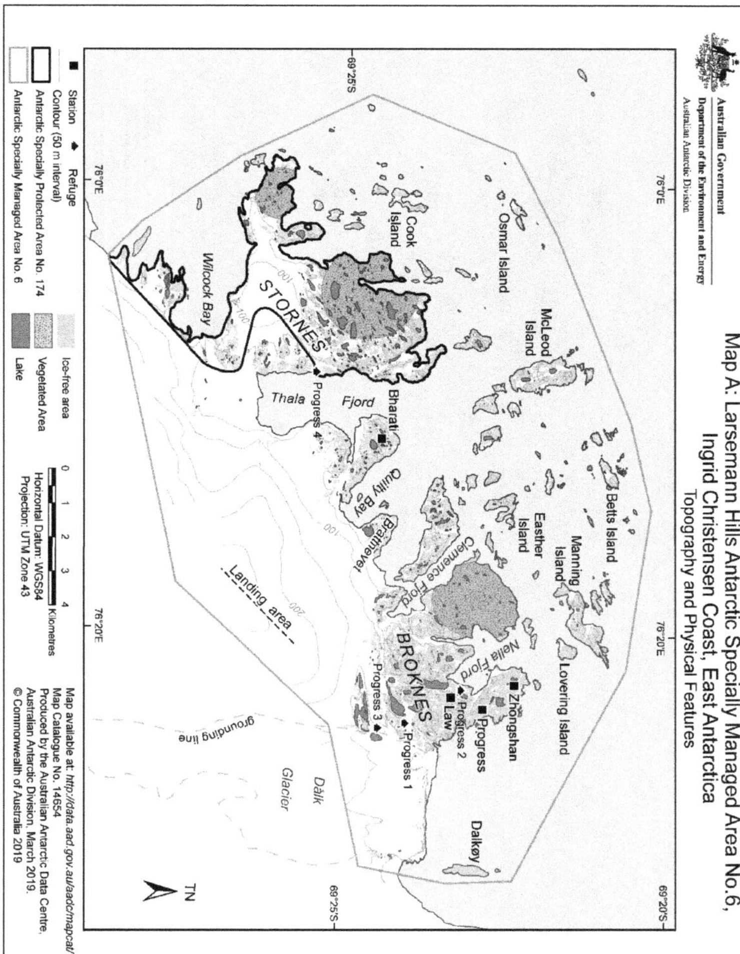
Australian Government
Department of the Environment and Energy
Australian Antarctic Division
Map A: Larsemann Hills Antarctic Specially Managed Area No.6,
Ingrid Christensen Coast, East Antarctica
Topography and Physical Features
76°0'E
76°20'E
69°20'S
69°25'S
Osmar Island
Cook Island
McLeod Island
Betts Island
Manning Island
Easther Island
Lovering Island
Wilcock Bay
STORNES
Thala
Fjord
Progress 4
Bharati
Quilty Bay
Brattnevet
Clemence Fjord
Nella Fjord
BROKNES
Zhongshan
Progress
Progress 2
Law
Progress 1
Progress 3
Dalkøy
Dålk
Glacier
grounding line
Landing area
TN
Station
Refuge
Contour (50 m interval)
Antarctic Specially Protected Area No. 174
Antarctic Specially Managed Area No. 6
Ice-free area
Vegetated Area
Lake
0 1 2 3 4 Kilometres
Horizontal Datum: WGS84
Projection: UTM Zone 43
Map available at: http://data.aad.gov.au/aadc/mapcat/
Map Catalogue No. 14654
Produced by the Australian Antarctic Data Centre,
Australian Antarctic Division, March 2019.
© Commonwealth of Australia 2019

Australian Government
Department of the Environment and Energy
Australian Antarctic Division
Map B: Larsemann Hills Antarctic Specially Managed Area No.6,
Ingrid Christensen Coast, East Antarctica
Management Zones
Osmar Island
Cook Island
McLeod Island
Betts Island
Manning Island
Easther Island
Lovering Island
Wilcock Bay
STORNES
Thala
Fjord
Bharati
Progress 4
Quilty Bay
Brattnevet
Clemence Fjord
Nella Fjord
Zhongshan
Progress
Progress 2
Law
BROKNES
Progress 1
Progress 3
Landing area
grounding line
Dålk Glacier
Dalkøy
TN
69°20'S
69°25'S
76°0'E
76°20'E
Station
Refuge
Contour (50 m interval)
Route
Ice-free area
Lake
Magnetic Quiet Zone
Facilities Zone
Antarctic Specially Protected Area No. 174
Antarctic Specially Managed Area No. 6
Kilometres
Horizontal Datum: WGS84
Projection: UTM Zone 43
Map available at: http://data.aad.gov.au/aadc/mapcat/
Map Catalogue No. 14655
Produced by the Australian Antarctic Data Centre,
Australian Antarctic Division, March 2019.
© Commonwealth of Australia 2019

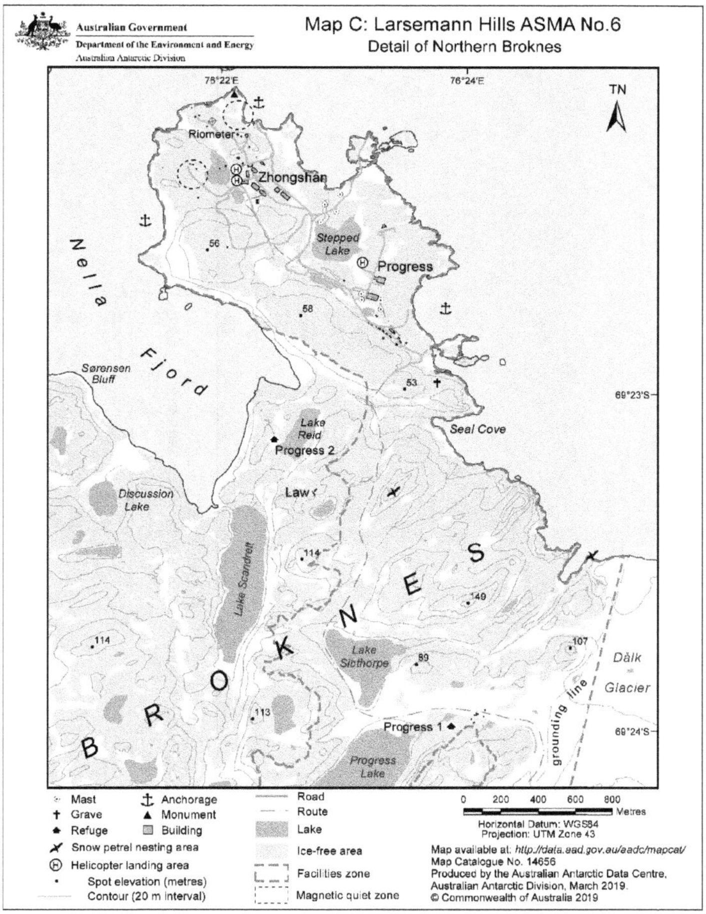
Australian Government
Department of the Environment and Energy
Australian Antarctic Division
Map C: Larsemann Hills ASMA No.6
Detail of Northern Broknes
76°22'E
76°24'E
TN
Riometer
Zhongshan
Stepped Lake
Progress
Nella Fjord
Sørensen Bluff
Seal Cove
69°23'S
Lake Reid
Progress 2
Law
Discussion Lake
Lake Scandrett
BROKNES
Lake Sibthorpe
Dålk Glacier
grounding line
69°24'S
Progress 1
Progress Lake
Mast
Grave
Refuge
Snow petrel nesting area
Helicopter landing area
Spot elevation (metres)
Contour (20 m interval)
Anchorage
Monument
Building
Road
Route
Lake
Ice-free area
Facilities zone
Magnetic quiet zone
0 200 400 600 800 Metres
Horizontal Datum: WGS84
Projection: UTM Zone 43
Map available at: http://data.aad.gov.au/aadc/mapcat/
Map Catalogue No. 14656
Produced by the Australian Antarctic Data Centre, Australian Antarctic Division, March 2019.
© Commonwealth of Australia 2019

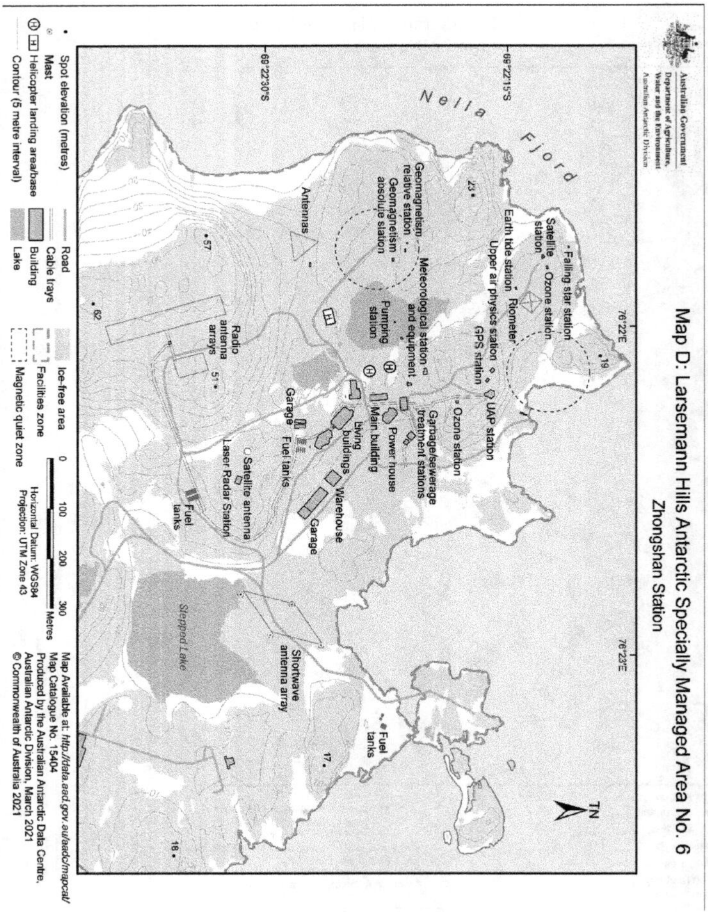
Australian Government
Department of Agriculture, Water and the Environment
Australian Antarctic Division
Map D: Larsemann Hills Antarctic Specially Managed Area No. 6
Zhongshan Station
76°22'E
76°23'E
69°22'15"S
69°22'30"S
TN
Nella Fjord
Falling star station
Satellite station
Ozone station
Earth tide station
Riometer
Upper air physics station
GPS station
UAP station
Ozone station
Garbage/sewerage treatment stations
Meteorological station and equipment
Geomagnetism relative station
Geomagnetism absolute station
Pumping station
Power house
Main building
Living buildings
Warehouse
Garage
Fuel tanks
Satellite antenna
Laser Radar Station
Antennas
Radio antenna arrays
Shortwave antenna array
Steppéd Lake
Fuel tanks
Spot elevation (metres)
Mast
Helicopter landing area/base
Contour (5 metre interval)
Road
Cable trays
Building
Lake
Ice-free area
Facilities zone
Magnetic quiet zone
0 100 200 300 Metres
Horizontal Datum: WGS84
Projection: UTM Zone 43
Map Available at: http://data.aad.gov.au/aadc/mapcat/
Map Catalogue No. 15404
Produced by the Australian Antarctic Data Centre, Australian Antarctic Division, March 2021
© Commonwealth of Australia 2021

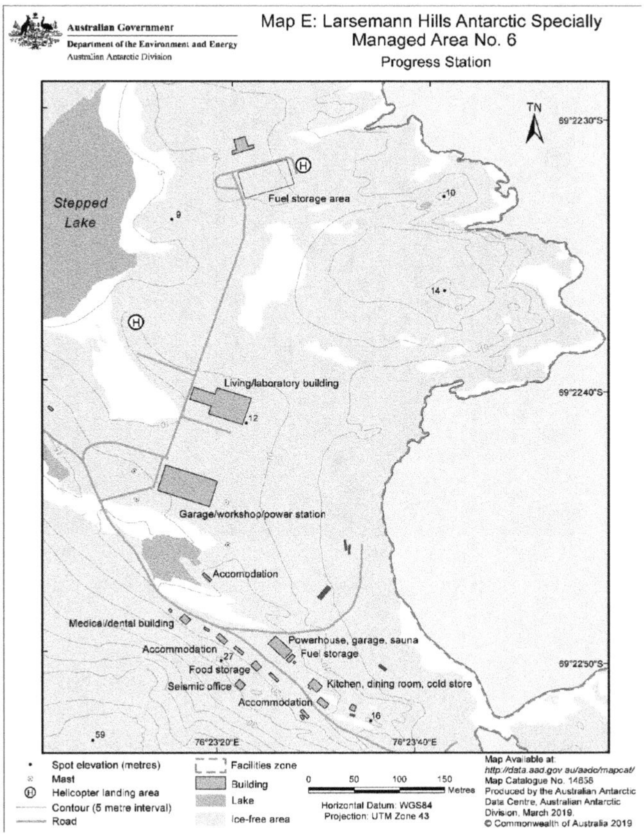
Australian Government
Department of the Environment and Energy
Australian Antarctic Division
Map E: Larsemann Hills Antarctic Specially Managed Area No. 6
Progress Station
TN
69°22'30"S
69°22'40"S
69°22'50"S
76°23'20"E
76°23'40"E
Stepped Lake
Fuel storage area
Living/laboratory building
Garage/workshop/power station
Accomodation
Medical/dental building
Accommodation
Food storage
Seismic office
Accommodation
Powerhouse, garage, sauna
Fuel storage
Kitchen, dining room, cold store
9
10
14
12
27
16
59
Spot elevation (metres)
Mast
Helicopter landing area
Contour (5 metre interval)
Road
Facilities zone
Building
Lake
Ice-free area
0
50
100
150
Metres
Horizontal Datum: WGS84
Projection: UTM Zone 43
Map Available at:
http://data.aad.gov.au/aadc/mapcat/
Map Catalogue No. 14658
Produced by the Australian Antarctic Data Centre, Australian Antarctic Division, March 2019.
© Commonwealth of Australia 2019

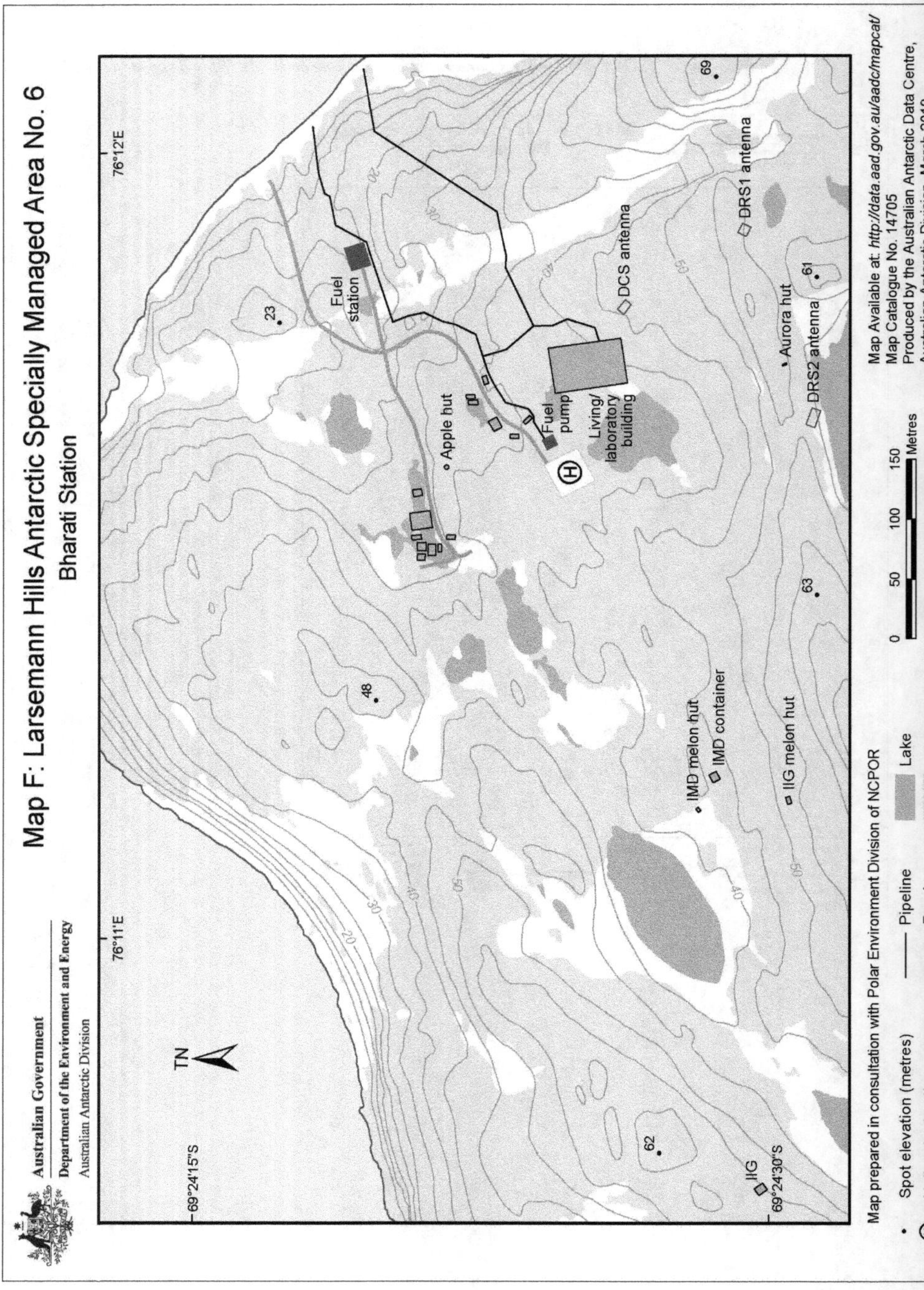
Australian Government
Department of the Environment and Energy
Australian Antarctic Division
Map F: Larsemann Hills Antarctic Specially Managed Area No. 6
Bharati Station
TN
69°24'15"S
69°24'30"S
76°11'E
76°12'E
Fuel station
Apple hut
Fuel pump
Living/ laboratory building
DCS antenna
DRS1 antenna
DRS2 antenna
Aurora hut
IMD melon hut
IMD container
IIG melon hut
IIG
23
48
61
62
63
69
0 50 100 150 Metres
Map prepared in consultation with Polar Environment Division of NCPOR
Spot elevation (metres)
Pipeline
Lake
Map Available at: http://data.aad.gov.au/aadc/mapcat/
Map Catalogue No. 14705
Produced by the Australian Antarctic Data Centre, Australian Antarctic Division, March 2019.

Plan de gestion pour

la Zone spécialement protégée de l'Antarctique (ZSPA) n° 101

ROQUERIE TAYLOR, TERRE MAC.ROBERTSON

Introduction

La roquerie Taylor est une colonie de manchots empereurs (*Aptenodytes forsteri*) située du côté est du glacier Taylor, Terre Mac.Robertson (67°27'S; 60°51'E, carte A). Le site a été à l'origine désigné, sur proposition de l'Australie, Zone spécialement protégée no 1, par la Recommandation IV-I (1966). Un plan de gestion pour la Zone a été adopté en vertu de la Recommandation XVII-2 (1992). Conformément à la Décision 1 (2002), il a été rebaptisé et renuméroté Zone spécialement protégée de l'Antarctique (ZSPA) no 101. Des plans de gestion révisés pour la ZSPA ont été adoptés en vertu de la Mesure 2 (2005), de la Mesure 1 (2010) et de la Mesure 1 (2015). La roquerie Taylor a été désigné comme une ZSPA pour protéger la colonie la plus grande que l'on connaisse de manchots empereurs se trouvant entièrement à terre.

1. Description des valeurs à protéger

Il existe maintenant 61 colonies connues de manchots empereurs autour de l'Antarctique. La première colonie terrestre a été découverte à l'Île Emperor, dans les Îles Dion, dans la Péninsule Antarctique (67° 52'S, 68° 43'O) en 1948. Environ 150 couples en phase de reproduction se trouvaient alors sur l'île, mais la population a chuté depuis les années 1970 pour ne compter que 22 couples en 1999. Aucun manchot empereur n'a été observé sur l'Îîle Dion depuis 2009 ; il semble que la colonie ait disparu. Une autre colonie terrestre a été découverte au glacier Taylor en octobre 1954. Cette colonie reste exclusivement à terre tout au long de la saison de reproduction. Du fait de cette caractéristique inhabituelle, la colonie a été désignée Zone spécialement protégée en 1966, tout comme l'Île Emperor. En 1999, une troisième colonie terrestre contenant environ 250 couples a été découverte dans la baie Amundsen, Antarctique de l'Est.

La colonie de manchots empereurs au glacier Taylor est la plus grande que l'on connaisse (Carte B) et, comme telle, elle revêt une importance scientifique exceptionnelle. Le programme antarctique australien a assuré le suivi de la population de cette colonie de façon intermittente entre 1957 et 1987, et annuellement depuis 1988. Des recensements photographiques ont abouti à des décomptes très précis. Dans les premières années, le nombre d'adultes de la colonie atteignait en moyenne 3 680 couples reproducteurs. Au cours de la période 1988-2010, la population ne comptait plus en moyenne que 2 930 couples, soit 20,5 % de moins que dans les premières années. Au cours de la période 2011-2019, la population comptait en moyenne 2 700 manchots, représentant une nouvelle baisse de 9 % (données non publiées) (voir figure 1). Les raisons de cette diminution sont toujours à l'étude. De semblables données de long terme ne sont disponibles que pour deux autres colonies de manchots empereurs à l'archipel de Pointe-Géologie (ZSPA no 120, 66°40'S, 140°01'E) et celle de l'île Haswell (ZSPA n°127, 66°31'S, 93°00'E) où les deux colonies ont diminué d'environ 43 % dans les années 1970. Des données sur les populations sont aussi disponibles pour certaines colonies de la région de la mer Ross. Elles ne sont cependant pas continues et ne comprennent pas de décomptes des colonies pendant l'hiver.

Chaque année, le programme antarctique australien effectue au maximum trois visites au glacier Taylor. Les petites collines rocheuses entourant la colonie créent des conditions idéales pour les travaux de recensement et permettent d'observer les manchots sans entrer dans l'aire de reproduction. C'est la raison pour laquelle les perturbations anthropiques de la colonie, depuis environ 1988, ont été très faibles et que l'on peut exclure l'interférence humaine directe comme un facteur potentiel d'impact sur la santé de cette population.

2. Buts et objectifs

Le plan de gestion de la roquerie Taylor vise à :

- éviter la dégradation des valeurs de la Zone ou les risques substantiels que celles-ci pourraient courir, en empêchant toute perturbation humaine inutile ;
- permettre de mener des recherches sur l'écosystème et l'environnement physique de la Zone, notamment l'avifaune, pour autant que ces recherches soient indispensables et ne puissent être menées ailleurs ;
- réduire au maximum les risques d'introduction d'agents pathogènes susceptibles de provoquer des maladies parmi les populations aviaires dans la Zone ;
- minimiser les risques d'introduction de plantes, d'animaux et de microbes exotiques dans la Zone ;
- permettre la collecte à intervalles réguliers et d'une manière durable des données sur l'évolution démographique de la colonie de manchots empereurs ; et
- autoriser des visites à des fins de gestion afin de servir les buts et les objectifs du plan de gestion.

3. Activités de gestion

Les activités de gestion suivantes seront entreprises pour protéger les valeurs de la Zone :

- des visites seront organisées selon que de besoin (de préférence au moins une fois tous les cinq ans) afin de déterminer si la Zone répond toujours aux objectifs pour lesquelles elle a été désignée et de s'assurer que les mesures de gestion sont adéquates ; et
- le plan de gestion sera réexaminé au moins tous les cinq ans et mis à jour en conséquence.

4. Durée de la désignation

La Zone est désignée pour une durée indéterminée.

5. Cartes

- Carte A : Zone spécialement protégée de l'Antarctique n° 101, Roquerie Taylor, côte Mawson, Terre Mac.Robertson, Antarctique de l'Est. L'encart indique l'emplacement par rapport au continent antarctique.
- CARTE B : Zone spécialement protégée de l'Antarctique n° 101, Roquerie Taylor : Topographie et colonie de manchots empereurs.
- CARTE C : Zone spécialement protégée de l'Antarctique n° 101, Roquerie Taylor : Approche des véhicules et des hélicoptères et site d'atterrissage.
- Carte D : Zone spécialement protégée de l'Antarctique n° 101, Roquerie Taylor : Points de démarcation de la ZSPA

Toutes les spécifications : Datum (horizontal) : WGS84; Datum (vertical) : Niveau moyen de la mer

6. Description de la Zone

6(i) Coordonnées géographiques, bornage et caractéristiques du milieu naturel

La ZSPA roquerie Taylor est située environ 90 kilomètres à l'ouest de la station de recherche australienne Mawson et englobe la totalité de l'exposition rocheuse la plus septentrionale sur le versant oriental du glacier Taylor, terre Mac.Robertson (67°14'S; 60°53'0"E, carte B). Les coordonnées des limites de la Zone sont données dans l'annexe 1 et sont présentés sur la carte D. Les limites de la Zone suivent la ligne côtière (au repère de la marée basse) à partir d'un point situé à l'angle nord-ouest de la Zone à 67°27'4.9"S, 60°52'58.2"E (point de démarcation 1), jusqu'au point de démarcation 6 situé dans une direction plutôt sud-est (67°27'27.8"S, 60°53'7.7"E). La limite continue vers l'ouest puis vers le nord (en suivant plus ou moins la ligne de la zone libre de glace) pour atteindre le point de démarcation 22 (67°27'18"S, 60°52'50.2"E), longe ensuite la falaise de glace au nord jusqu'au point de démarcation 23 (67°27'5.3"S, 60°52'57.1"E), pour enfin rejoindre le point de démarcation 1. La superficie totale est d'environ 0,27 km^2. Aucune borne ne délimite le site.

La colonie est située sur un affleurement rocheux de faible altitude dans le coin sud-ouest d'une baie formée par le glacier Taylor à l'ouest, la calotte glaciaire au sud et les îles de l'archipel Colbeck à l'est. La banquise côtière entoure la Zone au nord et à l'est. Il y a un terrain libre de glace à côté du glacier sur la limite occidentale et, au sud, la roche s'élève de manière abrupte pour rejoindre la glace du plateau. Les crêtes arrondies de la roche forment un fer à cheval autour de la zone plane située au centre qui abrite des moraines et des roches exposées. La hauteur moyenne des crêtes est d'environ 30 m. Cette zone centrale est couverte de neige en hiver et occupée par des manchots empereurs. Deux petits lacs d'eau de fonte se forment à la fin du printemps tandis qu'un petit cours d'eau s'écoule vers le nord-est.

La Zone abrite également une plage surélevée semblable à plusieurs autres jalonnant la côte de la terre Mac.Robertson. La plage comprend des cailloux, des galets et des rochers d'origine locale dont la taille varie de 1 cm à 1 m. Depuis le rivage, la plage est inclinée vers le haut jusqu'à une plate-forme bien définie de plusieurs mètres de large et de 3 à 6 m au-dessus du niveau de la mer. La Zone se définit facilement par ses particularités naturelles.

Climat

Il existe peu de données météorologiques concernant la Zone. Les conditions sont probablement similaires à celles de la zone de la station Mawson, où la température moyenne varie de +0,1 °C en janvier à -18,8 °C en août et les températures extrêmes oscillent entre +10,6 °C et -36,0 °C. La vitesse annuelle moyenne du vent est de 10,9 m par seconde ; avec de fréquentes périodes prolongées de vents catabatiques de secteur sud-est en provenance de la calotte glaciaire dont la vitesse moyenne est supérieure à 25 m/s avec des rafales pouvant dépasser 50 m/s. Parmi les autres caractéristiques du climat, citons la forte nébulosité sur l'ensemble de l'année, une humidité très faible à l'instar des précipitations et de fréquentes périodes de vents violents, de chasse-neige et de faible visibilité liée au passage de systèmes de basse pression.

Domaines environnementaux, Régions de conservation biogéographiques et Zones importantes pour la conservation des oiseaux

D'après l'analyse des domaines environnementaux de l'Antarctique (Résolution 3(2008)), la roquerie Taylor est située dans le Domaine environnemental D - Géologique du littoral de l'Antarctique oriental. D'après les régions de conservation biogéographiques de l'Antarctique (Résolution 3, 2017), la Roquerie Taylor est située dans la région biogéographique 16 Montagnes du Prince Charles. La Roquerie Taylor est identifiée comme Zone importante pour la conservation des oiseaux de l'Antarctique 119 Roquerie Taylor sur la base de la colonie de manchots empereurs (Résolution 5 (2015)).

Géologie et sols

Les roches de gneiss grenat-biote-quartz-feldspath, de granite et de migmatite de la Roquerie Taylor sont métamorphiques et probablement formées d'anciennes roches sédimentaires métamorphiques. . Les rochers métamorphiques sont pénétrés par de la charnockite Mawson d'une datation isotopique de 100 millions d'années, soit l'âge minimum des roches métamorphiques. De nombreuses zones de cisaillement recoupent la roche métamorphique striée et il existe des traces évidentes d'une ancienne surface d'érosion à environ 60 m d'altitude.

Végétation

La flore de La roquerie Taylor se compose d'au moins dix espèces de lichens (tableau 1) et d'un nombre indéterminé d'algues terrestres et dulçaquicoles. Aucune mousse n'a été enregistrée dans la Zone. Il y a dans la région 26 espèces de lichens et 3 espèces de mousse, dont 20 se trouvent sur la crête Chapman toute proche et 16 à cap Bruce sur le flanc occidental du glacier Taylor. Les types de roches ne sont pas propices à la colonisation par les lichens. La plupart des lichens observés dans la Zone poussent sur les effleurements situés à plus haute altitude, à l'extrémité méridionale, où l'action du climat est moindre.

Lichens	**Nom commun**	**Caractéristiques**
Buellia frigida		Endémique, épilithique
Caloplaca citrina	Lichen firedot	Crustacé
Candelariella flava		Commun, de couleur orange
Lecanora expectans		Épibryophytes occupant généralement des mousses
Lecidea phillipsiana		Endolithique, commun
Pseudephebe minuscula	Lichen frisé noir	Crustacé, brun foncé
Physcia caesia	Lichen rosette bleu-gris	Champignon foliacé lichénisé
Rhizoplaca melanophthalma	Lichen nombril cerclé	Subcrustose, gris clair
Xanthoria elegans	Elegant sunburst lichen	Champignon lichénisé, circumpolaire
Xanthoria mawsonii		Ornithocorprophile

Tableau 1. Plantes enregistrées à partir de la roquerie Taylor.

Oiseaux

Manchots empereurs

Le site de reproduction des manchots empereurs est constitué d'un amphithéâtre formé par la langue du glacier Taylor à l'ouest et des collines rocheuses à l'est. Les manchots occupent les surfaces planes et couvertes de neige pendant la plus grande partie de la saison de reproduction.

Les premiers juvénaux ont été observés à la mi-juillet, indiquant le début de la ponte à la mi-mai. Les juvénaux quittent l'endroit entre la mi-décembre et la mi-janvier, choisissant en général leur départ le jour où le climat est le plus clément et où les vents catabatiques ont cessé de souffler. Les adultes et leurs progénitures prennent généralement la direction nord nord-est pour gagner un polynie situé à 60-70 km de la colonie. L'étendue de la banquise côtière se réduit à environ 25 km à la mi-janvier, mais cela varie d'une année à l'autre. La polynie semble être un élément permanent de la côte Mawson.

À la suite du lancement du programme de surveillance toujours en cours en 1988, les manchots ont occupé la partie sud de la Zone jusqu'en 2010 environ. Ces dernières années, ils se sont déplacés vers le nord, où ils passent désormais l'hiver. La colonie occupe toujours la partie nord de la Zone en hiver, mais les poussins reviennent parfois dans la partie sud en novembre / décembre.

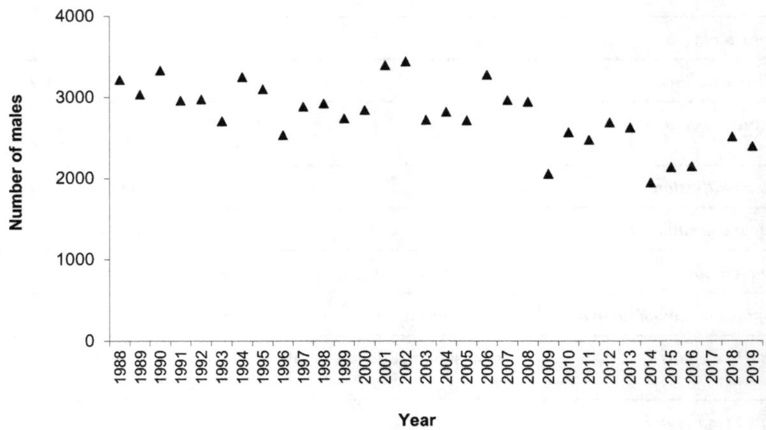

Figure 1. Nombre de manchots empereurs mâles adultes présents dans la colonie pendant l'hiver sur le glacier Taylor, 1988–2019. Source : Robertson et al. (2014) et données non publiées.

Labbes

Les labbes apparaissent souvent dans la colonie de manchots. On ne sait pas s'ils se reproduisent à cet endroit.

6(ii) Accès à la Zone

Se rendre dans la Zone en véhicule sur la glace de mer est devenu de plus en plus difficile ces dernières années. C'était généralement possible du début mai à la mi-décembre. Depuis 2005, l'accès n'est possible que de la mi-juin au début novembre. En 2017, les mauvaises conditions de la glace de mer ont rendu impossibles les visites hivernales. L'accès par aéronef peut être envisageable conformément à la section 7 (ii) de ce plan.

6(iii) Emplacement de structures à l'intérieur et à proximité de la Zone

Deux caméras automatiques ont été installées dans la Zone en 2011 sur les crêtes rocheuses bordant la zone de reproduction des manchots (voir la carte B pour la localisation des caméras : 67°27'24"S, 60°52'55"E et 67°27'12"S, 60°53'06"E). Un abri à quatre couchettes est situé dans l'archipel Colbeck, à environ cinq kilomètres au nord-est de la Zone (voir carte A – 67°26'17.9"S, 60°59'23.6"E). La station Mawson (67°36' S, 62°53' E) se trouve à environ 90 km à l'est.

6(iv) Emplacement d'autres zones protégées à proximité directe de la Zone

La ZSPA no 102, îles Roquery, Terre Mac.Robertson (67°36'36'' S et 62°32'01'' E) est située à environ 80 km à l'est de la Roquerie Taylor (voir carte A).

6(v) Zones spéciales à l'intérieur de la Zone

Il n'y a aucune aire spéciale à l'intérieur de la Zone.

7. Critères de délivrance des permis d'accès

7(i) Critères généraux

L'accès à la Zone est interdit sauf si un permis a été délivré par une autorité nationale competente. Les critères de délivrance de permis d'accès à la Zone sont les suivants :

- un permis sera délivré uniquement pour des raisons scientifiques indispensables qu'il n'est pas possible de justifier ailleurs, notamment pour l'étude scientifique de l'avifaune et de l'écosystème de la Zone, ou à des fins de gestion essentielles conformes aux objectifs du plan comme l'inspection, le gestion ou l'examen ;
- les actions autorisées ne porteront pas atteinte aux valeurs de la Zone ;
- les actions autorisées sont conformes au plan de gestion ;
- le permis ou une copie autorisée sera emporté dans la Zone ;
- un rapport de visite sera remis à l'autorité désignée dans le permis ;
- le permis sera délivré pour une durée donnée ; et
- l'autorité nationale compétente sera notifiée de toutes les activités et mesures entreprises, qui ne sont pas incluses dans le permis délivré.

7(ii) Accès à la Zone et déplacements à l'intérieur de celle-ci

Dans la mesure du possible, l'accès des véhicules à la Zone devrait se faire à partir de la glace de mer du côté est, à l'ouest de l'archipel Colbeck pour éviter de traverser les voies des manchots de la colonie à la mer (voir carte B). L'accès à la Zone en véhicule est interdit. Les véhicules utilisés pour les opérations de transport à la Zone doivent être laissés à l'extérieur de la Zone, à l'est, et l'accès à la Zone doit se faire à pied. La voie d'approche réservée aux véhicules est indiquée sur la carte C.

Les conditions ci-après s'appliquent à l'utilisation d'aéronefs :

- il faut en tout temps éviter que les aéronefs perturbent la colonie ;
- les survols de la colonie sont interdits sauf lorsqu'ils sont indispensables pour des raisons scientifiques ou de gestion. Les survols doivent avoir lieu à une altitude d'au moins 930 m pour les hélicoptères monomoteurs et les aéronefs à voilure fixe et d'au moins 1 500 m pour les hélicoptères bimoteurs ;
- les aéronefs à voilure fixe ne sont pas autorisés à atterrir à l'intérieur de la Zone ;
- les aéronefs à voilure fixe utilisés pour s'approcher de la Zone ne peuvent pas atterrir ou décoller dans un rayon de 930 m de la colonie ou voler dans un rayon de 750 m de celle-ci ;
- les hélicoptères doivent approcher la Zone par l'est en survolant la glace de mer, et atterrir de préférence - lorsque les conditions de glace de mer le permettent - en dehors de la Zone au point marqué "H" sur la carte C (60°53'32.5"E, 67°27'6.1"S), l'accès à la Zone se faisant ensuite à pied ;
- lorsqu'ils atterrissent en dehors de la Zone, les hélicoptères monomoteurs ne devront pas atterrir ou décoller dans un rayon de 930 m ou voler dans un rayon de 750 m de la colonie tandis que les hélicoptères bimoteurs ne devront pas atterrir, décoller ou voler dans un rayon de 1 500 m de la colonie ;
- si l'atterrissage à l'intérieur de la Zone est indispensable à cause de l'état inadéquat de la glace de mer, seuls les hélicoptères monomoteurs peuvent atterrir dans le nord-est de la Zone au point marqué "H" sur la carte C (60°53'17.8"E, 67°27'6.8"S), où un promontoire au sud masque la vue et amoindrit le bruit de la colonie ;
- les hélicoptères monomoteurs qui se préparent à atterrir dans la Zone devront voler le plus bas possible sans danger au-dessus de la glace de mer pour ne pas perturber la colonie ; et
- le ravitaillement des aéronefs n'est pas autorisé à l'intérieur de la Zone.

Les survols de colonies d'oiseaux dans la Zone par des systèmes d'aéronefs télépilotés (RPAS) sont interdits, sauf lorsque cela est indispensable à des fins scientifiques ou de gestion impérieuses. Ces survols doivent être effectués conformément aux *Directives environnementales pour l'exploitation des systèmes d'aéronefs télépilotés (RPAS) en Antarctique*.

Il n'existe aucun tracé pour piétons dans la Zone. À moins que le permis ne l'autorise, les piétons doivent rester à bonne distance de l'aire de la colonie (au moins 50 m) et céder le passage aux manchots qui partent et arrivent. Les piétons qui se déplacent dans la Zone et autour d'elle devront éviter dans la mesure du possible de traverser les voies d'accès des oiseaux ou traverser rapidement sans entraver la circulation des manchots.

7(iii) Activités menées ou pouvant être menées dans la Zone, incluant des restrictions temporelles et spatiales

Des manchots peuvent se trouver dans la Zone la plupart des mois de l'année, et sont particulièrement sensible aux nuisances au cours des périodes suivantes :

- de la mi-mai à la mi-juillet, lorsqu'ils couvent leurs œufs ; et
- de la mi-juillet à la mi-septembre, lorsque les adultes couvent leur progéniture.

Il est possible d'accéder à la Zone pour y effectuer des recensements de la colonie de manchots empereurs. Cette colonie est idéale pour le travail de recensement car ce dernier peut être réalisé sans perturber les oiseaux. Le meilleur endroit pour observer et photographier les manchots en hiver sont les promontoires rocheux qui longent le glacier Taylor, du côté ouest de la colonie, et du côté est de la Zone. Le créneau idéal pour recenser les adultes va du 22 juin au 5 juillet car c'est pendant cette période que la plupart des oiseaux présents sont des mâles qui couvent, chacun représentant un couple en phase de reproduction.

D'autres activités peuvent être menées dans la Zone :

- recherches scientifiques indispensables qui ne peuvent pas être effectuées ailleurs et qui ne porteront pas atteinte à l'avifaune ou à l'écosystème de la Zone ;
- activités de gestion essentielles, y compris la surveillance ; et
- échantillonnage, qui devra être le minimum requis pour exécuter les programmes de recherche autorisés.

7(iv) Installation, modification ou enlèvement de structures

Aucune nouvelle structure ne sera installée dans la Zone, ni aucun équipement scientifique, sauf en cas de raison scientifique ou de gestion impérative et uniquement pour une période prédéfinie, ainsi que le précisera un permis. Tous les dispositifs de bornage ainsi que le matériel scientifique installés dans la Zone devront être fixés et soigneusement entretenus, et identifier clairement le pays, le nom du responsable de l'équipe de recherche et l'année de l'installation. Tout équipement doit être fabriqué avec des matériaux qui posent un risque minimum, non seulement de perturbation de la faune et de la flore, mais aussi de pollution de la Zone.

Le permis sera notamment octroyé sous la condition que le matériel utilisé pour mener l'activité autorisée soit retiré de la Zone, au plus tard lorsque ladite activité sera terminée. Des informations détaillées sur les bornes et le matériel laissés temporairement sur place (coordonnées GPS, description, identification, etc., ainsi que la date de retrait prévue) doivent être transmises à l'autorité ayant délivré le permis.

Toute cabane abri temporaire, pour autant qu'il soit autorisé, doit être installé à bonne distance de la colonie de manchots au point où, au nord-est de la Zone, un promontoire orienté sud masque la colonie (carte C).Tout abri temporaire, pour autant qu'il soit autorisé, doit être installé à bonne distance de la colonie de manchots au point où, au nord-est de la Zone, un promontoire orienté sud masque la colonie.

7(v) Emplacement des camps de base

Un abri à quatre couchettes est situé dans l'archipel Colbeck, à environ 5 kilomètres au nord-est de la Zone (67°26'17.9"S, 60°59'23.6"E,).

Un campement peut être installé dans la Zone mais il doit l'être très à l'écart de la colonie de manchots, de préférence au point où, au nord-est de la Zone, un promontoire orienté sud masque la colonie (comme indiqué sur la carte B).

7(vi) Restrictions sur les matériaux et organismes pouvant être introduits dans la Zone

- Aucun produit de la volaille, y compris des aliments séchés contenant des œufs en poudre, ne peut être introduit dans la Zone.
- Aucune réserve de nourriture et autres fournitures ne seront laissées dans la Zone au-delà de la saison pour laquelle elles sont destinées.
- L'introduction délibérée d'animaux, de matières végétales, de microorganismes et de terre non stérile dans la Zone ne sera pas autorisée. Des mesures de précaution draconiennes doivent être prises pour éviter l'introduction accidentelle de tout animal, forme végétale, microorganisme et terre non stérile provenant de régions biologiques distinctes (comprises à l'intérieur ou à l'extérieur de la zone du Traité sur l'Antarctique) ;
- Les vêtements, les chaussures et autres équipements utilisés ou introduits dans la Zone (y compris les sacs à dos, les mallettes et les tentes) seront, dans toute la mesure du possible, minutieusement nettoyés avant d'entrer dans la Zone.
- Les chaussures, le matériel d'échantillonnage et de recherche ainsi que les balises entrés en contact avec le sol seront désinfectés ou nettoyés à l'eau chaude et eau de javel avant d'entrer et en repartant de la Zone, afin d'éviter au maximum l'introduction accidentelle d'animaux, de matière végétale, de micro-organismes et de sols non-stériles dans la Zone. Le nettoyage doit se faire dans l'abri ou dans la station.
- Les visiteurs doivent également consulter et observer les recommandations contenues dans le Manuel sur les espèces non indigènes du Comité pour la protection de l'environnement et dans le Code de conduite environnemental du Comité scientifique pour la recherche en Antarctique (SCAR) pour la recherche scientifique de terrain en zone continentale en Antarctique.
- Aucun herbicide ni pesticide ne doit y être introduit. Tout autre produit chimique, y compris les radionucléides ou isotopes stables, susceptible d'être introduit à des fins scientifiques ou de gestion en vertu du permis, sera retiré de la Zone au plus tard à la fin des activités prévues par le permis.
- Aucun combustible ne sera entreposé dans la Zone sauf pour répondre aux objectifs essentiels de l'activité pour laquelle le permis a été délivré. Tout combustible sera retiré de la Zone à l'issue de l'activité autorisée par le permis. Tout stockage permanent de combustible est interdit.
- Tous les matériaux seront introduits dans la Zone pour une période déterminée. Ils seront retirés de ladite Zone au plus tard à la fin de cette période, puis ils seront manipulés et entreposés de manière à minimiser les risques pour l'environnement.

7 (vii) Prélèvement de végétaux, capture d'animaux ou perturbations nuisibles de la faune et la flore

toute capture ou perturbation nuisible à la faune et la flore est interdite sauf avec un permis ; Dans le cas de prélèvements ou de perturbations nuisibles d'animaux, le Code de conduite du SCAR pour l'utilisation d'animaux à des fins scientifiques dans l'Antarctique devra être utilisé comme norme minimale.

Les travaux de recherche ornithologique sur les oiseaux de mer en phase de reproduction qui sont présents dans la Zone se limiteront à des activités non invasives et non perturbatrices. Si elle est nécessaire, la capture d'oiseaux devra se faire dans toute la mesure du possible à l'extérieur de la Zone afin de réduire la perturbation de la colonie.

7(viii) Ramassage ou enlèvement de tout élément qui n'a pas été apporté dans la Zone par le titulaire du permis

Les matériaux ne peuvent être ramassés ou enlevés de la Zone qu'en conformité avec un permis, mais ils doivent être limités au minimum requis pour répondre aux besoins scientifiques ou de gestion.

Tout matériau d'origine humaine qui est susceptible d'avoir un impact sur les valeurs de la Zone et n'a pas été introduit par le titulaire du permis ou toute autre personne autorisée, peut être enlevé dans la mesure où cet enlèvement n'entraîne pas de conséquences plus graves que de le laisser in situ. Si de tels matériaux sont trouvés, il incombe aux chercheurs d'en informer l'autorité responsable de la délivrance des permis, si possible lorsqu'ils se trouvent encore dans la Zone.

7(ix) Élimination des déchets

Tous les déchets, y compris les déchets humains, seront évacués de la Zone. Les déchets des groupes de chercheurs seront stockés de telle sorte que la vie sauvage (labbes par exemple) ne puisse pas s'en nourrir en attendant leur évacuation ou leur enlèvement. Les déchets doivent être retirés au plus tard à la date à laquelle le groupe quitte la Zone. Les déchets humains et les eaux usées peuvent être évacués dans la mer bien en dehors de la Zone.

7(x) Mesures nécessaires pour que les buts et objectifs du plan de gestion continuent d'être atteints

Des permis peuvent être délivrés pour avoir accès à la Zone afin de :

- mener des activités de suivi biologique et d'inspection de la Zone, lesquelles peuvent comprendre le prélèvement d'échantillons pour analyse ou examen ;
- ériger ou entretenir du matériel et des structures scientifiques, ainsi que des balises ; ou
- mettre en œuvre d'autres mesures de protection.

Tous les sites spécifiques qui font l'objet d'une surveillance de longue durée doivent être bien balisés et un positionnement GPS doit être obtenu pour leur hébergement dans le Système de répertoire de données de l'Antarctique par l'intermédiaire de l'autorité nationale compétente.

Les visiteurs prendront des mesures de précaution spécifiques afin de ne pas introduire d'organismes non indigènes dans la Zone. Il conviendra notamment de ne pas introduire d'agents pathogènes, de microbes et de plantes issus des sols, de la faune ou de la flore d'autres sites antarctiques, y compris les stations de recherche, ou provenant d'autres régions hors de l'Antarctique. Pour minimiser le risque d'introduction, avant d'entrer dans la Zone, les visiteurs doivent soigneusement nettoyer les chaussures et tout équipement à utiliser dans la Zone, en particulier l'équipement d'échantillonnage et les marqueurs.

7(xi) Rapports de visites

Pour chaque visite dans la Zone, le titulaire principal du permis doit soumettre un rapport aux autorités nationales compétentes dans les meilleurs délais et au plus tard six mois après la fin de la visite. Ces rapports de visite devront inclure, s'il y a lieu, les informations identifiées dans le formulaire recommandé figurant dans le *Guide pour l'élaboration des plans de gestion des zones spécialement protégées de l'Antarctique*. Le cas échéant, l'autorité nationale doit également adresser un exemplaire du rapport de visite à la Partie qui a proposé le plan de gestion, afin d'aider à la gestion de la Zone et à la révision du plan de gestion. Dans la mesure du possible, les Parties sont tenues de déposer les originaux ou les copies de ces rapports de visite originels dans un lieu d'archivage accessible au public, en vue d'un réexamen du plan de gestion et de l'organisation scientifique de la Zone.

Une copie du rapport doit être transmise à la Partie responsable de l'élaboration du plan de gestion (Australie) afin de contribuer à la gestion de la Zone et à la surveillance des populations aviaires.

8. Documents

Barbraud, C., Gavrilo M, Mizin, Y. and Weimerskirch, W. (2011) Comparison of emperor penguin declines between Pointe Géologie and Haswell Island over the past 50 years. *Antarctica Science* 23: 461-468.

Barbraud, C., Delord, K., Bost, C.A., Chaigne, A., Marteau, C. and Weimerskirch, H. (2020) Population trends of penguins in the French Southern Territories. *Polar Biology* 43: 835-850.

Budd, G.M. (1961): The biotopes of emperor penguin rookeries. *Emu* 61:171-189.

Budd, G.M. (1962): Population studies in rookeries of the emperor penguin Aptenodytes forsteri.

Proceedings of the Zoological Society, London 139: 365-388.

Crohn, P.W. (1959): A contribution to the geology and glaciology of the western part of the Australian Antarctic Territory. *Bulletin of the Bureau of Mineral Resources, Geology and Geophysics, Australia*, No. 32.

Filson, R.B. (1966): The lichens and mosses of Mac.Robertson Land. Melbourne: Department of External Affairs, Australia (Antarctic Division).

Fretwell, P.T., LaRue, M.A., Morin, P., Kooyman, G.L., Wienecke, B., et al. (2012) An emperor penguin population estimate: the first global, synoptic survey of a species from space. *PLoS ONE* 7(4): e33751. doi:10.1371/journal.pone.0033751

Fretwell, P. T. and Trathan, P. N. (2020) Discovery of new colonies by Sentinel2 reveals good and bad news for emperor penguins. *Remote Sensing in Ecology and Conservation.* doi.org/10.1002/rse2.176

Horne, R.S.C. (1983): The distribution of penguin breeding colonies on the Australian Antarctic Territory, Heard Island, the McDonald Islands and Macquarie Island. *ANARE Research Notes* No. 9.

Kato, A. and Ichikawa, H. (1999) Breeding status of Adélie and Emperor penguins in the Mt RiisserLarsen area, Amundsen Bay. *Polar Bioscience* 12: 36-39.

Kirkwood, R. and Robertson, G. (1997): Seasonal change in the foraging ecology of emperor penguins on the Mawson Coast, Antarctica. *Marine Ecology Progress Series* 156: 205-223.

Kirkwood, R. and Robertson, G. (1997): The energy assimilation efficiency of emperor penguins, *Aptenodytes forsteri*, fed a diet of Antarctic krill, *Euphausia superba. Physiological Zoology* 70: 27-32.

Kirkwood, R. and Robertson, G. (1997): The foraging ecology of female emperor penguins in winter. *Ecological Monographs* 67: 155-176.

Kirkwood, R. and Robertson, G. (1999): The occurrence and purpose of huddling by Emperor penguins during foraging trips. *Emu* 99: 40-45.

Longton, R. E. (1988): Biology of polar bryophytes and lichens, Cambridge University Press, Cambridge, pp. 307-309.

Melick, D. R., Hovenden, M. J. and Seppelt, R. D. (1994): Phytogeography of bryophyte and lichen vegetation in the Windmill Islands, Wilkes Land, Continental Antarctica. *Vegetation* 111: 71-87.

Morgan, F., Barker, G., Briggs, C. Price, R. and Keys, H (2007): Environmental Domains of Antarctica, Landcare Research New Zealand Ltd

Øvstedal, D. O. and Lewis Smith, R. I. (2001): Lichens of Antarctica and South Georgia: A guide to their identification and ecology, Cambridge University Press, Cambridge.

Robertson, G. (1990): Huddles. *Australian Geographic* 20: 76-94.

Robertson, G. (1992): Population size and breeding success of emperor penguins *Aptenodytes forsteri* at the Auster and Taylor Glacier Colonies, Mawson Coast, Antarctica. Emu. 92: 62-71.

Robertson, G. (1994): The foraging ecology of emperor penguins (*Aptenodytes forsteri*) at two Mawson Coast Colonies, Antarctica. *PhD Thesis, University of Tasmania.*

Robertson, G. (1995): The foraging ecology of emperor penguins *Aptenodytes forsteri* at two Mawson Coast colonies, Antarctica. *ANARE Reports* 138, 139.

Robertson, G. and Newgrain, K. (1992): Efficacy of the tritiated water and 22Na turnover methods in estimating food and energy intake by Emperor penguins *Aptenodytes forsteri. Physiological Zoology* 65:933-951.

Robertson, G., Wienecke, B., Emmerson, L., and Fraser, A.D. (2014). Long-term trends in the population size and breeding success of emperor penguins at the Taylor Glacier colony, Antarctica. *Polar Biology* 37: 251-259.

Robertson, G., Williams, R. Green, K. and Robertson, L. (1994): Diet composition of emperor penguin chicks *Aptenodytes forsteri* at two Mawson Coast colonies, Antarctica. *Ibis* 136: 19-31

Schwerdtfeger, W. (1970): *The climate of the Antarctic. In: Climates of the Polar Regions* (*ed. S. Orvig*), pp. 253-355.

Schwerdtfeger, W. (1984). Weather and Climate of the Antarctic. In *Developments in Atmospheric Science*, Vol. 15, Elsevier Science, New York, 261 pp.

Streten, N.A. (1990): A review of the climate of Mawson – a representative strong wind site in East Antarctica. *Antarctic Science* 2: 79-89.

Trail, D.S. (1970): ANARE 1961 Geological traverses on the Mac.Robertson Land and Kemp Land Coast. *Bulletin of the Bureau of Mineral Resources, Geology and Geophysics, Australia*, No. 135.

Trail, D.S., McLeod, I.R., Cook, P.J. and Wallis, G.R. (1967): Geological investigations by the Australian National Antarctic Research Expeditions 1965. *Bulletin of the Bureau of Mineral Resources, Geology and Geophysics, Australia*, No. 118.

Trathan, P.N., Fretwell, P.T. and Stonehouse, B. (2011) First recorded loss of an emperor penguin colony in the recent period of Antarctic regional warming: implications for other colonies. *PLoS ONE* 6: e14738.

Trathan, P. N., Wienecke, B., Barbraud, C., Jenouvrier, S., Kooyman, G., Le Bohec, C., & Fretwell, P. T. (2020). The emperor penguin-Vulnerable to projected rates of warming and sea ice loss. *Biological Conservation* 241 108216.

Whinam J, Chilcott N. and Bergstrom D.M. 2005: Subantarctic hitchhikers: expeditioners as vectors for the introduction of alien organisms. *Biological Conservation* 121: 207-219.

Wienecke, B., Kirkwood, R. and Robertson, G. (2004): Pre-moult foraging trips and moult locations of emperor penguins at the Mawson Coast. *Polar Biology* 27: 83-91.

Wienecke, B. C. and Robertson, G. (1997): Foraging space of emperor penguins *Aptenodytes forsteri* in Antarctic shelf waters in winter. *Marine Ecology Progress Series* 159: 249-263.

Wienecke, B., Robertson, G., Kirkwood and R., Lawton, K. (2007): Extreme dives by free-ranging emperor penguins. *Polar Biology* 30: 133-142.

Wienecke, B., Kirkwood, R. and Robertson, G. (2004): Pre-moult foraging trips and moult locations of emperor penguins at the Mawson Coast. *Polar Biology* 27: 83-91.

Wienecke, B. (2009): Emperor penguin colonies in the Australian Antarctic Territory: how many are there? *Polar Record* 45: 304-312.

Wienecke, B. (2009): The history of the discovery of emperor penguin colonies, 1902-2004. *Polar Record* 46: 271-276.

Willing, R.L. (1958): Australian discoveries of Emperor penguin rookeries in Antarctica during 1954-57. *Nature, London*, 182: 1393-1394.

Annexe 1 : Zone spécialement protégée de l'Antarctique n° 101, Roquerie Taylor : coordonnées des limites de démarcation

Point de démarcation	Latitude (S)	Longitude (E)	Point de démarcation	Latitude (S)	Longitude (E)
1	67°27'4.9"	60°52'58.2"	14	67°27'27.9"	60°52'49.3"
2	67°27'17.1"	60°53'29.5"	15	67°27'28.7"	60°52'48.8"
3	67°27'17.7"	60°53'31.0"	16	67°27'28.9"	60°52'47.7"
4	67°27'21.6"	60°53'27.5"	17	67°27'28.9"	60°52'46.5"
5	67°27'22.4"	60°53'19.3"	18	67°27'28.3"	60°52'46.0"
6	67°27'27.8"	60°53'7.7"	19	67°27'24.9"	60°52'45.4"
7	67°27'29.1"	60°53'4.9"	20	67°27'20.7"	60°52'50.1"
8	67°27'29.8"	60°53'2.6"	21	67°27'19.3"	60°52'49.9"
9	67°27'30.1"	60°53'0.5"	22	67°27'18.0"	60°52'50.2"
10	67°27'29.8"	60°52'57.1"	Longe la falaise de glace au nord		
11	67°27'29.3"	60°52'55.5"	23	67°27'5.3"	60°52'57.1"
12	67°27'28.0"	60°52'54.6"			
13	67°27'27.4"	60°52'51.5"			

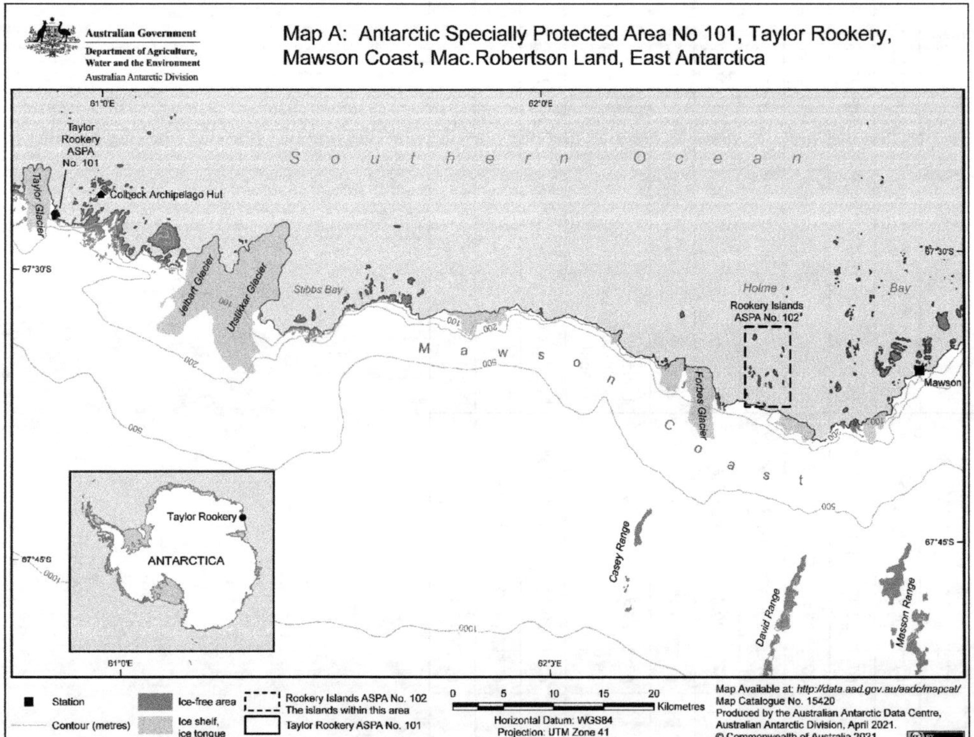
Australian Government
Department of Agriculture, Water and the Environment
Australian Antarctic Division
Map A: Antarctic Specially Protected Area No 101, Taylor Rookery, Mawson Coast, Mac.Robertson Land, East Antarctica
Southern Ocean
Taylor Rookery ASPA No. 101
Taylor Glacier
Colbeck Archipelago Hut
Jelbart Glacier
Utstikkar Glacier
Stibbs Bay
Mawson Coast
Holme Bay
Rookery Islands ASPA No. 102*
Forbes Glacier
Mawson
Casey Range
David Range
Masson Range
Taylor Rookery
ANTARCTICA
61°0'E
62°0'E
67°30'S
67°45'S
Station
Contour (metres)
Ice-free area
Ice shelf, ice tongue
Rookery Islands ASPA No. 102
The islands within this area
Taylor Rookery ASPA No. 101
0 5 10 15 20 Kilometres
Horizontal Datum: WGS84
Projection: UTM Zone 41
Map Available at: http://data.aad.gov.au/aadc/mapcat/
Map Catalogue No. 15420
Produced by the Australian Antarctic Data Centre, Australian Antarctic Division, April 2021.
© Commonwealth of Australia 2021

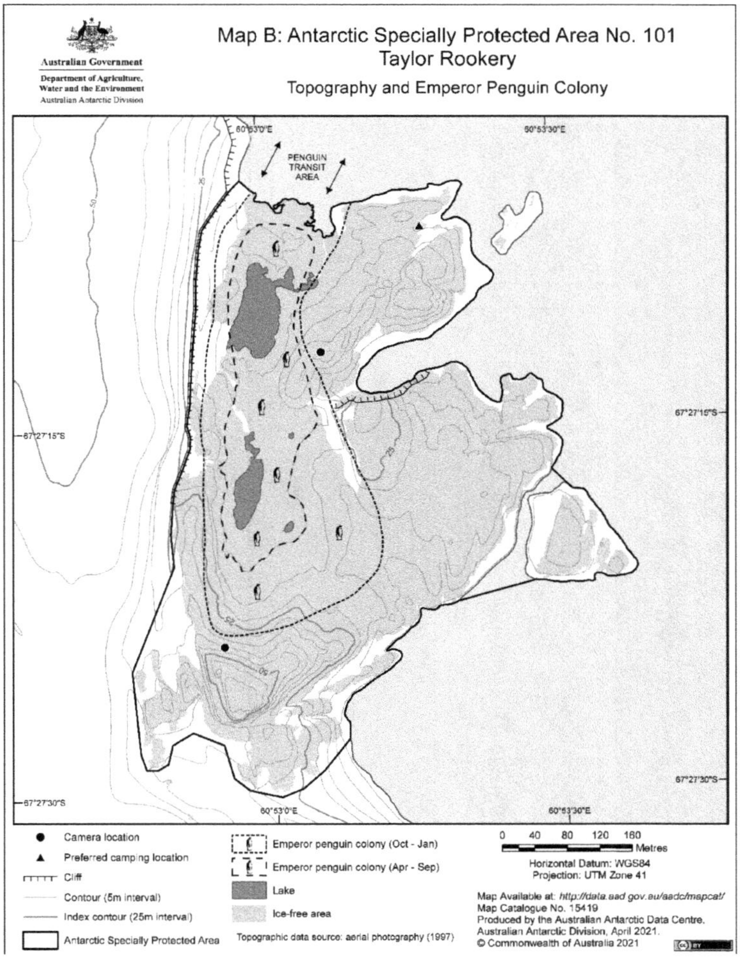
Australian Government
Department of Agriculture, Water and the Environment
Australian Antarctic Division
Map B: Antarctic Specially Protected Area No. 101
Taylor Rookery
Topography and Emperor Penguin Colony
60°53'0"E
60°53'30"E
PENGUIN TRANSIT AREA
67°27'15"S
67°27'30"S
Camera location
Preferred camping location
Cliff
Contour (5m interval)
Index contour (25m interval)
Antarctic Specially Protected Area
Emperor penguin colony (Oct - Jan)
Emperor penguin colony (Apr - Sep)
Lake
Ice-free area
Topographic data source: aerial photography (1997)
0 40 80 120 160
Metres
Horizontal Datum: WGS84
Projection: UTM Zone 41
Map Available at: http://data.aad.gov.au/aadc/mapcat/
Map Catalogue No. 15419
Produced by the Australian Antarctic Data Centre, Australian Antarctic Division, April 2021.
© Commonwealth of Australia 2021

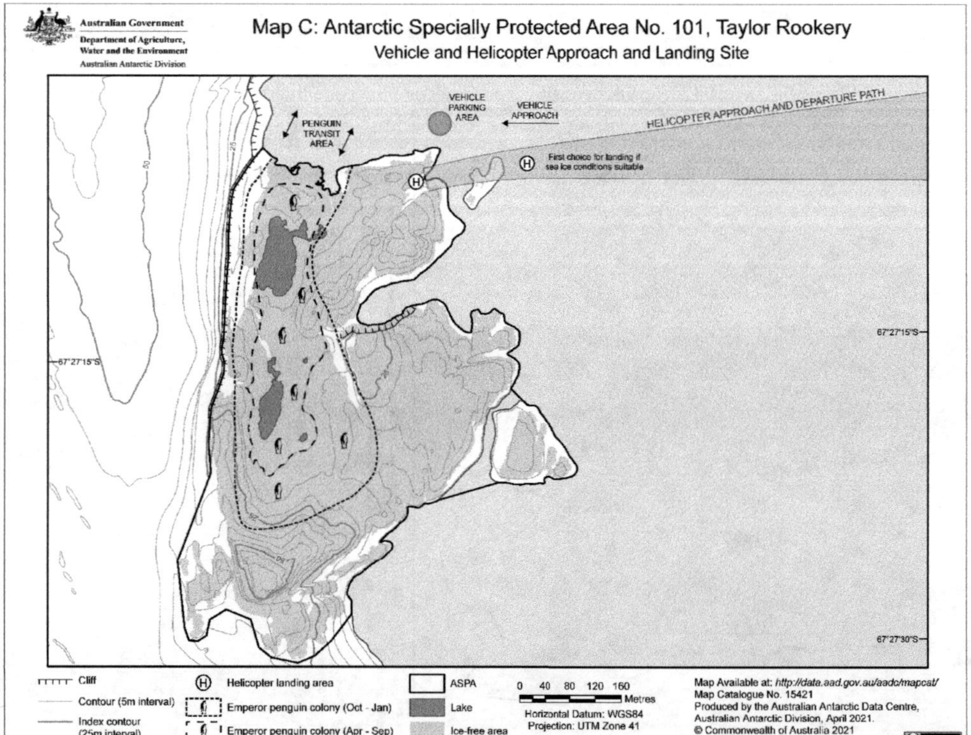

Australian Government
Department of Agriculture, Water and the Environment
Australian Antarctic Division
Map C: Antarctic Specially Protected Area No. 101, Taylor Rookery
Vehicle and Helicopter Approach and Landing Site
VEHICLE PARKING AREA
VEHICLE APPROACH
PENGUIN TRANSIT AREA
HELICOPTER APPROACH AND DEPARTURE PATH
First choice for landing if sea ice conditions suitable
67°27'15"S
67°27'30"S
Cliff
Contour (5m interval)
Index contour (25m interval)
Helicopter landing area
Emperor penguin colony (Oct - Jan)
Emperor penguin colony (Apr - Sep)
ASPA
Lake
Ice-free area
0 40 80 120 160 Metres
Horizontal Datum: WGS84
Projection: UTM Zone 41
Map Available at: http://data.aad.gov.au/aadc/mapcat/
Map Catalogue No. 15421
Produced by the Australian Antarctic Data Centre, Australian Antarctic Division, April 2021.
© Commonwealth of Australia 2021

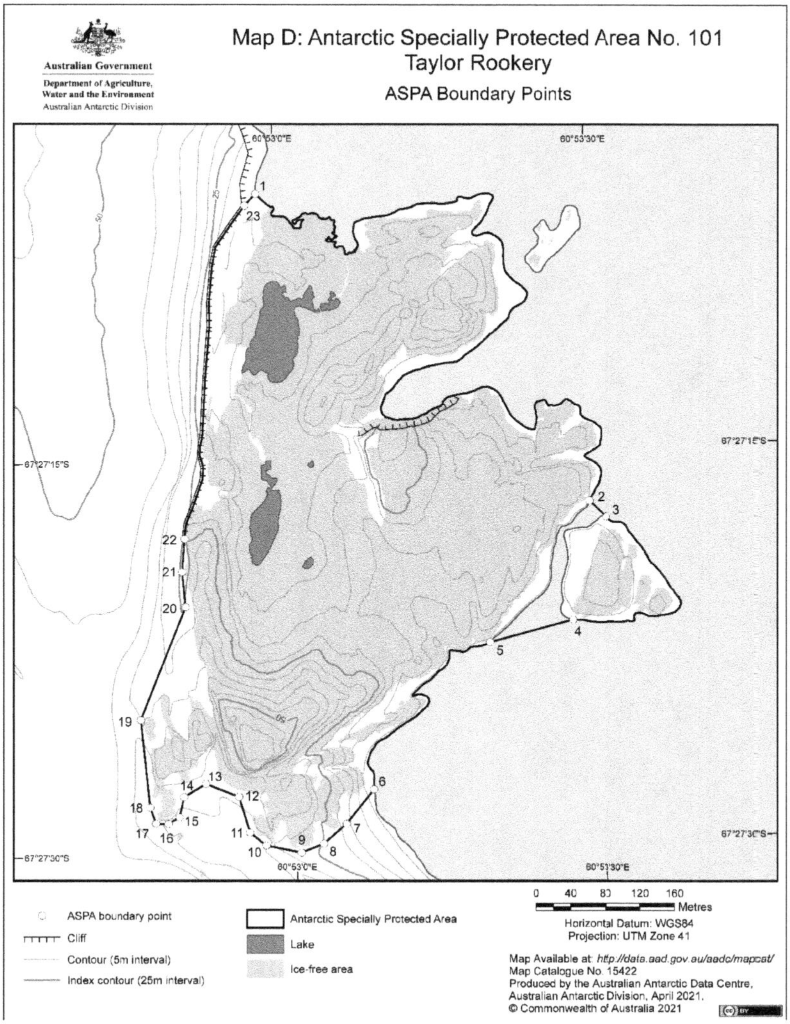

Australian Government
Department of Agriculture, Water and the Environment
Australian Antarctic Division
Map D: Antarctic Specially Protected Area No. 101
Taylor Rookery
ASPA Boundary Points
60°53'0"E
60°53'30"E
67°27'15"S
67°27'1E"S
67°27'3C"S
67°27'30"S
ASPA boundary point
Cliff
Contour (5m interval)
Index contour (25m interval)
Antarctic Specially Protected Area
Lake
Ice-free area
0 40 80 120 160
Metres
Horizontal Datum: WGS84
Projection: UTM Zone 41
Map Available at: http://data.aad.gov.au/aadc/mapcat/
Map Catalogue No. 15422
Produced by the Australian Antarctic Data Centre, Australian Antarctic Division, April 2021.
© Commonwealth of Australia 2021

Plan de gestion pour

la zone spécialement protégée de l'Antarctique (ZSPA) n° 102

ÎLES ROOKERY, BAIE HOLME, TERRE MAC.ROBERTSON

Introduction

Les îles Rookery sont un groupe de petites îles et de rochers dans la partie ouest de la baie de Holme, au nord des chaînes Masson et David sur la terre Mac.Robertson, Antarctique de l'Est (67°36'36"S, 62°32'01" E, Carte A et carte B). Elles avaient été à l'origine désignées zone spécialement protégée n° 2 par la Recommandation IV-II (1966) sur proposition de l'Australie. Un plan de gestion pour la zone a été adopté en vertu de la Recommandation XVII-2 (1992). Conformément à la Décision 1 (2002), le site a été rebaptisé et renuméroté comme zone spécialement protégée de l'Antarctique (ZSPA) n° 102. Des plans de gestion révisés pour la ZSPA ont été adoptés en vertu de la Mesure 2 (2005), la Mesure 2 (2010) et la Mesure 2 (2015). La zone a été désignée pour protéger les colonies nicheuses de six espèces d'oiseaux résidant dans la région, y compris le pétrel géant (*Macronectes giganteus*) et le damier du Cap (*Daption capense*) ; ces espèces ne se trouvent nulle part ailleurs dans la région. La zone est l'une des quatre colonies reproductrices connues de pétrels géants de l'Antarctique de l'Est.

1. Description des valeurs à protéger

Les îles Rookery contiennent des colonies reproductrices de six espèces d'oiseaux : Manchot Adélie (*Pygoscelis adeliae*), damier du Cap, pétrel des neiges (*Pagodroma nivea*), océanite de Wilson (*Oceanites oceanicus*), pétrel géant et labbes antarctiques (*Catharacta maccormicki*). La zone a été désignée principalement pour sauvegarder ce groupement inhabituel d'espèces d'oiseaux. Les îles Rookery fournissent également un échantillon représentatif des habitats de l'île proche des eaux littorales existant le long de la côte de la Terre Mac.Robertson.

Une petite colonie d'environ quatre couples de pétrels géants est présente sur l'île Giganteus, la troisième plus grande île de l'archipel Rookery. Cependant, plus de 80 pétrels géants sont parfois observés en train de se nourrir de carcasses de phoques dans la région de la baie Holme. On ne connait pas d'autres sites de reproduction dans la région de la baie Holme pour cette espèce. Cette colonie est l'un des quatre sites de reproduction sur l'Antarctique orientale. Les trois autres est.

Les colonies antarctiques sont situées à proximité des stations australiennes de Casey (îles Frazier, ZSPA 160, 66 ° 14 'S, 110 ° 10'E, 250 paires environ) et Davis (Hawker Island, ZSPA 167, 68 ° 35' S, 77 ° 50 ' E, 35 paires environ), et à proximité de la station française Dumont d'Urville (Archipel de Pointe-Géologie, ZSPA 120, 66°40 'S, 140°01' E, 12 15 paires). Ces quatre colonies reproductrices représentent moins de 1% de la population reproductrice mondiale qui comprend environ 50000 couples reproducteurs, dont environ 11000 se trouvent au sud de 60° S, principalement dans la région de la péninsule antarctique.

À l'heure actuelle, peu de données publiées permettent des analyses robustes des tendances de la population de pétrel géant du sud à l'échelle mondiale. En Antarctique oriental, les colonies de Giganteus et Hawker (ZSPA 167) semblent être restées inchangées alors qu'il y avait une augmentation possible aux îles Frazier (ZSPA 160).

L'assemblage d'oiseaux de mer occupant la zone comprend des populations reproductrices de six des huit oiseaux de mer volants et d'une espèce de manchot. Cela offre une occasion unique d'étudier la dynamique des populations de différentes espèces. De plus, il est important de protéger les pétrels géants du sud à la limite sud de leur aire de reproduction. Les Parties au Traité sur l'Antarctique se sont engagées à réduire au minimum les perturbations causées par l'homme aux pétrels géants du sud et à encourager des dénombrements réguliers de la population dans tous les sites de reproduction de la zone du Traité sur l'Antarctique.

2. Buts et objectifs

La gestion des îles Rookery vise à:

- éviter la dégradation ou un risque substantiel pour les valeurs de la zone en empêchant toute perturbation humaine inutile de la zone
- permettre la recherche scientifique et le suivi de l'écosystème, en particulier sur l'avifaune, et l'environnement physique, à condition que ce soit pour des raisons impérieuses qui ne peuvent être servies ailleurs
- minimiser la possibilité d'introduire des agents pathogènes susceptibles de provoquer des maladies chez les populations d'oiseaux de la zone
- minimiser les risques d'introduction de plantes, d'animaux et de microbes exotiques dans la zone ;
- minimiser les perturbations causées par l'homme aux pétrels géants du sud de l'île Giganteus ;
- permettre à l'île Giganteus d'être utilisée comme zone de référence pour de futures études comparatives avec d'autres populations reproductrices de pétrels géants du sud ;
- préserver l'île Giganteus, désormais, en tant que zone très restreinte en limitant les visites humaines sur l'île pendant la saison de reproduction des pétrels géants du sud ;
- permettre la collecte régulière de données sur l'état de la population et la démographie connexe des espèces d'oiseaux ; et
- permettre des visites à des fins de gestion à l'appui des objectifs du plan de gestion.

3. Activités de gestion

Les activités de gestion suivantes doivent être entreprises pour protéger les valeurs de la zone :

- des informations sur la zone (indiquant les restrictions spéciales applicables), et une copie de ce plan de gestion, seront conservées dans les stations de recherche opérationnelle / de terrain adjacentes et seront mises à la disposition des navires visitant les environs.
- dans la mesure du possible, la zone doit être visitée si nécessaire (de préférence au moins une fois tous les cinq ans), pour évaluer si elle continue de servir les fins pour lesquelles elle a été désignée et pour s'assurer que les activités de gestion sont adéquates
- dans la mesure du possible, au moins une visite de recherche devrait être effectuée pour recenser les pétrels géants du sud de l'île Giganteus et d'autres populations d'oiseaux de mer au cours de chaque période de cinq ans, afin de permettre l'évaluation des populations reproductrices
- le plan de gestion sera réexaminé une fois tous les cinq ans au moins.

4. Durée de la désignation

La zone est désignée pour une période indéterminée.

5. Cartes

- Carte A : Zone spécialement protégée de l'Antarctique n ° 102, îles Rookery, côte Mawson, terre Mac.Robertson, Antarctique oriental. La carte en médaillon indique l'emplacement par rapport au continent antarctique.
- CARTE B : Zone spécialement protégée de l'Antarctique n ° 102, îles Rookery. Répartition des oiseaux.

- CARTE C : Zone spécialement protégée de l'Antarctique n ° 102, île Giganteus (zone réglementée). Topographie et répartition des oiseaux.

Spécifications pour toutes les cartes :

- Référence horizontale : WGS84. Projection : Zone UTM 49.

6. Description de la Zone

6(i) Coordonnées géographiques, bornage et caractéristiques du milieu naturel

Les îles Rookery comprennent un petit groupe d'environ 75 petites îles et rochers dans la partie sud-ouest de Holme Bay, Mac.Robertson Land, à environ 10 km à l'ouest de la station australienne Mawson. La zone comprend les roches et îles situées dans un rectangle délimité par les coordonnées suivantes (62 ° 28'01 "E, 67 ° 33'45" S; 62 ° 34'37 "E, 67 ° 33'47" S ; 62 ° 28'02 "E, 67 ° 38'10" S ; et 62 ° 34'39 "E, 67 ° 38'11" S (carte B)) et exclut le milieu marin sous la laisse de basse mer. La zone couvre environ 0,85 km^2.

Il n'y a pas de bornes délimitant le site.

Les îles Rookery varient en taille, des petits rochers qui restent à peine au-dessus de l'eau à marée haute aux îles plus grandes qui comprennent l'île Rookery (environ 1000 m de long, 230 m de large et avec une altitude de 62 m la plus élevée du groupe), et Giganteus Île (environ 600 m de long 280 m de large et 30 m de haut). Les plages surélevées sont évidentes sur l'île de Giganteus.

Climat

La zone est à environ 15 km à l'est de la gare de Mawson; Les conditions météorologiques sont probablement similaires à celles de la station Mawson où les températures moyennes maximale et minimale (1991 à 2020) varient de + 2,2 ° C à -3 ° C en janvier et de -14,7 ° C à -21,3 ° C en août, températures extrêmes (1961 à 2020) allant de + 10,6 ° C à -36,0 ° C. La vitesse moyenne annuelle du vent est de 10,9 m par seconde avec de fréquentes périodes prolongées de forts vents catabatiques du sud-est provenant de la calotte glaciaire. La vitesse moyenne du vent est de 43 kilomètres par heure et les rafales dépassent souvent 180 kilomètres par heure. La vitesse moyenne du vent diminue vers le large avec la distance de la calotte glaciaire, mais il est peu probable qu'elle soit beaucoup plus faible aux îles Rookery qui ne se trouvent qu'à 7 kilomètres de la côte. Les autres caractéristiques générales du climat côtier antarctique auquel ces îles sont soumises sont une forte nébulosité tout au long de l'année, une très faible humidité absolue, de faibles précipitations et des périodes fréquentes de vents intensifiés, de la neige dérivante et une faible visibilité associée au passage des principaux systèmes dépressionnaires.

Domaines environnementaux, régions biogéographiques de conservation de l'Antarctique et zones importantes pour la conservation des oiseaux

Sur la base de l'analyse des domaines environnementaux pour l'Antarctique (Résolution 3 (2008)), les îles Rookery sont situées dans l'environnement D géologique côtier de l'Antarctique oriental. Sur la base des régions biogéographiques de conservation de l'Antarctique (Résolution 3 (2017)), les îles Rookery sont situées dans la région biogéographique 16 Monts Prince Charles. Les îles Rookery sont identifiées comme zone importante pour les oiseaux de l'Antarctique 121 îles Rookery sur la base de la colonie de manchots Adélie (Résolution 5 (2015)).

Géologie et sols

Les îles Rookery sont des affleurements de charnockite Mawson, un type de roche qui s'étend sur au moins 2000 kilomètres carrés le long de la côte de Mac.Robertson Land. Les charnockites des îles Rookery sont la variante à grain fin et sont relativement pauvres en hypersthène minéral mais riches en grenat et en biotite. Les charnockites renferment d'abondantes bandes et lentilles de cornes, de quartz grenat et de gneiss felsparrich. Différents dykes pegmatiques traversent les roches de charnockite.

Végétation

Aucune mousse ni lichens n'ont été signalés dans aucune des îles Rookery. Il existe quelques algues terrestres mais aucune identification taxinomique n'a été faite. Les embruns recouvrent la plupart des petites îles et des rochers en été, et en hiver et au printemps, ils sont parfois récurés par la glace de mer en rafting. Il est peu probable que des espèces de mousse ou de lichen puissent s'établir.

Eaux intérieures

Il n'y a pas de plans d'eau douce sur les îles Rookery.

Oiseaux

On sait que six espèces d'oiseaux se reproduisent sur les îles Rookery: Manchot Adélie (*Pygoscelis adeliae*), Pétrel du Cap (*Daption capense*), pétrel des neiges (*Pagodroma nivea*), le pétrel tempête de Wilson (*Oceanites oceanicus*), pétrel géant du sud (*Macronectes giganteus*) et la skua polaire sud (*Catharacta maccormicki*).

Quelques pétrels géants du sud occupent une petite zone sur l'île de Giganteus (carte C). La colonie est très petite avec 2 à 4 couples reproducteurs depuis le milieu des années 1960. Au cours des dénombrements de 2007, quatre nids ont été dénombrés à deux reprises, avec deux couples et deux oiseaux seuls au premier dénombrement (27 novembre) et trois couples et un oiseau isolé sur un œuf (donc supposé avoir un partenaire absent) au deuxième dénombrement (10 décembre). Les nids sont des monticules de pierres peu profonds et construits sur de larges plaques de gravier sur les plages surélevées. La région compte de nombreux sites de nidification anciens, mais rien ne prouve qu'ils soient utilisés.

On sait que les pétrels du Cap se reproduisent sur deux îles de la zone: Rookery Island et Pintado Island, une petite île située à 300 m au nord-ouest de Rookery Island. Les relevés les plus récents des populations de pétrels du Cap sur ces îles ont révélé 110 nids occupés sur l'île Pintado le 13 décembre 2018 et 10 nids occupés sur l'île Rookery le 24 décembre 2007. Les colonies de reproduction connues de pétrels du Cap les plus proches de la zone se trouvent à quatre affleurements rocheux près du glacier Forbes à 8 km à l'ouest et sur les monolithes de Scullin et Murray (ZSPA 164) à environ 200 km à l'est. Une caméra fonctionnant automatiquement sur l'île sans nom à 420 m au nord-ouest de l'île Rookery (carte B) surveille le succès de la reproduction annuelle d'environ 15 nids de pétrels du Cap.

Les manchots Adélie se reproduisent sur 14 des îles. Le relevé de population le plus récent dans la zone au cours de la saison de reproduction 2007/08 a estimé que la population reproductrice des 14 îles était d'environ 91 000 nids occupés, soit plus du double de la population présente en 1988/89. Les populations les plus importantes se trouvent sur l'île Rookery (31 000 nids occupés en 2007/08) et sur l'île Giganteus (11 000 nids occupés en 2007/08). Bien que l'enquête à l'échelle de la zone n'ait pas été répétée depuis 2007/08, des enquêtes sur les îles individuelles sont entreprises à intervalles réguliers et contribueront à une mise à jour des estimations à l'échelle de la zone. Les résultats de ces relevés indiqueront si les tendances de la population Adélie dans la zone sont cohérentes avec celles ailleurs le long de la côte de Mawson, où certaines populations ont plafonné ou ont peut-être diminué depuis le début des années 2000 après une augmentation à long terme. Quatre caméras télécommandées sur trois îles de la zone (carte B) surveillent également le succès de la reproduction annuelle à environ 30 nids de manchots Adélie sur chaque site de caméra.

Les pétrels des neiges nichent dans toutes les îles Rookery et sont les plus concentrés sur l'île Rookery. Les pétrels orageux de Wilson volent fréquemment autour des îles et des nids ont été observés à certains endroits.

6(ii) Accès à la Zone

Les déplacements vers la zone peuvent se faire par des véhicules ou des bateaux en surneigement (selon les conditions de la glace de mer) et des avions. Il n'y a pas de sites de débarquement désignés (voir également la section 7 (ii)).

6(iii) Emplacement de structures à l'intérieur et à proximité de la Zone

Cinq caméras time-lapse télécommandées sont situées à

- 67°37'55.5 "S, 62°30'47.9" E,

- 67 ° 36'12,6 "S, 62 ° 29 '17,0" E
- 67 ° 36'19,6 "S, 62 ° 32 '20,9" E
- 67°36'43.8 "S, 62° 30 '4.4" E, et
- 67 ° 36'45,7 "S, 62 ° 30 '3,1" E.

Les caméras soutiennent la surveillance à long terme du succès de reproduction et de la phénologie du manchot Adélie et du pétrel du Cap, avec un minimum de perturbations. Bien qu'elles ne soient pas permanentes, les caméras devraient rester en place au-delà de la durée de ce plan. Il n'y a pas d'autres structures à l'intérieur ou à proximité de la zone.

6(iv) Emplacement d'autres zones protégées à proximité directe de la Zone

La ZSPA 101 Taylor Rookery, Mac.Robertson Land (67 ° 27'14 "S, 60 ° 53'0" E) est située à environ 80 km à l'ouest.

6(v) Zones spéciales à l'intérieur de la zone

L'île Giganteus est désignée comme zone restreinte pour offrir un niveau élevé de protection aux pétrels géants du sud (carte B, carte C). L'entrée est restreinte et ne peut être autorisée que conformément aux buts et conditions détaillés ailleurs dans ce plan de gestion.

7. Critères de délivrance des permis d'accès

7(i) Conditions générales

L'accès à la Zone est interdit sauf si un permis a été délivré par une autorité nationale compétente. Les critères de délivrance de permis d'accès à la Zone sont les suivants :

- il n'est délivré que pour des raisons scientifiques impérieuses qui ne peuvent être servies ailleurs, en particulier pour l'étude scientifique de l'avifaune et de l'écosystème de la zone, ou à des fins de gestion essentielles compatibles avec les objectifs du plan, telles que l'inspection, l'entretien ou l'examen
- les actions autorisées ne mettront pas en péril les valeurs de la zone
- les actions autorisées sont conformes au plan de gestion
- le permis, ou une copie autorisée, doit être transporté dans la zone
- un rapport de visite doit être fourni à l'autorité nommée dans le permis
- les permis doivent être délivrés pour une période déterminée
- l'autorité nationale compétente doit être informée de toutes les activités / mesures entreprises qui n'ont pas été incluses dans le permis autorisé.

L'entrée dans la zone restreinte de l'île Giganteus n'est autorisée que conformément aux conditions décrites ci-dessous:

- Les permis d'entrée dans la zone réglementée de l'île Giganteus pendant la période de reproduction du pétrel géant du sud (du 1er octobre au 30 avril) ne peuvent être délivrés qu'aux fins de la réalisation de recensements. D'autres recherches peuvent être menées en dehors de la période de reproduction conformément à un permis.
- Dans la mesure du possible, les recensements devraient être effectués de l'extérieur de la colonie de pétrels géants du sud en utilisant des points de vue à partir desquels les oiseaux présents peuvent être comptés.
- L'accès à la zone réglementée devrait être limité au temps minimum raisonnablement requis pour entreprendre le recensement.
- Les visites pour effectuer des recensements doivent être effectuées par une équipe comprenant une personne d'un programme national antarctique ayant des compétences et une expérience scientifiques ou techniques pertinentes. Les autres membres du personnel doivent rester sur le rivage.

- Pour les activités autorisées associées à l'obtention de données de recensement ou de données biologiques, les personnes ne doivent pas s'approcher plus près que nécessaire pour compter les pétrels géants du sud, et en aucun cas à moins de 20 m, tant qu'aucun oiseau n'est dérangé (ne montrant aucun changement de comportement) .
- Les survols de l'île de Giganteus sont interdits.

7(ii) Accès à la Zone et déplacements à l'intérieur de celle-ci

Les déplacements vers la zone peuvent se faire par bateau, par véhicule sur la glace de mer ou par avion.

Les véhicules sont interdits sur les îles et les véhicules et bateaux doivent être laissés sur le rivage. Les déplacements sur les îles doivent se faire uniquement à pied. Les véhicules utilisés pour accéder aux îles sur la glace de mer ne doivent pas être à moins de 250 m des concentrations d'oiseaux.

L'accès à Giganteus Island est interdit sauf conformément aux dispositions ailleurs dans ce plan.

S'il n'est pas possible d'accéder aux îles par bateau ou par véhicule sur la glace de mer, on peut alors utiliser des aéronefs à voilure fixe ou des hélicoptères sous réserve des conditions suivantes :

- la perturbation des colonies d'oiseaux par les aéronefs doit être évitée à tout moment
- les débarquements de glace de mer doivent être encouragés (si possible)
- les atterrissages d'aéronefs sur l'île de Giganteus pendant la saison de reproduction sont interdits
- comme les aéronefs peuvent fournir le seul accès viable aux autres îles lorsque l'accès à la mer et à la glace de mer n'est pas possible, les hélicoptères monomoteurs peuvent atterrir sur les îles pendant la saison de reproduction où il est possible de maintenir une distance d'au moins 500 m de l'oiseau colonies. L'autorisation d'atterrir un aéronef ne peut être accordée à des fins scientifiques ou de gestion essentielles que s'il peut être démontré que les perturbations seront minimes. Seul le personnel qui doit effectuer des travaux dans la zone doit quitter l'hélicoptère
- lors de l'accès à l'île de Giganteus par avion en dehors de la saison de reproduction, les atterrissages de glace de mer sont préférables, en respectant les distances de séparation mentionnées ci-dessous
- à tout autre moment, les hélicoptères monomoteurs et les aéronefs à voilure fixe ne doivent pas atterrir ou décoller à moins de 930 m (3050 pi) ou voler à moins de 750 m des colonies d'oiseaux, et les hélicoptères bimoteurs ne doivent pas atterrir, décoller ou voler à moins de 1500 m de colonies d'oiseaux
- les survols des îles pendant la saison de reproduction sont interdits, sauf lorsque cela est indispensable à des fins scientifiques ou de gestion. Ces survols doivent avoir lieu à une altitude d'au moins 930 m (3050 pi) pour les hélicoptères monomoteurs et les aéronefs à voilure fixe, et d'au moins 1500 m (5000 pi) pour les hélicoptères bimoteurs.
- le ravitaillement en carburant des aéronefs est interdit dans la zone.

Les survols de colonies d'oiseaux dans la zone par des systèmes d'aéronefs télépilotés (RPAS) sont interdits, sauf lorsque cela est indispensable à des fins scientifiques ou de gestion impérieuses. Ces survols doivent être effectués conformément aux *Directives environnementales pour l'exploitation des systèmes d'aéronefs télépilotés (RPAS) en Antarctique.*

Il n'y a pas de routes piétonnes balisées dans la zone. À moins que des perturbations ne soient autorisées par un permis, les piétons doivent se tenir à au moins 100 m des concentrations d'oiseaux et céder le passage aux manchots au départ et à l'arrivée. Les piétons qui se déplacent dans ou autour de la zone doivent éviter de traverser les voies d'accès des oiseaux si possible, ou traverser rapidement sans gêner la circulation des manchots.

7(iii) Activités qui sont ou peuvent être menées dans la zone, y compris les restrictions de temps et de lieu

Les activités suivantes peuvent être menées dans la zone comme autorisé dans un permis:

- la recherche scientifique conforme au plan de gestion de la zone qui ne peut être entreprise ailleurs et qui ne mettra pas en péril les valeurs pour lesquelles la zone a été désignée ou les écosystèmes de la zone
- activités de gestion essentielles, y compris la surveillance
- échantillonnage qui doit être réduit au minimum pour répondre aux programmes de recherches approuvés.

7(iv) Installation, modification ou démantèlement de structures

Les exigences suivantes s'appliqueront à l'installation, à la modification ou à l'enlèvement de structures:

- Les structures ou installations permanentes sont interdites.
- D'autres structures ou installations ne doivent pas être érigées dans la zone, sauf dans les cas spécifiés dans un permis.
- De petits refuges temporaires, des peaux, des stores ou des écrans peuvent être construits à des fins d'étude scientifique de l'avifaune.
- L'installation (y compris la sélection du site), l'enlèvement, la modification ou l'entretien des structures doivent être entrepris de manière à minimiser les perturbations pour les oiseaux nicheurs.
- Tous les équipements ou marqueurs scientifiques installés dans la zone doivent être clairement identifiés par pays, nom du chercheur principal, année d'installation et date de retrait prévu.
- Les bornes, panneaux et autres structures érigés à l'intérieur de la Zone à des fins scientifiques ou de gestion seront correctement fixés, maintenus en bon état et enlevés lorsqu'ils ne seront plus nécessaires. Tous ces articles doivent être fabriqués à partir de matériaux qui présentent un risque minimal de dommage pour les populations d'oiseaux ou de contamination de la zone.
- Les permis exigeront l'enlèvement de structures, d'équipements ou de marqueurs spécifiques avant la date d'expiration du permis.

7(v) Emplacement des camps de base

Le camping est interdit dans la zone sauf en cas d'urgence.

7 (vi) Restrictions sur les matériaux et organismes pouvant être introduits dans la Zone

Les matériaux et organismes susceptibles d'être introduits dans la zone sont soumis aux restrictions suivantes:

- Aucun produit de volaille ne doit être introduit dans la zone, y compris les aliments séchés contenant de la poudre d'œuf.
- Aucun dépôt de vivres ou autres fournitures ne doit être laissé dans la zone au-delà de la saison pour laquelle ils sont nécessaires.
- L'introduction délibérée d'animaux, de matières végétales, de micro-organismes et de terre non stérile dans la Zone ne sera pas autorisée. Les précautions les plus élevées seront prises pour empêcher l'introduction accidentelle d'animaux, de matériel végétal, de micro-organismes et de sols non stériles provenant d'autres régions biologiquement distinctes (à l'intérieur ou au-delà de la zone du Traité sur l'Antarctique) dans la zone.
- Dans la mesure du possible, les vêtements, chaussures et autres équipements utilisés ou introduits dans la zone (y compris les sacs à dos, les sacs de transport et autres équipements) doivent être soigneusement nettoyés avant d'entrer et après avoir quitté la zone.
- Les bottes et l'équipement d'échantillonnage / de recherche et les marqueurs qui entrent en contact avec le sol doivent être désinfectés ou nettoyés avec de l'eau chaude et de l'eau de Javel avant d'entrer et après avoir visité la zone pour aider à prévenir les introductions accidentelles d'animaux, de matériel végétal, de micro-organismes et de produits non stériles. sol dans la zone. Le nettoyage doit être effectué à la station.

- Les visiteurs devraient également consulter et suivre, le cas échéant, les recommandations contenues dans le Comité pour la protection de l'environnement *Manuel des espèces non indigènes et au Comité scientifique de la recherche antarctique* (CICATRICE) *Code de conduite environnemental pour la recherche scientifique terrestre sur le terrain en Antarctique*;
- Aucun herbicide ou pesticide ne doit être introduit dans la zone. Tous les autres produits chimiques, y compris les radionucléides ou les isotopes stables, qui peuvent être introduits à des fins scientifiques ou de gestion spécifiées dans un permis, sont retirés de la zone, si possible, au moment ou avant la fin de l'activité pour laquelle le permis a été accordé.
- Le carburant ne doit pas être stocké dans la zone, sauf s'il est requis à des fins essentielles liées à l'activité pour laquelle le permis a été accordé. Les dépôts de carburant permanents ne sont pas autorisés.
- Tout le matériel introduit ne doit l'être que pour une période déterminée, doit être enlevé au plus tard à la fin de cette période indiquée, et doit être stocké et manipulé de manière à minimiser le risque d'impact environnemental.

7(vii) Prélèvement ou interférence nuisible avec la flore et la faune indigènes

- Le prélèvement ou l'interférence nuisible avec la flore et la faune indigènes est interdit, sauf en vertu d'un permis. Dans le cas de prélèvements ou de perturbations nuisibles d'animaux, le Code de conduite du SCAR *pour l'utilisation d'animaux à des fins scientifiques dans l'Antarctique devra être utilisé comme norme minimale.*
- La recherche ornithologique sera limitée aux activités non invasives et non perturbatrices pour les oiseaux de mer reproducteurs présents dans la zone. Les enquêtes auront une priorité élevée, y compris les photographies aériennes aux fins du recensement de la population.
- La perturbation des pétrels géants du sud doit être évitée à tout moment.

7(viii) Ramassage ou enlèvement de toute chose qui n'a pas été apportée dans la Zone par le détenteur du permis

- Le matériel ne peut être collecté ou enlevé de la zone que comme autorisé dans un permis, et doit être limité au minimum nécessaire pour répondre aux besoins scientifiques ou de gestion.
- Le matériel d'origine humaine susceptible de compromettre les valeurs de la zone, qui n'a pas été introduit dans la zone par le titulaire du permis ou autrement autorisé, peut être enlevé à moins que l'impact de l'enlèvement soit susceptible d'être plus important que de laisser le matériel sur place. Si un tel matériel est trouvé, alors l'autorité délivrant le permis doit être notifiée si possible pendant que la partie sur le terrain est présente dans la zone.

7(ix) Élimination des déchets

- Tous les déchets, y compris les déchets humains, doivent être retirés de la zone. Les déchets des équipes sur le terrain doivent être stockés de manière à empêcher le piégeage par la faune (par exemple les skuas) jusqu'à ce que les déchets puissent être éliminés ou enlevés. Les déchets doivent être enlevés au plus tard au départ de l'équipe de terrain. Les déchets humains et les eaux grises peuvent être rejetés dans la mer en dehors de la zone.

7(x) Mesures nécessaires pour que les buts et objectifs du plan de gestion continuent d'être atteints

Des permis peuvent être délivrés pour avoir accès à la Zone afin de :

- effectuer des activités de surveillance biologique et d'inspection de la zone, ce qui peut impliquer la collecte d'échantillons pour analyse ou examen
- ériger ou entretenir du matériel et des structures scientifiques et des panneaux indicateurs
- prendre d'autres mesures de protection.

Tous les sites spécifiques de surveillance à long terme doivent être correctement marqués et une position GPS obtenue pour être hébergée auprès du système d'annuaire de données antarctiques par l'intermédiaire de l'autorité nationale appropriée.

Les visiteurs doivent prendre des précautions spéciales contre l'introduction d'organismes non indigènes pour aider à maintenir les valeurs écologiques et scientifiques de la zone. Les introductions pathogènes, microbiennes ou végétales provenant des sols, de la flore et de la faune d'autres sites antarctiques, y compris des stations de recherche, et de régions extérieures à l'Antarctique sont particulièrement préoccupantes. Avant d'entrer dans la zone, les visiteurs doivent nettoyer à fond les chaussures et tout équipement, en particulier l'équipement d'échantillonnage et les marqueurs à utiliser dans la zone pour minimiser le risque d'introduction.

Dans la mesure du possible, un recensement des pétrels géants du sud de l'île de Giganteus est effectué au moins une fois tous les cinq ans. Des recensements d'autres espèces peuvent être entrepris au cours de cette visite à condition qu'aucune perturbation supplémentaire ne soit causée aux pétrels géants du sud.

Pour réduire les perturbations pour la faune, les niveaux de bruit, y compris la communication verbale, doivent être réduits au minimum. L'utilisation d'outils motorisés et toute autre activité susceptible de générer du bruit et de perturber ainsi les oiseaux nicheurs est interdite dans la zone pendant la période de reproduction (du 1er octobre au 30 avril).

7(xi) Rapports de visites

Pour chaque visite dans la Zone, le titulaire principal du permis doit soumettre un rapport aux autorités nationales compétentes dans les meilleurs délais et au plus tard six mois après la fin de la visite. Ces rapports de visite devraient inclure, le cas échéant, les informations identifiées dans le formulaire de rapport de visite contenu dans le *Guide pour la préparation de plans de gestion pour les zones spécialement protégées de l'Antarctique*. Le cas échéant, l'autorité nationale doit également adresser un exemplaire du rapport de visite à la Partie qui a proposé le plan de gestion, afin d'aider à la gestion de la Zone et à la révision du plan de gestion. Dans la mesure du possible, les Parties devraient déposer les originaux ou des copies de ces rapports de visite originaux dans des archives accessibles au public pour conserver un registre de l'utilisation, aux fins de tout examen du plan de gestion et pour organiser l'utilisation scientifique de la zone.

Une copie du rapport doit être transmise à la Partie responsable de l'élaboration du plan de gestion (Australie) pour aider à la gestion de la zone et au suivi des populations d'oiseaux. Les rapports de visite doivent fournir des informations détaillées sur les données de recensement, l'emplacement de toute nouvelle colonie ou nid non enregistré auparavant, un bref résumé des résultats de la recherche et des copies des photographies prises de la zone.

8. Support documentaire

Department of the Environment and Energy, 2019, Environmental Code for Participants in the Australian Antarctic Program, Australian Antarctic Division, Hobart.

Cowan AN (1981) Size variation in the snow petrel. *Notornis* 28, 169 188.

Cowan AN (1979) Giant petrels at Casey. *Australian Bird Watcher* 8, 66 67.

Crohn PW (1959) *A contribution to the geology and glaciology of the western part of the Australian Antarctic Territory*. Report for the Bureau for Mineral Resources, Geology and Geophysics Australia No. 52.

Croxall JP, Steele WK, McInnes SJ & Prince PA (1995) Breeding distribution of the snow petrel Pagodroma nivea. *Marine Ornithology* 23, 69 99.

DSEWPC (Department of Sustainability, Environment, Water, Population and Communities) (2011a) *Background Paper: Population status and threats to albatrosses and giant petrels listed as threatened under Environment Protection and Biodiversity Conservation Act 1999*. Department of Sustainability, Environment, Water, Population and Communities, Canberra.

DSEWPC (2011b) *National Recovery Plan for threatened albatrosses and giant petrels 2011 2016*. Department of Sustainability, Environment, Water, Population and Communities, Canberra.

Garnett ST & Szabo JK & Dutson G (2011) *The action plan for Australian birds 2010*. CSIRO Publishing, Collingwood, Victoria.

Horne RSC (1983) The distribution of penguin breeding colonies on the Australian Antarctic Territory, Heard Island, the McDonald Island, and Macquarie Island. ANARE Research Notes, No. 9.

Kizaki K (1972) Sequence of metamorphism and deformation in the Mawson Charnockite of East Antarctica, in RJ Adie (ed) *Antarctic Geology and Geophysics*. Universitetsforlaget, Osla. pp 527 530.

Lee JE & Chown SL (2009) Breaching the dispersal barrier to invasion: quantification and management. *Ecological Applications* 19, 1944 1959.

Lynch HJ, Naveen R & Fagan WF (2008) Censuses of penguin, blue-eyed shag *Phalacrocorax atriceps* and southern giant petrel *Macronectes giganteus* populations on the Antarctic Peninsula, 2001 2007. *Marine Ornithology* 36, 83 97.

Ingham SE (1959) Banding of giant petrels by the Australian National Antarctic Research Expeditions, 1955 58. *Emu* 59, 189 200.

Jouventin P & Weimerskirch H (1991) Changes in the population size and demography of southern seabirds: management implications, in CM Perrins, JD Lebreton & GJM (eds), *Bird population studies: Relevance to conservation and management.* Oxford University Press. pp 297 314.

Orton MN (1963) Movements of young giant petrels bred in Antarctica. *Emu* 63, 260.

Patterson DL, Woehler EJ, Croxall JP, Cooper J, Poncet S, Peter H-U, Hunter S & Fraser WR (2008) Breeding distribution and population status of the northern giant petrel *Macronectes halli* and the southern giant petrel *M. giganteus*. *Marine Ornithology* 36, 115 124.

SCAR (Scientific Committee on Antarctic Research) (2008) *Status of the Regional, Antarctic Population of the Southern Giant Petrel – Progress*. Working Paper 10 rev.1 to the 31st Antarctic Treaty Consultative Meeting, Ukraine, 2008.

Sheraton JW (1982) Origin of charnockitic rock of Mac.Robertson Land, in CC Craddock (ed), *Antarctic Geoscience*. pp 487 489.

Southwell, C. Emmerson, L., Newbery, K., McKinlay, J., Kerry, K., Woehler, E. and Ensor. P. (2015) Re-constructing historical Adélie penguin abundance estimates by retrospectively accounting for detection bias. *PLoS ONE 10*: e0123540.

Southwell C, McKinlay J, Low M, Wilson D, Newbery K, Lieser J & Emmerson L (2013) New methods and technologies for regional-scale abundance estimation of land-breeding marine animals: application to Adélie penguin populations in East Antarctica. *Polar Biology* 36, 843 856.

Southwell, C., Emmerson, L., McKinlay, J., Takahashi, A., Kato, A., Barbraud, C., Delord, K. and Weimerskirch. H. (2015) Spatially extensive standardized surveys reveal widespread, multi-decadal increase in East Antarctic Adélie penguin populations. *PLoS ONE 10* (10): e0139877.

Stattersfield AJ & Capper DR (2000) *Threatened birds of the world.* Birdlife International, Lynx Publications., Barcelona.

Trail DS (1970) *ANARE 1961 Geological traverses on the Mac.Robertson and Kemp Land Coast.* Report for the Bureau for Mineral Resources, Geology and Geophysics, Australia, No 135.

Trail DS, McLeod IR, Cook PJ & Wallis GR (1967) *Geological investigations by the Australian National Antarctic Research Expeditions 1965*. Report for the Bureau for Mineral Resources, Geology and Geophysics Australia, No. 118.

van Franeker JA, Gavrilo M, Mehlum F, Veit RR & Woehler EJ (1999) Distribution and abundance of the Antarctic petrel. *Waterbirds* 22, 14 28.

van den Hoff J & Newberry K (2006) Southern Giant Petrels *Macronectes giganteus* diving on submerged carrion. *Marine Ornithology* 34, 61–64.

Whinam J, Chilcott N & Bergstrom DM (2005) Subantarctic hitchhikers: expeditioners as vectors for the introduction of alien organisms. *Biological Conservation* 121, 207 219.

Wienecke B, Leaper R, Hay I & van den Hoff J (2009) Retrofitting historical data in population studies: southern giant petrels in the Australian Antarctic Territory. *Endangered Species Research* 8, 157 164.

Wilson D (2009) The Cape petrel Daption capense around Mawson station, east Antarctica: new breeding localities and population counts. *Notornis* 56, 162 164.

Woehler EJ & Croxall JP (1997) The status and trends of Antarctic and subantarctic seabirds. *Marine Ornithology* 25, 43 66.

Woehler EJ & Johnstone GW (1991) Status and conservation of the seabirds of the Australian Antarctic Territory, in JP Croxall (ed), *Seabird Status and Conservation: A Supplement, ICBP Technical Publication* No.11. pp 279 308.

Woehler EJ & Riddle MJ (2001) Long-term population trends in southern giant petrels in the Southern Indian Ocean. Poster presented at Eighth SCAR Biology Symposium, Amsterdam.

Woehler, E.J., Riddle, M.J. and Ribic, C.A. (2001): Long-term population trends in southern giant petrels in East Antarctica. Proceedings Eighth SCAR Biology Symposium, Amsterdam.

Woehler EJ, Johnstone GW & Burton HR (1989) The distribution and abundance of Adelie penguins, *Pygoscelis adeliae*, in the Mawson area and at the Rookery Islands (Antarctic Specially Protected Area 102), 1981 and 1988. ANARE Research Notes 71.

Woehler EJ, Cooper J, Croxall JP, Fraser WR, Kooyman GL, Miller GD, Nel DC, Patterson DL, Peter H-U, Ribic CA, Salwicka K, Trivelpiece WZ & Weimerskirch H (2001) A statistical assessment of the status and trends of Antarctic and subantarctic seabirds. SCAR/CCAMLR/NSF, 43.

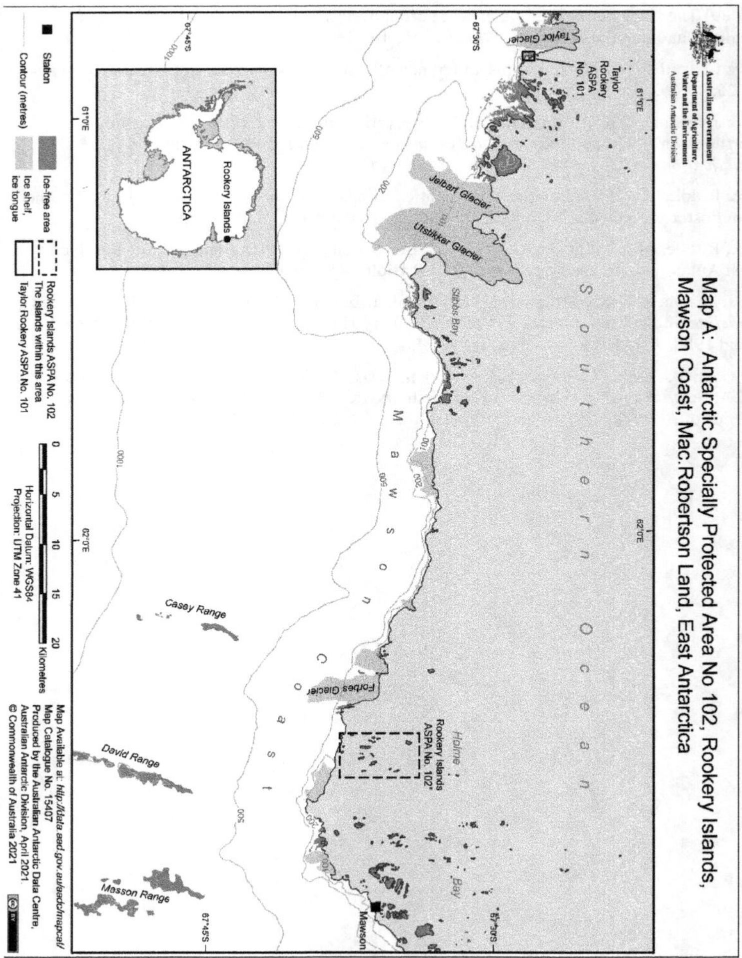

Australian Government
Department of Agriculture, Water and the Environment
Australian Antarctic Division
Map A: Antarctic Specially Protected Area No 102, Rookery Islands, Mawson Coast, Mac.Robertson Land, East Antarctica
Southern Ocean
Mawson Coast
Taylor Rookery ASPA No. 101
Taylor Glacier
Jelbart Glacier
Utstikkar Glacier
Stibbs Bay
Forbes Glacier
Holme Bay
Rookery Islands ASPA No. 102*
Mawson
Casey Range
David Range
Masson Range
ANTARCTICA
Rookery Islands
61°0'E
62°0'E
67°30'S
67°45'S
Station
Contour (metres)
Ice-free area
Ice shelf, ice tongue
Rookery Islands ASPA No. 102
* The islands within this area
Taylor Rookery ASPA No. 101
0 5 10 15 20 Kilometres
Horizontal Datum: WGS84
Projection: UTM Zone 41
Map Available at: http://data.aad.gov.au/aadc/mapcat/
Map Catalogue No. 15407
Produced by the Australian Antarctic Data Centre, Australian Antarctic Division, April 2021.
© Commonwealth of Australia 2021

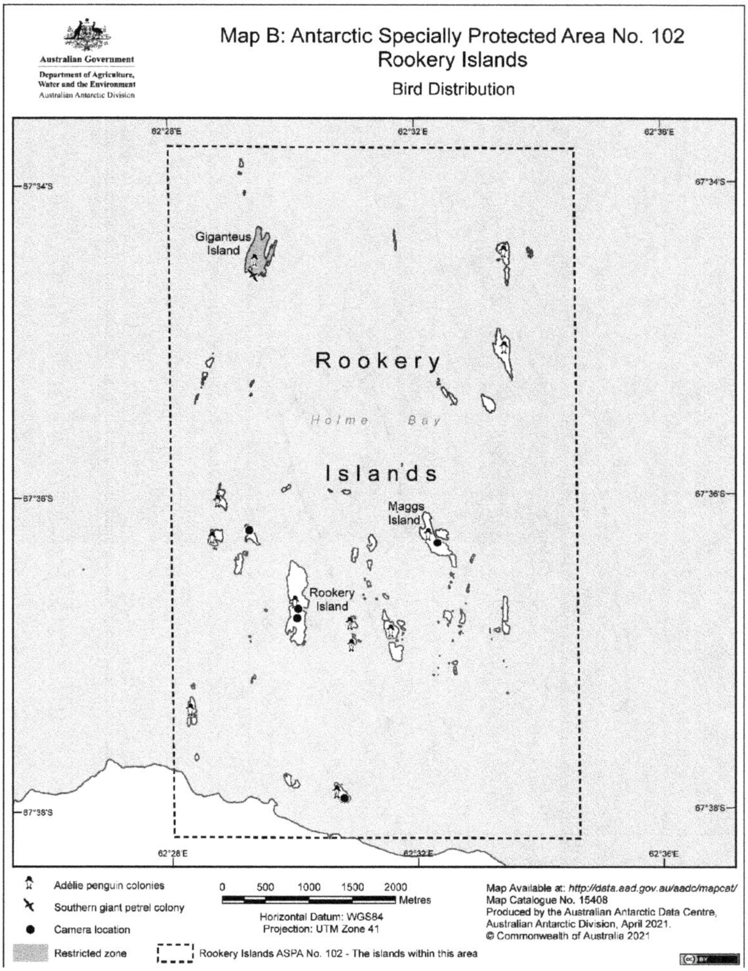
Australian Government
Department of Agriculture, Water and the Environment
Australian Antarctic Division
Map B: Antarctic Specially Protected Area No. 102
Rookery Islands
Bird Distribution
62°28'E
62°32'E
62°36'E
67°34'S
67°36'S
67°38'S
Giganteus Island
Rookery
Holme Bay
Islands
Maggs Island
Rookery Island
Adélie penguin colonies
Southern giant petrel colony
Camera location
Restricted zone
Rookery Islands ASPA No. 102 - The islands within this area
0 500 1000 1500 2000
Metres
Horizontal Datum: WGS84
Projection: UTM Zone 41
Map Available at: http://data.aad.gov.au/aadc/mapcat/
Map Catalogue No. 15408
Produced by the Australian Antarctic Data Centre, Australian Antarctic Division, April 2021.
© Commonwealth of Australia 2021

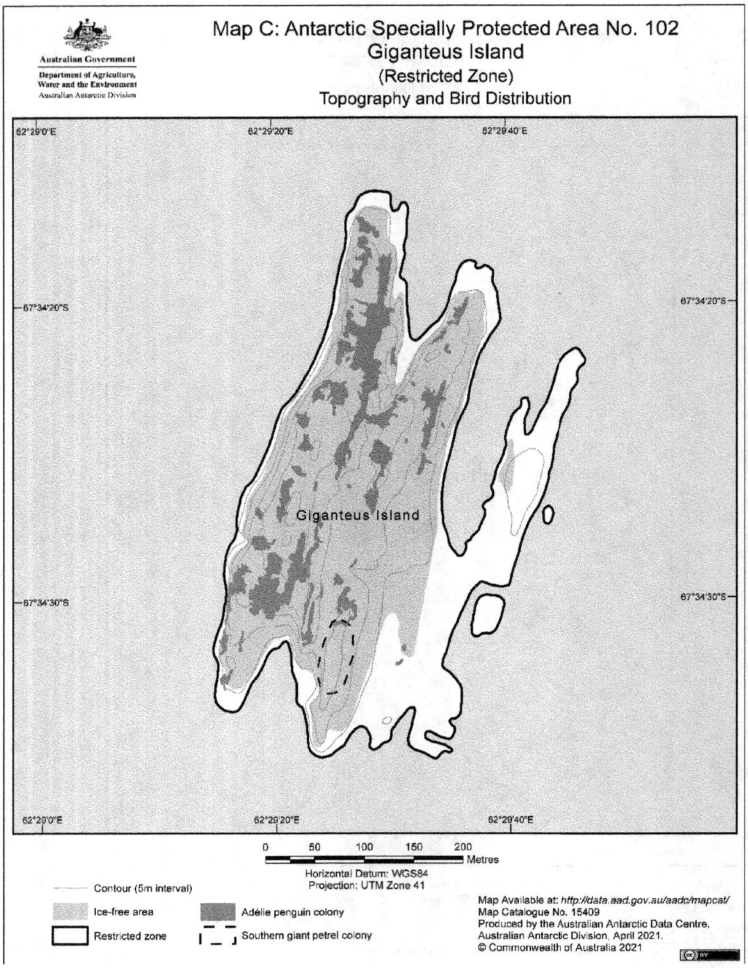
Australian Government
Department of Agriculture, Water and the Environment
Australian Antarctic Division
Map C: Antarctic Specially Protected Area No. 102
Giganteus Island
(Restricted Zone)
Topography and Bird Distribution
62°29'0"E
62°29'20"E
62°29'40"E
67°34'20"S
67°34'30"S
Giganteus Island
0 50 100 150 200 Metres
Horizontal Datum: WGS84
Projection: UTM Zone 41
Contour (5m interval)
Ice-free area
Adélie penguin colony
Restricted zone
Southern giant petrel colony
Map Available at: http://data.aad.gov.au/aadc/mapcat/
Map Catalogue No. 15409
Produced by the Australian Antarctic Data Centre, Australian Antarctic Division, April 2021.
© Commonwealth of Australia 2021

Plan de gestion pour la Zone spécialement protégée de l'Antarctique n° 103

ÎLES ARDERY ET ODBERT, CÔTE BUDD, TERRE DE WILKES, ANTARCTIQUE DE L'EST

Introduction

Les îles Ardery et Odbert (66°22'20"S; 110°29'10"E, carte A) ont été désignées zone gérée spéciale de l'Antarctique n° 3 au titre de la Recommandation IV-III (1966), sur proposition de l'Australie. Un plan de gestion pour la zone a été adopté en vertu de la Recommandation XVII-2 (1992). Conformément à la Décision 1 (2002), le site a été rebaptisé et renuméroté comme zone spécialement protégée de l'Antarctique (ZSPA) n° 103. Les plans de gestion révisés de la ZSPA ont été adoptés au titre de la Mesure 2 (2005), la Mesure 3 (2010) et la Mesure 3 (2015). La zone a été désignée, avant tout, en vue de protéger la communauté insolite de colonies reproductrices de plusieurs espèces de pétrels. Le pétrel de l'Antarctique (*Thalassoica antarctica*) et le fulmar argenté (*Fulmarus glacialoides*) présentent un intérêt scientifique particulier.

1. Description des valeurs à protéger

La zone a été désignée, avant tout, pour protéger une colonie composée de quatre espèces de pétrels fulmars présente dans les îles Ardery et Odbert (cartes B et C). Les quatre espèces de pétrels fulmars de la colonie, qui appartiennent toutes à des genres différents, regroupent des pétrels de l'Antarctique, des fulmars argentés, des damiers du Cap (*Daption capense*), et des fulmars des neiges (*Pagodroma nivea*). Tous se reproduisent dans la zone en nombre suffisant pour permettre une étude comparative. L'étude de ces quatre genres dans un même endroit, qui revêt une importance écologique particulière, permet d'étudier les réactions des pétrels face aux changements à l'œuvre dans l'écosystème de l'océan Austral.

Le pétrel de l'Antarctique est la seule espèce du genre *Thalassoica* ; on le trouve principalement dans les mers de Ross et de Weddell, beaucoup moins dans l'Antarctique de l'Est. Le fulmar austral, quant à lui, occupe des îles situées à proximité de la péninsule Antarctique et des îles de l'Arc de la Scotia, où réside environ un quart de sa population. Pour se reproduire, les fulmars argentés ont besoin de pentes plus abruptes que les pétrels de l'Antarctique (pour permettre aux juvéniles de quitter la colonie lorsqu'ils sont en âge de voler). Pour cette raison, le succès de reproduction des fulmars argentés a davantage tendance à se réduire lorsque les conditions météorologiques sont peu clémentes.

Les deux îles sont, par ailleurs, habitées par des colonies reproductrices d'océanites de Wilson (*Oceanites oceanicus*) et des labbes antarctiques (*Catharacta maccormicki*). Une colonie reproductrice de manchots Adélie (*Pygoscelis adeliae*) a également élu domicile sur l'île Odbert.

2. Buts et objectifs

Le plan de gestion des îles Ardery et Odbert a pour but de :

- éviter toute détérioration ou tout risque de détérioration substantielle des valeurs de la Zone en évitant toute perturbation humaine inutile ;
- permettre de mener des recherches sur l'écosystème et l'environnement physique de la zone, notamment sur l'avifaune, pour autant que ces recherches soient indispensables et ne puissent être menées ailleurs ;
- réduire au maximum les risques d'introduction d'agents pathogènes susceptibles de provoquer des maladies parmi les populations aviaires dans la Zone ;
- minimiser les risques d'introduction de plantes, d'animaux et de microbes exotiques dans la zone ;
- permettre de rassembler régulièrement des données sur l'évolution démographique des espèces aviaires ;

- permettre des visites à des fins de gestion à l'appui des objectifs du plan de gestion.

3. Activités de gestion

Les activités de gestion suivantes doivent être entreprises pour protéger les valeurs de la zone :

- une copie du plan de gestion sera mise à disposition à la station Casey et aux navires en visite dans les environs ;
- des visites seront organisées en fonction des besoins (au moins une fois tous les 5 ans) afin de déterminer si la zone répond toujours aux objectifs pour lesquels elle a été désignée et de s'assurer que les mesures de gestion sont adéquates ; et
- le plan de gestion sera réexaminé une fois tous les cinq ans au moins.

4. Durée de la désignation

La zone est désignée pour une période indéterminée.

5. Cartes

- Carte A : Zone spécialement protégée de l'Antarctique n°103, îles Ardery et Odbert, côte Budd, Terre de Wilkes, Antarctique de l'Est. La carte en médaillon indique l'emplacement par rapport au continent antarctique.
- CARTE B : Zone spécialement protégée de l'Antarctique n°103, île Ardery : Topographie et répartition des oiseaux.
- CARTE C : Zone spécialement protégée de l'Antarctique n°103, île Odbert : Topographie et répartition des oiseaux.
- Carte D : Zone spécialement protégée de l'Antarctique n° :103 île Adery et île Odbert : sites d'atterrissage et d'approche des hélicoptères. Île Ardery et île Odbert : approche et sites d'atterrissage des hélicoptères.

Spécifications pour toutes les cartes : Référence horizontale : WGS84 ; Datum (vertical) : niveau moyen de la mer

6. Description de la Zone

6(i) Coordonnées géographiques, bornage et caractéristiques du milieu naturel

L'île Ardery (66°22'15S, 110°27'0"E) et l'île Odbert (66°22'24"S, 110°32'28"E) comptent parmi les îles Windmill les plus méridionales. Elles sont situées au sud de la baie Vincennes, au large de la côte Budd, Terre de Wilkes, Antarctique de l'Est. La zone comprend les deux îles jusqu'à la laisse de basse mer. La superficie totale est d'environ 3,12 km^2.

Topographie

L'île Ardery et l'île Odbert sont situées respectivement à 5 km et 0,6 km à l'ouest de la crête Robinson, au sud de la station Casey.

L'île Odbert s'étend sur une superficie d'environ 2,7 km de long sur 0,8 km de large. Sa côte rocheuse s'élève de manière abrupte de la mer vers un plateau. Le point culminant de l'île est situé à 90 m. Le plateau est traversé par une série de vallées qui, au départ d'un bassin en altitude situé du côté nord, s'élancent en direction du sud. Le sommet des collines reste en grande partie libre de glace et de neige. Certaines années, l'île reste liée à la crête Robinson par la glace de mer. Orientée est-ouest, l'île Ardery se caractérise par un relief abrupt libre de glace.

L'île Ardery est une île escarpée et libre de glace d'environ 1,2 km de long et 0,8 km de large, avec une orientation est-ouest. Le point culminant de l'île se situe à 117 m au-dessus du niveau de la mer.

Le terrain des deux îles est accidenté et traversé par des fissures. Les falaises fracturées présentent d'étroites corniches exposées qui, en été, sont occupées par des oiseaux de mer en phase de nidification. Sur les flancs des collines ainsi que sur le plateau, la roche exposée est adoucie par les glaces et le lit des vallées est couvert de moraines. Les îles ont connu un rebond isostatique. Des moraines et des débris de solifluxion sont présents en quantité importante à des hauteurs supérieures à 30 m au-dessus du niveau de la mer, mais nettement plus rares à de plus faibles altitudes.

Géologie

La région des îles Windmill compte parmi les affleurements situés le plus à l'est d'un terrain en faciès granulitique de basse pression du Mésoprotérozoïque qui s'étend à l'ouest en direction des collines Bunger, puis vers les complexes archéens de la Terre Princesse-Élisabeth pour terminer sa course sur de petits affleurements à l'est de la zone Dumont d'Urville et dans la baie du Commonwealth. La totalité des affleurements dépasse à peine quelques kilomètres carrés. L'affleurement du Mésoprotérozoïque des îles Windmill et des complexes archéens de la Terre Princesse-Élisabeth comptent parmi les rares zones de l'Antarctique de l'Est qui peuvent être directement corrélées à un équivalent australien dans une reconstitution du Gondwana. Le terrain en faciès du Mésoprotérozoïque est composé d'une série de métapélites et de métapsammites migmatitiques interstratifiées avec des séquences felsiques et mafiques à ultramafiques ainsi que de rares silicates calciques, de volumineux corps de fonte partielle (supracorticaux des îles Windmill), du granite non déformé, du charnockite, du gabbro, du pegmatite, des aplites et des fissures en dolérite tardive sectionnées selon une orientation est.

Les îles Ardery et Odbert font partie de la gradation méridionale d'une transition de gradients métamorphiques qui sépare la partie nord de la partie sud des îles Windmill. Les gradients métamorphiques vont du faciès amphibolitique à sillimanite-biotite-orthoclase au nord sur la péninsule Clark au faciès granulitique à hornblende-orthopyroxène sur la péninsule Browning au sud en passant par un faciès granulitique à biotite-cordiérite-almandine.

Les îles Ardery et Odbert, à l'instar de la crête Robinson, de l'île Holl, de l'île Peterson et de la péninsule Browning, sont géologiquement semblables et composées de charnockite Ardery. Bien que formées dans des conditions anhydreuses, les charnockytes présentent une composition granitique. La charnockite Ardery des îles Ardery et Odbert pénètre l'assemblage métamorphique des îles Windmill et consiste en un assemblage modal de quartz + plagioclase + microline + orthopyroxène + biotite + clinopyroxène et hornblende avec des opaques, du zircon en faible quantité et de l'apatite. D'après une datation isotopique, la charnockite Ardery remonte à 1 200 millions d'années. La charnockite est en exposée aux altérations et s'effrite rapidement en raison de son assemblage minéral tandis que les séquences métamorphiques des parties septentrionales de la région se caractérisent par un assemblage minéral et une structure cristalline beaucoup plus stables. Cette différence a une incidence considérable sur la répartition de la végétation dans les îles Windmill, les types de roches situées au nord constituant un substrat plus propice à la lente croissance des lichens.

Les sols des îles sont peu développés et se composent simplement de farine de roche, de moraines et d'éléments érodés. Certains d'entre eux contiennent de petites quantités de matières organiques provenant des excréments et des plumes d'oiseau.

Glaciation

La région des îles Windmill a subi l'effet de la glaciation à la fin du Pléistocène. La région méridionale des îles Windmill a connu une déglaciation en 8000 B.C tandis que la région septentrionale, y compris la péninsule Bailey, a connu une déglaciation en 5500 B.C. Des relèvements isostatiques ont eu lieu à raison de 0,5 à 0,6 m/100 ans. La limite marine moyenne supérieure peut être observée sur la crête Robinson toute proche, à environ 28,5 m, sous la forme de crêtes de poussée glacielle.

Climat

Les îles Windmill ont un climat glaciaire caractéristique de l'Antarctique. Les conditions sur les îles Ardery et Odbert sont probablement semblables à celles de la région de la station Casey, située à environ 12 km au nord. Les données météorologiques pour la période 1989 à 2021 de la station Casey (altitude 32 m) sur la péninsule de Bailey montrent des températures moyennes sur tous les mois (en ° C) allant de -2,5 à -18,7 (minimum) et 2,3 à -10,8 (maximum). Les températures extrêmes variaient de 9,2 à -37,5.

Le climat est sec avec les précipitations de neige annuelle moyenne de 218,1 mm par an (équivalent pluviométrie) pour la période 1989 à 2021. Les précipitations de neige annuelles extrêmes au cours de la même période ont varié de 126,8 mm à 362,4 mm.

La zone connaît en moyenne 96 jours de vents violents par an, qui soufflent principalement vers l'est et proviennent de la calotte glaciaire. Les blizzards sont fréquents, notamment en hiver. Les chutes de neige sont également fréquentes en hiver mais les vents extrêmement violents balaient les zones exposées. Sur la plupart des crêtes des collines, la neige s'accumule dans les recoins des affleurements rocheux et dans les dépressions du substrat. La neige s'accumule en quantités beaucoup plus importantes au pied des pentes.

Domaines environnementaux, régions biogéographiques de conservation de l'Antarctique et zones importantes pour la conservation des oiseaux

D'après l'analyse des domaines environnementaux de l'Antarctique (Résolution 3, 2008), les îles Ardery et Odbert sont situées dans le domaine de l'environnement L banquise de la zone côtière continentale. D'après les régions

de conservation biogéographiques de l'Antarctique (Résolution 3, 2017), la zone est située dans la région biogéographique 7 Antarctique de l'Est. L'île Ardery et l'île Odbert sont désignées comme zone importante pour la conservation des oiseaux de l'Antarctique 145, île Ardery / île Odbert.

Caractéristiques biologiques

Terrestre

La flore sur l'île Odbert se compose d'au moins 3 espèces de mousses, 11 espèces de lichens (tableau 1) et d'un nombre indéterminé d'algues terrestres et dulçaquicoles. La concentration la plus importante de lichens se situe dans les zones les plus élevées des parties méridionales de l'île, plus précisément à un endroit où la roche-mère est fracturée par la glace. Les algues ont été observées dans des lacs de cirque ainsi que dans les sols et les zones irrigués. Des concentrations de *Prasiola spp*, d'autres algues vertes et de cyanobactéries ont été répertoriées sous les congères, sur le versant reliant le site abritant les colonies de manchots à la partie occidentale de l'île.

La flore de l'île Ardery comprend plusieurs espèces de lichens semblables à celles que l'on retrouve sur l'île Odbert.

Les seuls invertébrés répertoriés sont des ectoparasites sur les oiseaux. L'île Ardery est la localité type de la puce antarctique *Glaciopsyllus antarcticus*, associé aux fulmars du sud.

MOUSSES
Bryum pseudotriquetrum Hedw.) Gaertn., Meyer et Scherb.
Ceratodon purpureus (Hedw.) Brid.
Schistidium antarcticum (= Grimmia antarctici) (Carte.) LISavicz et Smirnova
LICHENS
Buellia frigida (Darb.) *Buellia*
sorédiens Filson Buellia sp.
Caloplaca athallina Darb.

Caloplaca citrina (Hoffm.) Th. Fr.
Candelariella flava (C.W.Dodge & Baker) Castello et Nimis
Rhizoplaca melanophthalma (Ram.) Leuck. et Poelt
Rinodina olivaceobrunnea Dodge et Baker
Umbilicaria decussata (Vill.) Zahlbr.
Xanthoria mawsonii Dodge.
Usnea antarctica Du Rietz
ALGUES
Prasiola crispa (Lightfoot) *Kützing Prasiococcus sp.*

Tableau 1. Listes des mousses, des lichens et des algues répertoriés sur l'île Odbert

Lacs

Des lacs et des étangs monomictiques froids se trouvent d'un bout à l'autre de la région des îles Windmill dans les dépressions rocheuses et sont généralement libres de glace en janvier et février. Des lacs riches en éléments nutritifs se trouvent près de la côte, à proximité de colonies de manchots existantes ou abandonnées. Les lacs stériles sont situés plus à l'intérieur et sont alimentés par les eaux de fonte et les précipitations locales. Les îles Ardery et Odbert abritent un certain nombre de petits lacs de cirque qui sont gelés en hiver et remplis d'eau douce en été. Nombre d'entre eux sont éphémères et s'assèchent à la fin de l'été. D'autres lacs de cirque situés sous les congères sont alimentés en permanence par les eaux de fonte.

Oiseaux et phoques

L'île Odbert abrite des populations reproductrices de manchots Adélie, de damiers du Cap, de pétrels des neiges, de fulmars argentés, d'océanites de Wilson et de labbes antarctiques. La composition des espèces présentes sur l'île Ardery est semblable à celle de l'île Odbert, à la différence qu'aucune population reproductrice de manchots Adélie n'est répertoriée sur l'île Ardery. Par contre, on y trouve des pétrels de l'Antarctique. Le pétrel géant (*Macronectes giganteus*) qui se reproduit sur les îles Frazier à environ 23 km au nord-ouest est la seule espèce se reproduisant dans les îles Windmill qui ne se reproduit ni sur l'île Ardery ni sur l'île Odbert.

Aucun phoque n'habite sur l'île Ardery ou l'île Odbert, même si le phoque de Weddel (*Leptonychotes weddellii*) est souvent observé sur la nappe glaciaire autour de ces îles. La principale zone de reproduction est située à 3 km au sud-est entre l'île Herring et le continent antarctique. Dans cette zone, les perturbations de la nappe glaciaire résultant du mouvement du glacier Peterson garantissent la disponibilité d'eau libre et un accès aisé à la nourriture. Quelque 100 bébés phoques naissent chaque année dans la région. L'éléphant de mer (*Mirounga leonina*) a élu domicile un peu plus loin au sud sur l'île Petersen et la péninsule Browning. Plus de 100 éléphants de mer sont observés chaque année ; la plupart d'entre eux sont des mâles adultes, mais quelques femelles ont également été répertoriées.

Manchot d'Adélie

Les manchots Adélie se reproduisent sur l'île Odbert et, bien qu'ils se rendent régulièrement sur l'île Ardery, ils ne s'y reproduisent pas. Les estimations les plus récentes pour les manchots Adélie sur l'île Odbert sont de 22 000 nids occupés en 2016-2017. La ponte des œufs débute à la mi-novembre et les premières éclosions interviennent aux environs de la mi-décembre. Les jeunes manchots commencent à quitter la colonie au début du mois de février.

Fulmar argenté

La population totale de fulmars argentés (*Fulmarus glacialoides*) dans la zone est d'environ 5 000 couples en phase de reproduction. Il existe approximativement 3 000 sites occupés par les fulmars argentés sur l'île Ardery, les plus grandes colonies étant situées sur les falaises septentrionales et autour de l'extrémité orientale de l'île. Sur l'île Odbert, la majeure partie des 2 000 sites est concentrée dans deux grandes colonies sur la falaise Haun et dans le centre-nord.

Le fulmar argenté se reproduit en colonies sur les falaises et dans les ravins ou à proximité. Les nids sont situés sur de petites corniches mais également sur de grandes terrasses quasi planes, certains oiseaux établissant leur nid à ciel ouvert et d'autres dans de profondes crevasses ou la roche meuble. Les premiers œufs apparaissent au début du mois de décembre et le reste de la ponte intervient dans les dix jours qui suivent. Les éclosions débutent la troisième semaine de janvier et les jeunes quittent le nid à la mi-mars.

Pétrel antarctique

La population totale a été estimée à un peu plus de 300 couples reproducteurs. La colonie la plus importante, sur le plateau nord de l'île Ardery, rassemble au moins 150 sites dans la zone principale et quelque 25 sites dans des groupes plus petits situés à proximité. Sur l'île Odbert, 30 nids ont été localisés dans un endroit exigu en face des falaises centrales situées directement au nord.

La plupart des nids de pétrels antarctiques sont situés dans des zones de type plateau ou des sections faiblement inclinées des falaises abruptes du plateau nord, sans oublier des petites colonies à proximité du ravin Soucek. Les nids sont proches les uns des autres. Il semble que les pétrels évitent d'établir leur nid sur les petites corniches. À la fin du mois de novembre, les premiers pétrels antarctiques reviennent de leur exode précédant la ponte et, une semaine plus tard, tous sont au rendez-vous pour la ponte. Les premières éclosions interviennent la deuxième semaine du mois de janvier et les nouveau-nés commencent à quitter le nid à la fin du mois de février/au début du mois de mars, tous les jeunes ayant quitté l'endroit au plus tard à la mi-mars.

Damier du cap

Environ 750 couples reproducteurs de pétrels du Cap (*Daption capense*) utilisent la zone, la plupart se reproduisant sur l'île d'Ardery dans de petites colonies sur les falaises du nord. La plupart d'entre eux se reproduisent sur l'île Ardery dans de petites colonies situées sur les falaises au nord de l'île. Des nids épars sont présents sur les deux versants du mont Snowie. Environ 100 à 200 sites de nidification ont été répertoriés sur l'île Odbert, la plupart étant localisés autour des colonies de fulmars.

Les damiers du cap privilégient les sites de nidification dont la configuration garantit une certaine protection : saillie rocheuse, avec protection arrière et, si possible, latérale. La plupart des nids se trouvent dans des parties les moins escarpées des falaises ainsi que le long des corniches supérieures, à la fois en colonie ou en petits groupes épars. Dès le retour de l'exode précédant la ponte, les damiers du Cap pondent leurs œufs à la fin novembre et l'éclosion débute la deuxième semaine du mois de janvier. La plupart des jeunes quittent le nid au plus tard la première semaine du mois de mars.

Pétrel des neiges

Le nombre de pétrels des neiges (*Pagodroma nivea*) dans la zone est estimé à quelque 1 100 couples en phase de reproduction. Environ 1 000 sites de nidification ont été localisés sur l'île Ardery en 1990, la plupart sur les pentes du mont Snowie. Les pétrels des neiges semblent moins nombreux sur l'île Odbert que sur l'île Ardery (de 100 à 1 000 sites de nidification). En 2003, il a été estimé que 752 nids actifs se trouvaient sur l'île d'Ardery et 824 sur l'île d'Odbert.

Les pétrels des neiges se reproduisent dans des crevasses ou des cavités entre les roches meubles, en petits groupes de faible densité. Les nids isolés ou situés dans les colonies d'autres espèces ne sont pas rares. L'habitat adapté au pétrel des neiges abrite également des colonies d'océanites de Wilson. Le début de la ponte varie entre les concentrations de nids, mais elle intervient au cours des trois premières semaines de décembre, l'éclosion commençant à la mi-janvier. Les jeunes pétrels quittent tous l'endroit lors des deux premières semaines de mars.

Océanite de Wilson

Les océanites de Wilson (*Oceanites oceanicus*), répartis sur une vaste surface, nichent dans toutes les aires rocheuses accessibles de la zone. Sur l'île Ardery, quelque 1000 sites de nidification ont été documentés. L'île Odbert abrite entre 1000 et 2000 sites de nidification, mais la densité y serait inférieure à celle observée sur l'île Ardery en raison de l'éparpillement général des zones rocheuses propices à la nidation. L'océanite de Wilson se reproduit dans des cavités étroites et profondes, ce qui rend parfois extrêmement difficile la détection des nids des océanites de Wilson. Il est donc probable que les estimations démographiques soient largement en deçà de la vérité.

Labbe de McCormick

En 1984-1985, dix couples de labbes antarctiques (*Catharacta maccormicki*) se reproduisaient sur l'île Ardery et trois autres y avaient probablement élu domicile. Les chiffres étaient à peu près semblables en 1986-1987 même si seuls sept couples avaient des œufs. 10 à 20 couples ont été documentés sur l'île Odbert. La répartition des nids de labbes antarctiques sur l'île Ardery témoigne de leur dépendance des pétrels. La plupart des couples ont des points d'observation à proximité des nids de pétrels à partir desquels ils peuvent observer le territoire où ils s'alimentent sur les falaises d'oiseaux. Sur l'île Odbert, la plupart des nids étaient situés à proximité des colonies de manchots.

Les nids sont des cavités de faible profondeur dans le gravier, soit totalement à ciel ouvert, soit entourés de quelques pierres en guise de protection. Les territoires et les sites de nidation semblent être stables d'année en année; il y a en général près de chaque nid plusieurs dépressions formées par les nids précédents. Les dates de ponte varient considérablement mais elles sont concentrées entre la fin du mois de novembre et le début du mois de décembre. Les premiers petits naissent dans les derniers jours du mois de décembre et quittent la zone à la mi-février.

Espèces d'oiseaux ne se reproduisant pas dans la zone

Des pétrels géants, adultes et juvéniles, se rendent régulièrement sur l'île Ardery. Lorsque les vents sont favorables, ils volent le long des falaises à la recherche de nourriture.

6(ii) Accès à la Zone

La zone est accessible en véhicule sur la glace de mer, en bateau ou en avion, conformément à la section 7(ii) de ce plan.

6(iii) Emplacement des structures à l'intérieur de la zone ou adjacentes à la zone

Quatre caméras télécommandées à intervalles réguliers sont situées sur l'île d'Ardery et deux sur l'île d'Odbert (emplacements sur l'île d'Ardery : 66°22'6,3"S, 110°26'42,9"E; 66°22'13,4"S, 110°27'46,2"E; 66°22'6,2"S, 110°26'56,3"E; 66°22'7,7"S, 110°26'57,7"E (carte B), emplacements sur l'île Odbert : 66°22'37,8"S, 110°33'55,3"E 66°22'37,7"S, 110°33'47,6"E (Carte C)) Installées en 2010/11, (cinq premiers) et 2018/19 (dernière), les caméras permettent un suivi de longue durée du taux de reproduction et de la phénologie du fulmar argenté, du damier du Cap et du manchot Adélie, en les perturbant le moins possible. Les caméras ne sont pas installées de manière permanente, mais elles resteront en place au-delà de la durée de ce plan.

6(iv) Emplacement d'autres zones protégées à proximité directe de la zone

Les zones protégées suivantes sont situées à proximité des îles Ardery et Odbert (carte A).

- ZSPA n°135 : Nord-est de la péninsule Bailey (66°17'S, 110°32'E). Elle est située à environ 12 km au nord des îles Ardery et Odbert ZSPA ;
- Péninsule Clark (66°15'S, 110°36'E). Elle est située à environ 16 km au nord des îles Ardery et Odbert ZSPA n°136 :
- Îles Frazier (66°13'S 110°11'E) (ZSPA No 160). Elles sont situées à environ 23 km au nord-est des îles Ardery et Odbert

6(v) Zones spéciales à l'intérieur de la zone

Il n'y a aucune aire spéciale à l'intérieur de la Zone.

7. Critères de délivrance des permis d'accès

7(i) Critères généraux

L'accès à la Zone est interdit sauf si un permis a été délivré par une autorité nationale compétente. Les critères de délivrance de permis d'accès à la Zone sont les suivants :

- un permis sera délivré uniquement pour mener des recherches scientifiques indispensables qu'il est impossible d'entreprendre ailleurs, notamment pour l'étude scientifique de l'avifaune et de l'écosystème de la zone, ou pour des raisons de gestion essentielles qui sont conformes aux objectifs du plan telles que des activités d'inspection, d'entretien ou de révision ;
- les actions autorisées ne porteront pas atteinte aux valeurs de la zone ;
- les actions autorisées sont conformes au plan de gestion ;
- le permis ou une copie autorisée sera emporté dans la zone ;
- un rapport de visite devra être soumis à l'autorité désignée dans le permis ;
- tout permis sera délivré pour une durée donnée ;
- l'autorité nationale compétente doit être informée de toutes les activités / mesures entreprises qui n'ont pas été incluses dans le permis autorisé.

7(ii) Accès à la Zone et déplacements à l'intérieur de celle-ci

Les véhicules et les bateaux utilisés pour visiter les îles doivent être laissés sur les rives. Les déplacements à l'intérieur de la zone doivent se faire à pied exclusivement.

La carte D indique l'emplacement des sites d'atterrissage et de débarquement par hélicoptère et par bateau sur les îles Ardery et Odbert. Sur l'île Ardery, le site de débarquement par bateau qui est privilégié se trouve à Terre Robertson, où trois points d'ancrage permettent d'amarrer un bateau ou toute autre embarcation. Le site de débarquement par bateau indiqué sur la carte D pour l'île Ardery est situé dans un rayon de 200 m de colonies d'oiseaux. Toutefois, il constitue le seul site de débarquement sûr de l'île. Tous les débarquements doivent se faire avec prudence pour ne pas perturber les oiseaux. Il n'existe aucun itinéraire pédestre dans la zone mais les visiteurs doivent se tenir à distance des oiseaux afin d'éviter, à tout moment, de les perturber.

S'il n'est pas possible d'accéder aux îles par bateau ou par véhicule sur la glace de mer, on peut alors utiliser des aéronefs à voilure fixe ou des hélicoptères sous réserve des conditions suivantes :

- la perturbation des colonies par les aéronefs sera évitée en tout temps ;
- les atterrissages sur la glace de mer seront encouragés (dans la mesure du possible) ;
- le survol des îles doit être évité en toutes circonstances sauf s'il répond aux objectifs essentiels de la recherche scientifique ou de la gestion si un permis l'autorise. Dans ces cas là, le survol doit se faire à une distance verticale ou horizontale d'un minimum de 930 m pour les aéronefs monomoteurs et de 1500 m pour les bimoteurs ;
- pendant la saison de reproduction des manchots et des pétrels, définie ici comme la période allant du 1er novembre au 1er
- avril, les mouvements d'hélicoptères vers les îles devraient être réduits au minimum ;
- l'utilisation d'hélicoptères bimoteurs pour atterrir sur les îles Ardery ou Odbert est interdite ;
- toute approche de l'île Ardery doit s'effectuer à haute altitude en venant du sud car les densités d'oiseaux les plus faibles ont été enregistrées sur les falaises méridionales (cartes B et D) ;
- toute approche de l'île Odbert par hélicoptère monomoteur doit s'effectuer de préférence partir du sud afin d'éviter la zone des falaises qui abrite des pétrels en phase de nidification (cartes C et D) ;
- lorsqu'ils utilisent les aires d'atterrissage des hélicoptères monomoteurs indiquées sur la carte D, les pilotes veilleront à ne pas perturber les colonies nicheuses.
- seul le personnel qui doit faire des travaux dans la zone devra descendre de l'hélicoptère ;

- le ravitaillement en carburant des aéronefs est interdit dans la zone.

Les survols de colonies d'oiseaux dans la zone par des systèmes d'aéronefs télépilotés (RPAS) sont interdits, sauf lorsque cela est indispensable à des fins scientifiques ou de gestion impérieuses. Ces survols doivent être effectués conformément aux *Directives environnementales pour l'exploitation des systèmes d'aéronefs télépilotés (RPAS) en Antarctique.*

7iii) Activités qui sont ou peuvent être menées dans la zone, y compris les restrictions à la durée et à l'endroit

Les activités suivantes peuvent être menées dans la zone, moyennant un permis :

- recherches scientifiques impérieuses conformes au plan de gestion pour la zone qui ne peuvent pas être effectuées ailleurs et qui ne porteront pas atteinte aux valeurs à l'origine de la désignation de la zone ou aux écosystèmes de la zone ;
- activités de gestion essentielles, y compris la surveillance ;
- échantillonnage qui doit être réduit au minimum pour répondre aux programmes de recherches approuvés.

7(iv) Installation, modification ou enlèvement de structures Aucune structure permanente ne doit être érigée dans la zone.

- aucune structure ne peut être construite ou installée dans la zone sauf autorisation stipulée dans le permis.
- Les marqueurs et équipements scientifiques doivent être sécurisés et maintenus en bon état, en identifiant clairement le pays d'autorisation, le nom du chercheur principal et l'année d'installation. Tout l'équipement doit être fabriqué avec des matériaux qui limitent au minimum la pollution de la zone.
- l'enlèvement du matériel associé aux travaux de recherche scientifique sera un des critères de délivrance du permis avant que celui-ci ne vienne à expiration. Des informations détaillées sur les bornes et le matériel laissé temporairement sur place (emplacements des GPS, description, identification, etc. ainsi que la date prévue du démantèlement) doivent être transmises à l'autorité ayant délivré le permis ;
- Toute cabane temporaire dont l'installation est autorisée sur l'île Ardery doit intervenir avant le 1er novembre lorsque débute la saison de reproduction et elle doit être retiré après le 1er avril lorsque les jeunes ont quitté le nid. L'installation et l'enlèvement de la cabane doivent être effectués par des véhicules sur la glace de mer sauf si l'état de la glace ne le permet pas.

7(v) Emplacement des camps de base

- L'établissement de camps sur l'île Odbert est interdit, sauf en cas d'urgence.
- Si les activités sur le terrain l'exigent, une cabane temporaire peut être érigée à l'endroit indiqué sur la carte B. Il existe à cet endroit huit points d'ancrage dans la roche-mère. Il existe un refuge « Robinson Ridge Hut », sur le continent, situé hors de la zone sur Robinson Ridge (66°22,4'S 110°35,2'E), à environ 800 m à l'ouest de l'île Odbert (voir carte A).

7 (vi) Restrictions sur les matériaux et organismes pouvant être introduits dans la Zone

- Aucun produit de la volaille, y compris des aliments séchés contenant des œufs en poudre, ne peut être introduit dans la zone.
- Aucun dépôt de vivres ou autres fournitures ne doit être laissé dans la zone au-delà de la saison pour laquelle ils sont nécessaires.
- L'introduction délibérée d'animaux, de matières végétales, de micro-organismes et de terre non stérile dans la Zone ne sera pas autorisée. Des mesures de précaution draconiennes doivent être prises pour éviter l'introduction accidentelle de tout animal, forme végétale, micro-organisme et terre non stérile provenant de régions biologiques distinctes (comprises à l'intérieur ou à l'extérieur de la zone du Traité sur l'Antarctique) ;
- Dans la mesure du possible, les vêtements, chaussures et autres équipements utilisés ou introduits dans la zone (y compris les sacs à dos, les sacs de transport et autres équipements) doivent être soigneusement nettoyés avant d'entrer et après avoir quitté la zone.

- Les bottes, l'équipement de recherche et d'échantillonnage ainsi que les marqueurs en contact avec le sol seront désinfectés et nettoyés à l'eau chaude et à l'eau de javel avant de pénétrer dans la zone et à sa sortie afin de prévenir l'introduction accidentelle de tout animal, forme végétale, micro-organisme ou terre non stérile dans la zone. Le matériel doit être nettoyé dans la cabane ou à la station.
- Les visiteurs devraient également consulter et suivre, le cas échéant, les recommandations contenues dans le Comité pour
- La protection de l'environnement *Manuel sur les espèces non indigènes*, et au Comité scientifique pour la recherche antarctique (SCAR) *Code de conduite environnemental pour la recherche scientifique de terrain en zone continentale en Antarctique* ;
- Aucun herbicide ou pesticide ne doit être introduit dans la zone. Tous les autres produits chimiques, y compris les radionucléides ou les isotopes stables, qui peuvent être introduits à des fins scientifiques ou de gestion spécifiées dans un permis, sont retirés de la zone au plus tard à la fin de l'activité pour laquelle le permis a été accordé.
- Aucun combustible ne sera entreposé dans la zone sauf si cela s'avère nécessaire à des fins essentielles liées aux activités pour lesquelles le permis a été délivré. Les dépôts de carburant permanents ne sont pas autorisés.
- Tout le matériel introduit ne doit l'être que pour une période déterminée, doit être enlevé au plus tard à la fin de cette période indiquée, et doit être stocké et manipulé de manière à minimiser le risque d'impact environnemental.

7 (vii) Prélèvement de végétaux capture d'animaux ou perturbations nuisibles de la faune et la flore

- toute capture ou perturbation nuisible à la faune et la flore est interdite sauf avec un permis ;
- Dans le cas de prélèvements ou de perturbations nuisibles d'animaux, le Code de conduite du SCAR *pour l'utilisation d'animaux à des fins scientifiques dans l'Antarctique devra être utilisé comme norme minimale.*
- Les travaux de recherche ornithologique sur les oiseaux de mer en phase de reproduction qui sont présents dans la zone se limiteront à des activités non invasives et non perturbatrices. Les enquêtes seront hautement prioritaires. Si la capture d'oiseaux est nécessaire, elle devra avoir lieu autant que faire se peut dans des nids à la périphérie de la zone, afin de réduire les perturbations.

7(viii) Ramassage ou enlèvement de toute chose qui n'a pas été apportée dans la Zone par le détenteur du permis

- Le ramassage ou l'enlèvement de tout élément présent dans la zone doit être autorisé par le permis, mais se limiter au minimum requis pour les activités menées à des fins scientifiques ou de gestion.
- Le matériel d'origine humaine susceptible de compromettre les valeurs de la zone, qui n'a pas été introduit dans la zone par le titulaire du permis ou autrement autorisé, peut être enlevé à moins que l'impact de l'enlèvement soit susceptible d'être plus important que de laisser le matériel sur place. Dans ce cas, l'autorité compétente devra en être informée et l'approbation obtenue avant l'enlèvement.

7(ix) Élimination des déchets

- Tous les déchets, y compris les déchets humains, doivent être retirés de la zone. Les déchets des équipes sur le terrain doivent être stockés de manière à empêcher le piégeage par la faune (par exemple les skuas) jusqu'à ce que les déchets puissent être éliminés ou enlevés. Les déchets doivent être enlevés au plus tard au départ de l'équipe de terrain. Les déchets humains et les eaux grises peuvent être rejetés dans la mer en dehors de la zone.

7(x) Mesures nécessaires pour que les buts et objectifs du plan de gestion continuent d'être atteints

Des permis peuvent être délivrés pour avoir accès à la Zone afin de :

- mener des activités de suivi biologique et d'inspection de la zone, lesquelles peuvent comprendre le prélèvement d'échantillons pour analyse ou examen ;
- installer ou entretenir du matériel scientifique, des structures et des balises ; ou
- prendre d'autres mesures de protection.

Tous les sites spécifiques qui doivent faire l'objet d'un suivi de longue durée doivent être bien balisés et un positionnement GPS doit être obtenu pour leur hébergement dans l'Antarctic Master Directory par l'intermédiaire de l'autorité nationale compétente.

Les visiteurs devront prendre des précautions spéciales contre toute introduction afin de préserver les valeurs scientifiques et écologiques de la zone. Il conviendra notamment de ne pas introduire d'agents pathogènes, de microbes et de plantes issus des sols ou de la faune et de la flore d'autres sites antarctiques, y compris les stations de recherche, ou provenant d'autres régions hors de l'Antarctique. Les visiteurs devront veiller à ce que leurs chaussures et tout autre équipement utilisé dans la zone (y compris les balises et les dispositifs d'échantillonnage) soient parfaitement nettoyés avant d'entrer dans la zone.

7(xi) Rapports de visites

Pour chaque visite dans la Zone, le titulaire principal du permis doit soumettre un rapport aux autorités nationales compétentes dans les meilleurs délais et au plus tard six mois après la fin de la visite. Ces rapports de visite devraient inclure, le cas échéant, les informations identifiées dans le formulaire de rapport de visite contenu dans le *Guide pour la préparation de plans de gestion pour les zones spécialement protégées de l'Antarctique*. Le cas échéant, l'autorité nationale doit également adresser un exemplaire du rapport de visite à la Partie qui a proposé le plan de gestion, afin d'aider à la gestion de la Zone et à la révision du plan de gestion. Dans la mesure du possible, les Parties sont tenues de déposer les originaux ou les copies de ces rapports de visite originels dans un lieu d'archivage accessible au public, en vue d'un réexamen du plan de gestion et de l'organisation scientifique de la zone.

Une copie du rapport doit être transmise à la Partie responsable de l'élaboration du plan de gestion (Australie) afin de contribuer à la gestion de la zone et au suivi des populations aviaires. En outre, les rapports de visite doivent contenir des informations détaillées sur les recensements, les emplacements de nouvelles colonies ou de nids qui n'auraient pas encore été consignés, et un résumé succinct des conclusions des recherches scientifiques ainsi que des copies des photographies de la zone.

8. Support documentaire

Baker, S.C. & Barbraud, C. 2000. Foods of the south polar skua *Catharacta maccormicki* at Ardery Island, Windmill Islands, Antarctica. *Polar Biology* 24: 59-61.

Blight, D.F. & Oliver, R.L. 1977. The metamorphic geology of the Windmill Islands, Antarctica, a preliminary account. *Journal of the Geological Society ofAustralia* 22: 145-158.

Blight, D.F. & Oliver, R.L. 1982. Aspects of the history of the geological history of the Windmill Islands, Antarctica. In: *Antarctic Geoscience* (ed. C.C. Craddock), University of Wisconsin Press, Madison, pp. 445454.

Cowan, A.N. 1979. Ornithological studies at Casey, Antarctica, 1977-1978. *Australian Bird Watcher*, 8:69.

Cowan, A.N. 1981. Size variation in the snow petrel. *Notornis* 28: 169-188.

Creuwels, J.C.S & van Frenker, J.A. 2001. Do two closely related petrel species have a different breeding strategy in Antarctica. *Proceedings of the VIIIth SCA International Biology Symposium*, 27 August-1 September 2001, Vrije Univesiteit, Amsterdam.

Creuwels, J.C.S., Poncet S., Hodum, P.J, & van Frenker, J.A. 2007. Distribution and abundance of the southern fulmars *Fulmarus glacialoides*, *Polar Biology* 30: 1083-1097.

Creuwels, J.C.S., van Frenenker, J.a., Doust, S.J., Beinssen A., Harding, B. & Hentschel, O. 2008. Breeding strategies of Antarctic petrels *Thalassoica antarctica* and southern fulmars *Fulmarus glacialoides* in the high Antarctic and implications for reproductive success, *Ibis* 150: 160-171

Croxall, J.P., Steele, W.K., McInnes, S.J. & Prince, P.A. 1995. Breeding distribution of the snow petrel *Pagodroma nivea*. *Marine Ornithology* 23: 69-99.

Department of the Environment and Energy, 2019, Environmental Code for Participants in the Australian Antarctic Program, Australian Antarctic Division, Hobart.

Filson, R.B. 1974. Studies on Antarctic lichens II: Lichens from the Windmill Islands, Wilkes Land. *Muelleria*, 3:9-36.

Goodwin, I.D. 1993. Holocene deglaciation, sea-level change, and the emergence of the Windmill Islands, Budd Coast, Antarctica. *Quaternary Research* 40: 70-80.

Horne, R. 1983. The distribution of penguin breeding colonies on the Australian Antarctic Territory, Heard Island, the McDonald Islands and Macquarie Island. *ANARE Research Notes* No. 9.

Jouventin, P., & Weimerskirch, H. 1991. Changes in the population size and demography of southern seabirds: management implications. In: *Bird population studies: Relevance to conservation and management.* (eds. C.M. Perrins, J.-D. Lebreton, and G.J.M Hirons) Oxford University Press: pp. 297-314.

Keage, P. 1982. Location of Adélie penguin colonies, Windmill Islands. *Notornis*, 29: 340-341.

Lee J.E, Chown S.L. 2009: Breaching the dispersal barrier to invasion: quantification and management. *Ecological Applications* 19: 1944-1959.

Luders, D.J. 1977. Behaviour of Antarctic petrels and Antarctic fulmars before laying. *Emu* 77: 208-214.

McLeod, I.R. & Gregory, C.M. 1967. Geological investigations for along the Antarctic coast between longitudes 108°E and 166°E. Report of the Bureau for Mineral Resources, Geology and. *Geophysics. Australia* No. 78, pp. 30-31.

Melick, D.R., Hovenden. M.J., & Seppelt, R.D. 1994. Phytogeography of bryophyte and lichen vegetation in the Windmill Islands, Wilkes Land, Continental Antarctica. *Vegetatio* 111: 71-87.

Murray, M.D., Orton, M.N. & Penny, R.L. 1972. Recoveries of silver-grey petrels banded on Ardery Island, Windmill Islands, Antarctica. *Australian Bird Bander* 10, 49-51.

Murray M.D. & Luders D.J. 1990. Faunistic studies at the Windmill Islands, Wilkes Land, East Antarctica, 1959-80. *ANARE Research Notes* 73: 1-45.

Olivier, F., Lee, A.V., Woehler, E.J. 2004. Distribution and abundance of snow petrels *Pagodroma nivea* in the Windmill Islands, East Antarctica. *Polar Biology* 27: 257-265.

Olivier, F., & Wotherspoon, S.J. 2006. Distribution and abundance of Wilson's storm petrels *Oceanites oceanicus* at two locations in East Antarctica: testing habitat selection models. *Polar Biology* 29: 878-892.

Orton, M. R. 1963. A brief survey of the fauna of the Windmill Islands, Wilkes Land, Antarctica. *Emu* 63, 14-22.

Paul, E., Stüwe, K., Teasdale, J. & Worley, B. 1995. Structural and metamorphic geology of the Windmill Islands, east Antarctica: field evidence for repeated tectonothermal activity. *Australian Journal of Earth Sciences* 42: 453-469.

Phillpot, H.R. 1967. Selected surface climate data for Antarctic stations. Commonwealth of Australia: Bureau of Meteorology.

Robertson, R. 1961. Geology of the Windmill Islands, Antarctica. *IGY Bulletin* 43: 5-8.

Robertson, R. 1961. Preliminary report on the bedrock geology of the Windmill Islands. In: Reports on the Geological Observations 1956-60. IEY Glaciology Report No. 4, (IEY World Data Centre 4: Glaciology). American Geographical Society, New York.

Schwerdtfeger, W. 1970. The climate of the Antarctic. In: *Climate of polar regions* (ed. S. Orvig), Elsevier pp. 253-355, Amsterdam.

Schwerdtfeger, W. 1984. Weather and climate of the Antarctic, Amsterdam: Elsevier.

Smit, F.G.A.M. & Dunnet, G.M. 1962. A new genus and species of flea from Antarctica, (*Siphonaptera: Ceratophyllidae*). *Pacific Insect* 4: 895-903.

Southwell, C., Emmerson, L., McKinlay, J., Takahashi, A., Kato, A., Barbraud, C., Delord, K. and Weimerskirch. H. 2015. Spatially extensive standardized surveys reveal widespread, multi-decadal increase in East Antarctic Adélie penguin populations. *PLoS ONE* 10 (10): e0139877.

van Franeker, J.A, Creuwels, J.C.S., van der Veer, W., Cleland, S. & Robertson, G. 2001. Unexpected effects of climate change on the predation of Antarctic petrels. *Antarctic Science* 13: 430-439.

van Franeker, J.A., Bell, P.J., & Montague, T.L. 1990. Birds of Ardery and Odbert islands, Windmill Islands, Antarctica. *Emu* 90: 74-80.

van Franeker, J.A., Gavrilo, M., Mehlum, F., Veit, R.R. & Woehler, E.J. 1999. Distribution and abundance of the Antarctic petrel. *Waterbirds* 22: 14-28.

Whinam J, Chilcott N, & Bergstrom D.M. 2005: Subantarctic hitchhikers: expeditioners as vectors for the introduction of alien organisms. *Biological Conservation* 121: 207-219.

Williams, I.S., Compston W., Collerson K.D., Arriens, P.A. & Lovering J.F. 1983. A Reassessment of the age of the Windmill metamorphics, Casey area. In: Antarctic Earth Science (ed. R.L. Oliver, P.R. James & J.B. Jago), Australian Academy of Sciences, Canberra, pp. 73-76.

Woehler E.J. & Croxall J.P. 1997. The status and trends of Antarctic and subantarctic seabirds. *Marine Ornithology* 25: 43-66.

Woehler, E.J. & Johnstone, G.W. 1991. Status and conservation of the seabirds of the Australian Antarctic Territory. In Seabird status and conservation: A Supplement. (ed. J.P. Croxall) ICBP Technical Publication No. 11: 279-308.

Woehler, E.J., Slip, D.J., Robertson, L.M., Fullagar, P.J. & Burton, H.R. 1991. The distribution, abundance and status of Adélie penguins *Pygoscelis adeliae* at the Windmill Islands, Wilkes Land, Antarctica. *Marine Ornithology* 19: 1-17.

Woehler, E.J., Cooper, J., Croxall, J.P., Fraser, W.R., Kooyman, G.L., Miller, G.D., Nel, D.C., Patterson, D.L., Peter, H-U, Ribic, C.A., Salwicka, K., Trivelpiece, W.Z. & Weimerskirch, H. 2001. A Statistical Assessment of the Status and Trends of Antarctic and Subantarctic Seabirds.

SCAR/CCAMLR/NSF.

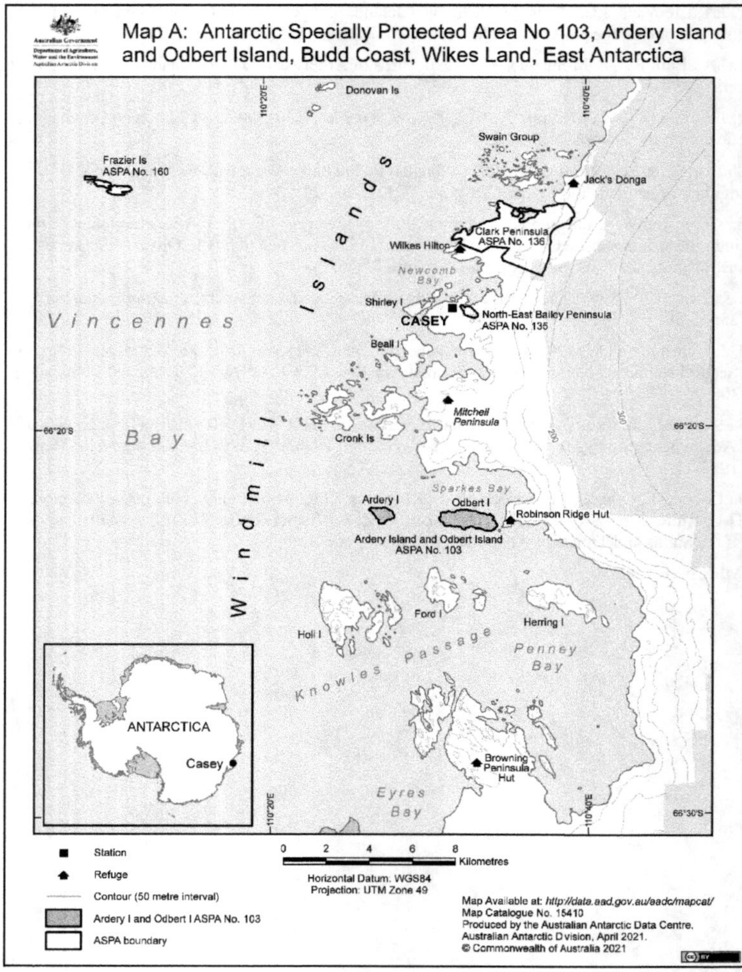
Map A: Antarctic Specially Protected Area No 103, Ardery Island and Odbert Island, Budd Coast, Wikes Land, East Antarctica
Donovan Is
Swain Group
Jack's Donga
Frazier Is
ASPA No. 160
Clark Peninsula
ASPA No. 136
Wilkes Hilltop
Newcomb Bay
Shirley I
CASEY
North-East Bailey Peninsula
ASPA No. 135
Vincennes Bay
Windmill Islands
Beall I
Mitchell Peninsula
Cronk Is
Sparkes Bay
Ardery I
Odbert I
Robinson Ridge Hut
Ardery Island and Odbert Island
ASPA No. 103
Ford I
Herring I
Holl I
Knowles Passage
Penney Bay
ANTARCTICA
Casey
Browning Peninsula Hut
Eyres Bay
110°20'E
110°40'E
66°20'S
66°30'S
Station
Refuge
Contour (50 metre interval)
Ardery I and Odbert I ASPA No. 103
ASPA boundary
0 2 4 6 8 Kilometres
Horizontal Datum: WGS84
Projection: UTM Zone 49
Map Available at: http://data.aad.gov.au/aadc/mapcat/
Map Catalogue No. 15410
Produced by the Australian Antarctic Data Centre, Australian Antarctic Division, April 2021.
© Commonwealth of Australia 2021

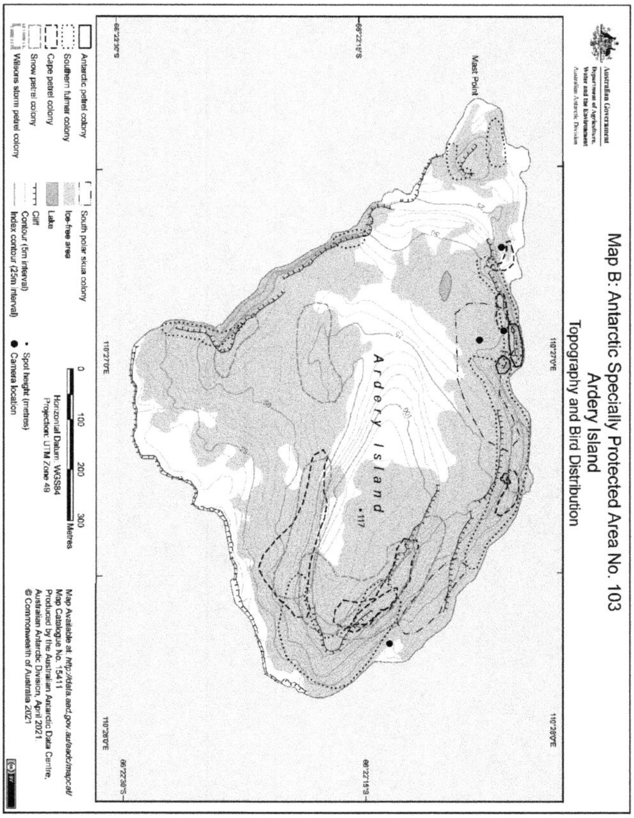

Map B: Antarctic Specially Protected Area No. 103
Ardery Island
Topography and Bird Distribution
Australian Government
Mast Point
Ardery Island
Antarctic petrel colony
Southern fulmar colony
Cape petrel colony
Snow petrel colony
Wilsons storm petrel colony
South polar skua colony
Ice-free area
Lake
Cliff
Contour (5m interval)
Index contour (25m interval)
Spot height (metres)
Camera location
Metres
Horizontal Datum: WGS84
Projection: UTM Zone 49
Map Catalogue No. 15411
Produced by the Australian Antarctic Data Centre, Australian Antarctic Division, April 2021.
© Commonwealth of Australia 2021

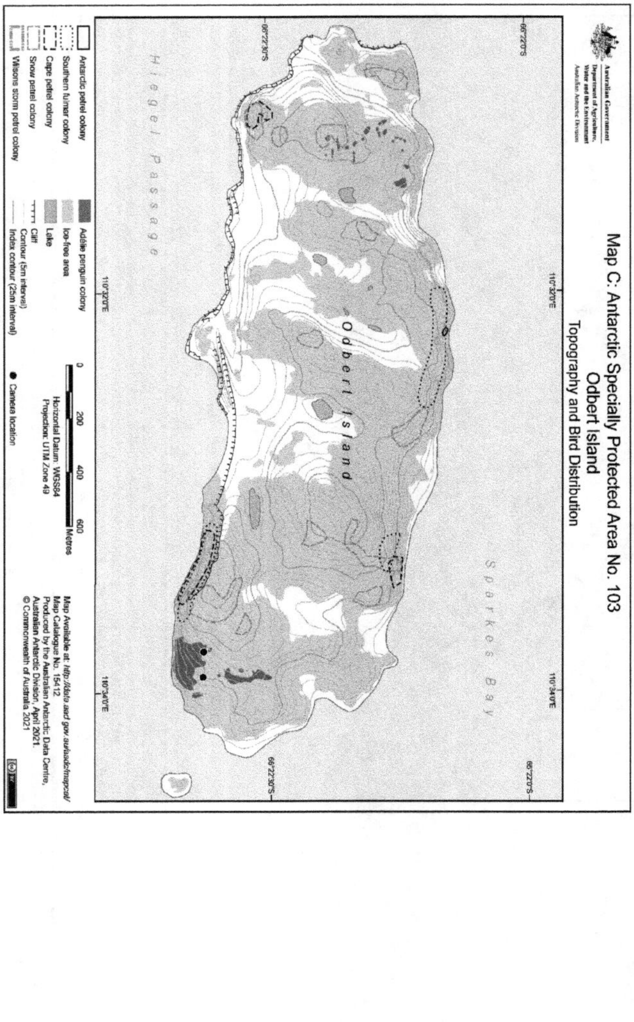
Map C: Antarctic Specially Protected Area No. 103
Odbert Island
Topography and Bird Distribution
Australian Government
Odbert Island
Hiegel Passage
Sparkes Bay
Antarctic petrel colony
Southern fulmar colony
Cape petrel colony
Snow petrel colony
Wilsons storm petrel colony
Adélie penguin colony
Ice-free area
Lake
Cliff
Contour (5m interval)
Index contour (25m interval)
Camera location
Horizontal Datum: WGS84
Projection: UTM Zone 49
Metres
© Commonwealth of Australia 2021

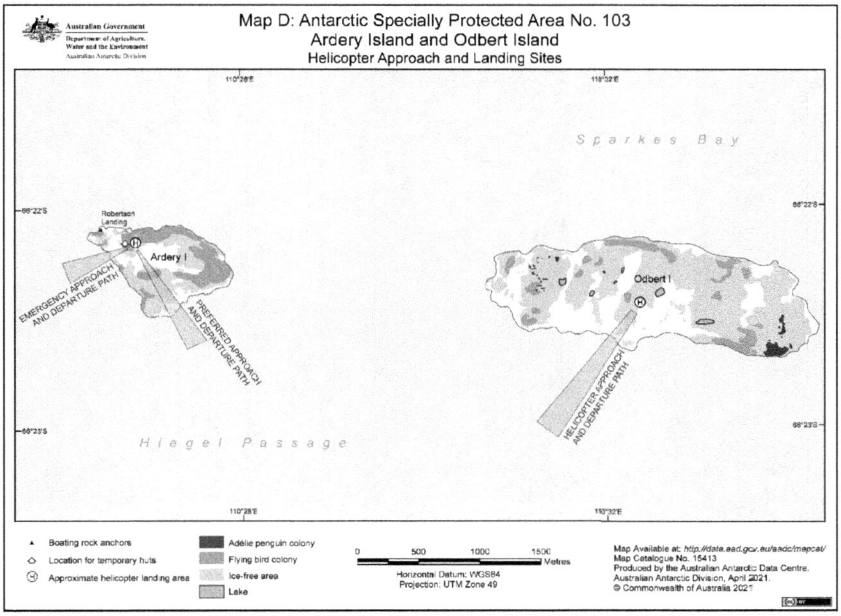
Australian Government
Department of Agriculture, Water and the Environment
Australian Antarctic Division
Map D: Antarctic Specially Protected Area No. 103
Ardery Island and Odbert Island
Helicopter Approach and Landing Sites
110°28'E
110°32'E
66°22'S
66°23'S
Sparkes Bay
Hiegel Passage
Robertson Landing
Ardery I
Odbert I
EMERGENCY APPROACH AND DEPARTURE PATH
PREFERRED APPROACH AND DEPARTURE PATH
HELICOPTER APPROACH AND DEPARTURE PATH
Boating rock anchors
Location for temporary huts
Approximate helicopter landing area
Adélie penguin colony
Flying bird colony
Ice-free area
Lake
0 500 1000 1500 Metres
Horizontal Datum: WGS84
Projection: UTM Zone 49
Map Available at: http://data.aad.gov.au/aadc/mapcat/
Map Catalogue No. 15413
Produced by the Australian Antarctic Data Centre.
Australian Antarctic Division, April 2021.
© Commonwealth of Australia 2021

Plan de gestion pour

la Zone spécialement protégée de l'Antarctique (ZSPA) n° 104

ÎLE SABRINA, ÎLES BALLENY, ANTARCTIQUE

1. Description des valeurs à protéger

Située dans l'archipel Balleny, l'île Sabrina avait été à l'origine désignée comme la zone spécialement protégée (ZSP) n° 4 dans la Recommandation IV-4 (1966) au motif que les « îles Balleny, terres antarctiques de l'extrémité septentrionale de la région de la mer de Ross possèdent une flore et une faune qui reflètent plusieurs distributions circumpolaires de cette latitude et que l'île Sabrina constitue un échantillon particulièrement représentatif de cette flore et de cette faune ». Le site a été redésigné Zone spécialement protégée de l'Antarctique (ZSPA) n° 104 dans la Décision 1 (2002). Un plan de gestion est alors préparé, qui comprend l'île Sabrina, l'îlot Chinstrap et le Monolithe, pour être adopté ensuite dans en vertu de la Mesure 3 (2009) et la mesure 4 (2015).

La principale raison de la désignation de l'île Sabrina comme zone spécialement protégée de l'Antarctique est de préserver ses valeurs écologiques exceptionnelles, en particulier sa biodiversité unique à la région de la mer de Ross.

Les îles Balleny, découvertes en février 1839 par un marin britannique, John Balleny, se situent à environ 325 km au nord des côtes Pennell et Oates. Elles se composent de trois îles principales, les îles Young, Buckle et Sturge, et de plusieurs îlots plus petits formant un archipel orienté nord-ouest/sud-est d'environ 160 km de long, situé entre 66° 15'S à 67° 10'S de latitude et 162° 15'E et 164° 45'E de longitude (carte 1). Les îles Balleny sont les seules véritables îles océaniques (en opposition aux îles continentales) de l'Antarctique du côté de la mer de Ross, à l'exception de l'île Scott, située à environ 505 km au nord-est du cap Adare. L'archipel se trouve en outre dans le principal courant circumpolaire antarctique. Il constitue ainsi un important habitat de reproduction et de repos pour les espèces d'oiseaux marins et de phoques et revêt une grande importance dans la distribution circumpolaire pour de nombreuses espèces (voir Tableau 1 et 2, Annexe 1).

L'île Sabrina, l'îlot Chinstrap et le Monolithe se trouvent à environ 3 km au sud/sud-est de l'île Buckle. Ces îles sont le seul site de reproduction connue à ce jour des manchots à jugulaire (Pygoscelis antarctica) entre les îles Bouvet et Pierre Ier (un espace de 264°de longitude), la majorité des couples reproducteurs ayant été recensés sur l'île Sabrina. En outre, cette population cohabite avec une colonie beaucoup plus grande de manchots Adélie (P. adeliae), semblable à des colonies près de la pointe de la péninsule antarctique sur les îles Shetland du Sud, et plus au nord sur les îles Orcades du Sud. En règle générale, les aires de reproduction des deux espèces ont tendance à être séparées.

La colonie de manchots Adélie de l'île Sabrina est particulièrement importante car elle est la plus grande de l'archipel et abrite la majorité des couples reproducteurs à jugulaire. Isolées, en proie aux conditions météorologiques difficiles et au mauvais état de la glace, les îles Balleny ne sont soumises qu'à de faibles perturbations anthropiques, à l'exception des pêcheries de l'océan Austral.

2. Buts et objectifs

La gestion de l'île Sabrina poursuit les buts et objectifs suivants :

- éviter toute détérioration ou tout risque de détérioration des valeurs de la Zone en empêchant toute perturbation humaine inutile de ladite Zone ;
- éviter ou minimiser l'introduction de plantes, d'animaux et de microbes non indigènes dans la Zone ;

- préserver l'écosystème naturel comme zone de référence peu perturbée par des activités humaines directes ;
- Éviter de déranger une colonie de manchots à jugulaire qui est anormale pour ce qui est de la distribution d'espèces ;
- permettre la recherche scientifique dans la Zone, pour autant qu'elles soient indispensables, qu'elles ne puissent être menées ailleurs et qu'elle ne mette pas en péril l'écosystème naturel de la zone ;
- permettre des visites à des fins de gestion à l'appui des objectifs du plan de gestion.

3. Activités de gestion

Les activités de gestion suivantes doivent être entreprises pour protéger les valeurs de la zone :

- des copies de ce plan de gestion doivent être mises à la disposition des navires se déplaçant dans le voisinage de la zone ;
- les programmes nationaux doivent veiller à ce que les limites de la zone et les restrictions qui s'y appliquent soient indiquées sur les cartes et les plans marins appropriés dont ils ont la responsabilité ;
- Dans la mesure du possible, des visites seront organisées en fonction des besoins afin de déterminer si la zone répond toujours aux objectifs pour lesquels elle a été désignée et de s'assurer que les mesures de gestion sont adéquates.

4. Durée de la désignation

La Zone est désignée pour une durée indéterminée.

5. Cartes et photographies

Carte 1 : ZSPA n° 104 : Île Sabrina, îles Balleny, Antarctique. Carte régionale.

Ligne de référence : WGS84 ; Projection : Stéréographie polaire de l'Antarctique ; carte principale et encart de la source de données : Base de données numérique SCAR Antarctique, version 6, 2012.

Carte 2 : ZSPA n° 104 : Île Sabrina, îles Balleny, Antarctique. Bornage, accès et caractéristiques. Ligne de référence : WGS84 ; Projection : UTM Zone 58 Sud ; source de données : Imagerie de Digital Globe, WorldView - 1 Satellite, acquis le 14 janvier 2011, résolution 50 cm. Caractéristiques recueillies par Land Information Nouvelle-Zélande.

Encart de photographie oblique obtenu en décembre 2014 par la Royal New Zealand Air Force (RNZAF).

6. Description de la Zone

6(i) Coordonnées géographiques, bornage et caractéristiques du milieu naturel

Emplacement et description générale :

Les îles Balleny se trouvent à environ 325 km au nord des côtes Pennell et Oates (Carte 1). Elles sont la partie exposée d'une chaîne de monts sous-marins volcaniques. Elles se composent de trois grandes îles ainsi que de plusieurs îles plus petites et de roches exposées. L'île Sabrina est située à 66° 55 S de latitude et 163° 19 E de longitude, à trois kilomètres de la pointe sud de l'île Buckle (l'île centrale des îles principales). Elle mesure moins de 2 km de largeur et atteint selon les estimations 180 m d'altitude. Un bouchon volcanique haut d'environ 80 m, appelé le Monolithe, est attaché à l'extrémité sud de l'île Sabrina par une pointe de rochers. Un petit îlot se trouve au nord-est de l'île Sabrina, appelé généralement « îlot Chinstrap ». Une grande partie de l'île Sabrina est couverte par un champ de neige / glace permanent.

Limites :

La ZSPA comprend l'ensemble des terres émergées de l'île Sabrina, du monolithe et de l'îlot Chinstrap à marée basse (Carte 2). La ZSPA ne couvre pas la zone marine.

Caractéristiques du milieu naturel :

Environ un quart de l'île Sabrina est recouvert en permanence de neige et de glace et un pied de glace rencontre la mer à l'extrémité nord. Une crête escarpée traverse l'île avec des pentes de scories vers l'est et le sud. Des falaises longitudinales forment la majeure partie de la côte de l'île, si ce n'est une plage de galets dans le sud-ouest.

Les pentes de scories à l'est de la crête centrale de l'île sont occupées par des nids de manchots Adélie et à jugulaires. Les oiseaux accèdent à ces sites de nidification par la plage située au sud-ouest de l'île. L'île Sabrina abrite la plus grande colonie de manchots des îles Balleny, avec près de 3 770 couples de manchots Adélie répertoriés en 2000 et quelque 202 adultes à jugulaire et 109 poussins en 2006. L'îlot Chinstrap comptait 2 298 couples de manchots en 2000, avec quelque 10 couples de manchots à jugulaire ayant été répertoriés sur l'îlot en 1965 et 1984.

En 2014, des observations à partir d'un petit bateau du côté sud-ouest de l'île Sabrina et du nord-ouest de l'îlot à jugulaire ont signalé des observations individuelles de manchots à jugulaire à la fois sur l'île Sabrina (84) et l'îlot à jugulaire (40).

Des damiers du cap (Daption capense) ont été observés nichant sur l'île Sabrina en 2006 de même que sur le côté sud du monolithe en 1965 (bien que cela n'ait pas été confirmé par des expéditions plus récentes). Des Manchots Macaroni (Eudyptes chrysolophus) ont été aperçus sur l'île de Sabrina (1964, observation possible en 1973). Un seul manchot royal a été enregistré en 2014.

Diverses espèces d'algues, y compris des Myxopycophyta, Xanthophyceae (Tribonema spp.) et Chlorophycophyta (Prasiola spp.) ont été répertoriées sur l'île Sabrina. Des bactéries chromogènes (jaune brillant), des levures, 14 espèces de champignons filamenteux, deux espèces de champignons thermophileux (Aspergillus fumigatus et Chaetomium gracile), des acariens (Stereotydeus mollis, Nanorchestes antarcticus, Coccorhgidia spp.) et des nématodes ont également été recensés. Au sommet de la principale crête, on trouve des lichens crustose, principalement des espèces Caloplaca ou Xanthoria.

6(ii) Accès à la Zone

- La zone est difficile d'accès en raison de terres et des falaises aux pentes abruptes de chaque île et de l'état de la glace aux différentes périodes de l'année. Aucune route d'accès à l'îlot Chinstrap a été identifiée, mais l'île Sabrina et le monolithe sont accessibles par hélicoptère ou par petit bateau depuis la plage de galets située du côté sud-ouest de l'île Sabrina (Carte 2).
- Des restrictions d'accès s'appliquent à l'intérieur de la Zone, dont les conditions spécifiques sont décrites dans la section 7(ii) ci-dessous.

6(iii) Emplacement de structures à l'intérieur et à proximité de la Zone

Il n'y a pas de structures existantes à l'intérieur de la zone ou à proximité de celle-ci.

6(iv) Emplacement d'autres zones protégées à proximité directe de la Zone

La zone protégée la plus proche des îles Sabrina est la ZSPA 159 : Cap Adare, côte de Borchgrevink située à environ 560 kilomètres au sud-est.

6(v) Zones spéciales à l'intérieur de la zone

Il n'y a aucune aire spéciale à l'intérieur de la Zone.

7. Critères de délivrance des permis d'accès

7(i) Critères généraux

L'accès à la Zone est interdit sauf si un permis a été délivré par une autorité nationale compétente. Les critères de délivrance de permis d'accès à la Zone sont les suivants :

- un permis est délivré pour des raisons scientifiques indispensables qu'il est impossible de satisfaire ailleurs ou pour des raisons de gestion essentielles à la Zone ;
- Les actions autorisées le seront conformément au présent plan de gestion ;
- les actions autorisées ne porteront pas atteinte à l'écosystème naturel ou aux valeurs écologiques ou scientifiques de la zone ;
- le permis est délivré pour une durée déterminée ; et
- le permis ou une copie sera emporté à l'intérieur de la zone ;

7(ii) Accès à la Zone et déplacements à l'intérieur de celle-ci

- Les atterrissages et survols d'hélicoptères à moins de 2 000 pieds sont interdits sauf en vertu d'un permis.
- L'accès à l'île Sabrina et au monolithe se fait par petit bateau ou par hélicoptère depuis la plage de galets située sous les pentes de scories de la côte sud-ouest de l'île Sabrina (latitude 66° 55.166'S, longitude 163° 18.599'E) (Carte 2).
- Aucune route d'accès privilégiée à l'« îlot Chinstrap » n'a été identifiée.
- Les opérations de survol de la zone doivent être réalisées conformément aux Directives pour l'exploitation d'aéronefs à proximité de concentrations d'oiseaux dans l'Antarctique, inscrites dans la Résolution 2 (2004).
- L'exploitation de systèmes d'aéronefs télépilotés (RPAS) dans la zone devrait être effectuée, au minimum, conformément aux « Directives environnementales pour l'exploitation de systèmes d'aéronefs télépilotés (RPAS) 1 en Antarctique » contenues dans la Résolution 4 (2018) .
- Tous les déplacements à l'intérieur de la zone doivent se faire à pied. Les déplacements à pied doivent être limités au minimum requis pour effectuer les activités autorisées et tous les efforts raisonnables doivent être consentis pour réduire les effets du piétinement.

7(iii) Activités qui peuvent être menées dans la Zone

Les activités pouvant être menées dans la Zone sont les suivantes :

- recherches scientifiques indispensables qui ne peuvent pas être effectuées ailleurs et qui ne porteront pas atteinte à l'écosystème naturel ou aux valeurs environnementales ou scientifiques de la zone ; et
- activités de gestion essentielles, y compris la surveillance et les inspections.

7(iv) Installation, modification ou enlèvement de structures

- Aucune nouvelle structure (c.-à-d. des panneaux ou des bornes) ni aucun nouvel équipement scientifique ne doivent être érigés dans la zone, sauf pour des impératifs scientifiques ou liés à la gestion et pour une période déterminée confirmée par un permis.
- Toutes les bornes, les structures et tout l'équipement scientifique installés dans la Zone doivent être clairement identifiés et mentionner le pays, le nom du principal chercheur ou de l'agence, l'année d'installation et la date prévue d'enlèvement.
- Tous ces éléments ne doivent contenir aucun organisme, propagule (p. ex. semences, œufs) ou sol non stérile et doivent être faits de matériaux résistants aux conditions environnementales et présentant un risque de pollution minime pour la Zone.

- L'enlèvement de structures et équipements spécifiques dont le permis a expiré incombe à l'autorité qui a délivré le permis et doit figurer parmi les critères de délivrance du permis.

7(v) Emplacement des camps de base

Des camps de base peuvent être établis s'ils s'avèrent nécessaires à l'appui des activités scientifiques ou de gestion autorisées. Dans la mesure du possible, l'emplacement du camp doit être choisi de manière à réduire au minimum les perturbations causées à la faune sauvage et le soin devra être pris de maintenir bien en place tout le matériel.

7(vi) Restrictions sur les matériaux et organismes pouvant être introduits dans la zone

- L'introduction délibérée d'animaux, de végétaux, de micro-organismes et de terre non stérile dans la Zone est interdite. Des mesures de précaution doivent être prises pour éviter l'introduction accidentelle de tout animal, forme végétale, micro-organisme et terre non stérilisée provenant de régions biologiquement distinctes (comprises à l'intérieur ou à l'extérieur de la zone du Traité sur l'Antarctique).
- Tout le matériel d'échantillonnage, toutes les chaussures, tous les vêtements extérieurs, tous les sacs à dos et tous les autres équipements utilisés ou introduits dans la zone doivent être complètement nettoyés avant d'entrer dans la zone. Il est recommandé de nettoyer à la brosse, avant chaque débarquement, les chaussures dans une installation de décontamination.
- Aucun produit avicole, y compris les produits alimentaires contenant de la poudre d'œufs non cuits, ne doit être introduit dans la Zone.
- Aucun pesticide ne doit être introduit dans la zone. Tous les autres produits chimiques qui peuvent être introduits dans la zone pour des raisons scientifiques, de gestion ou de sécurité impérieuses stipulées dans le permis seront enlevés de la zone à ou avant la fin de l'activité pour laquelle le permis a été délivré.
- Les carburants, les aliments et autres matériaux ne peuvent être entreposés dans la Zone, sauf en cas de nécessité absolue liée aux activités pour lesquelles le permis a été délivré. Tous ces matériaux introduits doivent être enlevés lorsqu'ils ne sont plus nécessaires. Les dépôts permanents sont interdits.
- Il convient de disposer, en cas de déversement, du matériel d'intervention requis susceptible de pouvoir traiter le volume des combustibles ou d'autres liquides nocifs introduits dans la zone. Les déversements doivent être immédiatement nettoyés à condition que l'intervention ait sur l'environnement un impact moindre que le déversement lui-même.

7(vii) Prélèvement ou interférence nuisible avec la flore et la faune indigènes

Toute capture d'animaux ou toute perturbation nuisible à la faune et la flore indigène est interdite sauf avec un permis distinct délivré spécifiquement à cette fin en vertu de l'Annexe II du Protocole au Traité sur l'Antarctique relatif à la protection de l'environnement. Dans le cas de prélèvements ou de perturbations nuisibles d'animaux, le Code de conduite du SCAR pour l'utilisation d'animaux à des fins scientifiques dans l'Antarctique devra être utilisé comme norme minimale.

7 (viii) Ramassage ou enlèvement de matériel qui n'a pas été introduit dans la zone par le détenteur du permis

- Les matériaux ne peuvent être ramassés ou enlevés de la Zone qu'en conformité avec un permis, mais ils doivent être limités au minimum requis pour répondre aux besoins scientifiques ou de gestion. Un permis ne sera pas délivré s'il y a lieu de croire que l'échantillonnage envisagé impliquerait de prélever, de retirer ou d'endommager des quantités telles de sol, de sédiments, de microbiotes, de faune et de flore sauvages, que leur distribution ou leur abondance à l'intérieur de la zone en serait fortement modifiée.
- Les matériaux d'origine humaine susceptibles de mettre en péril les valeurs de la zone, qui n'ont pas été introduits dans celle-ci par le détenteur du permis ou qui n'ont pas été autrement autorisés, peuvent être enlevés de n'importe quelle partie de la zone à moins que l'impact de l'enlèvement ne soit plus grand que

celui de la décision de laisser cette chose *in situ*. Si tel est le cas, il convient d'en informer l'autorité compétente.

7(ix) Élimination des déchets

Tous les déchets, y compris les déchets humains, seront évacués de la zone.

7(x) Mesures nécessaires pour que les buts et objectifs du plan de gestion continuent d'être atteints

Des permis peuvent être délivrés pour avoir accès à la Zone afin de :

- Mener des activités de suivi et d'inspection de la zone, qui peuvent inclure le prélèvement d'un petit nombre d'échantillons ou de données à des fins d'analyses ou d'audit ;
- installer ou entretenir les panneaux, les structures ou l'équipement scientifique ;
- ou pour d'autres mesures de gestion.

7(xi) Rapports de visites

Pour chaque visite dans la Zone, le titulaire principal du permis doit soumettre un rapport aux autorités nationales compétentes dans les meilleurs délais et au plus tard six mois après la fin de la visite. Ces rapports de visite doivent inclure, le cas échéant, les informations identifiées dans le formulaire de rapport de visite qui a été recommandé (figurant à l'Annexe 2 du Guide révisé pour la préparation des plans de gestion des zones spécialement protégées en Antarctique en appendice à la Résolution 2 [2011]), disponible sur le site web du Secrétariat du Traité sur l'Antarctique (www.ats.aq).

Le cas échéant, l'autorité nationale doit également adresser un exemplaire du rapport de visite à la Partie qui a proposé le plan de gestion, afin d'aider à la gestion de la Zone et à la révision du plan de gestion.

Les données actuellement disponibles pour la zone sont très limitées. En tant que partie chargée de l'examen du présent plan de gestion, la Nouvelle-Zélande souhaiterait recevoir des copies de données et d'images qui pourraient faciliter la future gestion de la zone.

8. Support documentaire

Bradford-Grieve, Janet and Frenwick, Graham. November 2001. A Review of the current knowledge describing the biodiversity of the Balleny Islands: Final Research Report for Ministry of Fisheries Research Projects ZBD2000/01 Objective 1 (in part). NIWA, New Zealand.

de Lange W., Bell R. 1998. Tsunami risk from the southern flank: Balleny Islands earthquake. Water and atmosphere. 6(3), pp 13-15.

Macdonald, J.A., Barton, Kerry J., Metcalf, Peter. 2002. Chinstrap penguins (Pygoscelis antarctica) nesting on Sabrina Islet, Balleny Islands, Antarctica. Polar Biology 25:443-447

Robertson,CJR, Gilbert, JR, Erickson, AW. 1980. Birds and Seals of the Balleny Islands, Antarctica. National Museum of New Zealand Reconds 1(16).pp271-279

Sharp, Ben R. 2006. Preliminary report from New Zealand research voyages to the Balleny Islands in the Ross Sea region, Antarctica, during January-March 2006. Ministry of Fisheries, Wellington, New Zealand.

Smith, Franz. 2006. Form 3: Format and Content of Voyage Reports: Balleny Islands Ecology Research Voyage.

Tidemann, S.C, Walleyn, A., Ryan, J.F. 2015. Observations of penguins and other pelagic bird species in the Balleny Islands, Antarctica. Australian Field Ornithology, 32: 169-175.

Varian, SJ. 2005. A summary of the values of the Balleny Islands, Antarctica. Ministry of Fisheries, Wellington, New Zealand.

Annexe A

Tableau A.1. Espèces d'oiseaux répertoriées sur les îles Balleny

Le tableau donne la liste des espèces répertoriées dans les rapports d'expédition et les publications scientifiques. Les espèces indiquées comme étant des espèces en phase de reproduction ont été confirmées lors de récentes expéditions (c'est-à-dire depuis 2000) ; celles assorties d'un S se reproduisent sur l'île Sabrina elle-même.

Nom commun	**Espèces**	**Reproduction**
Manchot d'Adélie	*Pygoscelis adeliae*	✓ S
Fulmar argenté	*Fulmarus glacialoides*	✓
Pétrel antarctique	*Thalassoica Antarctica*	✓
Prion de la désolation	*Pachyptila desolata*	
Sterne arctique	*Sterna paradisaea*	
Albatros à sourcils noirs	*Diomedea melanophrys*	
Albatros Campbell	*Thalassarche impavida*	
Damier du cap	*Daption capense*	✓ S
Manchot à jugulaire	*Pygoscelis antarctica*	✓ S
Albatros à tête grise	*Chrysostome de Diomedea*	
Manchot royal	*Aptenodytes patagonicus*	
Albatros fuligineux	*Phoebetria palpebrata*	
Gorfou doré	*Eudyptes chrysolophus*	
Pétrel tacheté	*Ptérodrome inexpectata*	
Pétrel des neiges	*Pagodroma nivea*	✓
Puffin fuligineux	*Macareux moine*	
Pétrel géant	*Macronectes giganteus*	
Labbe de McCormick	*Catharacta maccormicki*	
Labbe brun	*Catharacta antarctica subsp lonnbergi*	
Albatros hurleur	*Diomedea exulans*	
Pétrel à menton blanc	*Procellaria aequinoctialis*	
Pétrel à tête blanche	*Pterodroma lessonii*	
Océanite de Wilson	*Oceanites oceanicus*	

Tableau A.2 - Espèces de phoques enregistrées dans les îles Balleny

Le tableau donne la liste des espèces répertoriées dans les rapports d'expédition et les publications scientifiques. La reproduction n'a été confirmée pour aucune espèce.

Nom commun	**Espèces**
Phoque crabier	*Lobodon carcinophagus*
Éléphant de mer du sud	*Mirounga leonina*
Léopard de mer	*Hydrurga leptonyx*
Phoque de Weddell	*Leptyonychotes weddellii*

Figure A.1 - ZSPA 104, île Sabrina, îles Balleny, Antarctique. Carte régionale

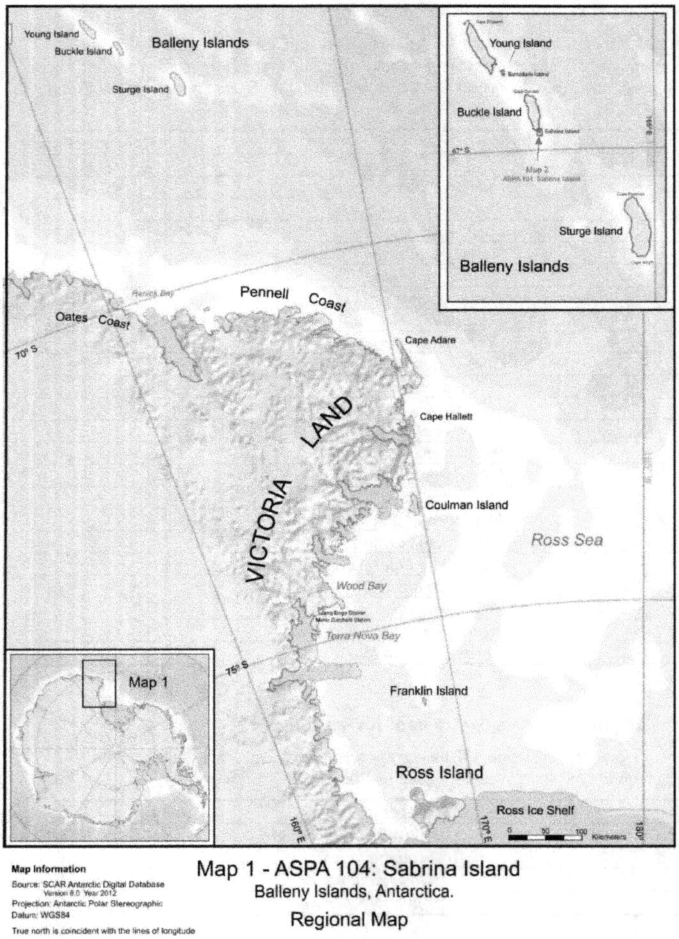

Figure A.2 - ASPA 104 : Île Sabrina, îles Balleny, Antarctique. Bornage, accès et caractéristiques

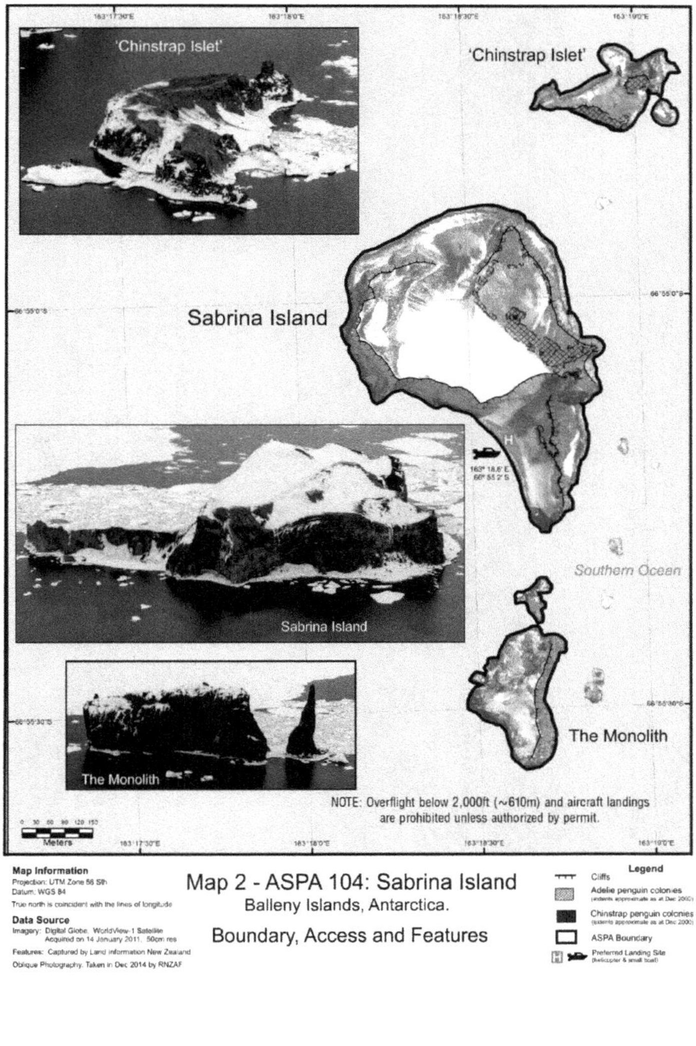

Plan de gestion pour

la Zone spécialement protégée de l'Antarctique (ZSPA) n° 105

ÎLE BEAUFORT, DÉTROIT MCMURDO, MER DE ROSS

1. Description des valeurs à protéger

L'île Beaufort a été désignée, dans un premier temps, zone spécialement protégée n°5 au titre de la Recommandation IV-5 (1966) au motif qu'elle « contient une avifaune riche et variée, qu'elle représente un des lieux de reproduction les plus importants de la région et qu'elle doit être protégée afin de préserver le système écologique naturel comme zone de référence ». Cette zone a été rebaptisée, au titre la Décision 1 (2002), zone spécialement protégée de l'Antarctique (ZSPA) n°105 et un plan de gestion révisé a été adopté au titre de la Mesure 2 (2003), de la Mesure 4 (2010) et de la Mesure 5 (2015). La Zone est une île sur laquelle les activités humaines n'ont eu que peu d'impact. Elle a été choisie principalement pour protéger les valeurs écologiques du site des interférences humaines.

L'île Beaufort est l'île située le plus au nord de l'archipel de Ross, à environ 30 km au nord du cap Bird, île de Ross. Elle se trouve sur le rebord d'un cône volcanique qui s'est érodé au fil du temps et dont les restes sont aujourd'hui submergés à l'est de l'île. L'île et les restes submergés de la caldeira bloquent la dérive, essentiellement vers l'ouest, de la banquise et des icebergs qui se sont détachés de la plateforme glaciaire de Ross, située à proximité. Des icebergs s'échouent sur ces pics, ce qui facilite la formation de la banquise côtière. L'île Beaufort se compose principalement de roches, mais certaines parties de l'île sont couvertes de glace et de neige. Du côté sud-ouest de l'île, on peut observer un vaste plateau libre de glace avec des plages surélevées derrière lesquelles se forment des étangs d'été, alimentés par de petits cours d'eau de fonte s'écoulant vers la côte. Des champs de glace inclinés (de 12° à 15°) couvrent la majeure partie des côtés nord et ouest de l'île. Une vaste zone plate d'une hauteur inférieure à 50 m se trouve à l'extrémité nord de l'île où la calotte glaciaire de l'île s'écoule vers une plage de galets, située à proximité de cette partie du littoral. Des falaises quasiment verticales couvrent le côté est de l'île qui fait face au centre de la caldeira.

L'avifaune est particulièrement riche dans le sud de la mer de Ross. On trouve, sur le large plateau de la partie sud-ouest de l'île, une grande colonie de manchots Adélie (Pygoscelis adeliae) ainsi qu'une plus petite sous-colonie de formation récente, établie en 1995, sur la plage le long de la côte nord-ouest. Les manchots Adélie seraient présents sur l'île depuis 45 000 ans. il y a une colonie nicheuse de manchots empereurs (Aptenodytes forsteri) en plusieurs endroits sur la glace de banquise au nord et à l'est de l'île où des icebergs échoués facilitent la création de ce type de glace. Il y a une grande colonie de labbes antarctiques (Catharacta maccormicki) sur les côtes nord et sud tandis que des pétrels des neiges (Pagodroma nivea) ont été aperçus nichant dans des cavités sur les falaises au sud de l'île. Les limites de la zone qui, auparavant, excluaient la colonie de manchots empereurs ont été prolongées pour inclure la banquise côtière que pourraient occuper des oiseaux nicheurs. Des phoques de Weddell (Leptonychotes weddellii) se prélassent et se reproduisent sur la banquise côtière située à proximité des divers icebergs échoués et l'on peut apercevoir, dans les environs, des léopards des mers (Hydruga leptonyx) et des épaulards de la mer de Ross du type C mais aussi du type B. Les épaulards du type C sont attirés par les poissons tandis que les léopards des mers et les épaulards du type B sont attirés par les manchots et les phoques. Ces orques sont attirés par les poissons tandis que les léopards des mers et les orques du type B le sont par les manchots et les phoques. Des phoques crabiers (Lobodon carcinophagus), des rorquals (Balaenoptera acutorostrata) et des baleines à bec d'Arnoux (Berardius arnuxii) ont également été aperçus dans les eaux avoisinantes.

L'île Beaufort est située dans l'Environnement S (géologique Terre Victoria du Sud Mc Murdo, basé sur l'analyse des domaines environnementaux de l'Antarctique, Résolution 3, 2008) et dans la Région 9 (Terre Victoria du Sud basée sur les régions de conservation biogéographiques de l'Antarctique, Résolution 6, 2012).

La zone importante pour la conservation des oiseaux (ZICO) 188, île Beaufort, se trouve dans la zone.

Au début de la saison estivale, les eaux libres et la banquise qui entoure l'île compliquent l'accès à de nombreuses zones de l'île, de sorte que la majeure partie de la zone n'a été visitée que rarement À l'exception des manchots qui s'y trouvent, l'île Beaufort n'a pas été étudiée en détail et, de manière générale, elle n'est pas perturbée par des activités humaines directes. Toutefois, de récentes observations montrent que les champs de neige et de glace reculent. Les valeurs écologiques, scientifiques et esthétiques dues à l'isolement de l'île et aux niveaux relativement bas des interférences humaines expliquent la protection spéciale qui est accordée à l'île Beaufort.

2. Buts et objectifs

Le plan de gestion a pour but d'assurer la protection de la zone et de ses caractéristiques afin que ses valeurs puissent être préservées. Les objectifs du plan de gestion sont les suivants :

- éviter toute détérioration ou tout risque de détérioration des valeurs de la Zone en empêchant toute perturbation humaine inutile de ladite Zone ;
- préserver l'écosystème naturel comme zone de référence peu perturbée par des activités humaines directes ;
- permettre d'effectuer des recherches scientifiques sur les écosystèmes naturels, les communautés végétales, l'avifaune, les communautés d'invertébrés et les sols dans la zone, pour autant que ces recherches soient indispensables et ne puissent être menées ailleurs ;
- limiter les perturbations humaines en évitant de prélever inutilement des échantillons ;
- minimiser les risques d'introduction de plantes, d'animaux et de microbes exotiques dans la zone ;
- permettre des visites à des fins de gestion à l'appui des objectifs du plan de gestion.

3. Activités de gestion

Afin de protéger les valeurs de la zone, les activités de gestion décrites ci-dessous seront menées :

- des copies de ce plan de gestion (qui détaille les restrictions spéciales en vigueur), y compris des cartes de la zone, seront mises à disposition dans les stations de recherche/terrain opérationnelles adjacentes.
- Les bornes, panneaux et structures érigés à l'intérieur de la Zone à des fins scientifiques ou de gestion seront correctement fixés, maintenus en bon état et enlevés lorsqu'ils ne seront plus nécessaires.
- des visites seront organisées le cas échéant afin de déterminer si la Zone répond toujours aux objectifs pour lesquels elle a été désignée et de s'assurer que les mesures de gestion et d'entretien sont adéquates.
- les programmes antarctiques nationaux présents dans la région devront se consulter en vue d'assurer le respect de ces mesures.

4. Durée de la désignation

La Zone est désignée pour une durée indéterminée.

5. Cartes et photographies

- Carte 1 : Topographie de l'île de Beaufort et carte d'accès aérien. Caractéristiques : Projection : Conique conforme de Lambert ; datum sphéroïde et horizontal : WGS8 ; Source d'information : Données sur les limites, la topographie et les infrastructures de la ZSPA fournies par Antarctica New Zealand (2019).
  - Encart 1 : Région de la mer de Ross montrant l'emplacement de l'île Beaufort près de l'île de Ross
  - Encart 2 : L'île Beaufort par rapport à l'île Ross, montrant les emplacements de la station McMurdo (États-Unis) et de la base Scott (NZ).

- Carte 2 : Faune et végétation de l'île Beaufort sur la côte nord. Spécifications comme pour la carte 1 ; sol libre de glace d'après les images de cartographie aérienne de la Nouvelle-Zélande (22 novembre 1993).

- Carte 3 : Île Beaufort - Plage Cadwalader Colonie de manchots Adélie. Les spécifications sont les mêmes que pour la carte 1.
    - Photographie 1 : Île Beaufort, Côte Nord, vue aérienne, CM Harris janvier 1995
    - Photographie 2 : Île Beaufort, côte nord, skua polaire sud et végétation, CM Harris janvier 1995.
    - Photographie 3 : Île Beaufort, plage de Cadwalader, vue aérienne, CM Harris janvier 1995.

6. Description de la Zone

6(i) Coordonnées géographiques, bornage et caractéristiques du milieu naturel

La zone désignée comprend l'île Beaufort dans son intégralité (76°56'S, 166°56'E) au-dessus de la laisse moyenne de haute mer et comprend la banquise côtière adjacente occupée par des manchots empereurs en phase de reproduction (carte 1). Les coordonnées sont les suivantes :

- de la côte nord de l'île Beaufort à 76 ° 55' 44" S, 166° 52' 42" E nord à 76° 55' 30" S, 166° 52' 49" E ;
- de 76° 55' 30" S, 166° 52' 49" E est à 76° 55' 30" S, 167° 00' E ;
- de 76° 55' 30" S, 167° 00' E sud le long du 167° de longitude parallèle à la zone où il croise le littoral de l'île Beaufort à 76° 55' 30"S, 167° E (carte 1).

L'île fait partie de cratères volcaniques de la fin du tertiaire qui se sont développés le long d'une ligne de faiblesse dans le fond de la mer de Ross. L'île est le vestige d'un cône bouclier de la fin de la dernière ère interglaciaire et fait partie de la caldeira. Plus des trois quarts du cône sont aujourd'hui formés d'une série circulaire de pics submergés à l'est de l'île Beaufort. Avec l'île, ces pics bloquent la dérive, essentiellement vers l'ouest, de la banquise et forcent les icebergs à s'y échouer, ce qui permet à la banquise côtière de se former dans cette zone. C'est sur cette banquise que les manchots empereurs se reproduisent. L'emplacement de la colonie reproductrice varie selon la répartition de la banquise côtière, raison pour laquelle la ligne de démarcation de la zone protégée a été prolongée pour tenir compte de l'emplacement de la colonie, quelle que soit la saison.

La géologie de l'île est typique d'un complexe basaltique érodé d'origine sous-aérienne, caractérisé par la présence de coulées de lave, de brèches d'explosion ainsi que de tufs volcaniques. De nombreuses roches volcaniques ont été circonscrites par une série de filons basaltiques tardifs et l'on peut observer des traces de tufs issus de pluies de cendres superposées et de coulées de projections agglomérées en provenance de cônelets de lave et de scories secondaires au niveau local. L'île est longue d'environ 7 km et large de 3,2 km. Son point le plus élevé culmine à 771 m au pic Paton. Les côtes ouest et nord-ouest de l'île sont surtout des champs de glace caractérisés par des falaises de glace d'environ 20 m le long du bord nord-ouest tandis que les côtes est et sud de l'île sont en grande partie libres de glace, avec des falaises inaccessibles quasiment verticales qui surgissent de la mer. Sur la rive sud-ouest se trouve la plage Cadwalader qui comprend une pointe rocheuse et une flèche cuspidée et, à l'arrière, des falaises basaltiques abruptes et plusieurs cônes d'éboulis. Une série de crêtes de plage, généralement occupées par des manchots Adélie en phase de reproduction, retiennent des eaux de fonte qui forment des étangs. Ces crêtes influencent la croissance de la plage par rapport aux falaises et au soulèvement isostatique. Une série de plages surélevés est présente à l'extrémité nord de l'île. On y trouve, à certains endroits des traces (pennes et guano) d'une occupation ancienne et apparemment importante de manchots (remontant à 45 000 années). Des plates-formes (abrasion) infratidales et d'énormes rochers ont été localisés sous les falaises du sud fortement érodées. Les falaises orientales descendent directement dans la mer. L'île Beaufort est relativement inaccessible par la mer, sauf sur les rives sud et nord, en raison de la nature abrupte des falaises de l'île et de la présence de pics submergés et d'icebergs échoués. Il est donc difficile de s'approcher de l'île en bateau. Compte tenu de l'isolement de l'île Beaufort et des niveaux actuellement bas des activités de navigation dans la région, des bornes et des panneaux n'ont pas été installés pour délimiter la zone.

Une grande colonie de manchots Adélie et une sous-colonie de formation récente ont élu domicile sur l'île Beaufort. La première, qui compte 70 468 couples reproducteurs, (2013/14) occupe la zone plane de la plage Cadwalader (cartes 1 et 3). Entre 1981 et 2000, le nombre de couples reproducteurs a diminué de manière générale dans la colonie principale, pour ensuite repartir à la hausse entre 2001 et 2012. Le dénombrement de 2013-2014 est le plus grand nombre de couples nicheurs enregistrés sur ce site depuis le début des dénombrements en 1981 et représente presque le double de la moyenne sur 30 ans (39 391 couples nicheurs) pour ce site (Lyver et al., 2014). En 1995, un sous-colonie s'est installée à l'extrémité occidentale de la plage libre de glace de la côte nord (76° 55' S, 166° 52'E), qui comprend 2 couples avec 3 petits et environ 10 à 15 non-reproducteurs. La sous-colonie a continué de croître. Lors de la saison de reproduction 2005/06, on dénombrait 525 couples reproducteurs. Ce chiffre est passé à 677 en 2008/09 et à 989 en 2013/14. Depuis 1996, des scientifiques des programmes américains et néo-zélandais ont bagué un échantillon de 400 poussins manchots Adélie sur le point de prendre leur envol dans la zone de la plage Cadwalader. Une petite centaine de manchots adultes, qui ont survécu à leurs années juvéniles, résident aujourd'hui dans la colonie. Des manchots bagués au cap Royds, au cap Bird et au cap Crozier ont été aperçus dans cette sous-colonie établie sur la plage nord. Récemment, de nombreuses colonies présentes sur l'île Beaufort migraient vers l'île de Ross, mais, avec le recul des champs de glace et l'accroissement de l'espace de nidation sur l'île Beaufort, ce n'est plus le cas. Au-dessus de la plage, une terrasse de moraine de glace surélevée (5 à 20 m d'altitude, d'une largeur de 2 à 3 mètres sur la majorité de la longueur mais s'élargissant sur une distance de 50 m à l'extrémité est) s'étend sur 550 m avant de suivre une inclinaison plus raide vers les falaises basaltiques instables subsistant autour de toute la partie est de l'île. Au moins trois dépôts subfossiles de colonies de manchots ont été identifiés dans la terrasse de moraine. Chaque couche est séparée verticalement par environ 50 à 100 cm de gravillons et de sable, ce donne à penser que cette partie de l'île a été occupée par une importante colonie de manchots en phase de reproduction.

Des labbes de McCormick (environ 150 couples sans qu'on le sache avec précision) nichent sur le talus abrupt qui s'est formé en dessous des falaises qui s'élèvent derrière la colonie de manchots Adélie à la plage Cadwalader. Une autre colonie d'environ 50 couples de labbes (recensement de 1995) se reproduit sur la terrasse et sur les pentes libres de glace des falaises. La proportion des reproducteurs par rapport aux non-reproducteurs au sein de cette population est inconnue, mais environ 25 et 50 petits ont été dénombrés respectivement en janvier 1995 et janvier 1997. Plusieurs pétrels des neiges ont également été aperçus sur les falaises au-dessus de la colonie de manchots Adélie à la plage Cadwalader.

Sur la banquise côtière qui s'étend des côtes nord et est de l'île Beaufort, on peut voir chaque année, entre les mois d'avril et de janvier, une petite colonie de manchots empereurs (de 1962 à 2012, le nombre de poussins vivants a oscillé entre 131 et 2038 ; une photo aérienne a montré la présence de 812 adultes en 2012 et de 462 en 2018). Le nombre de poussins est indicatif du nombre de couples reproducteurs. Le nombre de poussins sur l'île Beaufort a diminué entre 2000 et 2004, lorsque l'iceberg géant B15A est entré en collision avec l'extrémité nord-ouest de la plateforme glaciaire de Ross au cap Crozier, île de Ross (Kooyman et al., 2007). En 2012, la photo aérienne de l'abondance des poussins était de 705 et 417 en 2018.

Entre 2000 et 2012, le nombre de poussins et d'adultes était variable. La taille de la colonie est limitée par l'état et l'étendue de la banquise côtière, qui déterminent la disponibilité des sites de reproduction dans les recoins des pentes septentrionales de l'île Beaufort. L'emplacement exact de la colonie varie d'une année à l'autre et la colonie se déplace pendant la saison de reproduction mais l'aire générale d'occupation se trouve sur la banquise au pied des falaises au large de l'extrémité nord-est de l'île (Cartes 1 et 2). Un coefficient de variation plus élevé du nombre des petits trouvés dans cette petite colonie semble indiquer qu'ils occupent un habitat marginal et qu'ils peuvent être sensibles aux changements de l'environnement.

La terrasse de moraine libre de glace située au-dessus de la plage à l'extrémité nord de l'île (cartes 1 et 3) favorise la croissance de végétation. Rares sont les plantes qui peuvent pousser dans l'épais guano qui couvre la plage Cadwalader, toutes les autres zones de l'île étant soit des falaises soit des zones couvertes de glace. Une aire de végétation de 50 m de large et située 5 à 7 m au-dessus de la plage du côté nord de l'île, a été décrite sur la base de visites de sites effectuées en janvier 1995 et 1997 ; elle est formée d'une vaste (environ 2,9 ha) superficie continue abritant d'une seule espèce de mousse Bryum argenteum. On trouve, par ailleurs, une deuxième espèce de mousse, Hennediella heimii, parmi les B.argenteum. La communauté de mousse est connue pour abriter d'importantes populations d'acariens (Acari) et de collemboles (Collembola). Bien qu'aucune étude détaillée d'invertébrés n'ait été réalisée, Gomphiocephalus hodgsoni (collemboles) et Stereotydeus mollis (acariens) étaient présents en grande quantité dans des échantillons de mousse prélevés sur l'île Beaufort. Une récente analyse génétique de ces populations a mis en évidence la présence sur l'île Beaufort d'haplotypes dont l'ADN mitochondrial est unique, que l'on ne trouve pas dans d'autres populations d'invertébrés dans la région de la mer de Ross. Une autre communauté d'algues, présente en grande quantité sur la rive méridionale, est également présente sur ce site.

Il y a également en cet endroit une communauté variée d'algues, également prolifique sur le plateau de la rive sud et, bien qu'aucune étude détaillée n'ait encore été entreprise, plusieurs espèces d'algues ont été découvertes dont les algues des neiges rouges Chlamydomonas sp., Chloromonas sp. et Chlamydomonas nivalis, représentant un des endroits les plus au sud où de telles algues ont été aperçues, Prasiola crispa étant particulièrement en abondance sur la plage nord. Un certain nombre de chlorophytes et de xanthophytes unicellulaires (notamment Botrydiopsis et Pseudococcomyxa species) et de cynobactéries (en particulier scillatorians) ont été découverts dans P. crispa. Les algues vertes des neiges, qui forment un bandeau vert aux niveaux inférieurs des amas de neige au-dessus de la plage et sous les falaises de glace, contenaient un mélange de Chloromonas et de Klebsormidium.

6(ii) Zones à accès réservé à l'intérieur de la Zone

Aucune.

6(iii) Structures à l'intérieur et à proximité de la zone

La seule structure dont la présence est connue sur l'île est un panneau indicateur placé sur un rocher bien en vue dans la colonie de manchots Adélie installée sur la plage Cadwalader (carte 3). Mis en place en 1959-1960, ce panneau porte les noms des villes natales des matelots et du capitaine du HMNZS *Endeavour.* Ce panneau est ancré dans du béton et était en bon état en novembre 2008. Ce panneau a potentiellement une valeur historique et il devrait rester *in situ* sauf si, pour des raisons impérieuses, il doit être enlevé (à évaluer régulièrement).

Une station de recherches astronomiques est répertoriée sur une carte de l'île élaborée en 1960, mais l'on ignore s'il existe une borne permanente qui y serait associée. La station se trouve, selon le relevé, à l'extrémité méridionale de la principale ligne de crête de l'île à une altitude de 549 m (carte 3).

6(iv) Emplacement d'autres zones protégées dans la zone et à proximité directe de celle-ci

La zone protégée la plus proche de l'île Beaufort est la vallée New College, plage Caughley, cap Bird (ZSPA n °116), située à environ 30 km au sud du cap Bird, île de Ross. Le cap Royds et la baie Backdoor (ZSPA n° 121 et 157) se trouvent 35 km plus au sud sur l'île de Ross. Le cap Crozier (ZSPA n° 124) se trouve à environ 40 km à l'est. (Reportez-vous à l'encart : Carte 1).

7. Critères de délivrance des permis d'accès

L'accès à la zone est interdit sauf avec un permis délivré par les autorités nationales compétentes. Les critères de délivrance d'un permis pour entrer dans la zone sont les suivants :

- un permis est délivré uniquement à des fins de gestion indispensables ou pour des raisons scientifiques impérieuses qu'il n'est pas possible de mener ailleurs ;
- les actions autorisées ne mettront pas en péril les valeurs scientifiques ou écologiques de la zone ;
- toutes les activités de gestion soutiennent les objectifs du plan de gestion ;
- les actions autorisées sont conformes au plan de gestion ;
- le permis ou une copie certifiée conforme sera apportée dans la zone ;
- un rapport de visite devra être soumis à l'autorité désignée dans le permis ;
- le permis sera délivré pour une durée donnée.

7 (i) Accès à la Zone et déplacements à l'intérieur de celle-ci

- L'utilisation de véhicules terrestres est interdite dans la zone et l'accès se fera en embarcation ou aéronef.
- Il n'y a pas de restrictions spéciales concernant l'accès à l'île au moyen d'une petite embarcation. Il est strictement interdit aux pilotes, à l'équipage des embarcations et des aéronefs ou à toute autre personne à bord, de se déplacer à pied au-delà des alentours immédiats du site de débarquement sauf avis contraire stipulé dans le permis.
- Les opérations de survol de la zone doivent être réalisées conformément aux Directives pour l'exploitation d'aéronefs à proximité de concentrations d'oiseaux dans l'Antarctique, inscrites dans la Résolution 2 (2004).

- Le survol des aires de reproduction des oiseaux à une altitude inférieure à 610 m est normalement interdit. Les zones où ces restrictions spéciales s'appliquent sont indiquées sur les cartes 1 et 3. En cas de nécessité, à des fins scientifiques ou de gestion essentielles (par exemple la photographie aérienne pour évaluer la taille d'une colonie), le survol occasionnel à une altitude minimum de 300 m pourra être envisagé au-dessus de ces aires. Ces survols doivent être spécifiquement autorisés par le permis.
- Les aéronefs ne doivent atterrir sur l'île qu'à l'endroit désigné (166° 52' 05" E, 76° 55' 09" S : Cartes 1 et 3) sur la vaste étendue de glace à l'extrémité nord de l'île.
- Si, au moment de la visite, la présence de neige sur le site d'atterrissage désigné devait empêcher un atterrissage en toute sécurité de l'aéronef, un autre site d'atterrissage peut être utilisé, du milieu à la fin de la saison, sur le site du campement nord désigné, à l'extrémité ouest de la plage septentrionale de l'île Beaufort. Il est préférable que les aéronefs en provenance et à destination du site d'atterrissage/de décollage désigné passent par le sud ou l'ouest (carte 1). Lorsqu'il est nécessaire d'utiliser le site alternatif, au campement de la plage septentrionale, des considérations d'ordre pratique pourront dicter une approche par le nord. Dans ce cas, les aéronefs doivent éviter de survoler la zone à l'est de ce site indiquée sur les cartes 1 et 3.
- L'utilisation de grenades fumigènes lors de l'atterrissage dans la zone est interdite à moins que cela ne soit absolument nécessaire pour des raisons de sécurité et toutes les grenades doivent être récupérées.
- L'exploitation de systèmes d'aéronefs télépilotés (RPAS) dans la zone devrait être effectuée, au minimum, conformément aux « Directives environnementales pour l'exploitation de systèmes d'aéronefs télépilotés (RPAS) 1 en Antarctique » contenues dans la Résolution 4 (2018). Les visiteurs doivent éviter de perturber inutilement les oiseaux ou de marcher sur de la végétation visible. Les déplacements à pied doivent être réduits au minimum en fonction des objectifs des activités autorisées et il convient à tout moment de veiller à réduire les effets nuisibles du piétinement.

7(ii) Activités qui sont ou peuvent être menées dans la zone, y compris les restrictions à la durée et à l'endroit

- Recherches scientifiques indispensables qui ne porteront pas atteinte à l'écosystème de la zone et qui ne peuvent pas être effectuées ailleurs ;
- activités de gestion essentielles, y compris la surveillance.

7(iii) Installation, modification ou enlèvement de structures

Aucun matériel scientifique et aucune structure ne doivent être érigés dans la zone à moins que le permis ne l'autorise. Tous les équipements scientifiques, bornes ou structures installés dans la zone doivent être approuvés par un permis et identifier clairement le pays, le nom du principal chercheur et l'année de l'installation. Tous les appareils devront avoir été fabriqués avec des matériaux qui posent un risque minimum de contamination de la zone. L'enlèvement de matériel spécifique pour lequel le permis est arrivé à expiration sera l'une des conditions de délivrance du permis.

7(iv) Emplacement des camps

Le camping n'est autorisé que sur deux sites désignés (cartes 1, 2 et 3). Le site nord-est situé sur l'aire plate au nord du site de débarquement désigné, dans un endroit plus abrité à l'extrémité nord-ouest de la plage, à 200 m de l'endroit où plusieurs couples de manchots Adélie et de labbes nichent (lorsqu'ils sont présents). Le deuxième site se trouve à 100 m de la limite nord de la grande colonie de manchots Adélie sur la plage Cadwalader.

7(v) Restrictions sur les matériaux et organismes pouvant être introduits dans la zone

- L'introduction délibérée d'animaux, de végétaux ou de micro-organismes est interdite et les précautions visées au point 7 (ix) doivent être prises en cas d'introductions accidentelles.
- Aucun herbicide ou pesticide ne doit être introduit dans la zone. Tout autre produit chimique, y compris les radionucléides ou isotopes stables, susceptibles d'être introduits à des fins scientifiques ou de gestion en vertu du permis, seront retirés de la Zone au plus tard dès que prendront fin les activités prévues par le permis .

- Aucun produit avicole, y compris les produits alimentaires contenant de la poudre d'œufs non cuits, ne doit être introduit dans la Zone.
- Le carburant ne doit pas être stocké dans la zone, sauf s'il est requis à des fins essentielles liées à l'activité pour laquelle le permis a été accordé.
- Les matériaux introduits dans la zone pour une période prédéfinie seront retirés de la zone avant ou à la date de fin de la période définie. Ils seront manipulés et entreposés de manière à minimiser le risque de leur introduction dans l'environnement. Les dépôts permanents sont interdits.

7(vi) Prélèvement de végétaux et capture d'animaux ou perturbations nuisibles à la faune et la flore

Toute capture ou perturbation nuisible à la faune et la flore indigènes est interdite sauf avec un permis distinct délivré en vertu de l'Article 3 de l'annexe II par l'autorité nationale compétente. En cas de capture d'animaux ou d'interférence nuisible, celles-ci devront au minimum respecter le *Code de conduite du SCAR pour l'utilisation d'animaux à des fins scientifiques dans l'Antarctique.*

7(vii) Ramassage ou enlèvement de toute chose qui n'a pas été apportée dans la zone par le détenteur du permis

Les matériaux ne peuvent être ramassés ou enlevés de la Zone qu'en conformité avec un permis, mais ils doivent être limités au minimum requis pour répondre aux besoins scientifiques ou de gestion. Toute chose ou matière d'origine humaine qui pourrait mettre en péril les valeurs de la Zone et qui n'a pas été apportée dans la Zone par le détenteur du permis ou n'a pas été autorisée, peut être enlevée à moins que l'impact de l'enlèvement ne présente un risque supérieur à celui de l'abandon sur place. Si tel est le cas, l'autorité compétente devra en être notifiée.

7 (viii) Élimination des déchets

Tous les déchets, y compris les déchets humains, seront évacués de la zone.

7(ix) Mesures nécessaires pour garantir que les buts et objectifs du plan de gestion continuent à être atteints

- Des permis peuvent être délivrés pour entrer dans la zone afin de mener des activités de suivi biologique et d'inspection du site pouvant impliquer le prélèvement de petits échantillons à des fins d'analyse ou de révision, ou à des fins de protection.
- Tous les sites spécifiques dont le suivi sera de longue durée seront correctement balisés.
- Les visiteurs devront prendre des précautions spéciales contre toute introduction afin d'aider à préserver les valeurs scientifiques et écologiques qui résultent de l'isolement du site et du niveau historiquement faible de la présence humaine sur l'île. Il conviendra, en particulier, de ne pas introduire de plantes et de microbes issus des sols d'autres sites antarctiques, y compris de stations, ou provenant d'autres régions extérieures à l'Antarctique. Pour limiter les risques d'introduction, les visiteurs devront prendre les mesures suivantes :
- Tous les matériels d'échantillonnage ou bornes introduits dans la zone seront stérilisés et, dans toute la mesure du possible, maintenus dans des conditions stériles avant d'être utilisés dans la zone. Dans toute la mesure du possible, les chaussures et autres matériels utilisés ou introduits dans la zone (y compris les sacs à dos, les mallettes, les piquets de tente, les toiles et tout autre matériel de campement) seront nettoyés ou stérilisés à fond et maintenus dans cet état avant d'entrer dans la zone;
- La stérilisation devra se faire avec une méthode acceptable comme la lumière UV, l'autoclave ou le nettoyage des surfaces exposées dans une solution d'éthanol de 70 % dans l'eau.

7(x) Rapports de visites

Les Parties doivent s'assurer que le détenteur principal de chaque permis délivré soumet aux autorités compétentes un rapport décrivant les activités menées dans la zone. Ces rapports doivent inclure, le cas échéant, les renseignements identifiés dans le formulaire du rapport de visite suggéré par le SCAR. Les Parties doivent conserver une archive de ces activités et, lors de l'échange annuel d'informations, fournir une description concise des activités menées par les personnes relevant de leur juridiction, avec suffisamment de détails pour permettre une évaluation de l'efficacité du plan de gestion. Les Parties doivent, dans la mesure du possible, déposer les originaux ou les copies de ces rapports dans une archive à laquelle le public pourra avoir accès, et ce, afin de conserver une archive d'usage qui sera utilisée lors de la révision du plan de gestion et pour organiser l'utilisation scientifique de la zone.

Bibliographie

Ainley, D.G., Ballard, G., Barton, K.J., Karl, B.J., Rau, G.H., Ribic, C.A. and Wilson, P.R. 2003. Spatial and temporal variation of diet within a presumed metapopulation of Adélie penguins. *Condor*, 105, 95-106.

Barber-Meyer, S.M., Kooyman, G.L. and Ponganis, P.J. 2007. Estimating the relative abundance of emperor penguins at inaccessible colonies using satellite imagery. *Polar Biology*, 30, 1565-1570.

Barber-Meyer, S.M., Kooyman, G.L. and Ponganis, P.J. 2008. Trends in western Ross Sea emperor penguin chick abundances and their relationships to climate. *Antarctic Science*, 20 (1), 3-11.

Barry, J.P., Grebmeier, J.M., Smith, J. and Dunbar, R.B. 2003. Oceanographic versus seafloor-habitat control of ebnthic megafaunal communities in the S.W. Ross Sea, Antarctica. *Antarctic Research Series*, 76, 335-347.

Caughley, G. 1960. The Adélie penguins of Ross and Beaufort Islands. *Records of Dominion Museum*, 3 (4), 263-282.

Centro Ricera e Documetazione Polare, Rome, 1998. *Polar News*, 13 (2), 8-14.

Denton, G.H., Borns, H.W. Jr., Grosval's, M.G., Stuiver, M., Nichols, R.L. 1975. Glacial history of the Ross Sea. *Antarctic journal of the United States*, 10 (4), 160-164.

Emslie, S.D., Berkman, P.A., Ainley, D.G., Coats, L. and Polito, M. 2003. Late-Holocene initiation of ice-free ecosystems in the southern Ross Sea, Antarctica. *Marine Ecology Progress Series*, 262, 19-25.

Emslie, S.D., Coats, L., Licht, K. 2007. A 45,000 yr record of Adélie penguins and climate change in the Ross Sea, Antarctica. *Geology*, 35 (1), 61–64.

Harrington, H.J. 1958. Beaufort Island, remnant of Quaternary volcano in the Ross Sea, Antarctica. *New Zealand journal of geology and geophysics*, 1 (4), 595-603.

Kooyman, G.L., Ainley, D.G., Ballard, G. and Ponganis, P.J. 2007. Effects of giant icebergs on two emperor penguin colonies in the Ross Sea, Antarctica. *Antarctic Science* 19 (1), 31-38.

LaRue, M., a. Unpublished aerial counts via USAP event B-243-M. 2018.

LaRue, M.A., Ainley, D.G., Swanson, M., Dugger, K.M., Lyver, P.O., Barton, K. and Ballard, G. 2013. Climate change winners: Receding ice fields facilitate colony expansion and altered dynamics in an Adelie penguin metapopulation. PLoS ONE 8(4): e60568. doi:10.1371/journal.pone.0060568.

Lyver, P. O., Barron, M., Barton, K.J., Ainley, D.G., Pollard, A., Gordon, S., McNeill, S., Ballard, G. and Wilson, P.R. 2014. Trends in the breeding population of Adelie penguins in the Ross Sea, 1981-2012: A coincidence of climate and resource extraction effects. PLoS ONE 9(3): e91188. doi:10.1371/journal.pone.0091188.

McGaughran, A., Torricelli, G., Carapelli, A., Frati, F., Stevens, M.I., Convey, P. and Hogg, I.D. 2009. Contrasting phylogenetic patterns for spring tails reflect different evolutionary histories between the Antarctic Peninsula and continental Antarctica. *Journal of Biogeography*, doi:10.1111/j.1365-2699.2009.02178.x

McGaughran, A., Hogg, I.D. and Stevens, M.I. 2008. Phylogeographic patterns for springtails and mites in southern Victoria Land, Antarctica suggests a Pleistocene and Holocene legacy of glacial refugia and range expansion. *Molecular Phylogenetics and Evolution*, 46, 606-618.

Schwaller, M.R. Olson, C.E. Jr., Ma, Z., Zhu, Z., Dahmer, P. 1989. Remote sensing analysis of Adélie penguin rookeries. *Remote sensing of environment*, 28, 199-206.

Seppelt, R.D., Green, T.G.A., Skotnicki, M.L. 1999. Notes on the flora, vertebrate fauna and biological significance of Beaufort Island, Ross Sea, Antarctica. *Polarforschung*, 66, 53-59.

Stevens, M.I. and Hogg, I.D. 2002. Expanded distributional records of Collembola and Acari in southern Victoira Land, Antarctica. *Pedobiologia*, 46, 485-495.

Stonehouse, B. 1966. Emperor penguin colony at Beaufort Island, Ross Sea, Antarctica. *Nature*, 210 (5039), 925-926.

Todd, F.S. 1980. Factors influencing Emperor Penguin mortality at Cape Crozier and Beaufort Island, Antarctica. *Biological Sciences*, 70 (1), 37

Annexe A

[Insérez les cartes 1, 2 et 3 ici]

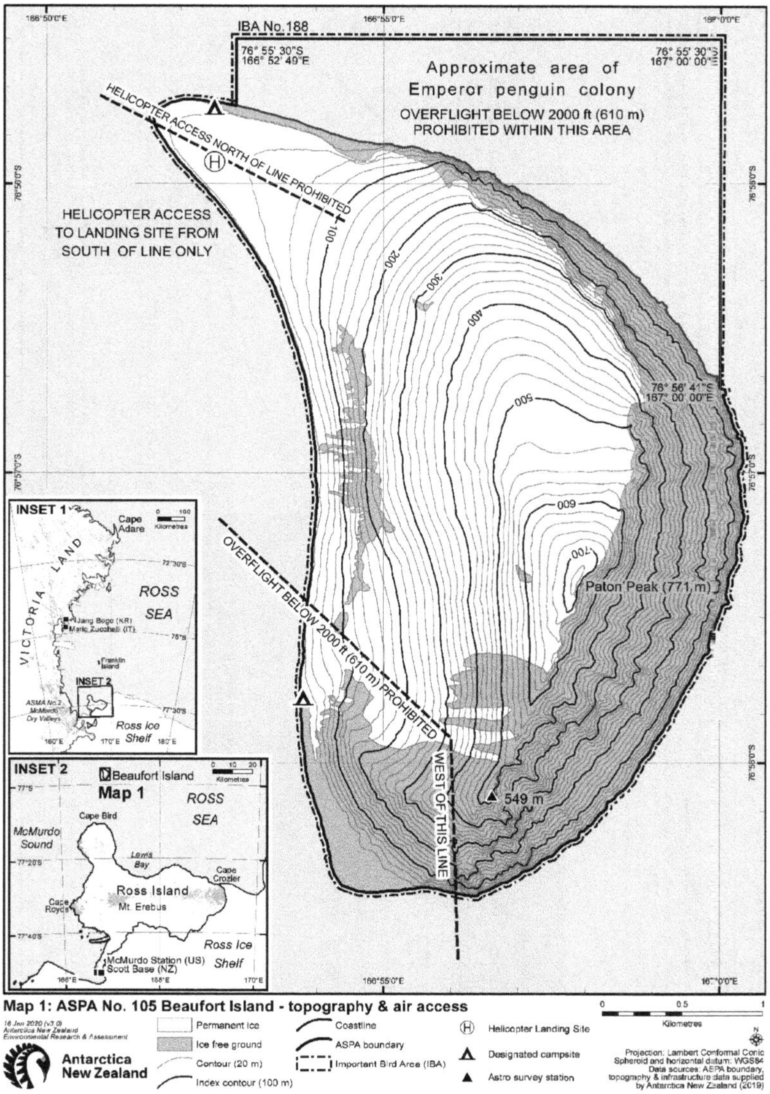

Map 1: ASPA No. 105 Beaufort Island - topography & air access

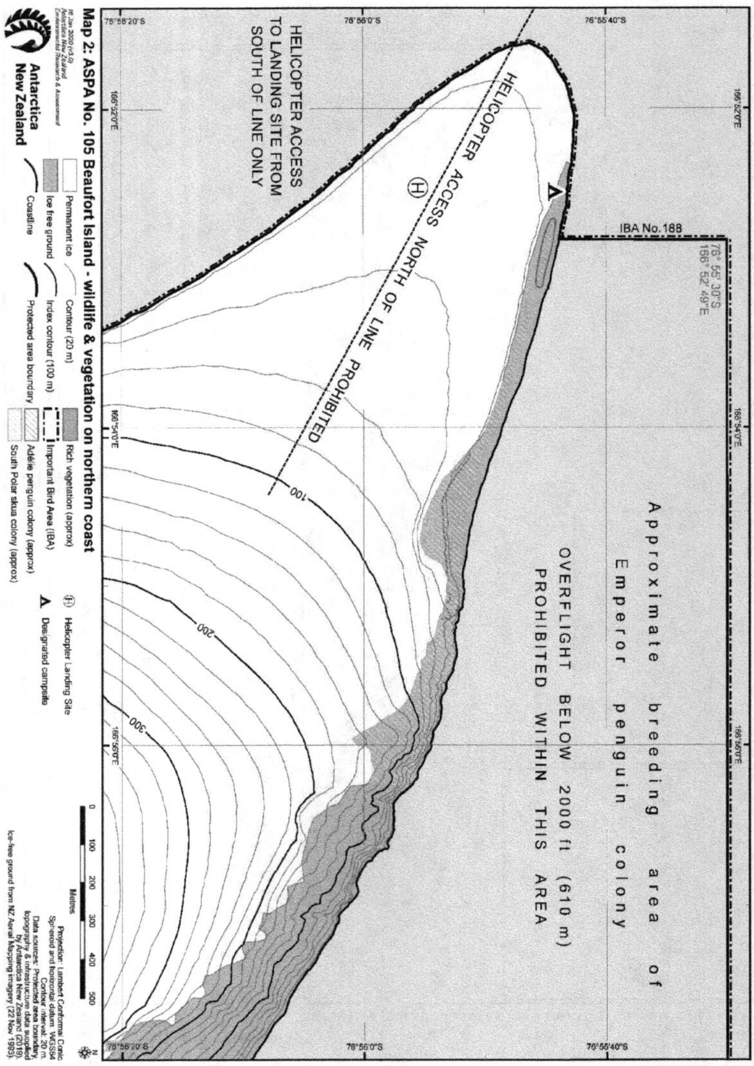
Map 2: ASPA No. 105 Beaufort Island - wildlife & vegetation on northern coast
Approximate breeding area of Emperor penguin colony
OVERFLIGHT BELOW 2000 ft (610 m) PROHIBITED WITHIN THIS AREA
HELICOPTER ACCESS NORTH OF LINE PROHIBITED
HELICOPTER ACCESS TO LANDING SITE FROM SOUTH OF LINE ONLY
IBA No.188
76° 55' 30"S 166° 52' 49"E
76°55'40"S
76°56'0"S
76°56'20"S
166°52'0"E
166°54'0"E
166°56'0"E
100
200
300
Permanent ice
Ice free ground
Coastline
Contour (20 m)
Index contour (100 m)
Protected area boundary
Rich vegetation (approx)
Important Bird Area (IBA)
Adélie penguin colony (approx)
South Polar skua colony (approx)
Helicopter Landing Site
Designated campsite
0 100 200 300 400 500
Metres
Projection: Lambert Conformal Conic
Spheroid and horizontal datum: WGS84
Contour interval: 20 m.
Antarctica New Zealand

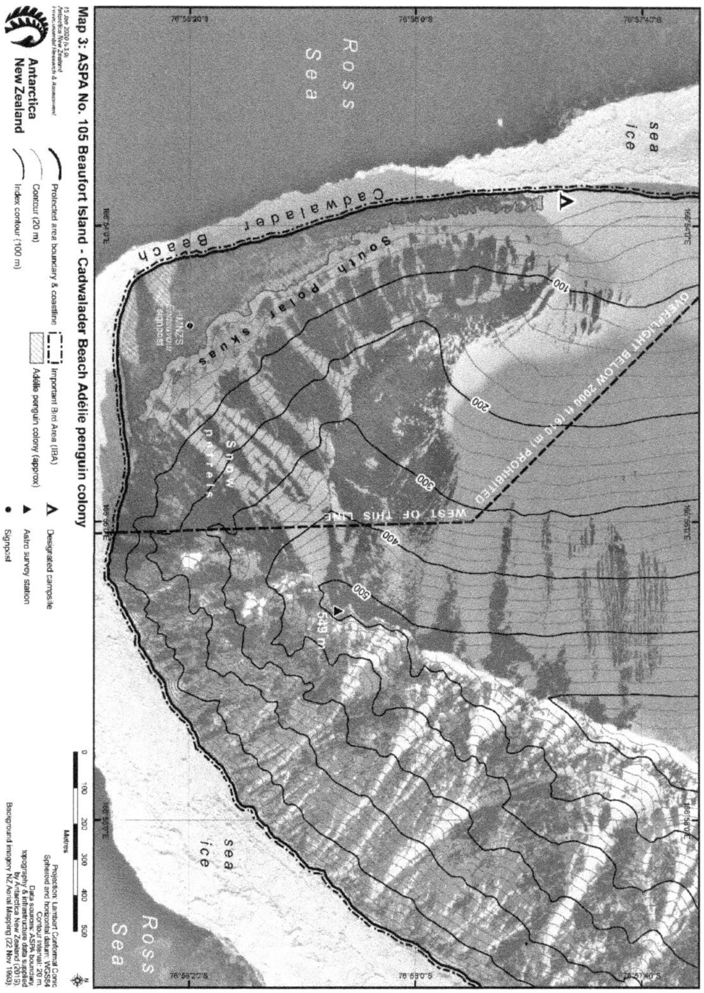

Map 3: ASPA No. 105 Beaufort Island - Cadwalader Beach Adélie penguin colony

Plan de gestion pour la Zone spécialement protégée de l'Antarctique (ZSPA) nº 106 CAP HALLETT, TERRE VICTORIA DU NORD, MER DE ROSS

Introduction

La Zone spécialement protégée de l'Antarctique du Cap Hallett est située à l'extrémité nord de la péninsule Hallett, en terre Victoria du nord, au 72° 19' 11"S, 170° 13' 25"E. Sa superficie est d'environ 0,53 km^2. La désignation de cette Zone s'explique par le fait qu'elle constitue un exemple exceptionnel de diversité biologique et présente, en particulier, un écosystème terrestre riche et divers. Elle contient une petite aire de végétation particulièrement abondante qui représente une ressource scientifique très utile pour suivre les changements dont cette végétation fait l'objet dans l'Antarctique. La Zone renferme la communauté d'arthropodes la plus diverse connue dans la région de la mer de Ross, ce qui revêt un intérêt scientifique. En outre, on y trouve une grande colonie nicheuse de manchots Adélie *(Pygoscelis adeliae*), qui comptait près de 47 000 couples en 2017-2018 et qui recolonise le site de l'ancienne station Hallett (Nouvelle-Zélande/États-Unis d'Amérique) et confère par conséquent à ce site un intérêt scientifique particulier. Le Cap Hallett est la seule zone protégée dans la terre Victoria du Nord qui a été désignée pour son écosystème terrestre et qui comprend une vaste colonie d'oiseaux, qui constitue un exemple important de l'écosystème dans cette région de l'Antarctique. La désignation a été proposée par les États-Unis d'Amérique et adoptée par la recommandation IV-7 [1966, Zone spécialement protégée (ZSP) n 7] ; les limites de la Zone ont été élargies par la recommandation XIII-13 (1985) ; la Zone a été rebaptisée et renumérotée par la décision 1 (2002) et les limites ont été à nouveau élargies par la mesure 1 (2002) pour y inclure la colonie de manchots Adélie, portant la superficie de la Zone à 75 ha. Une nouvelle modification de ces limites a été effectuée en vertu de la mesure 5 (2010) afin de supprimer la Zone gérée et de la remplacer par deux autres sites à l'extérieur de la Zone protégée qui seront gérés selon les lignes directrices pour les visites de sites. Un des sites d'accès des visiteurs recensés se trouve sur la côte nord/nord-ouest de Seabee Hook et le second sur la côte sud-est. Un plan de gestion révisé a été adopté par la Mesure 6 (2015).

La ZSPA no 106 n'a pas été répertoriée dans l'Analyse des domaines environnementaux du continent antarctique (EDA v.2.0) (Résolution 3 (2008)), bien que des analyses ultérieures aient confirmé que la Zone se trouve dans « L'environnement U - Géologique terre Victoria du nord ». D'après la classification des Régions de conservation biogéographiques de l'Antarctique (Résolution 3 (2017)), la Zone se trouve dans la RCBA8 - Terre Victoria du Nord. La Zone a été identifiée comme zone importante pour les oiseaux de l'Antarctique (ZICO) n° 170.

1. Description des valeurs à protéger

Une zone d'une superficie d'environ 12 ha au Cap Hallett avait été initialement désignée dans la recommandation IV-7 (1966, ZSP no 7) sur proposition des États-Unis d'Amérique, qui estimaient que cette Zone constituait un exemple notable de la diversité biologique, à savoir « une petite parcelle de végétation particulièrement riche et diverse qui alimente une variété d'animaux terrestres ». Cette proposition faisait mention en particulier de la riche avifaune existant dans la Zone, avifaune considérée comme présentant un « intérêt scientifique extraordinaire ». Les limites de la Zone ont été élargies dans la recommandation XIII-13 (1985) pour y inclure de vastes peuplements de végétation au sud comme au nord de la Zone, ce qui a étendu celle-ci à quelque 32 ha. Ces limites ont été élargies plus encore dans la Mesure 1 (2002) pour y inclure les valeurs scientifiques associées à la colonie de manchots Adélie (*Pygoscelis adeliae*) sur Seabee Hook, qui a été identifiée comme ZICO n° 170 en 2015, portant la superficie de la Zone à 75 ha. Des révisions relatives aux limites et au zonage effectuées en vertu de la Mesure 5 (2010) ont réduit la superficie de la Zone à 53 ha.

La partie est de la Zone renferme une grande variété d'habitats avec des communautés de plantes revêtant une grande importance car elles figurent parmi les exemples les plus représentatifs et les plus intéressants connus près de l'extrémité nord du gradient latitudinal de la terre Victoria et de la mer de Ross. Des études de la végétation ont recensé cinq espèces de mousse dans la Zone, dominées par *Bryum subrotundifolium*, et 27 espèces de lichens. Bien qu'un petit nombre seulement d'espèces d'algues ait été recensé, on pense que de nombreuses autres espèces y sont présentes. Les habitats terrestres ont été étudiés en détail, le plus récemment dans le cadre du projet de gradient latitudinal (LGP) (Italie, Nouvelle-Zélande et États-Unis d'Amérique). Une parcelle de végétation dans la partie est de la Zone constitue une ressource scientifique particulièrement utile dans le cadre du suivi des changements de la végétation dans l'Antarctique. Ce site a été étudié en détail pour la première fois en 1961-1962 et il fournit de précieux éléments de référence pour mesurer de tels changements à petite échelle.

On dispose d'informations détaillées sur la répartition et l'abondance des espèces arthropodes dans la Zone, informations qui constituent également une ressource scientifique précieuse. S'agissant de la richesse des espèces, le Cap Hallett abrite la communauté arthropode la plus diverse connue dans la région de la mer de Ross, avec huit espèces d'acariens (Acari) et trois de collemboles (Collembola) répertoriées à l'intérieur de la Zone, dont deux (*Coccorhagidia gressitti* et *Eupodes wisei*) sont typiquement locales du Cap Hallett.

Un grand nombre de bornes ont été placées pendant des études scientifiques menées dans le passé à l'intérieur de la Zone pour baliser les sites d'études de plantes et d'oiseaux. Bon nombre de ces bornes demeurent *in situ* et représentent aujourd'hui une ressource très utile pour des études scientifiques dont les auteurs souhaiteraient procéder à des mesures à répétition.

La station Hallett a été construite en décembre 1956 sur Seabee Hook par la Nouvelle-Zélande et les États-Unis d'Amérique dans le cadre de l'Année internationale de la géophysique (AGI) et a fonctionné en continu jusqu'à sa fermeture, en 1973. Si toutes les structures ont été enlevées, le site comporte encore une valeur historique et patrimoniale liée à l'utilisation anthropique dont elle a fait l'objet par le passé. Compte tenu de cette valeur, nombre des structures et des objets provenant de l'ancienne station se trouvent aujourd'hui au musée de Canterbury à Christchurch. En 2015, le seul objet restant connu qui pourrait avoir une valeur historique et/ou scientifique est le corps bien préservé d'un husky mort en 1964, placé dans une caisse en bois fermée située dans l'est de la Zone.

Les manchots Adélie ont commencé à recoloniser le site de l'ancienne station. L'histoire de l'impact humain sur la colonie de manchots Adélie et la fermeture plus tard de la station ainsi que la disponibilité de données historiques fiables et répétitives sur les variations de la population de manchots Adélie rendent ce site unique en son genre et ils en font un site idéal pour une étude scientifique des impacts sur la colonie après une forte perturbation de l'écosystème comme de la récupération de ladite colonie. En tant que tel, le site a une grande valeur scientifique et, pour préserver cette valeur, il est souhaitable que toute autre présence humaine soit soigneusement contrôlée et surveillée.

Outre les valeurs écologiques et scientifiques décrites ci-dessus, la Zone comporte des valeurs esthétiques remarquables, avec son mélange de ressources biologiques prolifiques et le superbe panorama avoisinant du bras Edisto et du mont Herschel (3 335 m). Seabee Hook est un des rares sites à être relativement faciles d'accès dans le nord de la mer de Ross. Le site a également une grande valeur pédagogique, puisqu'il constitue l'exemple d'un site sur lequel une station a été mise hors service et démantelée et qui montre maintenant des signes de restauration.

2. Buts et objectifs

Le plan de gestion au Cap Hallett vise à :

- éviter toute détérioration ou tout risque de détérioration des valeurs de la Zone en empêchant toute perturbation humaine inutile de ladite Zone ;
- permettre les travaux de recherche scientifique, en particulier sur l'écologie des terres et des oiseaux de mer ainsi que sur la récupération de l'environnement, tout en évitant les échantillonnages et les perturbations humaines inutiles dans la Zone ;
- permettre d'autres travaux de recherche scientifique sous réserve qu'ils ne portent pas atteinte aux valeurs de la Zone ;
- empêcher l'enlèvement ou la perturbation des bornes utilisées dans le cadre de travaux de recherche scientifique qui pourraient servir à de futures études comparatives ;
- autoriser les activités de nettoyage et de remise en état de l'environnement liées à la mise hors service et au démantèlement de l'ancienne station Hallett, au besoin et sur demande, sous réserve que les impacts de ces activités ne soient pas supérieurs à ceux liés au fait de laisser les matériaux *sur place* ;
- prendre en compte les valeurs historiques et patrimoniales des objets avant leur enlèvement et/ou leur élimination tout en permettant un nettoyage et une remise en état appropriés ;
- réduire au minimum la possibilité d'introduction de plantes, d'animaux et de microbes non indigènes dans la Zone ;

- Réduire les possibilités d'introduction de pathogènes qui pourraient apporter des maladies aux populations fauniques dans la Zone ; et
- permettre des visites à des fins de gestion conformément aux objectifs du plan de gestion.

3. Activités de gestion

- Des bornes devront être installées pour identifier les zones devant faire l'objet d'activités de gestion spécifiques, comme les sites de suivi scientifique ;
- Les bornes, panneaux et structures érigés à l'intérieur de la Zone à des fins scientifiques ou de gestion seront correctement fixés, maintenus en bon état et enlevés lorsqu'ils ne seront plus nécessaires ;
- Les programmes antarctiques nationaux opérant dans la Zone devraient enregistrer tous les nouveaux repères, signes et structures érigés dans la Zone ;
- Les programmes nationaux assureront que les limites de la Zone et les restrictions qui y sont d'application sont indiquées sur les cartes appropriées dont ils sont responsables ;
- Il conviendra d'assurer, dans la mesure du possible, l'enlèvement de tous les petits débris encore présents à l'intérieur de la Zone après l'enlèvement de la station Hallett. Cette opération sera toutefois effectuée en consultation avec une autorité compétente pour s'assurer que les valeurs historiques ou patrimoniales potentiellement importantes des objets sont préservées ;
- La Zone sera visitée selon les besoins (au moins une fois tous les 5 ans de préférence) afin de déterminer si elle répond toujours aux objectifs pour lesquels elle a été prévue et de s'assurer que les mesures de gestion et d'entretien sont appropriées ;
- Les directeurs des programmes antarctiques nationaux en cours d'exécution dans la région se livreront entre eux à des consultations pour veiller à ce que les dispositions ci-dessus soient mises en œuvre.

4. Durée de la désignation

La Zone est désignée pour une durée indéterminée.

5. Cartes

Carte 1 : ZSPA n° 106 Cap Hallett : Aperçu régional.

Spécifications de la carte : Projection : conique conforme de Lambert ; parallèles types : 1er 72° 20 ' S ; 2e 72° 30 ' S ; méridien central : 170° 00'E; latitude d'origine : 72° 00' S ; Datum sphéroïde et horizontal : WGS84 ; équidistance entre les courbes de niveau 200 m.

Carte 2 : ZSPA n° 106 Cap Hallett : Orientation pour l'accès par aéronef.

Spécifications de la carte : Projection : conique conforme de Lambert ; parallèles types : 1er 72° 19' S; 2e 72° 19'30" S; méridien central : 170° 13' 30" E ; Latitude origine : 72° 00'S; sphéroïde : WGS84; référentiel géodésique : USGS station géodésique 'FISHER' 1989-1990 : ITRF93 Coordonnées 72° 19' 06,7521" S, 170° 12' 39,916" E ;

Carte 3 : ZSPA n° 106 Cap Hallett : Topographie.

Les spécifications de la Carte 3 sont les mêmes que celles de la Carte 2. Intervalle de contour 5 m : courbes de niveau dérivées d'un modèle d'élévation numérique utilisé pour générer une orthophotographie à 1/2 500 avec une précision planimétrique de ±1 m (horizontal) et ±2 m (vertical) et une résolution pixel au sol de 0,25 m.

Carte 4 : ZSPA n° 106 Cap Hallett : Zone de l'ancienne station Hallett.

Les spécifications de la Carte 4 sont les mêmes que celles de la Carte 2.

Carte 5 : ZSPA n° 106 Cap Hallett : Aire à accès limité.

Les spécifications de la Carte 5 sont les mêmes que celles de la Carte 2. Données sur l'orthophotographie numérique et les installations fournies par Jeong-Hoon Kim, comm. pers. 2020.

6. Description de la Zone

6(i) Coordonnées géographiques, bornage et caractéristiques du milieu naturel

Vue d'ensemble

Le Cap Hallett est situé à l'extrémité sud de la baie Moubray, terre Victoria du sud, dans la partie occidentale de la mer de Ross (Carte 1). La zone protégée occupe la majeure partie du terrain libre de glace d'une flèche cuspidée de faible altitude appelée Seabee Hook et comprend les pentes ouest adjacentes de l'extrémité nord de la péninsule Hallett, allant de l'est de l'anse Willett jusqu'au bord des glaciers permanents (Cartes 1 à 3).

Limites et coordonnées

La limite nord de la Zone s'étend le long de la côte nord de Seabee Hook du 72° 19' 05,0"S, 170° 14' 25,5"E jusqu'à la limite est de la colonie de manchots Adélie au 72° 19' 04,9" E, 170° 14' 19,3" E (Carte 3). Elle suit ensuite le bord de l'aire de nidification de cette colonie de manchots (comme défini en 2009), restant à une distance d'au moins 5 m de la colonie, s'étendant jusqu'à la coordonnée 72° 19' 07.9" E, 170° 12' 25.3" S (Carte 4).

Du 72° 19' 07,9" S, 170° 12' 25,3" E, la limite s'étend sur 33 m vers l'ouest jusqu'à la côte au 72° 19' 07,9" S, 170° 12' 21,8" E (Carte 4). De cette position côtière, la limite de la Zone continue vers le sud pour suivre le littoral ouest et sud de Seabee Hook jusqu'au 72° 19' 19,1" S, 170° 12' 54,3" E, qui se trouve près de l'extrémité sud-est de la pointe (Carte 3). De cet endroit, elle s'étend vers le nord, suivant le bord de la zone de nidification, à une distance d'au moins 5 m de la colonie, dans la partie sud-est de Seabee Hook jusqu'au 72° 19' 15,3" S, 170° 12' 58,7" E (Carte 3). De cette position côtière, la limite de la Zone continue vers le nord pour suivre le littoral de basse mer le long de la côte est de Seabee Hook puis le littoral de basse mer autour de l'anse Willett jusqu'à la limite sud au 72° 19' 28,0" S, 170° 13' 24,9" E (Carte 3).

Du 72° 19' 28,0" S, 170° 13' 24,9" E, la limite s'étend vers l'est jusqu'au glacier Bornmann, suivant un cours d'eau saisonnier qui descend du glacier. La limite est de la Zone suit ensuite le glacier et la bordure de glace permanente vers le nord à des altitudes d'environ 120 à 150 m, traversant les pentes occidentales abruptes de la péninsule Hallett et suivant les affleurements supérieurs d'une série de crêtes rocheuses qui dissèquent la pente. La limite descend ensuite pour s'aligner sur le littoral nord de Seabee Hook au pied d'un contrefort rocheux au 72° 19' 05,0" S, 170° 14' 25,5" E (Carte 3).

Climat

Seabee Hook est entouré de glace de mer pendant environ huit mois par an. Cette glace se rompt généralement tous les ans, de la fin décembre au début janvier, pour se reconstituer au début mars. Les températures estivales varient de 4°C à -8°C, avec une température annuelle moyenne de -15.3°C, tandis que les vents soufflent principalement du sud. Des précipitations sous la forme de neige sont fréquentes en été, atteignant près de 18,3 cm par an d'équivalent en eau.

Géologie, géomorphologie, milieux pédologique et aquidulce

La topographie de la Zone comprend la vaste zone plate de la flèche et les talus d'éboulis abrupts qui font partie des pentes occidentales du nord de la péninsule Hallett. Seabee Hook se compose de matières volcaniques grossières déposées dans une série de crêtes, avec une surface qui ondule faiblement et donne lieu à des monticules et des dépressions ainsi qu'un certain nombre de terre-pleins contigus. Bon nombre des dépressions contiennent de l'eau de fonte en été et sont colonisées par de denses tapis d'algues. Dans la partie nord-est de la Zone, une petite rivière d'eau de fonte s'écoule des pentes occidentales de la péninsule Hallett jusqu'à l'anse Willett. Par rapport aux sites de la terre Victoria du Sud, les sols sont plus humides au Cap Hallett. Les sous-sols sont normalement saturés après les chutes de neige, la nappe souterraine se trouvant entre 8 et 80 cm en-deçà de la surface du sol pendant l'été. Le pergélisol se trouve à une profondeur d'environ 1 m sous le niveau du sol à Seabee Hook (Hofstee *et al.* 2006). Les sols des zones occupées par les colonies de manchots ou affectées par les ruissellements d'eau issus de celles-ci ont un caractère ornithogénique et ont été classés comme Haplorthels typiques sur les monticules et Aquorthels typiques entre les monticules par Hofstee *et al.* (2006). Au-delà des zones influencées par la présence de manchots, ces auteurs classent les sols comme étant des Haplothels typiques, avec un exemple d'Haploturbels typiques dans une zone au sol géométrique.

Végétation

Dans les parties plus humides de la Zone, l'élément algaire se compose principalement de tapis d'algues vertes *Prasiola crispa* et *Protococcus* sp., avec des formes filamenteuses et bleu verdâtre (*Ulothrix sp.*) et des cyanobactéries apparentées (par exemple *Nostoc*). Un certain nombre d'autres espèces d'algues seraient présentes, mais peu ont été identifiées.

La végétation à l'intérieur de la Zone, à l'exception d'algues telles que *Prasiola*, n'est principalement présente que sur le sol libre de glace qui n'est pas occupé par les manchots Adélie reproducteurs, c'est-à-dire à l'est de l'anse Willett et au sud du 72°19'10" de latitude sud. Cette zone comprend une bande de 100 à 200 m de sol horizontal adjacent à l'anse Willett et des pentes plus abruptes jusqu'au sommet de la crête de la péninsule Hallett. La bande de terrain plat comprend un certain nombre de monticules de gravier arides pouvant atteindre une hauteur de 1,5 m, dont un grand nombre sont occupés par des labbes nicheurs tandis que, dans la partie nord, de vieux dépôts de guano font état de la présence antérieure de manchots Adélie. On peut trouver de petites nappes de mousse et d'algues au pied de ces monticules, mais les parties supérieures sont dénuées de végétation. De vastes lits de mousse colonisent des platiers graveleux stables dans la partie nord du terrain plat où l'on trouve une nappe phréatique élevée, tandis que des tapis épars de mousse, d'algues et de lichens apparaissent dans le sud sur des rochers à gros grains, plus angulaires et meubles. La mousse devient plus éparse au fur et à mesure que le terrain monte, à l'exception notable d'une parcelle particulièrement dense et vaste qui couvre quelque 3 900 m^2 avec une couverture quasiment complète du substrat occupant une vallée peu profonde sur un talus d'éboulis dans le sud de la Zone (Carte 3). Seuls les sites les plus prolifiques sont représentés sur la Carte 3.

Cinq espèces de mousses ont été identifiées au sein de la Zone (Tableau 1). *Bryum subrotundifolium* est l'espèce de mousse la plus présente à l'intérieur de la Zone. Sa présence dans une zone où les oiseaux sont si nombreux fait de cette Zone un excellent exemple d'un site de végétation affecté par des oiseaux. Qui plus est, la présence de peuplements quasiment monospécifiques de *Bryum pseudotriquetrum* sur le site est inhabituelle pour la région.

Le talus d'éboulis abrupt adjacent à la zone plate en grande partie est disséqué par des ravins peu profonds et de petites crêtes, ainsi que par un certain nombre d'affleurements rocheux bien visibles. Ces affleurements, en particulier dans le nord de la Zone, soutiennent de grands peuplements de lichens et de mousses dispersées, dont la couverture varie de 70 à 100 % en de nombreux endroits. Vingt-sept espèces de lichens ont été identifiées au sein de la Zone (Tableau 1). Les espèces de lichens tolérantes à l'azote, telles que *Xanthomendoza borealis* et les espèces de *Caloplaca, Candelariella, Physicia* et *Xanthoria*, sont visibles dans la zone voisine immédiate de la zone de reproduction des manchots (Crittenden *et al.* 2015).

Huit espèces d'acariens et trois de collemboles ont été répertoriées dans la Zone (Tableau 1) (Sinclair *et al.* 2006). *F. grisea* se trouve principalement sur les talus d'éboulis et les terre-pleins adjacents, C. cisantarcticus serait associé à de la mousse, présent en abondance sur le sol plat, tandis que D. klovstadi se trouvait en abondance sous des roches sur les pentes. Quatre espèces de nématodes ont été découvertes dans la zone du Cap Hallett (Tableau 1), l'espèce la plus abondante et généralement la plus dominante étant la *Panagrolaimus davidi* Timm (Raymond *et al.* 2013).

Tableau 1 : Espèces de mousses, de lichens et d'invertébrés répertoriées à l'intérieur de la ZSPA no 106, Cap Hallett

Mousses a	**Lichens** a, b, c, d	**Invertébrés**
		Acariens e
Bryum subrotundifolium	*Acarospora gwynnii*	*Coccorhagidia gressittii*
Bryum pseudotriquetrum	*Amandinea petermannii*	*Eupodes wisei*
Ceratodon purpureus	*Amandinea coniops*	*Maudheimia petronia*
Grimmia sp	*Buellia frigida*	*Nanorchestes* sp.,
Sarconeurum glaciale	*Caloplaca athallina*	*Stereotydeus belli*
	Caloplaca citrina	*S. puncatus*
	Caloplaca saxixola	*Tydeus setsukoae*
	Candelaria murrayi	*T. wadei*
	Candelariella flava	
	Lecanora chrysoleuca	**Callembolles** e
	Lecanora expectans	*Cryptopygus cisantarcticus*

Mousses a	**Lichens** a, b, c, d	**Invertébrés**
	Lecanora mons-nivis	*Friesea grisea*
	Lecanora physciella	*Desoria klovstadi*
	Lecidea cancriformis	
	Lecidella greenii	**Nématodes** f
	L. siplei	*Eudorylaimus antarcticus* (Steiner) Yeates
	Physcia caesia	*Panagrolaimus davidi* Timm
	Pleopsidium chlorophanum	*Plectus* sp.
	Rhizocarpon geographicum	*Scottnema lindsayae* Timm
	Rhizoplaca chrysoleuca	
	Rhizoplaca macleanii	
	Rhizoplaca melanophthalma	
	Umbilicaria decussata	
	Usnea sphacelata	
	Xanthomendoza borealis	
	Xanthoria elegans	
	Xanthoria mawsonii	

Sources :
a T.G.A. Green, University of Waikato, New Zealand and R. Seppelt, Australian Antarctic Division, 2002;b Smykla *et al.* 2011; c Ruprecht *et al.* 2012; d Crittenden *et al.* 2015; e Sinclair *et al.* 2006; f Raymond *et al.* 2013.

Oiseaux

Le site de Seabee Hook accueille l'une des plus grandes colonies de manchots Adélie de la région de la mer de Ross et compte en moyenne 42 628 couples reproducteurs de manchots Adélie (*Pygoscelis adeliae*), dénombrés sur 14 saisons étudiées entre 1981 et 2012 (Lyver *et al.* 2014). En 200910, environ 63 971 couples étaient présents (recensements dans les nids et à partir de photos terrestres et aériennes obliques effectués du 26 novembre au 3 décembre 2009 ; données non publiées de l'ERA, 2010). Seabee Hook est également le site de l'ancienne station Hallett, exploitée conjointement par les États-Unis d'Amérique et la Nouvelle-Zélande de 1956 à 1973. Durant leur fonctionnement, la station et les infrastructures associées occupaient une superficie de 4,6 ha de terres précédemment occupées par des manchots Adélie nicheurs. La création de la station Hallett en 1956 a nécessité l'éviction de 7 580 manchots, y compris 3 318 oisillons, afin de débroussailler la superficie de 0,83 ha nécessaire pour préparer le terrain et ériger les bâtiments. Durant la construction et l'exploitation de la station, la colonie a fait l'objet d'impacts considérables. La population de manchots est passée de 62 900 couples en 1959 à 37 000 couples en 1968 pour remonter cependant de nouveau à 50 156 en 1972. Ces fluctuations peuvent avoir été intensifiées par des changements dans la couverture de glace de mer observés dans l'ensemble de la région. En 1987, après la fermeture de la station en 1973, la population de la colonie était revenue à un niveau proche de celui de 1959 ; toutefois, les zones qui avaient été modifiées par les activités anthropiques étaient alors peu nombreuses à être recolonisées. La zone occupée dans le passé par la station a maintenant été en partie recolonisée bien que, selon les estimations, la population était de 39 014 couples nicheurs en 1998-1999 et que, selon un recensement aérien effectué en 2006-2007 (dans le cadre d'un programme de longue durée), seuls 19 744 couples nicheurs ont été répertoriés (Lyver et Barton 2008, données non publiées). Fin 2009, on a recensé 63 971 couples nicheurs de manchots Adélie (données non publiées de l'ERA, 2010), un chiffre comparable à ceux enregistrés sur Seabee Hook à l'époque de la construction de la station Hallett. Plus récemment, Kim *et al* (2018) ont enregistré 47 373 couples reproducteurs à partir d'une enquête menée par drone le 23 novembre 2017.

Les labbes de McCormick *(Catharacta maccormicki)* se reproduisent à l'intérieur de la Zone. La population est passée de 181 couples reproducteurs en 1960-1961 à 98 couples reproducteurs en 1968-1969 et 1971-1972. En janvier 1983, on dénombrait 247 oiseaux (84 couples reproducteurs et 79 oiseaux non reproducteurs). Une étude effectuée entre le 27 novembre et le 2 décembre 2009 a permis de répertorier 14 couples reproducteurs et 66 oiseaux sur Seabee Hook. En outre, 23 couples reproducteurs et 92 oiseaux ont été répertoriés dans la zone à l'est de l'anse Willett pour un total de 37 couples nicheurs et 158 oiseaux et un total global de 232 oiseaux en 2009-2010. Près de 250 nids de labbes sont marqués et numérotés dans la Zone ; les bornes ne doivent être ni perturbées ni enlevées.

Des manchots empereurs *(Aptenodytes forster*i) ont été répertoriés fin décembre dans les environs de la Zone et des manchots à jugulaire solitaires *(Pygoscelis antarctic*a) l'ont été fin janvier et en février. Des océanites de Wilson *(Oceanites oceanicus*) et des pétrels des neiges *(Pagodroma nivea*) se reproduisent près du Cap Hallett de l'autre côté de l'anse Edisto ; de nombreux pétrels des neiges ont été aperçus en décembre 2009 autour des falaises du Cap Hallett, donnant à penser qu'ils se reproduisent peut-être dans cette zone. Des pétrels géants (*Macronectes giganteus*) ont été fréquemment aperçus dans le voisinage de la Zone, bien que leur nombre ait diminué ces dernières années, sans doute en raison de la baisse des populations plus au nord. Des phoques de Weddell *(Leptonychotes weddellii*) sont aperçus couramment et ils se reproduisent dans l'anse Edisto ; ils ont également été aperçus à terre sur Seabee Hook. Au nombre des autres mammifères fréquemment aperçus au large des côtes figurent des léopards de mer (*Leptonyx hydrurga*) et des petits rorquals (*Balaenoptera acutorostrata*).

Zone importante pour la conservation des oiseaux (ZICO) en Antarctique n° 170, le Cap Crozier a été ainsi désigné car la colonie de manchots d'Adélie représentait environ 1 % de la population globale estimée de manchots d'Adélie. (Harris et al. 2015). La ZICO a les mêmes limites que la ZSPA (Carte 3).

Activités humaines et leur impact

La station Hallett a été construite en décembre 1956 sur Seabee Hook par la Nouvelle-Zélande et les États-Unis d'Amérique dans le cadre de l'AGI. Elle a été exploitée en continu jusqu'à sa fermeture en février 1973 et elle a appuyé un vaste éventail d'activités, y compris l'expédition 1967-1968 au mont Herschel dirigée par Sir Edmund Hilary. La construction de la station a eu des impacts significatifs sur l'environnement, avec le retrait de près de 8 000 manchots Adélie du site. Le nettoyage progressif de la station a débuté en 1984, tandis qu'un plan de restauration pluriannuel pour la station et ses environs a été conjointement élaboré par la NZ et les EUA en 2001. Les activités de restauration se sont poursuivies en 2003-2004 et 2004-2005 afin de détruire et enlever les structures restantes, tandis que les derniers éléments importants restés sur le site ont été retirés en janvier 2010. Nombre des structures et des objets de l'ancienne station Hallett sont aujourd'hui exposés au musée de Canterbury à Christchurch.

Du matériel associé à l'ancienne station demeure dispersé partout dans la Zone, y compris de petits morceaux de bois et de métal, des fils et des fûts métalliques dont une grande partie est encastrée dans le sol. En outre, le corps bien préservé d'un husky mort en1964 est encore enfermé à l'intérieur d'une caisse de bois recouverte de rochers dans l'est de la Zone (Carte 3).

Dans le cadre de l'opération de nettoyage, des monticules ont été construits dans l'empreinte de l'ancienne station pour encourager la recolonisation des manchots qui occupent aujourd'hui de grandes parties de ces aires (Carte 4). L'histoire de l'impact humain sur la colonie de manchots Adélie et de la récupération ultérieure de celle-ci donne au site une très grande valeur scientifique pour les recherches consacrées aux impacts sur la colonie et sa récupération après les fortes perturbations écosystémiques.

6(ii) Accès à la Zone

L'accès à la Zone peut se faire par voie aérienne, depuis la mer ou par des piétons au-dessus de la glace de mer. En présence de glace de mer, des zones de glace de mer potentiellement plus stables et mieux adaptées à l'atterrissage des aéronefs peuvent être trouvées sur des sites au sud-ouest de Seabee Hook dans l'enceinte d'Edisto Inlet. Toutefois, la glace de mer dans l'anse Edisto peut se rompre rapidement, même en début de saison, en conséquence de quoi la prudence est de mise.

Des restrictions d'accès s'appliquent à l'intérieur de la Zone, en particulier pour toutes les opérations aériennes. Les conditions spécifiques d'accès sont énoncées à la section 7(ii) ci-dessous.

6(iii) Emplacement de structures à l'intérieur et à proximité de la Zone

La station Hallett a été érigée à Seabee Hook en décembre 1956 et fermée en février 1973. En 1960, les bâtiments de la station Hallett occupaient 1,8 ha, auxquels s'ajoutaient les 2,8 ha occupés par les routes, les sites de déchets, les réserves de carburant et les antennes radios qui y étaient liés. La station a été exploitée toute l'année jusqu'en 1964, avant de passer à une exploitation estivale jusqu'à sa fermeture. La station a été progressivement démantelée après 1984 et il ne restait en 1996 que six structures, dont un grand réservoir de carburant de 378 500 litres. Le carburant liquide qui demeurait encore dans le grand réservoir a été enlevé en février 1996. Des travaux de nettoyage complémentaires ont été effectués en 2003-2004 et 2004-2005 pour enlever les dernières structures, dont le réservoir, et pour enlever de la zone les terres contaminées. Tous les éléments importants qui restaient sur place ont été enlevés les 30 et 31 janvier 2010.

Deux stations météorologiques automatiques (SMA) exploitées par les États-Unis d'Amérique (Recherches écologiques à long terme dans les vallées sèches McMurdo) et la Nouvelle-Zélande (National Institute of Water and Atmospheric Research) sont situées à 10 m l'une de l'autre à environ 50 m au nord du terrain de campement désigné (Carte 3). La Nouvelle-Zélande a une cache de combustible entourée d'un mur de protection et composée de plusieurs fûts à 50 m environ au sud du terrain de campement désigné. Une caisse fermée contenant les restes d'un husky mort en 1964 a été placée près d'un grand rocher dans la partie est de la Zone et recouverte de roches (Carte 3).

Un camp de recherche pluriannuel conçu pour accueillir jusqu'à ~ 12 personnes a été installé dans le camping désigné par la République de Corée en 2017-2018 (cartes 3 et 5) et restera dans la Zone au moins jusqu'en 2021-2022. Le camp occupe une superficie d'environ 100 x 40 m près de la rive de l'anse Willett et est contenu dans la zone des installations, bien que le camping puisse avoir lieu sur la glace de mer adjacente à l'extérieur de la Zone et de la zone des installations. En 2020-2021, le camp comprenait un bâtiment principal (7 x 6 m), des installations de stockage (un bâtiment en bois de 9 x 4 m, plusieurs caisses en bois et un abri pour motoneiges), deux toilettes, trois caches à carburant et jusqu'à ~ 12 tentes pour matériel de camping et de logement. Des panneaux solaires sont installés sur le bâtiment principal pour réduire la consommation de carburant. Le camping est accessible à pied depuis la glace de mer ou le long du rivage de l'anse Willett. Le site d'atterrissage secondaire désigné pour les hélicoptères (Carte 2) est utilisé pour l'accès des hélicoptères.

La station géodésique FISHER de l'USGS (Cartes 3 et 4) se compose d'une tablette antarctique en bronze type USGS marquée « FISHER 1989-90 » et se trouve au sommet d'un grand bloc de béton (2x1x1 m) à une hauteur de 2,15 m. Le repère se trouve à environ 80 m au sud de la cache d'urgence et à 140 m à l'intérieur des terres à partir de la côte nord-ouest de Seabee Hook. Au vu de la recolonisation du site de la vieille station, le repère se trouve maintenant dans une petite sous-colonie de manchots Adélie et il est par conséquent probable qu'il sera entouré pendant l'été d'oiseaux nicheurs. Une cache d'urgence, qui consiste en une grande caisse (1,5 m sur 1 m) rouge vif ainsi qu'une caisse plus petite placée à côté se trouvent sur le site de l'ancienne station (Carte 4).

Des bornes de plusieurs études scientifiques sont présentes à l'intérieur de la Zone, y compris celles qui délimitent la parcelle de surveillance de la végétation dans la zone restreinte. Il convient de noter que les bornes historiques n'ont pas toutes été documentées.

Les stations scientifiques permanentes les plus proches de la Zone sont Mario Zucchelli (Italie) et Jang Bogo (République de Corée), qui sont situées à ~ 330 km au sud de la Zone (Carte 1, encadré 1)

6(iv) Emplacement d'autres zones protégées à proximité directe de la Zone

La zone protégée la plus proche du Cap Hallett est la ZSPA n° 159 du Cap Adare à 115 km au nord.

6(v) Zones spéciales à l'intérieur de la Zone

Zone des installations

Une zone d'installations est désignée sur la rive est de l'anse Willet pour contenir des installations temporaires de camp, de science et de soutien et pour s'assurer que les activités humaines connexes sont contenues et gérées dans une partie clairement définie de la Zone (Carte 5). L'accès à la zone des installations est autorisé par le permis à l'appui des activités autorisées par le permis. La zone d'installations est conçue pour minimiser l'empreinte du camping et des installations connexes dans la Zone et s'étend sur environ 90 m de long le long du rivage et jusqu'à un maximum de 40 m à l'intérieur des terres. Les coordonnées des coins des limites de la zone d'installations sont données dans le tableau 2.

Tableau 2. Coordonnées des extrémités de la Zone d'installations

Extrémité	Latitude (S)	Longitude (E)
A	72° 19' 13,1''S	170° 13' 33,8''E
B	72° 19' 13,5''S	170° 13' 37,8''E
C	72° 19' 14,4''S	170° 13' 36,8''E

D	72° 19' 14,3''S	170° 13' 35,2''E
E	72° 19' 16,1''S	170° 13' 33,0''E
F	72° 19' 15,8''S	170° 13' 30,5''E

La zone des installations est située pour aider à minimiser les impacts humains et occupe une zone de graviers de plage non consolidés qui était autrefois utilisée comme route lorsque la gare Hallett était opérationnelle. Des piquets pour les gars de la tente ont été enfoncés dans le sol dur et pierreux de la zone des installations. Le site est exposé aux embruns et aux marées occasionnelles.

Aire à accès limité

Une petite zone située directement en dessous des pentes à éboulis dans le nord-est de la Zone a été désignée zone restreinte afin de faire d'une partie de la Zone un site de référence pour de futures études comparatives de la végétation. L'accès à la zone restreinte n'est autorisé que pour des raisons impérieuses qu'il n'est pas possible de satisfaire ailleurs. Le reste de la Zone est généralement accessible pour y mener des programmes de recherche et y prélever des échantillons.

Une parcelle destinée à l'étude de la végétation d'environ 28 m sur 120 m a été cartographiée en détail par Rudolph (1963) et a été réaménagée et recartographiée par Brabyn *et al.* (2006) pour fournir une quantification de l'évolution de la végétation sur le site sur une période de 42 ans. Établi par Rudolph, ce site représente une ressource extrêmement utile pour le suivi de l'évolution de la végétation. Les bornes utilisées dans le cadre des deux études demeurent *in situ* et délimitent la superficie de la parcelle de suivi de la végétation. Le coin NE de la parcelle de surveillance est indiqué par un gros rocher avec un cairn construit au sommet, situé à 72 ° 19 '11,37"S, 170° 14' 2,55"E. Des descriptions détaillées du graphique sont données dans Rudolph (1963) et Brabyn *et al.* (2006). Rudolph a également photographié des pierres colonisées par des lichens, que Brabyn *et al.* (2006) ont rephotographiées pour mesurer les taux de croissance des lichens. Un de ces sites (illustré sur la Carte 3) se trouve à l'intérieur de la zone restreinte et ne peut pas être perturbé.

La zone restreinte constitue une zone tampon autour de la parcelle de suivi de 20 m du côté nord-ouest et de 10 m des trois autres côtés, ce qui en fait un rectangle de 58 m de large et de 140 m de long. Les coordonnées des extrémités de la zone restreinte sont définies dans le Tableau 3. Une série de cairns a été construite (sur des rochers existants, là où c'était possible) afin d'indiquer l'étendue de la zone restreinte (Carte 3).

Tableau 3. Coordonnées des extrémités de la Zone restreinte

Extrémité	Latitude (S)	Longitude (E)
Nord-est	72° 19' 11,219''S	170° 14' 4,012''E
Nord-ouest	72° 19' 10,43''S	170° 13' 58,341''E
Sud-ouest	72° 19' 14,479''S	170° 13' 51,901''E
Sud-est	72° 19' 15,299''S	170° 13' 57,338''E

Zone d'accès d'hélicoptère

Une zone d'accès d'hélicoptère montre l'itinéraire d'accès préféré à partir du site d'atterrissage secondaire des hélicoptères, en suivant un itinéraire le long de la côte sud de l'anse Willett (Carte 2).

7. Critères de délivrance des permis d'accès

7(i) Critères généraux

L'accès à la Zone est interdit sauf si un permis a été délivré par une autorité nationale compétente. Les critères de délivrance de permis d'accès à la Zone sont les suivants :

- il n'est délivré qu'à des fins scientifiques ou pour des raisons essentielles à la gestion de la Zone ;
- les actions autorisées sont conformes au plan de gestion ;
- Les activités autorisées veilleront, au moyen d'un processus d'évaluation d'impact sur l'environnement, à la protection permanente des valeurs environnementales, scientifiques, pédagogiques, historiques et esthétiques de la Zone ;
- le permis est délivré pour des raisons pédagogiques ou de sensibilisation indispensables qui ne peuvent être satisfaites ailleurs, et qui n'entrent pas en conflit avec les objectifs du Plan de gestion en question ;
- Le permis est délivré pour une période déterminée ;
- Le permis, ou une copie, sera emporté pour tout passage à l'intérieur de la Zone.

7(ii) Accès à la Zone et déplacements à l'intérieur de celle-ci

L'accès à la Zone se fera au moyen d'une petite embarcation, d'un hélicoptère ou à pied. L'accès des véhicules est strictement limité à l'intérieur de la zone des installations.

Accès à pied et déplacements dans la Zone

- Les déplacements à pied doivent être maintenus au minimum en accord avec les objectifs de toute activité autorisée et tous les efforts raisonnables doivent être entrepris pour limiter les nuisances. Les visiteurs doivent éviter de marcher sur la végétation visible. La prudence est de rigueur lors des déplacements dans des zones au sol humide et sur les éboulis, car la circulation piétonnière peut facilement endommager les sols et les communautés végétales sensibles.
- L'accès à la zone restreinte n'est autorisé que pour des raisons impérieuses qu'il n'est pas possible de satisfaire ailleurs.
- Il est important que tous les visiteurs s'efforcent de limiter leurs mouvements autour du camp et demeurent dans la zone longeant le littoral pour ne pas piétiner les aires intérieures qui, en saison, sont humides et richement colonisées par une variété de plantes et d'invertébrés, qui font actuellement l'objet de travaux de recherche.
- Au sein de la colonie de manchots Adélie, les visiteurs ne doivent pas pénétrer dans les sous-groupes de manchots nicheurs à moins que cela ne soit nécessaire à des fins de recherche ou de gestion : les visiteurs doivent marcher dans la bande côtière de Seabee Hook dans la mesure du possible, et/ou autour et entre les sous-groupes. Des traces de l'ancienne route de la station vont de l'extrémité nord-ouest de l'anse Willett jusqu'à l'ancien site de la station et demeurent un corridor relativement large où les piétons peuvent conserver une distance raisonnable avec les oiseaux nicheurs.
- Les visiteurs devront éviter de marcher sur les pentes d'éboulis dans la partie est de la Zone, à moins que cela ne s'avère nécessaire pour des raisons scientifiques ou de gestion ; les éboulis constituent un habitat sensible et très vulnérable qui abrite une communauté très diverse de plantes et d'animaux.

Accès des véhicules

Les véhicules sont interdits dans la Zone, sauf les petits véhicules (par exemple, les motoneiges ou les véhicules tout-terrain (VTT), qui peuvent être utilisés sur la glace de mer entourant la Zone) peuvent accéder à la zone d'installations avec un permis de stationnement, qui devrait être aussi près de la rivage dans la mesure du possible. L'accès des véhicules se fait par l'itinéraire le moins sensible et le plus court possible, en évitant les zones humides ou végétalisées.

Accès au moyen d'une petite embarcation

Il n'y a aucune restriction particulière en vigueur lorsqu'il est possible d'accéder à la Zone au moyen de petites embarcations. Les débarquements à des fins de campement devront néanmoins avoir lieu à l'anse Willett afin d'éviter de devoir transporter le matériel à travers la colonie de manchots Adélie. Des courants et remous violents ont été constatés sur les bords côté mer de Seabee Hook, ce qui peut rendre difficiles les débarquements à partir des petites embarcations. La mer est en général plus calme dans l'anse Willett et du côté de Seabee Hook à l'abri du vent.

Accès en aéronef et survols

Des restrictions sur les opérations aériennes sont d'application pendant la période qui va du 1er octobre au 31 mars, durant laquelle les aéronefs peuvent voler et atterrir dans la Zone en observant scrupuleusement les conditions suivantes (voir la Carte 2) :

1) le survol de la Zone par des aéronefs pilotés en dessous de 610 m est interdit sauf si le permis le prévoit à des fins autorisées par le plan de gestion ;
2) les survols et les atterrissages des aéronefs pilotés à des fins touristiques dans un rayon d'1/2 mille nautique, soit 930 m, de la colonie de manchots Adélie sur Sabee Hook sont vivement découragés ;
3) les atterrissages des aéronefs pilotés dans un rayon de 930 m de la colonie de manchots Adélie sur Seabee Hook devront être évités autant que faire se peut ;
4) les atterrissages dans un rayon de 930 m de la colonie de manchots Adélie peuvent avoir lieu en des sites qui seront choisis en fonction des besoins des visites et des conditions locales ;
5) le site d'atterrissage principal (72° 19,686'S, 170° 11,460'E) indiqué sur la Carte 2 représente l'endroit où l'accès au site de campement désigné est le plus court en traversant la glace de mer. Les atterrissages sur ce site peuvent avoir lieu lorsque les conditions locales le permettent ;
6) Le site d'atterrissage secondaire ne doit être utilisé qu'à des fins essentielles pour lesquelles un permis a été accordé ; et
7) lorsque les atterrissages des aéronefs pilotésau-delà de 930 m de la colonie de manchots Adélie sont jugés dangereux ou impossibles (par exemple parce que la glace de mer est absente ou de mauvaise qualité, parce que les conditions météorologiques sont défavorables ou parce qu'il y a un important besoin logistique tel que le transport de matériel lourd), les conditions suivantes sont d'application :

   AÉRONEFS À VOILURE FIXE

   - Les aéronefs à voilure fixe pilotés peuvent atterrir au-delà de 460 m de la colonie de manchots Adélie ;
   - Les aéronefs à voilure fixe pilotés ne devront pas atterrir dans l'anse Willett.

   HÉLICOPTÈRES

   - Les hélicoptères doivent atterrir au site secondaire désigné à l'anse Willett (72° 19,262'S, 170° 13,523'E) (Carte 2), soit à terre, soit sur la glace de mer adjacente au campement ;
   - Le site d'atterrissage peut parfois être soumis à des inondations lors de la marée haute : dans ce cas, les atterrissages peuvent se faire sur un terrain sec proche, en évitant les sites riches en végétation et en restant de préférence sur la plage à graviers située au sud du site d'atterrissage désigné et en demeurant aussi près de la rive que possible. Les atterrissages à plus grande proximité de la colonie de manchots Adélie doivent être évités ;
   - Les hélicoptères doivent suivre la zone d'accès des hélicoptères recommandée dans toute la mesure du possible lorsqu'ils accèdent au site d'atterrissage secondaire. L'itinéraire d'accès recommandé pour les hélicoptères part du sud et s'étend du site d'atterrissage principal au site d'atterrissage secondaire et longe donc le littoral sud de l'anse Willett (Carte 2).
8) L'atterrissage et le survol de la Zone à moins de 610 m (2000 ft) par des systèmes d'aéronef pilotés à distance (RPAS) est interdit, sauf avis contraire stipulé dans un permis émis par une autorité nationale compétente. L'utilisation de RPAS dans la Zone doit respecter les Lignes directrices environnementales sur l'exploitation de systèmes d'aéronef pilotés à distance (RPAS) en Antarctique (Résolution 4 (2018)).

7(iii) Activités pouvant être menées à l'intérieur de la Zone

- Travaux de recherche scientifique qui ne porteront pas atteinte aux valeurs de la Zone ;
- Activités de gestion essentielles, y compris une évaluation des impacts ou l'adoption de mesures pour y remédier, ainsi que le suivi et l'inspection ;
- Activités de caractère pédagogique et/ou de sensibilisation (telles que les rapports documentaires, photographiques, audio ou écrits), production de ressources ou services pédagogiques, ou programme de formation du personnel aux méthodes de nettoyage pour des raisons impérieuses qui ne peuvent être satisfaites ailleurs. Les objectifs pédagogiques et/ou les activités de sensibilisation n'incluent pas le tourisme ; et

- Activités dont le but est de préserver ou de protéger les ressources historiques à l'intérieur de la Zone.

7(iv) Installation, modification ou enlèvement de structures / de matériel

- Aucune structure ne doit être érigée dans la Zone sauf si un permis le prévoit ;
- Toutes les structures et tout le matériel scientifiques installés dans la Zone doivent être autorisés par un permis et clairement identifiés par pays, nom du principal chercheur et année d'installation. Tous ces éléments doivent être composés de matériaux qui présentent un risque minimum de contamination pour la Zone ;
- Toute activité liée à l'installation (y compris le choix du site), à l'entretien, à la modification ou à l'enlèvement de structures sera menée à bien de manière à perturber le moins possible la faune et la flore, en évitant de préférence la principale saison de reproduction (1er octobre - 31 mars) ;
- La cache d'urgence ne peut être utilisée qu'en cas de véritable situation d'urgence et tout utilisation doit être notifiée à une autorité compétente afin d'assurer le réapprovisionnement de la cache ; et
- L'enlèvement de matériels spécifiques dont le permis a expiré incombe à l'autorité qui a délivré le permis originel, et doit constituer l'un des critères de délivrance du permis.

7(v) Emplacement des camps de base

- L'établissement de camps permanents est interdit à l'intérieur de la Zone.
- Les camps temporaires sur le terrain doivent être situés dans la zone des installations (voir la Section 6 (v)) (cartes 3 et 5). Des exceptions peuvent être faites pour des raisons scientifiques ou logistiques impérieuses (par exemple pour assister en permanence à une cachette d'observation d'oiseaux ou effectuer d'autres observations) à condition que celles-ci aient été autorisées dans le permis, et à condition que cela ne se trouve pas dans la zone réglementée. Utilisez les piquets de tente existants dans la zone des installations si possible. Si le camp doit être déplacé vers un sol sec en raison d'un événement de marée ou de tempête, éviter les sites végétalisés dans toute la mesure du possible et rester aussi près du rivage que possible. Une végétation clairsemée colonise le sol à proximité et des nids de skua polaires sud sont présents à proximité et il faut prendre soin de minimiser les perturbations.
- Le camping est interdit dans la zone réglementée (voir la Section 6 (v)) (Carte 3).
- Le camping est autorisé sur la glace de mer à l'anse Willett, qui est à l'extérieur de la Zone. Lorsque les conditions le permettent, le camping sur la glace de mer peut être préférable au camping sur la terre ferme dans la zone des installations et peut aider à atteindre l'objectif de réduction au minimum des impacts.

7 (vi) Restrictions sur les matériaux et organismes pouvant être introduits dans la Zone

Outre les critères du Protocole au Traité sur l'Antarctique relatif à la protection de l'environnement, les restrictions concernant les matériaux et les organismes pouvant être introduits dans la Zone sont les suivantes :

- L'introduction délibérée d'animaux, de matières végétales, de micro-organismes et de terre non stérile dans la Zone ne sera pas autorisée. Des précautions doivent être prises pour éviter l'introduction accidentelle d'animaux, de matières végétales, de microorganismes et de terre non stérile qui proviennent d'autres régions différentes en termes biologiques (faisant partie de la zone du Traité sur l'Antarctique et au-delà) ;
- Pour réduire au minimum les risques d'introduction, les visiteurs doivent nettoyer minutieusement leurs chaussures et tout le matériel qu'ils utiliseront dans la Zone – en particulier le matériel d'échantillonnage et de balisage – avant d'y entrer. Dans la mesure du possible, les vêtements, les chaussures et autres équipements utilisés ou introduits dans la zone (y compris les sacs à dos, sacs à provisions, tentes, bâtons de marche, trépieds, etc.) doivent être minutieusement nettoyés avant d'entrer dans la Zone. Les visiteurs doivent également consulter et observer les recommandations contenues dans le Manuel sur les espèces non indigènes du Comité pour la protection de l'environnement (Résolution 4 [2016] ; CPE, 2019) et dans le Code de conduite environnemental pour la recherche scientifique de terrain en zone continentale en Antarctique (Résolution 5 [2018]) ;
- La volaille crue et les œufs crus, ou les produits qui en contiennent, sont interdits dans la Zone. Les produits de volaille et d'œufs transformés et/ou cuits doivent être évités dans la mesure du possible ; La

volaille introduite dans la zone et non consommée, y compris toutes les parties, produits et/ou déchets de volaille, devront être éliminés de la zone ou incinérés afin de ne faire courir aucun risque à la faune et la flore indigènes.

- Les herbicides ou les pesticides sont interdits dans la Zone ;
- Tout autre produit chimique, y compris les radionucléides ou isotopes stables, susceptibles d'être introduits à des fins scientifiques ou de gestion en vertu du permis, seront retirés de la Zone au plus tard dès que prendront fin les activités prévues par le permis ;
- Il est interdit de déposer dans la Zone des combustibles, des aliments et d'autres matériaux à moins qu'ils ne soient nécessaires à des fins essentielles liées à l'activité pour laquelle le permis a été délivré. Ces matériaux devraient être entreposés dans la zone des installations à moins qu'ils ne soient nécessaires ailleurs à des fins essentielles autorisées par le permis. En général, tous les matériaux sont introduits dans la Zone pour une période déterminée. Ils en seront retirés au plus tard à la fin de cette période ;
- Tous les matériaux seront entreposés et manipulés de telle sorte que les risques posés par leur introduction dans l'environnement soient réduits au minimum ;
- Si des matériaux sont introduits qui risquent de mettre en péril les valeurs de la Zone, ils ne seront enlevés que si l'impact de leur enlèvement ne sera vraisemblablement pas supérieur à celui consistant à les laisser in situ.

7(vii) Prélèvement de végétaux et capture d'animaux ou perturbations nuisibles à la faune et la flore

Toute capture d'animaux ou toute perturbation nuisible à la faune et la flore indigène est interdite sauf avec un permis distinct délivré spécifiquement à cette fin en vertu de l'Article 3 de l'annexe II du Protocole au Traité sur l'Antarctique relatif à la protection de l'environnement. En cas de capture d'animaux ou d'interférence nuisible, celles-ci devront au minimum respecter le Code de conduite du SCAR pour l'utilisation d'animaux à des fins scientifiques dans l'Antarctique.

7(viii) Collecte ou retrait de matériaux qui n'ont pas été introduits dans la Zone par le titulaire du permis.

- Les matériaux ne peuvent être ramassés ou enlevés de la Zone qu'en conformité avec un permis, mais ils doivent être limités au minimum requis pour répondre aux besoins scientifiques ou de gestion. Un permis ne sera pas délivré s'il y a lieu de croire que l'échantillonnage envisagé impliquerait de prélever, de retirer ou d'endommager des quantités de sols, de sédiments, de faune et de flore sauvages telles que leur distribution ou leur abondance à l'intérieur de la Zone en serait fortement modifiée.
- À moins que le permis ne l'autorise spécifiquement, il est interdit d'enlever ou de toucher les bornes laissées pour des travaux scientifiques effectués dans le passé à l'intérieur de la Zone.
- Les matériaux d'origine humaine qui risquent de porter atteinte aux valeurs de la Zone et qui n'ont pas été apportés dans la Zone par le détenteur d'un permis ou pour lesquels une autorisation n'a pas été donnée, peuvent être enlevés de la Zone à moins que l'impact de leur enlèvement ne risque d'être plus élevé que si les matériaux étaient laissés sur place, auquel cas l'autorité compétente doit en être notifiée et accorder son autorisation.
- Les objets trouvés qui auront vraisemblablement des valeurs historiques ou patrimoniales importantes ne devront pas être touchés, endommagés, enlevés ou détruits. Ils devront tous être enregistrés et notifiés à l'autorité compétente qui sera chargée de décider de leur conservation ou de leur enlèvement. La réinstallation ou l'enlèvement d'objets à des fins de préservation, de protection ou de rétablissement de l'exactitude historique est autorisée sur délivrance d'un permis.
- Le corps bien préservé d'un husky se trouve dans une caisse en bois qui a été placée dans la partie est de la Zone et qui ne doit pas être perturbée tant que les différentes pistes relatives à sa gestion demeurent à l'étude.

7(ix) Élimination des déchets

Tous les déchets, y compris les déchets humains solides, seront évacués de la Zone. Les déchets humains liquides et les déchets liquides domestiques peuvent être rejetés dans la mer à l'extérieur de la Zone, par exemple à l'anse Willett. Il est recommandé que, lorsque la glace de mer est présente à l'anse Willett, ces déchets liquides soient éliminés dans une fissure de marée à au moins 100 m de la zone des installations, lorsque cela est possible, et lorsque la glace de mer est absente, il est recommandé que ces déchets soient rejetés dans la mer à marée basse sur le rivage à au moins 100 m au sud de la zone des installations. Si cela est possible, il est recommandé que les déchets liquides soient transportés vers la station la plus proche pour élimination.

7(x) Mesures nécessaires pour que les buts et objectifs du plan de gestion continuent d'être atteints

Des permis peuvent être délivrés pour avoir accès à la Zone afin de :

1) mener des activités de suivi et d'inspection de la Zone, qui peuvent inclure le prélèvement d'un petit nombre d'échantillons ou de données à des fins d'analyses ou d'audit ;
2) installer ou entretenir des panneaux, des structures ou des équipements scientifiques (les sites spécifiques de suivi à long terme doivent être balisés de façon adéquate) ;
3) pour prendre des mesures de protection ;

7(xi) Rapports de visites

- Pour chaque visite effectuée dans la Zone, le principal titulaire du permis soumettra un rapport à l'autorité nationale compétente aussi rapidement que faire se peut après la fin de ladite visite, conformément aux procédures nationales.
- Ces rapports doivent contenir, le cas échéant, les catégories d'informations mentionnées dans le formulaire de rapport de visite repris dans le Guide pour l'élaboration des plans de gestion des zones spécialement protégées de l'Antarctique (Annexe 2) (Résolution 2 [2011]). Le cas échéant, l'autorité nationale doit également adresser un exemplaire du rapport de visite à la Partie qui a proposé le plan de gestion, afin d'aider à la gestion de la zone et à la révision du plan de gestion.
- Les Parties doivent, dans la mesure du possible, déposer les originaux ou les copies de ces rapports dans une archive à laquelle le public pourra avoir accès et ce, afin de conserver une archive d'usage qui sera utilisée dans l'examen du plan de gestion et dans l'organisation de l'utilisation scientifique de la Zone.
- L'autorité compétente devra être notifiée de toutes les activités entreprises, de toutes les mesures prises à titre exceptionnel et de tous les matériaux utilisés et non enlevés qui n'étaient pas inclus dans le permis délivré.

8. Support documentaire

Brabyn, L., Beard, C., Seppelt, R.D., Rudolph, E.D., Türk, R. & Green, T.G.A. 2006. Quantified vegetation change over 42 years at Cape Hallett, East Antarctica. *Antarctic Science* **18**(4): 561–72.

Brabyn, L., Green, T.G.A., Beard, C. & Seppelt, R.D. 2005. GIS goes nano: Vegetation studies in Victoria Land, Antarctica. *New Zealand Geographer* **61**: 139–47.

Crittenden, P.D., Scrimgeour, C.M., Minnullina, G., Sutton, M.A., Tang, Y.S. & Theobald, M.R. 2015. Lichen response to ammonia deposition defines the footprint of a penguin rookery. *Biogeochemistry* **122**: 295–311. doi:10.1007/s10533-014-0042-7

Harris, C.M., Lorenz, K., Fishpool, L.D.C., Lascelles, B., Cooper, J., Coria, N.R., Croxall, J.P., Emmerson, L.M., Fijn, R.C., Fraser, W.L., Jouventin, P., LaRue, M.A., Le Maho, Y., Lynch, H.J., Naveen, R., Patterson-Fraser, D.L., Peter, H.-U., Poncet, S., Phillips, R.A., Southwell, C.J., van Franeker, J.A., Weimerskirch, H., Wienecke, B., & Woehler, E.J. 2015. *Important Bird Areas in Antarctica 2015*. BirdLife International and Environmental Research & Assessment Ltd., Cambridge.

Hofstee, E. H., Balks, M. R., Petchey, F., & Campbell, D. I. (2006). Soils of Seabee Hook, Cape Hallett, northern Victoria Land, Antarctica. *Antarctic Science* **18**(4): 473-486. doi:10.1017/S0954102006000526

Lyver, P.O'B., Barron, M., Barton, K.J., Ainley, D.G., Pollard, A., Gordon, S., McNeill, S., Ballard G. & Wilson, P.R. 2014. Trends in the breeding population of Adélie penguins in the Ross Sea, 1981–2012: a coincidence of climate and resource extraction effects. *PLoS ONE* **9**(3): e91188. doi:10.1371/journal.pone.0091188

Kim J.-H., Kim H.-C., Kim J.-I., Hyun C.-U., Jung J.-W., Kim Y.-S., Chung H. & Shin H.C. 2018. Application of aerial photography for ecological survey and habitat management of Adélie penguins. Paper prepared for WG-EMM-18/38 25 June 2018.

Raymond, M.R., Wharton, D.A. & Marshall, C.J. 2013. Factors determining nematode distributions at Cape Hallett and Gondwana station, Antarctica. *Antarctic Science* **25**(3): 347-57.

Rudolph, E.D. 1963. Vegetation of Hallett Station area, Victoria Land, Antarctica. *Ecology* **44**: 585–86.

Ruprecht, U., Lumbsch, H.T., Brunauer, G., Green, T.G.A. & Türk, R. 2012. Insights into the diversity of Lecanoraceae (Lecanorales, Ascomycota) in continental Antarctica (Ross Sea region). *Nova Hedwigia* **94**(3): 287–306. doi:10.1127/0029-5035/2012/0017

Sinclair, B.J., M.B. Scott, C.J. Klok, J.S. Terblanche, D.J. Marshall, B. Reyers & S.L. Chown. 2006. Determinants of terrestrial arthropod community composition at Cape Hallett, Antarctica. *Antarctic Science* **18**(3): 303-12.

Smykla, J., Krzewicka, B., Wilk, K., Emslie, S.D. & Sliwa, L. 2011. Additions to the lichen flora of Victoria Land, Antarctica. *Polish Polar Research* **32**(2): 123-38.

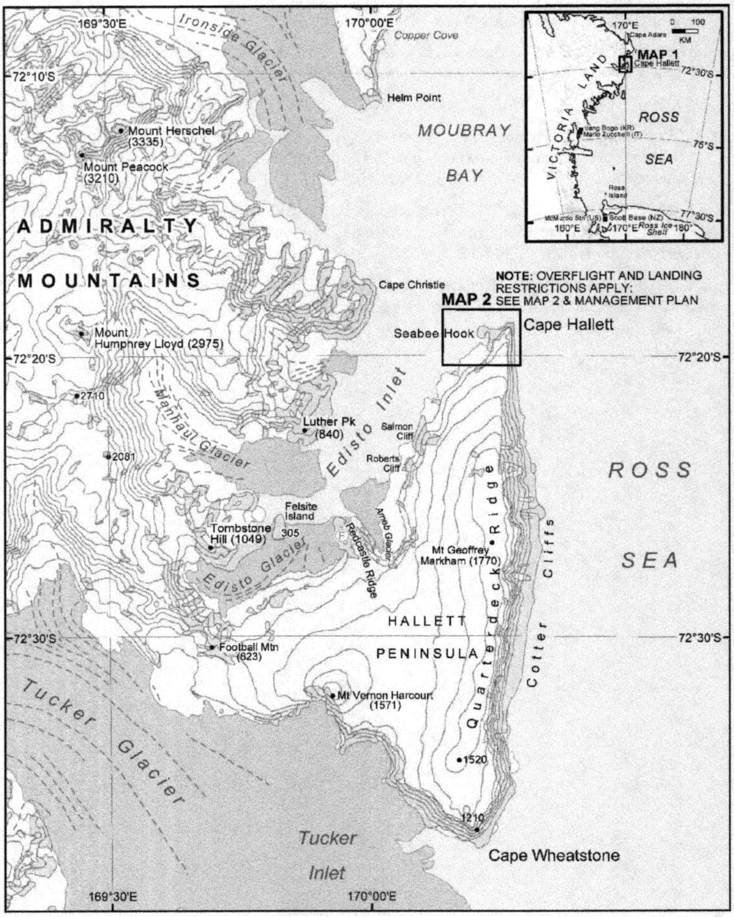

Map 1: ASPA No. 106 Cape Hallett - Regional overview

16 Feb 2021 (v2.0)
United States Antarctic Program
Environmental Research & Assessment

0 5 10 Kilometers

Permanent ice	Coastline
Ice shelf	Index contour (1000m)
Ice free ground	Contour (200m)
Glacier flow line	Spot height (m)
Fuel cache & geology camp (IT)	

Projection: Lambert Conformal Conic
Spheroid and horizontal datum: WGS84;
Data: SCAR Antarctic Digital Database v7.3 (2020)
Contours: REMA v1.1 (2020)
Contour interval: 200 m; Heights in meters.

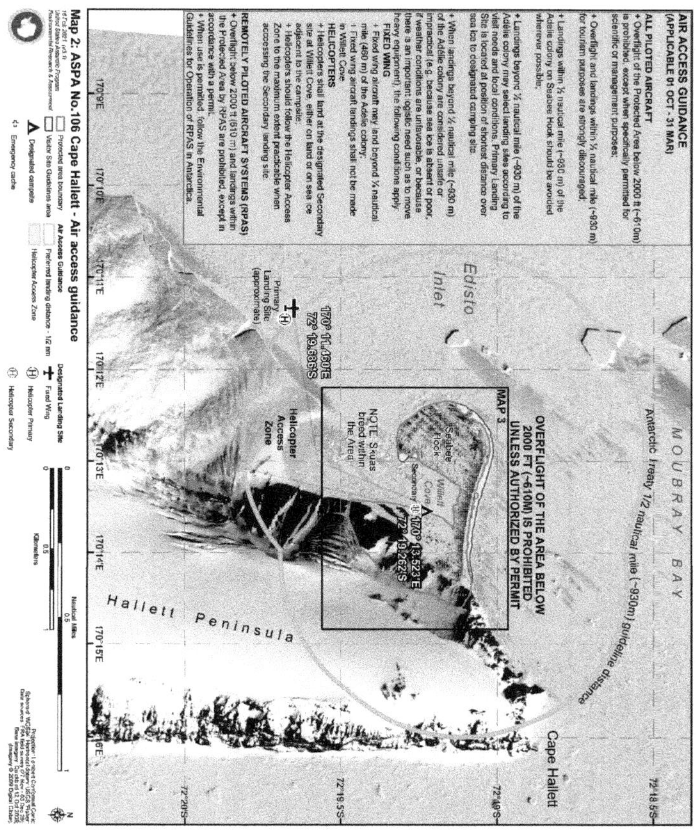
AIR ACCESS GUIDANCE
(APPLICABLE 01 OCT - 31 MAR)
Map 2: ASPA No.106 Cape Hallett - Air access guidance
MOUBRAY BAY
Antarctic Treaty 1/2 nautical mile (~930m) guideline distance
OVERFLIGHT OF THE AREA BELOW 2000 FT (~610M) IS PROHIBITED UNLESS AUTHORIZED BY PERMIT
MAP 3
Cape Hallett
Edisto Inlet
Seabee Hook
Willett Cove
NOTE: Skuas breed within the Area
Helicopter Access Zone
Primary Landing Site (approximate)
Hallett Peninsula

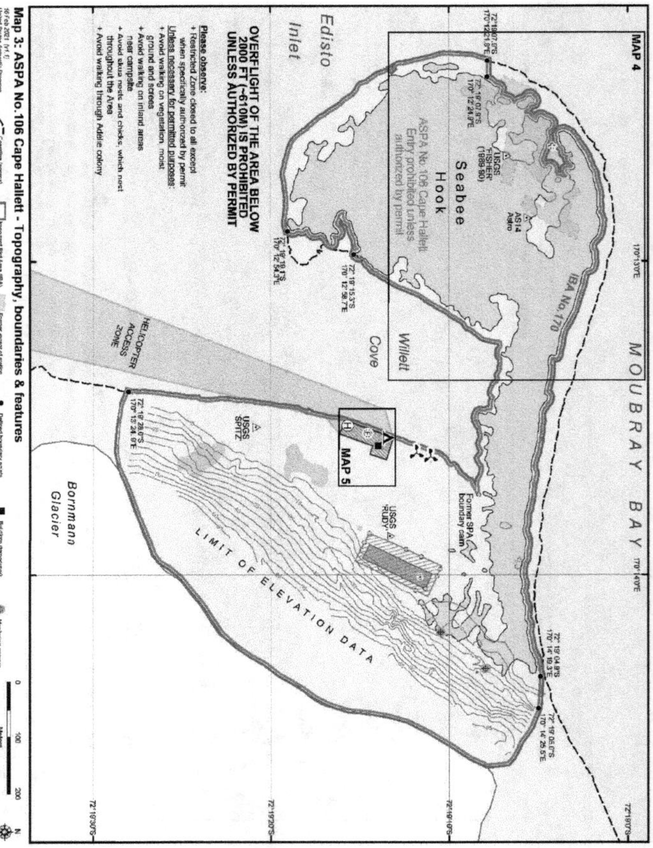
MAP 4
MOUBRAY BAY
Seabee Hook
ASPA No. 106 Cape Hallett
Entry prohibited unless authorized by permit
IBA No.170
Willett Cove
Edisto Inlet
HELICOPTER ACCESS ZONE
MAP 5
Bornmann Glacier
LIMIT OF ELEVATION DATA
OVERFLIGHT OF THE AREA BELOW 2000 FT (~610M) IS PROHIBITED UNLESS AUTHORIZED BY PERMIT
Please observe:
+ Restricted Zone closed to all except when specifically authorized by permit
Unless necessary for permitted purposes:
+ Avoid walking on vegetation, moss ground and screes
+ Avoid walking on inland areas near campsite
+ Avoid skua nests and chicks, which nest throughout the Area
+ Avoid walking through Adélie colony
Map 3: ASPA No. 106 Cape Hallett - Topography, boundaries & features

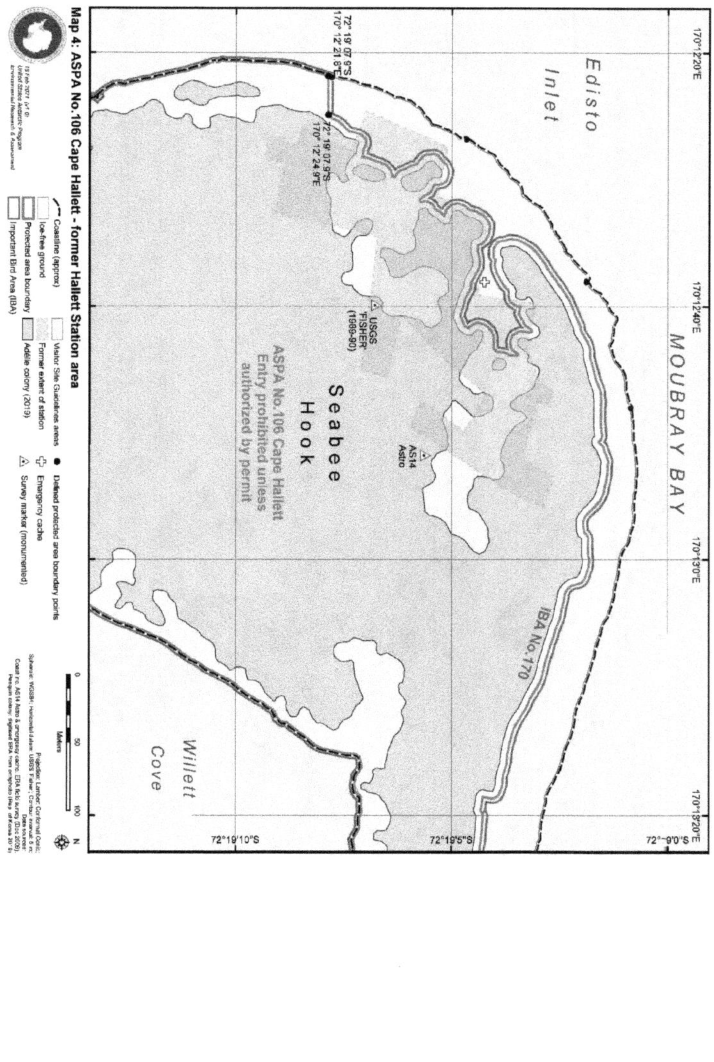

Map 4: ASPA No.106 Cape Hallett - former Hallett Station area

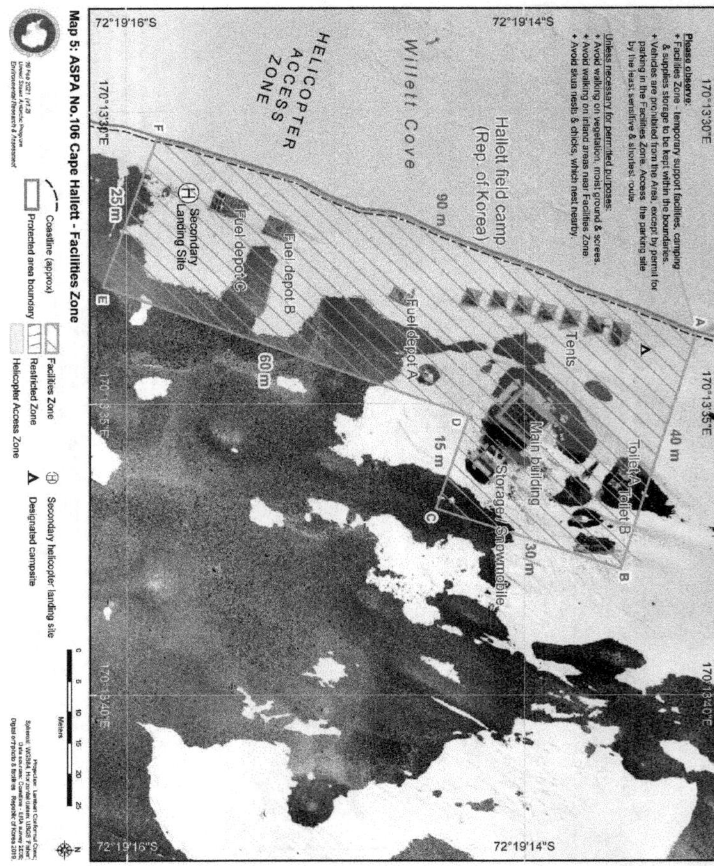

Map 5: ASPA No.106 Cape Hallett - Facilities Zone

Plan de gestion de la zone spécialement protégée de l'Antarctique n° 120 ARCHIPEL DE POINTE-GEOLOGIE, TERRE ADELIE

Iles Jean Rostand, Le Mauguen (ex-Alexis Carrel), Lamarck et Claude Bernard, nunatak du Bon Docteur et site de reproduction des manchots empereurs

Introduction

L'archipel de Pointe-Géologie, en Terre Adélie, est composé de 8 îles principales regroupées sur moins de 2,4 km², à environ 5 km du continent Antarctique. L'Ile des Pétrels, la plus grande de ces îles, héberge la station scientifique française Dumont-d'Urville (66°39′46″S 140°0′07″E).
Cet archipel présente l'originalité d'accueillir pour leur reproduction huit des neuf espèces d'oiseaux qui nichent sur les côtes du continent Antarctique, ainsi qu'une des quatre espèces de phoques endémiques de l'Antarctique. Parmi ces 8 espèces d'oiseaux, 4 appartiennent à la famille des *Procellariidés*, 2 à celle des *Sphéniscidés*, 1 aux *Stercorariidés* et enfin 1 appartient à la famille des *Hydrobatidés*. Sont en particulier présents des représentants d'une espèce emblématique de l'Antarctique, les manchots empereurs dont la colonie hivernale se situe à quelques centaines de mètres de la base Dumont-d'Urville.
Quatre îles, un nunatak et le site de reproduction des manchots empereurs ont été classés en 1995 (RCTA XIX Mesure 3) en aire spécialement protégée de l'Antarctique en ce qu'ils constituaient un exemple représentatif des écosystèmes antarctiques terrestres sur les plans biologique, géologique et esthétique.
La Résolution 3 (2008) recommandait que l'« Analyse des domaines environnementaux pour le continent Antarctique » serve de modèle dynamique pour l'identification des zones spécialement protégées de l'Antarctique (voir également Morgan et al. 2007). Selon ce modèle, la ZSPA 120 relève du domaine environnemental L (Calotte de glace de la zone côtière du continent).
La Résolution 6 (2012) recommandait également que les « régions de conservation biogéographiques de l'Antarctique » soient utilisées de concert avec l'analyse des domaines environnementaux pour qualifier les régions où des ZSPA sont mises en place et pour répondre ainsi à la notion de cadre environnemental et géographique systématisé dont il est fait mention au paragraphe 2 de l'article 3 de l'Annexe V du Protocole au Traité sur l'Antarctique concernant la protection de l'environnement. Ainsi, l'archipel de Pointe-Géologie se raccroche à la région de conservation biogéographique de l'Antarctique n°13 « Terre Adélie » (voir Terauds et al. 2016), l'une des régions de conservation biogéographique de plus faible superficie (178 km²).
On note également que le secteur de Pointe-Géologie a été identifié comme une Zone importante pour la conservation des oiseaux (ZICO n°150) au titre des critères A1 (présence d'espèces menacées à l'échelle mondiale) et A4iii (site connu pour, ou suspecté d'abriter, de façon régulière au moins 10 000 couples d'oiseaux marins d'une ou plusieurs espèces) (Harris et al. 2015).
La Zone spécialement protégée de l'Antarctique n°120 de Pointe-Géologie, ci-après dénommée « la Zone », correspond au périmètre tel que délimité au point 6(i) et illustré par la Carte 2.

1. Description des valeurs à protéger

Valeur environnementale

La Zone constitue l'une des plus représentatives des côtes de terre Adélie pour son intérêt faunistique et scientifique. Elle comporte des valeurs environnementales et scientifiques exceptionnelles en raison de la diversité des espèces d'oiseaux et de mammifères marins qui s'y reproduisent :

- Phoque de Weddell (*Leptonychotes weddellii*)
- Manchot empereur (*Aptenodytes forsteri*)
- Labbe de McCormick (*Catharacta maccormicki*)
- Manchot Adélie (*Pygoscelis adeliae*)
- Océanite de Wilson (*Oceanites oceanicus*)
- Pétrel géant (*Macronectes giganteus*)

- Pétrel des neiges (*Pagodroma nivea*)
- Damier du Cap (*Daption capense*)

Valeur scientifique

Des programmes de recherche et de surveillance continue sur ces espèces sont en cours depuis de nombreuses années (à partir de 1952 ou 1964 selon les espèces), actuellement soutenus par l'Institut Polaire Français Paul-Emile Victor (IPEV) et le Centre National de la Recherche Scientifique (CNRS). Une base de données démographiques d'une valeur exceptionnelle, par la durée des observations et le nombre d'espèces et d'individus suivis, a ainsi pu être constituée. Ces suivis au long-terme ont reçu le label « Zones Ateliers Antarctiques » du CNRS ce qui leur confère un statut de iLTsERs (international Long-Term socio-Ecosystem Research), équivalents biologiques des observatoires physiques de l'environnement. Des programmes de recherche contribuent, notamment, au programme de suivi écologique de la CCAMLR (CEMP).

La présence humaine dans la Zone est très majoritairement liée à la mise en œuvre des programmes scientifiques réalisant ces suivis. Le nombre de personnes présentes simultanément dans la Zone s'élève habituellement à 2, voire, de manière très exceptionnelle, à 4. La fréquence des visites varie selon les années. Elle reste inférieure à un accès par jour.

Parmi les 61 sites de reproduction de manchots empereurs répertoriés (Fretwell et Trathan 2020), celui de Pointe-Géologie est l'un des rares à se situer à proximité immédiate d'une base permanente. Ce site est donc privilégié pour l'étude de cette espèce et de son environnement, et nécessite de ce même fait une attention particulière quant à la réduction des perturbations liées à la proximité de la base.

2. Buts et objectifs

La gestion de la zone spécialement protégée de Pointe-Géologie a pour buts :

- D'éviter toute détérioration ou tout risque de détérioration des valeurs de la Zone ;
- Permettre les recherches scientifiques ne pouvant être réalisées ailleurs, en veillant à minimiser leurs impacts potentiels, notamment en développant dans la mesure du possible l'utilisation de moyens permettant de réduire la présence humaine sur le site ;
- D'empêcher les perturbations des milieux et des espèces de la Zone en prévenant toute présence humaine injustifiée dans la Zone ;
- Réduire les perturbations liées à la présence humaine à proximité de la Zone, notamment du fait de la présence proche de la base Dumont-d'Urville et des opérations logistiques qui s'y déploient ;
- Minimiser les risques d'introduction de plantes, d'animaux ou de microbes non indigènes dans la Zone.

3. Activités de gestion

Les activités de gestion suivantes seront réalisées pour protéger les valeurs de la Zone :

- Le présent plan de gestion est régulièrement revu afin de s'assurer du suivi des mesures de protection des valeurs de la ZSPA.
- Une réflexion quant à la constitution d'une base de données sur la biodiversité de la ZSPA et son état de conservation, permettant à terme un suivi régulier de l'évolution des valeurs environnementales, sera impulsée.
- Conformément à l'article 7 de l'Annexe V du Protocole au Traité sur l'Antarctique relatif à la protection de l'environnement, l'accès à la Zone est soumis à l'obtention d'un permis délivré par une autorité compétente, et ce, tout au long de l'année.
- Toutes les activités de nature scientifique ou de gestion menées dans la Zone doivent faire l'objet d'une évaluation d'impact sur l'environnement, conformément aux exigences stipulées dans l'Annexe I du Protocole au Traité sur l'Antarctique relatif à la protection de l'environnement.

- Conformément à l'Annexe III du Protocole au Traité sur l'Antarctique relatif à la protection de l'environnement, le matériel ou les matériaux abandonnés seront enlevés, dans toute la mesure du possible, à condition que cet enlèvement ne porte pas atteinte à l'environnement et aux valeurs de la Zone.
- Toutes les personnes séjournant ou transitant sur la station Dumont-d'Urville seront dûment informées de l'existence de la ZSPA, de ses limites géographiques, des conditions d'accès réglementés et, plus généralement, du présent plan de gestion. A cette fin, un panneau contenant une carte de la Zone énonçant les restrictions et les mesures de gestion particulières qui s'y appliquent est affiché à la station Dumont-d'Urville et à bord de l'Astrolabe. Des activités de sensibilisation aux enjeux de biodiversité liés à la ZSPA sont mises en œuvre.
- Des copies du présent plan de gestion sont en outre disponibles dans les quatre langues du Traité à la station Dumont-d'Urville. Les informations relatives à chaque incursion dans la ZSPA, à savoir à *minima* : activité entreprise ou raison de la présence, nombre de personnes concernées, durée du séjour et observations particulières, sont consignées par le chef de station de Dumont-d'Urville et entrée dans une base de données.
- Les activités à proximité de la ZPSA (développement de la station Dumont-d'Urville, gestion de l'énergie, des eaux usées et des déchets, logistique, ravitaillement, transit des véhicules motorisés, vols hélicoptères, etc.) sont dans la mesure du possible réalisées en tenant compte de la sensibilité aux perturbations des milieux et des espèces de la ZSPA, afin de réduire les pressions potentielles en termes de dérangement des espèces, de pollutions et d'introductions d'espèces et de pathogènes.

4. Période de désignation

La Zone est désignée zone spécialement protégée de l'Antarctique (ZSPA) pour une période indéterminée.

5. Cartes

La carte 1 montre la situation géographique de la Terre Adélie au sein du continent Antarctique et la localisation de l'archipel de Pointe-Géologie sur la côte de Terre Adélie.
La carte 2 de l'archipel de Pointe-Géologie indique la localisation des principales colonies d'oiseaux et, en pointillés, la délimitation de la zone spécialement protégée de l'Antarctique 120 au sein de cet archipel.

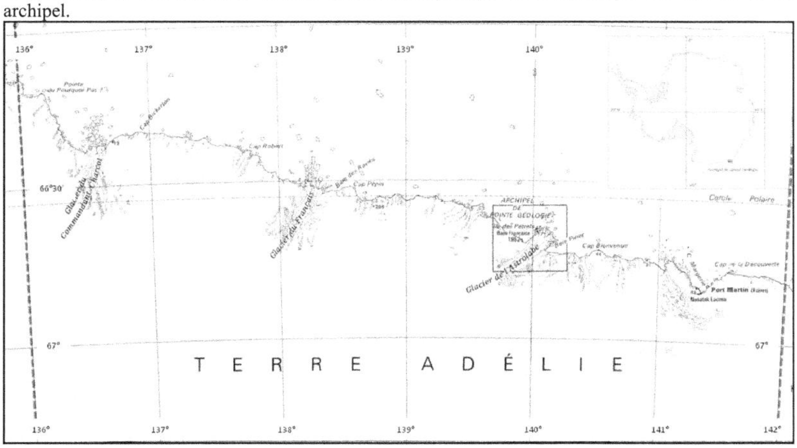

Carte 1. Localisation de l'archipel de Pointe-Géologie, en Terre Adélie (Antarctique)

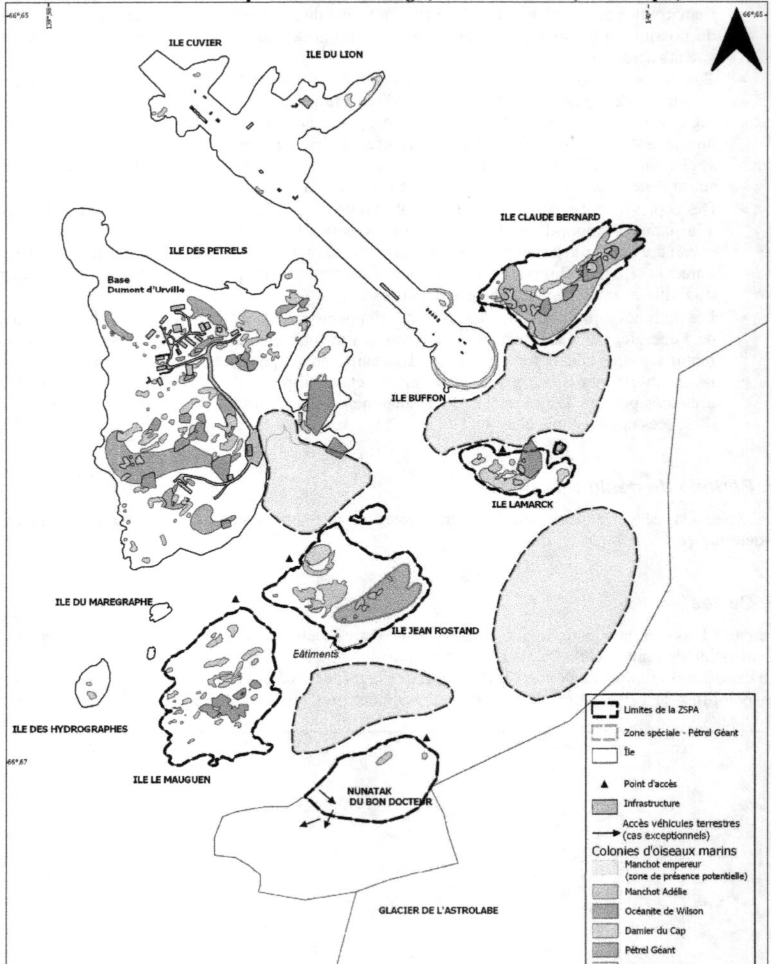

Carte 2. Localisation des colonies d'oiseaux au sein de la ZSPA et dans l'archipel de Pointe-Géologie. Les lignes pointillées marquent les limites de la ZSPA. Les manchots empereurs, présents de mars à mi-décembre, établissent leur colonie sur la banquise entre les îles et leur localisation est fluctuante.

6. Description de la Zone et identification des secteurs

6 (i) Coordonnées géographiques, frontières et traits naturels

LIMITES ET COORDONNEES

La ZSPA 120 est située en bordure de la côte de Terre Adélie, au cœur de l'archipel de Pointe-Géologie (140° à 140°02'E ; 66°39'30'' à 66°40'30'' S). Elle est constituée des territoires suivants :

- l'île Jean Rostand,
- l'île Le Mauguen (ex-île Alexis Carrel),
- l'île Lamarck,
- l'île Claude Bernard,
- le Nunatak du Bon Docteur,
- le site de reproduction des manchots empereurs, dont la limite est déterminée par la présence d'un ou plusieurs groupes de manchots empereurs augmentés d'une zone tampon de 40 m[1].

Au total, la surface des rochers affleurant n'excède pas 2 km². Les points culminants sont distribués le long d'une ride NE-SO (île Claude Bernard : 47,60 m ; île Jean Rostand : 36,39 m ; île Le Mauguen (ex-Alexis Carrel) : 28,24 m, Nunatak du Bon Docteur : 28,50 m).

Durant l'été austral, la banquise entre les îles disparaît parfois, seuls les versants nord des îles demeurent partiellement couverts par des névés. La ZSPA est alors bien délimitée par ses traits naturels (contour des îles et affleurements rocheux).

Il n'existe aucune route ni chemin à l'intérieur de la Zone.

DESCRIPTION GENERALE DE LA ZONE

Climat

Les conditions météorologiques moyennes (température : -10.8°C, pression : 987.3 hPa, vitesse du vent : 9.5 m s^{-1}, direction préférentielle du vent : 120-160°) (König-Langlo *et al.* 1998) et saisonnières en bordure de la calotte jouent un rôle fondamental sur l'accumulation de neige, sa fonte ainsi que sur l'étendue de banquise à proximité du continent. La saisonnalité est caractérisée par un long hiver, de mai à octobre, un court été, de novembre à janvier, et des intersaisons extrêmement courtes (Périard & Pettré 1993). La forte saisonnalité des températures (-15°C en hiver, -0.5°C en été en moyenne) implique que la fonte ne se produit que de décembre à février affectant les conditions d'enneigement sur les différents nunataks ainsi que la débâcle de glace de mer autour de l'archipel. Ceci résulte directement des variations d'apport d'énergie par rayonnement solaire, fort en été, et du refroidissement radiatif « nocturne » sur le plateau Antarctique responsable de l'instauration de couches atmosphériques stable à l'origine du vent catabatique (Gallée & Pettré 1998; König-Langlo *et al.* 1998). Le vent catabatique fort et persistant est une caractéristique clé du climat de la région de l'archipel (Périard & Pettré 1993). La zone est néanmoins affectée par de fréquents systèmes de basse pression venant du nord-ouest (King & Turner 1997). Des conditions plus anticycloniques sont observées en été et en hiver mais les précipitations se produisent toute l'année sans présenter de cycle saisonnier clair (König-Langlo *et al.* 1998). Les apports notables de neige sont limités à quelques événements fortement précipitants pouvant se produire à n'importe quel moment de l'année (Turner *et al.* 2019). Ceux-ci sont occasionnés par d'intenses transports d'humidité depuis les moyennes latitudes. Ces événements se produisent lors de conditions de blocage atmosphérique, provoquant d'importantes élévations de température, de fortes précipitations, pouvant donner lieu aux rares événements pluvieux signalés dans la zone (Favier *et al.* 2011 ; Wille *et al.* 2021). Bien que rares, l'occurrence de précipitations pluvieuses lors des premières semaines de vie des manchots Adélie peut s'avérer dramatique pour leur succès de reproduction (Ropert-Coudert *et al.* 2015). L'évolution des températures dans le secteur au cours du prochain siècle excèdera celle observée à l'échelle globale (selon les scénarios d'émission des gaz à effet de serre, l'ensemble du continent se réchauffera entre 1.3 ± 0.5°C et 4.8 ± 1.2°C (Bracegirdle *et al.* 2020 ; Krinner *et al.* 2019). Ce réchauffement influencera directement les communautés d'oiseaux et de mammifères vivant sur

---

[1] Dans l'hypothèse où des groupes ou la colonie se situent à moins de 40 m des installations humaines existantes sur l'île des Pétrels ou de la Piste du Lion, des procédures *ad hoc* seront déterminées conformément aux dispositions du protocole de Madrid et son annexe II.

l'archipel. Néanmoins, la variabilité climatique interannuelle dans la zone et extrêmement forte et dépend au premier ordre de la situation atmosphérique à grande échelle, principalement de l'intensité du mode annulaire austral (e.g., Marshall *et al.* 2017) et, au second ordre de conditions régionales (ex. : étendue de glace de mer (e.g., Goursaud *et al.* 2019 ; Krinner *et al.* 2014). C'est pourquoi, l'émergence du réchauffement climatique anthropique n'est pas attendue dans ce secteur avant la moitié du 21e siècle (Mora et al. 2013).

Géologie

Des escarpements bien marqués offrent des profils transversaux asymétriques, en pente douce au nord, plus raide au sud. De nombreuses failles et fractures rendent le terrain très accidenté. Les roches du socle, principalement constituées de gneiss riches en sillimanite, en cordiérite et en grenats, sont recoupées par un réseau dense de filons d'anatextite rose. Les parties les plus déprimées des îles sont couvertes de moraines dont la granulométrie est hétérogène (avec des blocs variant en diamètre de quelques centimètres à plus d'un mètre).

Communautés biologiques terrestres

Flore et invertébrés

Aucune plante vasculaire et aucun macro-arthropode ne vivent dans la Zone. Seule l'algue cosmopolite *Prasiola crispa* est présente et peut avoir, localement, un recouvrement significatif, en lien avec les apports de fientes d'oiseaux.

Faune

Sept espèces d'oiseaux et un mammifère marin (phoque de Weddell) se reproduisent dans l'archipel de Pointe-Géologie. Ils font tous l'objet d'un suivi des populations depuis les années 1950-1960. Le Tableau 1 renseigne sur les effectifs d'oiseaux marins observés, le Tableau 2 sur les périodes de présence de ces différentes espèces, et le Tableau 3 sur la sensibilité estimée de chacune d'entre elle. Le phoque de Weddell ne se reproduit pas dans la Zone mais sur la banquise à l'extérieur de celle-ci. La population fin octobre varie entre 70 et 170 individus selon les années, dont 30 à 50 nouveau-nés (données CEBC-CNRS non publiées).

Parmi les espèces d'oiseaux visiteuses régulières figurent le pétrel antarctique *Thalassoica antarctica* et le manchot à jugulaire *Pygoscelis antarctica.* Plusieurs espèces de mammifères marins visitent régulièrement l'archipel mais n'y reproduisent pas, dont quatre phoques (léopard de mer *Hydrurga leptonyx*, phoque crabier *Lobodon carcinophaga*, éléphant de mer austral *Mirounga leonina*, phoque de Ross *Ommatophoca rossii*), et deux cétacés (orque *Orcinus orca* et petit rorqual de l'Antarctique *Balaenoptera bonaerensis*).

Menaces et pressions

L'implantation de la station Dumont-d'Urville a entraîné une diminution importante de la population de pétrels géants dans l'archipel de Pointe-Géologie. Les colonies de reproduction situées sur l'île des Pétrels ont quasiment totalement disparu à la fin des années 1950 au cours des premières années de l'installation de la base à proximité immédiate de ces colonies (extension de bâtiments, intensification des vols d'hélicoptères, installation et remplacement de cuves à fioul, persécution directe). Actuellement 95 à 100% de la population de Pétrels géants de Pointe-Géologie se reproduit dans la ZSPA, dans la partie sud-est de l'île Rostand. Un couple se reproduit régulièrement sur l'île des Pétrels sur le Mont des Géants.

Les travaux réalisés entre 1984 et 1993 pour connecter les îles Buffon, Cuvier et du Lion en vue d'établir une piste d'atterrissage ont résulté en une destruction des sites de reproduction d'environ 3000 couples de manchot Adélie, 210 couples de pétrel des neiges, 170 couples de damier du Cap, 180 couples d'océanite de Wilson et 3 couples de labbe de McCormick (Micol & Jouventin 2001). Une partie relativement importante des couples de manchot Adélie s'est déplacée dans la ZSPA, contrairement aux autres espèces (Micol & Jouventin 2001, CEBC données non publiées).

La diminution importante des manchots empereurs à la fin des années 1970 semble être due à une anomalie climatique prolongée entre 1976 et 1982 ayant entraîné une réduction importante de l'étendue de la banquise (Barbraud & Weimerskirch 2001, Barbraud et al. 2011, Jenouvrier et al. 2009, 2012). D'autres effets cumulatifs, tels que les travaux de construction de la station et de la piste du Lion et des travaux scientifiques de l'époque, sont également susceptibles d'avoir impacté la population de Pointe-Géologie et poussé une partie des oiseaux à émigrer vers d'autres colonies, notamment celle de Mertz (Cristofari et al. 2016). Depuis une quinzaine d'année, la population reproductrice de manchots empereurs est stable ou en légère augmentation parallèlement à une augmentation de l'étendue de la banquise dans le secteur de Terre Adélie (Barbraud et al. 2020, Tableau 3). Toutefois, une vigilance est de mise au vu des récents changements observés (voir plus bas).

Parmi les espèces d'oiseaux présentes dans l'archipel de Pointe-Géologie, le manchot empereur et le pétrel géant se reproduisent uniquement à l'intérieur de la ZSPA (à l'exception d'un couple de pétrel géant présent sur l'île des Pétrels). Depuis la mise en place de cette ZSPA en 1995, les populations de ces deux espèces sont désormais stables ou en légère augmentation (Tableau 3). Les projections à long terme rendent toutefois nécessaire le maintien d'un statut de protection élevé à travers le présent plan de gestion.

La région de l'archipel de Pointe-Géologie ne montre pas encore de tendance significative d'évolution des températures et précipitations. La zone est en effet surtout marquée par une variabilité météorologique interannuelle très forte d'une part, et, d'autre part, par des conditions de glace de mer extrêmement changeantes d'une année sur l'autre. Depuis 2010, l'archipel de Pointe Géologie a connu des conditions de glace de mer particulièrement étendues, vraisemblablement attribuables à l'impact de l'arrivée de l'iceberg géant B9B en Terre Adélie. A ces conditions de glace de mer à Pointe-Géologie, se sont ajoutées deux années de phénomènes météorologiques plus intenses qu'à l'accoutumé (pluie, températures), les populations d'oiseaux marins dont l'écologie alimentaire dépend de la glace de mer ont alors montré des réponses extrêmes allant jusqu'à des succès de reproduction nuls pour certaines d'entre elles, notamment dans le cas des manchots Adélie (Barbraud et al. 2015, Ropert-Coudert et al. 2015, 2018). Toutefois, les dernières saisons suggèrent qu'un nouveau régime de conditions de glace de mer se met en place qui sera moins défavorable aux manchots et certains pétrels avec une récession plus rapide dans la saison estivale.

Les projections climatiques du GIEC suggèrent une diminution de l'étendue et de la concentration en glace de mer au large des côtes de Terre Adélie à partir du milieu du 21ème siècle. Cette diminution aura très probablement des impacts négatifs sur plusieurs espèces d'oiseaux marins se reproduisant dans l'archipel tels que le manchot empereur (Jenouvrier et al. 2009, 2014), le manchot Adélie (Les et al. 2020), ou le labbe de McCormick (Pacoureau et al. 2019) ; mais peu d'effets pour d'autres tel que le pétrel des neiges (Barbraud et al. 2011, Sauser et al. 2021).

Les structures équipées de câbles d'haubanage tels que le mât ionosphérique sur l'île des Pétrels (hors d'usage depuis plusieurs années) ainsi que les câbles électriques aériens entre des bâtiments constituent une menace sérieuse pour plusieurs espèces. En effet, des collisions et mortalités d'oiseaux volants sont régulièrement observées depuis plusieurs années (au moins 70 individus morts par collision dans ces câbles depuis 1999, dont 45 labbes de MacCormick et 14 pétrels géants, CEBC-CNRS données non publiées). Ceci montre la vulnérabilité de ces espèces aux câbles aériens, et suggèrent que l'installation de nouveaux câbles dans des zones utilisées par les oiseaux marins volants aurait des impacts négatifs. Ces espèces ont des effectifs très réduits à Pointe-Géologie (labbe de McCormick, fulmar antarctique, pétrel géant) et une mortalité additive chez de telles espèces à forte longévité peu avoir un effet négatif quasi-immédiat sur leur population.

Les polluants constituent une menace supplémentaire pour plusieurs espèces. En effet, plusieurs types de contaminants d'origine anthropique (mercure, polluants organiques persistants tels que hexachlorobenzène, polychlorobiphényles, polybromodiphényléthers, organochlorés) ont été détectés chez plusieurs espèces (manchot empereur, manchot Adélie, pétrel des neiges, labbe de MacCormick) se reproduisant dans la zone (Goutte et al. 2013, Tartu et al. 2014, Carravieri et al. 2020). Pour certains contaminants, tel le mercure, des effets négatifs sur des paramètres de reproduction ont été mis en évidence avec un impact potentiel sur la dynamique des populations (Goutte et al. 2014, 2018).

Tableau 1 : Nombre de couples d'oiseaux de mer se reproduisant dans la ZSPA 120 (dénombrement lors du cycle de reproduction 2019/2020). La proportion de la population se reproduisant à l'intérieur de cette ZSPA par rapport à celle de l'archipel de Pointe-Géologie dans son ensemble (PG) est également mentionnée (Source : données non publiées CEBC-CNRS sur le cycle reproducteur 2019/2020 sauf pour les océanites de Wilson, données de 2016 dans Barbraud et al. 2018)

Site	Manchot empereur	Manchot Adélie	Labbe de McCormick	Pétrel des neiges	Damier du Cap	Océanite de Wilson	Pétrel géant
Ile Claude Bernard	--	4201	10	132	99	106	--
Ile Lamarck	--	1445	2	27	11	32	--
Ile J. Rostand		5396	8	44	20	83	19
Ile Le Mauguen (ex-Alexis Carrel)	--	4396	18	15	11	63	--
Nunatak du Bon Docteur	--	1461	3	2	--	43	--
Banquise hivernale entre les îles	3727	--	--	--	--	--	--
Total ZSPA	3727	16899	41	220	141	327	19
Total Pointe Géologie	3727	41151	78	856	266	793	20
% ZSPA/Pointe-Géologie	100 %	41 %	53 %	26 %	53 %	41 %	95 %

Tableau 2 : Présence des oiseaux sur les sites de reproduction

	Manchot empereur	Manchot Adélie	Labbe de McCormick	Pétrel des neiges	Damier du Cap	Océanite de Wilson	Pétrel géant
Première arrivée	Mars	Octobre	Octobre	Septembre	Octobre	Novembre	Juillet
Première ponte	Mai	Novembre	Novembre	Décembre	Décembre	Décembre	Octobre
Dernier départ	Fin Décembre	Mars	Mars	Mars	Mars	Mars	Avril

Tableau 3 : Sensibilité aux perturbations causées par l'homme et tendance des populations d'oiseaux de l'archipel de Pointe-Géologie (Sources : données non publiées CEBC-CNRS, Barbraud et al. 2020 Pacoureau et al. 2019, Sauser et al. 2021, Barbraud et al. 2018 pour les données sur les océanites de Wilson).

		Manchot empereur	Manchot Adélie	Labbe de McCormick	Pétrel des neiges	Damier du Cap	Océanite de Wilson	Pétrel géant	Phoque de Weddell
Sensibilité		élevée	moyenne	moyenne	élevée	élevée	élevée	élevée	moyenne
Tendances	**1952-1984**	diminution	?	?	?	?	?	diminution	?
	1984-2000	stable	augmentation	augmentation	stable	stable	diminution	stable	stable
	2000-2019	augmentation	stable	augmentation	stable	stable	?	légère augmentation	diminution

6 (ii) Installations à l'intérieur de la Zone

L'abri historique de Prévost et un refuge sont situés sur l'île Rostand, à l'exclusion de toute autre structure dans l'ensemble de la Zone. Ces bâtiments sont utilisés essentiellement par les scientifiques pour s'abriter des conditions météorologiques pendant leurs opérations de suivi des populations.

6 (iii) Emplacement d'autres zones protégées à proximité

La zone protégée la plus proche de la ZSPA 120 est la ZSPA n°166 « Port Martin », située à 60 km à l'est.

6 (iv) Zones spéciales à l'intérieur de la ZSPA

Sites de nidification des pétrels géants sur l'île Rostand

Au sein de la ZSPA, les sites de reproduction des pétrels géants sont exclusivement présents dans la partie sud-est de l'île Rostand L'ensemble des sites de nidification de cette espèce sur l'île Rostand est

couvert par une zone spéciale, visant à assurer leur protection renforcée, et dont le périmètre est tel que défini sur la carte 2.
Les autorisations d'accès à cette zone spéciale sont soumises à leur mention explicite dans les permis d'accès à la ZSPA délivrés au titre de l'article 7. Seules les visites à des fins scientifiques sont autorisées. Un maximum de cinq visites annuelles peut être autorisé pour l'ensemble des programmes.

7. Conditions de délivrance des permis

- L'accès à la Zone est interdit à moins qu'un permis n'ait été délivré par une autorité nationale compétente désignée en vertu de l'article 7 de l'annexe V du Protocole au Traité sur l'Antarctique relatif à la protection de l'environnement. Afin d'éviter tout conflit entre les opérations menées dans la ZSPA et de permettre l'évaluation des impacts cumulatifs potentiels en amont de l'activité, l'autorité nationale compétente qui délivre le permis doit en informer le chef de la station de Dumont-d'Urville et/ou l'autorité nationale compétente française dès que possible..
- Des permis peuvent être délivrés pour les activités prévues au paragraphe 7(ii) du présent document. Les permis précisent pour chaque visite les activités envisagées, leur durée, le nombre d'accès ainsi que le nombre maximum de personnes pouvant entrer dans la Zone (titulaires du permis et les éventuels accompagnateurs rendus nécessaires pour des raisons professionnelles ou de sécurité et qui devront être choisis par les scientifiques en fonction de leurs expertises).

7 (i) Accès et mouvements à l'intérieur de la Zone

L'accès à la Zone est autorisé uniquement à pied ou en embarcation légère (en été).

Survol

- Aucun hélicoptère ne peut se poser dans la ZSPA (hormis dans le cas de procédures d'urgence).
- Le survol de la Zone est interdit à tout aéronef (hormis dans le cas de procédures d'urgence). Le survol et l'atterrissage dans la Zone par des systèmes d'aéronefs téléguidés (drones) sont interdits, sauf s'ils sont effectués dans le cadre des activités prévues au 7(ii) et conformément à un permis délivré par une autorité nationale compétente. L'utilisation de drones à l'intérieur de la Zone doit respecter les Directives environnementales pour l'exploitation des systèmes d'aéronefs téléguidés (RPAS) en Antarctique (Résolution 4 (2018).

Véhicules terrestres

- Les transits de véhicules terrestres entre la station Dumont-d'Urville, sur l'île des Pétrels, et la station de Cap Prudhomme, sur le continent, s'effectuent normalement en hiver en ligne directe, sur la banquise. Lorsqu'à de très rares occasions l'état de la glace de mer ne permet pas d'effectuer ces transits en sécurité, un cheminement via la bordure ouest du Nunatak du Bon Docteur peut être exceptionnellement autorisé par le chef de la station Dumont-d'Urville, comme indiqué sur la carte 2.
- Dans tous les cas, les véhicules terrestres conduits à circuler à proximité de rassemblements de manchots empereurs devront respecter une distance minimale de 40 m vis-à-vis de ces animaux.

Déplacement à pied

- Le déplacement des personnes autorisées à l'intérieur de la Zone doit se faire avec une vigilance particulière pour éviter la perturbation des oiseaux et la détérioration des zones de nidification et de leurs accès.

7 (ii) Activités conduites ou pouvant être conduites à l'intérieur de la Zone avec des restrictions de temps et de place

- Activités ayant pour but de servir des objectifs scientifiques essentiels et qui ne peuvent pas être réalisées ailleurs.
- Activités ayant pour but de servir des objectifs de conservation des milieux ou espèces présents.

- Activités de gestion et de logistique indispensables. La demande de permis dans ce cas devra démontrer qu'aucune alternative viable à l'accès à la Zone n'est envisageable.
- Activités à finalité pédagogique ou de vulgarisation scientifique (prises de vue cinématographiques, photographiques, prises de son, etc.) qui ne peuvent pas être réalisées ailleurs.

7 (iii) Installation, modification ou démantèlement des structures

- La mise en place de nouvelles structures ou installations permanentes est interdite, seules des structures ou équipements temporaires peuvent être mis en place dans la Zone pour des motifs scientifiques essentiels ou pour des activités de gestion ou de conservation autorisées par une autorité nationale compétente.
- L'éventuelle modification ou le démantèlement des seules installations actuellement présentes sur l'île Rostand ne pourront être conduits qu'avec une autorisation.

7 (iv) Localisation de bivouacs

Il est interdit de camper dans la Zone. Une exception peut être faite uniquement pour des raisons de sécurité, notamment lors de la conduite d'expéditions à buts scientifiques ou de conservation. Si tel était le cas, les tentes devraient être montées de telle sorte qu'elles perturbent l'environnement le moins possible.

7 (v) Restriction d'importation de matériels ou d'organismes dans la Zone[2]

- Conformément aux dispositions de l'annexe II du Protocole au Traité sur l'Antarctique relatif à la protection de l'environnement, les introductions volontaires d'animaux vivants ou de végétaux sont prohibées dans la Zone.
- Afin d'éviter l'introduction involontaire de microbes, d'invertébrés ou de plantes issus d'autres sites en Antarctique, y compris les stations, ou d'autres régions hors Antarctique, tout le matériel apporté dans la Zone, incluant les équipements scientifiques, doit être nettoyé ou stérilisé.
- Les chaussures, vêtements, sacs, et de manière générale tous les contenants, apportés dans la Zone, doivent avoir été soigneusement nettoyés au préalable.
- Aucun produit issu de volaille, y compris les déchets associés à ces produits et les produits contenant de la poudre d'œuf, ne pourra être introduit dans la Zone.
- Les produits chimiques sont interdits dans la Zone à l'exception de ceux qui sont introduits pour les activités scientifiques dans les conditions indiquées dans les permis délivrés. Tout produit chimique doit être évacué de la Zone au plus tard à la fin des activités pour lesquelles des permis ont été délivrés.
- Le dépôt de carburants, de produits alimentaires ou de tout autre matériel est interdit sauf impératif lié à des activités pour lesquelles des permis sont délivrés. Tous ces matériels introduits sont retirés dès qu'ils ne sont plus utiles. Les stockages permanents sont interdits.

7 (vi) Prélèvements et interventions sur la faune et la flore indigènes

- Tout prélèvement ou intervention sur la faune et la flore indigènes est interdit sauf pour les titulaires d'un permis le spécifiant. En cas de prélèvements ou d'interférence autorisés, le code de conduite du SCAR sur l'utilisation d'animaux à des fins scientifiques en Antarctique (RCTA XLII-CPE XXII Résolution 4) devra être utilisé comme norme minimale.
- Les spécimens de faune et de flore indigènes morts ou malades ne peuvent être emportés hors de la Zone que si cela est expressément mentionné dans le permis.

---

[2] Le Manuel sur les espèces non-indigènes du CPE et les listes de vérification pour les gestionnaires de la chaîne d'approvisionnement des programmes antarctiques nationaux pour la réduction du risque de transfert d'espèces non-indigènes du COMNAP / SCAR offrent des orientations supplémentaires en la matière.

7 (vii) Collecte ou enlèvement à l'intérieur de la Zone d'objets ou de matériels qui n'ont pas été apportés par le titulaire d'un permis

- La collecte ou l'enlèvement d'objets ou de matériels qui n'ont pas été apportés dans la Zone par le titulaire d'un permis sont interdits sauf spécification mentionnée dans ce permis.
- Les débris d'origine humaine peuvent être retirés de la Zone, à condition que cet enlèvement ne porte pas atteinte à l'environnement et aux valeurs de la Zone.

7 (viii) Elimination des déchets

Tous les déchets produits doivent être évacués de la Zone à l'issue de chaque visite conformément à l'Annexe III du Protocole au Traité sur l'Antarctique relatif à la protection de l'environnement, et ce comme norme minimale.

7 (ix) Mesures nécessaires pour répondre aux buts et objectifs du plan de gestion

- Les visites dans la Zone sont strictement limitées aux activités prévues au paragraphe 7(ii) et dûment autorisées.
- Les activités de nature scientifique seront menées conformément au code de conduite du SCAR pour la recherche scientifique sur le terrain en Antarctique (RCTA XXXII-CPE XII IP004) et au code de conduite du SCAR sur l'utilisation d'animaux à des fins scientifiques en Antarctique (RCTA XXXIV-CPE XIV IP53).

7 (x) Rapports de visite

Les Parties doivent s'assurer que le principal titulaire de chaque permis délivré soumette à l'autorité compétente un rapport des activités menées dans la Zone. Ce rapport, à fournir à l'issue de chaque campagne, doit inclure, s'il y a lieu, les renseignements identifiés dans le formulaire de rapport de visite qui figure dans le « Guide pour la préparation des plans de gestion des zones spécialement protégées en Antarctique » (Résolution 2, 2011).

Ces rapports contiennent, le cas échéant, les sites visités et les données récoltées nécessaires au suivi environnemental de la Zone (taille et distributions des populations notamment).

Le cas échéant, l'autorité nationale doit envoyer une copie du rapport de visite à la Partie qui a proposé le plan de gestion pour qu'elle puisse l'utiliser à des fins de bonne gestion de la Zone ou d'examen du plan de gestion.

Dans la mesure du possible, les Parties devraient déposer les originaux ou les copies des rapports de visite originaux dans une archive à laquelle le public pourra avoir accès en vue de préserver une archive d'usage, qui sera utilisée dans l'examen du plan de gestion et dans l'organisation de la Zone à des fins scientifiques.

8. Documents de référence

Barbraud, C. et Weimerskirch. H. 2001. Emperor penguins and climate change. *Nature*, 411: 183-186.

Barbraud, C., Rivalan, P., Inchausti, P., Nevoux, M., Rolland, V. & Weimerskirch, H. 2011. Contrasted demographic responses facing future climate change in Southern Ocean seabirds. *Journal of Animal Ecology* 80 : 89-100.

Barbraud C., Delord K., Weimerskirch H. 2015. Extreme ecological response of a seabird community to unprecedented sea ice cover. *Royal Society Open Science*, 2: 140456.

Barbraud, C., Vasseur, J. & Delord, K. 2018. Using distance sampling and occupancy rate to estimate abundance of breeding pairs of Wilson's Storm Petrel (*Oceanites oceanicus*) in Antarctica. *Polar Biology* 41:313-322.

Barbraud, C., Delord, K., Bost, C.A., Chaigne, A., Marteau C. & Weimerskirch, H. 2020. Population trends of penguins in the French Southern Territories. *Polar Biology* 43: 835-850.

Bracegirdle, T. J., Krinner, G., Tonelli, M.; Haumann, F. A., Naughten, K. A., Rackow, T., Roach, L. A., & Wainer, I., 2020. Twenty first century changes in Antarctic and Southern Ocean surface climate in CMIP6. *Atmospheric Sci. Lett.*, 21, e984.

Carravieri, A., Bustamante, P., Labadie, P., Budzinski, H., Chastel, O. & Cherel, Y. 2020. Trace elements and persistent organic pollutants in chicks of 13 seabird species from Antarctica to the subtropics. Environmental International 134: 105225.
Cristofari, R., Bertorelle, G., Ancel, A., Benazzo, A., Le Maho, Y., Ponganis, P.J., Stenseth, N.C., Trathan, P.N., Whittington, J.D., Zanetti, E., Zitterbart, D.P., *Le Bohec, C. & *Trucchi, E. 2016. Full circumpolar migration ensures evolutionary unity in the Emperor penguin. *Nature Communications* 7:11842.
FrethwellFavier, V., Agosta, C., Genthon, C., Arnaud, L., Trouvillez, A. & Gallée, H., 2011. Modeling the mass and surface heat budgets in a coastal blue ice area of Adelie Land, Antarctica. *J. Geophys. Res. Earth Surf.*, 116, F03017.
Fretwell, P.T., et Trathan, P.T., 2020. Discovery of new colonies by Sentinel2 reveals good and bad news for new emperor penguins. *Remote sensing in Ecology and Conservation.*
Gallée, H., & Pettré, P. 1998. Dynamical Constraints on Katabatic Wind Cessation in Adélie Land, Antarctica. *J. Atmospheric Sci.*, 55, 1755–1770.
Goursaud, S., Masson-Delmotte, V., Favier, V., Preunkert, S., Legrand, M., Minster, B., & Werner, M., 2019. Challenges associated with the climatic interpretation of water stable isotope records from a highly resolved firn core from Adélie Land, coastal Antarctica. *The Cryosphere*, 13, 1297–1324.
Goutte, A., Chevreuil, M., Alliot, F., Chastel, O., Cherel, Y., Eléaume, M. & Massé, G. 2013. Persistent organic pollutants in benthic and pelagic organisms off Adélie Land, Antarctica. *Marine Pollution Bulletin* 77:82-89.
Goutte, A., Bustamante, P., Barbraud, C., Delord, K., Weimerskirch, H. & Chastel, O. 2014. Demographic responses to mercury exposure in two closely related Antarctic top predators. *Ecology* 95:1075-1086.
Goutte, A., Meillère, A., Barbraud, C., Budzinski, H., Labadie, P., Peluhet, L., Weimerskirch, H., Delord, K. & Chastel, O. 2018. Demographic, endocrine and behavioral responses to mirex in the South polar skua. *Science of the Total Environment* 631-632:317-325.
Harris, C.M., Lorenz, K., Fishpool, L.D.C., Lascelles, B., Cooper, J., Croxall, J.P., Emmerson, L.M., Fijn, R., Fraser, W.L., Jouventin, P., LaRue, M.A., Le Maho, Y., Lynch, H.J., Naveen, R., Patterson-Fraser, D.L., Peter, H.-U., Poncet, S., Phillips, R.A., Southwell, C.J., van Franeker, J.A., Weimerskirch, H., Wienecke, B., & Woehler, E.J. 2015. *Zones importantes pour la conservation des oiseaux en Antarctique 2015 Résumé*. BirdLife International and Environmental Research & Assessment Ltd., Cambridge.
Iles, D., Lynch H., Ji, R., Barbraud, C., Delord, K. & Jenouvrier, S. 2020. Sea ice predicts long-term trends in Adélie penguin population growth, but not annual fluctuations: Results from a range-wide multi-scale analysis. *Global Change Biology* 26:3788-3798.
Jenouvrier, S., Caswell, H., Barbraud, C., Holland, M., Stroeve, J. & Weimerskirch, H. 2009. Demographic models and IPCC climate projections predict the decline of an emperor penguin population. *Proceedings of the National Academy of Sciences USA* 106: 1844-1847.
Jenouvrier, S., Holland, M., Stroeve, J., Barbraud, C., Weimerskirch, H., Serreze, M. et Caswell, H. 2012. Effects of climate change on an emperor penguin population: analysis of coupled demographic and climate models. *Global Change Biology*, 18, 2756-2770.
Jenouvrier, S., Holland, M., Stroeve, J., Serreze, M., Barbraud, C., Weimerskirch, H. & Caswell, H. 2014. Projected continent-wide declines of the emperor penguin under climate change. *Nature Climate Change* 4: 715-718.
King, J. C., & Turner, J., 1997. *Antarctic Meteorology and Climatology*. Camb. Core.
König-Langlo, G., King, J. C., & Pettré, P., 1998. Climatology of the three coastal Antarctic stations Dumont d'Urville, Neumayer, and Halley. *J. Geophys. Res. Atmospheres*, 103: 10935–10946.
Krinner, G., Largeron, C., Ménégoz, M., Agosta, C., & Brutel-Vuilmet, C., 2014. Oceanic Forcing of Antarctic Climate Change: A Study Using a Stretched-Grid Atmospheric General Circulation Model. *J. Clim.*, **27**, 5786–5800.
Krinner, G., Beaumet, J., Favier, V., Déqué, M., & Brutel-Vuilmet, C., 2019. Empirical Run-Time Bias Correction for Antarctic Regional Climate Projections with a Stretched-Grid AGCM. *J. Adv. Model. Earth Syst.*, 11, 64–82.

Marshall, G. J., Thompson, D. W. J., & van den Broeke, M. R., 2017. The Signature of Southern Hemisphere Atmospheric Circulation Patterns in Antarctic Precipitation. *Geophys. Res. Lett.*, **44**, 11,580-11,589.

Micol, T. et Jouventin, P. 2001. Long-term population trends in seven Antarctic seabirds at Pointe Géologie (Terre Adélie). *Polar Biology*, 24, 175-185.

Mora, C., Frazier, A. G, Longman, R. J., Dacks, R. S., Walton, M. M., Tong, E. J., Sanchez, J. J., Kaiser, L. R., Stender, Y. O., Anderson, M., Ambrosino, C. M., Fernandez-Silva, I., Giuseffi, L. M. & Giambelluca, T. W., 2013. The projected timing of climate departure from recent variability. *Nature*, 502, 183–187.

Morgan, F., Barker, G., Briggs, C., Price, R. et Keys, H. 2007. *Environmental Domains of Antarctica Version 2.0 Final Report*, Manaaki Whenua Landcare Research New Zealand Ltd. 89 pp.

Pacoureau, N., Delord, K., Jenouvrier, S. & Barbraud, C. 2019. Demographic and population responses of an apex predator to climate and its prey: a long-term study of south polar skuas. *Ecological Monographs*.

Périard, C., & Pettré, P., 1993. Some aspects of the climatology of Dumont d'Urville, Adélie land, Antarctica. *Int. J. Climatol.*, 13, 313–328.

RCTA XXXIV-CPE XIV IP53 2011. *SCAR's Code of Conduct for the Use of Animals for Scientific Purposes in Antarctica.*

Ropert-Coudert Y., Kato A., Meyer X., Pellé M., Macintosh A., Angelier F., Chastel O., Widmann M., Arthur B., Raymond B., Raclot T. 2015. A complete breeding failure in an Adélie penguin colony correlates with unusual and extreme environmental events. *Ecography*, 38, 111-113.

Ropert-Coudert Y., Kato A., Shiomi K., Barbraud C., Angelier F. Delord K., Poupart T., Koubbi P., Raclot T. 2018. Two recent massive breeding failures in an Adelie penguin colony call for the creation of a marine protected area in D'Urville Sea/Mertz. *Frontiers in Marine Science*, 264.

Sauser, C., Delord, K. & Barbraud, C. 2021. Demographic sensitivity to environmental forcings: a multi-trait, multi-colony approach. *Oikos.*

Tartu, S., Bustamante, P., Goutte, A., Cherel, Y., Weimerskirch, H., Bustnes, J.O. & Chastel, O. 2014. Age-related mercury contamination and relationship with luteinizing hormone in a long-lived Antarctic bird. *PLoS ONE* 9(7):e103642.

Terauds, A., Lee, J.R. 2016. Antarctic biogeography revisted: updating the Antarctic Conservation Biogeographic Regions. *Diversity and Distributions*, 22, 836-840.

Turner, J., Phillips, T., Thamban, M., Rahaman, W., Marshall, G. J., Wille, J. D., Favier, V., Winton, V. H. L., Thomas, E., Wang, Z., van den Broeke, M., J. Scott Hosking, Lachlan-Cope, T., 2019. The Dominant Role of Extreme Precipitation Events in Antarctic Snowfall Variability. *Geophys. Res. Lett.*, 46, 3502–3511.

Wille, J. D., Favier, V., Gorodetskaya, I. V., Agosta, C., Kittel, C., Beeman, J. C., Jourdain, N. C., Lenaerts, J. T. M., Codron, F., 2021. Antarctic Atmospheric River Climatology and Precipitation Impacts. *J. Geophys. Res. Atmospheres*, 126, e2020JD033788.

Plan de gestion pour

la Zone spécialement protégée de l'Antarctique (ZSPA) n° 121

CAP ROYDS, ÎLE DE ROSS

Introduction

Le cap Royds se trouve à l'extrémité ouest de l'île Ross, détroit de McMurdo, au 166° 09' 56"S, 77° 33' 20"E. La superficie approximative de la ZSPA est de : 0,66 km^2. Les motifs justifiant sa désignation reposent sur le fait que la zone accueille la colonie de manchots l'Adélie (*Pygoscelis adeliae*) se trouvant actuellement le plus au sud, pour laquelle il existe la plus longue série chronologique de données relatives à la taille de la population revêtant une valeur scientifique unique et exceptionnelle. En outre, la zone présente d'importantes valeurs écologiques terrestres et dulçaquicoles, notamment l'observation la plus au sud d'algues des neiges, l'emplacement type de descriptions originales d'un certain nombre d'espèces d'algues et la présence inhabituelle d'une forme de matière organique dissoute presque entièrement d'origine microbienne.

À l'origine, la zone avait été désignée comme Site présentant un intérêt scientifique particulier (SISP) n°1 par la Recommandation VIII-4 (1975) sur proposition des États-Unis d'Amérique. Cette désignation a été prorogée par les Recommandations X-6 (1979) et XII-5 (1983), la Résolution 7 (1995) et la Mesure 2 (2000). Une révision par la Recommandation XIII-9 (1985) a été adoptée. Le site a été rebaptisé et renuméroté par la Décision 1 (2002) Zone spécialement protégée de l'Antarctique (ZSPA) n° 121. Un plan de gestion révisé a été adopté par le biais de la Mesure 1 (2002), puis de la Mesure 5 (2009) lorsque la taille de la composante marine a été réduite, et par le biais de la Mesure 2 (2014).

La zone se situe au sein du domaine environnemental P, barrières glaciaires de Ross et Ronne-Filchner, décrit par l'Analyse des domaines environnementaux pour l'Antarctique (Résolution 3 [2008]) et dans la Région 9 - Terre Victoria du sud, décrite par les Régions de conservation biogéographiques de l'Antarctique (Résolution 3 [2017]).

1. Description des valeurs à protéger

Une zone d'environ 300 m^2 au cap Royds avait été désignée à l'origine dans la Recommandation VIII-4 (1975, SISP n° 1) sur proposition des États-Unis d'Amérique, qui estimaient que cette zone accueille actuellement la colonie de manchots d'Adélie (*Pygoscelis adeliae*) la plus au sud connue et occupée en permanence. La colonie occupée par intermittence la plus au sud se trouve au cap Barne, en face de la baie Backdoor, à environ 1,4 km du cap Royds, p. ex. 1988-2001, et est probablement une extension démographique de la colonie de Royds. La population de manchots d'Adélie du cap Royds avait diminué de 1956 jusqu'au début des années 1960 à cause d'interférences humaines à une époque où une lourde couche de glace marine rendait la colonie particulièrement sensible à une diminution du recrutement. En 1963, les autorités américaines et néo-zélandaises sont convenues d'y restreindre les activités et d'élaborer un plan de gestion pour la zone en vue de protéger les valeurs scientifiques liées aux recherches sur les manchots. Le site a été spécialement protégé pour permettre à la population de se rétablir et pour protéger les programmes scientifiques en cours. La population a commencé à augmenter, atteignant les 4 000 couples en 1999, notamment grâce à la variation naturelle de la couche de glace marine locale. Plus récemment, la colonie a été impactée par des conditions difficiles de la glace de mer (y compris la perte de la composante du cap Barne), notamment entre 2001 et 2005. Depuis 2005, la colonie de manchots du cap Royds est sur le point de se rétablir.

La série de données de longue durée relatives à la population de la colonie de manchots au cap Royds présente une valeur scientifique unique et exceptionnelle car elle permet de mener des recherches sur les interactions biologiques à long terme avec les facteurs de forçage écologiques et de répondre à ces derniers. La colonie conserve une grande valeur écologique et scientifique et, comme telle, mérite de faire l'objet d'une protection spéciale continue à long terme, en particulier au vu des visites en cours au cap Royds de stations proches et de groupes de touristes.

La zone d'origine a été élargie en 1985 à la suite d'une proposition de la Nouvelle-Zélande (Recommandation XIII-9) d'inclure une bande côtière large de 500 m pour protéger l'accès à la mer et les aires d'alimentation des manchots Adélie situées près de la rive et de faire des recherches sur l'écosystème marin côtier du cap Royds. Cette zone côtière du cap a constitué un site d'études de la structure et de la dynamique des populations de notothénioïdes. Plus récemment, des travaux de recherche sur les circuits d'alimentation des manchots Adélie du cap Royds, effectués depuis l'adoption de cet élément marin, ont révélé que l'aire marine telle qu'elle avait été désignée n'est pas une aire d'alimentation significative pour les manchots et que les oiseaux s'alimentent sur une surface beaucoup plus étendue qu'on ne le pensait jusqu'alors. En outre, il y a eu moins de recherches sur l'écosystème marin côtier au cap Royds que prévu et peu d'études sont en cours aujourd'hui sur la population de notothénioïdes au cap Royds. Compte tenu de ces facteurs et vu que les valeurs spécifiques associées au milieu marin adjacent au cap Royds n'ont toujours pas été décrites, la limite marine a été redéfinie par la Mesure 5 (2009) pour se concentrer davantage sur la zone qui entoure directement la colonie de manchots Adélie. L'élément marin directement adjacent à la colonie de manchots du cap Royds a été conservé parce qu'il inclut la principale voie d'accès des manchots à la colonie, lesquels pourraient sinon être soumis à des perturbations inutiles de la part des visiteurs et des hélicoptères des environs.

Il est également ressorti des travaux de recherches effectués ces dernières décennies que la zone présente d'importantes valeurs liées à l'écologie dulçaquicole et terrestre. Le lac Pony est un emplacement type de descriptions originales d'un certain nombre d'espèces d'algues répertoriées au cours de l'expédition antarctique britannique 1907-1909 de Shackelton. C'est dans cette zone qu'a été menée l'observation la plus au sud d'algues des neiges, principalement des *Chlamydomonas.* En outre, de récentes études ont montré que la matière organique dissoute (MOD), l'acide fulvique, présente dans le lac Pony est presque entièrement d'origine microbienne, ce qui est considéré comme étant inhabituel. Ces substances étant peu connues, des échantillons de référence isolés sont nécessaires à la recherche : un échantillon prélevé au lac Pony constitue une référence précieuse pour l'Association internationale de substances humiques. Enfin, on a constaté que la très faible diversité des organismes du sol sur le site s'avère utile pour comparer ce dernier à d'autres habitats plus favorables.

La cabane de Shackleton (monument historique n°15), situé dans la ZSPA n°157 (baie Backdoor), se trouve à 170 m au nord-est de la colonie de manchots Adélie et constitue, avec la colonie, un pôle d'attraction d'une grande valeur esthétique et pédagogique pour les visiteurs. Des visites fréquentes et régulières au cap Royds impliquent que la zone pourrait être facilement endommagée par des impacts humains si elle ne fait pas l'objet d'une protection appropriée. Les valeurs écologiques et scientifiques de la zone requièrent une protection à long terme contre les impacts négatifs éventuels que pourraient avoir ces activités. Toutefois, compte tenu de la valeur de la colonie de manchots d'Adélie qui est, de toutes les espèces de manchots, la plus accessible aux visiteurs et aux parties prenantes des programmes nationaux dans la mer de Ross du sud, des dispositions ont été prises pour contrôler l'accès à deux aires d'observation à proximité, mais en dehors des limites de la ZSPA afin de donner aux visiteurs du cap Royds la possibilité d'observer la colonie de manchots sans pour autant avoir d'impact significatif. Ces visites sont soumises aux Lignes directrices convenues dans la Résolution 3 (2021).

Des vestiges datant des voyages de Shackleton sont présents sur le site d'un petit dépôt dans une baie du côté occidental de l'aire de nidification des manchots (77° 33' 14,3" S, 166° 09' 35,2" E : Carte 2). Le dépôt a une valeur historique et ne devrait pas être perturbé sauf si un permis autorisant des activités de conservation ou de gestion a été délivré.

Les limites comprennent la colonie de manchots Adélie dans son ensemble, la partie sud du lac Pony, et le milieu marin jusqu'à 500 m à partir du littoral proche de la pointe Flagstaff, qui comprend un élément terrestre de 0.05 km^2 et un élément marin de 0.61 km^2, pour une superficie totale de 0.66 km^2.

2. Buts et objectifs

Les buts du plan de gestion au cap Royds sont les suivants :

- Eviter toute détérioration ou tout risque de détérioration des valeurs de la zone en empêchant toute perturbation humaine et tout échantillonnage inutiles de ladite zone ;
- Autoriser des travaux de recherche scientifiques sur l'écosystème de la zone et, en particulier, sur l'avifaune et l'écologie terrestre et dulçaquicole, sous réserve qu'ils ne portent pas atteinte aux valeurs pour lesquelles la zone est protégée ;
- Autoriser la réalisation d'autres recherches scientifiques et de visites pédagogiques ou de sensibilisation (telles que des reportages-documentaires (visuels, audios ou écrits) ou la production de ressources ou de services pédagogiques) sous réserve que ces activités se justifient par des raisons impérieuses impossibles à satisfaire ailleurs et qu'elles ne portent pas atteinte aux valeurs pour lesquelles la zone protégée.
- Minimiser les risques d'introduction d'espèces non indigènes (plantes, animaux et microbes) dans la zone ;
- Réduire le risque d'introduction d'agents pathogènes qui pourraient provoquer des maladies au sein des populations fauniques de la zone.
- Prendre en compte les valeurs historique et patrimoniale potentielles de tout objet avant de l'enlever et/ou de le détruire tout en permettant le cas échéant un nettoyage et une réparation appropriés.
- Permettre des visites à des fins de gestion conformément aux objectifs du plan de gestion.

3. Activités de gestion

Les activités de gestion ci-après devront être entreprises pour protéger les valeurs de la zone :

- Des repères de couleur lumineuse, clairement visibles des airs et ne présentant aucune menace significative pour l'environnement doivent être placés pour délimiter l'héliport adjacent à la zone protégée (Cartes 1 et 2).
- Des panneaux indiquant l'emplacement et les limites de la zone et annonçant clairement les restrictions d'accès seront placés aux endroits stratégiques des limites de la zone pour éviter toute entrée inopinée. En outre, lors de la première visite de chaque saison, il convient de placer des drapeaux pour marquer la route d'accès des véhicules sur la glace de mer ainsi que la zone de stationnement de la baie Backdoor de sorte que ceux qui voyagent sur la glace pour se rendre au cap Royds puissent éviter la limite marine de la zone. Les drapeaux seront enlevés à chaque saison juste avant la clôture des voyages sur la glace de mer ;
- Des panneaux indiquant l'emplacement de la zone (et les restrictions particulières qui s'appliquent) seront installés bien en vue et une copie du présent plan de gestion sera disponible dans toutes les cabanes de recherche situées au cap Royds ;
- Des copies du présent plan de gestion devront être disponibles dans tous les navires et aéronefs visitant les environs du Cap Royds ou y opérant, et tout le personnel (personnel de programme national, d'expéditions de terrain, responsables d'expéditions touristiques, pilotes et capitaines de navires) opérant ou volant dans les environs de la zone ou s'approchant de celle-ci devront être informés par leur programme national, leur voyagiste ou l'autorité nationale compétente de l'emplacement de la zone, de ses limites et des restrictions d'accès et de survol qui s'y appliquent ;
- Les programmes nationaux doivent prendre des mesures pour s'assurer que les limites de la zone et les restrictions qui s'appliquent à l'intérieur de celle-ci soient indiquées sur les cartes concernées et sur les cartes nautiques / aéronautiques ;

- Les bornes, panneaux et structures érigés à l'intérieur de la zone à des fins scientifiques ou de gestion seront correctement fixés, maintenus en bon état et enlevés lorsqu'ils ne seront plus nécessaires ;
- Les programmes antarctiques nationaux opérant dans la zone devraient enregistrer tous les nouveaux repères, signes et structures érigés dans la zone ;
- La zone sera visitée en fonction des besoins (au moins une fois tous les cinq ans) afin de déterminer si elle répond toujours aux objectifs pour lesquels elle a été désignée et de s'assurer que les mesures de gestion et d'entretien sont appropriées ;
- Les directeurs des programmes antarctiques nationaux en cours d'exécution dans la région se livreront entre eux à des consultations pour veiller à ce que les dispositions ci-dessus soient mises en œuvre.

4. Durée de la désignation

La zone est désignée pour une durée indéterminée.

5. Cartes et photographies

Carte 1 : ZSPA n° 121 cap Royds, emplacement.

Projection : conique conforme de Lambert ; parallèles types : 1er 77° 33' 10" S ; 2e 77° 33' 30"S ; Méridien central : 166° 10' 00" E ; Latitude origine : 78° 00' 00" S ; Sphéroïde : WGS84.
Sources de données :
La carte et les contours de référence se basent sur une orthophotographie par imagerie aérienne obtenue par USGS/DoSLI (SN7847) le 16 novembre 1993, élaborée selon une échelle de 1 :2500 avec une précision horizontale de ± 1,25m, une précision verticale de ± 2,5m et une résolution de pixels sur le terrain de 0,4m. UNAVCO (jan. 2014). Limite de la ZSPA : ERA (Janvier 2014). Bornes : LINZ (2011). Aires d'observation et SMA (approx.) : ERA (Janvier 2014). Sentiers et aires de mouillage du plan de gestion de la ZSPA n° 157 ; zone de nidification approximative des manchots numérisée à partir d'une image aérienne géoréférencée obtenue le 19 janvier 2005 (P. Lyver, communication personnelle, 2014), mise à jour par D. Ainley communication personnelle, 2019. Contours (intervalle 10 m) et autres infrastructures fournis par Gateway Antarctica, (2009).
Encart 1 : région de la mer de Ross indiquant l'emplacement de l'encart 2.
Encart 2 : région de l'île de Ross, indiquant l'emplacement de la Carte 1, de la station McMurdo (US) et de la base Scott (N-Z).

Carte 2 : ZSPA n° 121 cap Royds, accès aérien. Les spécifications de la carte sont les mêmes que celles de la carte 1.

Carte 3 : ZSPA n° 121- topographie, accès, installations et faune et flore. Les spécifications de cette carte sont les mêmes que pour la carte 1, mais l'intervalle des contours est de 2 m.

6. Description de la zone

6(i) Coordonnées géographiques, bornage et caractéristiques du milieu naturel

Vue d'ensemble

Le cap Royds (77° 33' 20" S, 166° 09' 56" E) est situé à l'extrémité ouest de l'île Ross, détroit de McMurdo et s'étend sur une bande côtière de terre libre de glace d'une largeur d'environ 8 km, sur les pentes occidentales inférieures du mont Erebus (Carte 1, encarts). La zone comprend une petite partie du cap Royds et englobe des composantes terrestres et marines.

La composante terrestre de la zone est formée de terre libre de glace à environ 350 m de la pointe Flagstaff (77° 33'21" S, 166° 09' 55" E) qui abrite une colonie de manchots d'Adélie (*Pygoscelis adeliae*) durant la saison de reproduction. La limite englobe l'ensemble de la zone occupée par les manchots reproducteurs et les deux itinéraires principaux qu'utilisent les manchots pour accéder à la mer : les baies Arrival et Backdoor. L'élément marin comprend une zone de mer de 500 m sur le littoral du cap Royds, qui inclut la principale route d'accès des manchots à leur colonie.

Limites et coordonnées

La limite nord de la composante terrestre de la zone s'étend d'une petite baie à l'angle nord-ouest de la zone sur 53 m en ligne droite de nord-est jusqu'à une balise d'étude, un tube de fer planté dans le sol, identifiée sur des cartes antérieures de la Nouvelle–Zélande par l'appellation IT2 (77° 33' 11,1"S, 166° 09' 33,8" E,). De là, la limite s'étend sur 9 m à l'est d'IT2 jusqu'à un poteau de démarcation (77° 33' 11,2" S, 166° 09' 35,2" E), puis sur 30 m en direction est-nord-est jusqu'à un poteau de démarcation (77° 33' 10,9" S, 166° 09' 39,4" E) situé à mi-chemin d'un flanc de colline. À partir de ce poteau de démarcation, la limite s'étend sur 133 m en direction sud-est jusqu'à un poteau de démarcation (77° 33' 11,8" S, 166° 09' 59,0" E) situé à l'est du lac Pony. La limite s'étend ensuite sur 42 m en direction sud-sud-est jusqu'à un poteau de démarcation (77° 33' 12,9" S, 166° 10' 01,9" E,), puis sur 74 m jusqu'à un poteau de démarcation (77° 33' 15,2" S, 166° 10' 05,7" E) situé à la pointe sud d'une aire d'observation des manchots. La limite s'étend ensuite sur 18 m jusqu'à la côte de la baie Arrival (77° 33' 15,8" S, 166° 10' 06,6" E). La limite nord-est longe le littoral de la baie Arrival jusqu'à la pointe Derrick. La limite qui va du lac Pony (poteau de démarcation à 77° 33' 11,8" S, 166° 09' 59,0 E) jusqu'à la pointe Derrick coïncide avec la limite sud de la ZSPA n° 157, baie Backdoor, qui a été désignée pour protéger la cabane historique de Shackleton et les objets qui y sont associés (site et monument historiques n° 15).

La composante marine de la zone englobe la zone qui se trouve dans un rayon de 500 m de la laisse moyenne de haute mer de la pointe Flagstaff, la limite s'étendant 500 m au sud-ouest de la pointe Derrick (77° 33' 14,1" S, 166° 10' 22" E) à l'est, et de là vers l'ouest en restant à une distance de 500 m de la rive jusqu'au 77° 33' 11,8" S, 166° 08' 10" E , puis sur 500 m plein est vers la côte à l'extrémité nord-ouest de la zone (77° 33' 11,8" S, 166° 09' 25" E).

Climat

Une station météo (SMA) installée 1,75 km au nord-est de la zone enregistre des données depuis 2004. Les données sont archivées et mises à disposition par le University of Wisconsin-Madison Antarctic Meteorological Research Center sur ftp ://amrc.ssec.wisc.edu/pub/aws/spawar/ (consulté le 30 mars 2020). Les données collectées sur la température de l'air au cap Royds et à la station McMurdo située pas loin, à environ 35 km au sud-est du cap Royds, indiquent que, généralement, le mois de décembre est le mois le plus chaud et le mois de juillet le plus froid. Le vent au cap Royds souffle principalement du sud-est et dépose des embruns dans toute la zone (Broady, 1989a). Les données de la station McMurdo ont montré que, pendant la période 1973–2004, la vitesse moyenne du vent était d'environ 10 nœuds et la vitesse maximale de 112,3 nœuds (Antarctic Meteorological Research Centre, 2009).

Les données climatiques à long terme montrent que, durant les années 60, les températures de l'air et les vitesses du vent enregistrées à la base Scott ont été relativement basses, et ont été suivie d'une période de réchauffement au début des années 70 (Ainley *et al.* 2013). Depuis le début des années 1980, on constate une nette tendance au réchauffement dans toute la zone du détroit de McMurdo (Blackburn *et al.* 1991) et les données enregistrées par la station McMurdo suggèrent que la température de l'air a atteint un maximum à la fin des années 1980. Les températures maximales étaient au plus haut pendant cette période alors que les températures minimales continuaient à grimper (LaRue *et al.* 2013).

Géologie et sols

La composante terrestre de la zone est formée d'un terrain rocheux formé de coulées de lave irrégulières, de graviers volcaniques et de scories d'un rouge foncé, délimité côté mer par une falaise basse d'une hauteur d'environ 10 à 20 m. On y trouve des sols minéraux et du sable ainsi que des sels incrustés et des sols ornithogéniques compacts liés à la présence de la colonie de manchots Adélie (Cowan et Casanueva, 2007).

Oiseaux nicheurs

La zone abrite la colonie de manchots d'Adélie (*Pygoscelis adeliae*) la plus au sud de la planète, avec une population annuelle qui varie ces dernières années entre 2 500 et 4 000 couples reproducteurs durant leur occupation s'étendant approximativement de la mi-octobre à la mi-février (Figure 1). En 1959, la population était censée être équivalente à celle de 1909, rien ne prouvant qu'elle a été plus grande dans le passé (Ainley 2002). Elle a ensuite diminué pour compter moins de 1 000 couples reproducteurs en 1963 en raison des conditions difficiles de la glace qui a rendu la population plus vulnérable aux perturbations causées par les visites et les mouvements d'hélicoptères (Thompson 1977). À la suite des restrictions imposées aux visiteurs et après l'éloignement de l'héliport de la colonie en 1996, le nombre des manchots a augmenté et leur population a quadruplé (Ainley *et al.* 2005 ; Taylor et Wilson 1990). Après avoir atteint un pic en 1987, le nombre de manchots d'Adélie du cap Royds a fortement diminué en 1988 et 1989, avant de se redresser une fois encore pour atteindre une population comparable aux niveaux enregistrés à la fin des années 1980. En 1998, la population de manchots d'Adélie du cap Royds atteignait 4 000 couples reproducteurs avant de diminuer progressivement à 2 400 en 2000 (Ainley *et al.* 2004).

Les fluctuations des populations de manchots Adélie au cap Royds sont liées aux changements d'une série de variables climatiques et écologiques. La forte augmentation de la population au cours des années 1980 est liée à l'éloignement des petits rorquals de la zone de la mer de Ross, qui s'est poursuivi encore dans le cadre d'une « chasse scientifique à la baleine » ; la hausse de la population de manchots s'est arrêtée lorsque la chasse à la baleine a pris fin et que la population des petits rorquals a été rétablie (Ainley *et al.* 2007). Au lieu de diminuer avec le rétablissement du nombre des rorquals, les colonies de cap Royds (et ailleurs en mer de Ross) ont constamment profité de l'intensification des vents au niveau du détroit de McMurdo et sur les polynies de la mer de Ross (Ainley *et al.* 2005, 2010). Globalement, dans une perspective plus à court terme, Wilson *et al.* (2001) ont constaté qu'il existe une corrélation inverse significative entre la variation annuelle du nombre de manchots d'Adélie et la couverture de glace de mer d'hiver et qu'une couverture de glace de mer plus vaste (c'est-à-dire plus au nord) réduit le taux de survie des juvéniles en limitant leur accès à des aires d'alimentation productives. Par conséquent, le nombre total de manchots Adélie présents au cap Royds a révélé que les individus réagissent aux variations de la concentration de glace de mer avec un retard de cinq ans. L'impact de la couverture de la glace de mer sur le nombre de manchots d'Adélie dans la zone a été davantage mis en exergue après l'ancrage de grands icebergs (y compris l'iceberg B-15A) sur la côte nord de l'île de Ross avant la saison de nidification 2001 (Arrigo *et al.* 2002 ; Ainley *et al.* 2003). L'obstruction provoquée par les icebergs a donné lieu à une couverture de glace de mer inhabituellement étendue entre 2001 et 2005, à l'exception de 2003. Le nombre de couples reproducteurs et d'oisillons prenant le large a fortement diminué, une bonne partie se rendant au cap Bird (Dugger *et al.* 2014). Avec la disparition des icebergs en 2005, le régime de la glace de mer est retourné à l'état « normal » et le nombre des couples reproducteurs s'est progressivement rétabli, atteignant en 2019 un niveau similaire à celui d'avant l'apparition des icebergs (Figure 1).

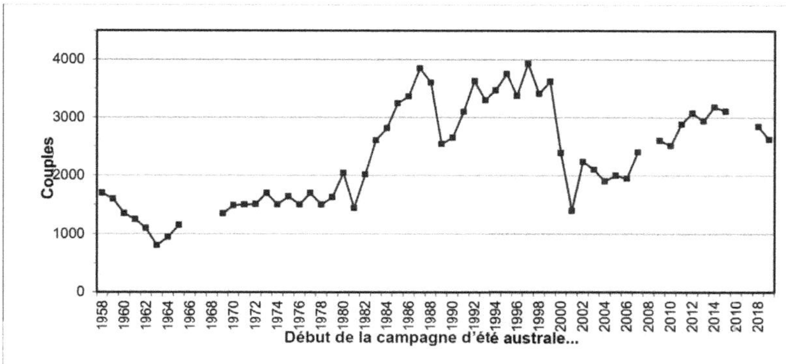

Figure 1. Nombre de couples nicheurs de manchots Adélie au cap Royds (1958-1959 à 2019-2020). (Sources : Stonehouse 1965 ; Taylor *et al.* 1990 ; Woehler 1993 ; Woehler, communication personnelle, 1999 ; Ainley *et al.* 2004 ; Lyver *et al.* 2014 ; Ainley 2014, Ainley, communication personnelle, 2019).

La zone est régulièrement surveillée depuis 1957 et des images sont prises via la photographie aérienne durant la phase d'incubation sur une base annuelle depuis 1981, à savoir aux alentours du 1er décembre de chaque année, date à laquelle seuls des oiseaux en phase d'incubation sont présents. Le recensement annuel de la population des manchots d'Adélie dans les colonies de l'île de Ross, en mer de Ross, de 1959 à 2019, constitue la série chronologique d'enregistrement de données biologiques marines la plus longue en Antarctique (Taylor et Wilson 1990 ; Taylor *et al.* 1990 ; Wilson *et al.* 2001). Le long historique d'observations scientifiques au cap Royds offre ainsi de rares opportunités pour évaluer les tendances démographiques sur de longues périodes.

Des études relatives aux habitudes alimentaires des manchots d'Adélie durant les étés austraux de 1997-1998 à 2014-2015 montrent que la distance moyenne parcourue pour rechercher de la nourriture à partir du cap Royds varie de 9,70 km à 12,09 km (Ainley *et al.* 2004 ; Ford *et al.* 2015 ; Saenz *et al.* sous presse) et des observations indiquent que les manchots recherchent peu leur nourriture dans un rayon de 200 m à partir de la côte (Ainley, communication personnelle, 2008). L'aire d'alimentation des manchots appartenant à la colonie du cap Royds chevauche considérablement (30 à 75 %) les aires des oiseaux venant du cap Bird et de l'île Beaufort (Ainley *et al.* 2004). On voit souvent des manchots bagués du cap Royds, du cap Bird et de l'île Beaufort dans les autres colonies (LaRue *et al.* 2013, Dugger *et al.* 2014).

Outre la colonie de manchots d'Adélie du cap Royds, on trouve un grand nombre de labbes de McCormick (*Catharacta maccormicki*) dans la ZSPA, avec quelques nids à proximité des limites. Le nombre total des couples reproducteurs était de 76 en 1981 (Ainley *et al.* 1986). Alors que plusieurs de ces labbes nidifiant au cap Royds ont probablement survécu en mangeant des déchets de la station McMurdo, d'autres ont été repérés en train de chercher de la nourriture au sein de la colonie de manchots d'Adélie (Young 1962a). On a cependant constaté que les labbes chassaient peu les jeunes manchots et que seule une partie de ceux nichant au cap Royds venait s'alimenter à l'intérieur de la colonie de manchots (Young 1962b). Après la cessation de mise au rebut de déchets humains à la station McMurdo dans les années 1980 et l'amélioration des procédures de gestion des déchets, les populations de labbes ont diminué au cap Royds (et au cap Evans). Actuellement, le nombre de labbes est inférieur à 30 couples sur toute l'étendue du cap (Wilson *et al.* 2016). À l'heure actuelle, 9 à 11 couples nichent dans les limites ou à proximité de la ZSPA.

Biologie marine et océanographie

L'écosystème marin dans et près des limites de la zone a été étudié entre 2012 et 2014 (Saenz *et al.* sous presse). La principale proie des manchots, le poisson d'argent et le krill, abonde le long de la lisière de la banquise du détroit de McMurdo, qui s'étend normalement à l'ouest du cap Royds à travers le détroit. La recherche intensive de nourriture par les manchots et les petits rorquals a un impact sur la présence du krill dans les eaux peu profondes et les manchots se tournent alors de plus en plus vers les poissons d'argent (Ainley *et al.* 2006 ; Saenz et al. sous presse). Quant au plancher océanique, les échantillons prélevés quelques kilomètres au nord du cap Royds étaient composés de graviers volcaniques et de pierres de petite à grande taille. Les recherches effectuées sur la population et la structure de l'espèce de poisson notothénioïde dans cette région indiquent que ce poisson y était abondant, l'espèce la plus courante à cette époque étant *Trematomus bernacchii.* Elles ont également permis de répertorier la présence de *Tmatomus hansoni, T.centronotus, T. nicolai* et Gymnodraco acuticeps. Enfin, elles ont identifié la présence d'invertébrés tels que des échinoïdes, des astéroïdes (p.ex. *Odontaster validus*), des ophiuroïdes, des pycnogonidés (par ex. *Pentanymphon antarcticum, Colossendeis robusta*), des ptéropodes, des copépodes, des amphipodes, des isopodes, des hirudinées, des bryozoa, des polychéates, des cténophores, des mollusques et des méduses. Plusieurs kilomètres vers le sud, dans la baie Erebus, la faune piscicole a changé pendant l'avènement d'une lourde couverture de glace associée à l'ancrage de larges icebergs qui ont écarté les prédateurs respirant de l'air (notamment les phoques) de la zone. Au cours de 2005, on n'a observé que *T. bernacchi,* mais lorsque les conditions de la glace de mer sont redevenues plus « normales », on a pu observer d'autres espèces (Buckley 2013). La communauté d'invertébrés benthiques est dominée par le groupe faunique « du bassin » Barry *et al.* 2003). Les courants océaniques locaux ont pour origine le plateau continental oriental de la mer de Ross. Ils se dirigent vers l'ouest le long de la plateforme de Ross après le cap Crozier, pour ensuite tourner vers le nord le long de la côte de Terre Victoria. Ils se séparent à l'île Beaufort où un petit bras descend vers le sud en franchissant les caps Bird et Royds (Jacobs *et al.*, 1970 ; Barry, 1988). Le courant plus chaud, s'écoulant vers le sud le long de la côte ouest de l'île de Ross injecte du phytoplancton de la mer de Ross (Barry & Dayton 1988, Saenz *et al.* sous presse).

Écologie terrestre et dulçaquicole

Les étendues d'eau comprises dans la zone, dont le lac Pony, sont riches en nutriments et abritent une communauté abondante et variée d'algues adaptées à une haute teneur en nutriments et à une forte salinité, parmi lesquelles on retrouve principalement les phytoplanctons, les diatomées et les feutres benthiques oscillatoires (Broady, 1987). Certaines espèces d'algues ont été formellement décrites pour la première fois au lac Pony (West et West, 1911), faisant de ce site un « emplacement type ». Des algues des neiges sont présentes sur de petites parcelles de neige sur la banquette de glace côtière adjacente à la colonie de manchots, et sont dominées par les Chlamydomones, qui sont les algues des neiges les plus au sud connues (Broady, 1989a).

Le lac Pony constitue une source importante de matière organique dissoute d'origine microbienne (MOD) (Brown *et al.*, 2004). Une de ces matières, l'acide fulvique, est issue de la matière végétale en putréfaction et de l'activité microbienne. L'acide fulvique présent dans le lac Pony constitue un pôle important car il est presqu'entièrement d'origine microbienne. Les acides fulviques ont une incidence sur la composition chimique, le cycle et la biodisponibilité des éléments chimiques qui se trouvent dans les milieux aquatiques et terrestres. Ces substances étant peu connues, des échantillons de référence isolés sont nécessaires à la recherche. Un échantillon de référence de l'acide fulvique du lac Pony a été prélevé et est aujourd'hui mis à disposition par l'Association internationale des substances humiques pour servir de référent en termes de composition microbienne. L'abondance de MOD dans le lac et l'emplacement approprié de la station McMurdo en font un endroit idéal pour mener des travaux de terrain.

Depuis 1990, des études sont menées sur des populations d'invertébrés terrestres (nématodes) vivant dans les sols ornithogéniques du cap Royds. Les Vallées sèches jouissent d'une plus grande diversité d'invertébrés, alors que seule une espèce de nématode a été observée au cap Royds (*le Panagrolaimus davidi*) (Porazinska *et al.* 2002). Les sols très riches en nutriments du cap Royds conduisent à une faible diversité biologique des organismes du sol, ce qui rend la zone vulnérable aux perturbations humaines locales et mondiales. En outre, le cap Royds fait office de point de comparaison avec les habitats actuellement étudiés dans les Vallées sèches de McMurdo.

Peu de lichens poussent dans la zone, bien que l'on trouve différentes formes de croissance de lichens (crustacé, foliacé et fruticuleux) dans d'autres parties du cap Royds, réparties en trois zones distinctes qui résulteraient de l'aérosol marin et de l'accumulation de neige (Broady 1989a, 1989b).

Activités humaines et leur impact

Les variations du nombre de manchots Adélie au cap Royds attribuées au moins en partie aux visites humaines et aux déplacements d'hélicoptères sont discutées dans la section sur les oiseaux nicheurs abordée précédemment.

Le personnel des programmes nationaux des stations avoisinantes McMurdo (US), Scott Base (NZ) et des groupes de touristes se rendent souvent au cap Royds pour visiter la cabane de Shackleton et observer la colonie de manchots d'Adélie. Les visites au cap Royds sont soigneusement contrôlées par les autorités nationales et l'accès aux zones protégées se fait strictement par la délivrance d'un permis et les permis d'accès à la ZSPA 121 sont émis exclusivement conformément aux conditions spécifiées au paragraphe 7(i) ci-dessous. Le nombre de visiteurs peut varier en fonction de plusieurs facteurs tels que la glace de mer et les conditions météorologiques, la logistique disponible et le nombre d'organisateurs de voyage au cours d'une année donnée.

Les aires d'observation de manchots sont situées en dehors de la zone qui se trouve immédiatement au nord et à l'est de la limite existante (Carte 3). Les visiteurs sont informés et les visites sont supervisées, ce qui contribue généralement au respect des limites de la zone.

6(ii) Accès à la zone

La zone est accessible par la terre, la glace de mer, la mer ou les airs, grâce aux sites d'atterrissage d'hélicoptères situés en dehors de la zone. Des itinéraires spécifiques d'accès à la zone sont recommandés, et le survol et l'atterrissage d'aéronefs sont soumis à des restrictions dont les conditions spécifiques sont définies dans la section 7 (ii) ci-dessous.

6(iii) Emplacement de structures à l'intérieur et à proximité de la zone

La cabane de Shackleton (ZSPA n° 157 et site et monument historiques n° 15) (77° 33' 10,7" S, 166° 10' 06,4" E) est située à environ 70 m du panneau de démarcation de la composante terrestre de la zone, à 100 m au nord-est duquel se trouve un petit abri de recherche (Nouvelle-Zélande) (77° 33' 07,5" S, 166° 10' 10,6" E) (Carte 2). Une SMA et une caméra télécommandée se trouvent à 10 m à l'intérieur de la limite orientale de la zone (Carte 2) et à 80 m de la cabane de Shackleton (présente en avril 2020). Deux balises se trouvent à l'intérieur de la zone — la balise IT2, qui se situe sur la limite nord de la partie terrestre de la zone et qui est décrite ci-dessus, et la balise IT3 (77° 33' 19,7" S, 166° 09' 52,7" E) (qui est également un tube en fer planté dans le sol), qui se trouve à 45 m au sud-ouest de la pointe Flagstaff. Des vestiges remontant à l'époque des voyages de Shackelton sont présents sur le site d'un petit dépôt, dans une petite baie à l'ouest de l'aire de nidification des manchots (77° 33' 14,3" S, 166° 09' 35,2" E : Carte 2). Le dépôt ne doit pas être perturbé sauf si un permis l'autorise à des fins de conservation ou de gestion.

6(iv) Emplacement d'autres zones protégées à proximité directe de la zone

Les zones protégées les plus proches du cap Royds sont la baie Backdoor (ZSPA n) 157 et SMH n° 15), adjacente à la zone et qui en partage en partie la limite, le cap Evans (ZSPA n° 155) à 10 km au sud, la crête Tramway (ZSPA n° 130) proche du sommet du mont Erebus situé 20 km à l'est, la vallée New College (ZSPA n° 116) à 35 km au nord du cap Bird ainsi que les hauteurs Arrival (ZSPA n° 122) qui sont adjacentes à la station McMurdo à 35 km au sud. Le cap Crozier (ZSPA n°124) se trouve à 75 km à l'est sur l'île de Ross.

6(v) Zones spéciales à l'intérieur de la zone

Il n'y a pas de zone désignée dans la zone.

7. Critères de délivrance des permis d'accès

7(i) Critères généraux

L'accès à la zone est interdit sauf si un permis a été délivré par une autorité nationale compétente. Les critères de délivrance de permis d'accès à la zone sont les suivants :

- Le permis est délivré pour mener des études scientifiques, en particulier sur l'avifaune de la zone, ou pour des raisons scientifiques, pédagogiques ou de sensibilisation impérieuses qui ne peuvent être satisfaites ailleurs, ou pour des raisons essentielles à la gestion de la zone ;
- Les actions autorisées le seront conformément au présent plan de gestion ;
- Les activités autorisées veilleront à ne pas porter atteinte à la protection continue des valeurs environnementales, scientifiques et historiques de la zone par le biais du processus d'évaluation d'impact sur l'environnement ;
- Les distances d'approche de la faune doivent être respectées, sauf pour des raisons scientifiques spécifiées dans les permis correspondants ;
- Le permis est délivré pour une période déterminée ;
- le permis ou une copie sera emporté à l'intérieur de la zone ;

7(ii) Accès à la zone et mouvements à l'intérieur ou au-dessus de la zone

L'accès à la partie terrestre de la zone se fera à pied et les véhicules y seront interdits. L'accès à la partie marine de la zone se fera à pied ou en véhicule si la glace de mer le permet, ou par navire ou petite embarcation durant les périodes d'eau libre. L'accès par voie terrestre à la zone se fera à partir du site réservé à l'atterrissage d'hélicoptères. Par la glace de mer ou par navire, il faudra d'abord passer par la baie Backdoor et suivre ensuite à pied les sentiers indiqués sur les Cartes 1 et 3.

Accès à pied et déplacements dans la zone

Seuls sont autorisés les déplacements à pied sur la terre ferme de la zone. Les piétons doivent conserver une distance d'approche minimale de 5 m de la faune, à moins qu'il soit nécessaire de s'en approcher plus près pour des raisons autorisées par le permis. Les visiteurs devraient se déplacer avec précaution afin de perturber le moins possible la flore, la faune, les sols et les plans d'eau. Les piétons devraient contourner les colonies de manchots et ne pas entrer dans des sous-groupes de manchots nicheurs sauf à des fins de recherche ou de gestion. Lors des déplacements à l'intérieur des territoires des labbes, il faudra veiller à ne pas piétiner leurs nids. Les déplacements à pied doivent être réduits au minimum en fonction des objectifs des activités autorisées et il convient à tout moment de veiller à réduire les effets nuisibles du piétinement.

Accès par navire et petite embarcation

Les navires et petites embarcations ne sont pas autorisés à entrer dans l'espace marin de la zone, sauf si un permis a été délivré. Les navires embarquant des passagers doivent rester à 300 m de la côte et les visiteurs doivent y accéder par petite embarcation ou par la glace de mer sur la côte nord-ouest de la baie Backdoor (Cartes 1 et 3).

Accès en aéronef et survols

Le mouvement d'aéronefs dans les limites et près de la zone est autorisé sous réserve que les conditions suivantes soient strictement réunies (voir Carte 2) :

1) L'atterrissage d'hélicoptères est interdit dans la zone.
2) Le survol de la zone par des aéronefs pilotés à moins de ~ 610 m (2 000 pi) au-dessus du niveau de sol est interdit, sauf avis contraire stipulé dans un permis émis par une autorité nationale compétente.
3) Le survol/les atterrissages de tout aéronef à moins de 0,5 mille marin (~930 m) de la ZSPA n° 121 sont fortement déconseillés, sauf à des fins scientifiques ou de gestion (Carte 2).
4) Les hélicoptères doivent atterrir sur le site de débarquement principal (77° 33,06' S 166° 10,38' E) (Cartes 1-3), à 250 m au nord-est de la cabane de Shackleton et à environ 125 m au nord du refuge néozélandais.
5) Un site de débarquement secondaire est situé à 77° 33,11' S, 166° 10,24' E, à environ 100 m au sud-ouest du site principal (Cartes 2 et 3). Il convient d'éviter le site lorsque les colonies de manchots sont présentes (du 1er novembre au 1er mars). Un autre site de débarquement secondaire qui peut être utilisé toute l'année est situé près du campement saisonnier (US), à environ 200 m au nord du site de débarquement principal.
6) Le survol de la zone à moins de 610 m (2 000 pi) par des systèmes d'aéronef pilotés à distance (RPAS) est interdit, sauf avis contraire stipulé dans un permis émis par une autorité nationale compétente. L'utilisation de RPAS dans la zone doit respecter les Lignes directrices environnementales pour l'exploitation de systèmes d'aéronef pilotés à distance (RPAS) en Antarctique (Résolution 4 [2018]).

7(iii) Activités pouvant être menées à l'intérieur de la zone

- Les travaux de recherche scientifiques qui ne mettront pas en péril l'écosystème ou les valeurs scientifiques de la zone ;
- Les activités à caractère pédagogique et/ou à des fins de sensibilisation (comme les rapports documentaires, photographiques, audio ou par écrit, ou la production de ressources ou services pédagogiques) qu'il n'est pas possible de satisfaire ailleurs pour des raisons impérieuses. Les activités aux fins pédagogiques et/ou de sensibilisation n'incluent pas le tourisme ;
- Les activités dont le but est de préserver ou de protéger les ressources historiques à l'intérieur de la zone ;
- Activités de gestion essentielles, y compris la surveillance et l'inspection.

7(iv) Installation, modification ou enlèvement de structures / de matériel

- Aucune structure ne doit être installée dans la zone sauf autorisation précisée dans le permis et, à l'exception des bornes et des panneaux permanents, les structures ou installations permanentes sont interdites ;
- Tous les repères, matériels scientifiques et structures installés dans la zone doivent être autorisés par un permis et identifier clairement le pays, le nom du chercheur principal, l'année d'installation et la date d'enlèvement prévue. Ces objets ne doivent pas contenir d'organismes, de propagules (par ex. semences, œufs) ou de terre non stérilisée et doivent être formés de matériaux résistants aux conditions environnementales et présentant un risque minimal de contamination ou de dommage pour les valeurs de la Zone ;

- Toute activité liée à l'installation (y compris le choix du site), à l'entretien, à la modification ou à l'enlèvement de structures ou de matériel sera menée à bien de manière à perturber le moins possible la faune et la flore, en évitant de préférence la principale saison de reproduction (1er octobre - 31 mars)
- L'enlèvement de structures / de matériel spécifiques dont le permis a expiré incombe à l'autorité qui a délivré le permis originel, et doit constituer l'un des critères de délivrance du permis.

7(v) Emplacement des camps de base

Il est interdit de camper à l'intérieur de la partie terrestre de la zone. Camper à l'intérieur de la partie marine de la zone lorsqu'il y a de la glace de mer est autorisé sur délivrance d'un permis. Ces camps ne doivent pas être installés sur les voies d'approche des manchots dans un rayon de 200 m autour de la colonie de reproduction, mais ne font l'objet d'aucune restriction ailleurs. En dehors de la zone se trouvent un site de campement néozélandais, à proximité de l'abri (NZ), à 175 m au nord-est de la zone, et un site de campement américain, situé à environ 350 m au nord et au-dessus de l'abri (Cartes 1 et 3).

7 (vi) Restrictions sur les matériaux et organismes pouvant être introduits dans la zone

Outre les critères du Protocole au Traité sur l'Antarctique relatif à la protection de l'environnement, les restrictions concernant les matériaux et les organismes pouvant être introduits dans la zone sont les suivantes :

- L'introduction délibérée d'animaux, de matières végétales, de micro-organismes et de terre non stérile dans la zone ne sera pas autorisée. Des mesures de précaution doivent être prises pour éviter l'introduction accidentelle de tout animal, forme végétale, micro-organisme et terre non-stérilisée provenant de régions biologiques distinctes (comprises à l'intérieur ou à l'extérieur de la zone du Traité sur l'Antarctique).
- Pour réduire au minimum les risques d'introduction, les visiteurs doivent nettoyer minutieusement leurs chaussures et tout le matériel qu'ils utiliseront dans la zone – en particulier le matériel d'échantillonnage et de balisage – avant d'y entrer. Dans la mesure du possible, les vêtements, les chaussures et autres équipements utilisés ou introduits dans la zone (y compris les sacs à dos, les sacs de provisions, les bâtons de marche et autres) doivent être minutieusement nettoyés avant d'entrer dans la zone. Les visiteurs doivent également consulter et observer les recommandations contenues dans le Manuel sur les espèces non indigènes du Comité pour la protection de l'environnement (Résolution 4 [2016] ; CPE, 2019) et dans le Code de conduite environnemental pour la recherche scientifique de terrain en zone continentale en Antarctique (Résolution 5 [2018]) ;
- Aucune volaille et aucun produit de la volaille, y compris les produits contenant des œufs en poudre crus, ne sont autorisés dans la zone. Toute volaille amenée près des cabanes, installations et/ou sites de camps non consommée, y compris les parties, produits ou déchets de volaille, doivent être enlevés ou éliminés par incinération ou par tout autre moyen équivalent qui élimine les risques pour la faune et la flore indigènes ;
- Les herbicides et pesticides sont interdits dans la zone ;
- Tout autre produit chimique, y compris les radionucléides ou isotopes stables, susceptibles d'être introduits à des fins scientifiques ou de gestion en vertu du permis, seront retirés de la zone au plus tard dès que prendront fin les activités prévues par le permis ;
- Les combustibles, produits chimiques et autres matériaux ne doivent pas être stockés dans la zone, à moins qu'un permis ne le prévoie spécifiquement, et doivent être stockés et gérés d'une façon qui limite les risques d'introduction accidentelle dans l'environnement ;
- Tout matériel est introduit dans la zone pour une période déterminée. Il en sera retiré au plus tard à la fin de ladite période ;

- Tous les matériaux seront entreposés et manipulés de telle sorte que les risques posés par leur introduction dans l'environnement soient réduits au minimum ;
- Si des matériaux sont introduits qui risquent de mettre en péril les valeurs de la zone, ils ne seront enlevés que si l'impact de leur enlèvement ne sera vraisemblablement pas supérieur à celui consistant à les laisser in situ.

7(vii) Prélèvement de végétaux et capture d'animaux ou perturbations nuisibles à la faune et la flore

Tout prélèvement ou toute interférence nuisible à la flore et à la faune indigènes est interdite, sauf si un permis a été délivré à cet effet conformément à l'article 3 de l'Annexe II du Protocole au Traité sur l'Antarctique relatif à la protection de l'environnement. En cas de capture d'animaux ou d'interférence nuisible, celles-ci devront au minimum respecter le Code de conduite du SCAR pour l'utilisation d'animaux à des fins scientifiques dans l'Antarctique.

7(viii) Collecte ou retrait de matériaux qui n'ont pas été introduits dans la zone par le titulaire du permis

- Les matériaux ne peuvent être ramassés ou enlevés de la zone qu'en conformité avec un permis, mais ils doivent être limités au minimum requis pour répondre aux besoins scientifiques ou de gestion. Cela inclut des échantillons biologiques, des spécimens de roches et de sol ainsi que des objets historiques.
- Les débris d'origine humaine qui risquent de porter atteinte aux valeurs de la zone et qui n'ont pas été introduits dans la zone par le détenteur du permis ou pour lesquels aucune autre autorisation n'a été donnée, peuvent être enlevés de n'importe quelle partie de la zone à moins que l'impact de leur enlèvement ne risque d'être plus grand que si les matériaux étaient laissés *sur place.* Si tel est le cas, il convient d'en informer l'autorité compétente et d'obtenir son approbation.
- À moins qu'un permis ne l'autorise spécifiquement, il est interdit aux visiteurs de toucher aux objets historiques qui se trouvent à l'intérieur de la zone ou de les manipuler, de les prendre ou de les endommager. Il convient de notifier l'autorité nationale compétente de tout nouvel objet qui aurait été observé. La réinstallation ou l'enlèvement d'objets à des fins de préservation, de protection ou de rétablissement de l'exactitude historique est autorisée sur délivrance d'un permis.

7(ix) Élimination des déchets

Tous les déchets, y compris les déchets humains, seront enlevés de la zone.

7(x) Mesures nécessaires pour que les buts et objectifs du plan de gestion continuent d'être atteints

Des permis peuvent être délivrés pour avoir accès à la zone afin de :

1) Mener des activités de suivi biologique et d'inspection de la zone, qui peuvent inclure le prélèvement d'un petit nombre d'échantillons ou de données à des fins d'analyses ou d'audit ;
2) Pour installer ou entretenir des panneaux indicateurs, des bornes, des structures ou tout dispositif scientifique ou logistique essentiel ;
3) Pour prendre des mesures de protection ;
4) Pour mener des activités de recherche ou de gestion qui n'interfèrent pas avec les activités de recherche ou de gestion à long-terme et qui ne fassent pas double-emploi. Les personnes prévoyant de nouveaux projets à l'intérieur de la zone doivent consulter les programmes en place à l'intérieur de la zone, comme ceux des États-Unis ou de la Nouvelle-Zélande, avant de débuter leurs travaux.

7(xi) Rapports de visites

- Pour chaque visite effectuée dans la zone, le principal titulaire du permis soumettra un rapport à l'autorité nationale compétente après la fin de ladite visite, conformément aux procédures nationales et aux critères de délivrance des permis.
- Ces rapports doivent contenir, le cas échéant, les catégories d'informations mentionnées dans le formulaire de rapport de visite repris dans le Guide pour l'élaboration des plans de gestion des zones spécialement protégées de l'Antarctique (Résolution 2 [2011]). Le cas échéant, l'autorité nationale doit également transmettre une copie du rapport de visite aux Parties qui sont à l'origine du plan de gestion, afin de les aider à gérer la zone et à réviser le plan de gestion ;
- Dans la mesure du possible, les Parties sont tenues de déposer les originaux ou les copies de ces rapports de visite originels dans un lieu d'archivage accessible au public, en vue d'un réexamen du plan de gestion et de l'organisation scientifique de la zone.
- L'autorité compétente devra être notifiée de toutes les activités entreprises, de toutes les mesures prises à titre exceptionnel et de tous les matériaux utilisés et non enlevés qui n'étaient pas inclus dans le permis délivré.

8. Support documentaire

Ainley, D.G. 2002. The Adélie penguin: bellwether of climate change. Columbia University Press, New York.

Ainley, D.G. 2014. Hatching eggs. Data from graph showing Adélie penguin breeding pairs at Cape Royds 1996-2007, accessed Feb 2014 at http://icestories.exploratorium.edu/dispatches/hatching-eggs/.

Ainley, D.G., Ballard, G., Ackley, S., Blight, L.K., Eastman, J.T., Emslie, S.D., Lescroël, A., Olmastroni, S., Townsend, S.E., Tynan, C.T., Wilson, P. & Woehler, E. 2007. Paradigm lost, or is top-down forcing no longer significant in the Antarctic marine ecosystem? *Antarctic Science* **19**(3): 283–290.

Ainley, D.G., Ballard, G., Barton, K.J. & Karl, B.J. 2003. Spatial and temporal variation of diet within a presumed metapopulation of Adélie penguins. *Condor* **105**: 95–106.

Ainley, D.G., Clarke, E.D., Arrigo, K., Fraser, W.R., Kato, A., Barton, K.J. & Wilson, P.R. 2005. Decadal-scale changes in the climate and biota of the Pacific sector of the Southern Ocean, 1950s to the 1990s. *Antarctic Science* **17**: 171–82.

Ainley, D.G., Morrell, S.H. & Wood R. C. 1986. South polar skua breeding colonies in the Ross Sea region, Antarctica. *Notornis* **33**(3): 155–63.

Ainley, D.G., Ribic, C.A., Ballard, G., Heath, S., Gaffney, I., Karl, B.J., Barton, K.J., Wilson, P.R. & Webb, S. 2004. Geographic structure of Adélie penguin populations: overlap in colony-specific foraging areas. *Ecological Monographs* **74**(1):159–78.

Ainley, D.G., Russell, J., Jenouvrier, S., Woehler, E., Lyver, P. O'B., Fraser, W.R. & Kooyman, G.L. 2010. Antarctic penguin response to habitat change as earth's troposphere reaches 2°c above pre-industrial levels. *Ecological Monographs* **80**: 49-66.

Arrigo, K. R., van Dijken, G.L., Ainley, D.G., Fahnestock, M.A. & Markus, T. 2002. Ecological impact of a large Antarctic iceberg. *Geophysical Research Letters* **29**(7): 1104.

Barry, J. 1988. Hydrographic patterns in McMurdo Sound, Antarctica and their relationship to local benthic communities. *Polar Biology* **8**: 377–91.

Barry, J.P. & Dayton, P.K. 1988. Current patterns in McMurdo Sound, Antarctica and their relationship to local biotic communities. *Polar Biology* **8**:367-76.

Barry, J.P., Grebmeier, J., Smith, J. & Dunbar, R.B. 2003. Bathymetric versus oceanographic control of benthic megafaunal patterns in the Ross Sea, Antarctica. Antarctic Research Series **78**: 327-54.

Blackburn, N., Taylor, R.H. & Wilson, P.R. 1991. An interpretation of the growth of the Adelie penguin rookery at Cape Royds, 1955-1990.New Zealand Journal of Ecology **15**(2): 117-21.

Broady PA 1987. Protection of terrestrial plants and animals in the Ross Sea regions, Antarctica. *New Zealand Antarctic Record* **8** (1): 18-41.

Broady PA 1989a. Broadscale patterns in the distribution of aquatic and terrestrial vegetation at three ice-free regions on Ross Island, Antarctica. In Vincent, W. & Ellis-Evans, C. (eds) *High latitude limnology*. Kluwer, Dordrecht. *Developments in Hydrobiology* **49**: 77-95.

Broady PA 1989b. The distribution of *Prasiola calophylla* (Carmich.)Menegh. (Chlorophyta) in Antarctic freshwater and terrestrial habitats. *Antarctic Science* **1** (2): 109-18.

Brown, A., McKnight, D.M., Chin, Y.P., Roberts, E.C. & Uhle, M. 2004. Chemical characterization of dissolved organic material in Pony Lake, a saline coastal pond in Antarctica. *Marine Chemistry* **89** (1-4): 327-37.

Buckley, B.A. 2013. Rapid change in shallow water fish species composition in an historically stable Antarctic environment. *Antarctic Science* **25**(5), 676–680 doi:10.1017/S0954102013000114

CEP (Committee for Environmental Protection). 2019. Non-Native Species Manual: Revision 2019. Secretariat of the Antarctic Treaty, Buenos Aires.

Cowan, D.A. & Casanueva, A. 2007. Stability of ATP in Antarctic mineral soils. *Polar Biology* **30** (12): 1599-1603.

Dugger, K.M., Ballard, G., Ainley, D.G., Lyver, P.O'B. & Schine, C. 2014. Adélie penguins coping with environmental change: results from a natural experiment at the edge of their breeding range. *Frontiers in Ecology and Evolution* **2**: 68. doi: 10.3389/fevo.2014.00068.

Ford, R.G., Ainley, D.G., Lescroël, A., Lyver, P.O'B., Toniolo, V. & Ballard, G. 2015. Testing assumptions of central place foraging theory: a study of Adélie penguins *Pygoscelis adeliae* in the Ross Sea. *Journal of Avian Biology* **46**: 193-205. doi: 10.1111/jav.00491

Jacobs, S.S., Amos, A.F. &. Bruchhausen, P.M. 1970. Ross Sea oceanography and Antarctic bottom water formation. *Deep-Sea Research* **17**: 935–62.

LaRue, M.A., Ainley, D.G., Swanson, M., Dugger, K.M., Lyver, P.O., Barton K. & Ballard, G. 2013. Climate change winners: receding ice fields facilitate colony expansion and altered dynamics in an Adélie Penguin metapopulation. PLoS ONE 8(4): e60568. doi:10.1371/journal.pone 0060568

Lyver, P.O'B., M. Barron, K.J. Barton, D.G. Ainley, A. Pollard, S. Gordon, S. McNeill, G. Ballard, and P.R. Wilson. 2014. Trends in the breeding population of Adélie penguins in the Ross Sea, 1981–2012: a coincidence of climate and resource extraction effects. *PLOS ONE* **9** (3): e91188. https://doi.org/10.1371/journal.pone.0091188

Martin, L. 1991. Cumulative environmental change: case study of Cape Royds, Antarctica. Unpublished M.Sc. thesis, University of Auckland.

Porazinska, D.L., Wall, D.H. &Virginia R.A. 2002. Invertebrates in ornithogenic soils on Ross Island, Antarctica. *Polar Biology* **25** (8): 569-74.

Saenz, B.L., Ainley, D.G., Daly, K.L., Ballard, G., Conlisk, E., Elrod, M.L. & Kim, S.L. In press. Predation structuring of an Antarctic marginal-ice-zone food web. *Scientific Reports*.

Sladen, W.J.L. & Leresche, R.E. 1970. New and developing techniques in Antarctic ornithology. In Holdgate, W.M. (ed) *Antarctic ecology I*. Academic Press, London: 585-96.

Stonehouse, B. 1963. Observations on Adélie penguins (*Pygoscelis adeliae*) at Cape Royds, Antarctica. *Proceedings XIIIth International Ornithological Congress, 1963:* 766-79.

Stonehouse, B. 1965. Counting Antarctic animals. *New Scientist* (July 29): 273-76.

Taylor, R.H. & Wilson, P.R. 1990. Recent increase and southern expansion of Adelie penguin populations in the Ross Sea, Antarctica, related to climatic warming. *New Zealand Journal of Ecology* **14**: 25-29.

Taylor, R.H., Wilson, P.R. & Thomas, B.W. 1990. Status and trends of Adélie penguin populations in the Ross Sea region. *Polar Record* **26** (159): 293-304.

Thomson, R.B. 1977. Effects of human disturbance on an Adélie penguin rookery and measures of control. In Llano, G.A. (ed) *Adaptations within Antarctic ecosystems. Proceedings of the Third SCAR Symposium on Antarctic Biology*. Smithsonian Institution, Washington, DC: 1177-80.

West, W. & West, G.S. 1911. Freshwater algae. *Reports on the scientific investigations: Biology, by the British Antarctic Expedition 1907-1909* **1**: 263-298; Plates 24-26.

Wilson, P.R., Ainley, D.G., Nur, N. Jacobs, S.S., Barton, K.J.., Ballard, G. & Comiso, J.C., 2001. Adélie penguin population change in the Pacific sector of Antarctica: relation to sea-ice extent and the Antarctic Circumpolar Current. *Marine Ecology Progress Series* **213**: 301-09.

Wilson, D.J., Lyver P. O'B., Greene, T.C., Whitehead, A.L., Dugger, K.M., Karl, B.J., Barringer, J.R.F., McGarry, R., Pollard A.M. & Ainley, D.G. 2016. South Polar Skua breeding populations

in the Ross Sea assessed from demonstrated relationship with Adélie Penguin numbers. *Polar Biology* doi 10.1007/s00300-016-1980-4.
Woehler, E.J. (ed) 1993. *The distribution and abundance of Antarctic and subantarctic penguins*. SCAR, Cambridge.
Young, E.C. 1962a. The breeding behaviour of the south polar skua *Catharacta maccormicki*. *Ibis* **105** (2): 203–33.
Young, E.C. 1962b. Feeding habits of the south polar skua *Catharacta maccormicki*. *Ibis* **105** (3): 301–18.

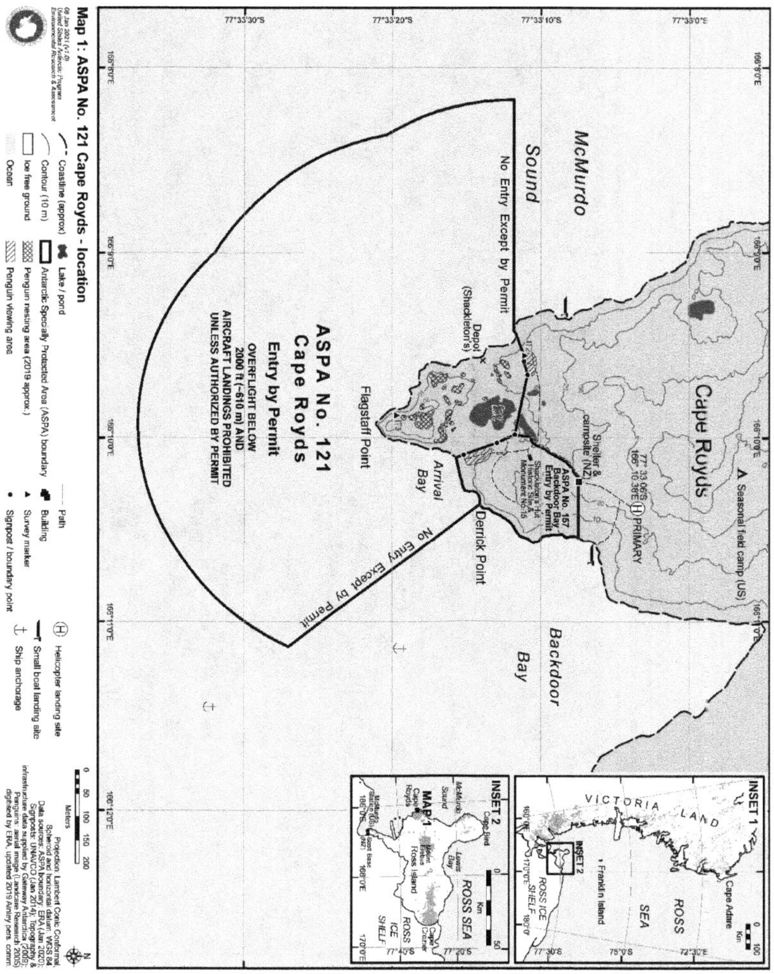
Map 1: ASPA No. 121 Cape Royds - location
McMurdo Sound
Cape Royds
Backdoor Bay
ASPA No. 121 Cape Royds Entry by Permit
OVERFLIGHT BELOW 2000 ft (~610 m) AND AIRCRAFT LANDINGS PROHIBITED UNLESS AUTHORIZED BY PERMIT
No Entry Except by Permit
ASPA No. 157 Backdoor Bay Entry by Permit
Flagstaff Point
Arrival Bay
Derrick Point
Depot (Shackleton's)
Shelter & campsite (NZ)
Seasonal field camp (US)
PRIMARY
INSET 1
INSET 2
VICTORIA LAND
ROSS SEA
ROSS ICE SHELF
Cape Adare
Franklin Island
Ross Island
Coastline (approx)
Contour (10 m)
Ice free ground
Ocean
Lake / pond
Antarctic Specially Protected Area (ASPA) boundary
Penguin nesting area (2019 approx.)
Penguin viewing area
Path
Building
Survey marker
Signpost / boundary point
Helicopter landing site
Small boat landing site
Ship anchorage
Meters

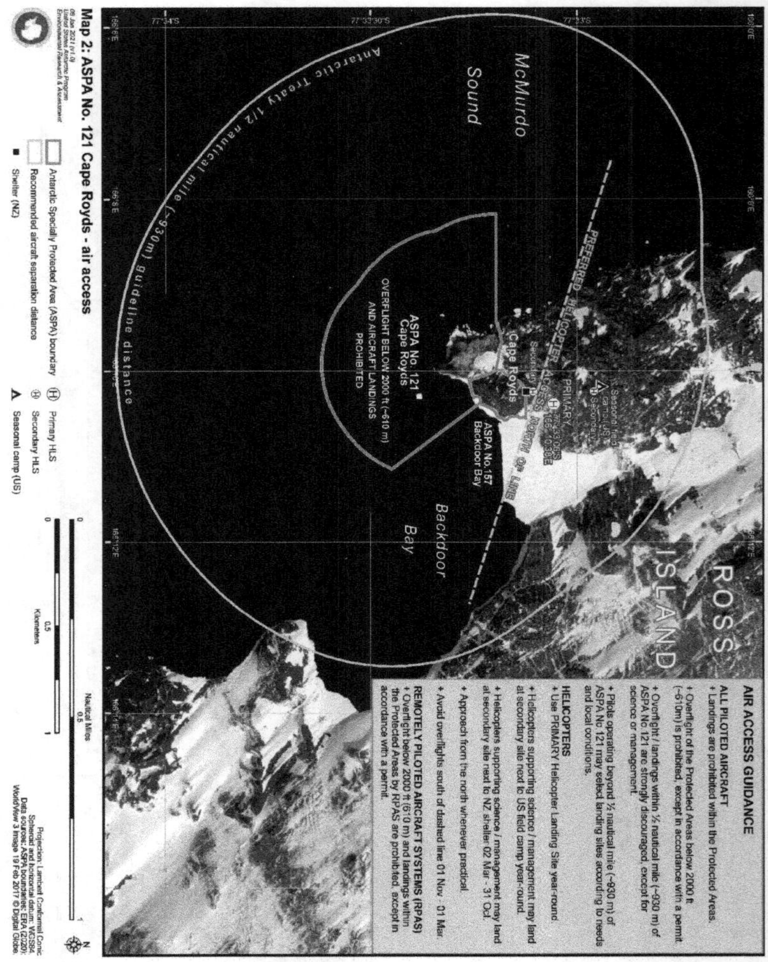

Map 2: ASPA No. 121 Cape Royds - air access

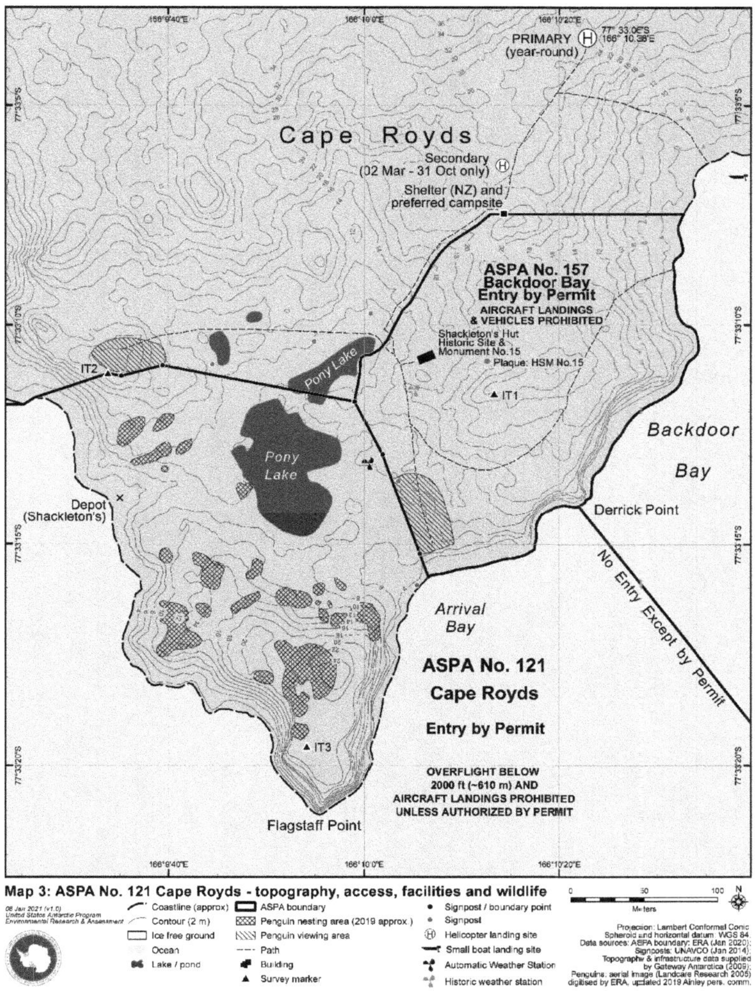

Map 3: ASPA No. 121 Cape Royds - topography, access, facilities and wildlife

Plan de gestion pour

la zone spécialement protégée de l'Antarctique (ZSPA) n° 131

GLACIER CANADA, LAC FRYXELL, VALLÉE DE TAYLOR, TERRE VICTORIA

1. Description des valeurs à protéger

Une superficie d'environ 1 km^2 entre le côté est du glacier Canada et le lac Fryxell a été initialement désigné dans la Recommandation XIII-8 (1985) comme SISP n °12 après une proposition de la Nouvelle-Zélande au motif qu'il contient certaines des plantes les plus riches (bryophytes et algues) dans les vallées sèches de McMurdo. La zone est principalement désignée pour protéger les valeurs de recherche écologique et scientifique du site.

Les limites de la zone ont été augmentées par la Mesure 3 (1997) pour inclure les zones biologiquement riches qui étaient auparavant exclues. Cette zone a été rebaptisée, au titre la Décision 1 (2002), zone spécialement protégée de l'Antarctique (ZSPA) n° 131 et un plan de gestion révisé a été adopté au titre de la Mesure 1 (2006), de la Mesure 6 (2011) et de la Mesure 6 (2016).

Les valeurs écologiques de la zone proviennent des riches communautés végétales que l'on trouve principalement dans une zone humide (appelée « la chasse d'eau ») près du glacier dans la partie centrale de la zone. La zone comprend un sol sans glace en pente avec des étangs d'été et de petits ruisseaux d'eau de fonte s'écoulant du glacier Canada vers le lac Fryxell. La composition et la répartition des communautés de mousse, de lichen, de cyanobactéries, de bactéries et d'algues dans la zone sont étroitement corrélées au régime hydrique. Ainsi, l'hydrologie et la qualité de l'eau sont des contributeurs importants aux valeurs écologiques du site.

La zone a été bien étudiée et documentée, ce qui accroît sa valeur pour la recherche scientifique. Les communautés végétales, en particulier les bryophytes, sont vulnérables aux perturbations par piétinement et échantillonnage. Les zones endommagées peuvent être lentes à récupérer. Des sites endommagés à des moments connus dans le passé ont été identifiés, ce qui est précieux en ce sens qu'ils constituent l'une des rares zones des vallées sèches de McMurdo où les effets à long terme des perturbations et les taux de rétablissement peuvent être mesurés.

La zone revêt une importance régionale et demeure d'une valeur scientifique exceptionnelle pour les études écologiques. La pression croissante des activités scientifiques, logistiques et touristiques dans la région, associée à la vulnérabilité de la zone aux perturbations dues au piétinement, à l'échantillonnage, à la pollution ou à l'introduction d'espèces non indigènes, signifie que les valeurs de la zone nécessitent une protection continue.

2. Buts et objectifs

La gestion du glacier Canada vise à :

- éviter toute détérioration ou tout risque de détérioration des valeurs de la Zone en empêchant toute perturbation humaine inutile de la zone, y compris le suréchantillonnage ;
- permettre d'autres travaux de recherche scientifique dans la zone pour autant que ces travaux soient indispensables et ne puissent pas être menés ailleurs ;
- éviter ou minimiser l'introduction de plantes, d'animaux et de microbes non indigènes dans la zone ; et
- permettre des visites à des fins de gestion à l'appui des objectifs du plan de gestion.

3. Activités de gestion

Les activités de gestion suivantes devront être entreprises pour protéger les valeurs de la Zone :

- Des copies de ce plan de gestion, y compris des cartes de la zone, seront mises à disposition dans les stations de recherche opérationnelle adjacentes et dans toutes les cabanes de recherche situées dans la vallée de Taylor qui se trouvent à moins de 20 km de la zone.
- Des cairns rocheux ou des panneaux indiquant l'emplacement et les limites, avec des déclarations claires de restrictions d'entrée, doivent être placés à des endroits appropriés sur les limites de la zone pour aider à éviter toute entrée par inadvertance.
- Les bornes, panneaux et autres structures érigés à l'intérieur de la Zone à des fins scientifiques ou de gestion seront correctement fixés, maintenus en bon état et enlevés lorsqu'ils ne seront plus nécessaires.
- Des visites seront effectuées selon les besoins (au moins une fois tous les cinq ans) pour s'assurer que la zone répond toujours aux buts pour lesquels elle a été désignée et pour s'assurer que les activités de gestion sont appropriées;
- les programmes antarctiques nationaux opérant dans la région devront se consulter pour veiller à l'exécution des activités de gestion susmentionnées.

4. Durée de la désignation

La Zone est désignée pour une durée indéterminée.

5. Cartes

Carte 1 : ZSPA 131 Glacier Canada : Carte régionale.

Carte 2 : ZSPA 131 Glacier Canada : Zone d'accès d'hélicoptère.

Carte 3 : ZSPA 131 Glacier Canada : Carte de densité de la végétation.

Spécifications de la carte : Projection - Conique conforme de Lambert. Parallèles standard - 1er 77° 35' 00" S ; 2ème 77 ° 38' 00"S. Méridien central - 163 ° 00 '00 "E. Latitude d'origine - 78° 00' 00" S. Sphéroïde - WGS84. Les contours sont dérivés de la combinaison d'images orthophotographiques et Landsat. Les zones précises de sol humide associées à la chasse d'eau sont sujettes à des variations saisonnières et interannuelles.

6. Description de la Zone

6(i) Coordonnées géographiques, bornage et caractéristiques du milieu naturel

Le glacier Canada est situé dans la vallée de Taylor, dans les vallées sèches de McMurdo. La zone désignée englobe la majeure partie de la zone de front glaciaire du côté est du glacier inférieur du Canada, sur la rive nord du lac Fryxell (77° 37' S, 163° 03' E : Carte 1). Il comprend un sol libre de glace en pente douce à modérée, à une altitude de 20 à 220 m, avec des étangs saisonniers d'eau de fonte et des ruisseaux drainant le glacier Canada dans le lac Fryxell.

La limite sud de la zone est définie comme la rive du lac Fryxell, jusqu'au bord de l'eau. Le niveau du lac monte actuellement. Cette limite s'étend au nord-est sur environ 1 km le long du rivage à partir de l'endroit où le glacier Canada rencontre le lac Fryxell (77° 37,20' S, 163° 3,64' E) jusqu'à l'angle sud-est de la limite qui est marquée par un cairn (77° 36,83 'S, 163° 4,88' E) adjacent à une petite île du lac Fryxell. L'île faisait autrefois partie d'une petite péninsule s'étendant dans le lac Fryxell, mais l'élévation du niveau du lac en a fait une île (carte 3). La péninsule était autrefois marquée par un grand rocher fendu entouré d'un cercle de rochers, qui a servi de point de repère pour l'enquête NZ de 1985 sur le SISP original, mais qui n'est plus visible. Un poteau en bois marquant le site 7 du projet de forage de Dry Valley (1973) est toujours visible sur l'île.

Une crête morainique s'étendant vers le haut à partir du coin sud-est de la limite dans une direction nord définit la limite est de la zone. Un cairn (77° 36,68' S, 163° 4,40' E) est situé sur une butte sur cette crête à 450 m de l'angle sud-est de la frontière. La crête plonge brusquement avant de rejoindre la pente sans relief du mur principal de la vallée Taylor. Le coin nord-est de la zone se trouve dans ce pendage et est marqué par un cairn (77° 36,43' S, 163° 3,73' E).

À partir de la limite nord-est du cairn, la limite nord s'incline doucement vers le haut et vers l'ouest sur 1,7 km jusqu'au glacier Canada, jusqu'au point où le ruisseau s'écoule du glacier et du champ de neige, à travers une brèche remarquablement étroite dans la moraine (77° 36,42' S, 162° 59,69' E).

La limite ouest suit le bord du glacier sur environ 1 km, en descendant une pente de moraine latérale de pente assez uniforme jusqu'au coin sud-ouest de la limite où le glacier rencontre la rive du lac (77° 37,20' S, 163° 3,64' E).

La zone de chasse du Glacier Canada est considérée comme la plus grande zone de végétation à haute densité des vallées sèches de McMurdo (carte 3). Le débit d'eau estival, en conjonction avec la microtopographie, a la plus grande influence pour déterminer où poussent les mousses, les lichens, les cyanobactéries, les bactéries et les algues. La face du glacier offre également une protection contre les vents destructeurs qui pourraient chasser les mousses à l'état lyophilisé et contre l'abrasion de la poussière portée par le vent.

La chasse d'eau est située près du bord du glacier. Il y a deux zones de végétation principales, séparées au nord et au sud par un petit étang peu profond (carte 3). La zone de rinçage est en pente douce et très humide en été avec des zones de sol humide, de nombreux petits étangs et des ruisseaux. Les pentes au-dessus de cette zone sont plus sèches, mais la végétation colonise plusieurs petits canaux de cours d'eau qui s'étendent parallèlement au glacier depuis la limite supérieure de la zone jusqu'à la chasse d'eau. Les moraines ondulantes favorisent l'accumulation de plaques de neige persistantes sur cette pente, ce qui peut également fournir de l'humidité pour la croissance des plantes. Les chenaux des cours d'eau et la végétation associée deviennent moins évidents avec l'éloignement du glacier (carte 3). Ces pentes et la chasse d'eau centrale sont drainées vers le sud-est par le ruisseau Canada. Avant 1983, le ruisseau Canada était officieusement connu sous le nom de ruisseau Fryxell.

Quatre espèces de mousse ont été identifiées dans la zone de chasse d'eau : *Bryum argenteum* (précédemment dénommé *Bryum subrotundifolium)* et *Hennediella heimii* (anciennement dénommé *Pottia heimii*, dominent, avec de rares occurrences de *Bryum pseudotriquetrum* et *Syntrichia sarconeurum* (anciennement connu sous le nom de *Sarconeurum glaciale*). *B. argenteum* se trouve principalement dans les zones d'eau courante et d'infiltration. Là où l'eau coule, une forte proportion de cette mousse est associée à des communautés épiphytes de *Nostoc*. Vers les bords des zones d'eau courante ou sur un terrain plus élevé, *Hennediella heimii* domine. Les sporophytes de *Hennediella heimii* sont trouvés à cet endroit et peuvent être l'un des lieux de fructification les plus au sud enregistrés pour une mousse.

La croissance des lichens dans la zone est peu visible, mais on peut trouver les lichens épilithiques *vorticosa, Sarcogyne privigna, Lecanora expectans, Rhizoplaca melanophthalma* et *Caloplaca citrina* dans une petite zone près de la sortie de l'étang près du glacier Canada. Des lichens chasmoendolithiques sont également présents dans de nombreux blocs rocheux de la zone de chasse d'eau.

Plus de 37 espèces d'algues d'eau douce et de cyanobactéries ont été décrites sur le site. La partie supérieure du ruisseau Canada semble superficiellement clairsemée, mais des communautés encroûtantes dominées par des cyanobactéries poussent sur les côtés et le dessous des pierres et des rochers. La cyanobactérie *Chamaesiphon subglobosus* et une espèce d'algue verte *Prasiola*, identifiée à l'origine comme *P. calophylla* mais érigée par la suite en une nouvelle espèce, *P. glacialis*, ont été observées uniquement dans cette partie supérieure du cours d'eau. *Prasiola glacialis,* poussant en rubans verts denses sous des pierres dans le ruisseau, n'est généralement apparente que lorsque les pierres sont renversées. Les tapis de cyanobactéries, comprenant un assemblage diversifié d'espèces (dont *Oscillatoria, Pseudanabaena, Leptolyngbya Phormidium, Gloeocapsa, Calothrix* et *Nostoc*), et les bactéries hétérotrophes sont étendus dans les tronçons moyen et inférieur du cours d'eau et plus diversifiés que ceux du cours d'eau supérieur. Les colonies mucilagineuses de *Nostoc commune* dominent les eaux stagnantes dans la zone centrale et poussent de manière épiphyte sur les mousses dans les marges humides des cours d'eau, tandis que les tapis de cyanobactéries recouvrent une grande partie des fines particules minérales et des graviers dans les sections courantes. L'algue verte filamenteuse *Binuclearia* est trouvée en train de ruisseler dans le courant au milieu du cours d'eau. La composition florale du cours inférieur est similaire à celle du cours supérieur, bien que les algues *Tribonema elegans* et *Binuclearia* aient été signalées comme étant abondantes, mais *Prasiola glacialis* est absente. Le *Tribonema elegans* est rarement rencontré dans cette région de l'Antarctique.

Des invertébrés de six phylums ont été décrits dans la zone : les trois groupes principaux sont les Rotifera, les Nematoda et les Tardigrada, avec des protozoaires, des Platyhelminthes et des Arthropodes également présents. Aucun Collembola n'a été signalé dans la zone, mais certains ont été trouvés à proximité, en dehors de la zone.

La végétation de la chasse d'eau du Canada a été décrite comme abondante mais peu diversifiée, comparée à d'autres sites riches sur le plan botanique en Antarctique. Cela peut être imputable au moins en partie à la nature oligotrophique du site. L'eau qui coule dans le ruisseau est similaire à la fonte des glaces glaciaires, avec une conductivité en décembre 2014 de près de 35,32 $\mu S\ cm^{-1}$ du point où il a quitté le glacier jusqu'au delta où il pénètre dans le lac. La prévalence des cyanobactéries fixatrices d'azote (*espèces Nostoc* et *Calothrix*) renforce l'idée d'un faible statut nutritif.

Le glacier Canada est situé dans l'Environnement S – Géologique de McMurdo, Terre - South Victoria, selon l'Analyse des domaines environnementaux du continent antarctique (Résolution 3, 2008) et dans la Région 9 – Terre Victoria du Sud, selon le système des Régions de conservation biogéographiques de l'Antarctique (Résolution 6, 2012).

Des preuves d'activités humaines passées sont visibles dans la zone. On trouvera probablement des indices d'activité humaine passée dans les sols adjacents à la cabane et au site d'atterrissage des hélicoptères originaires de Nouvelle-Zélande. Ceux-ci peuvent se présenter sous la forme de zones localisées de résidus pétrochimiques et d'éléments nutritifs du sol. Dans la zone de chasse, les dommages à la végétation, y compris les chemins et les empreintes de pas et les sites de prélèvement expérimental d'échantillons de carottes et de touffes plus grosses des pelouses de mousse sont visibles. Bon nombre d'anciens marqueurs sont également présents dans la zone de chasse.

Une serre en plastique a été érigée dans la zone près de la chasse d'eau de 1979 à 1983 pour la recherche et la croissance expérimentale de légumes de jardin. La structure a été enlevée à la fin de chaque saison jusqu'en 1983, date à laquelle elle a été utilisée pour l'entreposage de l'équipement pendant l'hiver. La structure. a été détruite par une tempête cet hiver-là. Les vestiges de la serre trouvés dans la zone ont depuis été enlevés.

Près de la zone de chasse d'eau, le premier site de la cabane néo-zélandaise au glacier Canada consistait en des sentiers balisés par des lignes de roches, des zones dégagées pour être utilisées comme campings, une ancienne piste d'hélicoptère et plusieurs structures rocheuses basses. Une série d'au moins quatre fosses peu profondes (environ 1 m de profondeur) ont également été creusées à proximité du site. Ce site a été déplacé vers un deuxième site en 1989 et le premier site de cabane a été assaini. Le deuxième site de cabane comprenait deux petits bâtiments, plusieurs nouveaux terrains de camping et une aire d'hélicoptère. Les bâtiments ont été complètement enlevés au cours de la saison 1995–96. La piste d'hélicoptère demeure et constitue le seul site d'atterrissage d'hélicoptères dans la zone. La zone de camping a été supprimée en 2021, cependant, les sentiers balisés par des lignes de roches et les zones précédemment utilisées comme campings sont toujours présents.

Un déversoir est présent sur le ruisseau Canada (voir la section 6(iii)). Les données hydrologiques recueillies à partir de ce ruisseau mesuraient le débit moyen de rejet du ruisseau Canada lorsqu'il coulait à 22,13 L / s [min = 0,0 L / s et max = 395,76 L / s] de novembre 2014 à février 2015. La température moyenne de l'eau pendant cette période était de 1,99 °C [min = -1,1 °C et max = 11,34 °C] (http://www.mcmlter.org/).

Un sentier partant de la zone des installations du camp du lac Fryxell est situé entre la rive du lac et le déversoir du ruisseau Canada (cartes 2, 3). Un autre chemin existe entre le site d'atterrissage de l'hélicoptère désigné et le bord du glacier Canada, traversant une zone humide de végétation, mais il n'est pas indiqué sur la carte. Une route d'accès est également située entre la zone des installations du camp du lac Hoare et la zone des installations du camp du lac Fryxell, juste au-dessus de la limite nord (cartes 1, 2 et 3).

6(ii) Zones spéciales à l'intérieur de la zone

Aucune.

6(iii) Emplacement de structures à l'intérieur et à proximité de la Zone

Un déversoir rocheux a été construit dans la partie rétrécie du ruisseau Canada pendant la saison 1981-1982 et a été entièrement enlevé à la fin de la saison. En 1990, un déversoir plus important et un canal Parshall de 9 pouces ont été installés à proximité (carte 3). Le canal est en fibre de verre noire. Le déversoir est constitué de sacs de sable en polyester remplis d'alluvions près du chenal du ruisseau. Les zones perturbées pendant la construction ont été restaurées et, après une saison, elles n'étaient pas évidentes. Le côté amont du déversoir est doublé de nylon enduit de vinyle. Une encoche a été aménagée dans le déversoir pour le soulagement en cas de débit élevé. Le déneigement saisonnier du chenal a été nécessaire pour empêcher l'eau de remonter au déversoir. L'instrumentation d'enregistrement des données et les batteries sont stockées dans une caisse en contreplaqué située à proximité du côté nord du ruisseau. Le déversoir est entretenu par le projet de recherche écologique à long terme des vallées sèches de McMurdo.

Trois cairns marquent les limites de la zone.

La zone des installations du camp du lac Fryxell (États-Unis) est située à 1,5 km à l'est de la zone (20 m au dessus du niveau de la mer) à mi-chemin le long du lac Fryxell sur le côté nord du lac. La zone d'installations du camp F6 (États-Unis) est située à environ 10 km à l'est de la zone, du côté sud du lac Fryxell. La zone des installations du camp du lac Hoare (États-Unis) est située à 3 km à l'ouest de la zone (65 m d'altitude) sur le côté ouest du glacier Canada, à la base du glacier du côté nord du lac Hoare. La zone d'accueil de la vallée Taylor est située au sud de la zone, au terminus du glacier Canada (carte 1).

6(iv) Emplacement d'autres zones protégées à proximité directe de la Zone

Les zones protégées les plus proches du glacier Canada sont :

- Glacier inférieur Taylor et Blood Falls, vallée Taylor, vallée sèche McMurdo (ZSPA n °172) à environ 23 km à l'ouest dans la vallée Taylor ;
- Terrasse Linnaeus, chaîne Asgard (ZSPA n° 138) à environ 47 km à l'ouest dans la vallée Wright ; et
- Vallées Barwick et Balham, terres du sud de Victoria (ZSPA n° 123) à environ 50 km au nord-ouest (carte 1, encadré).

7. Critères de délivrance des permis d'accès

L'accès à la Zone est interdit sauf si un permis a été délivré par une autorité nationale compétente. Les critères de délivrance de permis d'accès à la Zone sont les suivants :

- un permis est délivré pour des raisons scientifiques indispensables qu'il est impossible de satisfaire ailleurs ou pour des raisons de gestion essentielles à la Zone ;
- les actions autorisées ne mettront pas en péril les valeurs écologiques ou la valeur pour la recherche scientifique de la zone ;
- L'accès à toute zone marquée comme possédant une densité de végétation supérieure à 21 % (carte 3) et à toute zone à moins de 5 mètres des cours d'eau doit être soigneusement étudié et des conditions spéciales d'accès à ces zones doivent être jointes au permis ;
- toutes les activités de gestion soutiennent les objectifs du plan de gestion ;
- les actions autorisées sont conformes au plan de gestion ;
- le permis ou une copie certifiée conforme sera apportée dans la zone ;
- un rapport de visite devra être soumis à l'autorité désignée dans le permis ; et
- le permis sera délivré pour une durée donnée.

7(i) Accès à la zone et déplacements à l'intérieur de celle-ci

L'accès à la zone se fera principalement à pied. L'accès par hélicoptère doit être uniquement pour des raisons scientifiques ou de gestion essentielles et spécifiquement autorisé par un permis. L'accès à la Zone est interdit aux véhicules terrestres et les déplacements doivent se faire exclusivement à pied.

Les piétons qui montent ou descendent la vallée ne doivent pas entrer dans la zone sans permis. Les visiteurs autorisés à pénétrer dans la zone sont encouragés à suivre les sentiers établis dans la mesure du possible. Les visiteurs doivent éviter de marcher sur la végétation visible, sèche ou humide, ou à travers les lits des cours d'eau. Des précautions doivent être prises lors de la marche dans des zones de sol humide, où la circulation piétonnière peut facilement endommager les sols sensibles, les communautés végétales, algales et bactériennes, et dégrader la qualité de l'eau : marchez autour de ces zones, sur la glace ou sur un sol rocheux, et marchez sur des pierres plus grosses lorsque la traversée de cours d'eau est inévitable. Des précautions doivent également être prises autour de la végétation incrustée de sel dans les zones plus sèches, qui peuvent être peu visibles. Les déplacements à pied doivent être réduits au minimum nécessaire pour atteindre les objectifs des activités autorisées et tout doit être mis en œuvre pour en minimiser les effets.

Par défaut, les hélicoptères doivent atterrir sur les sites d'atterrissage existants dans les zones d'installations à proximité (lac Hoare et lac Fryxell). L'accès à la Zone par hélicoptère est exceptionnel et ne peut se faire que si le Permis l'autorise expressément. Les hélicoptères doivent atterrir uniquement sur le site d'atterrissage désigné (163° 02.88' E, 77° 36.97' S : carte 2). Les pilotes doivent suivre la zone d'accès des hélicoptères pour accéder au site d'atterrissage désigné (carte 2). Le survol de la zone au-dessous de 300 pieds (environ 100 m) est interdit. Les exceptions à ces restrictions ne seront accordées qu'à des fins scientifiques ou de gestion exceptionnelles et doivent être spécifiquement autorisées par le permis. L'utilisation de grenades fumigènes pour hélicoptères dans la zone est interdite à moins que cela ne soit absolument nécessaire pour la sécurité, et celles-ci doivent être récupérées.

Il est interdit aux pilotes, aux équipages aériens et aux autres passagers de se déplacer à pied au-delà du voisinage immédiat du site d'atterrissage lors d'un événement d'atterrissage. Seul le personnel autorisé par le permis peut le faire.

7(ii) Activités pouvant être menées à l'intérieur de la Zone

- Recherche scientifique qui ne peut être servie ailleurs et qui ne mettra pas en péril l'écosystème de la zone ;
- activités de gestion essentielles, y compris la surveillance et l'inspection.

Compte tenu de l'importance du régime hydrique pour l'écosystème, des activités devraient être menées de manière à minimiser les perturbations des cours d'eau et de la qualité de l'eau. Les activités se déroulant à l'extérieur de la zone (par exemple sur le glacier Canada) qui peuvent avoir le potentiel d'affecter la quantité et la qualité de l'eau doivent être planifiées et menées en tenant compte des effets possibles en aval. Ceux qui mènent des activités dans la zone doivent également être conscients de tout effet en aval dans la zone et sur le lac endorheic Fryxell.

Les activités qui perturbent la zone de chasse d'eau doivent tenir compte des faibles taux de récupération de la végétation sur ce site. Il faudrait en particulier envisager de réduire au minimum les tailles et les nombres d'échantillons requis et de mener le régime d'échantillonnage de telle sorte que le rétablissement complet de la communauté végétale soit probable.

L'utilisation de systèmes d'aéronefs télépilotés (RPAS) dans la zone est interdite sauf en conformité avec un permis. L'utilisation de RPAS dans la Zone doit respecter les Lignes directrices environnementales sur l'exploitation de systèmes d'aéronef pilotés à distance (RPAS) en Antarctique (Résolution 4 (2018)).

7(Iii) Installation, modification ou enlèvement de structures

Aucune structure ne doit être érigé dans la zone, ou équipement scientifique installé, sauf pour des raisons scientifiques ou de gestion impérieuses, comme spécifié dans un permis. Tous les marqueurs, structures ou équipements scientifiques installés dans la zone doivent être autorisés par un permis et clairement identifiés par pays, nom du chercheur principal, année d'installation et date de retrait prévu. Tous ces éléments ne doivent contenir aucun organisme, propagule (p. ex. semences, œufs) ou sol non stérile et doivent être faits de matériaux présentant un risque de pollution minime pour la Zone. L'enlèvement des structures ou des équipements spécifiques pour lesquels le permis est arrivé à expiration doit constituer une condition de délivrance du permis. Les structures ou installations permanentes sont interdites.

7(iv) Emplacement des camps

Il est interdit de camper dans la zone. Les zones d'installations proches situées en dehors de la zone devraient être utilisées comme base pour le travail dans la zone (carte 1).

7(v) Restrictions sur les matériaux et organismes pouvant être introduits dans la zone

L'introduction délibérée d'animaux, de végétaux ou de micro-organismes est interdite et les précautions visées au point 7 (ix) doivent être prises en cas d'introductions accidentelles. Aucun herbicide ou pesticide ne doit être introduit dans la zone. Tout autre produit chimique, y compris les radionucléides ou isotopes stables, susceptibles d'être introduits à des fins scientifiques ou de gestion en vertu du permis, seront retirés de la Zone au plus tard dès que prendront fin les activités prévues par le permis . aucun carburant ou autre produit chimique ne doit être stocké dans la zone. Tous les autres matériaux introduits dans la zone pour une période prédéfinie seront retirés de la zone avant ou à la date de fin de la période définie. Ils seront manipulés et entreposés de manière à minimiser le risque de leur introduction dans l'environnement.

7(vi) Prélèvement de végétaux et capture d'animaux ou perturbations nuisibles à la faune et la flore

Tout prélèvement ou intervention nuisible sur la faune et la flore , indigène est interdit, sauf pour les titulaires d'un permis distinct délivré conformément à l'Annexe II du Protocole au Traité sur l'Antarctique relatif à la protection de l'environnement. Dans le cas de prélèvements ou de perturbations nuisibles d'animaux, le Code de conduite du SCAR pour l'utilisation d'animaux à des fins scientifiques dans l'Antarctique devra être utilisé comme norme minimale.

Les matériaux ne peuvent être ramassés ou enlevés de la Zone qu'en conformité avec un permis, mais ils doivent être limités au nombre minimum d'échantillons requis pour répondre aux besoins scientifiques ou de gestion. L'échantillonnage doit être effectué à l'aide de techniques qui réduisent au minimum les perturbations dans la zone et à partir desquelles on peut s'attendre à une récupération complète de la végétation après l'échantillonnage.

7(vii) Prélèvement et enlèvement de tout matériel n'ayant pas été introduit dans la zone par le détenteur du permis

Tous les matériaux d'origine humaine qui est susceptible d'avoir un impact sur les valeurs de la zone et n'a pas été introduit par le titulaire du permis ou toute autre personne autorisée, peut être enlevé dans la mesure où cet enlèvement n'entraîne pas de conséquences plus graves que de le laisser in situ. Si tel est le cas, il convient d'en informer l'autorité compétente et d'obtenir son approbation avant le retrait des articles.

7 (viii) Élimination des déchets

Tous les déchets, y compris les déchets humains, seront évacués de la zone.

7(ix) Mesures éventuellement nécessaires pour assurer la poursuite de la réalisation des buts et objectifs du plan de gestion

Des permis peuvent être délivrés pour avoir accès à la Zone afin de :

- Mener des activités de suivi biologique et d'inspection de la zone, qui peuvent inclure le prélèvement d'un petit nombre d'échantillons ou de données à des fins d'analyses ou d'audit ;
- installer ou entretenir les panneaux, les structures ou l'équipement scientifique ;
- Pour prendre des mesures de protection ;

Tous les sites spécifiques faisant l'objet d'une surveillance à long terme doivent être correctement signalisés et inscrits sur les cartes de la Zone. L'autorité nationale compétente délivrera les positions GPS obtenues par le biais du Système Antarctic Master Directory.

Pour aider à maintenir les valeurs écologiques et scientifiques des communautés végétales présentes dans la zone, les visiteurs doivent prendre des précautions spéciales contre toute introduction. Il conviendra, en particulier, de ne pas introduire de plantes et de microbes issus des sols d'autres sites antarctiques, y compris de stations, ou provenant d'autres régions extérieures à l'Antarctique. Pour réduire au minimum le risque d'introduction, les visiteurs doivent nettoyer à fond les chaussures et tout équipement à utiliser dans la zone, en particulier l'équipement d'échantillonnage et les marqueurs avant d'entrer dans la zone.

7(x) Rapports de visites

Pour chaque visite dans la Zone, le titulaire principal du permis doit soumettre un rapport aux autorités nationales compétentes dans les meilleurs délais et au plus tard six mois après la fin de la visite. Ces rapports de visite devraient inclure, le cas échéant, les informations identifiées dans le formulaire de rapport de visite recommandé [figurant à l'appendice 4 du Guide pour la préparation des plans de gestion pour les zones spécialement protégées de l'Antarctique annexé à la Résolution 2 (1998)] [disponible sur le site Web du Secrétariat du Traité sur l'Antarctique www.ats.aq].

Le cas échéant, l'autorité nationale doit également adresser un exemplaire du rapport de visite à la Partie qui a proposé le plan de gestion, afin d'aider à la gestion de la Zone et à la révision du plan de gestion. Les Parties devraient tenir un registre de ces activités et en rendre compte dans l'échange annuel d'informations. Dans la mesure du possible, les Parties sont tenues de déposer les originaux ou les copies de ces rapports de visite originels dans un lieu d'archivage accessible au public, en vue d'un réexamen du plan de gestion et de l'organisation scientifique de la zone.

8. Bibliographie

Broady, P.A. 1982. Taxonomy and ecology of algae in a freshwater stream in Taylor Valley, Victoria Land, Antarctica. Archivs fur Hydrobiologia 32 (Supplement 63 (3), Algological Studies): 331-349.

Conovitz, P.A., McKnight, D.M., MacDonald, L.H., Fountain, A.G. and House, H.R. 1998. Hydrologic processes influencing stream flow variation in Fryxell Basin, Antarctica. Ecosystem Processes in a Polar Desert: The McMurdo Dry Valleys, Antarctica. Antarctic Research Series 72: 93-108.

Downes, M.T., HowardWilliams, C. and Vincent, W.F. 1986. Sources of organic nitrogen, phosphorus and carbon in Antarctic streams. Hydrobiologia 134: 215225.

Fortner, S.K., Lyons, W.B. and Munk, L. 2013. Diel stream geochemistry, Taylor Valley, Antarctica. Hydrological Processes 27: 394-404.

Fortner, S.K., Lyons, W.B. and Olesik, J.W. 2011. Eolian deposition of trace elements onto Taylor Valley Antarctic glaciers. Applied Geochemistry 26: 1897-1904.

Fountain, A. G., Fernandez-Diaz, J. C., Obryk, M., Levy, J., Gooseff, M., Van Horn, D. J., ... & Shrestha, R. (2017). High-resolution elevation mapping of the McMurdo Dry Valleys, Antarctica, and surrounding regions. Earth System Science Data, 9(2), 435.

Green, T.G.A., Seppelt, R.D. and Schwarz, A-M.J. 1992. Epilithic lichens on the floor of the Taylor Valley, Ross Dependency, Antarctica. Lichenologist 24(1): 57-61.

HowardWilliams, C., Priscu, J.C. and Vincent, W.F. 1989. Nitrogen dynamics in two Antarctic streams. Hydrobiologia 172: 5161.

HowardWilliams, C. and Vincent, W.F. 1989. Microbial communities in Southern Victoria Land streams I: Photosynthesis. Hydrobiologia: 172: 2738.

HowardWilliams, C., Vincent, C.L., Broady, P.A. and Vincent, W.F. 1986. Antarctic stream ecosystems: Variability in environmental properties and algal community structure. Internationale Revue der gesamten Hydrobiologie 71: 511544.

Levy, J.L., Cary, S.C., Joy, K. and Lee, C.K. 2020 Detection and community-level identification of microbial mats in the McMurdo Dry Valleys using drone-based hyperspectral reflectance imaging. Antarctic Science 32(5): 361-381. doi:10.1017/S0954102020000243

Lewis, K.J., Fountain, A.G. and Dana, G.L. 1999. How important is terminus cliff melt? A study of the Canada Glacier terminus, Taylor Valley, Antarctica. Global and Planetary Change 22(1-4): 105-115.

Lewis, K.J., Fountain, A.G. and Dana, G.L. 1998. Surface energy balance and meltwater production for a Dry Valley glacier, Taylor Valley, Antarctica. International Symposium on Antarctica and Global Change: Interactions and Impacts, Hobart, Tasmania, Australia, July 13-18, 1997. Papers. Edited by W.F. Budd, et al; Annals of glaciology, Vol.27, p.603-609. United Kingdom.

McKnight, D.M. and Tate, C.M. 1997. Canada Stream: A glacial meltwater stream in Taylor Valley, South Victoria Land, Antarctica. Journal of the North American Benthological Society 16(1): 14-17.

Pannewitz, S., Green, T.G.A., Scheiddegger, C., Schlensog, M. and Schroeter, B. 2003. Activity pattern of the moss *Hennediella heimii* (Hedw.) Zand. in the Dry Valleys, Southern Victoria Land, Antarctica during the mid-austral summer. Polar Biology 26(8): 545-551.

Seppelt, R.D. and Green, T.G.A. 1998. A bryophyte flora for Southern Victoria Land, Antarctica. New Zealand Journal of Botany 36: 617-635.

Seppelt, R.D., Green, T.G.A., Schwarz, A-M.J. and Frost, A. 1992. Extreme southern locations for moss sporophytes in Antarctica. Antarctic Science 4: 37-39.

Seppelt, R.D., Turk, R., Green, T.G.A., Moser, G., Pannewitz, S., Sancho, L.G. and Schroeter, B. 2010. Lichen and moss communities of Botany Bay, Granite Harbour, Ross Sea, Antarctica. Antarctic Science 22(6): 691-702.

Schwarz, A.-M. J., Green, J.D., Green, T.G.A. and Seppelt, R.D. 1993. Invertebrates associated with moss communities at Canada Glacier, southern Victoria Land, Antarctica. Polar Biology 13(3): 157-162.

Schwarz, A-M. J., Green, T.G.A. and Seppelt, R.D. 1992. Terrestrial vegetation at Canada Glacier, South Victoria Land, Antarctica. Polar Biology 12: 397-404.

Sjoling, S. and Cowan, D.A. 2000. Detecting human bacterial contamination in Antarctic soils. Polar Biology 23(9): 644-650.

Skotnicki, M.L., Ninham, J.A. and Selkirk, P.M. 1999. Genetic diversity and dispersal of the moss *Sarconeurum glaciale* on Ross Island, East Antarctica. Molecular Ecology 8(5): 753-762.

Strandtmann, R.W. and George, J.E. 1973. Distribution of the Antarctic mite *Stereotydeus mollis* Womersley and Strandtmann in South Victoria Land. Antarctic Journal of the USA 8:209-211.

Vandal, G.M., Mason, R.P., McKnight, D.M. and Fitzgerald, W. 1998. Mercury speciation and distribution in a polar desert lake (Lake Hoare, Antarctica) and two glacial meltwater streams. Science of the Total Environment 213(1-3): 229-237.

Vincent, W.F. and HowardWilliams, C. 1989. Microbial communities in Southern Victoria Land Streams II: The effects of low temperature. Hydrobiologia 172: 3949.

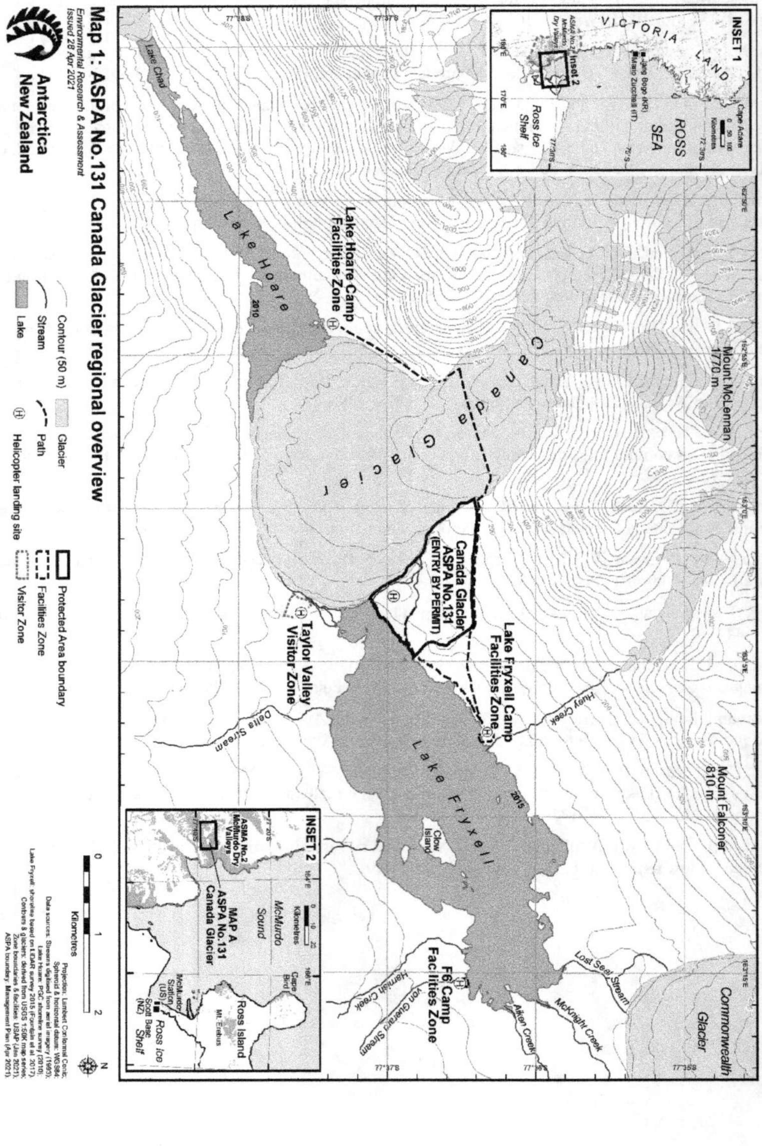
Map 1: ASPA No.131 Canada Glacier regional overview
Environmental Research & Assessment
Issued 28 Apr 2021
Antarctica New Zealand
Contour (50 m)
Stream
Lake
Glacier
Path
Helicopter landing site
Protected Area boundary
Facilities Zone
Visitor Zone
INSET 1
VICTORIA LAND
ROSS SEA
Ross Ice Shelf
Cape Adare
INSET 2
McMurdo Sound
Cape Bird
Ross Island
Mt. Erebus
McMurdo Station (US)
Scott Base (NZ)
Ross Ice Shelf
ASMA No.2 McMurdo Dry Valleys
MAP A ASPA No.131 Canada Glacier
Kilometres
Mount McLennan 1770 m
Mount Falconer 810 m
Commonwealth Glacier
Canada Glacier
Lake Hoare
Lake Chad
Lake Hoare Camp Facilities Zone
Canada Glacier ASPA No.131 (ENTRY BY PERMIT)
Lake Fryxell Camp Facilities Zone
Taylor Valley Visitor Zone
Lake Fryxell
Clow Island
F6 Camp Facilities Zone
Huey Creek
Delta Stream
Lost Seal Stream
McKnight Creek
Aiken Creek
von Guerard Stream
Harnish Creek

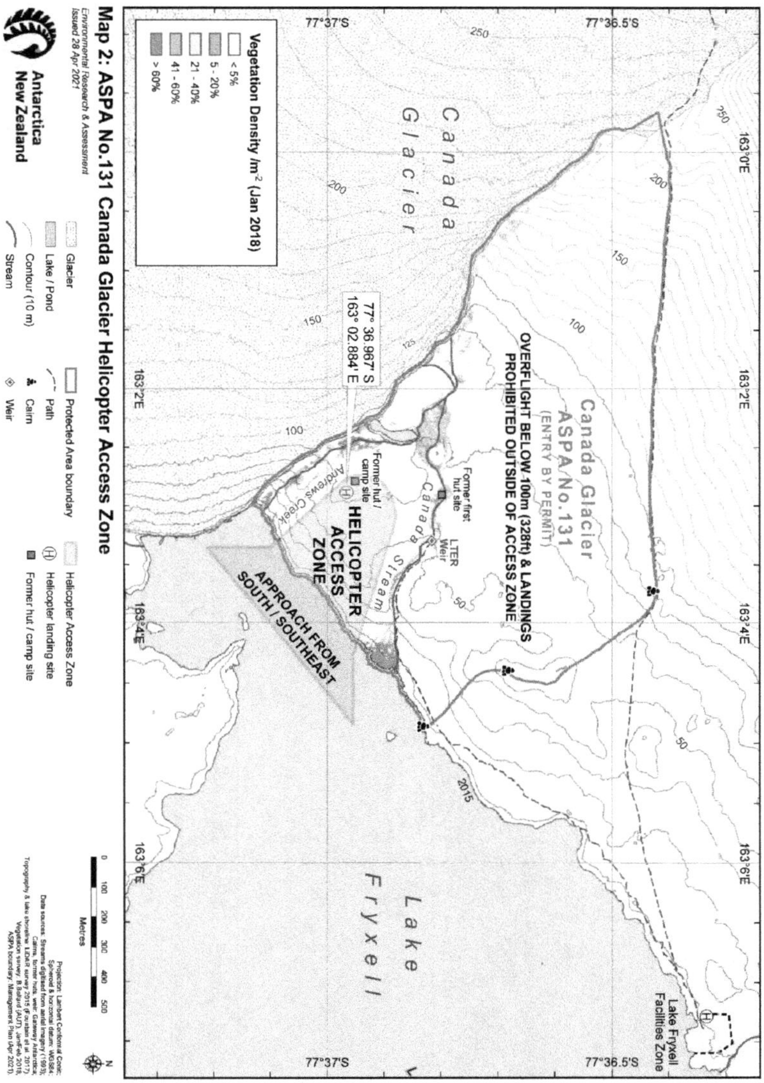
Map 2: ASPA No.131 Canada Glacier Helicopter Access Zone
Environmental Research & Assessment
Issued 28 Apr 2021
Antarctica New Zealand
Vegetation Density /m² (Jan 2018)
< 5%
5 - 20%
21 - 40%
41 - 60%
> 60%
Glacier
Lake / Pond
Contour (10 m)
Stream
Protected Area boundary
Path
Cairn
Weir
Helicopter Access Zone
Helicopter landing site
Former hut / camp site
Canada Glacier
Canada Glacier ASPA No.131
(ENTRY BY PERMIT)
OVERFLIGHT BELOW 100m (328ft) & LANDINGS PROHIBITED OUTSIDE OF ACCESS ZONE
HELICOPTER ACCESS ZONE
APPROACH FROM SOUTH / SOUTHEAST
77° 36.967' S
163° 02.884' E
Former hut / camp site
Former first hut site
LTER Weir
Andrews Creek
Canada Stream
Lake Fryxell
Lake Fryxell Facilities Zone
77°37'S
77°36.5'S
163°0'E
163°2'E
163°4'E
163°6'E
Metres

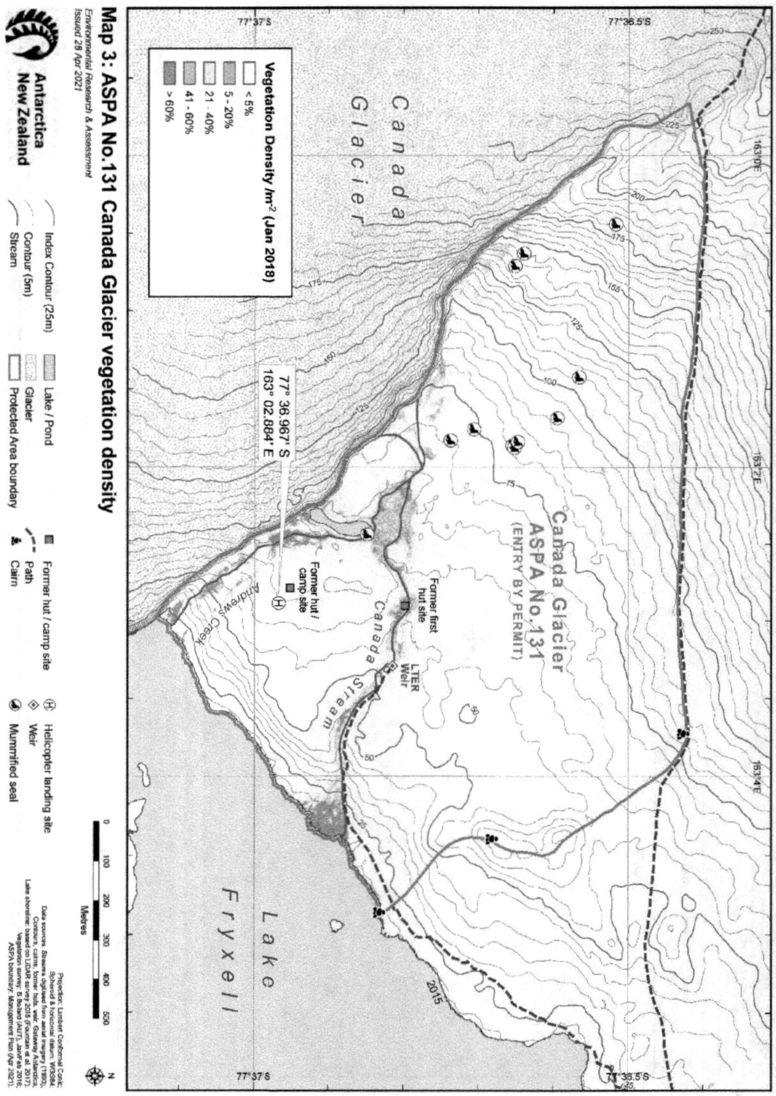
Map 3: ASPA No.131 Canada Glacier vegetation density
Environmental Research & Assessment
Issued 28 Apr 2021
Antarctica New Zealand
Vegetation Density /m² (Jan 2018)
< 5%
5 - 20%
21 - 40%
41 - 60%
> 60%
Canada Glacier
Canada Glacier
ASPA No.131
(ENTRY BY PERMIT)
Former first hut site
Former hut / camp site
LTER Weir
Canada Stream
Andrews Creek
Lake Fryxell
77° 36.967' S
163° 02.884' E
77°37'S
77°36.5'S
163°0'E
163°2'E
163°4'E
Index Contour (25m)
Contour (5m)
Stream
Lake / Pond
Glacier
Protected Area boundary
Former hut / camp site
Path
Cairn
Helicopter landing site
Weir
Mummified seal
Metres
0
100
200
300
400
500
2015

Plan de gestion pour la zone spécialement protégée de l'Antarctique n° 134

POINTE CIERVA ET ÎLES AU LARGE, CÔTE DANCO, PÉNINSULE ANTARCTIQUE

Introduction

Dans un premier temps, cette zone a été désignée comme site présentant un intérêt scientifique particulier (SISP) n° 15 (recommandation XIII-8 de la RCTA, XIIIe RCTA, Bruxelles, 1985), à la suite d'une proposition de l'Argentine, en raison de sa grande diversité végétale et du fait qu'elle abrite des colonies de reproduction d'au moins dix espèces d'oiseaux.

Lors de la XXIe Réunion consultative du Traité sur l'Antarctique (Christchurch 1997), le plan de gestion révisé de la zone a été adopté conformément au format établi par l'annexe V du Protocole de Madrid et tel que prévu par la mesure 3 (1997). Lors de la XXVe Réunion consultative du Traité sur l'Antarctique (Varsovie 2002), et après l'entrée en vigueur de l'annexe V, l'ancien *Site présentant un intérêt scientifique particulier n° 15* a été transformé, par la décision 1 (2002), en *Zone spécialement protégée de l'Antarctique* n° 134. Le plan de gestion a ensuite été révisé et, lors de la XXIXe réunion consultative du Traité sur l'Antarctique (Édimbourg, 2006), la mesure 1 (2006) a approuvé une nouvelle version du plan. Le plan a de nouveau été révisé et, lors de la XXXVIe RCTA (Bruxelles, 2013), la version précédente a été approuvée par la mesure 5 (2013), désormais remplacée par la présente.

Les raisons originales de sa désignation sont toujours valables et, ces dernières années, d'autres raisons qui lui ont donné une plus grande pertinence sont venues s'ajouter. Cette zone présente une grande valeur scientifique en raison de sa biodiversité inhabituelle, qui comprend de nombreuses espèces d'oiseaux, de flore et d'invertébrés. La topographie unique de la zone, ainsi que l'abondance et la diversité de la végétation, offrent des conditions très favorables à la formation de nombreux microhabitats, qui favorisent à leur tour le développement d'une grande biodiversité et confèrent à la zone une valeur paysagère exceptionnelle.

À l'heure actuelle, il est nécessaire d'augmenter le volume d'études liées à l'abondance et à la reproduction des oiseaux de mer et des mammifères, car ils ont le potentiel d'être utilisés comme indicateurs écologiques des processus à l'échelle mondiale et de la qualité environnementale des écosystèmes (Costa *et al.*, 2019 ; Croxall *et al.* 1998). À cet égard, la situation géographique de la ZSPA n° 134 est essentielle pour la réalisation de ce type d'étude et d'autres études comparatives entre sa faune et celle qui habite d'autres zones antarctiques. Il a été démontré que les variabilités climatiques et océanographiques ont des effets sur les populations d'oiseaux de mer, généralement avec des conséquences profondes, telles qu'une réduction du succès reproducteur et des altérations des cycles d'accouplement de certaines espèces (Chambers *et al.* 2011 ; Krüger *et al.*, 2018 ; Warwick-Evans *et al.*, 2021).

La région de la péninsule Antarctique constitue l'un des endroits de la planète où les effets les plus marquants du changement climatique mondial ont été observés avec un impact direct sur la formation et la pérennité de la banquise, ce qui implique des répercussions sur toute la chaîne alimentaire (Morley *et al.*, 2020 ; Tourneur *et al.*, 2009). Des études récentes indiquent que les forces de changement dans les écosystèmes de l'océan Austral provoquent, dans la région occidentale de la péninsule Antarctique, une élévation de la température, une perte de banquise et une augmentation du potentiel d'invasion des espèces, entre autres impacts (Morley *et al.*, 2020). Plus précisément, certains auteurs soulignent que la pointe Cierva est la zone qui a subi le plus grand réchauffement de toute la péninsule (Wilhelm, Bockheim et Haus, 2016). La stabilité dans la phase positive du mode annulaire austral (Southern Annular Mode, SAM) a eu un impact sur les vents, les courants marins et l'étendue de la banquise (Stammerjohn *et al.*. 2008 ; Thompson et Solomon 2002) et a eu des répercussions sur la flore et la faune antarctiques.

Dans ce contexte, la ZSPA n° 134 est une zone peu perturbée, ce qui permet de réaliser des études comparatives avec des populations qui habitent des zones de perturbations humaines fréquentes (accumulation d'ordures, pollution, tourisme et pêche ; Woehler *et al.* 2001 ; Patterson *et al.* 2008) Ces dernières années, on a constaté une tendance à la hausse de certaines populations qui habitent la ZSPA, comme c'est le cas des manchots, contrairement à ce qui a été observé dans d'autres zones où la fréquence des perturbations humaines est proportionnelle à la baisse des effectifs de certaines populations (Woehler *et al.* 2001 ; Lynch *et al.* 2008 ; Gonzalez-Zeballos *et al.* 2013) Dans les années à venir, il faudra également tenir compte de l'effet du tourisme en tant que source de perturbation dans la zone ZSPA et ses effets possibles sur les populations d'oiseaux et de mammifères qui y habitent. Il est également important d'étudier dans la ZSPA les impacts de processus tels que l'élévation de la température, qui a des conséquences directes sur l'augmentation des zones libres de glace et la formation conséquente de sols qui sont importants dans la dynamique de la zone.

Sa désignation comme ZSPA permet de garantir que les programmes de recherche à long terme en cours ne sont pas compromis par des interférences humaines accidentelles, une destruction de la végétation et du sol, une pollution des plans d'eau et la perturbation des oiseaux, surtout aux époques qui coïncident avec les périodes de reproduction.

Divers programmes antarctiques ont actuellement des projets de recherche dans la ZSPA. Les principaux intérêts scientifiques passent, notamment, par l'étude de la dynamique des populations des colonies de manchots ainsi que par l'étude de la chronologie de la reproduction. La présence de débris marins et de microplastiques dans les colonies et espèces étudiées sera également surveillée. D'autres projets étudient les processus de recul des glaciers et la formation du sol dans la région. L'inventaire des différents types de zones humides présentes à la pointe Cierva ainsi que leur caractérisation et leur suivi dans le temps constituent également un sujet d'intérêt. Des études sont menées sur la richesse des espèces et des communautés d'algues et de phytoplancton, ainsi que sur la flore présente.

Plusieurs projets étudient également les effets du changement climatique sur les populations de pinnipèdes ainsi que sur les espèces d'oiseaux de mer. Par exemple, nous travaillons avec *Arctocephalus gazella, Leptonychotes weddellii, Hydrurga leptonyx* en étudiant la relation avec la couverture glacière dans la zone et les phénomènes mondiaux tels que l'oscillation australe El Niño (ENSO) à travers l'évaluation de l'impact de ces prédateurs sur les ressources marines, leurs stratégies alimentaires et leur relation avec la disponibilité des proies. En ce qui concerne la biologie trophique des oiseaux de l'Antarctique avec des effets évidents du réchauffement climatique, les variations de divers paramètres des populations d'oiseaux exposées à différentes conditions locales sont étudiées en analysant leurs réponses aux changements observés. Enfin, il convient de mentionner les études menées sur la dynamique du pergélisol dans la région.

1. Description des valeurs à protéger

La zone côtière abrite un nombre important de colonies d'oiseaux, de colonies de reproduction de mammifères marins et une végétation étendue. La couverture de lichens, de mousses et de communautés à dominance herbacée est vaste à la pointe Cierva. Les valeurs de la zone résident dans sa grande diversité biologique en termes de flore et de faune et dans ses caractéristiques topographiques, auxquelles s'ajoute une grande valeur paysagère. Le littoral est très escarpé et les zones intertidales rocheuses ne sont pas très abondantes. Il existe une grande richesse d'espèces, tant animales que végétales, et l'abondance de certaines d'entre elles est, dans certains cas, exceptionnelle. La grande variété de reliefs, les formes côtières et la couverture végétale étendue et variée offrent un panorama hétérogène inhabituel dans l'environnement antarctique, ce qui lui confère une grande valeur paysagère, raison pour laquelle elle a été érigée en zone spécialement protégée de l'Antarctique (Santos, 2014). En général, on y trouve environ 18 espèces de mousses, 70 espèces de lichens, deux hépatiques, environ 20 d'espèces de champignons, et 12 espèces d'oiseaux y nichent.

Bien que l'Antarctique soit considéré comme l'une des rares zones non contaminées de notre planète, du fait qu'il est relativement isolé et éloigné des grands centres industriels et urbains, la preuve d'une présence excessive de polluants dans le nord de la péninsule est visible dans la détection récente de substances associées à l'activité humaine dans des endroits qui devraient être considérés comme intacts (Olalla, Moreno & Valcárcel, 2020).

Pour toutes ces raisons, sa situation géographique particulière au nord-ouest de la péninsule Antarctique confère à cette ZSPA, et aux nombreux programmes de recherche scientifique qui y sont développés, une importance essentielle dans leur tentative d'expliquer, du moins en partie, les altérations des écosystèmes antarctiques dues au changement climatique et/ou aux perturbations humaines.

Selon Morgan *et al.* (2007), la ZSPA n° 134 représente le domaine environnemental « Géologique des latitudes septentrionales moyennes de la péninsule Antarctique ». Selon Terauds *et al.* (2012), la zone se situe dans la région biogéographique « Nord-ouest de la péninsule Antarctique ». Toujours selon les « zones importantes pour la conservation des oiseaux en Antarctique 2015 » (Harris *et al.*, 2015), la pointe Cierva et les îles côtières (carte 4, figure 7) constituent l'IBA ANT081.

Pour plus de précisions sur les caractéristiques de la zone, se reporter à la section 6 du présent document.

2. Buts et objectifs

La gestion de la ZSPA n° 134 vise à :

- préserver l'écosystème naturel et à éviter toute perturbation humaine inutile ;
- permettre la réalisation de toute recherche scientifique, pour autant qu'elle ne porte pas atteinte aux valeurs de la zone ;
- éviter les changements importants dans la structure et la composition des communautés de flore et de faune ;
- conserver la flore de la zone en tant qu'organisme de référence, sans impact anthropique ;
- empêcher ou réduire l'introduction dans la zone de plantes, d'animaux et de microbes non indigènes ;
- Minimiser le risque d'introduction d'agents pathogènes susceptibles de provoquer des maladies chez la faune de la zone ;
- éviter l'introduction, la production ou la dissémination de polluants chimiques susceptibles d'affecter la zone ;
- protéger la biodiversité de la zone, en évitant des changements importants dans la structure et la composition des communautés de faune et de flore ;
- éviter toute perturbation humaine inutile ;
- permettre la réalisation de recherches scientifiques qu'il n'est pas possible de mener ailleurs et la poursuite des études biologiques à long terme en cours dans la zone, ainsi que la réalisation de toute autre recherche scientifique pour autant qu'elle ne porte pas atteinte aux valeurs pour lesquelles la zone est protégée ;
- éviter ou réduire l'introduction involontaire de propagules, de plantes, d'animaux ou de microbes, ainsi que d'agents pathogènes qui pourraient être nuisibles à la faune et à la flore ;

- permettre la réalisation d'études et de tâches de suivi pour estimer les effets directs et indirects produits par l'activité de la station scientifique voisine (station Primavera).

3. Activités de gestion

Afin de protéger les valeurs de la zone, les activités de gestion décrites ci-dessous seront menées :

- le personnel affecté à la station Primavera (Argentine) et en particulier le personnel autorisé à entrer dans la ZSPA recevront une formation particulière relative aux conditions du plan de gestion ;
- des copies du plan de gestion de cette zone seront fournies à la station Primavera ;
- les déplacements se feront exclusivement dans les secteurs dépourvus de végétation en évitant de s'approcher de la faune, sauf lorsque des projets scientifiques l'exigent et que les permis d'interférence nuisible correspondants sont disponibles ;
- les distances d'approche de la faune doivent être respectées, sauf lorsque les projets scientifiques doivent y déroger et à condition que les permis pertinents aient été délivrés ;
- le prélèvement d'échantillons est limité au strict nécessaire à la mise en œuvre des programmes de recherche scientifique autorisés ;
- des visites seront organisées afin de s'assurer que les mesures de gestion et d'entretien sont adéquates.
- Tous les panneaux et autres structures érigés dans la zone à des fins scientifiques ou de gestion seront fixés de manière appropriée et maintenus en bon état ;
- Les sentiers de déplacement à pied menant aux sites de recherche seront balisés afin de limiter la circulation ;
- conformément aux dispositions de l'annexe III du Protocole au Traité sur l'Antarctique relatif à la protection de l'environnement, tout équipement ou matériel abandonné ou hors d'usage doit être enlevé et sous réserve que l'opération n'ait pas un impact négatif sur l'environnement ;
- le plan de gestion doit être révisé au moins une fois tous les cinq ans et mis à jour si nécessaire ;
- tous les pilotes des aéronefs opérant dans la zone doivent être tenus informés de l'emplacement, des limites et des restrictions applicables à l'entrée et au survol de la zone ;
- Des mesures préventives seront mises en œuvre afin d'éviter l'introduction d'espèces non indigènes et de contrôler l'éradication de l'espèce introduite *Poa pratensis*, qui n'est plus présente dans la ZSPA ;
- selon la résolution 5 (2019), le personnel de la station Primavera et tous les chercheurs visitant la ZSPA se verront rappeler l'interdiction d'utiliser des produits d'hygiène personnelle contenant des microbilles de plastique ;
- les visites seront organisées en fonction des besoins (au moins une fois tous les cinq ans) afin de déterminer si la zone répond toujours aux objectifs pour lesquels elle a été désignée et de s'assurer que les mesures de gestion et d'entretien sont adéquates ;
- les programmes antarctiques nationaux mis en place dans la région doivent se consulter pour assurer la mise en œuvre des dispositions ci-dessus.

4. Durée de la désignation

La zone est désignée pour une durée indéterminée.

5. Cartes

La carte 1 (figure 4) montre l'emplacement général de la ZSPA n° 134. La carte 2 (figure 5) montre celui de la ZSPA par rapport à la côte Danco. En gris, l'ensemble des sites qui forment la ZSPA n° 134 (le milieu marin subtidal entre les différents secteurs continentaux et insulaires n'est pas inclus dans la ZSPA). La carte 3 (figure 6) montre en détail la zone environnante de la station Primavera (exclue de la ZSPA n° 134). La carte 4 (figure 7) montre en détail les secteurs inclus dans la ZSPA n° 134, les limites de l'IBA ANT081 et l'emplacement général des différentes colonies d'oiseaux au sein de la ZSPA.

6. Description de la zone

6 i) Coordonnées géographiques, bornes et caractéristiques du milieu naturel

La pointe Cierva (Lat. 64° 10' 1,05" S, Long. 60° 56' 38,06" O) se trouve sur la côte sud de l'anse Cierva, au nord de la baie Hughes, entre les côtes Danco et Palmer, dans le secteur nord-ouest de la péninsule Antarctique. Le site comprend la zone libre de glace entre la côte sud-ouest de l'anse Cierva et la côte nord-est de l'anse Santucci. Il comprend également les îles Apéndice (Lat 64° 11' 41,99" S, Long. 61° 1' 3,25" O) et José Hernández (Lat. 64° 10' 10,06" S, Long. 61° 6' 11,34" O) et les îlots Musgo (Lat. 64° 10' 2.22" S, Long. 61° 1' 49,43" O) et Pingüino (Lat. 64° 8' 35,90" S, Long. 60° 59' 11.43" O) (tableau 1), qui sont situés dans un axe ouest-sud-ouest par rapport à la pointe Cierva. Bien que la zone intertidale de chacun de ces sites se trouve dans la ZSPA, le milieu marin subtidal lui ne l'est pas. La station Primavera (Argentine) et ses installations annexes ainsi que la zone de plage utilisée pour y accéder sont exclues de la zone.

Tableau 1. Résumé des coordonnées des localités incluses dans la ZSPA.

Localidad	*Latitud*	*Longitud*
Punta Cierva	64° 10' 1.05"S	60° 56' 38.06"O
Ite. Pingüino o Mar	64° 8' 35.90"S	60° 59' 11.43"O
Ite. Musgo	64° 10' 2.22"S	61° 1' 49.43"O
I. José Hernández	64° 10' 10.06"S	61° 6' 11.34"O
I. Apéndice	64° 11' 41.99"S	61° 1' 3.25"O

6 ii) Caractéristiques du milieu naturel

La zone possède une grande richesse d'espèces, tant animales que végétales et, dans certains cas, l'abondance de certaines d'entre elles est exceptionnelle. De plus, la zone a une grande valeur paysagère du fait de l'importante variété des reliefs et des formes côtières, de la présence de différentes lithologies et d'un système de fractures marqué. À cela s'ajoute une couverture végétale étendue et variée qui offre un panorama hétérogène inhabituel pour l'environnement antarctique.

La pointe Cierva présente une conception structurelle relativement simple. Elle est dominée par trois sommets : le Mojón, l'Escombrera et le Chato, alignés dans une orientation est-ouest, définissant un versant abrupt orienté vers le sud couvert de neige en permanence et un autre versant orienté vers le nord décliné en pente modérée s'adoucissant progressivement, dépourvu de neige en été. Sur ce dernier, on observe une végétation très développée, avec des espaces couverts de manière continue par des graminées bryophytes et des lichens associés, ainsi que de nombreuses espèces d'oiseaux, notamment une colonie de manchots papous (Novatti 1978, Agraz *et al.*, 1994). Ces caractéristiques confèrent à la zone une valeur scientifique et esthétique exceptionnelle.

Dans des études antérieures (Agraz *et al.* (1994)), la pointe Cierva avait été divisée en deux espaces environnementaux en fonction du type de substrat et de la couverture végétale, à savoir 1) une paroi rocheuse (ou espace côtier) et 2) un versant exposé. La paroi rocheuse est une bande côtière avec des pentes raides, une surface rocheuse avec des éboulis de différentes tailles. Dans certains secteurs, ce substrat est instable et est traversé par de nombreux canyons. La majeure partie est libre de neige pendant l'été austral. La végétation est très clairsemée, avec des lichens et des graminées. Il y a de nombreuses cavités naturelles entre les rochers. Ce premier espace constitue le site de nidification de cinq espèces d'oiseaux. Le second espace, le versant exposé, comprend une grande variété d'environnements et d'expositions s'étendant de la côte aux sommets. Les pentes sont modérées à abruptes, les rochers sont de taille variable, consolidées ou non, et la surface est libre de glace pendant l'été austral. Des glaciers sont présents aux zones les plus élevées, ce qui entraîne l'apparition de nombreux petits torrents en été. Ces torrents alimentent les zones en basse altitude où la végétation est la plus développée.

Climat

Les données météorologiques à long terme ne sont pas disponibles pour le site car il n'y a pas de station météorologique installée en permanence. Cependant, Quintana (2001) a enregistré des données météorologiques à la pointe Cierva durant l'été 1992/93 avec une température mensuelle moyenne variant de 1,8 à 2,2 °C, tandis que l'humidité relative était en moyenne de 79 % et la vitesse moyenne du vent de 7,9 km/h. Les données générales indiquent que les températures maximales et minimales se situent entre 13 et -20 °C. Les vents enregistrés prédominent dans le secteur NO à une vitesse moyenne de 45 km/h. Selon Wilhelm *et al.* (2016), le climat est marin froid, avec une température annuelle moyenne de l'air d'environ -3,2 °C et des précipitations annuelles comprises entre 400 et 1 100 mm. L'épaisseur de la neige en hiver peut dépasser 1 m, mais en été, la plupart des neiges saisonnières fondent complètement. La zone d'étude est généralement inclinée vers le nord, ce qui l'expose à de forts apports de rayonnement solaire pendant l'été (Wilhelm, Bockheim & Haus, 2016).

Concernant le changement climatique attendu pour la région, bien qu'il n'existe pas de données spécifiques, selon Turner *et al.* (2005), depuis les années 1950, la température de l'air le long de la péninsule Antarctique occidentale a augmenté à un rythme de 0,56 °C par décennie. Ces augmentations de température ont entraîné un recul rapide des glaciers et l'exposition conséquente du sol. Les tendances de la température de surface montrent un réchauffement significatif sur la péninsule Antarctique et, dans une moindre mesure, en Antarctique occidental depuis le début des années 1950, avec peu de changements sur le reste du continent. Les plus grandes tendances au réchauffement se produisent dans les parties ouest et nord de la péninsule Antarctique, une zone comprenant la pointe Cierva. Certaines données indiquent un réchauffement de + 0,20 °C par décennie, et indiquent également que le réchauffement de la péninsule occidentale a été plus important pendant l'hiver, les températures hivernales ayant augmenté de + 1,03 °C par décennie de 1950 à 2006.

Géologie et sols

Le substrat rocheux de la pointe Cierva est d'origine ignée intrusive. Les basses terres les plus septentrionales sont constituées de granodiorites avec de très grands xénolithes de dolérite (> 1 m). Le centre de la péninsule (en amont et au sud) est dominé par des granites à feldspath orthoclase cristallisés. Les deux régions granitoïdes contiennent des digues composées de dolérite. La zone de contact entre la granodiorite et le granite présente des signes de métamorphisme de contact. Le côté est de la péninsule, ainsi que les pics sud, sont dominés par des basaltes contenant des cristaux d'olivine et de quartz.

Le substrat rocheux poli, les crêtes et les petites fractures incurvées du substrat rocheux dans toute la péninsule indiquent qu'à une certaine époque la quasi-totalité de la région était glaciaire. D'après la position actuelle du glacier, il est probable que la totalité du versant ait été glaciaire il y a seulement quelques centaines d'années. Aujourd'hui, la majeure partie de la péninsule est libre de glace, mais la partie orientale est dominée par un grand glacier qui recule rapidement. Le terrain de la pointe Cierva est accidenté, parsemé de plusieurs terrasses naturelles. Les pentes varient de 0 à 20 % sur les bancs et de 30 à 60 % sur les falaises rocheuses. Les terrasses contiennent plusieurs étangs permanents et des matériaux non consolidés avec des sols dérivés du substrat rocheux érodé. Ces terrasses sont occupées une grande partie de l'année par des manchots papous (*Pygoscelis papua*).

En ce qui concerne les sols de la ZSPA, la plupart des informations concernent la pointe Cierva. Wilhelm, Bockheim & Haus (2016) ont décrit 27 sols regroupés en quatre catégories de sols : acides (pH < 5), neutres (pH > 5), dominés par la mousse (fortes accumulations de matière organique) et ornithogènes (fortes accumulations de phosphore). Les sols neutres sont ceux nouvellement formés et les moins développés ; ils sont situés plus près de la marge du glacier. Les sols acides sont situés plus loin de la marge du glacier, ce qui permet une plus grande lixiviation des nutriments. Ces sols ont des valeurs de pH extrêmement basses (jusqu'à 3,5) mais ne présentent pas les fortes accumulations de phosphore que l'on trouve dans les sols ornithogènes ni la teneur élevée en carbone des sols dominés par les mousses. Dans une région où les glaciers reculent rapidement comme la péninsule Antarctique, la proximité de la marge du glacier devient un facteur important dans la détermination des propriétés du sol. Les sols plus éloignés du glacier ont eu plus de temps pour être affectés par la lixiviation, l'activité des manchots et l'accumulation de mousse.

Les sols des bancs occupés par les manchots sont considérés comme ornithogènes, en raison du grand nombre de sites de nidification présents dans la région. Les caractéristiques des sols ornithogènes comprennent de fortes accumulations de P et de Ca et une acidité extrême. Les sols ornithogènes se trouvent généralement dans les régions où les manchots peuvent nicher et avoir un accès facile à la nourriture, comme les sites en basse altitude et suffisamment éloignés de l intérieur des terres pour que les dépôts de guano ne soient pas facilement éliminés (Wilhelm, Bockheim et Haus, 2016).

Certaines des couches de mousse les plus épaisses jamais enregistrées sur la péninsule Antarctique se trouvent à la pointe Cierva. Les sols dominés par les mousses se distinguent par des horizons sombres avec de riches accumulations de matière organique du sol, en particulier en surface (Wilhelm, Bockheim & Haus, 2016).

Concernant le pergélisol, Ramos Marín (2018) mentionne que pour la pointe Cierva, la partie supérieure du pergélisol est observée à des profondeurs de 0,4, 1 et 5 m et la température à ces profondeurs est de -1,4 °C, -2,6 °C et 1,2 °C à ces endroits. Aux endroits où le plafond du pergélisol est atteint, on estime que la profondeur du plafond du pergélisol variait entre 0,4 et 5 m avec des températures comprises entre -0,2 °C et -2,6 °C. Ramos Martín (2018) mentionne qu'en cas d'augmentation de 1 °C de la température moyenne, près de 50 % du pergélisol actuel de la zone disparaîtrait et conclut que la dégradation du pergélisol à la pointe Cierva peut générer des impacts significatifs sur l'écosystème local.

Flore et faune

La flore est très abondante et présente aussi bien dans les zones humides que dans les zones sèches. Dans les zones humides, les mousses dominent sous forme de tapis (*Drepanocladus uncinatus*) et de matelas (*Polytrychum alpin*). Dans les zones sèches, sur les rochers, la végétation est dominée par les lichens des genres *Usnea* et *Xanthoria*. Les graminées (*Deschampsia Antarctica*) y sont également abondantes.

La couverture de mousses, de lichens et de graminées est très étendue. Les communautés végétales les plus notables sont les associations de lichens dominantes, le matelas de mousse dominé par *Polytrichum alpin* et *Chorisodontium aciphillum* et la sous-formation de *Deschampsia-Colobanthus*. Le matelas de mousse couvre des superficies de plus de cent mètres carrés sur une profondeur moyenne d'environ 80 cm. La flore présente comprend les deux espèces antarctiques de plantes à fleurs, environ 18 espèces de mousses, 70 espèces de lichens, deux hépatiques et une vingtaine d'espèces de champignons. Les microalgues non marines, notamment sur les îlots Mosgo et Pingüino, sont très abondantes et dotées de registres peu habituels. La faune d'arthropodes terrestres est également très nombreuse, parfois associée aux flaques de marée présentes dans la zone littorale de la zone.

Il est important de souligner qu'une graminée non indigène, le *Poa pratensis*, a été détectée dans la zone. Elle a été involontairement introduite à pointe Cierva au cours d'expériences impliquant le repiquage de *Nothofagus antarctica* et de *N. Ward* entre 1954-1955 (Ross *et al.* 1996, Corte 1961, Smith 1996). À partir de 1995, une augmentation de la zone de couverture de cette espèce a été constatée. Son expansion était probablement due aux changements environnementaux constatés dans la zone. Après des études menées sur *Poa pratensis* et les communautés auxquelles cette graminée était associée, une stratégie d'éradication qui aurait le moins d'impact possible sur l'écosystème a été décidée (voir le document d'information 13, présenté à la XXXVe réunion consultative du Traité sur l'Antarctique).

En résumé, on peut mentionner que la description du statut de colonisation de la plante non indigène *Poa pratensis* et le processus d'éradication ultérieur sont pris en compte dans l'ATCM XXXV IP13 Statut de colonisation de la graminée non indigène *Poa pratensis* à pointe Cierva, côte Danco, péninsule Antarctique, dans l'ATCM XXXVI IP35 La graminée non indigène *Poa pratensis* à pointe Cierva, côte Danco, péninsule Antarctique — recherches en cours et plans d'éradication futures — et à la RCTA XXXVIII IP29 Éradication réussie de *Poa pratensis* à pointe Cierva, côte Danco, péninsule Antarctique.

Enfin, au cours de l'été austral 2014-2015, une éradication de la plante exotique a été réalisée à la pointe Cierva. Plus de 500 kg de terre et de matière végétale ont été extraits au cours de l'opération. Puis en février 2016, un an plus tard, le suivi de l'éradication effectué n'a permis d'observer aucune repousse de plantes non indigènes. En revanche, quelques petites pousses de l'herbe antarctique indigène *Deschampsia antarctica* ont été trouvées à la station de la plateforme où la plante non indigène était présente (Pertierra *et al.*, 2017). Ces observations ont permis de conclure qu'il y a eu une certaine régénération de la communauté naturelle et qu'il n'y a pas eu de résurgence de *Poa pratensis* à partir des plantes non complètement extraites et que la présence d'une banque de graines semble peu probable (Pertierra *et al.* 2013)

En ce qui concerne la flore du site, Santos (2014) mentionne que la couverture de mousses, lichens et graminées est très étendue. Les communautés végétales les plus notables sont les associations de lichens, le matelas de mousse, dominé par *Polytrichum-Chorisodontium* et la sous-formation de *Deschampsia-Colobanthus*, qui couvrent des superficies de plus de cent mètres carrés sur une profondeur moyenne de 80 cm. Au niveau des microalgues, un total de 61 espèces a été répertorié. Les groupes les mieux représentés étaient les cyanobactéries (22 espèces) et les chlorophytes (28 espèces), ces dernières étant largement dominées par les formes flagellées. En général, les plus grandes îles (Musgo et Pingüino) ont une grande richesse globale en espèces (29 et 36 espèces, respectivement) (Mataloni & Pose, 2001).

Concernant les mammifères marins, il a été étudié que les eaux qui baignent les côtes de la ZSPA n° 134 sont visitées annuellement, en particulier pendant les mois d'été, par de nombreux spécimens de cétacés et de pinnipèdes. Parmi les cétacés recensés figure la baleine à bosse (*Megaptera novaeangliae*), une espèce pour laquelle une quarantaine d'individus, dont des juvéniles et des baleineaux, ont été identifiés à partir des motifs de coloration de la face ventrale de la nageoire caudale ou de la queue en une seule saison (janvier et février). De même, plus de 15 individus de baleine de Minke de l'Antarctique (*Balaenoptera bonaerensis*) ont été identifiés dans ces eaux grâce aux caractéristiques distinctives de la nageoire dorsale. De plus, des groupes d'épaulards (*Orcinus orca*) composés de 13 individus maximum ont été observés dans ces mêmes eaux. Toutes ces espèces ont été observées aussi bien dans les criques présentes dans la zone (Cierva, Santucci et Escondida) que dans les eaux qui entourent les îles faisant partie de la ZSPA.

En ce qui concerne les espèces de pinnipèdes, des spécimens de phoque de Weddell (*Leptonychotes weddellii*), d'otarie à fourrure antarctique (*Arctocephalus gazella*), d'éléphant de mer du sud (*Mirounga leonina*), de phoque crabier (*Lobodon carcinophaga*) et de léopard de mer (*Hydrurga leptonyx*) ont été observés. Les trois espèces mentionnées sont abondantes pendant l'été austral car elles y trouvent les conditions nécessaires (côtes libres avec des plages abritées et/ou de grands icebergs dérivants en eaux calmes) pour effectuer le processus de mue. Les études menées par le programme sur les mammifères marins de l'Institut antarctique argentin (IAA) ont permis de constater que ces espèces fréquentent le site chaque année, après avoir confirmé leur présence dans la zone au cours des 16 dernières années consécutives (Javier Negrete, données non publiées).

Parallèlement, le programme de marquage et de recapture mené au cours des 10 dernières années a permis de corroborer que les phoques de Weddell et les léopards de mer manifestent un degré élevé de fidélité à ce même site, des spécimens qui reviennent d'année en année ayant été observés (Meade *et al.* 2015, Negrete *et al.* 2014). Cette population de léopards de mer a la particularité d'avoir des habitudes alimentaires distinctives puisque plusieurs spécimens qui s'y trouvent consomment un pourcentage important de krill (Botta *et al.* 2018, Guerrero *et al.* 2014,2016, Rogers *et al.* 2014). Compte tenu de la fréquence élevée des cétacés dans la région et des modes d'utilisation de l'habitat par les pinnipèdes, qui montrent que ces animaux passent une grande partie de leur temps à se nourrir dans l'eau ou à muer sur les icebergs (Bobinac *et al.* 2014 et Javier Negrete en préparation), il est vital que, dans un proche avenir, le secteur maritime soit pris en compte dans la zone protégée, d'autant plus si l'on tient compte du fait que l'augmentation du nombre de bateaux touristiques visitant la zone et du nombre de bateaux qui se déploient une fois sur place pourraient provoquer des perturbations et/ou des accidents à ces animaux.

Concernant la présence d'oiseaux dans la zone ZSPA, des études ont montré que 10 espèces d'oiseaux y nichent : manchot à jugulaire (*Pygoscelis antarctica*), manchot papou (*P. papua*), pétrel géant du sud (*Macronectes giganteus*), damier ou pétrel du cap (*Daption capense*), océanite de Wilson (*Oceanites oceanicus*), cormoran antarctique (*Leucocarbo atriceps bransfieldensis*), pigeon blanc (*Chionis alba*), labbes (espèce prédominante *Catharacta maccormicki*), goéland dominicain (*Larus dominicanus*) et sterne couronnée (*Sterna vittata*) (Gonzalez *et al.*, 2013). Les colonies les plus nombreuses sont celles du manchot à jugulaire (*Pygoscelis antarctica)*, du manchot papou (*P. papua)*, de l'océanite de Wilson (*Oceanites oceanicus)*, du labbe antarctique (*Catharacta maccormicki)* et du goéland dominicain (*Larus dominicanus)*. D'après les dernières enquêtes disponibles, les colonies de la ZSPA (en particulier celles de manchots) ont tendance à augmenter en population. Cette situation met en évidence l'importance de la zone protégée pour la protection de ses valeurs naturelles.

L'état des populations d'oiseaux de mer a été cité comme pouvant fournir des indicateurs précieux des conditions de leurs environnements d'alimentation et de nidification par rapport aux processus à l'échelle mondiale. Gonzalez *et al.* (2013) indiquent qu'il a été démontré que la variabilité et les changements climatiques et océanographiques affectent les oiseaux de mer, souvent avec des conséquences profondes, telles qu'une réduction du succès reproducteur et une modification des cycles de reproduction de certaines espèces. Dans le cas précis de la ZSPA, il a été démontré que la zone présente une grande richesse en espèces, tant animales que végétales, mais que la plus grande abondance d'oiseaux, principalement des pigoscelidés, s'y trouve. En ce sens, nous pouvons commencer par les colonies de *Pygoscelis papua*, qui est la plus abondante de la ZSPA. Dans le tableau 2 et la figure 1, on peut voir que les données démographiques ont montré une tendance à la hausse au fil du temps, ainsi que leur aire de répartition.

Tableau 2. Nombre de couples reproducteurs par emplacement pour Pygoscelis papua (données extraites de Gonzalez-Zeballos et al. 2013)

Publicación	***Novatti (1978)***		***Poncet & poncet (1987)***	***Quintana et al (1998)***		***Favero et al (2000)***	***Gonzalez Zeballos et al (2013)***	***Juarez (2021)****
Año	1954	1958	1984-1987	1991	1996	1998	2011	2019
Punta Cierva	559	614	600	800	1041	593	2680	7000
Isla Apéndice			450			905	2795	
Total ZAEP	559	614	1050	800	1041	1498	5475	7000

* Datos aproximados del tamaño de las colonias de la ZAEP aún no publicados.

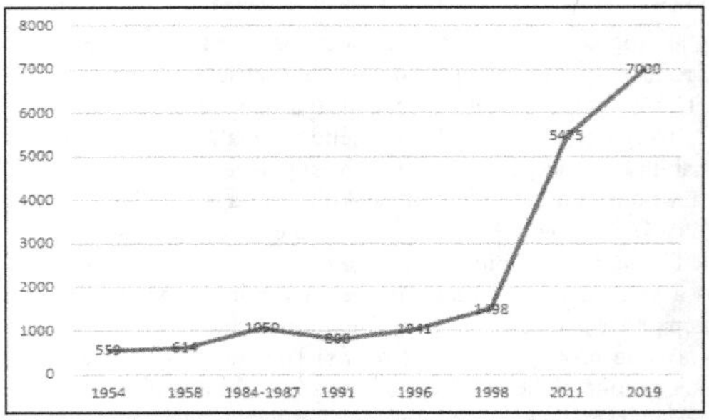

Figure 1. Série chronologique du nombre de couples reproducteurs pour la ZSPA de Pygoscelis papua (données extraites de Gonzalez-Zeballos et al. 2013)

Tableau 3. Nombre de couples reproducteurs par emplacement pour Pygoscelis antarctica (données extraites de Gonzalez-Zeballos et al. 2013)

Publicación	*Muller-Schwarze (19759*	*Poncet & poncet (1987)*	*Favero et al (2000)*	*Gonzalez Zeballos et al (2013)*	*Juarez (2021)**
Año	1971	1984-1987	1998	2011	2019
Ite. Pingüino o Mar		500	1553	2763	
I. José Hernández	2060	200	546	180	4000
I. Apéndice		1100	152	33	
Total ZAEP	2060	1800	2251	2976	4000

* Datos aproximados del tamaño de las colonias de la ZAEP aún no publicados.

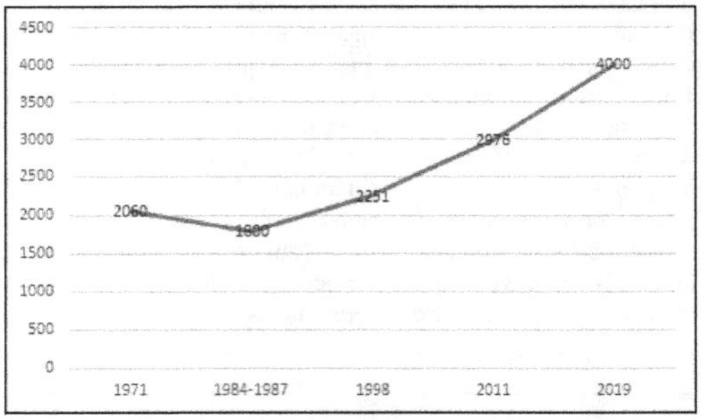

Figure 2. Série chronologique des couples reproducteurs par emplacement pour Pygoscelis antarctica (données extraites de Gonzalez-Zeballos et al. 2013)

Dans le cas de *Pygoscelis antarctica* (tableau 3 et figure 2), on a également enregistré dans la série chronologique une tendance à la hausse de la taille de la population du total des couples reproducteurs présents dans la ZSPA. Dans ce cas précis, on peut observer dans le tableau 2 que, bien que la colonie de l'îlot Pingüino ou Mar montre une tendance à la hausse significative, les autres colonies diminuent en nombre. Il sera important dans les années à venir de déterminer les causes de ce comportement. Concernant les autres espèces d'oiseaux de mer, on peut voir dans le tableau 4 et sur la figure 3 les sites où elles sont présentes dans la ZSPA et les dernières données sur le nombre de couples reproducteurs. Selon les derniers recensements, la plupart d'entre elles connaissent une augmentation en population ; cependant, des travaux sont en cours pour avoir des recensements à jour afin d'évaluer avec précision l'état des colonies présentes.

Tableau 4. Nombre de couples reproducteurs par espèce et emplacement. PB : Phalacrocorax bransfieldensis, MG : Macronectes giganteus, DP : Daption Capense, Californie : Chionis alba, SM : Stercorarius maccormicki, LD : Larus dominicanus, SV : Sterna vittata (données extraites de Gonzalez-Zeballos et al. 2013)

Especie	PB		MG		DP		CA		SM		LD		SV	
Año	1997-98	2010-11	1997-98	2010-11	1997-98	2010-11	1997-98	2010-11	1997-98	2010-11	1997-98	2010-11	1997-98	2010-11
Punta Cierva	0	0	0	0	7	3	2	1	145	166	158	73	45	57
Ite. Pingüino o Mar	0	0	0	0	1	0	3	1	3	3	8	10	0	3
Ite. Musgo	0	0	35	42	28	17	3	4	10	26	120	70	15	19
I. José Hernández	21	21	0	0	0	0	1	1	0	17	15	9	35	11
I. Apéndice	0	0	5	41	23	11	1	2	2	12	68	12	15	12
Total ZAEP	21	21	40	83	59	31	10	9	160	224	369	174	110	102

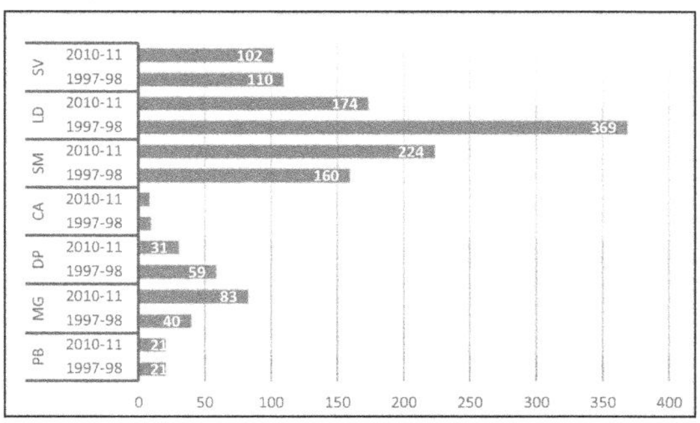

Figure 3. Comparaison du nombre de couples reproducteurs par espèce et emplacement. PB : Phalacrocorax bransfieldensis, MG : Macronectes giganteus, DP : Daption Capense, Californie : Chionis alba, SM : Stercorarius maccormicki, LD : Larus dominicanus, SV : Sterna vittata (données extraites de Gonzalez-Zeballos et al. 2013)

Activités et impacts humains

L'une des activités humaines les plus importantes de la région est le tourisme. Les caractéristiques du milieu naturel de la région, ainsi que la croissance et la diversification du tourisme sur le continent antarctique, ont placé la zone de l'anse Cierva parmi les 20 sites les plus visités et choisis par les voyagistes. Bien que l'accès pour le tourisme et toute autre activité de loisir ne soit pas autorisé dans la zone couverte par la ZSPA, l'augmentation du nombre de touristes dans la zone maritime environnante développant un large éventail d'activités a été mise en évidence année après année à chaque saison touristique. Parmi les activités les plus populaires, on peut citer les croisières en petits bateaux (Small Boat Cruising), le kayak, la plongée polaire (Polar Plunge), le Stand Up Paddle Surf, le Snorkeling et la plongée sous-marine (Scuba Diving).

Afin d'assurer une protection adéquate des valeurs identifiées dans la ZSPA, les visiteurs et le personnel responsable du contingent touristique doivent suivre de manière adéquate les recommandations et les limites du plan de gestion pour éviter toute interférence ou perturbation. Bien que les données soient approximatives selon les statistiques de l'IAATO, dans la zone de l'anse Cierva, une moyenne de 9 500 et 13 000 touristes a été enregistrée au cours des dernières saisons près de la ZSPA, ce qui représente un impact significatif sur la zone.

6 ii) Accès à la zone.

Uniquement dans les cas exceptionnels avec l'autorisation correspondante, l'accès à la zone doit se faire à pied depuis la station Primavera. L'accès aux îles adjacentes doit se faire à bord de petites embarcations. Cet accès par voie maritime est autorisé en tout point des îles incluses dans la zone. L'accès à la zone par les plages doit être évité en cas de présence de faune, en particulier pendant la saison de reproduction.

Pour plus d'informations, voir la section *7, point ii).*

6 iii) Structures à l'intérieur et à proximité de la zone.

Structures à l'intérieur de la zone

Aucune structure n'est installée dans la zone.

Structures à proximité de la zone

La station Primavera (Argentine) 64° 09' S, 60° 58' O) est contiguë à la ZSPA mais ne fait pas partie de la zone. Elle est située au nord-ouest de la pointe Cierva et et n'est ouverte que durant les mois d'été. La station se compose de huit bâtiments et d'une aire délimitée pour l'atterrissage des hélicoptères. Les bâtiments sont reliés par des passerelles afin d'éviter d'endommager la végétation.

6 iv) Emplacement d'autres zones protégées à proximité de la zone.

- *ZSPA n° 152, secteur occidental de Mar de la Flota, face à l'île Low, îles Shetland du Sud, à environ 90 km au nord-ouest de la ZSPA n° 134. Elle est située sur la côte ouest et la côte sud de l'île Low entre 63° 15' S et 63° 30' de latitude sud et entre 62° 00' et 62° 45' de longitude ouest.*
- *ZSPA n° 153, secteur oriental de la baie Dallmann, au large de la côte occidentale de l'île Brabant, archipel Palmer, à environ 90 km à l'ouest de la ZSPA n° 134. Elle est située entre 64° 00' et 64° 20' de latitude sud et 62° 50' de longitude ouest, en allant à l'est jusqu'à la côte ouest de l'île Brabant (environ 520 km^2).*

6 v) Sites spécifiques à l'intérieur de la zone.

Il n'y a pas de site spécifique à l'intérieur de la zone.

7. Critères de délivrance d'un permis d'accès

7 i) Critères généraux.

L'accès à la zone est interdit sauf si un permis a été délivré par une autorité nationale compétente.

Les critères de délivrance d'un permis d'accès dans la zone sont les suivants :

- *un permis est délivré à des fins scientifiques, conformes aux objectifs du plan de gestion, et il ne peut être réalisé ailleurs ;*
- *les actions autorisées ne doivent pas porter atteinte au système écologique naturel de la zone ;*
- *un permis est délivré pour toute activité de gestion (inspection, entretien ou révision), contribuant à l'atteinte des objectifs du présent plan de gestion ;*
- *les actions autorisées doivent être conformes au présent plan de gestion ;*

- *le chercheur principal autorisé à entrer dans la zone doit se munir soit du permis, soit d'une copie certifiée ;*
- *un rapport post-visite doit être soumis à l'autorité nationale compétente mentionnée dans le permis ;*
- *le tourisme ainsi que toute autre activité de loisir sont interdits.*

7 ii). Accès à la zone et déplacements à l'intérieur de la zone.

L'accès à la zone ne sera autorisé qu'avec un permis délivré par une autorité compétente, et ce, uniquement pour s'y livrer à des activités conformes au présent plan de gestion.

Il n'y a qu'un accès pour hélicoptères en dehors des limites de la zone, à savoir dans l'aire adjacente à la station Primavera. Les hélicoptères ne peuvent atterrir que dans l'aire située à l'est-sud-est de la station. La route de vol à utiliser se limite à une approximation et part du nord. L'exploitation d'aéronefs au-dessus de la zone se fera au minimum en fonction des dispositions de la résolution 2 (2004) « Ligne directrices pour l'exploitation d'aéronefs à proximité de concentrations d'oiseaux ». En règle générale, aucun aéronef ne devra survoler au-dessus de la ZSPA à moins de 610 m (2 000 pieds), sauf en cas d'urgence ou pour des raisons de sécurité aérienne. Les déplacements à l'intérieur de la zone se feront en évitant de perturber la faune et la flore, surtout durant la saison de reproduction.

Le déplacement à l'intérieur de la zone est formellement interdit à tous types de véhicules.

7 iii) Activités qui sont ou peuvent être menées dans la zone.

- Activités de recherche scientifique ne pouvant être réalisées ailleurs et ne portant pas atteinte à l'écosystème de la zone.
- Activités de gestion essentielles, y compris la surveillance.
- Si, pour des raisons d'ordre scientifique ou de conservation, il est jugé nécessaire d'accéder à des sites donnés de nidification d'oiseaux et de colonies de mammifères, on pourrait imposer des restrictions plus sévères entre la fin du mois d'octobre et le début du mois de décembre. C'est une période considérée comme particulièrement délicate car elle coïncide avec la phase maximale de ponte des œufs des oiseaux nichant dans la zone.
- L'utilisation de RPAS ne sera pas autorisée dans les limites de la ZSPA, à moins qu'elle ne soit préalablement analysée au cas par cas au cours du processus d'évaluation de l'impact sur l'environnement. Ils ne peuvent être utilisés que lorsque cela est indiqué sur le permis d'accès et dans les critères qui y sont fixés. Lors du processus d'analyse et d'autorisation, les directives en vigueur dans le Traité sur l'Antarctique seront prises en compte.

7 iv) Installation, modification ou enlèvement de structures.

Aucune structure supplémentaire ne peut être construite ni aucun matériel installé dans la zone, sauf pour des activités scientifiques ou de gestion essentielles et avec le permis approprié.

Tout le matériel scientifique installé dans la zone ainsi que tous les repères de recherche doivent être autorisés par un permis et être clairement étiquetés en indiquant le nom du pays, le nom du chercheur principal et l'année d'installation. Tous les matériaux installés doivent être de nature telle qu'ils causent un minimum de contamination dans la zone, de dommages à la végétation ou de perturbations de la faune.

Les repères de recherche ne devront pas rester dans la zone une fois que le permis sera arrivé à expiration. Si un projet spécifique ne peut pas être achevé dans les délais autorisés, il faudra demander une prolongation du permis permettant de laisser sur place tout élément introduit.

7 v) Emplacement des camps.

Sous réserve d'une coordination préalable avec le Programme antarctique argentin, les Parties qui utilisent la zone pourront normalement utiliser la station Primavera comme lieu d'hébergement. Seule sera autorisée l'installation de tentes pour y abriter des instruments ou du matériel scientifiques, ou pour servir de base d'observation.

7 vi) Restrictions sur les matériaux et organismes pouvant être introduits dans la zone.

- L'introduction délibérée d'animaux vivants ou de matières végétales est interdite dans la zone. Toutes les mesures nécessaires doivent être prises afin de prévenir l'introduction volontaire d'espèces non indigènes à l'intérieur de zone. A cet égard, il faut souligner que l'introduction d'espèces non indigènes est souvent d'origine humaine. Les vêtements, ainsi que l'équipement personnel ou le matériel scientifique et les outils de travail, sont susceptibles d'introduire des larves d'insectes, des semences, des propagules, etc. Pour de plus amples informations sur ce sujet, consulter le Manuel sur les espèces non indigènes – CEP 2011.
- Les produits de la ferme qui n'ont pas été cuits ne doivent pas être introduits.
- Aucun herbicide ou pesticide ne doit être introduit dans la zone. Tout autre substance chimique, qui devra être introduite avec le permis correspondant, devra être retirée de la zone dès la fin de l'activité réalisée avec le permis adéquat. L'utilisation et le type des substances chimiques doivent être documentés de la manière la plus claire possible, à titre d'information pour les autres chercheurs.
- Les combustibles, aliments et autres matériaux ne doivent pas être entreposés dans la zone, sauf si cela est indispensable à la réalisation de l'activité autorisée par un permis correspondant.

7 vii). Prélèvement de végétaux, capture d'animaux ou perturbations nuisibles à la flore et à la faune.

Tout prélèvement, capture ou perturbation nuisible à la flore et à la faune est interdit, sauf avec un permis. Lorsqu'une activité autorisée par un permis implique un prélèvement, une capture ou une perturbation nuisible, elle devra être, a minima, menée en conformité avec le *Code de conduite du SCAR pour l'utilisation d'animaux à des fins scientifiques en Antarctique*.

Les informations relatives au prélèvement, à la capture et à la perturbation nuisible seront dûment échangées dans le système d'échange d'informations du Traité sur l'Antarctique et, a minima, être incorporées dans le *Répertoire maître de l'Antarctique* ou, en Argentine, dans le *Centro de Datos Nacionales Antárticos* (Centre national chargé de la gestion des données sur l'Antarctique).

Les scientifiques qui prélèvent des échantillons, quelle qu'en soit la nature, devront consulter le système électronique d'échange d'informations du Traité sur l'Antarctique (SEEI) et/ou se mettre en relation avec les programmes nationaux antarctiques susceptibles d'être impliqués dans le prélèvement d'échantillons dans la zone afin de minimiser le risque d'une éventuelle duplication.

7 viii). Ramassage ou enlèvement de tout élément qui n'a pas été apporté dans la zone par le détenteur du permis.

Le ramassage ou l'enlèvement de matériaux présents dans la zone ne peuvent se faire que dans le cadre d'un permis approprié. Le prélèvement, à des fins scientifiques, de spécimens morts ne doit pas dépasser un niveau tel qu'il risque de mettre en péril la base nutritionnelle des charognards locaux. Cela dépendra de l'espèce à prélever et de la nécessité de solliciter l'avis d'un expert avant la prolongation du permis.

7 ix). Élimination des déchets.

Tous les déchets non physiologiques doivent être enlevés de la zone.

Pour les eaux usées et les effluents domestiques liquides, des installations sanitaires sont disponibles à la station Primavera (Argentine) pour autant qu'elles soient ouvertes. Si des travaux sont effectués sur les îles adjacentes, les eaux usées pourront être rejetées dans la mer conformément aux dispositions de l'article 5 de l'annexe III du protocole de Madrid.

Les déchets résultant des activités de recherche dans la zone peuvent être stockés temporairement à la station Primavera, en attendant leur enlèvement. Ce stockage doit se faire conformément aux dispositions de l'annexe III du Protocole de Madrid, portant la mention « détritus » et dûment scellé afin d'éviter toute fuite accidentelle.

7 x). Mesures nécessaires pour assurer que les buts et objectifs du plan de gestion continuent d'être atteints.

Des permis peuvent être délivrés pour entrer dans la zone afin d'y réaliser des activités de veille biologique et d'inspection, pouvant impliquer le prélèvement d'échantillons de plantes ou d'animaux à des fins de recherche, ainsi que l'installation et l'entretien de panneaux d'affichage ou toute autre mesure de gestion. Toutes les structures et les bornes installées dans la zone à des fins scientifiques, notamment les panneaux de signalisation, doivent faire l'objet d'une autorisation mentionnée dans le permis et doivent être clairement identifiées par la mention du pays, du nom du chercheur principal et de l'année d'installation.

7 xi). Exigences de rapports de visites dans la zone.

Pour chaque permis et une fois l'activité terminée, le détenteur principal du permis doit soumettre un rapport décrivant les tâches effectuées dans la zone en utilisant, pour ce faire, le formulaire qui lui a été remis au préalable avec le permis. Ce rapport doit être envoyé à l'autorité qui a délivré le permis.

Les registres des permis et les rapports de visites concernant la ZSPA seront communiqués aux autres Parties consultatives dans le cadre du système d'échange d'informations conformément aux dispositions de l'article 10, paragraphe 1, de l'annexe V.

Les permis et les rapports doivent être archivés et consultables par toute Partie intéressée, par le SCAR, la CCAMLR et le COMNAP de manière à fournir les informations nécessaires sur les activités humaines menées dans la zone et d'en assurer une gestion adéquate.

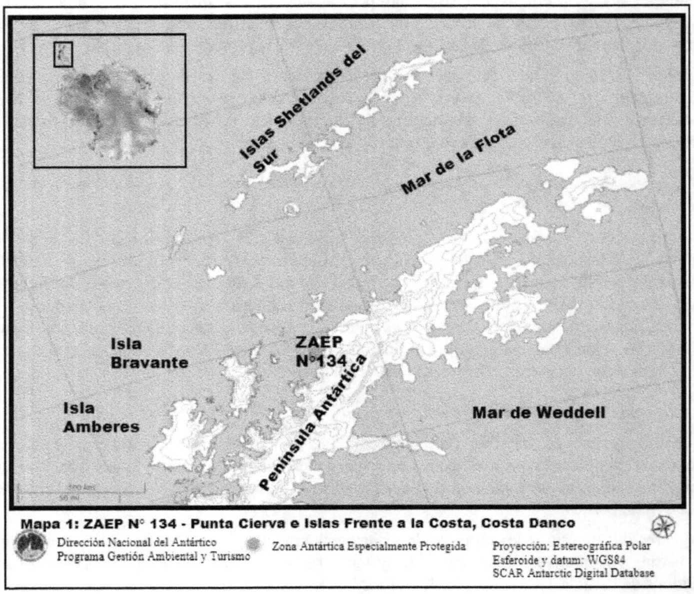

Figure 4. Emplacement général de la zone spécialement protégée de l'Antarctique nº 134, pointe Cierva et îles au large, côte Danco, péninsule Antarctique.

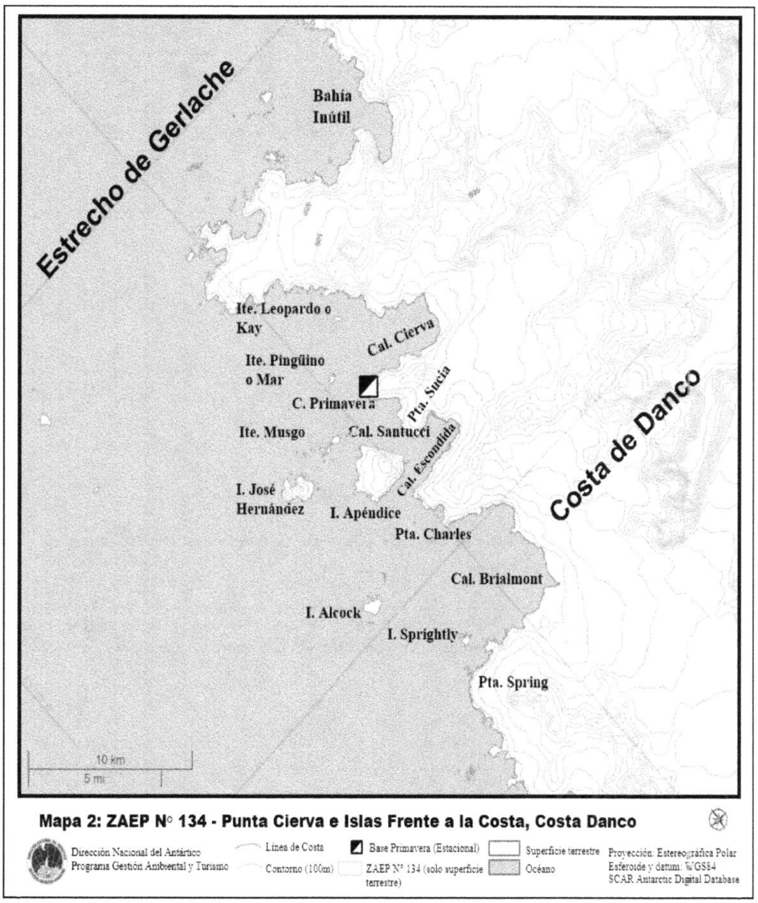

Figure 5. Zone spécialement protégée de l'Antarctique n° 134, pointe Cierva et îles au large, côte Danco, péninsule Antarctique. En gris, l'ensemble des sites qui forment la ZSPA n° 134 (le milieu marin subtidal entre les différents secteurs continentaux et insulaires n'est pas inclus dans la ZSPA).

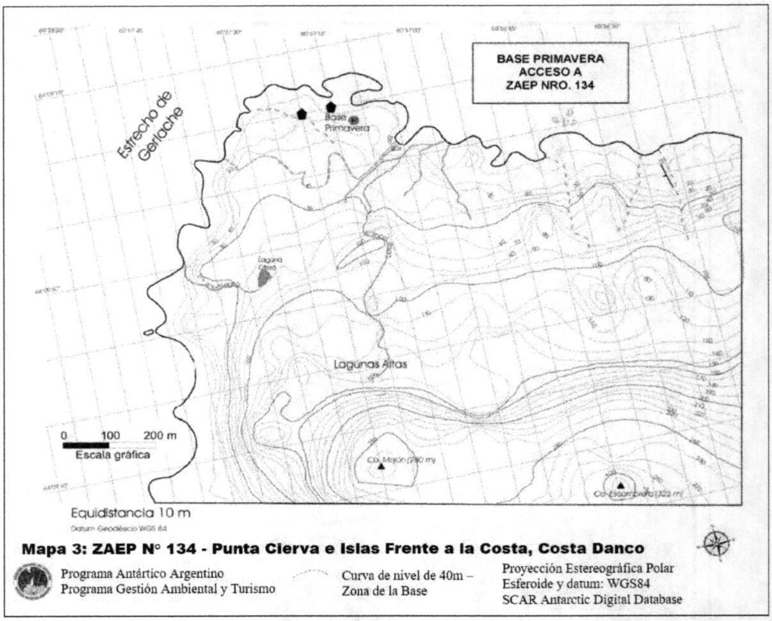

Figure 6. Secteur de pointe Cierva comprenant la station Primavera (la ligne grise en pointillé sur la courbe de niveau de 40 m indique l'emplacement de la station, exclue de la ZSPA n° 134).

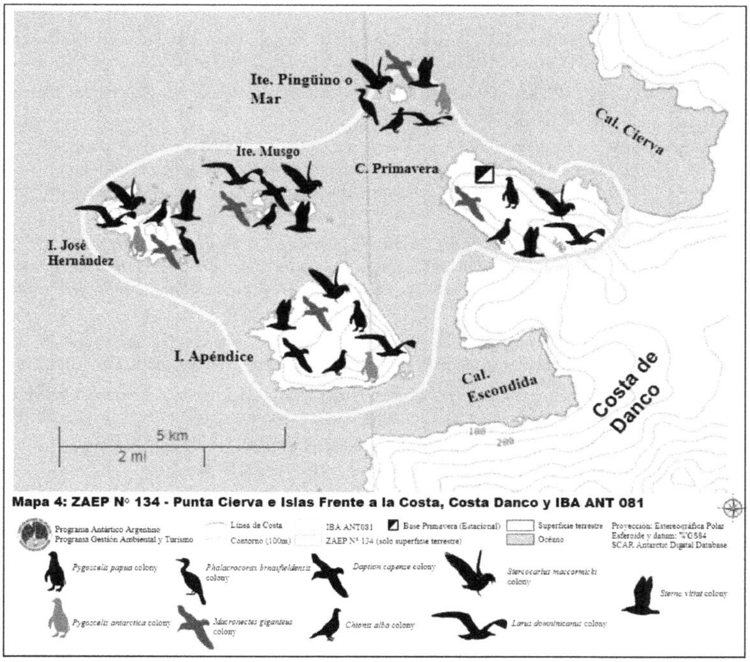

Figure 7. Détail des limites des secteurs qui composent la ZSPA n° 134 et l'IBA ANT081. L'emplacement général des différentes colonies d'oiseaux situées dans la réserve est également indiqué.

8. Bibliographie

Agraz, J. L., Quintana, R.D. y Acero, J. M. 1994. Ecología de los ambientes terrestres en Punta Cierva (Costa de Danco, Península Antártica). *Contrib. Inst. Ant. Arg.*, 439, 1-32.

ATCM XXXV IP 13. Colonisation status of the non-native grass Poa pratensis at Cierva Point, Danco Coast, Antarctic Peninsula.

Bobinac M.A., Negrete J, Poljak S., Carlini P., Galliari J., Márquez M.E.I, Mennucci J.A. y Leonardi M.S. (2014). El comportamiento de la foca cangrejera (Lobodon carcinophaga) como determinante de la infección de piojos: ¿Por qué los juveniles son los piojosos? XXVII *Jornadas Argentinas de Mastozoología.*

Botta S., Secchi E.R., Rogers T.L., Prado J.H., de Lima R.C., Carlini P., Negrete J. (2018). Isotopic niche overlap and partition among three Antarctic seals from the Western Antarctic Peninsula. *Deep Sea Research Part II: Topical Studies in Oceanography* 149: 240-249.

Chambers L.E., Devney C.A., Congdon B.C., Dunlop N., Woehler E.J. & Dann P. 2011. Observed and predicted effects of climate on Australian seabirds. *Emu* 111: 235-251.

Convey P. y Quintana. R.D.1997. The terrestrial arthropod fauna of Cierva Point SSSI, Danco Coast, northern Antartic Peninsula. *European Journal of Soil Ecology*, 33 (1): 19-29.

Corte, A. 1961. La primera fanerogama adventicia hallada en el continente Antártico. *Contribucion del Instituto Antártico Argentino* 62, 1–14.

Costa, E. S., Santos, M. M., Coria, N. R., Torres, J. P. M., Olaf, M. A. L. M., & dos Santos Alves, M. A. (2019). Antarctic Skuas as bioindicators of local and global mercury contamination. Revista Eletrônica Científica da UERGS, 5(3), 311-317.

Croxall, J.P., Prince, P.A. Rothery, P. & Wood, A.G. 1998. Population changes in albatrosses at South Georgia. In: Robertson, G. & Gales, R. (Eds). Albatross biology and conservation. Chipping Norton: Surrey Beatty. pp. 69–83.

Favero M., Coria N.R. & Beron M.P. 2000. The status of breeding birds at Cierva Point and surroundings, Danco Coast, Antarctic Peninsula. *Polish Polar Research* 21, 181_187.

Guerrero A.I., Negrete J., Márquez M.E.I., Mennucci J., Zaman K. y Rogers T. (2014). Fatty acid composition suggests leopard seals are no longer apex predators in the Western Antarctic Peninsula ecosystem. *XXXIII SCAR Biennial Meetings and Open Science Conference*. Auckland.

Guerrero A.I., Negrete J., Márquez M.E.I, Mennucci J., Rogers T.L. (2016) Fatty acid composition and stratification of blubber in leopard seals *Hydrurga leptonyx*: implications for diet analysis. *Journal of Experimental Marine Biology and Ecology* Vol.478: 54-61.

González-Zevallos, D., Santos, M., Rombola, E. F. Juáres, M., Coria, N. 2013. Abundance and breeding distribution of seabirds in the northern part of the Danco Coast, Antarctic Peninsula. Polar Research, 32, 11133, http://dx.doi.org/10.3402/polar.v32i0.11133

Guidelines for the Operation of Aircrafts. Resolution 2. 2004 – ATCM XXVII - CEP VII, Cape Town (available at http://www.ats.aq/documents/recatt/Att224_e.pdf)

Harris, C., Lorenz, K., & van Franeker, J. A. (2015). Important bird areas in Antarctica 2015. BirdLife Int. and Env. Research & Assessment.

Krüger, L., Ramos, J. A., Xavier, J. C., Grémillet, D., González-Solís, J., Petry, M. V., Phillips, R. A., Wanless, R. M. & Paiva, V. H. (2018). Projected distributions of Southern Ocean albatrosses, petrels and fisheries as a consequence of climatic change. Ecography, 41(1), 195-208.

Lynch H.J., Naveen R. & Fagan W.F. 2008. Censuses of penguin, blue-eyed shag *Phalacrocorax atriceps* and southern giant petrel *Macronectes giganteus* populations on the Antarctic Peninsula, 2001_2007. *Marine Ornithology* 36: 83-97.

Mataloni, G., & Pose, M. (2001). Non-marine algae from islands near Cierva Point, Antarctic Peninsula. Cryptogamie Algologie, 22(1), 41-64.

Meade J., Ciaglia M.B., Slip D.J., Negrete J., Márquez M.E.I., Rogers T. (2015) Spatial patterns in activity of leopard seals Hydrurga leptonyx in relation to sea ice. Marine Ecology Progress Series 521: 265–275.

Morgan, F., Barker, G., Briggs, C., Price, R. and Keys H. 2007. Environmental Domains of Antarctica version 2.0 Final Report, Manaaki Whenua Landcare Research New Zealand Ltd, pp. 89.

Morley, S. A., Abele, D., Barnes, D. K., Cárdenas, C. A., Cotté, C., Gutt, J., Henley, S. F., Höfer, J., Hughes, K. A., Martin, S. M., Moffat, C., Raphael, M., Stammerjohn, S. E., Suckling, C. C., Tulloch, V. J. D., Waller, C. L. and Constable, A. J.(2020). Global drivers on Southern Ocean ecosystems: changing physical environments and anthropogenic pressures in an Earth system. Frontiers in Marine Science, 7, 1097.

Muller-Schwarze C. & Muller-Schwarze D. 1975. A survey of twenty-four rookeries of pygoscelid penguins in the Antarctic Peninsula region. In B. Stonehouse (ed.): The biology of penguins. Pp. 309_320. London: Macmillan.

Negrete J., Depino E.A., Carlini P., Galliari J.G., Leonardi S., Bobinac M., Loza C.M., Márquez M.E.I., Mennucci J.A. y Rogers T.(2014). Fidelidad al sitio de muda de la foca leopardo (*Hydrurga leptonyx*) en Costa Danco, Península Antártica. XXVII Jornadas Argentinas de Mastozoología.

Novatti R. 1978. Notas ecológicas y etológicas sobre las aves de Cabo Primavera, Costa de Danco, Península Antártica. (Ecological and ethological notes on birds in Spring Point, Danco Coast, Antarctic Peninsula.) Contribución Instituto Antártico Argentino 237. Buenos Aires: Argentine Antarctic Institute. Olalla, A., Moreno, L., & Valcárcel, Y. (2020). Prioritisation of emerging contaminants in the northern Antarctic Peninsula based on their environmental risk. *Science of The Total Environment*, 742, 140417.

Patterson D.L., Woehler E.J., Croxall J.P., Cooper J., Poncet S., Peter H.-U., Hunter S. & Fraser W.R. 2008. Breeding distribution and population status of the northern giant petrel *Macronectes halli* and the southern giant petrel *M. Giganteus*. *Marine Ornithology* **36:** 115-124.

Pertierra, L. R., Hughes, K. A., Tejedo, P., Enríquez, N., Luciañez, M. J., & Benayas, J. (2017). Eradication of the non-native Poa pratensis colony at Cierva Point, Antarctica: A case study of international cooperation and practical management in an area under multi-party governance. Environmental Science & Policy, 69, 50-56.

Poncet S. & Poncet J. 1987. Censuses of penguin populations of the Antarctic Peninsula, 1983_87. *British Antarctic Survey Bulletin* 77, 109_129.

Quintana R.D., Cirelli V. & Orgeira J.L. 1998. Abundance and spatial distribution of bird populations at Cierva Point, Antarctic Peninsula. Marine Ornithology 28, 21_27.

Ramos Marín, S. (2018). Spatial modelling of the temperature at the top of Permafrost in Cierva Point (Antarctic Peninsula) (Doctoral dissertation).

Rogers, T., Ciaglia, M., O'Connell, T., Slip, D., Meade, J., Carlini, A., Márquez, M.2012. WAP Antarctic top predator behaves differently: whiskers reveals WAP leopard seals are krill-feeding specialist. XXXII SCAR Open Science Conference and XXIV COMNAP AGM, Portland, Oregon.

Ross M.R., Hofmann E.E., Quetin L. B. 1996. Foundations for Ecological Research West of the Antarctic Peninsula. *American geophysical union*. 448 pp.

Santos, M. M. (2014). Ecología trófica y áreas de forrajeo del escúa polar del sur, Stercorarius maccormicki, en dos localidades antárticas (Doctoral dissertation, Universidad Nacional de La Plata).

SCAR's Code of Conduct for the Use of Animals for Scientific Purposes (available at *http://www.scar.org/treaty/atcmxxxiv/ATCM34_ip053_e.pdf*).

Smith, R. I. L. 1996. Introduced plants in Antarctica: potential impacts and conservations issues. *Biological Conservation*, 76, 135–146.

Stammerjohn, S.E., Martinson, D.G., Smith, R.C., Yuan, X., Rind, D., 2008. Trends in Antarctic annual sea ice retreat and advance and their relation to El Niño–Southern Oscillation and Southern Annular Mode variability. *J. Geophys. Res.*, 113:C03S90.

Terauds, A., Chown, S., Morgan, F., Peat, H., Watts, D., Keys, H., Convey, P. and Bergstrom, D. 2012. Conservation biogeography of the Antarctic. *Diversity and Distributions*, 22 May 2012, DOI:
10.1111/j.1472-4642.2012.00925.x

Trivelpiece, W.Z., Hinke, J.T. Miller, A.K. Reiss, C.S. Trivelpiece, S.G., Watters, G.M., 2010. Variability in krill biomass links harvesting and climate warming to penguin population changes in Antarctica. *Proc. Natl. Acad. Sci.*, doi/10.1073/pnas.1016560108.

Turner, J., Bindschadler, R., Convey, P., Di Prisco, G., Fahrbach, E., Gutt, J., Hodgson, D., Mayewski, P. & Summerhayes, C. (2009). Antarctic climate change and the environment. SCAR

Thompson, D. W. J. y Solomon, S. 2002. Interpretation of recent Southern Hemisphere climate change. *Science* 296:895–899.

Warwick-Evans, V., A Santora, J., Waggitt, J. J., & Trathan, P. N. (2021). Multi-scale assessment of distribution and density of procellariiform seabirds within the Northern Antarctic Peninsula marine ecosystem. ICES Journal of Marine Science.

Wilhelm, K. R., Bockheim, J. G., & Haus, N. W. (2016). Properties and processes of recently established soils from deglaciation of Cierva Point, Western Antarctic Peninsula. Geoderma, 277, 10-22.

Woehler E.J. 1993. The distribution and abundance of Antarctic and Subantarctic penguins. Cambridge: Scientific Committee on Antarctic Research.

Woehler E.J., Cooper J., Croxall J.P., Fraser W.R., Kooyman G.L., Millar G.D., Nel D.C., Patterson D.L., Peter H.-U., Ribic C.A., Salwicka K., Trivelpiece W.Z. & Weimerskirch H. 2001. A statistical assessment of the status and trends of Antarctic and Subantarctic seabirds. Cambridge: Scientific Committee on Antarctic Research.

Plan de gestion de la zone spécialement protégée de l'Antarctique n° 148

MONT FLORA, BAIE HOPE, PÉNINSULE ANTARCTIQUE

Introduction

La raison principale de la désignation du mont Flora, de la baie Hope, de la péninsule Antarctique (63°25' de latitude sud, 57°01' de longitude ouest, 0,3 km^2) comme zone spécialement protégée de l'Antarctique (ZSPA) est de protéger les valeurs scientifiques liées à la riche flore fossile présente dans la zone.

Le mont Flora a été initialement désigné « site d'intérêt scientifique particulier » par la Recommandation XV-6 (1989, SISP no 31) sur proposition du Royaume-Uni. Cette désignation était intervenue en raison « de l'importance scientifique exceptionnelle de la riche flore fossile du site ». Ce fut l'une des premières flores fossiles découvertes en Antarctique, et son rôle s'est révélé crucial dans la compréhension de l'histoire géologique de la péninsule antarctique. Depuis qu'il a été découvert, le mont Flora, facile d'accès et riche en débris fossilifères grâce aux éboulis, n'a pu résister à la convoitise des collectionneurs de souvenirs, à tel point que la disponibilité de matériaux utiles pour mener des recherches rigoureuses a considérablement diminué. Le plan de gestion a par ailleurs été soumis à une importante révision en 2002 (Mesure 1), notamment de ses limites. Le dernier examen du plan a eu lieu 2015 (Mesure 8), au cours duquel des modifications ou des modifications mineures ont été apportées.

Le géologue Johann Gunnar Andersson a découvert le mont Flora lors de l'expédition suédoise australe (1901-1904)[1]. Le refuge en pierre datant de cette époque (monument historique n° 39) subsiste d'ailleurs encore à l'heure actuelle à proximité de la pointe Seal, baie Hope. Otto Nordenskjöld, le responsable de l'expédition, a baptisé l'endroit mont Flora (en suédois « Flora-Berg ») d'après les observations géologiques d'Andersson, marquant ainsi la découverte de la première concentration importante de fossiles en Antarctique. La zone s'est par la suite avérée d'une importance scientifique considérable pour interpréter les corrélations entre les grands phénomènes géologiques de la région.

La zone se trouve à environ trois kilomètres au sud-est de la station Esperanza (Argentine) et de la station Teniente de Navio Ruperto Elichiribehety (Uruguay). Parmi les recherches scientifiques actuellement en cours dans la zone figure le projet « Stratigraphie et paléobotanique du Jurassique du nord de la péninsule antarctique », réalisé par l'Institut antarctique argentin, qui vise à mener des études pétrographiques et paléobotaniques détaillées dans les sédiments jurassiques et / ou affleurements volcaniques dans le nord de la péninsule antarctique.

La zone s'inscrit donc dans le champ plus large du système des zones protégées de l'Antarctique au titre des quelques ZSPA qui protègent principalement les valeurs géologiques. La Résolution 3 (2008) recommandait que l'Analyse des domaines environnementaux pour le continent antarctique serve de modèle dynamique pour l'identification des Zones spécialement protégées de l'Antarctique dans le

[1] Dirigé par Otto Nordenskjöld et sous le commandement de Carl Anton Larsen, le groupe d'expédition comprenait le géologue Johan Gunnar Andersson, le botaniste Carl Skottsberg, le zoologiste Axel Ohlin, le scientifique naval José María Sobral et l'artiste Frank Wilbert Stokes.

cadre environnemental et géographique systématisé visé à l'article 3(2) de l'Annexe V du Protocole (voir également Morgan et al., 2007). Sur la base de ce modèle, la ZSPA N° 148 est contenu dans le domaine d'environnement A : Géologie nord de la péninsule antarctique (Morgan et al., 2007). La ZSPA n° 148 se trouve dans la région de conservation biogéographique de l'Antarctique (RCBA) 1 : nord-est de la péninsule antarctique. Dans la Résolution 5 (2015), les Parties ont reconnu l'intérêt des Zones importantes pour la conservation des oiseaux de l'Antarctique (ZICO) dans la planification et le déploiement d'activités en Antarctique. La zone importante pour la conservation des oiseaux ANT074 baie Hope comprend un terrain libre de glace du côté est de la baie Hope, au nord de la ZSPA n° 148. L'IBA se qualifie sur la base de la grande colonie de manchots Adélie (*Pygoscelis adeliae*) présente.

1. Description des valeurs à protéger

À la suite d'une visite de la ZSPA effectuée par des gestionnaires environnementaux argentins en janvier 2011 et en janvier 2013, les valeurs spécifiées dans la désignation précédente ont été examinées et confirmées. De même, le personnel scientifique qui a visité le mont Flora en 2017 et 2019 a reconfirmé les valeurs spécifiques de la ZSPA et a également mentionné le besoin futur d'évaluer de nouvelles zones proches de la zone avec des affleurements visibles exposés après le retrait glaciaire. La zone présente les valeurs suivantes :

- Le mont Flora possède d'importantes valeurs scientifiques et historiques associées à cet important patrimoine de découvertes géologiques en Antarctique.
- Trois formations géologiques caractérisent le mont Flora : la formation de la baie Hope (groupe de la péninsule Trinité), qui est séparée par une discordance des strates végétales superposées légèrement inclinées de la formation du mont Flora (groupe de la baie Botany) qui, à leur tour, sont recouvertes d'ignimbrites et de tufs soudés de la formation du glacier Kenney (groupe volcanique de la péninsule antarctique). La corrélation entre ces formations est capitale pour déterminer l'âge des strates végétales, élément fondamental pour interpréter la géologie de la péninsule antarctique.
- Le site a de tout temps constitué un point de référence important pour les comparaisons entre les flores de l'hémisphère sud.
- En outre, la flore fossile a toujours été incontournable pour l'obtention de données sur le paléoclimat de la région au Mésozoïque, car cette information est en général très lacunaire.
- Par ailleurs, le mont Flora abrite une des seules flores de l'Antarctique appartenant au Jurassique et il s'agit du seul site à avoir fait l'objet d'une étude relativement approfondie et documentée. Les assemblages végétaux du Mésozoïque du mont Flora comprennent des sphénophytes, des fougères, des cycadophytes (cycades et bennetites), des ptéridospermées et des conifères. Des échantillons de fossiles ont été utilisés comme modèles de référence pour de nombreuses études de paléobotanique du Jurassique et du Crétacé.
- En plus de l'importante flore fossile, des travaux récents ont fait resurgir des découvertes confirmant la présence de fossiles de bivalves d'eau douce jurassique à Monte Flora.

2. Buts et objectifs

Le plan de gestion au mont Flora vise à :

- éviter la dégradation ou les risques importants pour les valeurs de la zone en empêchant les perturbations humaines inutiles et l'échantillonnage dans la zone grâce à un accès incontrôlé et à des collections inappropriées de matériel géologique ;
- mener des recherches scientifiques, géologiques et paléontologiques tout en protégeant la zone d'échantillonnages excessifs ;
- permettre d'autres travaux de recherche scientifique à l'intérieur de la zone sous réserve qu'ils ne portent pas atteinte aux valeurs pour lesquelles la zone est protégée ;
- permettre des travaux de recherche scientifique dans la zone pour autant que ces travaux soient indispensables et ne puissent pas être menés ailleurs ;

- permettre l'organisation de visites à des fins de gestion pour venir appuyer les objectifs du plan de gestion.

3. Activité de gestion

Les activités de gestion suivantes doivent être entreprises pour protéger les valeurs de la zone :

- Une carte indiquant l'emplacement de la zone, et mentionnant toute restriction particulière s'y appliquant, sera affichée à un endroit visible dans les stations scientifiques Esperanza (Argentine) et Teniente de Navio Ruperto Elichiribehety (Uruguay). Des copies du présent plan de gestion devront également y être mises à disposition.
- Quiconque entreprendra l'ascension du mont Flora sera informé qu'il ne peut pénétrer dans la zone sans un permis délivré par l'autorité compétente.
- les bornes, les panneaux ou autres structures érigés dans la Zone à des fins scientifiques et de gestion doivent être fixés comme il se doit et maintenus en bon état ;
- le matériel ou l'équipement abandonné doit être enlevé dans toute la mesure du possible, à moins que leur enlèvement n'engendre des impacts irréversibles sur les valeurs de la Zone ;
- Des experts devront visiter la zone en fonction des besoins afin de déterminer si la zone répond toujours aux objectifs pour lesquels elle a été désignée et de s'assurer que les mesures de gestion et d'entretien sont adéquates. Une évaluation sur documents doit être entreprise pour examiner les rapports de visite de la ZSPA et les informations disponibles sur les prélèvements de fossiles dans la zone.
- Le retrait de la passe glaciaire ces dernières années a mis à nu de nouveaux affleurements de roches fossilifères à proximité du mont Flora. Une mise à jour périodique des limites est nécessaire pour s'assurer que ces roches fossilifères exposées sont incluses dans la ZSPA si la recherche scientifique démontre leur valeur paléontologique. Cela peut nécessiter une révision du plan de gestion dans les prochaines années.
- Une archive des prélèvements de fossiles effectués sur le mont Flora sera compilée sur la base des rapports de visites afin de mieux évaluer la délivrance des permis et de limiter le suréchantillonnage. (Voir les sections *7(iii), (x)* et *(xi)*).

4. Durée de la désignation

La Zone est désignée pour une durée indéterminée.

5. Cartes

Carte 1 : Mont Flora (ZSPA n° 148) par rapport à la baie Hope, péninsule Trinité, îles Shetland du Sud, montrant l'emplacement des zones protégées les plus proches. La carte montre l'emplacement des Zones protégées les plus proches ainsi que les stations scientifiques Esperanza (Argentine) et Teniente de Navio Ruperto Elichiribehety (Uruguay). Encart : emplacement du mont Flora sur la péninsule antarctique.

Carte 2 : Mont Flora (ZSPA n° 148), baie Hope, carte topographique. Spécifications de la carte : Projection : conique conforme de Lambert : Parallèles d'échelle conservée : 1er 76° 40' S ; 2e 63 ° 20' S ; méridien central : 57° 02' O ; latitude d'origine : 70° 00' S ; sphéroïde : WGS84. Datum vertical : niveau moyen de la mer. Intervalle de contour vertical 25 m. Précision horizontale et verticale inconnue. Remarque : la topographie et les positions sont basées sur les données d'un relevé réalisé dans les années 50. Il a été déterminé que les positions réelles contenaient une erreur estimée à quelque 500 m. L'emplacement des marges glaciaires se base sur une photographie aérienne de 1999.

Carte 3 : Mont Flora, ZSPA n° 148, carte géologique adaptée de la « Mapa geológico de Bahía Esperanza Antártida » publiée par l'Instituto Geológico y Minero de España et l'Instituto Antártico Argentino (échelle 1/10 000).

6. Description de la zone

6(i) Coordonnées géographiques, bornage et caractéristiques du milieu naturel

DESCRIPTION GÉNÉRALE
Le mont Flora (latitude sud 63°25', longitude ouest 57°01', 0,3 km^2) est situé sur le flanc sud-est de la baie Hope, à l'extrémité septentrionale de la péninsule Trinité, péninsule antarctique (Carte 1). Le sommet (520 m) est à environ 1 km de la côte méridionale de la baie Hope. Le mont Flora est entouré de 4 glaciers. Le glacier Flora s'étend du cirque sous le sommet du mont Flora vers le nord-est, et ce sur 1 km, avant de déboucher sur un glacier plus important qui couvre les versants est et sud du mont Flora, s'étendant vers le nord-est à partir de Pyramid (565 m) (Carte 2). Les versants occidentaux du mont Flora sont délimités par le glacier Kenney qui rejoint le glacier Depot avant de se jeter dans les profondeurs de la baie Hope. Pyramid est un pic situé à 1,5 km au sud sud-est du mont Flora. Au nord de la zone sont situés la vallée Five Lakes et les collines Scar, deux zones libres de glace, et au nord-est le lac Boeckella.

LIMITES
Les limites fixées dans le plan de gestion initial ont été modifiées lors de la révision du plan de gestion en 2002 afin d'inclure la majorité des affleurements de strates fossilifères connus sur les versants nord du mont Flora. Les limites de la ZSPA ont de nouveau été modifiées en 2021 pour inclure toutes les strates de la formation du mont Flora au nord de la zone. La crête du sommet et le pic le plus élevé (520 m), composés de roches volcaniques non fossilifères, étaient auparavant inclus dans les limites de la zone et en sont désormais exclus. La limite s'étend du sommet nord du mont Flora (516 m) - le point le plus élevé de la frontière - vers l'ouest en descendant la crête jusqu'au glacier Kenney. La limite suit ensuite la marge est du glacier Kenney vers le nord jusqu'au contour de 100 m, puis vers l'est à travers les pentes d'éboulis le long du contour de 100 m sur 1 200 m. À ce stade, la frontière s'étend au sud-sud-ouest sur 100 m en direction de la marge nord-ouest du glacier Flora. De là, la limite sud de la zone suit la marge nord-ouest du glacier Flora vers le sud-ouest jusqu'à la crête menant vers l'ouest jusqu'au sommet nord du mont Flora (voir la carte 3). Lorsqu'ils sont présents, les affleurements inférieurs, les marges glaciaires, la crête ouest et le sommet nord du mont Flora démarquent un périmètre visible à l'œil nu. La zone reste autrement non marquée.

Les coordonnées des limites de la zone sont indiquées dans le tableau 1 en commençant par le nord du sommet du mont Flora et se suivent ensuite dans le sens des aiguilles d'une montre.

Tableau 1 : Coordonnées de la limite de la ZSPA n° 148 Mt Flora, baie Hope, péninsule Antarctique

Nombre	Latitude	Longitude
1	63°24'53''S	057°01'26'' O
2	63°24'56''S	057°02'02'' O
3	63°24'49''S	057°02'10'' O
4	63°24'38''S	057°00'50'' O
5	63°24'41''S	057°00'47'' O
6	63°24'45''S	057°01'05'' O
7	63°24'51''S	057°01'10'' O

CLIMAT
Il n'existe aucune donnée d'archive détaillée sur la météorologie du mont Flora, mais les conditions sont semblables à celles prévalant à la station Esperanza. En été (décembre, janvier et février), la température maximale moyenne se situe entre 2,6 °C et 3,2 °C, tandis que la température minimale moyenne se situe entre -2,9 °C et -1,8 °C. Pendant cette saison, la température peut atteindre 18,4 °C, comme en 2020, ou aussi bas que -12,0 °C, comme en 1985. En hiver, les températures maximales moyennes sont d'environ -6,0 °C, tandis que les moyennes minimales sont d'environ -15,0 °C. Exceptionnellement, la température peut monter à 13,0 °C, ou descendre à -32,3 °C, comme en 1975.

Les températures au mont Flora sont susceptibles d'être plus basses en raison de sa plus grande altitude. Décembre et janvier sont les mois les moins venteux (vitesse moyenne du vent de 20-22 km h^{-1}), tandis que mai, juillet, août et septembre sont les mois les plus venteux (vitesse moyenne du vent > 30 km h^{-1}). Durant avril et mai, des rafales de plus de 380 km h^{-1} engendrées par les vents catabatiques en provenance du glacier local ont été enregistrées. Des vents violents (de 43 km h^{-1} ou plus) ont été observés tout au long de l'année, à une fréquence moyenne d'environ 15 jours par mois. La fréquence annuelle moyenne de jours de neige est de 181 jours. Tout au long de l'année, on observe des chutes de neige, en moyenne 13 à 16 jours par mois, la moyenne minimale étant de 13 jours en juin. La fréquence moyenne de jours de ciel couvert est élevée en été (23 jours en janvier), mais plus faible durant les mois hivernaux (environ 13 jours par mois). La fréquence des jours de ciel dégagé est faible tout au long de l'année, et oscille entre 1 et 5 jours par mois. (Servicio Meteorológico Nacional, Argentine).

GÉOLOGIE, SOLS ET PALÉONTOLOGIE

La géologie de la zone comprend trois formations principales : la formation de la baie Hope, la formation Mount Flora et la formation Kenney Glacier. À la base, la Formation de la baie Hope (Trinity Peninsula Group) a plus de 1 200 m d'épaisseur et est caractérisée par de la turbidite siliciclastique marine et du grès. Ils appartiennent au Permo-carbonifère par la présence de certaines spores supposées carbonifères (Grikurov et Dibner, 1968) et une datation isotopique Rb-Sr de schistes boueux et de grès à gros grain (281 ±16 Ma, Pankhurst, 1983). Toutefois, les éléments susceptibles de corroborer le facteur temporel sont minces et cette absence de preuves peut prêter à des interprétations ambiguës (Smellie et Millar, 1995). La formation de la baie Hope est séparée de la formation du mont Flora par une discordance angulaire et une longue lacune stratigraphique. La formation du mont Flora (groupe de la baie Botany) se compose principalement de grès, de conglomérats et de schistes, et contient des strates fossiles très importantes. La formation superposée du glacier Kenney (groupe volcanique de la péninsule antarctique), qui est aussi séparée de la formation du mont Flora par une discordance angulaire, se compose d'ignimbrites et de tufs soudés. L'âge du mont Flora a fait l'objet de nombreux débats (Andersson, 1906 ; Halle, 1913 ; Bibby, 1966 ; Thomson, 1977 ; Farquharson, 1984 ; Francis, 1986 ; Gee, 1989 et Rees, 1990). Les données radiométriques et paléobotaniques les plus récentes situent le mont au début/milieu du Jurassique (Rees, 1993, a et b ; Rees et Cleal, 1993 ; Riley et Leat, 1999). Des failles ont été observées sur la face nord du mont Flora (Birkenmajer, 1993, a) et cartographiées en séparant le groupe de la péninsule Trinité de la formation du mont Flora (Smellie, commentaire personnel. 2000).

La formation du mont Flora a une épaisseur de 230 à 270 m et peut être subdivisée comme suit : un membre inférieur de la vallée Five Lakes et un membre supérieur du glacier Flora qui contiennent les dépôts fossiles les plus importants. Le membre de la vallée Five Lakes a une épaisseur d'environ 170 m et se compose de schistes boueux, de conglomérats et de brèches de sédiments phanérogames grossiers. La lithologie dominante, notamment dans la partie inférieure de la succession, présente des constituants allant du conglomérat pierreux -clastolithe- au conglomérat rocheux (Farquharson, 1984). Ce membre affleure clairement sur les versants nord et nord-est du mont Flora entre le glacier Flora et la vallée Five Lakes. Sa limite inférieure est une discordance angulaire par rapport à la formation de la baie Hope. Le contact entre la formation du mont Flora et la formation de la baie Hope est couvert d'éboulis. On présume qu'environ 50 m des couches de base du membre de la vallée Five Lakes ne donnent lieu à aucun affleurement. Une section plus élevée de ce même membre est bien découverte au niveau d'un contrefort qui sépare le glacier Flora de la vallée Five Lakes (Martin Serrano et al. 2005, Montes et al. 2004).

Le membre du glacier Flora est composé d'un complexe grès-conglomérats d'une épaisseur de 60 à 100 m, recouvert localement d'un complexe schisteux d'une épaisseur pouvant aller jusqu'à 10 m et qui constitue la principale zone fossilifère. L'affleurement le plus évident se trouve au niveau d'un contrefort qui divise le cirque du glacier Flora de la vallée Five Lakes à environ 350 m. Un sill d'un mètre d'épaisseur se trouve dans la section supérieure du schiste à proximité du contact avec la formation du glacier Kenney. L'association de grès est caractérisée par des cycles à granocroissance inverse (diminution de la grosseur du grain) dont l'épaisseur varie de 2,5 à 11,5 m (Farquharson, 1984). Bien que pratiquement inaccessibles, les affleurements du membre du glacier Flora se prolongent sur les pentes raides du mont Flora au-dessus de la vallée Five Lakes et rejoignent à l'ouest la marge du glacier Kenney. L'épaisseur de cette unité augmente de 50/60 m au niveau du contrefort, à environ 100 m à la marge du glacier. Les dépôts volcanogéniques constituent une partie réduite, mais importante, de la formation du mont Flora. Une seule ignimbrite, de 26 m d'épaisseur, forme une bande pâle sur le versant nord du mont Flora, environ à mi-hauteur sur la séquence sédimentaire (Farquharson, 1984). La roche volcanique de la formation du glacier Kenney recouvre la formation du mont Flora affleurant dans les parties les plus élevées de ce dernier. Il recouvre également, de manière plus étriquée, la formation de la baie Hope sur la saillie est de Pyramid (Smellie, commentaire personnel. 2000). La formation incomplète est un complexe principalement de tourbes, d'agglomérats, d'ignimbrites et de laves rhyolites et dacites (Birkenmajer, 1993 a et b). Farquharson (1984) a identifié la présence de tufs, d'agglomérats à fin grain et de tufs soudés. Les affleurements fossiles les plus importants se trouvent sur les flancs nord et nord-ouest du mont Flora.

La plupart des études ont porté sur des échantillons prélevés sur le flanc nord relativement facile d'accès. La flore fossile a été décrite pour la première fois de manière exhaustive par Halle (1913) et ses analyses sont depuis lors restées le critère de référence pour les études biostratigraphiques et floristiques du Gondwana au Mésozoïque (Rees et Cleal, 1993). Halle (1913) avait au départ répertorié 61 espèces de fossiles, mais ce chiffre a été plus récemment ramené à 43 espèces (Gee 1989), puis à 38 espèces (Rees, 1990) et plus tard encore à 32 espèces (Baldoni, 1986 ; Morel et al. 1994 ; Rees et Cleal 2004). Plus récemment, 41 taxons ont été décrits (Ociepa, 2007 ; Birkenmajer et Ociepa, 2008 ; Ociepa et Barbacka, 2011). Du bois fossile de la ZSPA a également été étudié (Torres et al. 2000).

La flore se caractérise principalement par des petites feuilles d'hépatiques en forme d'écailles, par des tiges et des fragments de cônes de sphénophytes (*Equisetaceae*, Equisetum), ainsi que par des feuilles de fougères (Dipteridaceae, Matoniaceae, dicksoniaceae, Osmundaceae) et des feuilles et des branches de gymnospermes (Caytoniales, Cycadales, Bennettitales, ptéridospermes et conifères). Des écailles de cônes (conifère) et de cycadophytes, des graines et des tiges non identifiées, ainsi que des feuilles et des branches feuillues sont également préservées (Taylor, aucune date ; Rees, commentaire personnel 1999). D'autres fragments de fleurs ont été identifiés comme étant des frondes fertiles de fougères ou des cônes de conifères, mais des incertitudes demeurent quant au lieu de cette espèce avec d'autres taxons, car aucune spore et aucun pollen n'a pu être obtenu à ce jour à partir de ces fragments (Ociepa et Barbacka, 2011). De façon plus générale, des palynomorphes identifiables à partir des strates végétales de la formation du mont Flora n'ont pas pu être récupérés (Rees et Cleal, 2004 ; Ociepa et Barbacka, 2011). Quatre coléoptères (Ordre : des coléoptères) des élytres (exosquelettes) ont été identifiés à partir d'un petit échantillon de schiste, contenant également des fossiles végétaux, du mont Flora (Zeuner 1959). Il s'agit de *Grahamelytron crofti* et *Ademosynoides antarctica*. *G. crofti* pourrait être un Carabidé, malgré sa ressemblance avec un Chrysomelidae, tandis que *A. antarctica* a été considéré comme un Carabidé, un Ténébrionide, un Élatéridé ou comme appartenant à la famille fossile des Permosinidae (Zeuner, 1959). Des recherches récentes ont confirmé la présence du plus ancien fossile de mollusque d'eau douce de l'Antarctique, *Antediplodon esperanzaensis*, dans les affleurements jurassiques exposés par le retrait des glaciers à l'est de la zone (Martinez et al, 2019). Aucun autre représentant de la faune fossile n'a pu être relevé. Il n'existe aucun dépôt de faune ou de flore fossile marine dans la zone.

Le réchauffement climatique a entraîné un retrait glaciaire généralisé dans la région du nord de la péninsule antarctique. Par exemple, dans le nord de la péninsule Trinity, la superficie du sol libre de glace a augmenté d'environ c. 40 km^2. Plus précisément, dans la région de la baie Hope, qui englobe la ZSPA n °148, la zone libre de glace a augmenté d'environ c. 4,5 km^2 (Sotille, 2015). En conséquence, la formation du sol et la colonisation de la végétation ont augmenté dans toute la zone, révélant les processus dynamiques qui se produisent dans la région, et qui ont une valeur scientifique importante (Poeiras, 2011).

BIOLOGIE TERRESTRE ET D'EAU DOUCE

La flore vivant dans la zone est peu abondante et clairsemée. Bien qu'un recensement complet de la flore n'ait jamais été effectué, un certain nombre d'espèces de lichens et de mousses ont été identifiées à ce jour. Les espèces de mousses identifiées sont : *Andreaea gainii, Bryum argenteum, Ceratodon purpureus, Hennediella heimii, Pohlia nutans, Sanionia uncinata, Schistidium antarctici* et *Syntrichia princeps*. Les espèces de lichens identifiées sont : *Acarospora macrocyclos, Buellia anisomera, Buellia* spp., *Caloplaca* spp ., *Candelariella vitellina, Cladonia pocillum, Haematomma erythromma, Physcia caesia, Pleopsidium chlorophanum, Pseudephebe minuscula, Ueudephebe minuscula, Tresorophacticaria aspicapida, Rhizocarponaire geombica, Rhizoplactica anisomera Umbilicaria kappeni, Usnea antarctica, Xanthoria candelaria* et *Xanthoria elegans* . Il n'existe ni lac ni cours d'eau permanents dans la zone. Aucune information n'est disponible sur la faune d'invertébrés ou les communautés microbiennes présentes au mont Flora.

OISEAUX NICHEURS
Les informations disponibles sur les communautés d'oiseaux présentes sur le mont Flora sont lacunaires, à l'exception d'un rapport sur l'emplacement exact des sites de nidification de certaines espèces indiquant que les oiseaux, selon toute vraisemblance, ne se reproduisent pas dans la zone (Marshall, 1945). Cependant, les oiseaux en phase de reproduction dans la baie Hope ont généralement fait l'objet d'une étude bien détaillée. Par exemple, l'Argentine suit les colonies de manchots dans IBA ANT074 depuis le début des années 1990. Une partie de l'importante colonie de manchots Adélie (*Pygoscelis adeliae*), dont le nombre est estimé à 104 139 couples, est située à quelque 500 m au nord-est de la zone (Santos et al. 2018) (Carte 2). Parmi les autres oiseaux en phase de reproduction dans la baie Hope, on trouve 500 couples de manchot papou *(Pygoscelis papua)*, le labbe brun (*Catharacta loennbergi*), le sterne antarctique (*Sterna vittata*), l'océanite de Wilson (*Oceanites oceanicus*), le cormoran dominicain (*Larus dominicanus*) et le chionis blanc (*Chionis alba*). L'Argentine possède des informations détaillées sur le nombre d'oiseaux en phase de reproduction à proximité du mont Flora (1997), Santos et al. (2013) et Coria et Montalti (1993).

ACTIVITÉS HUMAINES ET LEURS IMPACTS
Le mont Flora a été découvert en 1903 par Johann Gunnar Andersson, un membre de l'expédition australe suédoise (1901-1904), qui a exploré et cartographié la majeure partie septentrionale de la péninsule antarctique. Andersson a prélevé des échantillons minéralogiques et fossiles du mont Flora au cours de l'hiver 1903 alors qu'il était bloqué et attendait les secours dans la baie Hope. Andersson et ses compagnons de route ont passé l'hiver dans un refuge en pierre (monument historique n° 39). Le chef de l'expédition était Otto Nordenskjöld, qui a nommé le mont Flora en raison des découvertes géologiques d'Andersson. Le Royaume-Uni a établi la base D dans la baie Hope en 1945 dans le cadre de l'opération Tabarin. La station a été exploitée jusqu'en février 1964 et a accueilli chaque hiver un personnel de 7 à 19 membres. La base « D » a été transférée du Royaume-Uni à l'Uruguay en 1997 et a été rebaptisée Teniente de Navio Ruperto Elichiribehety. L'Argentine a établi la station Esperanza le 31 décembre 1951 qui, depuis lors, n'a cessé de fonctionner et accueille 50 personnes en hiver et jusqu'à 70 en été. Celles-ci se consacrent à l'étude de diverses disciplines scientifiques comme la séismologie, la géologie, la géomorphologie, ainsi qu'au suivi des différents paramètres de l'écosystème et de la pollution.

La région de la baie Hope est sujette à des visites touristiques, avec entre 1 500 et 3 000 touristes par an visitant des sites locaux, notamment la gare d'Esperanza et la colonie de manchots à proximité d'Eagle Cove (IBA Ant074). Le mont Flora a été désigné site d'intérêt scientifique particulier en 1989 lorsqu'il a été constaté que des visiteurs occasionnels subtilisaient les plus beaux spécimens de fossiles qui devenaient dès lors perdus pour la science. Le tourisme et toute autre activité récréative ne sont pas autorisés dans la zone, bien que l'accès aux sites soit considéré comme difficile, rendant de telles visites peu probables.

6(ii) Accès à la Zone
La zone est uniquement accessible à pied. Les versants inférieurs du mont Flora sont facilement accessibles à pied à partir des stations de recherche locales et de la baie Hope. Cependant, une randonnée difficile est nécessaire pour atteindre la limite de la zone et se déplacer à l'intérieur de celle-ci, en raison de la nature escarpée du terrain local. Pour accéder à la zone, il faut suivre le terrain relativement plat au sud de la station Esperanza jusqu'au lac Boeckella. Ensuite, il convient de suivre

un sentier en direction du sud, qui mène à la partie orientale de la ZSPA, ce qui permet d'accéder à la zone en évitant les chemins les plus escarpés (Carte 2). Il est interdit aux hélicoptères d'atterrir dans la zone, sauf pour les cas d'urgence pour lesquels les hélicoptères peuvent éventuellement être utilisés conformément aux cas énoncés dans la section *7 (ii) Accès à la zone et déplacements à l'intérieur et au-dessus de celle-ci.*

6(iii) Emplacement de structures à l'intérieur et à proximité de la Zone
Il n'y a pas de structures à l'intérieur de la zone. Les stations de recherche scientifique les plus proches sont la station Esperanza (Argentine) (63°24' de latitude sud, 56°59' de longitude ouest) et la station Teniente de Navio Ruperto Elichiribehety (Uruguay) (63° 24' de latitude sud, 56°59' de longitude ouest), toutes deux situées à environ 1,5 km au nord-est de la zone. Les ruines d'une base britannique ravagée par un incendie en 1948 se trouvent à 300 m au nord-est de la base uruguayenne. Les tombes de deux Britanniques décédés dans l'incendie susmentionné se trouvent sur un petit promontoire, à environ 300 m au nord de la base uruguayenne. Deux abris, gérés par l'Argentine, sont situés à l'est du mont Flora (63°25'10" de latitude sud, 56°59'50" de longitude ouest et 63°27'36" de latitude sud, 57°11'14" de longitude ouest).

6(iv) Emplacement d'autres Zones protégées à proximité
Les zones protégées les plus proches du mont Flora sont la péninsule Potter (ZSPA no 132), la côte occidentale de la baie de l'Amirauté (ZSPA no 128), Lions Rump (ZSPA no 151) et la pointe Narebski, péninsule de Barton (ZSPA no 171), qui se trouvent toutes sur l'île du roi George, îles Shetland du Sud, à environ 150 km à l'ouest (Carte 1). Une cabane en pierre (monument historique n° 39) construite par les membres de l'expédition australe suédoise et un buste du général San Martin, une grotte contenant une statue de la Vierge de Luján, et un mât de drapeau érigé par l'Argentine en 1955, ainsi qu'un tombeau avec une stèle à la mémoire des membres des expéditions argentines décédés dans la zone (site et monument historique n° 40) se trouvent à proximité de la station Esperanza (Carte 2).

6(v) Aires spéciales à l'intérieur de la Zone
Aucune.

7. Critères de délivrance des permis d'accès

7(i) Critères généraux
L'accès à la Zone n'est autorisé que sur présentation d'un permis délivré par une autorité compétente en vertu de l'article 7 de l'Annexe V du Protocole au Traité sur l'Antarctique relatif à la protection de l'environnement.

Les critères de délivrance de permis d'accès à la Zone sont les suivants :

- un permis est délivré pour des raisons scientifiques indispensables qu'il est impossible de satisfaire ailleurs ou pour des raisons de gestion essentielles à la Zone ;
- toutes les activités de gestion entreprises le seront à l'appui des objectifs du plan de gestion ;
- Les actions autorisées le seront conformément au présent plan de gestion ;
- Les activités autorisées veilleront à ne pas porter atteinte à la protection continue des valeurs scientifiques et historiques de la zone par le biais du processus d'évaluation d'impact sur l'environnement ;
- dans le cas où un demandeur de permis souhaiterait procéder au prélèvement de roches, il devra, avant la délivrance du permis, prouver à l'autorité nationale compétente que les recherches envisagées ne peuvent pas être menées adéquatement au moyen des échantillons déjà prélevés et conservés dans diverses collections du monde entier ;
- le permis, ou une copie certifiée, doit être emporté à l'intérieur de la Zone ;
- un rapport de visite devra être soumis à l'autorité désignée dans le permis ;
- le permis est délivré pour une période limitée ;
- il convient de notifier à l'autorité compétente toute activité/mesure entreprise qui n'aurait pas été incluse dans le permis accordé.

7(ii) Accès à la Zone et déplacements à l'intérieur de celle-ci

- L'accès à la zone, et les déplacements à l'intérieur de celle-ci ,se feront à pied.
- Au vu de l'inclinaison du terrain, qui rend tout atterrissage d'hélicoptère dans la zone techniquement difficile, l'accès à la zone en hélicoptère est interdit, sauf en cas d'urgence. En cas d'urgence, et si les conditions de vent le permettent, un hélicoptère peut pénétrer dans la zone à des fins de sauvetage, idéalement sans atterrir. Si le type d'urgence en question le nécessite, l'hélicoptère peut atterrir sur le glacier Flora. En cas d'urgence nécessitant l'intervention d'un hélicoptère, celui-ci devra suivre les couloirs aériens indiqués sur la Carte 2. En outre, les atterrissages d'hélicoptères dans la zone avoisinante sont déconseillés en raison de la forte concentration d'oiseaux nichant à proximité du mont Flora. Le site d'atterrissage recommandé pour les hélicoptères est l'hélisurface de la station Esperanza (cf. Carte 2). Il convient également de consulter les Lignes directrices pour les aéronefs à proximité des concentrations d'oiseaux énoncées dans la Résolution 2 (2004).
- Les véhicules terrestres sont interdits dans la Zone.
- Les déplacements à pied doivent être réduits au minimum en fonction des objectifs de toute activité autorisée et il convient à tout moment de veiller à limiter les effets du piétinement, comme le bris de roches, surtout les roches *in situ.*
- Le survol des colonies d'oiseaux dans la Zone par des systèmes d'aéronefs pilotés à distance (RPAS) n'est pas autorisé, sauf à des fins scientifiques ou opérationnelles et en vertu d'un permis délivré par une autorité nationale compétente.

7(iii) Activités pouvant être menées à l'intérieur de la Zone

Les activités pouvant être menées dans la Zone sont les suivantes :

- Recherche scientifique impérieuse qui ne peut être entreprise ailleurs ;
- les travaux de recherche scientifique qui ne porteront pas atteinte aux valeurs de la zone ;
- Activités de gestion essentielles, y compris la surveillance.

En cas d'échantillonnage géologique, celui-ci devra être pratiqué, au minimum, conformément aux principes suivants :

1. L'échantillonnage doit donner lieu aux moins de perturbations possibles.
2. Le niveau d'échantillonnage doit être maintenu au minimum nécessaire pour répondre aux objectifs de recherche.
3. Il convient de laisser suffisamment de matériaux/spécimens pour permettre à de futurs chercheurs de comprendre le contexte géologique.
4. Les sites d'échantillonnage ne doivent pas être marqués (peinture, étiquette, etc.).
5. À la fin du projet, les spécimens devront être conservés dans un dépôt reconnu.
6. Les informations relatives à la situation GPS des sites d'échantillonnage, au volume/poids des échantillons, au type d'échantillonnage et au type de matériaux prélevés, ainsi qu'à l'endroit où les échantillons seront stockés, doivent être indiquées dans les rapports de visite remis à l'autorité nationale compétente.
7. Une copie de ces informations doit également être transmise aux Parties promotrices afin de faciliter la révision du plan de gestion et de leur permettre d'aviser les autres Parties de la présence de certains matériels géologiques dans les dépôts, en vue de limiter les échantillonnages complémentaires inutiles.

7(iv) Installation, modification ou démantèlement de structures

Aucune structure ne doit être érigée dans la Zone et aucun matériel scientifique ne doit y être installé, sauf pour des raisons scientifiques ou de gestion indispensables et pour une période préétablie définie dans un permis. Les structures ou installations permanentes sont interdites. Toutes les balises, les structures ou les matériels scientifiques installés dans la Zone doivent être clairement identifiés, indiquant le pays, le nom du principal chercheur, l'année d'installation et la date d'enlèvement prévue. Tous ces éléments ne doivent contenir aucun organisme, propagule (p. ex. semences, œufs) ou sol non stérile et doivent être faits de matériaux résistants aux conditions environnementales et présentant un risque de pollution minime pour la Zone. L'enlèvement de matériel spécifique pour lequel le permis est arrivé à expiration sera l'une des conditions de délivrance du permis.

7(v) Emplacement des camps de base
Il est interdit de camper dans la zone.

7 (vi) Restrictions sur les matériaux et organismes pouvant être introduits dans la Zone
Outre les critères du Protocole au Traité sur l'Antarctique relatif à la protection de l'environnement, les restrictions concernant les matériaux et les organismes pouvant être introduits dans la Zone sont les suivantes :

- L'introduction délibérée d'animaux, de végétaux, de micro-organismes et de terre non stérile dans la Zone est interdite. Des mesures de précaution doivent être prises pour éviter l'introduction accidentelle de tout animal, forme végétale, micro-organisme et terre non stérilisée provenant de régions biologiquement distinctes (comprises à l'intérieur ou à l'extérieur de la zone du Traité sur l'Antarctique). En outre, tous les outils (perceuses, pics, pelles, marteaux de géologue, etc.) doivent être minutieusement nettoyés avant d'être emmenés en Antarctique, en particulier les outils qui ont précédemment été utilisés dans des zones de haute altitude ou de haute latitude en dehors de la zone du Traité sur l'Antarctique.
- Aucun herbicide ou pesticide ne doit être introduit dans la zone.
- Tout autre produit chimique, y compris les radionucléides ou isotopes stables, susceptibles d'être introduits à des fins scientifiques ou de gestion en vertu du permis, seront retirés de la Zone au plus tard dès que prendront fin les activités prévues par le permis ;
- Le carburant ou autres produits chimiques ne doivent pas être entreposés dans la Zone, sauf autorisation express dans les conditions du permis. Ils doivent être stockés et manipulés de façon à limiter le risque d'introduction accidentelle dans l'environnement.
- Le matériel doit être introduit dans la Zone pour une période déterminée uniquement et il doit être retiré à la fin de ladite période. Si des matériaux sont introduits qui risquent de mettre en péril les valeurs de la Zone, ils ne seront enlevés que si l'impact de leur enlèvement ne sera vraisemblablement pas supérieur à celui consistant à les laisser in situ.
- L'autorité compétente devra être notifiée des matériaux qui ont été libérés et non enlevés, alors qu'ils n'étaient pas inclus dans le permis approuvé.

7(vii) Prélèvement de végétaux et capture d'animaux ou perturbations nuisibles à la faune et la flore
Toute capture d'animaux ou toute perturbation nuisible à la faune et la flore indigène est interdite sauf avec un permis distinct délivré spécifiquement à cette fin en vertu de l'Annexe II du Protocole au Traité sur l'Antarctique relatif à la protection de l'environnement. Dans le cas de prélèvements ou de perturbations nuisibles d'animaux, le Code de conduite du SCAR pour l'utilisation d'animaux à des fins scientifiques dans l'Antarctique devra être utilisé comme norme minimale.

7(viii) Ramassage ou enlèvement de toute chose qui n'a pas été apportée dans la Zone par le détenteur du permis
Le ramassage ou l'enlèvement de matériel dans la zone ne peut se faire qu'en conformité avec un permis et doit se limiter au minimum nécessaire pour répondre aux besoins scientifiques et de gestion (voir sections *7(iii) Activités pouvant être menées dans la zone* et *7(x)* Mesures nécessaires pour continuer de répondre aux objectifs du plan de gestion). Le permis ne sera pas délivré s'il y a lieu de croire que l'échantillonnage envisagé impliquerait de prélever, de retirer ou d'endommager des quantités de roches fossiles de sorte que leur abondance sur le mont Flora en serait significativement altérée. Les matériaux d'origine humaine susceptibles de mettre en péril les valeurs de la Zone, qui n'ont pas été introduits dans celle-ci par le détenteur du permis ou qui n'ont pas été autrement autorisés, peuvent être enlevés de la Zone à moins que l'impact environnemental de l'enlèvement ne soit plus grand que si les matériaux sont laissés *in situ*. Si tel est le cas, l'autorité compétente doit en être informée et son autorisation obtenue.

7(ix) Élimination des déchets

Tous les déchets, y compris les déchets humains, seront retirés de la zone, conformément à l'Annexe III (élimination des déchets et gestion des déchets) du Protocole au Traité sur l'Antarctique relatif à la protection de l'environnement (1998).

7(x) Mesures nécessaires pour que les buts et objectifs du plan de gestion continuent d'être atteints

Au vu du fait que l'échantillonnage géologique est permanent et donne lieu à un impact cumulatif, les mesures ci-après seront prises pour protéger les valeurs scientifiques de la zone :

- Les visiteurs qui collectent des échantillons rocheux dans la zone doivent remplir un formulaire décrivant le type de roche, la quantité et le lieu du prélèvement, puis le remettre à tout le moins à leur centre national de données antarctiques et/ou au Répertoire maître sur l'Antarctique.
- Les visiteurs envisageant de procéder à des prélèvements dans la Zone doivent démontrer qu'ils ont pris connaissance des précédents prélèvements afin d'éviter les doubles échantillonnages. Des collections d'échantillons sont présentées dans plusieurs lieux de par le monde, dont :

Dépôts	**Site d'information/dépôt**
Musée des sciences naturelles, B. Rivadavia, Buenos Aires, Argentine	http://wander-argentina.com/natural-sciences-museum-buenos-aires/
Musée des sciences naturelles, La Plata, Argentine	http://www.welcomeargentina.com/laplata/museum-natural-sciences.html
Musée d'histoire naturelle, Londres, Royaume-Uni	https://www.nhm.ac.uk/our-science/collections/palaeontology-collections.html
British Antarctic Survey, Cambridge, Royaume-Uni	https://www.bas.ac.uk/data/our-data/collections/geological-collections/
Musée d'histoire naturelle suédois, Stockholm	http://www.nrm.se/english.16_en.html
Byrd Polar Research Center Polar Rock Repository, Ohio, États-Unis d'Amérique	http://bprc.osu.edu/rr/
Institut des sciences géologiques, Académie polonaise des sciences, Cracovie, Pologne	https://www.ing.pan.pl/en/
Département de géologie de l'Institut des géosciences, Université fédérale de Rio de Janeiro, Brésil	http://www.ufrgs.br/english/the-university/institutes-faculties-and-schools/institute-of-geoscience
Dépôt antarctique des collections paléontologiques et géologiques de l'Institut antarctique argentin, Buenos Aires, Argentine	https://www.cancilleria.gob.ar/es/iniciativas/dna/instituto-antartico-argentino/repositorio-de-fosiles

7(xi) Rapports de visites

Le principal détenteur du permis soumettra, pour chaque visite dans la zone, un rapport de visite à l'autorité nationale compétente dès que cela lui sera possible et au plus tard six mois après la fin de ladite visite.

Ces rapports doivent contenir, le cas échéant, les catégories d'informations mentionnées dans le formulaire de rapport de visite repris dans le *Guide révisé pour l'élaboration des plans de gestion pour les zones spécialement protégées de l'Antarctique* (Annexe 2). Entre autres détails, le rapport de visite doit inclure les informations reprises au sixième point de la section *7 (iii) Activités pouvant être menées dans la zone* du présent plan de gestion. Dans la mesure du possible, l'autorité nationale doit également transmettre une copie du rapport de visite à la Partie qui a proposé le plan de gestion afin de contribuer à la gestion de la zone et à la révision du plan de gestion. Les Parties doivent, dans la mesure du possible, déposer les originaux ou les copies de ces rapports de visites dans une archive à laquelle le public pourra avoir accès, et ce, afin de conserver une archive d'usage qui sera utilisée lors de la révision du plan de gestion et pour organiser l'utilisation scientifique de la zone.

8. Support documentaire

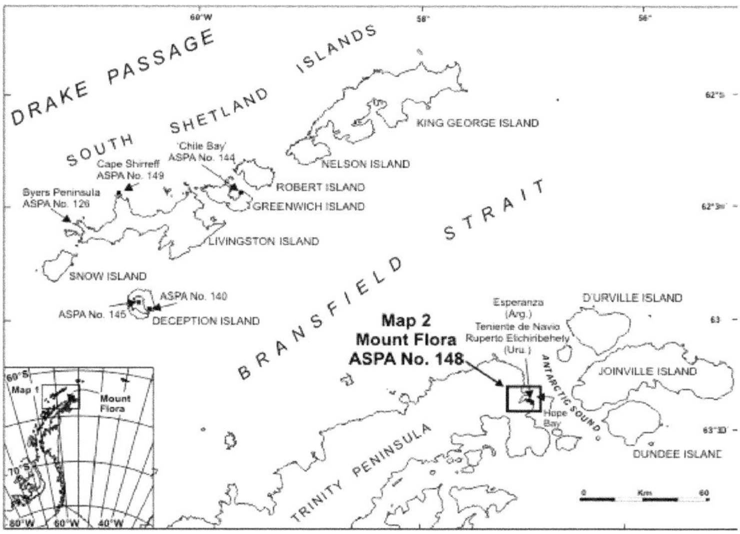

Map 1. Mount Flora (ASPA No. 148), Hope Bay, Antarctic Peninsula, location map.
Inset: location of Mount Flora on the Antarctic Peninsula

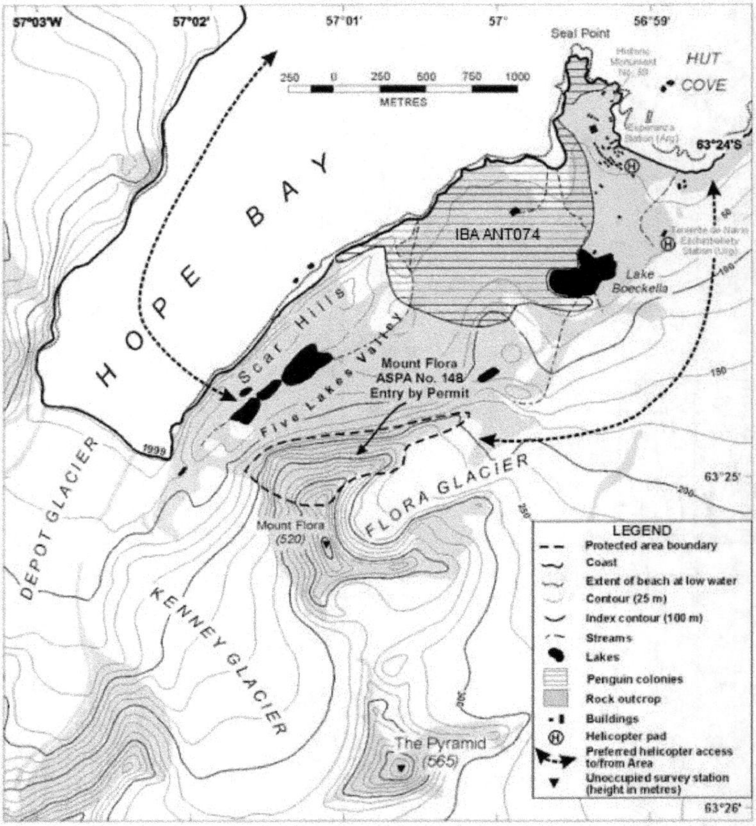

Map 2. Mount Flora (ASPA No. 148), Hope Bay, topographic map.

Carte 3 : Mont Flora, ZSPA n° 148, carte géologique adaptée de la « Mapa geológico de Bahía Esperanza Antártida » publiée par l'Instituto Geológico y Minero de España et l'Instituto Antártico Argentino (échelle 1/10 000). Le croquis cartographique est orienté nord. La zone décrite fait environ 1,5 km de large. Légende : 4. Conglomérats massifs de différentes épaisseurs. 5. Grès, conglomérats et schistes noirs avec des fossiles végétaux. 5a. Roches volcaniques fragmentées. 6. Tufs soudés interstratifiés de grès, de brèches volcaniques et d'ignimbrites soudées. 6a. Contact thermique rougeâtre. 7. Brèches, grés et siltite interstratifiés d'ignimbrites volcaniques. 8. Tufs soudés, interstratifiés d'ignimbrites soudées et de lits de brèches et de grès. 8a. siltstones laminées volcaniques, grès et couches de lave basaltique volcanique. 8b. Contact thermique rougeâtre. 9. Brèches et grés interstratifiés d'ignimbrites volcaniques. 10. Rochers anguleux avec une matrice silto-sableuse. Till et moraines en arrière-plan. 11. Rochers angulaires. Pentes et cônes de débris. γ: digue : vestiges paléobotaniques.

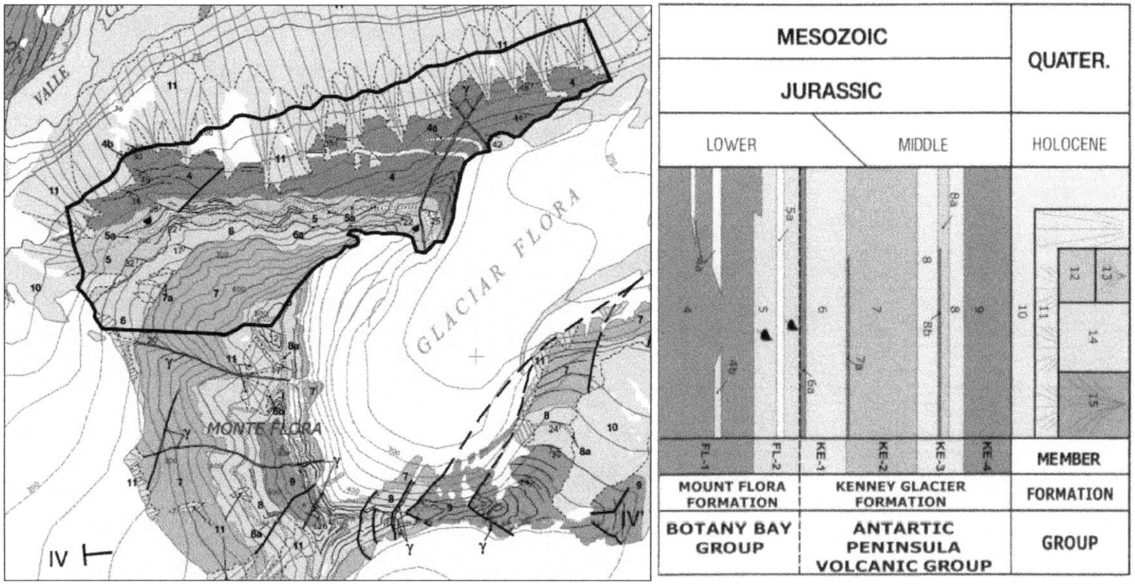

Plan de gestion pour

la zone spécialement protégée de l'Antarctique (ZSPA) n° 155

CAP EVANS, ÎLE ROSS

(y compris les sites et monuments historiques n° 16 et 17, la cabane historique Terra Nova du capitaine Robert Falcon Scott et son enceinte et la croix sur la colline Wind Vane)

Introduction

La zone est située sur la côte nord-ouest du cap Evans, île de Ross, à 77° 38' 12"S, 166° 25' 15" E, et comprend une superficie d'environ 5,5 ha située entre la colline Wind Vane, le lac Skua et Home Plage. La zone a été initialement désignée pour les valeurs historiques importantes de la cabane construite par l'Antarctique britannique (*Terra Nova)* Expédition de 1910-13 dirigée par le capitaine Robert Falcon Scott, classé Site et monument historique (HSM) n° 16, et de la croix érigée sur la colline Wind Vane repertoriée sous le nom de SMH n° 17, tous deux désignés dans la recommandation VII- 9 (1972). La zone a été désignée zone spécialement protégée n °25 par la Mesure 2 (1997) et renommée et renumérotée Zone spécialement protégée de l'Antarctique (ZSPA) n °155 par la décision 1 (2002). Des révisions du plan de gestion ont été adoptées par la Mesure 2 (2005), la Mesure 12 (2008), la Mesure 8 (2010) et la Mesure 11 (2015).

1. Description des valeurs à protéger

La cabane *Terra Nova* (SMH n °16) du cap Evans (carte 1) est la plus grande des cabanes historiques de la région de la mer de Ross. Elle a été construite en janvier 1911 par l'expédition britannique en Antarctique *Terra Nova* (1910-13) que dirigeait le capitaine Robert Falcon Scott de la Royal Navy. Elle a ensuite servi de base au groupe de la mer de Ross appartenant à l'expédition impériale transantarctique de Sir Ernest Shackleton (1914-17).

La croix sur la colline Wind Vane (SMH n °17) a été érigée à la mémoire de trois membres du groupe de la mer de Ross de Shackleton décédés en 1916, Aeneas Mackintosh, Victor Hayward et Arnold Spencer-Smith. En plus de cela, deux ancres du navire Aurora de l'expédition impériale trans-antarctique, deux abris d'instruments (l'un sur la colline Wind Vane et l'autre près de la cabane *Terra Nova*), plusieurs décharges de ravitaillement et de nombreux artefacts sont répartis sur le site (carte 2).

Le site du cap Evans est l'un des premiers grands sites ayant fait l'objet d'activités humaines dans l'Antarctique. C'est un symbole important de l'âge héroïque de l'exploration de l'Antarctique et, en tant que tel, il revêt une signification historique et culturelle considérable. Quelques-uns des tout premiers progrès accomplis dans l'étude des sciences de la Terre, de la météorologie, de la faune et de la flore sont directement associés à l'expédition *Terra Nova* qui avait fait de ce site sa base. Les données collectées peuvent fournir un repère en fonction duquel il est possible de comparer les mesures actuelles. L'histoire de ces activités et la contribution qu'elles ont apportée à la compréhension et à la prise de conscience de l'Antarctique confèrent à cette zone une valeur historique, scientifique et esthétique significative.

Le cap Evans est situé dans l'environnement S - géologique de McMurdo, terre South Victoria, selon l'Analyse des domaines environnementaux de l'Antarctique (Résolution 3 (2008)) et dans la région 9, terre South Victoria selon les régions de conservation biogéographiques de l'Antarctique (Résolution 6 (2012)).

2. Buts et objectifs

Le plan de gestion a pour but d'assurer la protection de la zone et de ses caractéristiques afin que ses valeurs puissent être préservées. Les objectifs du plan de gestion sont les suivants :

- éviter la dégradation des valeurs de la zone ou leur mise en péril ;
- préserver les valeurs historiques de la zone en établissant des plans de conservation qui peuvent inclure :
  a) un programme d'entretien annuel in situ ;
  b) un programme de surveillance de l'état des objets et structures, et des facteurs qui les affectent et ;
  c) un programme de conservation du site, des bâtiments, qui peut se dérouler sur le site ou en dehors ;
  d) la cartographie et l'enregistrement de la disposition des objets historiques dans les environs de la cabane ; et
  e) l'enregistrement d'autres données historiques pertinentes.
- minimiser les perturbations humaines sur la zone, ses caractéristiques et ses artefacts tout en permettant un accès géré à la cabane *Terra Nova* de Scott et à d'autres parties de la zone ; et
- permettre l'organisation de visites à des fins de gestion pour venir appuyer les objectifs du plan de gestion.

3. Activité de gestion

Les activités de gestion suivantes doivent être entreprises pour protéger les valeurs de la zone :

- Des avis indiquant l'emplacement de la zone (indiquant les restrictions spéciales qui s'appliquent) doivent être affichés bien en vue et une copie de ce plan de gestion doit être conservée dans toutes les stations scientifiques permanentes situées sur l'île de Ross ;
- Des copies de ce plan de gestion doivent être mises à la disposition du titulaire principal du permis de tous les groupes visitant la zone et / ou du chef de tout groupe opérant dans les environs adjacents au cap Evans ;
- Les programmes nationaux doivent prendre des mesures pour s'assurer que les limites de la zone et les restrictions qui s'appliquent à l'intérieur de celle-ci soient indiquées sur les cartes concernées et sur les cartes nautiques / aéronautiques ;
- le personnel (membres des programmes nationaux et des expéditions de terrain, responsables des expéditions touristiques et pilotes) menant des activités dans les environs de la Zone, la survolant ou s'en approchant, devront être spécifiquement informés des dispositions et du contenu du plan de gestion par leur programme national, leur voyagiste ou par l'autorité nationale compétente, notamment en ce qui concerne l'emplacement, les limites et les restrictions applicables à l'accès et aux atterrissages dans la zone ;
- Les balises ou enseignes érigées à l'intérieur ou à proximité des limites de la zone ou dans les installations à proximité doivent être sécurisées, maintenues en bon état, et retirées lorsqu'elles ne sont plus nécessaires ;
- Un programme régulier de travaux de conservation sera entrepris sur la cabane de Scott *Terra Nova* hutte et objets associés dans la zone ;
- Une surveillance systématique doit être effectuée pour évaluer les impacts des visiteurs et les résultats, et toutes les recommandations de gestion connexes sur les limites du nombre de visiteurs autorisés à un moment ou à une période donnée doivent être incluses dans les examens du présent plan de gestion.
- Les programmes antarctiques nationaux intéressés et les groupes et organisations concernés devraient se consulter et se coordonner pour garantir ce qui suit :

a) les compétences et les ressources, en particulier celles liées aux techniques de conservation, sont développées et déployées pour aider à la protection des valeurs historiques de la zone ;
b) les limites définies sur le nombre de visiteurs ne sont pas dépassées ; et
c) les activités de gestion ci-dessus sont mises en œuvre.

4. Durée de la désignation

La Zone est désignée pour une durée indéterminée.

5. Cartes

Carte 1 : ZSPA n °155 Cape Evans, carte topographique.

Projection : conique conforme de Lambert ; parallèles types : 1er 77 ° 38' S, 2e 77 ° 39' S : Méridien central : 166 ° 25' 30 "E ; latitude d'origine : 78 ° 00' 00"S : Sphéroïde : WGS84. Intervalle de contour 5 m.

Sources de données : Littoral, topographie et infrastructure fournis par Antarctica New Zealand (2019). Caractéristiques historiques étudiées par Land Information New Zealand (LINZ).

Encart 1 : région de la mer de Ross indiquant l'emplacement de l'encart 2.

Encart 2 : Région de l'île de Ross, indiquant l'emplacement de la carte 1, de la station Cap Evans et McMurdo (États-Unis) et de la base Scott (NZ).

Carte 2 : ZSPA n °155 Cap Evans, caractéristiques historiques. Les spécifications de la carte sont les mêmes que celles de la carte 1.

6. Description de la zone

6(i) Coordonnées géographiques, bornage et caractéristiques du milieu naturel

Vue d'ensemble

Le cap Evans est une petite zone triangulaire libre de glace d'environ 125 ha sur la côte sud-ouest de l'île de Ross, à environ 10 km au sud du cap Royds et à 24 km au nord de la pointe Hut sur l'île de Ross (carte 1).

La zone libre de glace est composée de roches de fonds de basalte recouvertes de dépôts glaciaires. La zone désignée est située sur la côte nord-ouest du cap Evans adjacente à la plage Home et centrée sur la cabane de Scott, *Terra Nova* (carte 2).

Skuas polaires sud (*Stercorarius maccormicki*) nichent aux manchots du cap Evans et Adélie (*Pygoscelis adeliae*) transitent occasionnellement par la zone. Des phoques de Weddell (*Leptonychotes weddellii*) sont parfois observés sur la plage Home.

Lignes de démarcation

Les limites de la zone, décrites dans le sens des aiguilles d'une montre à partir du coin sud-ouest de la colline Wind Vane, sont les suivantes :

Sud-ouest : une ligne s'étendant à environ 182 m au nord-ouest depuis l'angle sud-ouest de la zone à 77° 38'15,47 "S, 166 ° 25' 9,48"E, située à environ 20 m au sud de la croix sur la colline Wind Vane, suivant la crête de la petite crête descendant jusqu'au coin ouest près du rivage à 77° 38 '11,50 "S, 166° 24' 49,47" E ;

Nord-ouest : une ligne s'étendant à environ 188 m au nord-est depuis le coin ouest de la zone le long du rivage de la plage Home jusqu'au coin nord-ouest à 77° 38 '7,5 "S, 166 ° 25' 9,1" E ;

Nord-ouest : une ligne s'étendant à environ 186 m au nord-est depuis le coin nord-ouest de la zone le long du rivage de la plage Home jusqu'au coin nord-ouest à 77 ° 38 '9,37 "S, 166 ° 25' 35,74" E ;

Est : une ligne s'étendant sur ~ 193 m plein sud depuis le coin nord-est de la zone jusqu'au coin sud-est à 77 ° 38'15,6 "S, 166 ° 25' 35,68" E ; et

Sud : une ligne s'étendant sur environ 174 m plein ouest depuis le coin sud-est de la zone jusqu'à l'angle sud-ouest sur la colline Wind Vane.

Activités humaines

Un programme régulier et pluriannuel de conservation a été réalisé dans la cabane de Scott *Terra Nova* cabane par la Nouvelle-Zélande depuis les années 1950. L'organisation non gouvernementale basée en Nouvelle-Zélande Antarctic Heritage Trust a entrepris la conservation de la cabane de Scott *Terra Nova* et objets associés depuis plus de 30 ans en coordination avec les programmes antarctiques nationaux opérant dans la région.

Le personnel du programme national des stations voisines de McMurdo (États-Unis) et de la base Scott (NZ), ainsi que des groupes de touristes, visitent régulièrement la cabane de Scott *Terra Nova* et les environs. Le nombre de visiteurs peut varier en fonction de plusieurs facteurs tels que la glace de mer et les conditions météorologiques, la logistique disponible et le nombre d'organisateurs de voyage au cours d'une année donnée.

6(ii) Accès à la Zone

La zone peut être accédée en voyageant d'abord vers des endroits adjacents mais à l'extérieur des limites par hélicoptère, véhicule, petit bateau ou à pied. L'accès à la zone et à l'intérieur de celle-ci se fait généralement à pied, bien que les véhicules puissent être utilisés à des fins autorisées par un permis. Des routes particulières d'accès à la zone n'ont pas été désignées. Les conditions spécifiques d'accès des piétons, des petits bateaux, des véhicules, des survols et des atterrissages d'aéronefs sont énoncées à la section 7(ii).

6(iii) Emplacement de structures à l'intérieur et à proximité de la Zone

Toutes les structures situées dans la zone sont d'origine historique, à l'exception d'une plaque en laiton installée à environ 15 m à l'ouest de la cabane pour commémorer le SMH n° 16, une plaque sur la colline Wind Vane détaillant l'inscription prévue pour la croix commémorative et une enceinte de protection temporaire et moderne qui a été placée autour de la cabane magnétique par mesure de sécurité car cette dernière contient de l'amiante friable. Une caractéristique majeure de la région est celle de cabane de Scott *Terra Nova* (SMH n °16) située sur la côte nord-ouest du cap Evans sur Home Beach (carte 2). La cabane est entourée de nombreuses reliques historiques, notamment les deux ancres de l'Aurora, des squelettes de chien et de phoque, un abri pour instruments, deux lignes de chien, une ligne de poney, un écran météorologique, une décharge de carburant, une cabane magnétique, des réserves de charbon et un mât de drapeau. La cabane expérimentale / dépotoir est une structure rocheuse historique associée au « pire voyage du monde » au cap Crozier à l'hiver 1911 (Cherry-Garrard 1922), qui contient une petite collection d'objets. Une croix à la mémoire de trois des membres de l'expédition de Shackleton dans la mer de Ross (1914-17) est érigée sur la colline Wind Vane (SMH N° 17). Toutes ces caractéristiques se trouvent à l'intérieur des limites de démarcation de la zone.

Une cabane refuge néo-zélandaise, un site de campement et un site d'atterrissage pour hélicoptères sont situés à quelque 250 m au sud-ouest de la zone.

L'ancien site de la base World Park de Greenpeace, base ouverte toute l'année, se trouvait au nord-est de la cabane *Terra Nova* de Scott de 1987 à 1992. Il ne reste preuve signe de cette base.

Les stations scientifiques permanentes les plus proches de la Zone sont Mario Zucchelli (Italie) et Jang Bogo (République de Corée), qui sont situées à environ 24 km au sud de la Zone (Carte 1, encadré 2).

6(iv) Emplacement d'autres Zones protégées à proximité

Les aires protégées à proximité, toutes situées sur l'île de Ross (carte 1, encadré 2), sont :

- ZSPA n °121 au cap Royds et ZSPA n °157 à la baie Backdoor, cap Royds, à environ 11 km au nord du cap Evans ; et
- ZSPA n° 158 Hut Point et ZSPA n° 122 hauteurs d'arrivée, sur la péninsule de la Pointe hut, à environ 24 km au sud du cap Evans.

6(v) Aires spéciales à l'intérieur de la Zone

Il n'y a aucune aire spéciale à l'intérieur de la Zone.

7. *Critères de délivrance des permis d'accès*

7(i) Critères généraux

L'accès à la Zone est interdit sauf si un permis a été délivré par une autorité nationale compétente. Un permis peut être délivré par une autorité nationale pour couvrir un certain nombre de visites sur une saison. Les conditions de délivrance d'un permis d'entrée à la Zone sont les suivantes :

- Les activités sont liées à des fins de conservation, de recherche et / ou de surveillance, ou sont pour des raisons essentielles à la gestion de la zone, ou sont des activités liées à l'éducation, à la sensibilisation ou aux loisirs, y compris le tourisme, à condition qu'elles n'entrent pas en conflit avec les objectifs de la présente Plan de gestion ;
- Les activités autorisées le seront conformément au présent plan de gestion ;
- Les activités autorisées tiendront dûment compte, dans le cadre du processus d'évaluation des incidences sur l'environnement, de la protection continue des valeurs historiques de la zone ;
- le permis est délivré pour une durée déterminée ; et
- Le permis, ou une copie de celui-ci, doit être porté par le titulaire principal du permis, ou son représentant désigné, lors de la visite de la zone.

7(ii) Accès à la Zone et déplacements à l'intérieur de celle-ci

L'accès à la zone se fera à pied ou à véhicule. Les atterrissages d'aéronefs sont interdits dans la zone.

Accès à pied et déplacements dans la Zone

1) L'accès à la zone doit généralement se faire à pied.
2) Des chemins ou routes d'accès spécifiques n'ont pas été définis (cartes 1 et 2).
3) Les déplacements à l'intérieur de la zone doivent être conformes au code de conduite de la section 7(iii).
4) Des précautions doivent être prises lors de la marche autour de la cabane Scott *Terra Nova* ou à proximité, car des artefacts délicats peuvent être présents sur le sol, peut-être masqués par une mince couche de neige, et peuvent être difficiles à voir.

Accès au moyen d'une petite embarcation

1) L'accès par petit bateau (lorsqu'il y a de l'eau libre) devrait être fait au littoral du cap Evans, et de là, l'accès devrait se faire à pied (cartes 1 et 2).

Accès des véhicules

1) L'accès des véhicules à la zone est interdit à moins d'être spécifiquement autorisé par un permis à des fins de conservation ou de gestion ;
2) Lorsqu'un permis pour l'accès des véhicules à la zone a été délivré, ce qui peut inclure, mais sans s'y limiter, des activités telles que le déneigement et la glace jugées comme une menace pour la cabane historique ou d'autres artefacts, il convient d'envisager :
    a) d'utiliser un véhicule de la taille minimale requise pour le travail ;

b) de s'assurer que le conducteur du véhicule est pleinement formé et au courant des dispositions du présent plan de gestion et des sensibilités du site ; et

c) de programmer et de contrôler minutieusement tous les déplacements du véhicule à l'intérieur du site de manière à éviter de causer des dommages soit à la cabane soit aux objets ensevelis en dessous d'une accumulation de glace et de neige.

3) Les véhicules sans permis d'entrée dans la zone peuvent s'approcher de la côte du cap Evans à la baie de South Bay ou North Bay, où ils peuvent être stationnés sur la glace de mer et ne doivent pas être emmenés à terre (carte 1).

Accès en aéronef et survols

Compte tenu des valeurs historiques, les aéronefs à l'intérieur et à proximité de la zone doivent fonctionner dans le strict respect des conditions suivantes :

1) L'atterrissage d'hélicoptères est interdit dans la zone. Les atterrissages d'hélicoptères entraînent un lavage du rotor, ce qui peut endommager les éléments historiques ;
2) Le survol de la zone par des aéronefs pilotés à moins de ~ 610 m (2 000 pi) au-dessus du niveau de sol est interdit, sauf avis contraire stipulé dans un permis émis par une autorité nationale compétente.
3) Les hélicoptères devraient atterrir en dehors de la zone sur le site d'atterrissage principal (77° 38,32 'S, 166 ° 24,45' E) (carte McMurdo1), à environ 50 m au sud des refuges de Nouvelle-Zélande. Un site d'atterrissage secondaire est situé à 77° 38,11 'S, 166 ° 25,22' E, à ~ 110 m au nord-est de la cabane S Scott's *Terra Nova* refuge et à environ 30m au-delà de la limite nord-est de la zone (cartes 1 et 2). Le site d'atterrissage secondaire des hélicoptères doit être utilisé uniquement à des fins de conservation et de gestion.
4) L'atterrissage et le survol de la Zone à moins de 610 m (2 000 ft) par des systèmes d'aéronef pilotés à distance (RPAS) est interdit, sauf avis contraire stipulé dans un permis émis par une autorité nationale compétente. L'utilisation de RPAS dans la Zone doit respecter les Lignes directrices environnementales sur l'exploitation de systèmes d'aéronef pilotés à distance (RPAS) en Antarctique (Résolution 4 (2018)).

Limites du nombre de personnes autorisées dans la zone

Le contrôle du nombre de personnes et des déplacements à l'intérieur de la zone, à la fois à un moment donné et de manière cumulative au fil du temps, est nécessaire pour minimiser les dommages et la détérioration précipités par :

a) La circulation piétonnière physique des visiteurs à travers les caractéristiques vulnérables de la zone et à l'intérieur de la cabane de Scott *Terra Nova* cabane en particulier ; et
b) Les changements mesurables des conditions ambiantes (c.-à-d. température et humidité) à l'intérieur de la base de Sco cabane.

- Le nombre maximum de visiteurs dans la zone (y compris les guides et les personnes qui se trouvent dans la cabane) sera de : **40 personnes.**
- Le nombre maximum dans la cabane à tout moment (y compris les guides) doit être : **8 personnes.**
- Le nombre maximum annuel de visiteurs dans la zone est limité à : **2 000 personnes.**
- Les effets observés des niveaux de visiteurs surveillés suggèrent que des impacts négatifs importants pourraient être causés par le dépassement des maximums spécifiés ci-dessus.
- Ces limites ont été fixées sur la base du nombre actuel d à la lumière des meilleurs conseils disponibles que fournissent les organismes de conservation consultés (y compris les conservateurs, archéologues, historiens, conservateurs de musée et autres professionnels spécialisés dans la protection du patrimoine). Ces limites doivent être reconsidérées à chaque revue du plan de gestion, lorsque la limite peut être ajustée en fonction des impacts surveillés sur le site.
- Toutes les visites éducatives, de sensibilisation et de loisirs (y compris le tourisme) doivent être supervisées par un guide qualifié désigné par l'exploitant (voir la section 7 (x)). Une supervision

adéquate des visites dans la zone est nécessaire pour éviter que la foule et des actions incompatibles avec le Code de conduite décrit à l'alinéa (ii) de la section 7 ne causent des dégâts.

7(iii) Activités pouvant être menées à l'intérieur de la Zone

- Visites à des fins de conservation ou de gestion ;
- Visites éducatives, de sensibilisation et / ou récréatives, y compris le tourisme ; et
- Activité scientifique qui n'altère ni n'endommage les valeurs de la zone.

Les visiteurs doivent respecter le code de conduite obligatoire suivant pour les visites de sites, sauf lorsque les activités de conservation, de recherche, de surveillance ou de gestion spécifiées dans le permis en exigent autrement :

Code de conduite obligatoire

- Fumer ou utiliser des flammes nues dans la zone, et en particulier dans la cabane de Scott *Terra Nova* ou autour de celle-ci est strictement interdit, car le feu est un risque majeur ;
- Des matières dangereuses, telles que l'amiante, les produits chimiques, les moisissures, etc., sont présentes sur le site. Évitez de manipuler quoi que ce soit dans la zone protégée et les cabanes.
- Nettoyez soigneusement le sable, la saleté, le guano, la glace et la neige des bottes à l'aide des brosses fournies avant d'entrer dans la cabane de Scott *Terra Nova* pour réduire l'abrasion du sol. Il est recommandé aux groupes plus importants de poser la bâche fournie à l'extérieur pour garder les chaussures et les objets personnels propres en attendant d'entrer dans le bâtiment ;
- Enlever tous les vêtements rendus humides par l'eau de mer ainsi que tous les cristaux de glace de mer collés aux bottines, les particules de sel accélérant en effet la corrosion des objets en métal ;
- ne pas toucher les objets ou le mobilier qui se trouvent dans les cabanes, ne pas les déplacer et ne pas s'asseoir sur eux – la manutention des objets provoque des dégâts ;
- puisque de nombreuses zones sont exigües et qu'il est aisé de se heurter aux objets, ne pas emporter de sacs ou ne pas porter de sacs à l'intérieur ; ne pas utiliser de bâtons à selfie pour les photos et éviter l'utilisation de tripodes ou de monopodes lorsque le nombre de visiteurs maximum (8) pouvant être présent en même temps dans la cabane est atteint ;
- utiliser uniquement des trépieds ou des monopodes avec des bases en caoutchouc à fond plat, contrairement à ceux avec des pointes métalliques qui peuvent endommager le sol de la cabane ;
- Durant les déplacements autour des sites, veiller soigneusement à ne pas marcher sur artefacts qui peuvent être difficiles à voir ; et
- les visites doivent être enregistrées dans le livre fourni à cet effet. Cela permet de mettre en corrélation les données sur les époques et le nombre de visiteurs avec les données de température et d'humidité automatiquement consignées à l'intérieur de la cabane.

7(iv) Installation, modification ou enlèvement de structures / de matériel

- Les structures existantes ne doivent pas être modifiées et aucune nouvelle structure ne doit être érigée dans la zone, ni aucun équipement scientifique installé, sauf lorsque cela est autorisé par un permis à des fins de conservation, éducatives ou scientifiques qui ne portent pas atteinte ou n'endommagent pas les valeurs de la zone comme spécifié dans Section 1.
- Les structures historiques ne doivent pas être retirés de la zone, à moins que cela ne soit précisé dans un permis délivré conformément aux dispositions de la section 7(viii).

7(v) Emplacement des camps de base

- Les cabanes Scott *Terra Nova*, ou les autres cabanes dans la zone, ne doivent pas être utilisées à des fins d'habitation.
- Il est interdit de camper dans la zone.

- Le camping est autorisé à l'emplacement des deux abris de campagne néo-zélandais à environ 250 m au sud-ouest de la zone, ce qui constitue le site de camping privilégié (carte 1). Un autre site pour camper est situé à environ 30 m au nord de la zone, près de l'aire d'atterrissage secondaire pour hélicoptères près de la plage Home (cartes 1 et 2).

7(vi) Restrictions sur les matériaux et organismes pouvant être introduits dans la Zone

Outre les critères du Protocole au Traité sur l'Antarctique relatif à la protection de l'environnement, les restrictions suivantes s'appliquent aux matériaux et organismes pouvant être introduits dans la zone sont les suivantes :

- L'introduction délibérée d'animaux, de matériel végétal, de micro-organismes ou de sols dans la zone est interdite ;
- Les visiteurs doivent prendre des précautions pour empêcher l'introduction accidentelle d'animaux, de matériel végétal, de micro-organismes et de sols en s'assurant que leur équipement introduit dans la zone est propre. Dans la mesure du possible, les chaussures et autres équipements utilisés ou introduits dans la zone (y compris les sacs à dos, les housses et autres) doivent être minutieusement nettoyés avant d'entrer dans la Zone ;
- Il est interdit de consommer de la nourriture dans la zone ;
- Le carburant, la nourriture, les produits chimiques et autres matériaux ne doivent pas être introduits ou stockés dans la zone, à moins qu'un permis ne l'autorise expressément à des fins essentielles liées à la conservation des structures historiques ou des vestiges associés, et doivent être stockés et manipulés de manière à minimiser le risque d'introduction accidentelle dans l'environnement ;
- Tous les matériaux introduits ne le seront que pour une période déterminée et seront retirés à la fin de cette période déterminée ;
- L'introduction de matériaux à des fins patrimoniales peut être faite et incorporée dans les valeurs de la zone, par des parties possédant une expertise appropriée en matière de conservation du patrimoine qui ont déterminées que les matériaux introduits sont conformes aux buts et objectifs du plan de gestion et du plan global des travaux de conservation sur le site ; et
- Si des matériaux sont introduits qui risquent de mettre en péril les valeurs de la Zone, ils ne seront enlevés que si l'impact de leur enlèvement ne sera vraisemblablement pas supérieur à celui consistant à les laisser in situ.

7(vii) Prélèvement de végétaux et capture d'animaux ou perturbations nuisibles à la faune et à la flore indigènes

Tout prélèvement ou toute interférence nuisible à la flore et à la faune indigènes est interdite, sauf si un permis a été délivré à cet effet conformément à l'article 3 de l'Annexe II du Protocole au Traité sur l'Antarctique relatif à la protection de l'environnement. En cas de capture d'animaux ou d'interférence nuisible, celles-ci devront au minimum respecter le Code de conduite du SCAR pour l'utilisation d'animaux à des fins scientifiques dans l'Antarctique.

7(vii) Ramassage de toute chose qui n'a pas été apportée dans la zone par le détenteur du permis

1) Les matériaux peuvent être ramassés dans la zone et ils peuvent en être enlevés pour des raisons scientifiques ou de conservation qui sont conformes aux objectifs du plan de gestion, mais uniquement lorsqu'un permis délivré par l'autorité nationale compétente l'autorise.
2) Les matériaux qui constituent une menace pour les valeurs historiques de la zone, l'environnement ou la santé humaine peuvent être enlevés de la zone aux fins de leur élimination en conformité avec un permis, et ce, lorsqu'ils répondent à un ou plusieurs des critères suivants :
    i. l'objet constitue une menace pour les valeurs historiques, l'environnement, la faune et la flore sauvages, ou la santé et la sécurité de l'homme ;
    ii. il est à ce point en mauvais état qu'il n'est pas réellement possible de le conserver ;

iii. il ne contribue pas de manière significative à notre compréhension de la cabane, de ses occupants, d'autres artefacts, ou de l'histoire de l'Antarctique ;

iv. il ne contribue pas aux qualités visuelles du site ou de la cabane, et il ne nuit en rien à ces qualités ; et/ou

v. ce n'est pas un objet unique en son genre ou rare ;

et lorsqu'une telle mesure :

vi. est prise par des parties ayant des compétences appropriées en matière de conservation du patrimoine ; et

vii. fait partie d'un plan général de travaux de conservation sur place.

3) Les autorités nationales devraient veiller à ce que l'enlèvement d'objets et l'évaluation faite en fonction des critères ci-dessus incombent à un personnel doté de compétences appropriées dans le domaine de la conservation du patrimoine.

4) Les objets considérés comme revêtant une grande valeur historique, qui ne peuvent pas être conservés sur place avec les techniques actuellement disponibles, peuvent être enlevés avec un permis pour le stockage dans un milieu contrôlé jusqu'à ce qu'ils puissent être ramenés en toute sécurité dans la zone, ce qui devrait être la solution préférée, sauf s'il existe un risque élevé que le retour risque d'endommager ou de détruire l'intégrité de l'artefact ou des artefacts.

5) Les échantillons de sol ou autre matériaux naturels peuvent être prélevés pour des besoins scientifiques uniquement et sur délivrance d'un permis délivré par une autorité nationale compétente.

7(ix) Élimination des déchets

Tous les déchets humains, toutes les eaux usées et tous les autres déchets produits par des groupes de travail ou des visiteurs doivent être enlevés de la zone.

7(x) Mesures nécessaires pour que les buts et objectifs du plan de gestion continuent d'être atteints

- Les informations sur les obligations de ce plan de gestion seront fournies à tous les visiteurs.
- Le code de conduite décrit à l'alinéa (iii) de la section 7 sera appliqué par tous les visiteurs sauf lorsque les activités de conservation, de recherche, de surveillance ou de gestion en disposent autrement.
- Les opérateurs qui rendent possibles des visites pédagogiques et récréatives ainsi que de sensibilisation (y compris touristiques) dans la zone désigneront, avant le début de la saison estivale, des personnes ayant une connaissance pratique du site comme du plan de gestion pour servir de guides durant les visites et leur fournir une formation appropriée pour qu'ils soient capables de s'acquitter de leurs fonctions.
- Toutes les visites éducatives, de sensibilisation et de loisirs, y compris le tourisme, doivent être supervisées par un guide désigné, qui est chargé d'informer les visiteurs sur le code de conduite et les exigences de ce plan de gestion et de veiller à leur pleine conformité. Le ou les guides surveilleront activement l'activité des visiteurs dans la zone, et en particulier dans la cabane *Terra Nova* et prendront des mesures correctives contre toute violation potentielle ou réelle du plan de gestion et du code de conduite.

7(xi) Rapports de visites

- Pour chaque visite effectuée dans la zone, le principal titulaire du permis soumettra un rapport à l'autorité nationale compétente après la fin de ladite visite, conformément aux procédures nationales et aux critères de délivrance des permis.
- Ces rapports doivent contenir, le cas échéant, les catégories d'informations mentionnées dans le formulaire de rapport de visite repris dans le Guide pour l'élaboration des plans de gestion des zones spécialement protégées de l'Antarctique (Résolution 2 [2011]). L'autorité nationale doit également transmettre une copie du rapport de visite et la confirmation du nombre de visiteurs du site à la partie qui a proposé le plan de gestion et ce, afin d'aider à gérer la zone et à revoir le plan de gestion.

- L'enlèvement de matériaux en conformité avec l'alinéa (viii) de la section 7 sera décrit en détail, y compris sa raison d'être et l'emplacement actuel des objets ou la date de leur évacuation. Le retour de ces objets dans la zone sera également déclaré.
- Dans la mesure du possible, les Parties sont tenues de déposer les originaux ou les copies de ces rapports de visite originels dans un lieu d'archivage accessible au public, en vue d'un réexamen du plan de gestion et de l'organisation scientifique de la zone.
- L'autorité compétente devra être notifiée de toutes les activités entreprises et de toutes les mesures prises ainsi que de tous les matériaux utilisés et non enlevés qui n'étaient pas inclus dans le permis délivré.

8. Support documentaire

Antarctic Heritage Trust 2018. *Antarctic historic huts of the Ross Sea region*. NZ Antarctic Heritage Trust, Christchurch.

Antarctic Treaty Parties. Guidelines for handling of pre-1958 historic remains whose existence or present location is not known. Resolution 5 (2001).

Antarctic Treaty Parties. Guidelines for the designation and protection of Historic Sites and Monuments. Resolution 3 (2009)

Antarctic Treaty Parties. Guidelines for the assessment and management of heritage in Antarctica. Resolution 2 (2018).

Cherry-Garrard, A. 1922. The worst journey in the world: Antarctic 1910-13. Penguin Books, London.

Liste des coordonnées des limites

Coin sud-ouest : 77° 38'15,47 "S, 166° 25' 9,48" E ;

Coin ouest : 77° 38' 11.50" S, 166° 24' 49,47" E ;

Coin nord-ouest : 77° 38' 7.5" S, 166° 25' 9,1" E ;

Coin nord-est : 77° 38' 9.37" S, 166° 25' 35,74" E ;

Coin sud-est : 77° 38' 15,6" S, 166° 25' 35,68" E.

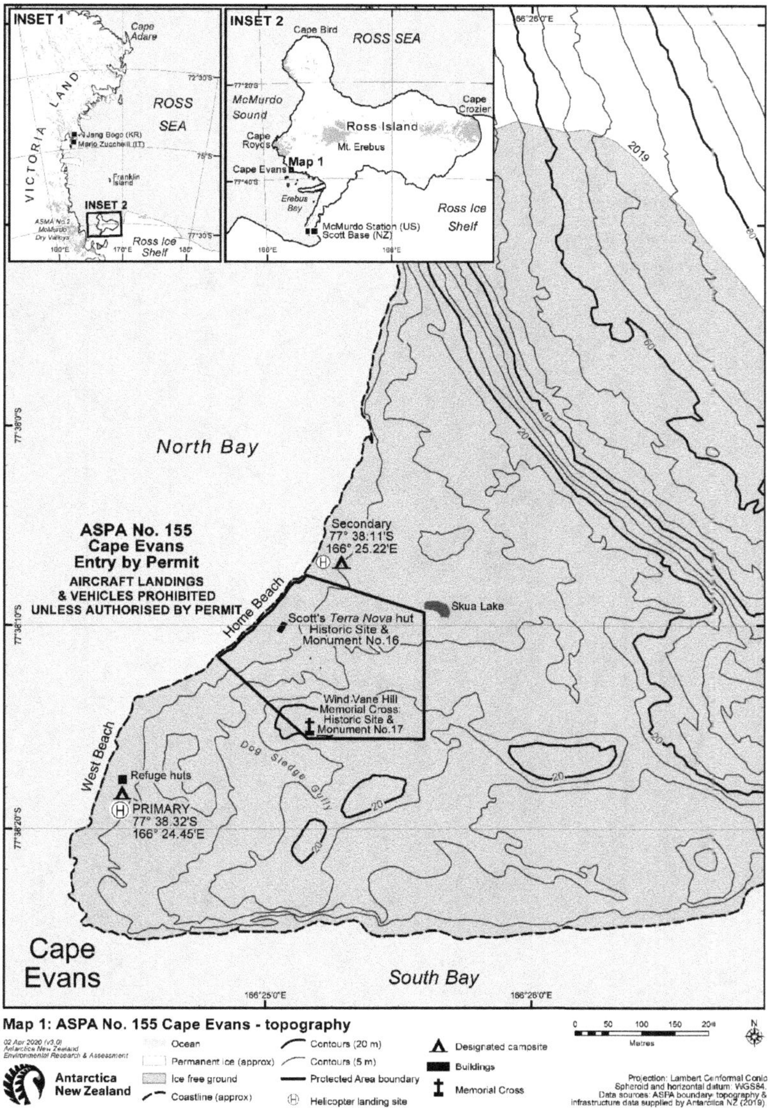

Map 1: ASPA No. 155 Cape Evans - topography

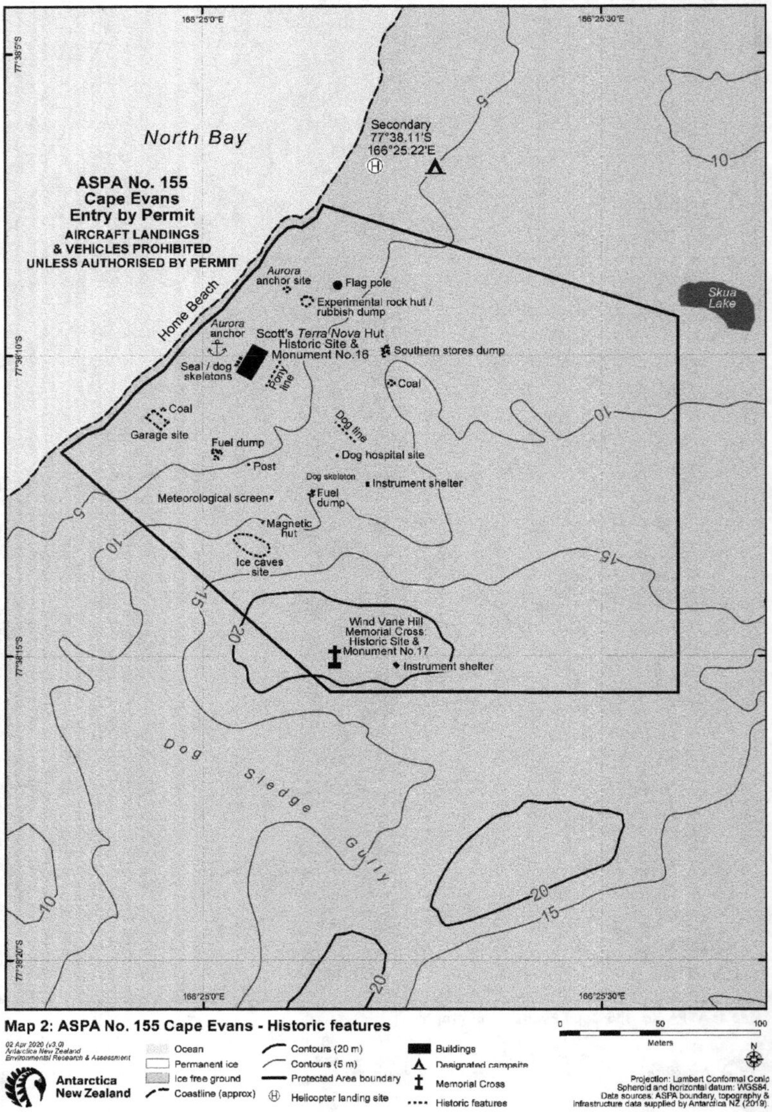

Map 2: ASPA No. 155 Cape Evans - Historic features

Plan de gestion pour

la zone spécialement protégée de l'Antarctique (ZSPA) n° 157

BAIE BACKDOOR, CAP ROYDS, ÏLE DE ROSS

(y compris le site et monument historique n° 15, cabane historique Nimrod de Sir Ernest Shackleton et ses environs)

Introduction

La zone est située à la baie Backdoor, au cap Royds, à l'île de Ross et couvre une superficie d'environ 4 ha centrée à 166° 10' 16 "E, 77° 33' 11" S. La zone a été initialement désignée pour ses importantes valeurs historiques associées à la cabane construite par l'Antarctique britannique *(Nimrod)* Expédition de 1907-09 dirigée par Sir Ernest Shackleton, inscrite sur la liste des sites et monuments historiques n °15 dans la recommandation 9 (1972). La zone a été désignée zone spécialement protégée n °27 par la Mesure 1 (1998) et renommée et renumérotée Zone spécialement protégée de l'Antarctique (ZSPA) n °157 par la décision 1 (2002). Des révisions du plan de gestion ont été adoptées par la Mesure 1 (2002), la Mesure 2 (2005), la Mesure 9 (2010) et la Mesure 12 (2015).

1. Description des valeurs à protéger

La cabane (site et monument historiques (SMH) n °15) sur laquelle se concentre la zone a été construite au cap Royds (cartes 1 et 2) en février 1908 par l'Antarctique britannique *(Nimrod)* Expédition de 1907-09 dirigée par Sir Ernest Shackleton. Elle a également été utilisée à intervalles périodiques par l'expédition transantarctique impériale de Shackleton lors de missions dans la mer de Ross de 1914-17.

Les structures associées à la cabane comprennent des étables, des chenils, une latrine et un garage créé pour le premier véhicule à moteur jamais utilisé en Antarctique. Au nombre d'autres reliques importantes que l'on trouve dans la zone figurent un abri pour instruments, des dépôts de provisions et un dépotoir. On trouve enfin de nombreux autres objets disséminés un peu partout autour de la zone.

Le cap Royds est une des principales zones où l'homme a entrepris ses activités dans l'Antarctique. C'est un symbole important de l'âge héroïque de l'exploration de l'Antarctique et, en tant que tel, il revêt une signification historique et culturelle considérable. Quelques-unes des premières avancées dans l'etude des sciences de la terre, de la météorologie ainsi que de la faune et la flore dans l'Antarctique sont associées à l'expédition *Nimrod* qui avait fait de ce site sa base. L'histoire de ces activités et la contribution qu'elles ont apportée à la compréhension et à la prise de conscience de l'Antarctique confèrent à cette zone une valeur scientifique, esthétique et historique significative.

Le cap Royds est situé dans l'environnement S - géologique de McMurdo, terre South Victoria, selon l'Analyse des domaines environnementaux de l'Antarctique (Résolution 3 (2008)) et dans la région 9, terre South Victoria selon les régions de conservation biogéographiques de l'Antarctique (Résolution 6 (2012)).

2. Buts et objectifs

Le plan de gestion a pour but d'assurer la protection de la zone et de ses caractéristiques afin que ses valeurs puissent être préservées. Les objectifs du plan de gestion sont les suivants :

- éviter la dégradation des valeurs de la zone ou leur mise en péril ;
- préserver les valeurs historiques de la zone en établissant des plans de conservation qui peuvent inclure :

a. un programme d'entretien annuel in situ ;
b. un programme de surveillance de l'état des objets et structures, et des facteurs qui les affectent et ;
c. un programme de conservation du site, des bâtiments, qui peut se dérouler sur le site ou en dehors ;
d. la cartographie et l'enregistrement de la disposition des objets historiques dans les environs de la cabane ; et
e. l'enregistrement d'autres données historiques pertinentes.

- minimiser les perturbations humaines sur la zone, ses caractéristiques et ses artefacts tout en permettant un accès géré à la cabane *Nimrod* de Shackleton et à d'autres parties de la zone ; et
- permettre l'organisation de visites à des fins de gestion pour venir appuyer les objectifs du plan de gestion.

3. Activité de gestion

Les activités de gestion suivantes doivent être entreprises pour protéger les valeurs de la zone :

- Des avis indiquant l'emplacement de la zone (indiquant les restrictions spéciales qui s'appliquent) doivent être affichés bien en vue et une copie de ce plan de gestion doit être conservée dans toutes les stations scientifiques permanentes situées sur l'île de Ross ;
- Des copies de ce plan de gestion doivent être mises à la disposition du titulaire principal du permis de tous les groupes visitant la zone et / ou du chef de tout groupe opérant dans les environs adjacents au cap Royds ;
- Les programmes nationaux doivent prendre des mesures pour s'assurer que les limites de la zone et les restrictions qui s'appliquent à l'intérieur de celle-ci soient indiquées sur les cartes concernées et sur les cartes nautiques / aéronautiques ;
- le personnel (membres des programmes nationaux et des expéditions de terrain, responsables des expéditions touristiques et pilotes) menant des activités dans les environs de la Zone, la survolant ou s'en approchant, devront être spécifiquement informés des dispositions et du contenu du plan de gestion par leur programme national, leur voyagiste ou par l'autorité nationale compétente, notamment en ce qui concerne l'emplacement, les limites et les restrictions applicables à l'accès et aux atterrissages dans la zone ;
- Les balises ou enseignes érigées à l'intérieur ou à proximité des limites de la zone ou dans les installations à proximité doivent être sécurisées, maintenues en bon état, et retirées lorsqu'elles ne sont plus nécessaires ;
- Un programme régulier de travaux de conservation sera entrepris sur la cabane *Nimrod* de Shackleton et objets associés dans la zone ;
- Une surveillance systématique doit être effectuée pour évaluer les impacts des visites et les résultats, et toutes les recommandations de gestion connexes sur les limites du nombre de visiteurs autorisés à une période donnée doivent être incluses dans les examens du présent plan de gestion ;
- Les programmes antarctiques nationaux intéressés et les groupes et organisations intéressés et concernés devraient se consulter et se coordonner pour garantir ce qui suit :
  a) les compétences et les ressources, en particulier celles liées aux techniques de conservation, sont développées et déployées pour aider à la protection des valeurs historiques de la zone ;
  b) les limites définies sur le nombre de visiteurs ne sont pas dépassées ; et
  c) les activités de gestion ci-dessus sont mises en œuvre.

4. Durée de la désignation

La Zone est désignée pour une durée indéterminée.

5. Cartes

Carte 1 : ZSPA n °157 Baie Backdoor : vue d'ensemble.

Projection : conique conforme de Lambert ; parallèles types : 1er 77° 33' 10"S, 2ème 77° 33' 30"S : Méridien central : 166° 10' 00"E ; Latitude d'origine : 78° 00' 00"S : Sphéroïde : WGS84.

Sources de données : La carte et les contours de référence se basent sur une orthophotographie par imagerie aérienne obtenue par USGS/DoSLI (SN7847) le 16 novembre 1993, élaborée selon une échelle de 1 :2500 avec une précision horizontale de ± 1,25m, une précision verticale de ± 2,5m et une résolution de pixels sur le terrain de 0,4m. UNAVCO (jan. 2014). Limite de la ZSPA : ERA (Janvier 2014). Bornes : LINZ (2011). Aires d'observation et SMA (approx.) : ERA (Janvier 2014). es emplacements approximatifs des nids de manchots sont numérisés sur base d'images aériennes géoréférencées obtenues le 19 janvier 2005 et fournies par P. Lyver pers. comm. 2014, mis à jour D. Ainley, pers. comm. 2019. Contours (intervalle 10 m) et autres infrastructures fournis par Gateway Antarctica, (2009).

Encart 1 : région de la mer de Ross indiquant l'emplacement de l'encart 2.

Encart 2 : Région de l'île de Ross, indiquant l'emplacement de la carte 1, de la station Cap Royds et McMurdo (États-Unis) et de la base Scott (NZ).

Carte 2 : ZSPA n °157 Baie Backdoor : accès aérien.

Carte 3 : ZSPA n °157 Baie Backdoor : topographie. Les spécifications de cette carte sont les mêmes que pour la carte 1, mais l'intervalle des contours est de 2 m.

6. Description de la zone

6(i) Coordonnées géographiques, bornage et caractéristiques du milieu naturel

Vue d'ensemble

Le cap Royds est une zone libre de glace située à l'extrémité occidentale de l'île de Ross, à environ 40 km au sud du cap Bird et à 35 km au nord de la péninsule de pointe Hut. La zone libre de glace est composée de roches de fonds de basalte recouvertes de dépôts glaciaires. La zone désignée est située au nord-est du cap Royds à côté de la baie Backdoor. Elle se trouve immédiatement à l'est de la ZSPA n° 121 qui renferme une colonie de manchots Adélie. La cabane de l'expédition *Nimrod* de Shackleton se trouve à environ 30 m de la limite ouest de la zone.

Des skuas polaires sud (*Stercorarius maccormicki*) nichent à proximité de la zone et des manchots Adélie (*Pygoscelis adeliae*) de la colonie adjacente au cap Royds transitent souvent par la zone.

Lignes de démarcation

Les limites est et sud sont composées des rives de la côte est du cap Royds à partir d'un point non balisé dans la baie Backdoor (77° 33' 07,5"S, 166 10' 32,6"E) jusqu' à un point non balisé dans la baie Arrival (77° 33' 15,8"S, 166° 10' 06,6"E).

Les limites ouest longent les limites de la ZSPA n° 121 à partir des rives de la baie Arrival (77° 33' 15,8"S, 166° 10' 06.6"E) à 18 m au nord-ouest jusqu'au repère situé à l'extrémité sud d'une aire d'observation de manchots (77°33' 15,2" S, 166° 10' 05,7" E), puis à 74 mètres jusqu'au repère (77° 33' 12,9"S, 166° 10' 01,9"E) situé à l'extrémité nord d'une aire d'observation de manchots et ensuite à 42 m jusqu'au repère (77° 33' 11,8"S, 166° 09' 59,0"E) situé à l'est du lac Pony.

La limite se prolonge ensuite vers le nord-ouest à partir du repère à l'est du lac Pony (77° 33' 11,8 'S, 166° 09' 59,0"E), longe un ravin qui mène à un point non balisé (77° 33' 07,5" S, 166° 10' 12,9" E) adjacent à l'abri de refuge néozélandais.

La limite nord s'étend à l'est de l'abri néozélandais (à partir du point non balisé 77° 33' 07,5" S) vers la rive de la baie Backdoor (77° 33' 07,5"S, 166° 10' 32,6"E).

Activités humaines

Un programme régulier et pluriannuel de conservation a été réalisé dans la cabane de Shackleton *Nimrod* par la Nouvelle-Zélande depuis les années 1950. L'organisation non gouvernementale basée en Nouvelle-Zélande Antarctic Heritage Trust a entrepris la conservation de la cabane de Shackleton *Nimrod* et objets associés depuis plus de 30 ans en coordination avec les programmes antarctiques nationaux opérant dans la région.

Le personnel du programme national des stations voisines de McMurdo (États-Unis) et de la base Scott (NZ), ainsi que des groupes de touristes, visitent régulièrement la cabane de Shackleton *Nimrod* et les environs. Le nombre de visiteurs peut varier en fonction de plusieurs facteurs tels que la glace de mer et les conditions météorologiques, la logistique disponible et le nombre d'organisateurs de voyage au cours d'une année donnée.

6(ii) Accès à la Zone

La zone peut être accédée en voyageant d'abord vers des endroits adjacents mais à l'extérieur des limites par hélicoptère, véhicule, petit bateau ou à pied. Tous les accès à la zone et à l'intérieur de celle-ci se font à pied. Des itinéraires particulières ont été désignées pour accéder au site. Les conditions spécifiques d'accès des piétons, des véhicules, des petits bateaux et des aéronefs sont énoncées à la section 7(ii).

6(iii) Emplacement de structures à l'intérieur et à proximité de la Zone

Une caractéristique majeure de la région est celle de la cabane d'expédition de Shackleton *Nimrod* située dans un bassin abrité près de la limite ouest à 77° 33' 10,68"S, 166 ° 10' 6,37" E. La cabane est entourée de nombreuses autres reliques historiques, notamment un abri pour instruments, des dépôts de fournitures et un dépotoir. De nombreux autres objets sont disséminés un peu partout autour du site. Toutes les structures de la zone sont d'origine historique, à l'exception d'une plaque érigée pour commémorer le SMH n° 15, qui est situé à environ 35 m à l'est de la cabane de Shackleton *Nimrod* à 77° 33' 10,87"S, 166° 10' 12,54"E.

Un refuge et un campement néo-zélandais sont situés près de la limite nord-ouest de la zone et se trouvent à l'extérieur de celle-ci (carte 3).

Les stations scientifiques permanentes les plus proches de la Zone sont Mario Zucchelli (Italie) et Jang Bogo (République de Corée), qui sont situées à environ 35 km au sud de la Zone (Carte 1, encadré 2).

6(iv) Emplacement d'autres Zones protégées à proximité

Les aires protégées à proximité, toutes situées sur l'île de Ross (carte 1, encadré 2), sont :

- ZSPA n° 121 Cap Royds, immédiatement adjacente à la zone et désignée pour protéger la colonie de manchots.
- ZSPA n °155 Cap Evans, à 11 km au sud du cap Royds.
- ZSPA n° 158 Pointe Hut et ZSPA n °122 hauteurs d'arrivée, situées sur la péninsule de la Pointe Hut, à environ 35 km au sud du cap Royds.

6 (v) Aires spéciales à l'intérieur de la Zone

Il n'y a aucune aire spéciale à l'intérieur de la Zone.

7. Critères de délivrance des permis d'accès

7(i) Critères généraux

L'accès à la Zone est interdit sauf si un permis a été délivré par une autorité nationale compétente. Un permis peut être délivré par une autorité nationale pour couvrir un certain nombre de visites sur une saison. Les conditions de délivrance d'un permis d'entrée à la Zone sont les suivantes :

- Les activités sont liées à des fins de conservation, de recherche et / ou de surveillance, ou sont pour des raisons essentielles à la gestion de la zone, ou sont des activités liées à l'éducation, à la sensibilisation ou aux loisirs, y compris le tourisme, à condition qu'elles n'entrent pas en conflit avec les objectifs de la présente Plan de gestion ;
- Les activités autorisées le seront conformément au présent plan de gestion ;
- Les activités autorisées tiendront dûment compte, dans le cadre du processus d'évaluation des incidences sur l'environnement, de la protection continue des valeurs historiques de la zone ;
- le permis est délivré pour une durée déterminée ; et
- Le permis, ou une copie de celui-ci, doit être porté par le titulaire principal du permis, ou son représentant désigné, lors de la visite de la zone.

7(ii) Accès à la Zone et déplacements à l'intérieur de celle-ci

L'accès à la zone se fera à pied. Les atterrissages d'aéronefs et les débarquements de véhicules sont interdits dans la zone.

Accès à pied et déplacements dans la Zone

1) L'accès des piétons à la zone doit se faire depuis le nord de la zone et suivre le chemin ou l'itinéraire établi à partir des sites d'atterrissage des hélicoptères désignés ou du site de débarquement désigné pour les petits bateaux dans la baie Backdoor (cartes 1 et 3). Le chemin ou la route part de cet endroit surélevé après le refuge (NZ) et le camping préféré, à environ 100 m dans une vallée peu profonde parallèle à la limite ouest de la zone, jusqu'au point d'accès au nord-est du lac Pony, à environ 30 m au nord-ouest de la cabane de Shackleton *Nimrod.*
2) Les déplacements à l'intérieur de la zone doivent être conformes au code de conduite de la section 7(iii).
3) L'accès à la cabane de Shackleton*Nimrod* doit se faire par l'avant du bâtiment. Des précautions doivent être prises lors de la marche autour de la cabane ou à proximité, car des artefacts délicats peuvent être présents sur le sol, peut-être masqués par une mince couche de neige, et peuvent être difficiles à voir.
4) Les piétons peuvent suivre le chemin désigné qui s'étend vers le sud après la cabane de Shackleton *Nimrod* vers la zone d'observation désignée des manchots située à la limite de la ZSPA n °121 (carte 3).
5) Un accès piétonnier alternatif à la baie Backdoor ou epuis celle-ci peut se faire en suivant le chemin désigné s'étendant sur les pentes sud de la colline basse au sud-est et au-dessus de la cabane de Shackleton *Nimrod* (carte 3), en approche près de la pointe Derrick et de la côte à la baie Backdoor, à environ 100 m au sud du site de débarquement désigné pour les petits bateaux.
6) Un autre accès piétonnier vers le nord-ouest de la zone ou à partir de celui-ci si les conditions exigent que les petits bateaux débarquent sur le littoral nord de McMurdo Sound, ZSPA n° 121 (carte 1). La zone doit être accessible en utilisant le chemin désigné qui s'étend de la zone d'observation des pingouins située au nord de la ZSPA n °121 (carte 3).

Accès aux petits bateaux et véhicules

1) L'accès en petit bateau (lorsqu'il y a de l'eau libre) ou en véhicule (lorsque la glace de mer est sûre) peut se faire au littoral de la baie Backdoor à 77° 33,106' S, 166° 10,59' E, qui se trouve à l'extérieur de la Zone, et de là, l'accès se fera à pied en suivant les routes désignées (cartes 1 et 3).
2) Un autre site de débarquement pour petits bateaux est situé à 77° 33,14' S 166° 09. 35' E sur la rive ouest du cap Royds, environ 100 m au nord de la limite nord de la ZSPA n °121, cap Royds.
3) Les petits bateaux peuvent être échoués ou amarrés dans la baie Backdoor ou sur un autre site de débarquement sur la rive ouest du cap Royds, et ne doivent pas être emmenés dans la zone maritime de la ZSPA n °121 à moins d'y être autorisés par un permis (carte 1).
4) Dans les cas où les conditions de la glace de mer exigent que les sites de débarquement recommandés ne puissent pas être utilisés, il est possible de recourir à un autre site d'accès dans la baie Backdoor à environ 100 m au sud. Un sentier pédestre désigné s'étend de l'emplacement : voir le point (5) ci-dessus

sur l'accès des piétons à la Zone. Sur la rive ouest du littoral du cap Royds, d'autres sites de débarquement peuvent être recherchés plus au nord du site recommandé indiqué sur la carte 1.

5) Les véhicules ne doivent pas être amenés à terre et doivent être stationnés sur la glace de mer dans la baie Backdoor, sauf lorsque cela est nécessaire à des fins de gestion essentielles. Les véhicules ne doivent pas être amenés dans la zone maritime de la ZSPA n° 121, même en présence de glace de mer, sauf si le permis l'autorise (carte 1).

Accès en aéronef et survols

Compte tenu des valeurs historiques ainsi que des concentrations locales d'oiseaux nicheurs, les aéronefs à l'intérieur et à proximité de la zone doivent fonctionner dans le strict respect des conditions suivantes (voir carte 2) :

1) L'atterrissage d'hélicoptères est interdit dans la zone. Les atterrissages d'hélicoptères entraînent un lavage du rotor, ce qui peut endommager les éléments historiques .
2) Le survol de la zone par des aéronefs pilotés à moins de ~ 610 m (2 000 pi) au-dessus du niveau de sol est interdit, sauf avis contraire stipulé dans un permis émis par une autorité nationale compétente.
3) Le survol/les atterrissages de tout aéronef à moins de 0,5 mille marin (~930 m) de la ZSPA n° 121 sont fortement déconseillés, sauf à des fins scientifiques ou de gestion (Carte 2).
4) Les hélicoptères doivent atterrir sur le site de débarquement principal (77° 33,06' S 166° 10,38' E) (Cartes 1 - 3) à 250 m au nord-est de la cabane de Shackleton *Nimrod* et à environ 125 m au nord du refuge néozélandais.
5) Un site de débarquement secondaire est situé à 77° 33,11' S, , 166° 10,24' E, à environ 100 m au sud-ouest du site principal (Cartes 2 et 3). Il convient d'éviter le site lorsque les colonies de manchots sont présentes (du 1er novembre au 1er mars). Un autre site de débarquement secondaire qui peut être utilisé toute l'année est situé près du campement saisonnier (US), à environ 200 m au nord du site de débarquement principal.
6) L'atterrissage et le survol de la Zone à moins de 610 m (2000 ft) par des systèmes d'aéronef pilotés à distance (RPAS) est interdit, sauf avis contraire stipulé dans un permis émis par une autorité nationale compétente. L'utilisation de RPAS dans la Zone doit respecter les Lignes directrices environnementales sur l'exploitation de systèmes d'aéronef pilotés à distance (RPAS) en Antarctique (Résolution 4 (2018)).

Limites du nombre de personnes autorisées dans la zone

Le contrôle du nombre de personnes et des déplacements à l'intérieur de la zone, à la fois à un moment donné et de manière cumulative au fil du temps, est nécessaire pour minimiser les dommages et la détérioration précipités par :

a) La circulation piétonnière physique des visiteurs à travers les caractéristiques vulnérables de la zone et à l'intérieur de la cabane de Shackleton *Nimrod* cabane en particulier ; et
b) changements mesurables des conditions ambiantes (c.-à-d. température et humidité) à l'intérieur de la cabane de Shackleton *Nimrod.*

- Le nombre maximum de visiteurs dans la zone (y compris les guides et les personnes qui se trouvent dans la cabane) sera de : **40 personnes.**
- Le nombre maximum dans la cabane à tout moment (y compris les guides) doit être : **8 personnes.**
- Le nombre maximum de visiteurs par an sera de : **2 000 personnes.**
- Les effets observés des niveaux de visiteurs surveillés suggèrent que des impacts négatifs importants pourraient être causés par le dépassement des maximums spécifiés ci-dessus.
- Ces limites ont été fixées sur la base du nombre actuel d à la lumière des meilleurs conseils disponibles que fournissent les organismes de conservation consultés (y compris les conservateurs, archéologues, historiens, conservateurs de musée et autres professionnels spécialisés dans la protection du patrimoine). Ces limites doivent être reconsidérées à chaque revue du plan de gestion, lorsque la limite peut être ajustée en fonction des impacts surveillés sur le site.

- Toutes les visites éducatives, de sensibilisation et de loisirs (y compris le tourisme) doivent être supervisées par un guide qualifié désigné par l'exploitant (voir la section 7 (x)). Une supervision adéquate des visites dans la zone est nécessaire pour éviter que la foule et des actions incompatibles avec le Code de conduite décrit à l'alinéa (ii) de la section 7 ne causent des dégâts.

7(iii) Activités pouvant être menées à l'intérieur de la Zone

- Visites à des fins de conservation ou de gestion ;
- Visites éducatives, de sensibilisation et / ou récréatives, y compris le tourisme ; et
- Activité scientifique qui n'altère ni n'endommage les valeurs de la zone.

Les visiteurs doivent respecter le code de conduite obligatoire suivant pour les visites de sites, sauf lorsque les activités de conservation, de recherche, de surveillance ou de gestion spécifiées dans le permis en exigent autrement :

Code de conduite obligatoire

- Fumer ou utiliser des flammes nues dans la zone, et en particulier dans la cabane de Shackleton *Nimrod* ou autour de celle-ci, est strictement interdite, car le feu est un risque majeur ;
- Des matières dangereuses, telles que l'amiante, les produits chimiques, les moisissures, etc., sont présentes sur le site. Évitez de manipuler quoi que ce soit dans la zone protégée et les cabanes.
- Nettoyez soigneusement le sable, la saleté, le guano, la glace et la neige des bottes à l'aide des brosses fournies avant d'entrer dans la cabane de Shackleton *Nimrod* pour réduire l'abrasion du sol. Il est recommandé aux groupes plus importants de poser la bâche fournie à l'extérieur pour garder les chaussures et les objets personnels propres en attendant d'entrer dans le bâtiment ;
- Enlever tous les vêtements rendus humides par l'eau de mer ainsi que tous les cristaux de glace de mer collés aux bottines, les particules de sel accélérant en effet la corrosion des objets en métal ;
- ne pas toucher les objets ou le mobilier qui se trouvent dans les cabanes, ne pas les déplacer et ne pas s'asseoir sur eux – la manutention des objets provoque des dégâts ;
- puisque de nombreuses zones sont exigües et qu'il est aisé de se heurter aux objets, ne pas emporter de sacs ou ne pas porter de sacs à l'intérieur ; ne pas utiliser de bâtons à selfie pour les photos et éviter l'utilisation de tripodes ou de monopodes lorsque le nombre de visiteurs maximum (8) pouvant être présent en même temps dans la cabane est atteint ;
- utiliser uniquement des trépieds ou des monopodes avec des bases en caoutchouc à fond plat, contrairement à ceux avec des pointes métalliques qui peuvent endommager le sol de la cabane ;
- Durant les déplacements autour des sites, veiller soigneusement à ne pas marcher sur artefacts qui peuvent être difficiles à voir ;
- Utilisez les itinéraires de randonnée préférés ; et
- les visites doivent être enregistrées dans le livre fourni à cet effet. Cela permet de mettre en corrélation les données sur les époques et le nombre de visiteurs avec les données de température et d'humidité automatiquement consignées à l'intérieur de la cabane.

7(iv) Installation, modification ou enlèvement de structures / de matériel

- Les structures existantes ne doivent pas être modifiées et aucune nouvelle structure ne doit être érigée dans la zone, ni aucun équipement scientifique installé, sauf lorsque cela est autorisé par un permis à des fins de conservation, éducatives ou scientifiques qui ne portent pas atteinte ou n'endommagent pas les valeurs de la zone comme spécifié dans Section 1.
- Les structures historiques ne doivent pas être retirés de la zone, à moins que cela ne soit précisé dans un permis délivré conformément aux dispositions de la section 7(viii).

7(v) Emplacement des camps de base

- La cabane de Shackleton *Nimrod* ne doit pas être utilisée à des fins d'habitation.

- Il est interdit de camper dans la zone.
- Le camping est autorisé à l'emplacement du refuge néo-zélandais à la limite nord-ouest de la zone (carte 3).
- Un camp de campagne saisonnier (États-Unis) utilisé à l'appui de la science est situé à environ 300 m au nord de la zone.
- Le camping est également autorisé sur d'autres sites à proximité conformément aux procédures nationales à condition que ceux-ci se trouvent en dehors de la zone.

7 (vi) Restrictions sur les matériaux et organismes pouvant être introduits dans la Zone

Outre les critères du Protocole au Traité sur l'Antarctique relatif à la protection de l'environnement, les restrictions suivantes s'appliquent aux matériaux et organismes pouvant être introduits dans la zone sont les suivantes :

- L'introduction délibérée d'animaux, de matériel végétal, de micro-organismes ou de sols dans la zone est interdite ;
- Les visiteurs doivent prendre des précautions pour empêcher l'introduction accidentelle d'animaux, de matériel végétal, de micro-organismes et de sols en s'assurant que leur équipement introduit dans la zone est propre. Dans la mesure du possible, les chaussures et autres équipements utilisés ou introduits dans la zone (y compris les sacs à dos, les housses et autres) doivent être minutieusement nettoyés avant d'entrer dans la Zone ;.
- Il est interdit de consommer de la nourriture dans la zone ;
- Le carburant, la nourriture, les produits chimiques et autres matériaux ne doivent pas être introduits ou stockés dans la zone, à moins qu'un permis ne l'autorise expressément à des fins essentielles liées à la conservation des structures historiques ou des artefacts associés, et doivent être stockés et manipulés de manière à minimiser le risque d'introduction accidentelle dans l'environnement ;
- Tous les matériaux introduits ne le seront que pour une période déterminée et seront retirés à la fin de cette période déterminée ;
- L'introduction de matériaux à des fins patrimoniales peut être faite et incorporée dans les valeurs de la zone, par des parties possédant une expertise appropriée en matière de conservation du patrimoine qui ont déterminées que les matériaux introduits sont conformes aux buts et objectifs du plan de gestion et du plan global des travaux de conservation sur le site ; et
- Si des matériaux sont introduits qui risquent de mettre en péril les valeurs de la Zone, ils ne seront enlevés que si l'impact de leur enlèvement ne sera vraisemblablement pas supérieur à celui consistant à les laisser in situ.

7(vii) Prélèvement de végétaux et capture d'animaux ou perturbations nuisibles à la faune et à la flore indigènes

Tout prélèvement ou toute interférence nuisible à la flore et à la faune indigènes est interdite, sauf si un permis a été délivré à cet effet conformément à l'article 3 de l'Annexe II du Protocole au Traité sur l'Antarctique relatif à la protection de l'environnement. En cas de capture d'animaux ou d'interférence nuisible, celles-ci devront au minimum respecter le Code de conduite du SCAR pour l'utilisation d'animaux à des fins scientifiques dans l'Antarctique.

7(vii) Ramassage de toute chose qui n'a pas été apportée dans la zone par le détenteur du permis

1) Les matériaux peuvent être ramassés dans la zone et ils peuvent en être enlevés pour des raisons scientifiques ou de conservation qui sont conformes aux objectifs du plan de gestion, mais uniquement lorsqu'un permis délivré par l'autorité nationale compétente l'autorise.
2) Les matériaux qui constituent une menace pour les valeurs historiques de la zone, l'environnement ou la santé humaine peuvent être enlevés de la zone aux fins de leur élimination en conformité avec un permis, et ce, lorsqu'ils répondent à un ou plusieurs des critères suivants :

i. l'objet constitue une menace pour les valeurs historiques, l'environnement, la faune et la flore sauvages, ou la santé et la sécurité de l'homme ;
ii. il est à ce point en mauvais état qu'il n'est pas réellement possible de le conserver ;
iii. il ne contribue pas de manière significative à notre compréhension de la cabane, de ses occupants, d'autres artefacts, ou de l'histoire de l'Antarctique ;
iv. il ne contribue pas aux qualités visuelles du site ou de la cabane, et il ne nuit en rien à ces qualités ;
v. ce n'est pas un objet unique en son genre ou rare ;

et lorsqu'une telle mesure :

vi. est prise par des parties ayant des compétences appropriées en matière de conservation du patrimoine ; et
vii. fait partie d'un plan général de travaux de conservation sur place.

3) Les autorités nationales devraient veiller à ce que l'enlèvement d'objets et l'évaluation faite en fonction des critères ci-dessus incombent à un personnel doté de compétences appropriées dans le domaine de la conservation du patrimoine.
4) Les objets considérés comme revêtant une grande valeur historique, qui ne peuvent pas être conservés sur place avec les techniques actuellement disponibles, peuvent être enlevés avec un permis pour le stockage dans un milieu contrôlé jusqu'à ce qu'ils puissent être ramenés en toute sécurité dans la zone, ce qui devrait être la solution préférée, sauf s'il existe un risque élevé que le retour risque d'endommager ou de détruire l'intégrité de l'artefact ou des artefacts.
5) Les échantillons de sol ou autre matériaux naturels peuvent être prélevés pour des besoins scientifiques uniquement et sur délivrance d'un permis délivré par une autorité nationale compétente.

7(ix) Élimination des déchets

Tous les déchets humains, toutes les eaux usées et tous les autres déchets produits par des groupes de travail ou des visiteurs doivent être enlevés de la zone.

7(x) Mesures nécessaires pour que les buts et objectifs du plan de gestion continuent d'être atteints

- Les informations sur les obligations de ce plan de gestion seront fournies à tous les visiteurs.
- Le code de conduite décrit à l'alinéa (iii) de la section 7 sera appliqué par tous les visiteurs sauf lorsque les activités de conservation, de recherche, de surveillance ou de gestion en disposent autrement.
- Les opérateurs qui rendent possibles des visites pédagogiques et récréatives ainsi que de sensibilisation (y compris touristiques) dans la zone désigneront, avant le début de la saison estivale, des personnes ayant une connaissance pratique du site comme du plan de gestion pour servir de guides durant les visites et leur fournir une formation appropriée pour qu'ils soient capables de s'acquitter de leurs fonctions.
- Toutes les visites éducatives, de sensibilisation et de loisirs, y compris le tourisme, doivent être supervisées par un guide désigné, qui est chargé d'informer les visiteurs sur le code de conduite et les exigences de ce plan de gestion et de veiller à leur pleine conformité. Le ou les guides surveilleront activement l'activité des visiteurs dans la zone, et en particulier dans la cabane de Shackleton *Nimrod* et prendront des mesures correctives contre toute violation potentielle ou réelle du plan de gestion et du code de conduite.

7(xi) Rapports de visites

- Pour chaque visite effectuée dans la zone, le principal titulaire du permis soumettra un rapport à l'autorité nationale compétente après la fin de ladite visite, conformément aux procédures nationales et aux critères de délivrance des permis.
- Ces rapports doivent contenir, le cas échéant, les catégories d'informations mentionnées dans le formulaire de rapport de visite repris dans le Guide pour l'élaboration des plans de gestion des zones spécialement protégées de l'Antarctique (Résolution 2 [2011]). Le cas échéant, l'autorité nationale doit

également adresser un exemplaire du rapport de visite à la Partie qui a proposé le plan de gestion, afin d'aider à la gestion de la Zone et à la révision du plan de gestion.

- L'enlèvement de matériaux en conformité avec l'alinéa (viii) de la section 7 sera décrit en détail dans le rapport, y compris sa raison d'être et l'emplacement actuel des objets ou la date de leur évacuation. Le retour de ces objets dans le site sera également déclaré à l'autorité nationale compétente.
- Dans la mesure du possible, les Parties sont tenues de déposer les originaux ou les copies de ces rapports de visite originels dans un lieu d'archivage accessible au public, en vue d'un réexamen du plan de gestion et de l'organisation scientifique de la zone.
- L'autorité compétente devra être notifiée de toutes les activités entreprises et de toutes les mesures prises ainsi que de tous les matériaux utilisés et non enlevés qui n'étaient pas inclus dans le permis délivré.

8. Support documentaire

Antarctic Heritage Trust 2003. *Conservation Report: Shackleton's Hut British Antarctic Expedition 1907-1909*. NZ Antarctic Heritage Trust, Christchurch.

Antarctic Heritage Trust 2018. *Antarctic historic huts of the Ross Sea region*. NZ Antarctic Heritage Trust, Christchurch.

Antarctic Treaty Parties. Guidelines for handling of pre-1958 historic remains whose existence or present location is not known. Resolution 5 (2001).

Antarctic Treaty Parties. Guidelines for the designation and protection of Historic Sites and Monuments. Resolution 3 (2009).

Antarctic Treaty Parties. Guidelines for the assessment and management of heritage in Antarctica. Resolution 2 (2018).

Liste des coordonnées des limites

Coin sud-ouest (baie Arrival) : 77 ° 33' 15,8"S, 166 ° 10' 06,6"E ;

Coin ouest (Lac Pony) : 77 ° 33' 11,8"S, 166 ° 09' 59,0"E ;

Coin nord-ouest (refuge (NZ)) : 77° 33' 07,5" S, 166° 10' 12,9" E ;

Coin nord-est (Baie Backdoor) : 77 ° 33' 07,5"S, 166 ° 10' 32,6"E ;

Coin sud-est (Pointe Derrick) : 77° 33' 14,1" S, 166° 10' 22" E.

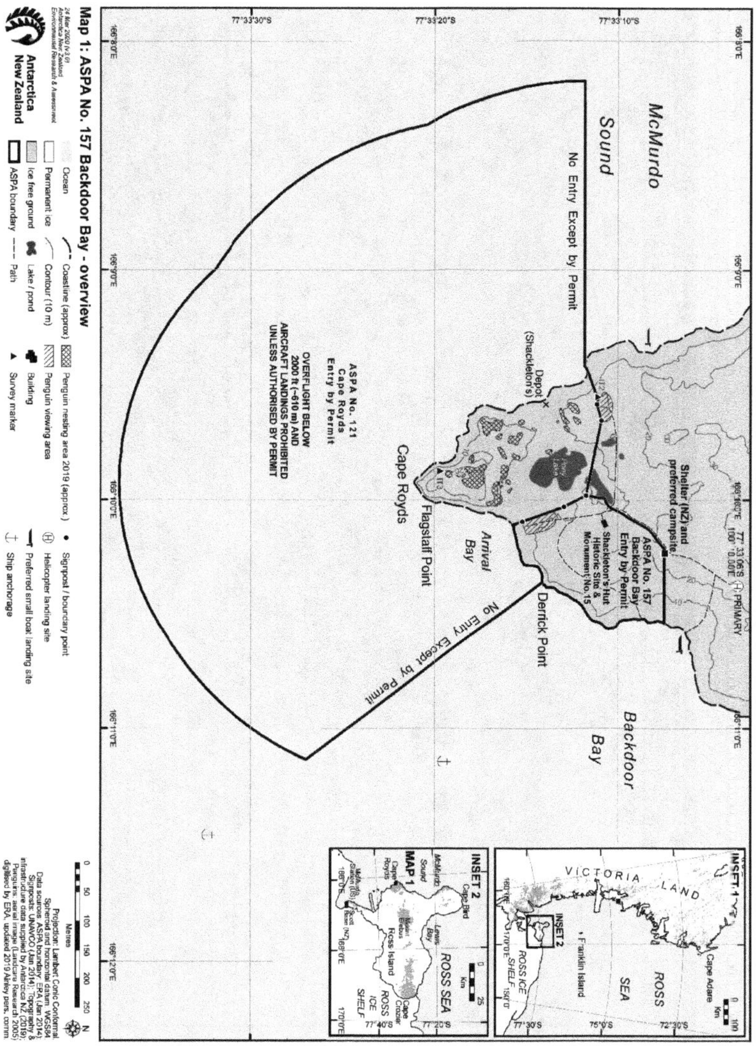
Map 1: ASPA No. 157 Backdoor Bay - overview
McMurdo Sound
Backdoor Bay
No Entry Except by Permit
No Entry Except by Permit
Depot (Shackleton's)
Shelter (NZ) and preferred campsite
ASPA No. 157 Backdoor Bay Entry by Permit
Shackleton's Hut Historic Site & Monument No. 15
ASPA No. 121 Cape Royds Entry by Permit
OVERFLIGHT BELOW 2000 ft (~610 m) AND AIRCRAFT LANDINGS PROHIBITED UNLESS AUTHORISED BY PERMIT
Cape Royds
Flagstaff Point
Arrival Bay
Derrick Point
Pony Lake
Ocean
Permanent ice
Ice free ground
ASPA boundary
Coastline (approx)
Contour (10 m)
Lake / pond
Path
Penguin nesting area 2019 (approx.)
Penguin viewing area
Building
Survey marker
Signpost / boundary point
Helicopter landing site
Preferred small boat landing site
Ship anchorage
Antarctica New Zealand
INSET 1
INSET 2
VICTORIA LAND
ROSS SEA
ROSS ICE SHELF
Cape Adare
Franklin Island
MAP 1
Ross Island
Cape Bird
Cape Crozier
Cape Royds
McMurdo Sound
Lewis Bay

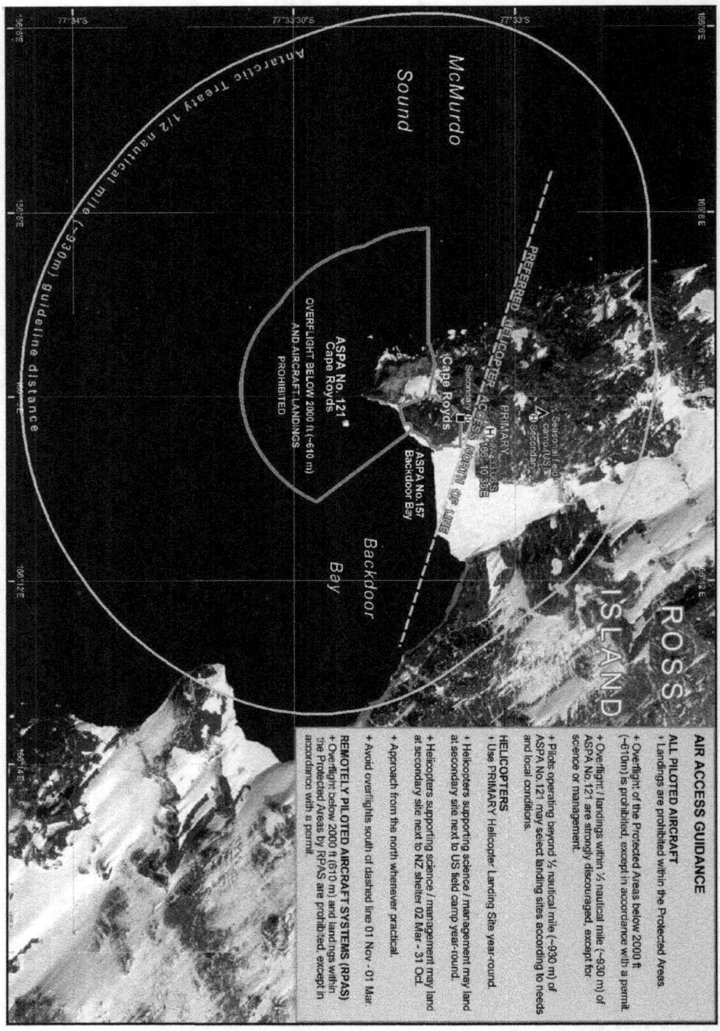

Map 2: ASPA No. 157 Backdoor Bay - air access

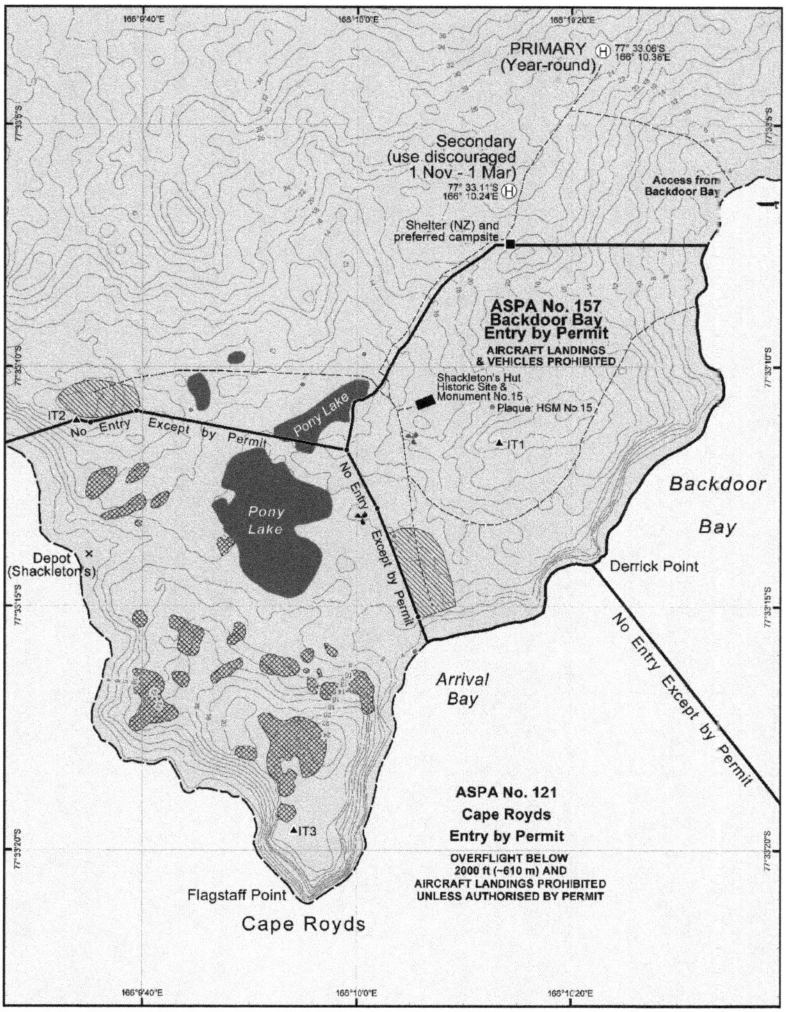

Map 3: ASPA No. 157 Backdoor Bay - topography

24 Mar 2020 (v1.0)
Antarctica New Zealand
Environmental Research & Assessment

Antarctica New Zealand

Ocean
Permanent ice
Ice free ground
Lake / pond
Coastline (approx)
Contour (2 m)
ASPA boundary
Penguin nesting area 2005 (approx.)
Penguin viewing area
Path
Survey marker
Building
Signpost / boundary point
Signpost
Historic weather station
Automatic Weather Station
Preferred small boat landing site
Helicopter landing site

0 50 100
Metres
N

Projection: Lambert Conic Conformal,
Spheroid and horizontal datum: WGS84.
Data sources: ASPA boundary: ERA (Jan 2014);
Signposts: UNAVCO (Jan 2014);
Topography & infrastructure data supplied
by Antarctica NZ (2019);
Penguins: aerial image (Landcare Research 2005)
digitised by ERA, updated 2019 Ainley pers. comm.

Plan de gestion pour

la zone spécialement protégée de l'Antarctique (ZSPA) n° 158

POINTE HUT, ILE DE ROSS

(contenant le site et monument historique no 18, cabane historique « Discovery » du commandant Robert Falcon Scott)

Introduction

La zone est située à environ 500 m à l'ouest de la station McMurdo (États-Unis) à l'extrémité sud de la Pointe Hut, péninsule de la Pointe Hut, île de Ross. La zone a été initialement désignée pour les valeurs historiques importantes de la cabane construite par l'Antarctique britannique (*Terra Nova)* Expédition de 1901-04 dirigée par le capitaine Robert Falcon Scott, qui a été classée Site et monument historique (SMH) n° 18 dans la recommandation VII- 9 (1972). La zone comprend la structure de la cabane *Discovery* et les artefacts associés situés à 77° 50' 44,7"S, 166° 38' 30,3"E. La zone a été désignée zone spécialement protégée n °28 par la Mesure 1 (1998) et renommée et renumérotée Zone spécialement protégée de l'Antarctique (ZSPA) n ° 158 par la décision 1 (2002). Des révisions du plan de gestion ont été adoptées par la Mesure 2 (2005), la Mesure 10 (2010) et la Mesure 13 (2015).

1. Description des valeurs à protéger

La cabane a été construite en février 1902 par le British National Antarctic *(Discovery)* Expédition de 1901-04, dirigée par le capitaine Robert Falcon Scott, et est connue sous le nom de « cabane *Discovery* »(carte 1). Lexpédition de l'Antarctique britannique (*Terra Nova)* 1910-13, également dirigée par le capitaine Scott, l'utilisa plus tard comme point de départ précieux pour les voyages sur la « barrière » (la plateforme glacière de Ross). Elle a également été utilisée par Sir Ernest Shackleton durant l'expédition antarctique britannique « Nimrod » de 1907-09 et, ultérieurement, par son équipe égarée dans la mer de Ross durant l'expédition transantarctique impériale de 1914-17. La structure avait été préfabriquée en Australie sur la base d'un design « outback » qui comportait des vérandas sur trois côtés. Tous les objets sur les vérandas sont inclus dans la zone protégée.

Le site de la pointe Hut est l'un des principaux sites où l'homme a entrepris des activités dans l'Antarctique. C'est un symbole important de l'âge héroïque de l'exploration de l'Antarctique et, en tant que tel, il revêt une signification historique et culturelle considérable. Quelques-unes des premières avancées dans l'étude des sciences de la terre, de la météorologie ainsi que de la faune et la flore dans l'Antarctique sont associées à l'expédition « Discovery » qui avait fait de ce site sa base. L'histoire de ces activités et la contribution qu'elles ont apportée à la compréhension et à la prise de conscience de l'Antarctique confèrent à cette zone une valeur scientifique, esthétique et historique significative.

La zone se trouve dans l'Environnement S – Géologique de McMurdo, Terre South Victoria, selon l'Analyse des domaines environnementaux du continent antarctique (Résolution 3, 2008) et dans la Région 9 – Terre Victoria du Sud, selon le système des Régions de conservation biogéographiques de l'Antarctique (Résolution 6, 2012).

2. Buts et objectifs

Le plan de gestion a pour but d'assurer la protection de la zone et de ses caractéristiques afin que ses valeurs puissent être préservées. Les objectifs du plan de gestion sont les suivants :

- éviter la dégradation des valeurs de la zone ou leur mise en péril ;
- préserver les valeurs historiques de la zone en établissant des plans de conservation qui peuvent inclure :
    a) un programme d'entretien annuel in situ ;
    b) un programme de surveillance de l'état des objets et structures, et des facteurs qui les affectent et ;
    c) un programme de conservation du site, des bâtiments, qui peut se dérouler sur le site ou en dehors;
    d) la cartographie et l'enregistrement de la disposition des objets historiques dans les environs de la cabane ; et
    e) l'enregistrement d'autres données historiques pertinentes.
- minimiser les perturbations humaines sur la zone, ses caractéristiques et ses artefacts tout en permettant un accès géré à la cabane *Discovery* ; et
- permettre des visites à des fins de gestion à l'appui des objectifs du plan de gestion.

3. Activités de gestion

Les activités de gestion suivantes doivent être entreprises pour protéger les valeurs de la zone :

- Des avis indiquant l'emplacement de la zone (indiquant les restrictions spéciales qui s'appliquent) doivent être affichés bien en vue et une copie de ce plan de gestion doit être conservée dans toutes les stations scientifiques permanentes situées sur l'île de Ross ;
- Des copies de ce plan de gestion doivent être mises à la disposition du titulaire principal du permis de tous les groupes visitant la zone ;
- Les programmes nationaux doivent prendre des mesures pour s'assurer que les limites de la zone et les restrictions qui s'appliquent à l'intérieur de celle-ci soient indiquées sur les cartes concernées et sur les cartes nautiques / aéronautiques ;
- Les programmes antarctiques nationaux opérant à proximité de la zone doivent prendre des mesures pour informer le personnel de la station et du programme des valeurs du site et de la nécessité d'observer la protection spéciale qui s'applique ;
- le personnel (membres des programmes nationaux et des expéditions de terrain, responsables des expéditions touristiques) qui accède à la Zone devront être spécifiquement informés des dispositions et du contenu du plan de gestion par leur programme national, leur voyagiste ou par l'autorité nationale compétente, notamment en ce qui concerne l'emplacement, les limites et les restrictions applicables à l'accès à la zone ;
- Des panneaux indiquant l'emplacement de la zone avec des déclarations claires de restrictions d'entrée devraient, le cas échéant, être installés à proximité de la zone et dans les installations à proximité pour sensibiliser au statut de protection du site ;
- Les balises ou enseignes érigées à proximité de la zone ou dans les installations à proximité devraient être sécurisées, maintenues en bon état, et retirées lorsqu'elles ne sont plus nécessaires ;
- Un programme régulier de travaux de conservation sera entrepris sur la cabane *Discovery* et objets associés dans la zone ;
- Une surveillance systématique doit être effectuée pour évaluer les impacts des visites et les résultats, et toutes les recommandations de gestion connexes sur les limites du nombre de visiteurs autorisés à un moment ou à une période donnée doivent être incluses dans les examens du présent plan de gestion ;
- Les programmes antarctiques nationaux intéressés et les groupes et organisations concernés devraient se consulter et se coordonner pour garantir ce qui suit :

a) les compétences et les ressources, en particulier celles liées aux techniques de conservation, sont développées et déployées pour aider à la protection des valeurs historiques de la zone ;
b) les limites définies sur le nombre de visiteurs ne sont pas dépassées ; et
c) les activités de gestion ci-dessus sont mises en œuvre.

4. Durée de la désignation

La Zone est désignée pour une durée indéterminée.

5. Cartes

Carte 1 : ZSPA n °158, cabane *Discovery*, Pointe Hut, île de Ross.

Carte principale - l'emplacement de la Pointe Hut à l'extrémité sud de la péninsule de la Pointe, de la station McMurdo (États-Unis) et de la base Scott (NZ), du SMH n °20 la croix de Scott sur la colline Observation et des zones protégées à proximité.

Projection : conique conforme de Lambert ; parallèles types : 1er 77 ° 45' S, 2ème 77 ° □□' S : Méridien central : 166 ° 45 'E ; Latitude d'origine : 78 ° 00' S : Sphéroïde : WGS84 ; Datum horizontal : Réseau de contrôle géodésique de McMurdo Sound.

Sources de données : La carte de base et les contours sont dérivés d'une orthophotographie numérique utilisant l'imagerie aérienne acquise par USGS/DoSLI Nov 1993 préparée aux échelles 1:2 500 et 1:10 000 avec une précision positionnelle de ~ ±1 m (horizontale) et ~ ±2 m (verticale), et une résolution de pixels sur le terrain de 0,25 m et 1,0 m respectivement. Bâtiments : Enquête RPSC (février 2009). Autres caractéristiques dérivées des enquêtes de terrain USAP (février 2009) et ERA (novembre 2009). Étendue approximative de la glace permanente numérisée à partir d'une orthophotographie Quickbird acquise le 15 octobre 2005 (Imagerie ©2005 Digital Globe). Intervalles entre les courbes de niveau Plan principal – 20 m; Encart 3 – 2 m.

Encart 1 : Île de Ross dans la mer de Ross.

Encart 2 : Station McMurdo (États-Unis) et Base Scott (NZ) sur l'île de Ross.

Encart 3 : Cabane *Discovery* (SMH n °18) à l'extrémité sud de la Pointe Hut et emplacement du SMH n °19 Croix de Vince.

6. Description de la Zone

6(i) Coordonnées géographiques, bornage et caractéristiques du milieu naturel

Vue d'ensemble

La pointe Hut est une petite zone libre de glace faisant saillie au sud-ouest de la péninsule de la Pointe Hut et qui est située à environ 500 m à l'ouest de la station McMurdo (US). La zone désignée se compose uniquement de la structure de la cabane *Discovery* (et des artefacts qui lui sont associés sur place) (77° 50' 44,7" S, 166° 38' 30,3" E) qui est située près de l'extrémité sud-ouest de la pointe Hut.

Limites

La limite de la zone est le périmètre (c'est-à-dire l'empreinte au sol) du bâtiment, y compris les vérandas.

Activités humaines

Un programme régulier et pluriannuel de conservation a été réalisé dans la cabane *Discovery* par la Nouvelle-Zélande depuis les années 1950. L'organisation non gouvernementale basée en Nouvelle-Zélande

Antarctic Heritage Trust a entrepris la conservation de la cabane *Discovery* et objets associés depuis plus de 30 ans en coordination avec les programmes antarctiques nationaux opérant dans la région.

Le personnel du programme national des stations voisines de McMurdo (États-Unis) et de la base Scott (NZ), ainsi que des groupes de touristes, visitent régulièrement la cabane *Discovery* et les environs. Le nombre de visiteurs peut varier en fonction de plusieurs facteurs tels que la glace de mer et les conditions météorologiques, la logistique disponible et le nombre d'organisateurs de voyage au cours d'une année donnée.

6(ii) Accès à la Zone

L'accès à la pointe Hut peut se faire à pied, en véhicule ou en petit bateau. L'accès à la zone se fait généralement par la route depuis la station McMurdo (carte 1). La route se termine à environ 50 m au nord-est de la cabane *Discovery*, où de grands blocs de béton ont été placés pour empêcher l'accès des véhicules au-delà de ce point. L'accès à la cabane *Discovery* ne peut se faire qu'à pied ou, le cas échéant, par des moyens d'accès adaptés aux personnes handicapées. Les conditions spécifiques d'accès des piétons, des véhicules, des petits bateaux et des aéronefs sont énoncées à la section 7(ii) ci-dessous.

6(iii) Emplacement de structures à l'intérieur et à proximité de la Zone

La zone désignée se compose uniquement de la structure de la cabane historique *Discovery* et ses artefacts associés sur place (SMH n °18). SMH n° 19, une croix érigée en février 1904 par la par l'expédition antarctique britannique de 1901-04, à la mémoire de George T.Vince (membre de l'expédition décédé à proximité) est située à environ 75 mètres à l'ouest de la cabane. SMH n° 20, une croix érigée en janvier 1913 par l'expédition antarctique britannique de 1910-13, à la mémoire d'équipe du capitaine Robert F.Scott qui a péri au retour du pôle Sud en mars 1912, est situé sur la colline Observation environ 1,4 km au sud-est de la zone (carte 1).

Des installations de soutien temporaire sont parfois installées à proximité de la cabane *Discovery* pour faciliter les travaux de conservation.

Les stations scientifiques permanentes les plus proches de la Zone sont Mario Zucchelli (Italie) et Jang Bogo (République de Corée), qui sont situées respectivement à environ 500 m et 3 km à l'est de la Zone (Carte 1).

6(iv) Emplacement d'autres zones protégées à proximité directe de la Zone

- La ZSPA n °122 Arrival Heights se trouve à 1,4 km au nord de la pointe Hut sur la péninsule de pointe Hut (carte 1).
- La ZSPA n° 121 au cap Royds et la ZSPA n °157 à la baie Backdoor, cap Royds, sont situées à environ 34 km au nord de la pointe Hut (carte 1, encart 2).
- La ZSPA n °155 au cap Evans est située à environ 24 km au nord de la pointe Hut (carte 1, encart 2).

6(v) Zones spéciales à l'intérieur de la zone

Il n'y a aucune aire spéciale à l'intérieur de la Zone.

7. Critères de délivrance des permis d'accès

7(i) Critères généraux

L'accès à la Zone est interdit sauf si un permis a été délivré par une autorité nationale compétente. Un permis peut être délivré par une autorité nationale pour couvrir un certain nombre de visites sur une saison. Les conditions de délivrance d'un permis d'entrée à la Zone sont les suivantes :

- Les activités sont liées à des fins de conservation, de recherche et / ou de surveillance, ou sont pour des raisons essentielles à la gestion de la zone, ou sont des activités liées à l'éducation, à la sensibilisation ou aux loisirs, y compris le tourisme, à condition qu'elles n'entrent pas en conflit avec les objectifs de la présente Plan de gestion ;

- les activités autorisées sont conformes aux objectifs du présent plan de gestion ;
- Les activités autorisées tiendront dûment compte, dans le cadre du processus d'évaluation des incidences sur l'environnement, de la protection continue des valeurs historiques de la zone ;
- le permis est délivré pour une durée déterminée ; et
- Le permis, ou une copie, doit être porté par le titulaire principal du permis, ou son représentant désigné, lors de la visite de la zone.

7(ii) Accès à la Zone et déplacements à l'intérieur de celle-ci

L'accès à la pointe Hut se fait à pied, en véhicule ou en petit bateau. Il n'existe pas de routes particulières désignées pour accéder à la pointe Hut, bien que l'accès se fasse généralement par la route depuis la station McMurdo (US) (carte 1, encart 3). L'accès à la pointe Hut pendant les opérations de réapprovisionnement des navires dans la baie Winter Quarters sera coordonné avec la direction de la station McMurdo.

Accès à pied et déplacements dans la Zone

1) La cabane *Discovery* ne sera accessible qu'à pied ou par des moyens d'accès adaptés pour les personnes handicapées si nécessaire (carte 1, encart 3).
2) Les déplacements à l'intérieur de la cabane *Discovery* doivent être conformes au code de conduite de la section 7(iii).

Accès des véhicules

1) Les véhicules s'approchant de la zone par la route depuis la station McMurdo (États-Unis) ou la base Scott (NZ) ne doivent pas avancer au-delà des gros blocs de béton placés au terminus de la route à environ 50 m au nord-est de la cabane *Discovery*, sauf si un permis l'autorise à des fins essentielles d'entretien, de conservation ou de gestion de la zone ou du SMH n °19 (carte 1, encart 3).

Accès au moyen d'une petite embarcation

1) Il est possible d'accéder par petit bateau (lorsqu'il y a de l'eau libre) à la station McMurdo, à la baie Winter Quarters ou au littoral de McMurdo Sound à environ 100 m au nord-ouest de la Zone, à environ 77° 50' 42"S, 166° 38' 23 "E (carte 1, encart 3).

Accès en aéronef et survols

Les aéronefs fonctionnent dans la zone dans le strict respect des conditions suivantes :

2) Les atterrissages d'hélicoptères à moins de 100 m de la zone sont interdits. Les atterrissages d'hélicoptères entraînent un lavage du rotor, ce qui peut endommager la cabane *Discovery* ;
3) Le survol par hélicoptère de la zone devrait être évité dans toute la mesure du possible ;
4) L'atterrissage et le survol de la Zone à moins de 610 m (2 000 ft) par des systèmes d'aéronef pilotés à distance (RPAS) est interdit, sauf avis contraire stipulé dans un permis émis par une autorité nationale compétente. L'utilisation des RPAS à proximité ou au-dessus de celle-ci doit respecter les Lignes directrices environnementales sur l'exploitation de systèmes d'aéronef pilotés à distance (RPAS) en Antarctique (Résolution 4 (2018)).

Limites du nombre de personnes autorisées dans la zone

Le contrôle du nombre de personnes et des déplacements à l'intérieur de la zone, à la fois à un moment donné et de manière cumulative au fil du temps, est nécessaire pour minimiser les dommages et la détérioration précipités par :

a) La circulation piétonnière physique des visiteurs à travers les caractéristiques vulnérables de la zone et à l'intérieur de la cabane *Discovery* en particulier ; et

b) les changements mesurables des conditions ambiantes (c.-à-d. température et humidité) à l'intérieur de la cabane *Discovery*.

- Le nombre maximum dans la cabane à tout moment (y compris les guides) doit être : **8 personnes**.
- Le nombre maximum de visiteurs par an sera de : **2 000 personnes**.
- Les effets observés des niveaux de visiteurs surveillés suggèrent que des impacts négatifs importants pourraient être causés par le dépassement des maximums spécifiés ci-dessus.
- Ces limites ont été fixées sur la base du nombre actuel d à la lumière des meilleurs conseils disponibles que fournissent les organismes de conservation consultés (y compris les conservateurs, archéologues, historiens, conservateurs de musée et autres professionnels spécialisés dans la protection du patrimoine). Ces limites doivent être reconsidérées à chaque revue du plan de gestion, lorsque la limite peut être ajustée en fonction des impacts surveillés sur le site.
- Toutes les visites éducatives, de sensibilisation et/ou de loisirs y compris le tourisme, doivent être supervisées par un guide qualifié désigné par l'exploitant (voir la section 7(x)). Une supervision adéquate des visites dans la zone est nécessaire pour éviter que la foule et des actions incompatibles avec le Code de conduite décrit à l'alinéa (ii) de la section 7 ne causent des dégâts.

7(iii) Activités pouvant être menées à l'intérieur de la Zone

- Visites à des fins de conservation ou de gestion ;
- Visites éducatives, de sensibilisation et / ou récréatives, y compris le tourisme ;
- Activité scientifique qui n'altère ni n'endommage les valeurs de la zone.

Les visiteurs doivent adhérer au code de conduite suivant, sa pour les visites de site, sauf lorsque les activités de conservation, de recherche, de surveillance ou de gestion décrites dans le permis en disposent autrement :

Code de conduite

- Fumer ou utiliser des flammes nues dans la zone, et en particulier dans la cabane *Discovery* ou autour de celle-ci, est strictement interdite, car le feu est un risque majeur ;
- Des matières dangereuses, telles que l'amiante, les produits chimiques, les moisissures, etc., sont présentes sur le site. Évitez de manipuler quoi que ce soit dans la zone protégée et les cabanes.
- Nettoyez soigneusement le sable, la saleté, le guano, la glace et la neige des bottes à l'aide des brosses fournies avant d'entrer dans la cabane *Discovery* pour réduire l'abrasion du sol. Il est recommandé aux groupes plus importants de poser la bâche fournie à l'extérieur pour garder les chaussures et les objets personnels propres en attendant d'entrer dans le bâtiment ;
- Enlever tous les vêtements rendus humides par l'eau de mer ainsi que tous les cristaux de glace de mer collés aux bottines, les particules de sel accélérant en effet la corrosion des objets en métal ;
- ne pas toucher les objets ou le mobilier qui se trouvent dans les cabanes, ne pas les déplacer et ne pas s'asseoir sur eux – la manutention des objets provoque des dégâts ;
- puisque de nombreuses zones sont exigües et qu'il est aisé de se heurter aux objets, ne pas emporter de sacs ou ne pas porter de sacs à l'intérieur ; ne pas utiliser de bâtons à selfie pour les photos et éviter l'utilisation de tripodes ou de monopodes lorsque le nombre de visiteurs maximum (8) pouvant être présent en même temps dans la cabane est atteint ;
- utiliser uniquement des trépieds ou des monopodes avec des bases en caoutchouc à fond plat, contrairement à ceux avec des pointes métalliques qui peuvent endommager le sol de la cabane ;
- Durant les déplacements autour des sites, veiller soigneusement à ne pas marcher sur artefacts qui peuvent être difficiles à voir ; et
- les visites doivent être enregistrées dans le livre fourni à cet effet. Cela permet de mettre en corrélation les données sur les époques et le nombre de visiteurs avec les données de température et d'humidité automatiquement consignées à l'intérieur de la cabane.

7(iv) Installation, modification ou enlèvement de structures / de matériel

- La structure existante ne doit pas être modifiée, ni aucun équipement scientifique installé, sauf lorsque cela est autorisé par un permis à des fins de conservation, éducatives ou scientifiques qui ne portent pas atteinte ou n'endommagent pas les valeurs de la zone comme spécifié dans Section 1.
- Les structures historiques ne doivent pas être retirés de la zone, à moins que cela ne soit précisé dans un permis délivré conformément aux dispositions de la section 7(viii).

7(v) Emplacement des camps de base

- La cabane *Discovery* ne doit pas être utilisée à des fins d'habitation.

7 (vi) Restrictions sur les matériaux et organismes pouvant être introduits dans la Zone

Outre les critères du Protocole au Traité sur l'Antarctique relatif à la protection de l'environnement, les restrictions suivantes s'appliquent aux matériaux et organismes pouvant être introduits dans la zone sont les suivantes :

- L'introduction délibérée d'animaux, de matériel végétal, de micro-organismes ou de sols dans la zone est interdite ;
- Les visiteurs doivent prendre des précautions pour empêcher l'introduction accidentelle d'animaux, de matériel végétal, de micro-organismes et de sols en s'assurant que leur équipement introduit dans la zone est propre. Dans toute la mesure du possible, les chaussures et autres équipements utilisés ou apportés dans la zone (y compris les sacs de transport des équipements) doivent être soigneusement nettoyés avant d'entrer dans la zone ;
- Il est interdit de consommer de la nourriture dans la zone ;
- Le carburant, la nourriture, les produits chimiques et autres matériaux ne doivent pas être introduits ou stockés dans la zone, à moins qu'un permis ne l'autorise expressément à des fins essentielles liées à la conservation des structures historiques ou des vestiges associés, et doivent être stockés et manipulés de manière à minimiser le risque d'introduction accidentelle dans l'environnement ;
- Tous les matériaux ne peuvent être introduits dans la Zone que pour une période déterminée et doivent être enlevés de la Zone au plus tard à la fin de ladite période ; et
- Si des matériaux sont introduits qui risquent de mettre en péril les valeurs de la Zone, ils ne seront enlevés que si l'impact de leur enlèvement ne sera vraisemblablement pas supérieur à celui consistant à les laisser in situ.

7(vii) Prélèvement de faune ou de flore indigènes ou interférences nuisibles

Il n'y a ni flore ni faune sauvage à l'intérieur de la zone désignée.

7(vii) Ramassage de toute chose qui n'a pas été apportée dans la zone par le détenteur du permis

5) Les matériaux peuvent être ramassés dans la zone et ils peuvent en être enlevés pour des raisons scientifiques ou de conservation qui sont conformes aux objectifs du plan de gestion, mais uniquement lorsqu'un permis délivré par l'autorité nationale compétente l'autorise.
6) Les matériaux qui constituent une menace pour les valeurs historiques de la zone, l'environnement ou la santé humaine peuvent être enlevés de la zone aux fins de leur élimination en conformité avec un permis, et ce, lorsqu'ils répondent à un ou plusieurs des critères suivants :
    i. l'objet constitue une menace pour les valeurs historiques, l'environnement, la faune et la flore sauvages, ou la santé et la sécurité de l'homme ;
    ii. il est à ce point en mauvais état qu'il n'est pas réellement possible de le conserver ;
    iii. il ne contribue pas de manière significative à notre compréhension de la cabane, de ses occupants, d'autres artefacts, ou de l'histoire de l'Antarctique ;
    iv. il ne contribue pas aux qualités visuelles du site ou de la cabane, et il ne nuit en rien à ces qualités ; et/ou

v. ce n'est pas un objet unique en son genre ou rare ;

et lorsqu'une telle mesure :

vi. est prise par des parties ayant des compétences appropriées en matière de conservation du patrimoine ; et

vii. fait partie d'un plan général de travaux de conservation sur place.

7) Les autorités nationales devraient veiller à ce que l'enlèvement d'objets et l'évaluation faite en fonction des critères ci-dessus incombent à un personnel doté de compétences appropriées dans le domaine de la conservation du patrimoine.

8) Les objets considérés comme revêtant une grande valeur historique, qui ne peuvent pas être conservés sur place avec les techniques actuellement disponibles, peuvent être enlevés avec un permis pour le stockage dans un milieu contrôlé jusqu'à ce qu'ils puissent être ramenés en toute sécurité dans la zone, ce qui devrait être la solution préférée, sauf s'il existe un risque élevé que le retour risque d'endommager ou de détruire l'intégrité de l'artefact ou des artefacts.

7(ix) Élimination des déchets

Tous les déchets humains, toutes les eaux usées et tous les autres déchets produits par des groupes de travail ou des visiteurs doivent être enlevés de la zone.

7(x) Mesures nécessaires pour que les buts et objectifs du plan de gestion continuent d'être atteints

- Les informations sur les obligations de ce plan de gestion seront fournies à tous les visiteurs.
- Le code de conduite décrit à l'alinéa (iii) de la section 7 sera appliqué par tous les visiteurs sauf lorsque les activités de conservation, de recherche, de surveillance ou de gestion en disposent autrement.
- Les opérateurs qui rendent possibles des visites pédagogiques et récréatives ainsi que de sensibilisation (y compris touristiques) dans la zone désigneront, avant le début de la saison estivale, des personnes ayant une connaissance pratique du site comme du plan de gestion pour servir de guides durant les visites et leur fournir une formation appropriée pour qu'ils soient capables de s'acquitter de leurs fonctions.
- Toutes les visites éducatives, de sensibilisation et de loisirs, y compris le tourisme, doivent être supervisées par un guide désigné, qui est chargé d'informer les visiteurs sur le code de conduite et les exigences de ce plan de gestion et de veiller à leur pleine conformité. Le ou les guides surveilleront activement l'activité des visiteurs dans la zone, et en particulier dans la cabane *Discovery* et prendront des mesures correctives contre toute violation potentielle ou réelle du plan de gestion et du code de conduite.

7(xi) Rapports de visites

- Pour chaque visite effectuée dans la zone, le principal titulaire du permis soumettra un rapport à l'autorité nationale compétente après la fin de ladite visite, conformément aux procédures nationales et aux critères de délivrance des permis.
- Ces rapports doivent contenir, le cas échéant, les catégories d'informations mentionnées dans le formulaire de rapport de visite repris dans le Guide pour l'élaboration des plans de gestion des zones spécialement protégées de l'Antarctique (Résolution 2 [2011]). L'autorité nationale doit également transmettre une copie du rapport de visite et la confirmation du nombre de visiteurs du site à la partie qui a proposé le plan de gestion et ce, afin d'aider à gérer la zone et à revoir le plan de gestion.
- L'enlèvement de matériaux en conformité avec l'alinéa (viii) de la section 7 sera décrit en détail dans le rapport, y compris sa raison d'être et l'emplacement actuel des objets ou la date de leur évacuation. Le retour de ces objets dans le site sera également déclaré à l'autorité nationale compétente.
- Dans la mesure du possible, les Parties sont tenues de déposer les originaux ou les copies de ces rapports de visite originels dans un lieu d'archivage accessible au public, en vue d'un réexamen du plan de gestion et de l'organisation scientifique de la zone.

- L'autorité compétente devra être notifiée de toutes les activités entreprises et de toutes les mesures prises ainsi que de tous les matériaux utilisés et non enlevés qui n'étaient pas inclus dans le permis délivré.

8. Support documentaire

Antarctic Heritage Trust 2018. *Antarctic historic huts of the Ross Sea region.* NZ Antarctic Heritage Trust, Christchurch.

Antarctic Treaty Parties. Guidelines for handling of pre-1958 historic remains whose existence or present location is not known. Resolution 5 (2001).

Antarctic Treaty Parties. Guidelines for the designation and protection of Historic Sites and Monuments. Resolution 3 (2009).

Antarctic Treaty Parties. Guidelines for the assessment and management of heritage in Antarctica. Resolution 2 (2018).

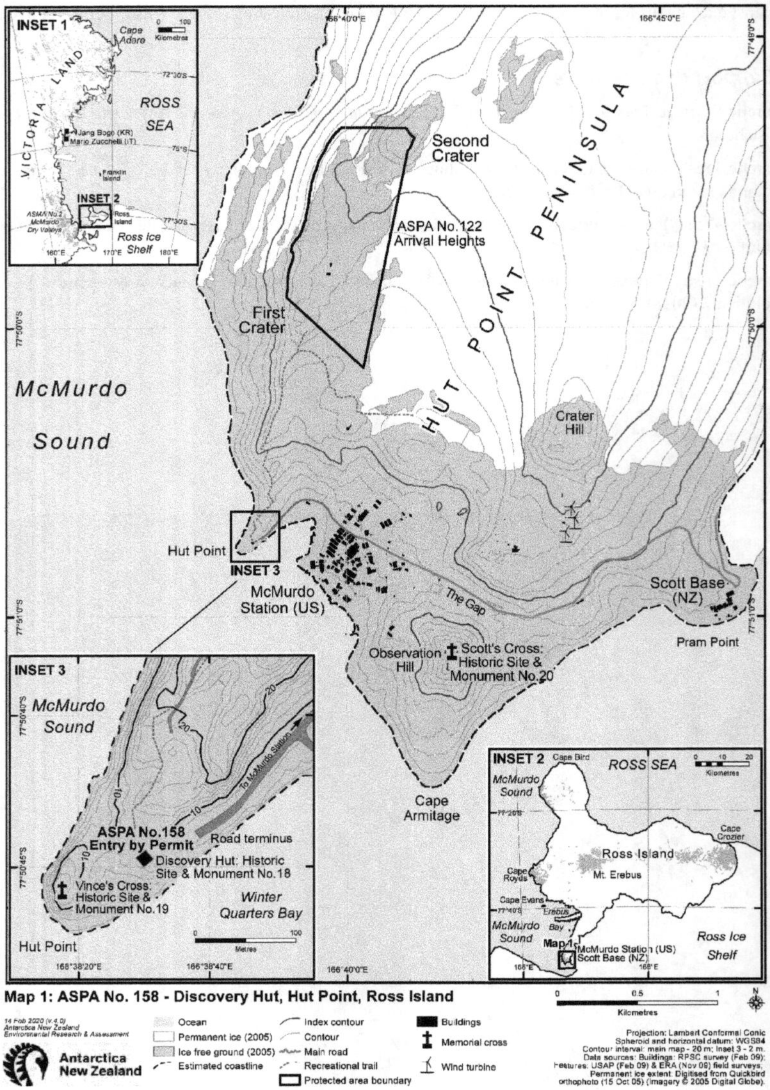
INSET 1
Cape Adare
ROSS SEA
VICTORIA LAND
Jang Bogo (KR)
Mario Zucchelli (IT)
INSET 2
Ross Ice Shelf
Second Crater
ASPA No.122 Arrival Heights
HUT POINT PENINSULA
First Crater
McMurdo Sound
Crater Hill
Hut Point
INSET 3
McMurdo Station (US)
The Gap
Scott Base (NZ)
Pram Point
Observation Hill
Scott's Cross: Historic Site & Monument No.20
Cape Armitage
ASPA No.158 Entry by Permit
Road terminus
Discovery Hut: Historic Site & Monument No.18
Vince's Cross: Historic Site & Monument No.19
Winter Quarters Bay
To McMurdo Station
Ross Island
Mt. Erebus
Cape Bird
Cape Crozier
Cape Royds
Cape Evans
Map 1
McMurdo Station (US)
Scott Base (NZ)
Map 1: ASPA No. 158 - Discovery Hut, Hut Point, Ross Island
Antarctica New Zealand
Ocean
Permanent ice (2005)
Ice free ground (2005)
Estimated coastline
Index contour
Contour
Main road
Recreational trail
Protected area boundary
Buildings
Memorial cross
Wind turbine
Kilometres
Projection: Lambert Conformal Conic
Spheroid and horizontal datum: WGS84

Plan de gestion pour

la zone spécialement protégée de l'Antarctique (ZSPA) n° 159

CAP ADARE, CÔTE BORCHGREVINK

(y compris le site et monument historique no 22, les cabanes historiques de Carsten Borchgrevink ainsi que de la mission nord de Scott et leurs environs)

Introduction

La zone, d'une superficie d'environ 2,4 ha, est située à 71° 18' 26,2" S, 170° 11' 28,3" E sur la côte nord-ouest du cap Adare, à l'extrémité nord de la péninsule d'Adare, terre Victoria, sur la côte de Borchgrevink, mer de Ross. La zone a été désignée à l'origine pour les valeurs historiques importantes des cabanes construites par l'expédition antarctique britannique (*Southern Cross*) de 1898-1900 dirigée par Carsten E. Borchgrevink, répertoriées comme site et monument historique (SMH) n° 22, qui a été désigné dans la recommandation VII-9 (1972). Les restes d'une cabane construite par mission nord de Scott sur l'Antarctique britannique (*Terra Nova*) L'expédition de 1910-13 est à proximité. La zone a été désignée zone spécialement protégée n °29 par la Mesure 1 (1998) et renommée et renumérotée Zone spécialement protégée de l'Antarctique (ZSPA) n °159 par la décision 1 (2002). Des révisions du plan de gestion ont été adoptées par la Mesure 2 (2005), la Mesure 11 (2010) et la Mesure 14 (2015).

1. Description des valeurs à protéger

Il y a pas trois structures principales à l'intérieur de la zone (carte 1, encart 3). Deux cabanes construites en février 1899 durant l'expédition antarctique britannique (*Southern Cross*) de 1898-1900 dirigée par Carsten E. Borchgrevink. Une cabane a servi de cabane d'hébergement et l'autre d'entrepôt. Elles ont été utilisées pendant le premier hiver passé sur le continent antarctique. Les ruines d'une troisième cabane construite en février 1911 pour la mission nord, menée par Victor L.A. Campbell, dans l'expédition antarctique britannique *Terra Nova* de Robert Falcon Scotts (1910-13) se situent à 20 m au nord de la cabane d'habitation de Borchgrevink. La mission nord a passé l'hiver dans cette cabane en 1911.

Outre ces caractéristiques, de nombreuses reliques historiques se trouvent dans la zone. Celles-ci incluent des dépôts, une toilette, deux ancres du navire *Southern Cross*, une ancre pour les glaces du navire *Terra Nova*, et des réserves de briquettes de charbon. D'autres objets historiques dans la zone sont enfouis dans du guano. Ensemble, les trois cabanes et les reliques historiques associées ont été désignées SMH n° 22. La tombe d'un membre de l'expédition de l'Antarctique britannique (*Southern Cross)* est située à environ 1,5 km au nord-est de la zone et est classée SMH n° 23.

Le cap Adare est un des principaux sites des premières activités humaines dans l'Antarctique car il inclut le premier bâtiment érigé sur le continent. C'est un symbole important de l'âge héroïque de l'exploration de l'Antarctique et, en tant que tel, il revêt une signification historique et culturelle considérable. Quelques-unes des premières avancées dans l'étude des sciences de la terre, de la météorologie ainsi que de la faune et la flore de l'Antarctique sont associées aux deux toutes premières expéditions qui avaient installées leur base en ce site. L'histoire de ces activités et la contribution qu'elles ont apportée à la compréhension et à la prise de conscience de l'Antarctique confèrent à cette zone une valeur historique, scientifique et esthétique significative.

Le cap Adare est situé dans l'environnement U - géologique du nord de terre Victoria, selon l'Analyse des domaines environnementaux de l'Antarctique (Résolution 3 (2008)) et dans la région 8, nord de la terre Victoria selon les régions de conservation biogéographiques de l'Antarctique (Résolution 6 (2012)).

2. Buts et objectifs

Le plan de gestion a pour but d'assurer la protection de la zone et de ses caractéristiques afin que ses valeurs puissent être préservées. Les objectifs du plan de gestion sont les suivants :

- éviter la dégradation des valeurs de la zone ou leur mise en péril ;
- préserver les valeurs historiques de la zone en établissant des plans de conservation qui peuvent inclure :
    a. maintenance « sur site » ;
    b. surveiller l'état des artefacts et des structures et ainsi que les facteurs qui les affectent ;
    c. la conservation du site, des bâtiments et des artefacts qui peut se dérouler sur le site ou en dehors ;
    d. la cartographie et l'enregistrement de la disposition des objets historiques dans les environs de la cabane ; et
    e. l'enregistrement d'autres données historiques pertinentes.
- minimiser les perturbations humaines sur la zone, ses caractéristiques et ses artefacts tout en permettant un accès géré à la cabane et à d'autres parties de la zone ; et
- permettre l'organisation de visites à des fins de gestion pour venir appuyer les objectifs du plan de gestion.

3. Activité de gestion

Les activités de gestion suivantes doivent être entreprises pour protéger les valeurs de la zone :

- Des copies de ce plan de gestion doivent être mises à la disposition du titulaire principal du permis de tous les groupes visitant la zone et / ou du chef de tout groupe opérant dans les environs adjacents du cap Adare ;
- Les programmes nationaux doivent prendre des mesures pour s'assurer que les limites de la zone et les restrictions qui s'appliquent à l'intérieur de celle-ci soient indiquées sur les cartes concernées et sur les cartes nautiques / aéronautiques ;
- le personnel (membres des programmes nationaux et des expéditions de terrain, responsables des expéditions touristiques et pilotes) menant des activités dans les environs de la Zone, la survolant ou s'en approchant, devront être spécifiquement informés des dispositions et du contenu du plan de gestion par leur programme national, leur voyagiste ou par l'autorité nationale compétente, notamment en ce qui concerne l'emplacement, les limites et les restrictions applicables à l'accès et aux atterrissages dans la zone ;
- Les balises ou enseignes érigées à l'intérieur ou à proximité des limites de la zone ou dans les installations à proximité doivent être sécurisées, maintenues en bon état, et retirées lorsqu'elles ne sont plus nécessaires ;
- Il sera procédé à un programme de conservation des cabanes historiques ainsi que des structures et des objets qui y sont apparentés au sein de la zone.
- Une surveillance systématique doit être effectuée pour évaluer les impacts des visites et les résultats, et toutes les recommandations de gestion connexes sur les limites du nombre de visiteurs autorisés à un moment ou à une période donnée doivent être incluses dans les examens du présent plan de gestion .
- Les programmes antarctiques nationaux intéressés et les groupes et organisations concernés devraient se consulter et se coordonner pour garantir ce qui suit :

a. les compétences et les ressources, en particulier celles liées aux techniques de conservation, sont développées et déployées pour aider à la protection des valeurs historiques de la zone ;
b. les limites définies sur le nombre de visiteurs ne sont pas dépassées ; et
c. les activités de gestion ci-dessus sont mises en œuvre.

4. Durée de la désignation

La Zone est désignée pour une durée indéterminée.

5. Cartes

Carte 1 : ZSPA n °159 Cap Adare - aperçu régional. Encart : Région de la mer de Ross.

Projection : conique conforme de Lambert ; parallèles types : 1er 71 ° 20' S, 2ème 71 ° 30' S : Méridien central : 170 ° 20 'E ; Latitude d'origine : 72 ° S : Datum horizontal et sphéroïde : WGS84. équidistance des courbes de niveau : 200 m. Source de données : SCAR Antarctic Digital Database v7.1 (2019).

Carte 2 : ZSPA n °159 Cap Adare - topographie et caractéristiques historiques.

Encart : SMH n ° 22, montrant les principales caractéristiques historiques de la zone.

Projection : conique conforme de Lambert ; parallèles types : 1er 71 ° 17' S, 2ème 71 ° 19' S : Méridien central : 170 ° 12 'E ; Latitude d'origine : 72 ° S : Sphéroïde : WGS84. Intervalle de contour de la carte principale de 100 pieds (contour de 15 pieds indiqué sur la baie de Ridley) - contours ajustés spatialement à la position approximative dans l'imagerie.

Sources de données : Littoral, étangs et ruisseaux numérisés à partir d'images WorldView-2 (© Digital Globe 05 décembre 2019). Orthophotographie en médaillon préparée par l'Institut coréen de recherche polaire (JH Kim, comm. Pers. Mars 2020). Caractéristiques historiques identifiées par L. Meek, Antarctic Heritage Trust (NZ) (comm. Pers. Mars 2020).

6. Description de la zone

6(i) Coordonnées géographiques, bornage et caractéristiques du milieu naturel

Vue d'ensemble

Le cap Adare est un promontoire volcanique proéminent, en grande partie libre de glace, situé à l'extrémité nord de la péninsule du cap Adare, sur la terre Victoria, sur la côte de Borchgrevink, dans la mer de Ross (carte 1, encarts 1 et 2). Le promontoire s'élève jusqu'à une altitude de plus de 350 m (environ 1150 pieds) (carte 1). Robertson Bay se trouve à l'ouest de la péninsule d'Adare. La zone est située à environ 1,7 km au sud-ouest du cap Adare, sur la rive sud de la baie de Ridley, qui est un grand bardeau de dépôt plat de forme approximativement triangulaire occupant une superficie d'environ 100 ha. À partir de l'extrémité ouest de la baie de Ridley, South Beach s'étend sur environ 1,5 km au sud-est en direction de Boulder Rock, tandis que North Beach s'étend à peu près à la même distance au nord-est en direction du cap Adare.

L'ensemble de la baie de Ridley et le bas versant ouest du promontoire du cap Adare sont occupés par la plus grande colonie de manchot Adélie (*Pygoscelis adeliae*) en Antarctique. La population reproductrice comptait 504 332 couples en 2018 (F.Shanhun, comm. Pers. 2020). La colonie a été identifiée comme la zone importante pour la conservation des oiseaux de l'Antarctique n° 165 (Harris et al. 2015). Les manchots occupent la majeure partie de la zone et l'accès aux cabanes historiques est souvent limité par la nécessité d'éviter de perturber les oiseaux reproducteurs.

Environ 300 couples de labbes polaires sud (*Stercorarius maccormicki*) se reproduisent sur la baie de Ridley et sur la péninsule d'Adare (Harris et al. 2015) et les phoques de Weddell (*Leptonychotes weddellii*) échouent également le long du rivage de la baie de Ridley. Les pétrels géants (*Macronectes giganteus*), les pétrels des neiges (*Pagodroma nivea*), l'océanite de Wilson (*Oceanites oceanicus*) et lrd petrels antarctiques (*Thalassoica antarctique*) pétrels, les manchot empereurs (*Aptenodytes forsteri*) ainsi que les manchots royaux (*A. Patagonicus),*), les léopards (*Hydrurga leptonyx*), les éléphants (*Mirounga leonina*) et les phoques à fourrure antarctiques (*Arctocephalus gazella*) peuvent également être aperçus de manière occasionnelle.

Lignes de démarcation

Les limites de la zone, décrites dans le sens des aiguilles d'une montre à partir du coin nord-ouest, sont les suivantes :

- Nord: une ligne s'étendant sur environ 110 m le long de la ligne de latitude 71° 18' 23"S depuis le coin nord-ouest de la zone à 71° 18' 23" S, 170° 11' 23" E jusqu'au coin nord-est à 71° 18' 23" S, 170° 11' 34" E. La limite nord se trouve à environ 115 mètres au nord de la cabane de l'équipe nord de Scott ;
- Est : une ligne s'étendant sur environ 250 m le long de la ligne de longitude 170° 11' 34" E depuis le coin nord-est de la zone jusqu'à l'angle sud-est à 71° 18' 31" S, 170° 11' 34" E. La limite est se trouve à environ 50 mètres à l'est de la cabane des magasins de Borchgrevink ;
- Sud : une ligne s'étendant sur environ 124 m depuis le coin sud-est de la zone jusqu'à l'angle sud-ouest à 71° 18' 29" S 170° 11' 23" E, en suivant la ligne de côte de la marée haute moyenne le long de South Beach.
- Ouest : une ligne s'étendant sur environ 190 m le long de la ligne de longitude 170° 11' 23" E depuis le coin sud-ouest de la zone jusqu'au coin nord-ouest. La limite ouest se trouve à environ 55 mètres à l'ouest de la cabane d'habitation de Borchgrevink.

Activités humaines

En raison des conditions d'accès difficiles sur le site, à ce jour, une conservation limitée a été réalisée sur les éléments historiques du cap Adare par la Nouvelle-Zélande. L'organisation non gouvernementale Antarctic Heritage Trust, basée en Nouvelle-Zélande, a prévu un programme de conservation plus substantielle des cabanes de Borchgrevink et de Scott et des objets associés, en partie en cours et dont la mise en œuvre complète est prévue en coordination avec les programmes antarctiques nationaux opérant dans la région.

Des groupes de touristes visitent régulièrement le site historique et les environs. Le nombre de visiteurs peut varier en fonction de plusieurs facteurs tels que la glace de mer et les conditions météorologiques, la logistique disponible et le nombre d'organisateurs de voyage au cours d'une année donnée.

6(ii) Accès à la Zone

La zone peut être accédée en voyageant d'abord vers des endroits adjacents mais à l'extérieur des limites par avion, véhicule, petit bateau ou à pied. L'accès des aéronefs à la glace de mer dans la baie Robertson peut être possible, bien que les conditions varient et qu'il puisse être difficile de s'approcher de la zone sans déranger les manchots et les labbes. L'accès à la zone et à l'intérieur de celle-ci se fait à pied. Des routes particulières d'accès à la zone n'ont pas été désignées. Les conditions spécifiques d'accès des piétons, des petits bateaux, des véhicules, des survols et des atterrissages d'aéronefs sont énoncées à la section 7(ii).

6(iii) Emplacement de structures à l'intérieur et à proximité de la Zone

Au nombre des principales caractéristiques de la zone figurent la cabane d'hébergement et les dépôts de provisions sans toit de l'expédition *Southern Cross* de Borchgrevink. La cabane de l'équipe nord de Scot, qui esten grande partie effondrée, est située à environ 20 m au nord-ouest de la cabane d'habitation de Borchgrevink. Toutes les structures de la zone sont d'origine historique, à l'exception d'un atelier de conservation temporaire érigé en 2018 (voir ci-dessous) et d'une plaque en laiton installée à environ 7 m à l'ouest de la cabane des magasins de Borchgrevink pour commémorer le SMH n °22.

De nombreux objets historiques sont présents dans la zone. Ceux-ci incluent des dépôts, une toilette, deux ancres du navire *Southern Cross*, une ancre pour les glaces du navire *Terra Nova*, et des réserves de charbon. Beaucoup de ces objets sont partiellement ou complètement recouverts de guano de manchots Adélie qui se reproduisent dans la zone.

La tombe d'un membre de l'expédition de l'Antarctique britannique (*Southern Cross)*, le biologiste norvégien Nicolai Hanson, est située à environ 1,5 km au nord-est de la zone à une altitude d'environ 1000 pieds (environ 300 m) sur la péninsule d'Adare et est répertoriée comme SMH n °23 (carte 1). Hanson, décédé à l'âge de 28 ans, a été la première personne à être enterrée sur le continent antarctique. La tombe est située à environ 71° 18' 04"S, 170° 13' 51"E et est marquée par un gros rocher avec une croix de fer, une plaque de laiton et une croix blanche marquée dans des galets de quartz. À l'origine, le nom de Hanson était souligné avec les galets de quartz, bien que des photographies récentes indiquent que c'est maintenant moins distinct. Un vieux piolet repose sur la surface de la tombe. Louis Bernacchi a écrit avec éloquence sur le lieu : «Là, au milieu d'un silence et d'une paix profonds, rien ne vient troubler ce sommeil éternel, si ce n'est le vol des oiseaux de mer. Dans la longue nuit sombre d'hiver, la brillante et mystérieuse Aurora Polaris balaie le ciel et forme un arc de lumière glorieux sur le cap et la tombe. En été, l'éblouissante lumière du soleil y brille en permanence » (Bernacchi 1901).

Un dépôt de provisions a été établi sous un surplomb rocheux à la base des falaises derrière la baie Ridley, à la suite d'un incendie dans les cabanes de Borchgrevink le 24 juillet 1899. Le dépôt a été vu par R. Priestly de l'équipe nord de Scott en 1911, et à nouveau par P. Wilson en 1982 et 1990. Une recherche du dépôt a été effectuée en 2015, mais il n'a pas pu être trouvé, et son emplacement exact est actuellement inconnu (L. Meek, Antarctic Heritage Trust, comm. Pers. Mars 2020).

Un deuxième dépôt provenant de l'équipe nord de Scott en 1911 est situé sur la péninsule d'Adare à environ 100m au nord-ouest de la tombe du SMH n °23 Hanson, et a été enregistré présent en 1982 par Harrowfield (1982) et à nouveau en 1990 par Harrowfield (L. Meek, pers. comm. 2020).

Des installations temporaires à l'appui des travaux de conservation ont été installées au cap Adare en 2018 (carte 2 et encart). Celles-ci comprennent des installations d'habitation et de stockage sur South Beach à environ 100 m à l'est de la zone et un atelier installé pour soutenir les réparations à environ 10 m à l'ouest des cabanes de Borchgrevink. Les travaux de conservation devraient être menés sur plusieurs saisons

Deux stations météorologiques automatiques (AWS) sont installées à l'extérieur de la zone: une sur South Beach et une seconde sur la crête de la péninsule d'Adare à une altitude d'environ 350 m (carte 2).

Les stations scientifiques fonctionnant en permanence et les plus proches de la zone sont Mario Zucchelli (Italie) et Jang Bogo (Corée du Sud), qui sont situées à environ 330 km au sud de la zone (carte 1, encart 1).

6(iv) Emplacement d'autres Zones protégées à proximité

La zone protégée la plus proche est la ZSPA n °106 du cap Hallett, située à l'extrémité nord de la péninsule de Hallett, à environ 115 km au sud de la zone.

6(v) Aires spéciales à l'intérieur de la Zone

Il n'y a aucune aire spéciale à l'intérieur de la Zone.

7. Critères de délivrance des permis d'accès

7(i) Critères généraux

L'accès à la Zone est interdit sauf si un permis a été délivré par une autorité nationale compétente. Un permis peut être délivré par une autorité nationale pour couvrir un certain nombre de visites sur une saison. Les conditions de délivrance d'un permis d'entrée à la Zone sont les suivantes :

- Les activités sont liées à des fins de conservation, de recherche et / ou de surveillance, ou sont pour des raisons essentielles à la gestion de la zone, ou sont des activités liées à l'éducation, à la sensibilisation ou aux loisirs, y compris le tourisme, à condition qu'elles n'entrent pas en conflit avec les objectifs de la présente Plan de gestion ;

- Les activités autorisées le seront conformément au présent plan de gestion ;
- Les activités autorisées tiendront dûment compte, dans le cadre du processus d'évaluation des incidences sur l'environnement, de la protection continue des valeurs historiques de la zone ;
- le permis est délivré pour une durée déterminée ; et
- Le permis, ou une copie de celui-ci, doit être porté par le titulaire principal du permis, ou son représentant désigné, lors de la visite de la zone.

7 (ii) Accès à la zone et déplacements à l'intérieur de celle-ci

L'accès à la zone se fera à pied. Les atterrissages d'aéronefs et les débarquements de véhicules sont interdits dans la zone. Tout accès et tout mouvement à l'intérieur de la zone et sur la plage Ridley en général devraient éviter de perturber les oiseaux et les mammifères.

Accès à pied et déplacements dans la Zone

1) L'accès des piétons à la zone se fait généralement à partir de South Beach (carte 2) bien que des chemins ou des voies d'accès spécifiques n'aient pas été définis, car les sites de débarquement peuvent varier selon les conditions.
2) Les déplacements à l'intérieur de la zone doivent être conformes au code de conduite de la section 7(iii).
3) Des précautions doivent être prises lors de la marche dans la zone, car des artefacts délicats peuvent être présents sur le sol, peut-être masqués par une mince couche de neige, et peuvent être difficiles à voir.

Accès au moyen d'une petite embarcation

1) L'accès par petit bateau (lorsqu'il y a de l'eau libre) devrait se faire au littoral de la baie Ridley, et de là, l'accès devrait se faire à pied (carte 2). Les lieux de débarquement seront influencés par les conditions locales de la mer et des glaces et les sites d'accès spécifiques n'ont pas été définis.

Accès en aéronef et survols

Compte tenu des valeurs historiques ainsi que des concentrations locales d'oiseaux nicheurs, les aéronefs à l'intérieur et à proximité de la zone doivent fonctionner dans le strict respect des conditions suivantes :

1) L'atterrissage d'hélicoptères est interdit dans la zone. Les atterrissages d'hélicoptères entraînent un lavage du rotor, ce qui peut endommager les éléments historiques ;
2) Le survol de la zone par des aéronefs pilotés à moins de ~ 610 m (2 000 pi) au-dessus du niveau de sol est interdit, sauf avis contraire stipulé dans un permis émis par une autorité nationale compétente.
3) Les aéronefs peuvent atterrir à l'extérieur de la zone sur la glace de mer dans la baie Robertson lorsque les conditions le permettent et à proximité de la tombe de Hanson (SMH n 23) (carte 1). Les survols / atterrissages de tous les aéronefs à ou à moins de ½ mille marin (environ 930 m) de la baie Ridley sont fortement déconseillés, sauf à des fins scientifiques ou de gestion. L'accès par hélicoptère à la tombe de Hanson devrait éviter l'approche, le survol et les atterrissages à l'ouest et au nord de la tombe et plutôt s'approcher du sud lorsque cela est possible. Les pilotes opérant à proximité de la Zone doivent respecter les Lignes directrices environnementales sur l'exploitation de systèmes d'aéronefs pilotés à distance (Résolution 2 (2004)) comme exigence minimale.
4) L'atterrissage et le survol de la Zone à moins de 610 m (2000 ft) par des systèmes d'aéronef pilotés à distance (RPAS) est interdit, sauf avis contraire stipulé dans un permis émis par une autorité nationale compétente. L'utilisation de RPAS dans la Zone doit respecter les Lignes directrices environnementales sur l'exploitation de systèmes d'aéronef pilotés à distance (RPAS) en Antarctique (Résolution 4 (2018)).

Limites du nombre de personnes autorisées dans la zone

Le contrôle du nombre de personnes et des déplacements à l'intérieur de la zone, à la fois à un moment donné et de manière cumulative au fil du temps, est nécessaire pour minimiser les dommages et la détérioration précipités par :

a) La circulation piétonnière physique des visiteurs à travers les caractéristiques vulnérables de la zone et à l'intérieur de la cabane de Borchgrevink en particulier ; et

b) les changements mesurables des conditions ambiantes (c.-à-d. température et humidité) à l'intérieur de la cabane de Borchgrevink.

- Le nombre maximum de visiteurs dans la zone (y compris les guides et les personnes qui se trouvent dans les cabanes) sera de : **40 personnes.**
- Le nombre maximum dans l'une ou l'autre des cabanes de Borchgrevink à tout moment (y compris les guides) doit êtrede : **4 personnes.**
- Le nombre maximum annuel de visiteurs dans la zone est limité à : **2 000 personnes.**
- Les effets observés des niveaux de visiteurs surveillés dans les sites historiques de la région de la mer de Ross suggèrent que des impacts négatifs importants pourraient être causés par le dépassement des maximums spécifiés ci-dessus.
- Ces limites ont été fixées sur la base du nombre actuel d à la lumière des meilleurs conseils disponibles que fournissent les organismes de conservation consultés (y compris les conservateurs, archéologues, historiens, conservateurs de musée et autres professionnels spécialisés dans la protection du patrimoine). Ces limites doivent être reconsidérées à chaque revue du plan de gestion, lorsque la limite peut être ajustée en fonction des impacts surveillés sur le site.
- Toutes les visites éducatives, de sensibilisation et de loisirs (y compris le tourisme) doivent être supervisées par un guide qualifié désigné par l'exploitant (voir la section 7 (x)). Une supervision adéquate des visites dans la zone est nécessaire pour éviter que la foule et des actions incompatibles avec le Code de conduite décrit à l'alinéa (ii) de la section 7 ne causent des dégâts.

7(iii) Activités pouvant être menées à l'intérieur de la Zone

- Visites à des fins de conservation ou de gestion ;
- Visites éducatives, de sensibilisation et / ou récréatives, y compris le tourisme ;
- Activité scientifique qui n'altère ni n'endommage les valeurs de la zone.

Les visiteurs doivent respecter le code de conduite obligatoire suivant pour les visites de sites, sauf lorsque les activités de conservation, de recherche, de surveillance ou de gestion spécifiées dans le permis en exigent autrement :

Code de conduite obligatoire

- Fumer ou utiliser des flammes nues dans la zone, et en particulier dans la cabane de Borchgrevink ou autour de celle-ci, est strictement interdite, car le feu est un risque majeur ;
- Des matières dangereuses, telles que l'amiante, les produits chimiques, les moisissures, etc., sont présentes sur le site. Évitez de manipuler quoi que ce soit dans la zone protégée et les cabanes.
- Nettoyez soigneusement le sable, la saleté, le guano, la glace et la neige des bottes à l'aide des brosses fournies avant d'entrer dans la cabane de Borchgrevink pour réduire l'abrasion du sol. Il est recommandé aux groupes plus importants de poser la bâche fournie à l'extérieur pour garder les chaussures et les objets personnels propres en attendant d'entrer dans le bâtiment ;
- Enlever tous les vêtements rendus humides par l'eau de mer ainsi que tous les cristaux de glace de mer collés aux bottines, les particules de sel accélérant en effet la corrosion des objets en métal ;
- ne pas toucher les objets ou le mobilier qui se trouvent dans les cabanes, ne pas les déplacer et ne pas s'asseoir sur eux – la manutention des objets provoque des dégâts ;

- puisque de nombreuses zones sont exigües et qu'il est aisé de se heurter aux objets, ne pas emporter de sacs ou ne pas porter de sacs à l'intérieur ; ne pas utiliser de bâtons à selfie pour les photos et éviter l'utilisation de tripodes ou de monopodes lorsque le nombre de visiteurs maximum (4) pouvant être présent en même temps dans la cabane est atteint ;
- utiliser uniquement des trépieds ou des monopodes avec des bases en caoutchouc à fond plat, contrairement à ceux avec des pointes métalliques qui peuvent endommager le sol de la cabane ;
- Durant les déplacements autour des sites, veiller soigneusement à ne pas marcher sur artefacts qui peuvent être difficiles à voir ; et
- les visites doivent être enregistrées dans le livre fourni à cet effet. Cela permet de mettre en corrélation les données sur les époques et le nombre de visiteurs avec les données de température et d'humidité automatiquement consignées à l'intérieur de la cabane.

7(iv) Installation, modification ou enlèvement de structures / de matériel

- Les structures existantes ne doivent pas être modifiées et aucune nouvelle structure ne doit être érigée dans la zone, ni aucun équipement scientifique installé, sauf lorsque cela est autorisé par un permis à des fins de conservation, éducatives ou scientifiques qui ne portent pas atteinte ou n'endommagent pas les valeurs de la zone comme spécifié dans Section 1.
- Les structures historiques ne doivent pas être retirés de la zone, à moins que cela ne soit précisé dans un permis délivré conformément aux dispositions de la section 7(viii).

7(v) Emplacement des camps de base

- Les cabanes de Borchgrevink, ou autres structures de la zone, ne doivent pas être utilisées à des fins d'habitation.
- Il est interdit de camper dans la zone.
- Une zone de camping temporaire a été établie sur South Beach à environ 100 m à l'est de la zone (carte 2), et elle devrait être utilisée si nécessaire à des fins de conservation ou de recherche. Afin de minimiser l'empreinte des camps établis sur la baie Ridley, si nécessaire et dans la mesure du possible, ce site devrait être réutilisé.

7 (vi) Restrictions sur les matériaux et organismes pouvant être introduits dans la Zone

Outre les critères du Protocole au Traité sur l'Antarctique relatif à la protection de l'environnement, les restrictions suivantes s'appliquent aux matériaux et organismes pouvant être introduits dans la zone sont les suivantes :

- L'introduction délibérée d'animaux, de matériel végétal, de micro-organismes ou de sols dans la zone est interdite ;
- Les visiteurs doivent prendre des précautions pour empêcher l'introduction accidentelle d'animaux, de matériel végétal, de micro-organismes et de sols en s'assurant que leur équipement introduit dans la zone est propre. Dans la mesure du possible, les chaussures et autres équipements utilisés ou introduits dans la zone (y compris les sacs à dos, les housses et autres) doivent être minutieusement nettoyés avant d'entrer dans la Zone ;
- Il est interdit de consommer de la nourriture dans la zone ;
- Le carburant, la nourriture, les produits chimiques et autres matériaux ne doivent pas être introduits ou stockés dans la zone, à moins qu'un permis ne l'autorise expressément à des fins essentielles liées à la conservation des structures historiques ou des artefacts associés, et doivent être stockés et manipulés de manière à minimiser le risque d'introduction accidentelle dans l'environnement ;
- Tous les matériaux introduits ne le seront que pour une période déterminée et seront retirés à la fin de cette période déterminée ;

- L'introduction de matériaux à des fins patrimoniales peut être faite et incorporée dans les valeurs de la zone, par des parties possédant une expertise appropriée en matière de conservation du patrimoine qui ont déterminées que les matériaux introduits sont conformes aux buts et objectifs du plan de gestion et du plan global des travaux de conservation sur le site ; et
- Si des matériaux sont introduits qui risquent de mettre en péril les valeurs de la Zone, ils ne seront enlevés que si l'impact de leur enlèvement ne sera vraisemblablement pas supérieur à celui consistant à les laisser in situ.

7(vii) Prélèvement de végétaux et capture d'animaux ou perturbations nuisibles à la faune et à la flore indigènes

Tout prélèvement ou toute interférence nuisible à la flore et à la faune indigènes est interdite, sauf si un permis a été délivré à cet effet conformément à l'article 3 de l'Annexe II du Protocole au Traité sur l'Antarctique relatif à la protection de l'environnement. En cas de capture d'animaux ou d'interférence nuisible, celles-ci devront au minimum respecter le Code de conduite du SCAR pour l'utilisation d'animaux à des fins scientifiques dans l'Antarctique.

7(vii) Ramassage de toute chose qui n'a pas été apportée dans la zone par le détenteur du permis

1) Les matériaux peuvent être ramassés dans la zone et ils peuvent en être enlevés pour des raisons scientifiques ou de conservation qui sont conformes aux objectifs du plan de gestion, mais lorsqu'un permis délivré par l'autorité nationale compétente l'autorise.
2) Les matériaux qui constituent une menace pour les valeurs historiques de la zone, l'environnement ou la santé humaine peuvent être enlevés de la zone aux fins de leur élimination en conformité avec un permis, et ce, lorsqu'ils répondent à un ou plusieurs des critères suivants :
    i. l'objet constitue une menace pour les valeurs historiques, l'environnement, la faune et la flore sauvages, ou la santé et la sécurité de l'homme ;
    ii. il est à ce point en mauvais état qu'il n'est pas réellement possible de le conserver ;
    iii. il ne contribue pas de manière significative à notre compréhension des cabanes, de ses occupants, d'autres artefacts, ou de l'histoire de l'Antarctique ;
    iv. il ne contribue pas aux qualités visuelles du site ou de la cabane, et il ne nuit en rien à ces qualités ; et/ou
    v. ce n'est pas un objet unique en son genre ou rare ;

et lorsqu'une telle mesure :

    vi. est prise par des parties ayant des compétences appropriées en matière de conservation du patrimoine ; et
    vii. fait partie d'un plan général de travaux de conservation sur place.

3) Les autorités nationales devraient veiller à ce que l'enlèvement d'objets et l'évaluation faite en fonction des critères ci-dessus incombent à un personnel doté de compétences appropriées dans le domaine de la conservation du patrimoine.
4) Les objets considérés comme revêtant une grande valeur historique, qui ne peuvent pas être conservés sur place avec les techniques actuellement disponibles, peuvent être enlevés avec un permis pour le stockage dans un milieu contrôlé jusqu'à ce qu'ils puissent être ramenés en toute sécurité dans la zone, ce qui devrait être la solution préférée, sauf s'il existe un risque élevé que le retour risque d'endommager ou de détruire l'intégrité de l'artefact ou des artefacts.
5) Les échantillons de sol ou autre matériaux naturels peuvent être prélevés pour des besoins scientifiques uniquement et sur délivrance d'un permis délivré par une autorité nationale compétente.

7(ix) Élimination des déchets

Tous les déchets humains, toutes les eaux usées et tous les autres déchets produits par des groupes de travail ou des visiteurs doivent être enlevés de la zone.

7(x) Mesures nécessaires pour que les buts et objectifs du plan de gestion continuent d'être atteints

- Les informations sur les obligations de ce plan de gestion seront fournies à tous les visiteurs.
- Le code de conduite décrit à l'alinéa (iii) de la section 7 sera appliqué par tous les visiteurs sauf lorsque les activités de conservation, de recherche, de surveillance ou de gestion en disposent autrement.
- Les opérateurs qui rendent possibles des visites pédagogiques et récréatives ainsi que de sensibilisation (y compris touristiques) dans la zone désigneront, avant le début de la saison estivale, des personnes ayant une connaissance pratique du site comme du plan de gestion pour servir de guides durant les visites et leur fournir une formation appropriée pour qu'ils soient capables de s'acquitter de leurs fonctions.
- Toutes les visites éducatives, de sensibilisation et de loisirs, y compris le tourisme, doivent être supervisées par un guide désigné, qui est chargé d'informer les visiteurs sur le code de conduite et de veiller à leur pleine conformité. Le ou les guides surveilleront activement l'activité des visiteurs dans la zone, et en particulier dans les cabanes historiques et prendront des mesures correctives contre toute violation potentielle ou réelle du plan de gestion et du code de conduite.

7(xi) Rapports de visites

- Pour chaque visite effectuée dans la zone, le principal titulaire du permis soumettra un rapport à l'autorité nationale compétente après la fin de ladite visite, conformément aux procédures nationales et aux critères de délivrance des permis.
- Ces rapports doivent contenir, le cas échéant, les catégories d'informations mentionnées dans le formulaire de rapport de visite repris dans le Guide pour l'élaboration des plans de gestion des zones spécialement protégées de l'Antarctique (Résolution 2 [2011]). L'autorité nationale doit également transmettre une copie du rapport de visite et la confirmation du nombre de visiteurs du site à la partie qui a proposé le plan de gestion et ce, afin d'aider à gérer la zone et à revoir le plan de gestion.
- L'enlèvement de matériaux en conformité avec l'alinéa (viii) de la section 7 sera décrit en détail dans le rapport, y compris sa raison d'être et l'emplacement actuel des objets ou la date de leur évacuation. Le retour de ces objets dans le site sera également déclaré à l'autorité nationale compétente.
- Dans la mesure du possible, les Parties sont tenues de déposer les originaux ou les copies de ces rapports de visite originels dans un lieu d'archivage accessible au public, en vue d'un réexamen du plan de gestion et de l'organisation scientifique de la zone.
- L'autorité compétente devra être notifiée de toutes les activités entreprises et de toutes les mesures prises ainsi que de tous les matériaux utilisés et non enlevés qui n'étaient pas inclus dans le permis délivré.

8. Support documentaire

Antarctic Heritage Trust 2018. *Antarctic historic huts of the Ross Sea region.* NZ Antarctic Heritage Trust, Christchurch.

Antarctic Treaty Parties. Guidelines for handling of pre-1958 historic remains whose existence or present location is not known. Resolution 5 (2001).

Antarctic Treaty Parties. Guidelines for the designation and protection of Historic Sites and Monuments. Resolution 3 (2009).

Antarctic Treaty Parties. Guidelines for the assessment and management of heritage in Antarctica. Resolution 2 (2018).

Bernacchi, L. 1901. To the South Polar regions: Expedition of 1898-1900. Hurst and Blackett, London.

Harris, C.M., Lorenz, K., Fishpool, L.D.C., Lascelles, B., Cooper, J., Coria, N.R., Croxall, J.P., Emmerson, L.M., Fijn, R.C., Fraser, W.L., Jouventin, P., LaRue, M.A., Le Maho, Y., Lynch, H.J., Naveen, R., Patterson-

Fraser, D.L., Peter, H.-U., Poncet, S., Phillips, R.A., Southwell, C.J., van Franeker, J.A., Weimerskirch, H., Wienecke, B. & Woehler, E.J. 2015. Important Bird Areas in Antarctica 2015. BirdLife International and Environmental Research & Assessment Ltd., Cambridge.

Harrowfield, D.L.1982.Report on Canterbury Museum Antarctic Expedition Event K22 Cape Adare. March 1982 report to the Antarctic Division, DSIR, Christchurch.

Liste des coordonnées des limites

Coin nord-ouest: 71° 18' 30"S 170°11' 33"E.

Coin nord-est : 71° 18' 30"S 170°11' 44"E.

Coin sud-ouest : 71° 18' 35,5"S 170°11' 33"E.

Coin sud-est : 71° 18' 38"S 170°11' 44"E.

Étendue nord maximale : 71° 18 '30 "S.

Extension sud maximale : 71° 18' 38''S

Étendue ouest maximale : 170°11' 33"E

Étendue est maximale : 170°11' 44"E.

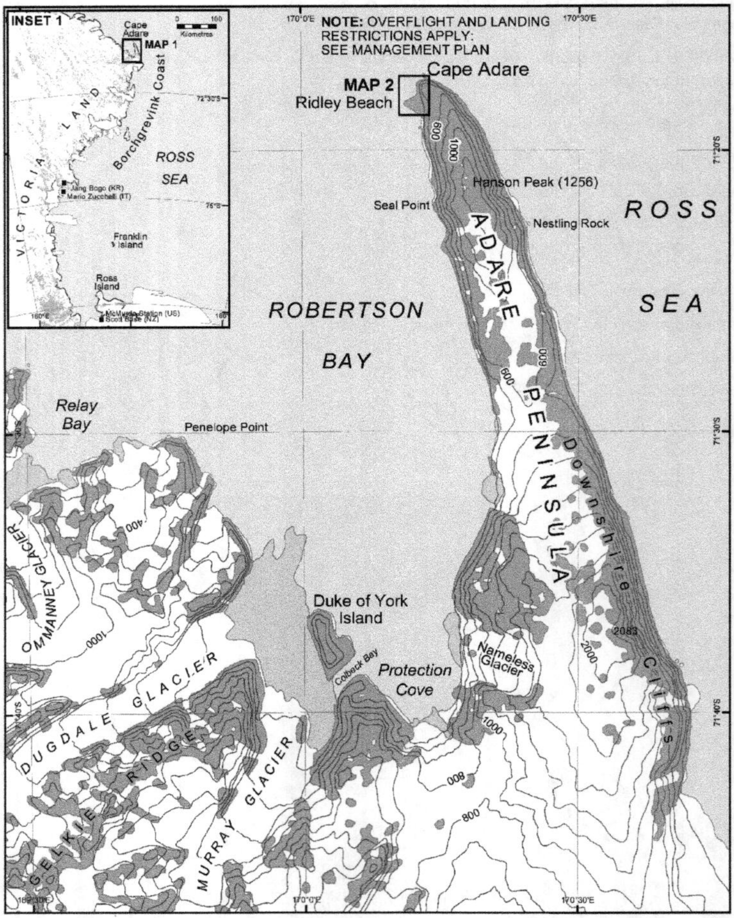

Map 1: ASPA No. 159 Cape Adare - Regional overview

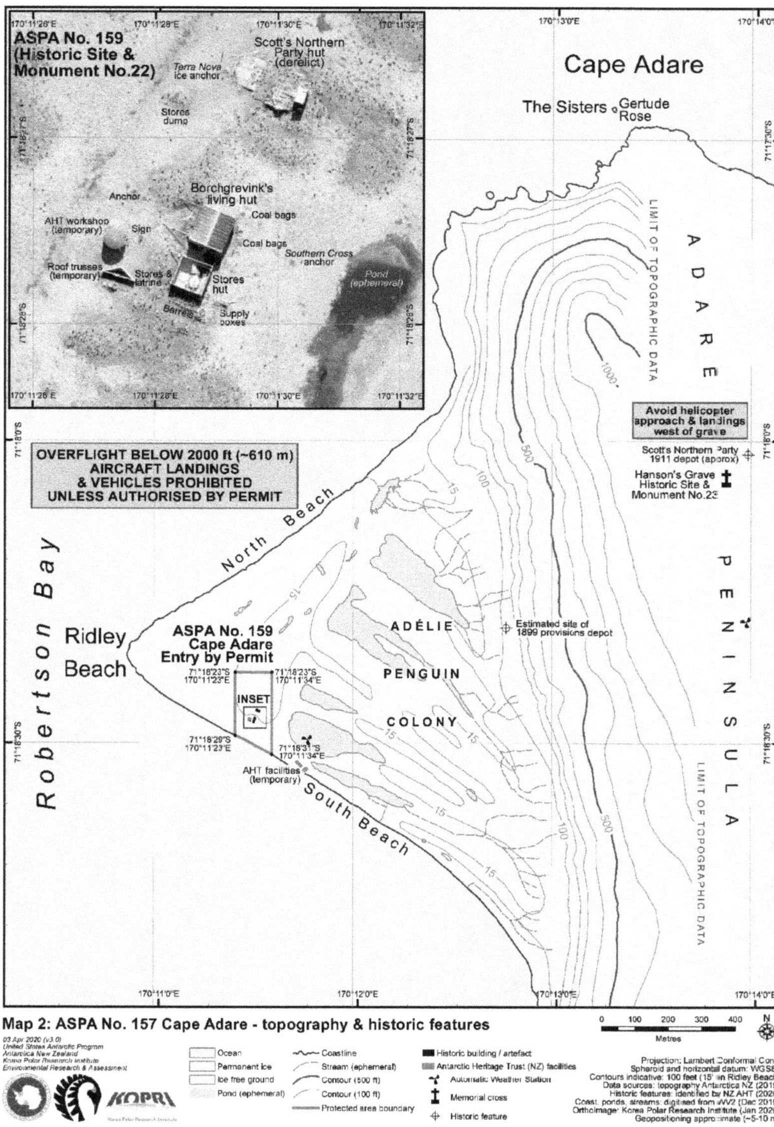

Map 2: ASPA No. 157 Cape Adare - topography & historic features

Plan de gestion de la zone spécialement protégée de l'Antarctique (ZSPA) n° 163 : glacier Dakshin Gangotri, Terre de la reine Maud

Introduction

L'Inde a présenté un document de travail à la XXVe RCTA (WP47) sur un projet de plan de gestion pour un site proposé d'intérêt scientifique spécial pour la langue du glacier Dakshin Gangroti, collines Schirmacher, terre de la Reine-Maud. Le Comité a fait remarquer que ce site devait être désigné une ZSPA plutôt qu'un SISP. Par conséquent, durant la XXVIe RCTA, l'Inde a présenté un projet de plan de gestion pour une zone spécialement protégée de l'Antarctique (XXVIe RCTA/WP38) et, ultérieurement, un plan de gestion révisé (WP 33) à l'occasion de la XXVIIe RCTA. Le plan de gestion a été adopté par la Mesure 2 (2005) et désigné ZSPA 163 lors de la XXVIIIe RCTA (WP 25). Ce plan de gestion a fait l'objet d'une révision après une période de cinq ans, à la suite de laquelle des modifications mineures ont été apportées. Il a été présenté à la XXXIIIe RCTA (WP055 rév.1) et a été adopté en vertu de la Mesure 12 (2010). Par la suite, le plan de gestion a été revu après cinq ans et avec des changements mineurs soumis à la XXXVIIIe RCTA (WP 42) puis adopté au titre de la Mesure 15 (2015).

Le glacier Dakshin Gangotri a une grande valeur lorsqu'il s'agit de surveiller le recul d'un glacier. Une langue fait l'objet d'une surveillance depuis 1983 afin de comprendre les effets des changements climatiques sur le glacier. Cette zone est également importante pour l'étude des algues, des mousses, des cyanobactéries et des lichens qui sont très répandus dans les collines Schirmacher et, en particulier, à l'intérieur de la ZSPA. Les cyanobactéries contribuent grandement à la fixation de l'azote et de nombreuses espèces ont jusqu'ici été identifiées comme provenant de cette zone. D'après une étude menée depuis 2003, bon nombre d'espèces de lichens ont également été identifiées dans cette zone.

1. **Description des valeurs à protéger**

Valeur historique

Le glacier Dakshin Gangotri est une petite langue de glace polaire continentale qui chevauche les collines Schirmacher au centre de la terre Dronning Maud. Il a été identifié en 1982-1983 par la deuxième expédition indienne en Antarctique et, depuis, sa langue fait l'objet d'une surveillance régulière pour en déterminer
le recul ou la progression.

Valeur scientifique

Grâce à la quantité substantielle de données recueillies au cours des deux dernières décennies, ce site est devenu particulièrement intéressant pour observer les mouvements de la calotte de glace antarctique sous l'effet du réchauffement de la planète. La zone revêt une importance scientifique de premier ordre pour les spécialistes de la glaciologie et de l'environnement. Compte tenu des valeurs scientifiques de la zone ainsi que de la nature des recherches qui y sont menées, la zone bénéficie du statut de zone spécialement protégée de l'Antarctique conformément aux articles 2, 3, 5 et 6 de l'Annexe V du Protocole au Traité sur l'Antarctique relatif à la protection de l'environnement, statut qui permet d'éviter toute interférence avec les recherches scientifiques en cours et envisagées.

Des campagnes de positionnement global par satellite (GPS) ont été réalisées durant les saisons de l'été austral 2003 et 2004 afin d'obtenir un aperçu de la vitesse et de la répartition des déformations sur la marge de la couche de glace continentale recouvrant la partie sud des collines Schirmacher dans le CDML. Des données GPS ont été collectées pendant deux ans sur 21 sites puis analysées pour estimer les coordonnées de base et les vitesses du site. Les vitesses horizontales des sites de glaciers oscillent entre1,89±0,01 et 10,88±0,01 m a-1 au nord-nord-est, avec une vitesse moyenne de 6,21±0,01 m a-1. Les vitesses de déformation principales fournissent une mesure quantitative des vitesses d'extension, qui vont de (0,11 ± 0,01) × 10-3 à (1,48 ± 0,85) × 10-3 a-1, et les vitesses de raccourcissement, qui vont de (0,04 ± 0,02) × 10-3 à (0,96 ± 0,16) × 10-3 a-1 (Sunil et al., 2007).

Valeur environnementale

Dans la zone désignée, l'exploration a montré une abondante diversité faunique de la population d'invertébrés terrestres vivant dans la mousse. Les collines Schirmacher se caractérisent également par la diversité de leurs algues et cyanobactéries. Les mousses terrestres y sont très répandues et colonisent de nombreux habitats. Les mousses, en raison de leur nature poïkilohydrique et de leur stratégie alternative d'adaptation, sont l'un des groupes de plantes qui poussent en Antarctique. Elles jouent un rôle dans la modification des habitats et le cycle des substances nutritives, fournissant abri et sécurité aux animaux invertébrés associés. Les études sur les mousses dans les collines Schirmacher ont révélé que la répartition des mousses est significative dans le centre de la zone et dans une aire désignée par rapport aux parties orientale et occidentale.

La répartition des algues et des cyanobactéries ainsi que de la flore des cours d'eau douce à l'endroit désigné ont été étudiées. Les espèces observées sont G.magma, Chaemosiphon subglobosus, Oscillatoria limosa, O.limnetica,P. frigidum, P. *autumnale, Nostoc commune, N.punctiforme, Calothrix gracilis, C.brevissima, Uronema sp.*, et Cosmarium leave. Parmi les cyanobactéries rencontrées dans le cours d'eau des collines Schirmacher, les espèces qui fixent le N_2 pourraient jouer un rôle important dans l'économie d'azote de l'écosystème par le biais de la fixation de N_2. Des études ont également été menées dans les collines Schirmacher sur des labbes antarctiques ; la réussite de leur nidification et de leur reproduction a été rapportée aux alentours de la zone désignée.

Une étude plus approfondie des lichens, en cours depuis 2003-2004, à l'intérieur de la zone protégée, a révélé la présence d'espèces telles que *Acarospora geynnii* (C.W.Dodge et E.D.Rudolph), *Acarospora williamsii* (Filson), *Amandinea punctata* (Hoffm.) Coppins & Scheid, *Buellia frigida*, Darb., *Buellia grimmiae*, Filson, *Candelaria murrayi*, Poelt, *Candelariella flava* , (C.W.Dodge & G.E. Baker), Castello & Nimis, *Carbonea vorticsa*, (Florke) Hertel, *Lecanora expectans* , Darb., *Lecanora fuscobrunnea* , C.W. Dodge & G.E. Baker, *Lecanora geophila* (Th. Fr.) Poelt, *Lecidea andersonii*, Filson, *Lecidea cancriformis* , C.W.Dodge & G.E. Baker, *Lecidella siplei* , (C.W. Dodge & G.E. baker) May., *Lepraria cacuminum* , (A. Massal.) Lohtander, *Physcia caesia* , (Hoffm.) Furnr., *Pseudephebe minuscule* , (Nyl. Ex Arnold) Brodo & D. Hawksw., and *Rhizoplaca melanophtalma*, (Ram.) Luckert & Poelt (Olech et al. 2010).

2. Buts et objectifs

Le plan de gestion pour le glacier Dakshin Gangotri vise les buts suivants :

- éviter la dégradation des valeurs de la zone en empêchant toute perturbation humaine injustifiée ;
- permettre des recherches scientifiques dans le domaine de la glaciologie et de l'environnement tout en protégeant la rigueur des observations de toute interférence humaine ;
- veiller à ce que les points situés à la périphérie de la langue ne subissent pas de perturbations issues d'activités humaines dans la zone ;
- conserver la zone comme point de référence pour l'étude des cycles de déplacement de cette partie de l'inlandsis antarctique sous l'effet du réchauffement de la planète ;
- permettre des visites à des fins de gestion et ce, à l'appui des buts et objectifs du plan de gestion pour cette zone ;

- réduire au minimum la possibilité d'introduction de plantes, d'animaux et de microbes non indigènes dans la zone.

3. Activités de gestion

Les activités de gestion suivantes seront entreprises pour protéger les valeurs de la zone :

- Une carte détaillée indiquant l'emplacement et les lignes de démarcation de la zone, et stipulant les restrictions particulières pertinentes, sera affichée à un endroit bien en vue dans les stations de recherche Maitri (Inde) et Novolazarevskaya (Fédération de Russie) ; des copies de ce plan de gestion seront également disponibles dans les deux stations.
- Deux panneaux indiquant l'emplacement et les limites de la zone, qui mentionnent clairement les restrictions d'accès, seront installés sur des rochers bien visibles à proximité des deux points d'accès à la vallée, c'est-à-dire à l'extrémité est et à l'extrémité sud-est, afin d'éviter toute entrée inopportune.
- Des copies de ce plan de gestion, accompagnées de cartes indiquant l'emplacement et les limites de démarcation de la zone, seront remises aux responsables de tous les aéronefs/embarcations en visite dans la région.
- Les bornes, les panneaux, les cairns et autres structures mis en place dans la zone à des fins scientifiques ou à des fins de gestion devront être solidement fixés, maintenus en bon état et retirés lorsqu'ils ne seront plus nécessaires.
- Des visites seront organisées selon que de besoin (au moins une fois tous les ans) afin de déterminer si la zone répond toujours aux objectifs pour lesquels elle a été désignée et de s'assurer que les mesures de gestion et d'entretien sont adéquates.
- Le plan de gestion fera l'objet d'une révision une fois au moins tous les cinq ans et, s'il y a lieu, il sera mis à jour.

4. Durée de la désignation

La zone est désignée pour une période indéterminée.

5. Cartes et photographies

Les cartes et photographies ci-après sont annexées au présent document afin d'illustrer la zone et le plan de gestion proposé : Carte 1 : Emplacement des collines Schirmacher au centre de la terre Dronning Maud, Antarctique oriental.

Carte 2 : Collines Schirmacher, donnant l'emplacement de la station de recherche Maitri (Inde) et de la station de recherche Novolazarevskaya (Russie) et la limite de ZSPA-163.

Carte 3 : Classement et numérotation des lacs des collines Schirmacher. (d'après Ravindra et al, 2001) Carte 4 : Carte topographique de la zone. (équidistance entre les courbes de niveau : (intervalle de contour 10 m)

Carte 5 : Chemins des glaciers fossiles dans les collines Schirmacher. (d'après Beg et al, 2000) Figure 1 : Image montrant les bornes qui indiquent les limites de la ZSPA Figure 2 : Vue aérienne de la langue du glacier Dakshin Gangroti.

6. Description de la Zone

i. Coordonnées géographiques, bornage et caractéristiques naturelles

Les collines Schirmacher sont une zone de collines rocheuses, de près de 17 km de long orienté E-O (limitée par les longitudes 11 °22'40" et 11°54'20") et de près de 0,7 km à 3,3 km de large (limitée par les latitudes sud 70°43'50" et 70°46'40"). Son altitude varie de 0 à 228 m au-dessus du niveau moyen de la mer. Elle constitue une partie du centre de la terre Dronning Maud en Antarctique oriental. La zone proposée constitue un fragment de la partie occidentale des collines Schirmacher.

La zone proposée (ZSPA) est délimitée par les longitudes est 11° 33' 30" et 11° 36' 30" et les latitudes sud 70° 44' 10" et 70° 45' 30". Elle s'étend sur une superficie de 4,53 km². Les coins nord-est et nord-ouest de la zone sont situés sur la glace de banquise tandis que l'extrémité sud-ouest se trouve sur la calotte de glace polaire. L'extrémité sud-est est délimitée par un affleurement rocheux.

D'un point de vue topographique, la zone peut être divisée en quatre unités distinctes – la plateforme glaciaire continentale au sud, les versants rocheux des collines, un grand lac central proglaciaire (lac B7, lac Sbrosovoye) et la banquise ondulante au nord.

La calotte de glace située à la limite la plus méridionale est constituée de "glace bleue' brute, allant de la courbe des 180 m à la courbe des 10 m, au niveau de la langue du glacier. Elle est crevassée et craquelée par des fractures d'orientation NE/SO-NNE/SSO.
Deux petits cours d'eau supraglaciaires éphémères coulent sur la langue du glacier dans le sens nord/nord-est.

Le sol rocheux est accidenté et sa largeur minimale au niveau de la langue, dans les collines Schirmacher, est de moins de 50 m à peine. Les flancs est et ouest des collines descendent vers la langue du glacier, formant une large vallée. Les courbes descendent de 150 m au niveau moyen de la mer au bord septentrional des affleurements rocheux.

La partie centrale de la zone est occupée par le lac B7. Il s'agit d'un lac d'origine glaciaire. Il s'étend sur une superficie de 500 x 300 m.

La région la plus septentrionale de la zone est constituée de glace de banquise avec des rides de pression, des fractures et des crevasses. Le point de contact entre la glace et les versants rocheux situés à l'est se caractérise par un linéament NNE/SSO très prononcé de 3 km de long. Les fractures dans la glace sont également alignées parallèlement à ce linéament.

Les collines Schirmacher se caractérise par un sol métamorphique en faciès granulite à amphibolite. Les types de roches sont représentés par des charnockites, des enderbites, du grenat-sillimanite, des gneiss, des gneiss à grenat-biotite, des gneiss à augen quartzofeldspathique avec du métabasalte, du métagabbro, de la dolérite, des amphibolites et des lamprophyres feuillus. Les suites de roches portent principalement la marque de l'événement du Grenvillien (1000 millions d'années) et de l'événement panafricain (550 millions d'années). Trois phases de déformation sont très claires.

La zone comprend principalement des roches de type charnockites-khondalites (quartz-grenat-sillimanite-perthite±graphite gneiss) avec des couches intermédiaires constituées de quartzites grenat-sillimanite, gneiss silicates calciques et de granulite mafique. Deux séries de failles (N30E et N50E) sont très visibles. Une de ces deux grandes failles part du coin nord-est de la zone et traverse les trois unités géomorphologiques : la glace de banquise, la roche et la calotte de glace.

Les données météorologiques émanant de la station de recherche indienne Maitri, située à proximité, indiquent que la zone jouit d'un climat polaire sec. Les températures extrêmes pour les mois les plus chaud et plus froid oscillent entre 7,4 et -34,8°C. La température moyenne annuelle est de -10,2°C. nLe mois de décembre est le mois le plus chaud de l'année et le mois d'août en est le plus froid. Les blizzards entraînent des rafales de vents de l'ordre de 90 à 95 nœuds, tandis que la vitesse moyenne annuelle des vents est de 18 nœuds. La direction dominante du vent est orientée E-SE. Les chutes de neige sont assez fréquentes durant les mois d'hiver, mais les rafales de vent balaient et nettoient les surfaces rocheuses et les accumulations de neige sont très répandues sur le flanc des tertres glaciaires exposé aux vents.

Des observations glaciologiques ont été faites entre 1983 et 1996 à partir de deux points fixes

('G' et 'H') et à l'aide d'instruments de mesure à distance ou de théodolites. Les résultats ont montré que le glacier recule chaque année à raison de 70 cm par an.

En 1996, pour accroître la précision des observations, 19 points périphériques ont été marqués autour de la langue du glacier. Entre 1997 et 2002, le glacier a suivi respectivement l'évolution suivante : 48,7 cm, 74,9 cm, 69,5 cm, 65,8 cm et 62,7 cm. Cela se traduit par une récession moyenne globale de
65,3 cm par an entre 1996 et 2002, ce qui est conforme aux observations correspondant à la période précédente (1983-1996), c'est-à-dire à un taux de récession de 7 m par décennie.

Une surveillance plus approfondie a été faite et les données ont révélé que le recul annuel moyen du glacier pour 2003, 2004, 2005 et 2006 avait progressivement augmenté pour atteindre 68,0, 69,4, 71,3 et 72,8 cm par an. En 2006-2007 cependant, le recul moyen du front de glace polaire du glacier Dakshin Gangotri n'a été que de 0,6 m alors que les données collectées du bord ouest des collines Schirmacher faisaient, elles, état d'un recul annuel moyen de 1,4 m environ pendant cette année là. Le recul annuel moyen de la langue du glacier Dakshin Gangotri a été d'environ 1 m en 2008 contre 2 m environ pour l'extension ouest du front de glace polaire. La récession maximale a été observée au point d'observation -14, qui a enregistré une récession cumulative de 17,21 mètres en dix ans (1996-2006).

Des observations ont été menées chaque année depuis 2008-2009, jusqu'à ce jour. Les résultats montrent que le recul annuel de la langue, selon les calculs, est de 1,1 m, 0,26 m, 0,59 m, 0,33 m, 0,92 m, 0,29 m, 1,31 m, par année, respectivement. Les valeurs de récession calculées de 1996-97 à nos jours montrent que la récession la plus faible s'est produite en 2009-10, c'est-à-dire 0,26 mètre, alors que la récession la plus élevée s'est produite en 2014-15, c'est-à-dire
1,31 mètre. Zones à accès réservé et zones gérées à l'intérieur de la zone

En février 1996, 19 points d'observation ont été désignés à la périphérie du glacier Dakshin Gangotri. Grâce à ces identificateurs, il a été possible de suivre le déplacement du glacier avec une précision de 1 cm. Une évaluation précise sur une échelle en centimètres est également disponible pour la période 1996-2002. L'accès à cette zone devrait être limité. Il est proposé de créer un rayon de 100 m tout au long de la périphérie du glacier, dans lequel l'accès serait limité, afin de protéger l'exactitude des observations scientifiques.

ii. Structures à l'intérieur et à proximité de la Zone

Il n'y a aucune structure à l'intérieur de la zone, à l'exception de deux cairns (G et H) qui identifient les sites utilisés pour les relevés géologiques et topographiques.

A l'avenir, des panneaux et des cairns seront érigés afin d'indiquer que la zone est désormais protégée.

iii. Emplacement d'autres zones protégées à proximité directe de la zone

Il n'existe aucune autre zone protégée sur l'ensemble des collines Schirmacher.

7. Critères de délivrance des permis

i. Accès à la zone et mouvements à l'intérieur de la zone

L'accès à la zone sera interdit sauf si un permis a été délivré par une autorité nationale compétente qui aura été désignée conformément à l'article 7 de l'Annexe V du Protocole au Traité sur l'Antarctique relatif à la protection de l'environnement.

Un permis pour pénétrer dans la zone ne peut être délivré que pour la conduite de recherches scientifiques ou pour des raisons de gestion essentielles qui sont conformes aux objectifs et aux dispositions du plan de gestion, sous réserve bien sûr que les actions autorisées ne mettent pas en péril les valeurs scientifiques et environnementales de la zone et n'entravent pas les études scientifiques en cours. L'accès au site n'est autorisé qu'à pied; l'accès au site au moyen de véhicules terrestres ou d'hélicoptères est quant à lui interdit à l'intérieur de la zone.

Le survol de colonies d'oiseaux dans la Zone par des systèmes d'aéronefs pilotés à distance (RPAS) n'est pas autorisé, sauf à des fins scientifiques ou opérationnelles, et en vertu d'un permis délivré par une autorité nationale compétente.

ii. Activités menées ou pouvant être menées dans la zone, y compris les restrictions relatives à la durée et à l'endroit

Les activités suivantes peuvent être menées à bien dans la zone :

- Programmes de recherche scientifique qui répondent aux objectifs du plan de gestion, y compris les valeurs pour lesquelles la zone a été désignée, qui ne peuvent pas être menés ailleurs et qui ne mettront pas en péril l'écosystème de la zone.
- Activités de gestion essentielles, y compris la surveillance.

iii. Installation, modification ou retrait de structures

Aucune structure ne peut être installée dans la zone sauf autorisation précisée dans le permis. Aucun matériel ne peut être installé s'il n'est pas indispensable à la réalisation des activités de recherches scientifiques ou de gestion et, lorsqu'il l'est, son installation doit être autorisée par un permis. Tous les équipements scientifiques installés dans la zone doivent être clairement identifiés par pays avec le nom du chercheur principal, l'année d'installation et la date prévue d'achèvement de l'étude. Les détails doivent être inclus dans le rapport de visite. Tout l'équipement doit être fabriqué avec des matériaux qui posent un risque minimum de pollution de la zone et il doit être enlevé immédiatement une fois l'étude terminée. L'enlèvement d'un matériel spécifique pour lequel le permis est arrivé à expiration sera l'un des critères de délivrance du permis.

iv. Emplacement des camps

Aucun campement n'est autorisé dans la zone. Les parties sur le terrain peuvent camper à l'est du « lac Kalika », à « VK-ground », ou au-delà de la limite occidentale de la zone.

v. Restrictions sur les matériaux et organismes pouvant être introduits dans la zone

- L'introduction délibérée d'animaux, de végétaux ou de micro-organismes est interdite et les précautions d'usage seront prises contre toute introduction accidentelle.
- Aucun pesticide, herbicide, produit chimique ou radio-isotope ne sera introduit dans la zone, sauf autorisation octroyée pour répondre aux objectifs de gestion et de recherche scientifique. Ces agents autorisés devront être enlevés de la zone dès que prendra fin l'activité prévue.
- Les visiteurs doivent également consulter et observer les recommandations contenues dans le Manuel sur les espèces non indigènes du Comité pour la protection de l'environnement (CPE, 2011) et dans le Code de conduite environnemental pour les recherches scientifiques terrestres en Antarctique (SCAR, 2009).
- Aucun combustible ne sera entreposé dans la zone sauf autorisation pour réaliser l'activité prévue. Aucun entrepôt permanent ne devra être construit dans la zone.
- Tous les matériaux introduits dans la zone le seront pour une période déterminée et ils en seront retirés au plus tard à la fin de cette période.

vi. Prise de la flore et de la faune indigènes ou interférence néfaste avec celles-ci

Toute perturbation de la faune et de la flore indigène dans la zone sera régie par l'article 3 de l'Annexe II du Protocole au Traité sur l'Antarctique relatif à la protection de l'environnement (1991). Dans le cas de prélèvements ou de perturbations nuisibles d'animaux, le SCAR Code of Conduct for Use of Animals for Scientific Purposes in Antarctica (Code de conduite du SCAR pour l'utilisation d'animaux à des fins scientifiques dans l'Antarctique) sera utilisé comme norme minimale.

vii. Ramassage ou enlèvement de toute chose qui n'a pas été apportée dans la zone par le titulaire du permis

Le ramassage ou l'enlèvement de matériaux présents dans la zone peuvent être autorisés par le permis mais ils doivent se limiter au minimum requis pour les activités menées à des fins scientifiques ou à des fins de gestion.

Le matériel d'origine humaine qui n'est pas apporté dans la zone par le titulaire du permis, mais qui risque de porter atteinte aux valeurs de la zone peut être enlevé de la zone à moins que l'impact de l'enlèvement soit plus grand que celui de laisser le matériel sur place. Si tel est le cas, l'autorité compétente devra en être notifiée.

viii. Élimination des déchets

Tous les déchets, y compris les déchets humains, seront enlevés de la zone.

ix. Mesures nécessaires pour faire en sorte que les buts et objectifs du plan de gestion continuent à être atteints

- Des permis peuvent être délivrés pour entrer dans la zone afin d'y réaliser des activités de surveillance biologique et d'inspection.
- Tous les sites spécifiques qui doivent faire l'objet d'une surveillance de longue durée doivent être bien balisés et les positions GPS obtenues seront consignées au Système de répertoire de données de l'Antarctique par le biais de l'autorité nationale compétente.

x. Rapports de visite

Le principal titulaire de chaque permis délivré présentera à l'autorité nationale compétente un rapport décrivant les activités menées dans la zone par les titulaires d'un permis. Ce rapport doit être soumis le plus vite possible après la date d'expiration du permis et inclure les catégories de renseignements identifiées dans le formulaire du rapport de visite suggéré par le SCAR, ou conformément à la législation nationale. L'autorité tiendra un registre de ces activités, qu'elle mettra à la disposition des Parties intéressées

8. Bibliographie

ASTHANA R., GAUR M.P., CHATURVEDI, A. (1996): Notes on Pattern of Snow Accumulation/ablation on ice shelf and Secular Movement of Dakshin Gangotri Glacier Snout in Central Dronning Maud Land, East Antarctica. *In: scientific Report of the Twelfth Indian Scientific Expedition to Antarctica,* Tech. Pub. No. 10 D.O.D., Govt. of India, New Delhi, pp.111-122.

BEG M.J., PRASAD A.V.K., CHATURVEDI, A. (2000): Interim Report on Glaciological Studies in the Austral Summer of 19th Indian Antarctic Expedition. In: *Scientific Report of Nineteenth Indian Expedition to Antarctica,* Tech. Pub. No. 17, D.O.D., Govt. of India, New Delhi, pp. 121-126.

BEJARNIYA B.R., RAVIKANT V., KUNDU A. (2000): Glaciological Studies in Schirmacher Hill and on Ice Shelf during XIV Antarctica Expedition. In: *Scientific Report of Sixteenth Indian Expedition to Antarctica,* Tech. Pub. No. 14, D.O.D., Govt. of India, New Delhi, pp. 121-126.

CHATURVEDI A., SINGH A., GAUR M.P., KRISHNAMURTHY, K.V., BEG M.J. (1999): A confirmation of Polar Glacial Recession by Monitoring the Snout of Dakshin Gangotri Glacier in Schirmacher Range. In: *Scientific Report of Fifteenth Indian Expedition to Antarctica,* Tech. Pub. No. 13, D.O.D., Govt. of India, New Delhi, pp. 321-336.

D'SOUZA M.J., KUNDU A. (2000): Glaciological studies during the Seventeenth Antarctic Expedition. In: *Scientific Report of Seventeenth Indian Expedition to Antarctica*, Tech. Pub. No. 15, D.O.D., Govt. of India, New Delhi, pp.67-72.

KASHYAP A.K. (1988.): Studies on Algal flora of Schirmacher Oasis, Dronning Maud land, Antarctica . In: *Proceedings of Workshop on Antarctic Studies,* D.O.D.,CSIR, Govt. of India, New Delhi, pp.435-439

KAUL M.K., CHAKRABORTY S.K., RAINA V.K. (1985): A Note on the snout of the Dakshin Gangotri Glacier, Antarctica. In: *Scientific Report of Second Indian Expedition to Antarctica*, Tech. Pub. No. 2, D.O.D., Govt. of India, New Delhi, pp. 91-93.

KAUL M.K., SINGH R.K., SRIVASTAVA D., MUKERJI S., JAYARAM S. (1998): Observations on the Changes in the Snout of Dakshin Gangotri Glacier, Antarctica. In: *Scientific Report of the Fifth Indian Expedition to Antarctica,* Tech. Pub. No. 5, D.O.D., Govt. of India, New Delhi, pp. 205-209.

MUKERJI S., RAVIKANT V., BEJARNIYA B.R., OBEROI L.K., NAUTIYAL S.C. (1995): A Note on the Glaciological Studies Carried Out During Eleventh Indian Expedition to Antarctica. In: *Scientific Report of Eleventh Indian Expedition to Antarctica,* Tech. Pub. No. 9, D.O.D., Govt. of India, New Delhi, pp. 153-162.

OLECH M., SINGH S.M. (2010) : Lichens and Lichenicolous Fungi of Schirmacher Oasis, Antarctica. *Monograph*, National Centre for Antarctic and Ocean Research, India. NISCAIR, New Delhi (In press).

PANDEY K.D., KASHYAP A.K. (1995): Diversity of Algal Flora in Six Fresh Water Streams of Scirmacher Oasis, Antarctica. In: *Scientific Report of Tenth Indian Expedition to Antarctica,* Tech. Pub. No. 8, D.O.D., Govt. of India, New Delhi, pp. 218-229.

RAVINDRA R., CHATURVEDI A. AND BEG M.J. (2001): Melt Water Lakes of Schirmacher Oasis - Their Genetic Aspects and Classification. In: *Advances in Marine and Antarctic Science,* Ed. Sahu, DB and Pandey, PC, Dariyaganj, New Delhi, pp. 301-313.

RAVINDRA R., SRIVASTAVA V.K., SHARMA B.L., DEY A., BEDI, A.K. (1994): Monitoring of Icebergs in Antarctic Waters and a Note on the Secular Movement of Dakshin Gangotri Glacier. In: *Scientific Report of Ninth Indian Expedition to Antarctica,* Tech. Pub. No. 6, D.O.D., Govt. of India, New Delhi, pp. 239-250.

RAVINDRA, R. (2001): Geomorphology of Schirmacher Oasis, East Antarctica. *Proc. Symp. on Snow, Ice and Glaciers*, Geol. Sur. India, Spl. Pub. No. 53, pp. 379-390.

SINGH D.K., SEMWAL R.C. (2000): Bryoflora of Schirmacher Oasis,East Antarctica: A Preliminary Study. In: *Scientific Report of Sixteenth Indian Expedition to Antarctica,* Tech. Pub. No. 14, D.O.D., Govt. of India, New Delhi, pp.173-186

SUNIL P.S., REDDY C.S., PONRAJ M., DHAR A., JAYAPAUL D. (2007) : GPS Determination of the Velocity and Strain-Rate Fields on Schirmacher Glacier, Central Dronning Maud Land, Antarctica. *Journal of Glaciology*, vol. 53, pp. 558-564.

VENKATARAMAN K. (1998): Studies on Phylum Tardigrada and Other Associated Fauna, South Polar Skua and Bird and Mamal Ligging during 1994-1995 Expedition. In: *Scientific Report of Fourteenth Indian Expedition to Antarctica,* Tech. Pub. No. 12, D.O.D., Govt. of India, New Delhi, pp.220-243

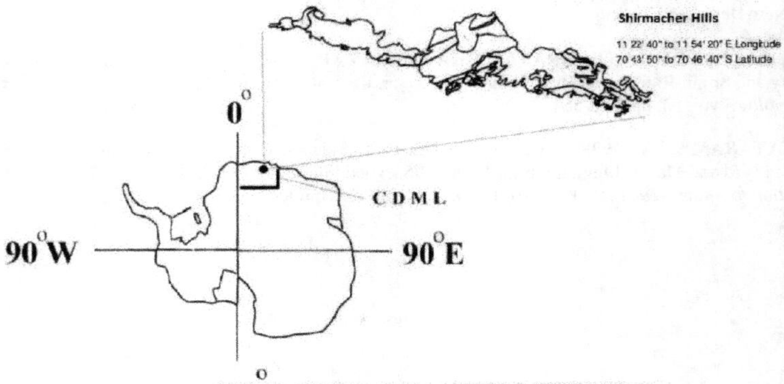

Map 1 : Location Map of Schirmacher Hills

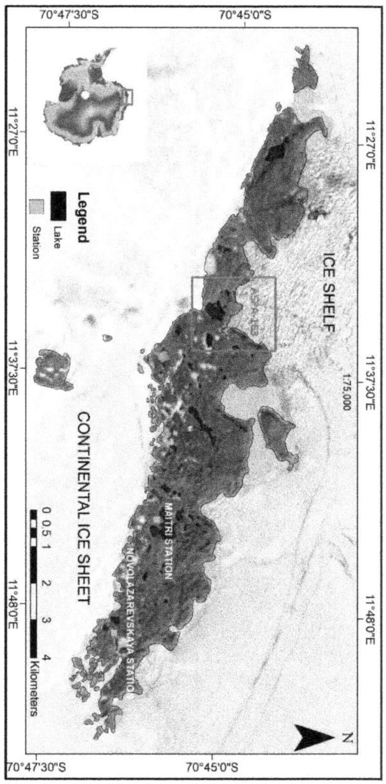

MAP 2: MAP SHOWING LOCATION OF MAITRI STATION, NOVOLAZAREVSKAYA STATION AND ASPA-163 BOUNDARY

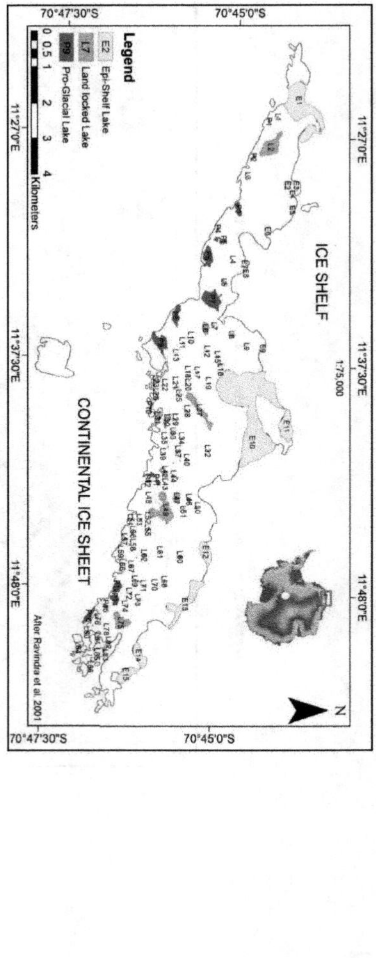

MAP 3: CLASSIFICATION AND NUMBERING OF LAKES, SHIRMACHER HILLS

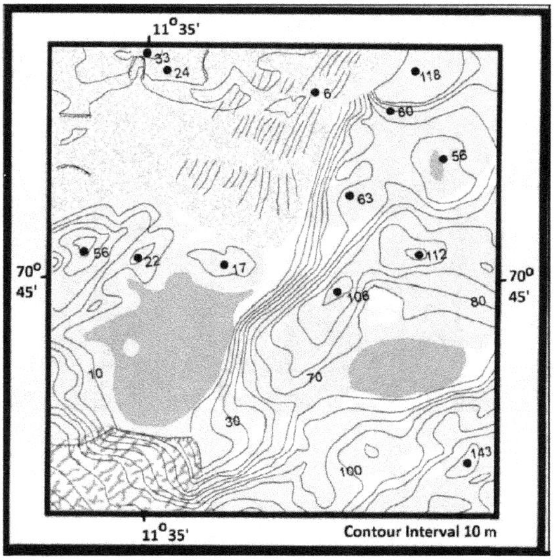

MAP 4: TOPOGRAPHIC MAP OF THE AREA

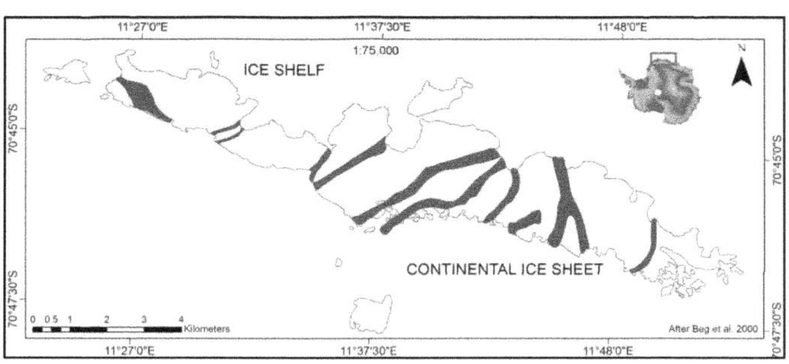

MAP 5: PATHS OF FOSSIL GLACIERS IN SCHIRMACHER HILLS

Figure 1: Images of Secured Markers at two Locations at the Boundary of ASPA-163

MAP-6: DAKSHIN GANGOTRI SNOUT (MARCH 2013)

Plan de gestion pour

la zone spécialement protégée de l'Antarctique (ZSPA) n° 167

Île Hawker, terre Princesse-Élisabeth

Introduction

L'île Hawker (68°38'S, 77°51'E, carte A) est située à 7 km au sud-ouest de la station Davis au large des collines de Vestfold sur la côte Ingrid Christensen, Princesse-Élisabeth Land, Antarctique de l'Est. L'île a été désignée zone spécialement protégée de l'Antarctique (ZSPA) n °167 au titre de la Mesure 1 (2006), à la suite d'une proposition de l'Australie, principalement pour protéger la colonie reproductrice la plus au sud de pétrels géants (*Macronectes giganteus*) (Carte B). La zone est l'un des quatre sites de reproduction connus des pétrels géants de l'Antarctique de l'Est, qui sont tous des ZSPA : ZSPA 102, îles Rookery, baie Holme, terre Mac.Robertson (67°36'S, 62°53'E) - près de la station Mawson; ZSPA 160, îles Frazier, terre Wilkes (66°13'S, 110°11'E) - près de la station Casey ; et ZSPA 120, Pointe Géologie, Terre Adélie (66°40'S, 140°01'E) - près de Dumont d'Urville. L'île Hawker abrite également des colonies reproductrices de manchots Adélie (*Pygocelis adeliae*), labbes polaires sud (*Catharacta maccormicki*) et les damiers du Cap (*Daption capense*). Parfois, éléphant de mer du sud (*Mirounga leonina*) s'échouent sur les plages du sud et les phoques de Weddell (*Leptonychotes weddellii*) se reproduisent sur la glace de mer à proximité.

1. Description des valeurs à protéger

La population totale de pétrels géants de l'Antarctique de l'Est est actuellement inconnue, mais elle représentera probablement moins de 1 % de la population reproductrice mondiale. Il existe quatre colonies connues en Antarctique de l'Est. Sur l'île Hawker, il y avait 31 adultes, 27 petits et 3 yearlings (non reproducteurs, âgés de 1 an) en janvier 2020. Pas plus de 4 nids (dont un avec un petit) étaient occupés sur l'île Giganteus (ZSPA 102 des îles Rookery) en janvier 2010. La dernière estimation d'environ 250 couples aux îles Frazier (ZSPA 160) remonte à 2001 et ne comprenait des effectifs que sur l'une des trois îles. À Pointe Géologie (ZSPA 120), 19 couples reproducteurs ont été enregistrés en 2016. Les pétrels géants se reproduisent également sur d'autres îles du sud des océans Indien et Atlantique, ainsi que sur la péninsule antarctique.

La colonie de pétrels géants de l'île Hawker a été découverte en décembre 1963 ; 40 à 50 nids ont été estimés, certains contenant des œufs, mais il n'est pas certain que tous les nids aient été occupés. De 1963 à 2007, les adultes, les œufs ou les petits ont été dénombrés par intermittence à différents stades du cycle de reproduction. En raison de la variabilité du moment des dénombrements et de l'incohérence des unités de dénombrement, il n'est pas possible d'établir une tendance à long terme pour cette population. De faibles effectifs avaient déjà été signalés pour cette colonie, car les dénombrements ne comprenaient que le nombre de petits bagués au cours d'une année donnée, plutôt que le nombre total de petits.

Les pétrels géants reproducteurs sont sensibles aux perturbations au nid. Des restrictions aux activités autorisées dans les sites de reproduction à proximité des stations australiennes ont été introduites au milieu des années 80, y compris une interdiction de baguage.

L'île Hawker abrite également des colonies reproductrices de manchots Adélie (*Pygocelis adeliae*), de labbes polaires sud (*Catharacta maccormicki*), de damiers du Cap (*Daption capense*) et parfois de phoques de Weddell (Leptonychotes weddellii).

2. Buts et objectifs

La gestion de la ZSPA de l'île Hawker vise à :

- protéger la colonie reproductrice de pétrels géants et d'autres animaux sauvages.

- éviter les perturbations humaines ou autres impacts négatifs sur les valeurs de la zone, tout en favorisant la recherche ou d'autres activités conformes à ce plan.
- protéger les valeurs de l'île Hawker en tant que zone de référence pour les études comparatives futures avec d'autres populations de pétrels géants en phase de reproduction.
- minimiser les risques d'introduction de plantes, d'animaux et de microbes exotiques sur l'île Hawker.
- permettre des visites à des fins de gestion à l'appui des objectifs du plan de gestion.

3. Activités de gestion

Afin de protéger les valeurs de la zone, les activités de gestion décrites ci-dessous seront menées :

- Les visites de recherche visant à évaluer les niveaux et les tendances de la population de la colonie de pétrels géants et / ou d'autres espèces sauvages sont autorisées. Dans la mesure du possible, la préférence sera donnée aux activités et aux méthodologies qui minimisent les perturbations pour la colonie de reproduction (par exemple, l'utilisation de caméras automatiques).
- Dans la mesure du possible, la zone sera visitée en dehors de la saison de reproduction des pétrels géants (c'est-à-dire de la mi-avril à la mi-septembre), si nécessaire, pour déterminer si elle continue de servir les fins pour lesquelles elle a été désignée et pour assurer que les activités de gestion sont adéquates.
- Des informations sur l'emplacement de la zone (indiquant les restrictions applicables) doivent être produites et des copies de ce plan de gestion doivent être disponibles dans les stations voisines. Le matériel informatif et le plan de gestion devraient être fournis à tous ceux qui visitent les environs.
- Le plan de gestion devra être réexaminé au moins tous les cinq ans et mis à jour s'il y a lieu.

4. Durée de la désignation

La zone est désignée pour une période indéterminée.

5. Cartes

- Carte A : Zone spécialement protégée de l'Antarctique de l'île Hawker, collines de Vestfold, côte Ingrid Christensen, terre Princesse-Élisabeth, Antarctique oriental.
- CARTE B : Île Hawker, zone spécialement protégée de l'Antarctique, collines de Vestfold,côte Ingrid Christensen, terre Princesse-Élisabeth, Antarctique oriental, biote, topographie et caractéristiques physiques.

Spécifications pour les cartes :

- Projection : Mercator transverse universelle (UTM) Zone 49
- Référence horizontale : WGS84

6. Description de la Zone

6(i) Coordonnées géographiques, bornage et caractéristiques du milieu naturel

L'île Hawker est située à 68°38'S, 77°51'E, à environ 300 m au large des collines de Vestfold. Les collines de Vestfold sont une zone libre de glace à peu près triangulaire d'environ 512 km^2 de substrat rocheux, de débris glaciaires, de lacs et d'étangs. Les collines de Vestfold sont délimitées par le plateau de glace à l'est, le glacier Sørsdal au sud et la baie de Prydz à l'ouest, et contiennent des collines basses (hauteur maximale de 158 m à Boulder Hill) et des vallées, et sont profondément pénétrées par des fjords et des lacs. De nombreuses îles bordent la côte des collines de Vestfold, et l'île Hawker se trouve au sud-ouest, entre l'île Mule et la péninsule Mule.

L'île Hawker est une île de faible altitude de forme irrégulière (altitude maximale de près de 40 m), avec deux chaînes parallèles de collines orientées nord-sud se terminant par deux petites péninsules sud. Une troisième péninsule se trouve directement à l'ouest et se termine par une colline de 40 m avec des falaises abruptes menant à la mer sur les côtés ouest et sud. Un certain nombre de petits lacs d'eau douce se trouvent entre les chaînes de collines sur la partie nord de l'île, avec de nombreux petits lacs situés sur le terrain plus plat du secteur est de l'île. À son extension maximale, l'île est de 2 km du nord au sud et de 1,7 km d'est en ouest.

La zone comprend toute la zone terrestre de l'île Hawker, avec la limite vers la mer à la laisse des basses eaux (carte B). L'île Hawker a une superficie d'environ 1,9 km². Il n'y a pas de bornes frontières.

Domaines environnementaux, régions biogéographiques de conservation de l'Antarctique et zones importantes pour la conservation des oiseaux

D'après l'analyse des domaines environnementaux de l'Antarctique (Résolution 3(2008)), La rocuerie Hawker est située dans la domaine de l'environnement D Géologie côtière de l'Antarctique de l'Est. Basée sur les régions biogéographiques de conservation de l'Antarctique (Résolution 3 (2017)), l'île Hawker est située dans la région biogéographique 7 de l'Antarctique de l'Est. L'île Hawker n'est pas identifiée comme une zone importante pour la conservation des oiseaux de l'Antarctique en vertu de la résolution 5 (2015).

L'histoire humaine

Le 9 février 1931, Douglas Mawson, lors du voyage BANZARE du Discovery, a fait la première observation enregistrée des collines de Vestfold. Quatre ans plus tard, le 20 février 1935, le capitaine Klarius Mikkelsen du pétrolier Thorshavn (Lars Christensen Company), a aperçu la zone et y a atterri. Il a nommé de nombreuses caractéristiques de la région et des collines de Vestfold en l'honneur de sa province d'origine en Norvège. Les collines de Vestfold ont de nouveau été visitées par Mikkelsen au début de 1937, alors qu'il entreprenait une étude aérienne de la côte.

En janvier 1939, l'explorateur américain Lincoln Ellsworth et son conseiller australien, Sir Hubert Wilkins, furent les prochains visiteurs enregistrés dans la région à bord du navire à moteur Wyatt Earp. Ellsworth a volé environ 400 km à l'intérieur des terres. Au début de 1947, l'USS Currituck a visité la côte Ingrid Christensen dans le cadre de l'opération Highjump. Des vols photographiques ont été effectués pour étudier le littoral.

La première visite des expéditions nationales australiennes de recherche antarctique (ANARE) dans la région a été dirigée par le Dr Phillip Law sur Kista Dan et a atteint les collines de Vestfold le 1er mars 1954. En janvier 1956, les membres de la première expédition antarctique soviétique ont débarqué sur la côte Ingrid Christensen en préparation de l'Année géophysique internationale et ont établi la station Mirny à 595 km à l'est. L'Australie a établi la station Davis sur les collines de Vestfold en 1957. L'île Hawker a été nommé en l'honneur de A.C. Hawker, superviseur radio à la station Davis en 1957.

Climat

Les données météorologiques pour la zone se limitent presque entièrement aux observations à la station Davis, à 7 km au nord-ouest de l'île Hawker. La région des collines de Vestfold a un climat maritime polaire qui est froid, sec et venteux. Les journées d'été sont généralement ensoleillées, avec des températures à la mi-journée allant de -1°C à +2,9°C et un maximum estival de +5°C, mais les températures sont inférieures à 0°C pendant la majeure partie de l'année et peuvent descendre jusqu'à -40,7°C en hiver. La température maximale enregistrée à la station Davis de 1957 à 2001 a été de +13°C. De longues périodes de temps relativement calme et fin se produisent tout au long de l'année. Les vents sont généralement légers ; la moyenne annuelle est d'environ 20 km / h. Des vents violents et des blizzards peuvent commencer avec peu d'avertissement, et des rafales de plus de 200 km / h ont été enregistrées. Les chutes de neige sont en moyenne de 78 mm / an, la plus grande proportion d'accumulation annuelle résultant de la dérive du vent. Mis à part plusieurs bancs de glace permanents, les collines de Vestfold sont pratiquement exemptes de neige en été et légèrement couvertes en hiver. Les données météorologiques illustrent le climat saisonnier prévu pour les latitudes élevées, mais en moyenne, la station Davis est plus chaude que les autres stations antarctiques à ces latitudes similaires. Cela a été imputé à « l'oasis rocheuse », qui résulte de l'albédo inférieur des surfaces rocheuses par rapport à la glace, d'où une plus grande quantité d'énergie solaire absorbée et réémise.

Géologie

Les collines de Vestfold sont constituées de gneiss archéen, sur lesquels des sédiments pliocène et quaternaire minces et souvent fossilifères occupent des dépressions. Les plus anciennes strates cénozoïques connues dans les collines de Vestfold sont la formation de Sørsdal au milieu du Pliocène, qui contient une flore et une faune fossiles marines diverses. D'autres strates cénozoïques plus jeunes témoignent de glaciations répétées et de plusieurs transgressions et régressions marines. Les trois principales lithologies formant les collines de Vestfold sont (par ordre d'âge) Chelnock Paragneiss, Mossel Gneiss et Crooked Lake Gneiss. Cela se répète dans les unités d'est-nord-est à ouest-sud-ouest. Dans ces derniers, on trouve des groupes de digues mafiques orientés grossièrement nord-sud. Les digues sont une caractéristique majeure des collines de Vestfold. L'île Hawker comprend une extension du gneiss du lac Crooked de la partie nord de la péninsule de Mule au-dessus de Laternula Inlet. Comme les gneiss archéens des collines de Vestfold, le gneiss du lac Crooked de l'île Hawker est coupé par des digues de dolérite protérozoïques très caractéristiques, du début au moyen.

Pétrels géants

Sur l'île Hawker, la colonie de pétrels géants est située à l'extrémité nord de l'île sur un terrain légèrement en pente et inégal. Le côté est de l'aire de reproduction forme une petite crête à environ 20 m au-dessus du niveau de la mer (carte B). Les pétrels ont utilisé la même zone comme site de reproduction depuis leur première observation en 1963–64. La petite crête offre une bonne zone de décollage face aux vents dominants du nord-est.

La saison de reproduction des pétrels géants de l'île Hawker commence de la fin septembre au début octobre et les œufs sont pondus au cours de la deuxième quinzaine d'octobre. Après une période d'incubation d'environ 60 jours, les petits éclosent dans la seconde quinzaine de décembre. Les éclosions se poursuivent sur une période de trois à quatre semaines jusqu'à la mi-janvier. Environ 14 à 16 semaines après l'éclosion, les oisillons quittent la colonie de la fin mars au début mai. D'après l'analyse des caméras automatisées toute l'année et des visites au cours des hivers récents, on sait qu'un petit nombre d'oiseaux sont présents en dehors de la saison de reproduction ; d'où l'obligation d'effectuer des visites dans la zone de manière à assurer un minimum de perturbations à tout moment de l'année.

Au milieu des années 80, une stratégie de gestion a été mise en œuvre pour les trois localités de reproduction des pétrels géants à proximité des stations australiennes de l'Antarctique oriental, afin de minimiser les perturbations humaines. Auparavant, le Programme antarctique australien limitait les visites de recensement à une fois tous les trois à cinq ans et appliquait des contrôles administratifs stricts sur toutes les autres visites. À l'époque, ce niveau de visite était considéré comme un équilibre approprié entre le risque de déranger les oiseaux et la nécessité d'obtenir des données significatives sur la population. Avec le développement de nouvelles technologies (par exemple, les caméras automatisées), des informations détaillées peuvent désormais être obtenues avec peu ou pas de présence humaine tout au long de l'année.

En mars 2011, 23 petits et 64 adultes ont été observés dans la zone. Parmi les oiseaux adultes observés, quatre étaient des oiseaux bagués, dont deux ont été bagués dans la région de Casey (daté de 1985) et deux ont été bagués sur l'île Hawker (daté de 1986). Les deux oiseaux bagués dans la région de Casey ne fréquentaient pas les petits, mais leur présence au sein de la colonie suggère que l'immigration peut se produire à partir d'une colonie de nouveau-nés. En janvier 2020, 31 adultes, 3 yearlings (non reproducteurs, âgés de 1 an) et 27 petits étaient présents.

Autres oiseaux

Les manchots Adélie se reproduisent le long du littoral des collines de Vestfold et sur au moins 25 îles au large, y compris l'île Hawker. Le nombre total de manchots Adélie dans les collines de Vestfold était d'environ 324 000 couples en 2009/10. La colonie de l'île Hawker est située à proximité d'une petite colline, à mi-chemin sur le côté ouest de l'île, et a été estimée à environ 5 000 couples en 2009/10. Les premiers manchots Adélie apparaissent généralement dans la zone à la mi-octobre et les œufs sont pondus environ quatre semaines plus tard. L'intervalle entre la ponte du premier et du deuxième œuf est de 2 à 4 jours et la période d'incubation dure de 32 à 35 jours. Les derniers adultes mués quittent l'île Hawker à la fin du mois de mars.

Une petite colonie de damiers du Cap (12 couples en 2017/18) existe à l'extrémité sud de la péninsule sud-ouest. Les damiers du Cap sont absents de la zone en hiver ; ils retournent à leurs sites de nidification en octobre, pondent des œufs de la fin novembre au début décembre et les poussins quittent le nid à partir de la fin février et du début mars.

Les labbes polaires sud sont souvent observés près de la colonie de manchots Adélie et peuvent se reproduire à proximité.

Phoques

Les phoques de Weddell sont observés toute l'année en petit nombre dans les collines de Vestfold. Ils se reproduisent principalement dans le fjord Long, le fjord Tryne et la région des îles Wyatt Earp, et parfois dans la partie sud-est de l'île Hawker. Le nombre de phoques de Weddell commence à augmenter à la fin septembre et au début octobre, et la mise bas a lieu de la mi-octobre à la fin novembre. Tout au long de l'été, les phoques de Weddell en mue continuent de fréquenter le reste de la banquise côtière et de se hisser très occasionnellement à terre. Le nombre de phoques observés dans les collines de Vestfold varie entre l'hiver et l'été.

Les groupes non reproducteurs d'éléphants de mer du Sud (*Mirounga leonina*) se rassemblent pendant les mois d'été (décembre-avril) près de la péninsule sud-ouest de l'île Hawker et sur plusieurs autres sites le long de la côte sud des collines de Vestfold (par exemple, à la station, Old Wallow). Comme Old Wallow, les zones de mue de l'île Hawker contiennent des dépôts stratifiés de poils et d'excréments qui se sont accumulés pendant plusieurs milliers d'années et ces zones pourraient être considérées comme des endroits uniques et sensibles.

Végétation

La flore des collines de Vestfold comprend au moins 82 espèces d'algues terrestres, six espèces de mousses et au moins 23 espèces de lichens. Avec l'analyse génétique moderne, on s'attend à ce qu'une plus grande diversité se trouve dans les communautés sublithiques.

Les lichens et les mousses sont répartis principalement dans le secteur Est ou intérieur et leurs schémas de distribution reflètent la disponibilité de la neige dérivante, le temps écoulé depuis l'exposition du substrat du plateau de glace, le temps écoulé depuis la dernière glaciation, l'élévation et la proximité des eaux salines. Très peu de lichens ou de mousses se trouvent le long de la marge côtière affectée par le sel, y compris l'île Hawker, où le terrain bas est densément recouvert de vastes dépôts de sable et de moraine.

Les algues terrestres sont répandues et sont les principaux producteurs primaires dans les collines de Vestfold. Des algues sublithiques (ou hypolithiques) ont été signalées sur l'île Hawker, se développant sur les surfaces inférieures de pierres de quartz translucides qui sont partiellement enfouies dans le sol. Les algues dominantes, les Cyanobactéries, en particulier les espèces *oscillatoriales*, *Chroococidiopsis* sp. et *Aphanothece* sp. sont présentes avec la plus grande fréquence ainsi que les espèces *Chlorophyta*, cf. *Desmococcus* sp. A et *Prasiococcus calcarius*. L'algue endaphique *Prasiola crispa* se présente sous forme de brins verts froissés en forme de feuille lors des poussées de fonte, généralement associée à la diatomée *Navicula muticopsis* et aux algues *oscillatoriales*. Le lichen ornithocophile *Candelariella flava* pousse sur l'île Hawker et est associée aux sites de reproduction des oiseaux de mer.

Invertébrés

Une étude approfondie des tardigrades terrestres entreprise dans les collines de Vestfold en 1981 a trouvé quatre genres et quatre espèces de tardigrades. Bien qu'aucun tardigrade n'ait été récupéré du site d'échantillonnage de l'île Hawker, il est possible qu'ils se trouvent dans d'autres zones côtières d'écologie similaire, associées à *Prasiola crispa* vu que deux espèces de tardigrade, *Hypsibius allisonii* et *Macrobiotus fuciger* ont été récupérées de Walkabout Rocks. L'acarien *Tydeus erebus* est associé à la colonie de reproduction des manchots Adélie sur l'île.

6(ii) Accès à la Zone

Selon les conditions de la glace de mer, des véhicules, des petits bateaux ou des aéronefs peuvent s'approcher de la zone, mais tous doivent rester à l'extérieur de celle-ci. Les véhicules et les aéronefs s'approchant de la zone via la glace de mer doivent respecter des distances minimales de séparation de tous les animaux sauvages.

6(iii) Emplacement de structures à l'intérieur et à proximité de la Zone

Il n'y a pas de structures permanentes à l'intérieur de la zone ou adjacentes à elle. Au moment de la rédaction de cet article, trois caméras automatiques sont temporairement situées près de la colonie de pétrels géants, à des fins de surveillance continue de la population.

6(iv) Emplacement d'autres zones protégées à proximité directe de la Zone

L'aire protégée suivante est située près de l'île Hawker :

Plaine marine, zone spécialement protégée de l'Antarctique n° 143 (68°36'S, 78°07'E).

6(v) Zones spéciales à l'intérieur de la zone

Il n'y a aucune aire spéciale à l'intérieur de la Zone.

7. Critères de délivrance des permis d'accès

7(i) Conditions générales

Les visites dans la zone sont interdites, sauf en vertu d'un permis délivré par une autorité nationale compétente. Les permis d'entrée dans la zone ne peuvent être délivrés que pour des recherches scientifiques convaincantes qui ne peuvent être entreprises ailleurs, ou à des fins de gestion essentielle de la zone conformément aux objectifs et aux dispositions du présent plan de gestion. Les permis ne doivent être délivrés que pour la recherche qui ne mettra pas en péril les valeurs écologiques ou scientifiques de la zone, ni n'interférera avec les études scientifiques existantes.

Les permis doivent inclure une condition selon laquelle le permis ou une copie doit être emporté en tout temps dans la zone. Des conditions supplémentaires, compatibles avec les objectifs et les dispositions du plan de gestion, peuvent être incluses par l'autorité de délivrance. Le titulaire principal du permis pour chaque permis délivré est tenu de soumettre à l'autorité qui délivre le permis un rapport de visite détaillant toutes les activités entreprises dans la zone et toutes les données de recensement obtenues au cours de la visite.

La collaboration avec d'autres programmes nationaux est encouragée afin de réduire la duplication des recherches et de minimiser les perturbations des pétrels géants. Les programmes antarctiques nationaux prévoyant des recherches dans cette zone sont encouragés à contacter la Division antarctique australienne, qui maintient un programme régulier de surveillance de la population sur l'île, pour déterminer d'autres projets qui pourraient être entrepris cette saison.

7(ii) Accès à la Zone et déplacements à l'intérieur de celle-ci

- Il est interdit aux véhicules de se déplacer dans la zone.
- Selon les conditions de la glace de mer, des véhicules (y compris les quads), des petits bateaux ou des aéronefs peuvent s'approcher de la zone, mais tous doivent rester à l'extérieur de celle-ci. Les véhicules et les aéronefs s'approchant de la zone via la glace de mer doivent respecter des distances minimales de séparation de tous les animaux sauvages. Les bateaux utilisés pour visiter l'île doivent être laissés sur les rives.
    - Les véhicules doivent rester sur la glace de mer à au moins 150 m (quad) ou 250 m (autres véhicules à roues) du bord de la colonie de pétrels géants (voir tableau 1).
- Les déplacements à l'intérieur de la zone doivent se faire uniquement à pied. Seul le personnel requis pour effectuer des travaux scientifiques / de gestion dans la zone peut quitter le site d'atterrissage / parking.
- Les distances d'approche minimales (les plus proches) de la faune sont indiquées dans le tableau 1. Si l'on observe une perturbation de la faune, il faut augmenter la distance de séparation ou modifier l'activité en cours jusqu'à ce la perturbation cesse d'être évidente, à moins qu'une distance d'approche plus rapprochée ne soit autorisée dans un permis.

- Les personnes autorisées par un permis à s'approcher des pétrels géants du sud pour obtenir ces données de recensement ou des données biologiques devraient maintenir la plus grande distance de séparation pratique.
- Pour réduire les perturbations de la faune et de la flore, les niveaux sonores, y compris des conversations, doivent être réduits à leur plus simple expression. L'utilisation d'outils motorisés et toute autre activité susceptible de générer un bruit important (causant ainsi des perturbations aux pétrels géants et autres oiseaux reproducteurs) est interdite dans la zone pendant la période de reproduction des pétrels géants (de la mi-septembre à la mi-Avril).
- Pendant la saison de reproduction des pétrels géants, les survols de l'île sont interdits, sauf lorsqu'ils sont essentiels à des fins scientifiques ou de gestion de la zone et autorisés dans un permis. Ces survols doivent avoir lieu à une altitude d'au moins :
  - 930 m (3050 pi) pour les hélicoptères monomoteurs.
  - 930 m (3050 pi) pour les bimoteurs à voilure fixe.
  - 1 500 m (5 000 pi) pour les hélicoptères bimoteurs.
- Les survols de colonies d'oiseaux dans la zone par des systèmes d'aéronefs télépilotés (RPAS) sont interdits, sauf lorsque cela est indispensable à des fins scientifiques ou de gestion impérieuses. Ces survols doivent être effectués conformément aux *Directives environnementales pour l'exploitation des systèmes d'aéronefs télépilotés (RPAS) en Antarctique.*
- Si nécessaire pour une urgence, des véhicules ou des aéronefs peuvent entrer dans la zone.

Tableau 1 : Distances minimales à respecter à l'approche de la faune à l'île Hawker

<table>
<tr><th rowspan="2">Espèces</th><th colspan="4">Distance (m)</th></tr>
<tr><th>Personnes à pied / à ski (sauf si une distance d'approche plus rapprochée est autorisée dans un permis)</th><th>Quad / Skidoo</th><th>Hagglunds (et véhicules similaires)</th><th>Petite embarcation</th></tr>
<tr><td>Pétrels géants</td><td>100 m</td><td rowspan="3">Non autorisé à l'intérieur de la zone. Le stationnement doit être sur la glace de mer et à moins de 150 m des colonies fauniques.</td><td rowspan="3">Non autorisé à l'intérieur de la zone. Le stationnement doit être sur la glace de mer et à moins de 250 m des colonies fauniques.</td><td rowspan="3">Les embarcations ne devraient pas être débarquées à moins de 50 m de la faune; en particulier, la colonie de manchots Adélie sur la rive est. Des précautions doivent être prises à proximité immédiate de l'île.</td></tr>
<tr><td>Manchots Adélie en colonies
Manchots en mue
Phoques avec chiots
Sceller les chiots seuls
Labbes antarctiques en nidation</td><td>30 m</td></tr>
<tr><td>Pingouins sur la glace marine</td><td>5 m</td></tr>
</table>

Phoques adultes hors âge reproducteur				

7(iii) Activités qui sont ou peuvent être menées dans la zone, y compris les restrictions de temps et de lieu

Les activités suivantes peuvent être menées dans la zone du 15 avril au 15 septembre (période de non-reproduction du pétrel géant), comme autorisé dans un permis :

- recherche scientifique conforme aux dispositions du présent plan de gestion qui ne peut être entreprise ailleurs ou dans la zone en dehors de cette période, et qui ne mettra pas en péril les valeurs pour lesquelles la zone a été désignée ou les écosystèmes de la zone
- activités de gestion essentielles, y compris la surveillance
- échantillonnage qui doit être réduit au minimum pour répondre aux programmes de recherches approuvés.

Les activités entreprises pendant la période de reproduction du pétrel géant ne sont autorisées que si l'activité est non invasive et ne peut raisonnablement être entreprise pendant la période de non-reproduction.

7(iv) Installation, modification ou démantèlement de structures

- Les structures ou installations permanentes sont interdites.
- Les structures ou équipements temporaires, y compris les caméras, ne seront érigés dans la zone que conformément à un permis.
- De petits refuges temporaires, des peaux, des stores ou des écrans peuvent être construits dans le but de faciliter l'étude scientifique.
- Toute activité liée à l'installation (y compris le choix du site), à la modification, à l'entretien ou à l'enlèvement de structures sera réalisée de manière à minimiser les perturbations des oiseaux en phase de reproduction. Si possible, ces activités devraient être menées du 15 avril au 15 septembre (période de non-reproduction des pétrels géants).
- Tous les équipements ou marqueurs scientifiques installés dans la zone doivent être clairement identifiés par pays, nom du chercheur principal et année d'installation.
- Les balises, enseignes ou autres structures érigées dans la zone à des fins scientifiques ou de gestion doivent être sécurisées et maintenues en bon état et retirées sous permis lorsqu'elles ne sont plus nécessaires. Tous ces objets doivent être faits de matériaux qui posent un risque minimum de perturbation des populations aviaires et de pollution de la zone.

7(v) Emplacement des camps de base

- Le camping est interdit dans la zone sauf en cas d'urgence. Tout camp d'urgence doit éviter les zones de concentration d'animaux sauvages, si possible.

7 (vi) Restrictions sur les matériaux et organismes pouvant être introduits dans la Zone

- Le carburant ne doit pas être stocké dans la zone. Le ravitaillement des bateaux est autorisé sur les sites de débarquement. Une petite quantité de combustible peut être apportée dans la zone pour un réchaud de secours.
- Aucun produit de la volaille, y compris des aliments séchés contenant des œufs en poudre, ne peut être introduit dans la zone.
- Aucun herbicide ou pesticide ne peut être apportée dans la zone.
- Tout produit chimique qui peut être introduit à des fins scientifiques impérieuses, tel qu'autorisé dans un permis, est retiré de la zone, au plus tard à la fin de l'activité pour laquelle le permis a été accordé. L'utilisation de radionucléides ou d'isotopes stables est interdite.

- Aucun animal, matériel végétal ou micro-organisme ne doit être délibérément introduit dans la zone et des précautions doivent être prises contre les introductions accidentelles; tous les équipements et vêtements (en particulier les chaussures) doivent être soigneusement nettoyés avant d'entrer dans la zone.
- Tout élément sera introduit dans la zone pour une période déterminée. Il sera retiré de ladite zone au plus tard à la fin de cette période, puis sera manipulé et entreposé de manière à minimiser les risques d'impact sur l'environnement.

7 (vii) Prélèvement de végétaux capture d'animaux ou perturbations nuisibles de la faune et la flore

- La capture ou l'interférence nuisible avec la flore et la faune indigènes est interdite sauf autorisation expresse d'un permis délivré conformément à l'article 3 de l'annexe II du protocole sur la protection de l'environnement annexé au Traité sur l'Antarctique. Le permis doit clairement indiquer les limites et les conditions de ces activités qui, sauf en cas d'urgence, ne doivent avoir lieu qu'après approbation par un comité d'éthique animale approprié.
- Les visites de recherche visant à évaluer les niveaux et les tendances de la population de la colonie de pétrels géants et / ou d'autres espèces sauvages peuvent être autorisées. Dans la mesure du possible, la préférence sera donnée aux activités et aux méthodologies qui minimisent les perturbations pour la colonie de reproduction (par exemple, l'utilisation de caméras automatiques).
- La recherche devrait se limiter aux activités non invasives et non perturbatrices pour la reproduction du pétrel géant dans la zone.
- La perturbation des pétrels géants ou d'autres animaux sauvages doit être évitée ou minimisée.

7(viii) Ramassage ou enlèvement de toute chose qui n'a pas été apportée dans la Zone par le détenteur du permis

- Le ramassage ou l'enlèvement de tout élément présent dans la zone doit être autorisé par le permis, mais se limiter au minimum requis pour les activités menées à des fins scientifiques ou de gestion.
- Le matériel d'origine humaine susceptible de compromettre les valeurs de la zone, qui n'a pas été introduit dans la zone par le titulaire du permis ou autrement autorisé, peut être enlevé à moins que l'impact de l'enlèvement soit susceptible d'être plus important que de laisser le matériel sur place. Dans ce cas, les autorités compétentes devront en être informées et donner leur accord.

7(ix) Élimination des déchets

- Tous les déchets, y compris les déchets humains, seront enlevés de la zone.

7(x) Mesures nécessaires pour que les buts et objectifs du plan de gestion continuent d'être atteints

- Les données GPS doivent être obtenues pour des sites spécifiques de surveillance à long terme en vue de leur dépôt auprès de l'Antarctic Master Directory par l'intermédiaire de l'autorité nationale compétente.
- Des permis peuvent être accordés pour entrer dans la zone dans le but d'effectuer des activités de surveillance et de gestion biologiques, qui peuvent inclure la collecte de déchets ou d'échantillons pour analyse ou examen; l'érection ou l'entretien d'équipements et de structures scientifiques temporaires et de panneaux indicateurs ; ou pour d'autres mesures de protection.
- Les visiteurs devront prendre des précautions spéciales contre toute introduction d'organismes non indigènes afin de préserver les valeurs scientifiques et écologiques de la zone. Il conviendra notamment de ne pas introduire d'agents pathogènes, de microbes et de plantes issus des sols ou de la faune et de la flore d'autres sites antarctiques, y compris les stations de recherche, ou provenant d'autres régions hors de l'Antarctique. Les visiteurs devront veiller à ce que leurs chaussures et tout autre équipement utilisé dans la zone (y compris les balises et les dispositifs d'échantillonnage) soient parfaitement nettoyés avant d'entrer dans la zone.

7(xi) Rapports de visites

Les Parties veillent à ce que le titulaire principal de chaque permis soumette un rapport sur les activités entreprises à l'autorité nationale compétente. Ces rapports doivent inclure, s'il y a lieu, les renseignements identifiés dans le formulaire du rapport de visite suggéré par le *Guide pour la préparation des plans de gestion des zones spécialement protégées en Antarctique*.

Les Parties tiennent un registre de ces activités et, dans l'échange annuel d'informations, fournissent des descriptions résumées des activités menées par les personnes relevant de leur juridiction, qui doivent être suffisamment détaillées pour permettre une évaluation de l'efficacité de ce plan de gestion.

Dans la mesure du possible, les Parties déposent les originaux ou des copies de ces rapports originaux dans des archives accessibles au public afin de conserver un registre de l'utilisation, à utiliser à la fois dans tout examen du plan de gestion et dans l'organisation de l'utilisation scientifique de la zone.

Une copie du rapport sera transmise à l'autorité nationale responsable de l'élaboration du plan de gestion pour aider à la gestion de la zone et au suivi des populations d'oiseaux et d'autres espèces sauvages. En outre, les rapports de visite doivent contenir des informations détaillées sur les recensements, les emplacements de nouvelles colonies ou de nids qui n'auraient pas encore été consignés, et un résumé succinct des conclusions des recherches scientifiques ainsi que des copies des photographies de la zone.

7(xii) Dispositions relative aux cas d'urgence

Les exceptions aux restrictions incluses dans le plan de gestion concernent les cas d'urgence tels qu'ils sont stipulés à l'Article 11 de l'annexe V du Protocole relatif à la protection de l'environnement. Un rapport de ces actions doit être fourni à l'autorité nationale compétente.

8. Support documentaire

Une partie ou la totalité des données utilisées dans le présent plan de gestion ont été obtenus au Centre australien des données antarctiques (IDN Node AMD/AU), qui fait partie de la Division antarctique australienne (Commonwealth d'Australie).

Adamson, DA & Pickard, J 1986, 'Cainozoic history of the Vestfold Hills', in J Pickard (ed), *Antarctic Oasis, Terrestrial environments and history of the Vestfold Hills*, Academic Press, Sydney, pp. 63–97.

Adamson, DA & Pickard, J 1986, 'Physiology and geomorphology of the Vestfold Hills', in J. Pickard (ed), *Antarctic oasis: terrestrial environments and history of the Vestfold Hills*, Academic Press, Sydney, pp. 99–139.

Agreement on the Conservation of Albatrosses and Petrels (ACAP) 2012, ACAP Species assessment southern giant petrel *Macronectes giganteus*. (https://www.acap.aq/resources/acap-species/288-southern-giant-petrel/file) Downloaded on 13 April 2021.

Department of the Environment and Energy, 2019, Environmental Code for Participants in the Australian Antarctic Program, Australian Antarctic Division, Hobart.

BirdLife International (2018), Species fact sheet: southern giant petrel *Macronectes giganteus*, http://datazone.birdlife.org/species/factsheet/southern-giant-petrel-macronectes-giganteus/details Downloaded on 20 March 2021.

Cooper, J, Woehler, E & Belbin, L 2000, Guest editorial, Selecting Antarctic Specially Protected Areas: Important Bird Areas can help, *Antarctic Science* vol. 12, p. 129.

Department of Sustainability, Environment, Water, Population and Communities 2011a, *Background paper: population status and threats to albatrosses and giant petrels listed as threatened under the Environment Protection and Biodiversity Conservation Act 1999*, Commonwealth of Australia, Hobart, accessed 27 January 2021.

Department of Sustainability, Environment, Water, Population and Communities 2011b, *National Recovery Plan for threatened albatrosses and giant petrels: 2011–2016*, Commonwealth of Australia, Hobart, accessed 27 January 2021.

Fabel, D, Stone, J, Fifield, LK & Cresswell, RG 1997, 'Deglaciation of the Vestfold Hills, East Antarctica; preliminary evidence from exposure dating of three subglacial erratics', in CA Ricci (ed), *The Antarctic region: geological evolution and processes, Museo Nazionale dell'Antartide, Siena*, pp. 829–834.

Garnett, ST, Szabo, JK & Dutson, G 2010, *The Action Plan for Australian Birds 2010*, CSIRO Publishing, Collingwood VIC.

Gore, DB 1997, Last glaciation of Vestfold Hills; extension of the East Antarctic ice sheet or lateral expansion of Sørsdal Glacier. *Polar Record*, vol. 33, pp. 5–12.

Hirvas, H, Nenonen, K & Quilty, P 1993, Till stratigraphy and glacial history of the Vestfold Hills area, East Antarctica, *Quaternary International*, vol. 18, pp. 81–95.

IUCN (2018), IUCN *Red List Categories: Version 3.1*, IUCN Species Survival Commission, IUCN, Gland, Switzerland and Cambridge, UK, (https://www.iucnredlist.org/species/22697852/132608499) accessed 13 April 2021.

Jouventin, P, & Weimerskirch, H 1991, *'Changes in the population size and demography of southern seabirds: management implications'*, in CM Perrins, JD Lebreton, & GJM Hirons (eds), Bird population studies: Relevance to conservation and management, Oxford University Press, pp. 297–314.

Johnstone, GW, Lugg, DJ & Brown, DA 1973, The biology of the Vestfold Hills, Antarctica. Melbourne, Department of Science, Antarctic Division, ANARE Scientific Reports, Series B(1) *Zoology*, Publication No. 123.

Law P 1958, Australian Coastal Exploration in Antarctica, *The Geographical Journal* CXXIV, pp. 151–162.

Leishman, MR & Wild, C 2001, Vegetation abundance and diversity in relation to soil nutrients and soil water content in Vestfold Hills, East Antarctica, *Antarctic Science*, vol. 13, Issue 2, pp. 126–134

Micol, T & Jouventin, P 2001, Long-term population trends in seven Antarctic seabirds at Point Géologie (Terre Adélie), Human impact compared with environmental change, *Polar Biology*, vol. 24, pp. 175–185.

Miller, JD., Heatwole, H., Miller, W.R., Bridges, L. and Horne, P. 1984, A survey of the terrestrial Tardigrada of the Vestfold Hills, Antarctica, in J Pickard (ed), *Antarctic Oasis, Terrestrial environments and history of the Vestfold Hills*, Academic Press, Sydney, pp. 197–208.

Orton, MN 1963, Movements of young Giant Petrels bred in Antarctica, *Emu*, vol. 63, p. 260.

Otovic, S., Riley, M., Hay, I., McKinlay, J., van den Hoff, J., Wienecke, B. (2018), The annual cycle of Southern Giant Petrels *Macronectes giganteus* in East Antarctica. *Marine Ornithology*, 46: 129-138.

Patterson, DL, Woehler, EJ, Croxall, JP, Cooper, J, Poncet, S & Fraser, WR 2008, Breeding distribution and population status of the Northern Giant Petrel *Macronectes halli* and the Southern Giant Petrel *M. giganteus*, *Marine Ornithology*, vol. 36, pp. 115–124.

Pickard, J (ed) 1986, *Antarctic oasis: terrestrial environments and history of the Vestfold Hills*, Academic Press, Sydney.

Puddicombe, RA & Johnstone, GW 1988, 'Breeding season diet of Adélie penguins at Vestfold Hills, East Antarctica', in JM Ferris, HR Burton, GW Johnstone, & IAE. Bayly (eds) *Biology of the Vestfold Hills, Antarctica*, New York: Springer, 239–253.

Rounsevell, DE & Horne, PA 1986, 'Terrestrial, parasitic and introduced invertebrates of the Vestfold Hills', in J Pickard (ed), *Antarctic Oasis, Terrestrial environments and history of the Vestfold Hills*, Academic Press, Sydney, pp.309–331.

Stattersfield, AJ & Capper, DR 2000, *Threatened Birds of the World*, Barcelona and Cambridge U. K, Lynx Edicions and Birdlife International.

van den Hoff, J. (2017), Sightings of ringed southern giant petrels *Macronectes giganteus* in East Antarctica: a tale of missed opportunity. *Marine Ornithology*, 45: 191–194.

van den Hoff, J. (2020), Environmental constraints on the breeding phenology of Giant Petrels *Macronectes spp.*, with emphasis on Southern Giant Petrels *M. giganteus*. *Marine Ornithology*, 48: 33–40.

Wienecke, B, Leaper, R, Hay, I & van den Hoff, J 2009, Retrofitting historical data in population studies: southern giant petrels in the Australian Antarctic Territory, *Endangered Species Research*, 8, pp. 157–164.

Woehler, EJ, Cooper, J, Croxall, JP, Fraser, WR, Kooyman, GL, Miller, GD, Nel, DC, Patterson, DL Peter, H-U, Ribic, CA, Salwicka, K, Trivelpiece, WZ & Weiemerskirch, H 2001, *A Statistical Assessment of the Status and Trends of Antarctic and Subantarctic Seabirds*, SCAR/CCAMLR/NSF, 43 pp.

Woehler, E 2001, Breeding populations of Southern Giant Petrels at Heard Island, the McDonald Islands and within the AAT, Australian Antarctic Data Centre, SnoWhite Metadata <https://data.aad.gov.au/metadata/records/SOE_seabird_candidate_sp_SGP>, Downloaded on 17 January 2011.

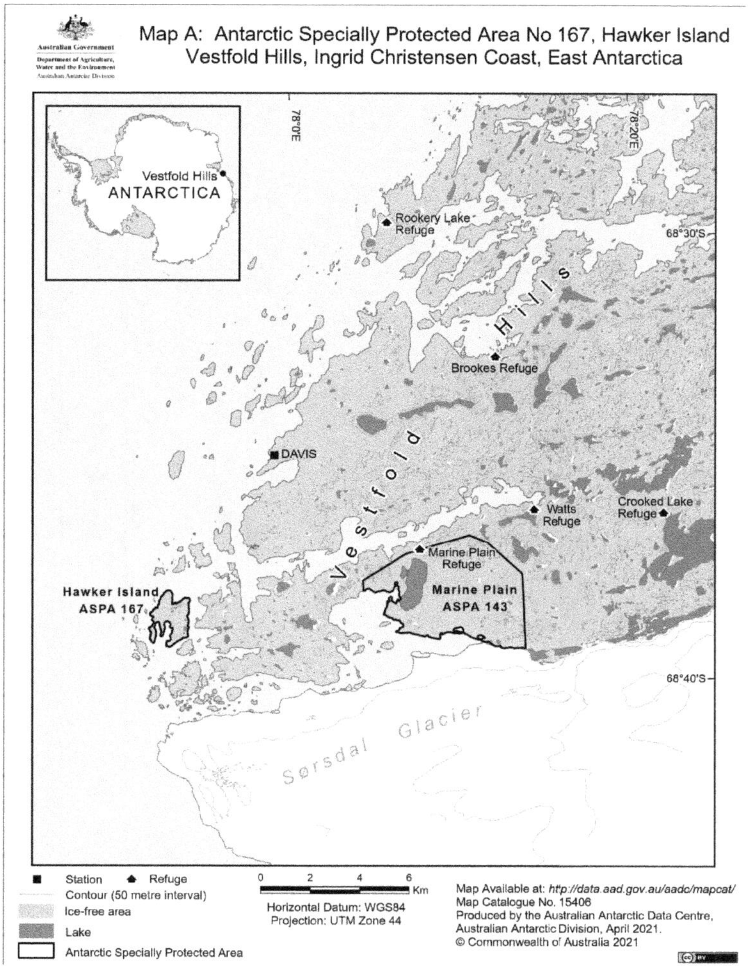
Australian Government
Map A: Antarctic Specially Protected Area No 167, Hawker Island
Vestfold Hills, Ingrid Christensen Coast, East Antarctica
Vestfold Hills
ANTARCTICA
78°0'E
78°20'E
Rookery Lake Refuge
68°30'S
Vestfold Hills
Brookes Refuge
DAVIS
Watts Refuge
Crooked Lake Refuge
Marine Plain Refuge
Marine Plain ASPA 143
Hawker Island ASPA 167
68°40'S
Sørsdal Glacier
Station
Refuge
Contour (50 metre interval)
Ice-free area
Lake
Antarctic Specially Protected Area
0 2 4 6 Km
Horizontal Datum: WGS84
Projection: UTM Zone 44
Map Available at: http://data.aad.gov.au/aadc/mapcat/
Map Catalogue No. 15406
Produced by the Australian Antarctic Data Centre, Australian Antarctic Division, April 2021.
© Commonwealth of Australia 2021

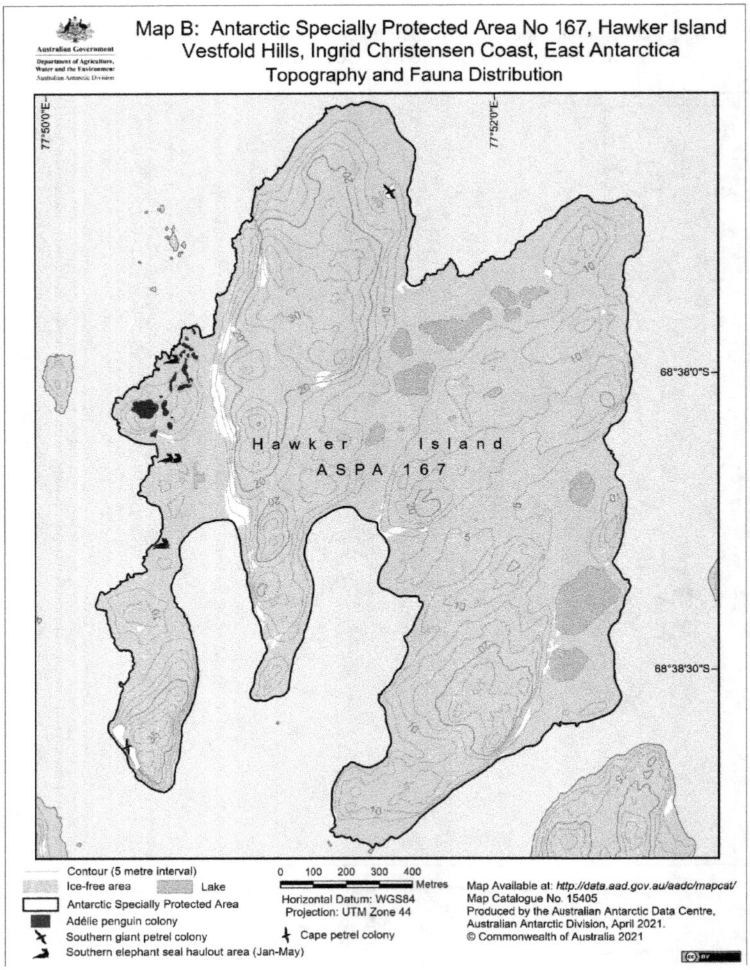
Map B: Antarctic Specially Protected Area No 167, Hawker Island
Vestfold Hills, Ingrid Christensen Coast, East Antarctica
Topography and Fauna Distribution
77°50'0"E
77°52'0"E
68°38'0"S
68°38'30"S
Hawker Island
ASPA 167
Contour (5 metre interval)
Ice-free area
Lake
Antarctic Specially Protected Area
Adélie penguin colony
Southern giant petrel colony
Cape petrel colony
Southern elephant seal haulout area (Jan-May)
0 100 200 300 400
Metres
Horizontal Datum: WGS84
Projection: UTM Zone 44
Map Available at: http://data.aad.gov.au/aadc/mapcat/
Map Catalogue No. 15405
Produced by the Australian Antarctic Data Centre, Australian Antarctic Division, April 2021.
© Commonwealth of Australia 2021

Plan de gestion pour la zone spécialement protégée de l'Antarctique (ZSPA) n° 176 ÎLES ROSENTHAL, ÎLE ANVERS, ARCHIPEL DE PALMER

Introduction

Les îles Rosenthal se trouvent sur la côte ouest de l'île Anvers dans l'archipel Palmer, péninsule Antarctique, au 64°36'S 64°15'O. La Zone spécialement protégée de l'Antarctique (ZSPA) comprend les îles et péninsules adjacentes et s'étend sur une surface approximative de 111 km^2. Les principales raisons pour la désignation de la Zone sont ses colonies vastes et diverses d'oiseaux reproducteurs aux valeurs écologiques et scientifiques exceptionnelles, ses vastes communautés végétales, son état rarement visité et quasiment vierge, et son rôle potentiel en tant que zone de référence pour les comparaisons avec les sites affectés par des activités humaines. En reconnaissance de ces valeurs, la Zone a reçu sa désignation initiale en tant qu'aire à accès limité au sein de la Zone gérée spéciale de l'Antarctique (ZGSA) n° 7, île Southwest Anvers et bassin Palmer en 2008. Sa désignation en tant que ZSPA remplace celle d'aire à accès limité, et bien que les limites de la Zone s'étendent au-delà de l'aire à accès limité, la Zone demeure pleinement à l'intérieur de la ZSGA n° 7.

La Zone abrite au moins huit espèces d'oiseaux reproducteurs. Au moins sept colonies de trois espèces de manchots Pygoscelis (manchots Adélie (*Pygoscelis adeliae*), manchots à jugulaire (*P. antarctica*) et manchots papou (*P. papua*)) y vivent, avec une population totale d'environ 9 000 couples. Elle compte en outre des colonies reproductrices de pétrels géants (*Macronectes giganteus*), de sternes couronnées (*Sterna vittata*), de cormorans impériaux (*Leucocarbo atriceps bransfieldensis*), de labbes antarctiques (*Stercorarius maccormicki*), et de goélands dominicains (*Larus dominicanus*). Les océanites de Wilson (*Oceanites oceanicus*) sont courantes et ont également tendance à se reproduire dans la Zone, tout comme le chionis blanc (*Chionis alba*), présent avec les colonies de manchots et de cormorans. La colonie de cormorans impériaux est inhabituelle, car elle semble avoir maintenu le même niveau de population de reproduction résidant dans la région depuis son premier recensement en 1975, contrastant avec la tendance régionale de déclin de la population pour cette espèce.

L'écologie terrestre des îles Rosenthal est méconnue, bien que des images de télédétection par satellite à haute résolution indiquent une vaste couverture végétale sur certaines îles non occupées par des manchots reproducteurs. Sa végétation compte de nombreuses espèces de mousses et de lichens, dont beaucoup n'ont toujours pas été décrites, et comporte probablement la canche antarctique (*Deschampsia antarctica*), une plante à floraison, et avec une probabilité moins certaine, de la sagine antarctique (*Colobanthus quitensis*), que l'on trouve dans la région de l'île Anvers.

La Zone a été proposée par les États-Unis en raison de sa diversité et de son nombre d'oiseaux reproducteurs remarquables représentatifs de la région, de son importance exceptionnelle pour les recherches ornithologiques et écologiques, de sa valeur en tant que site de référence pour les études comparatives et un suivi à long terme, parce qu'elle a été rarement visitée et que son état est quasiment vierge, et pour ses valeurs esthétiques et naturelles exceptionnelles.

La Zone importante pour la conservation des oiseaux n° 088 est identifiée au sein de la Zone. La Zone se situe au sein du « Domaine environnemental B – géologie des latitudes septentrionales moyennes de la péninsule antarctique » et du « Domaine environnemental E – péninsule antarctique, île Alexander et les principaux champs de glace et glaciers d'autres îles » tels que définis dans l'Analyse des domaines environnementaux du continent antarctique (Résolution 3, (2008)). Les étendues de sol libre de glace classifiées en tant que « Région 3 – nord-ouest de la péninsule antarctique » dans la classification des Régions de conservation biogéographiques de l'Antarctique (Résolution 3 (2017)) se trouvent à l'intérieur de la Zone.

1. Description des valeurs à protéger

Les îles Rosenthal (64°36'S 64°15'W, 111 km^2), l'île Anvers, archipel de Palmer, péninsule antarctique, ont été désignées au motif que la zone comporte d'importantes colonies d'oiseaux de mer reproducteurs divers, des communautés végétales vraisemblablement vastes, et que la région a été peu visitée, avec un état quasiment vierge. La Zone comporte des valeurs écologiques et scientifiques exceptionnelles et constitue un site de référence précieux pour les études comparatives et un suivi à long terme, particulièrement par rapport aux sites à proximité de la station Palmer, étudiés de façon plus intensive, et en relation avec la recherche écologique à long terme de Palmer (PAL-LTER) placer.

Les îles Rosenthal sont particulièrement utiles pour la recherche ornithologique, présentant au moins huit espèces d'oiseaux reproducteurs dans la Zone, ce qui en fait également l'un des sites les plus divers et les plus représentatifs d'oiseaux reproducteurs de la région. Des recherches relatives à l'écologie des oiseaux de mer et des études de suivi à long terme sont en cours sur les colonies de manchots Adélie (*Pygoscelis adeliae*), de manchots à jugulaire (*P. antarctica*) et de manchots papou (*P. papua*), ainsi que sur les pétrels géants (*Macronectes giganteus*) (Fraser, communication personnelle, 2018). Les colonies des îles Rosenthal représentent un intérêt particulier pour les comparaisons de populations d'oiseaux de la région autour de Port Arthur, où des études détaillées à long terme examinent les modifications de la structure, du fonctionnement et de la dynamique de l'écosystème, dont beaucoup ont été et continuent d'être partie du programme PAL-LTER. La région des îles Rosenthal a été protégée de visites humaines considérables, et représente donc un intérêt particulier pour les comparaisons avec des sites faisant l'objet de niveaux d'influence humaine plus importants (Fraser, communication personnelle, 2018). La Zone importante pour la conservation des oiseaux (ZICO) n° 088, identifiée pour son importante colonie de manchots papou, se trouve à l'intérieur de la Zone (carte 3).

La colonie de cormorans impériaux est inhabituelle en ce que son niveau de population de reproduction de 2016 semble être resté au même niveau depuis le premier recensement en 1975, contrastant avec la tendance régionale de déclin pour cette espèce depuis les années 1970.

Les observations de faune prolifique et de comportements de recherche de nourriture, notamment de mammifères marins, dans l'échancrure relativement profonde immédiatement au sud des îles Rosenthal suggèrent qu'il pourrait s'agir d'une région à la production comparativement élevée, soutenant l'écosystème marin riche et diversifié. Bien que des recherches plus approfondies sur cet aspect soient nécessaires, cette échancrure a été incluse à l'intérieur de la Zone en tant que mesure de précaution, étant donné son rôle potentiellement important de soutien à l'écosystème local.

La Zone recouvre le groupe d'îles Rosenthal, dont la côte adjacente de l'île Anvers et un certain nombre d'îles côtières et de péninsules libres de glace proches, et s'étend de la limite septentrionale à 64° 33' S vers le sud, pendant environ 16 km (Carte 3). Cette limite inclut les champs de glace inférieurs de l'île Anvers situés à moins de 1 km de la côte, la zone marine située à moins d'1 km au large des côtes externes des îles Rosenthal et l'échancrure située immédiatement au sud des îles Rosenthal. La zone englobe toutes les îles du groupe Rosenthal où la faune prolifique est concentrée. La superficie de la zone fait environ 9 km à son point le plus large, environ 14,6 km du nord au sud et couvre une superficie totale de 111 km^2.

La Zone semble également avoir d'importantes valeurs liées à une riche écologie terrestre et marine, bien que celles-ci n'aient pas encore été étudiées et décrites de façon détaillées. Elles sont notées dans le plan de gestion ci-contre afin qu'une approche de précaution soit prise pour protéger ces valeurs potentielles.

En résumé, la zone des îles Rosenthal se distingue pour les raisons suivantes :

- communautés ornithologiques diverses et représentatives de la région, avec plusieurs grandes colonies d'espèces d'oiseaux marins reproducteurs faisant l'objet d'études comparatives et de suivi de long terme ;
- utilité en tant que zone de référence où l'activité humaine a traditionnellement été exceptionnellement faible et où l'environnement local reste en grande partie peu perturbé par des activités humaines directes et dans un état quasiment vierge, et où les effets des processus naturels sur l'écologie et la démographie peuvent être étudiés en gardant une interférence humaine locale minimale ;
- valeurs esthétiques et naturelles caractérisées par des îles isolées et accidentées en état quasiment vierge.

Afin de protéger les valeurs de la zone, il est important que les visites restent très occasionnelles et soient gérées avec la plus grande attention par des permis et par ce Plan de gestion.

2. Buts et objectifs

Les buts et objectifs du plan de gestion des îles Rosenthal sont les suivants :

- Éviter la dégradation des valeurs de la zone et les risques substantiels qu'elles pourraient courir en empêchant la présence et les perturbations humaines ainsi que les échantillonnages inutiles dans la zone ;
- Permettre des recherches scientifiques sur l'écosystème et l'environnement physique à condition qu'elles soient impérieuses, qu'elles ne puissent être menées ailleurs et qu'elles ne portent aucun préjudice aux valeurs justifiant la désignation de la zone ;
- réduire au minimum la possibilité d'introduction de plantes, d'animaux et de microbes non indigènes dans la Zone ;
- réduire les possibilités d'introduction de pathogènes qui pourraient apporter des maladies aux populations fauniques dans la Zone ; et
- permettre l'organisation de visites à des fins de gestion pour venir appuyer les objectifs du plan de gestion.

3. Activités de gestion

Les activités de gestion suivantes doivent être entreprises pour protéger les valeurs de la zone :

- des panneaux d'information indiquant l'emplacement de la Zone (stipulant les restrictions particulières qui s'appliquent) seront placés en évidence à la station Palmer (États-Unis) sur l'île Anvers, à la station Yelcho (Chili) sur l'île Doumer, et à la « Base A » à Port Lockroy, île Goudier, où des exemplaires de ce plan de gestion seront également disponibles ;
- des exemplaires de ce plan de gestion doivent être transmis à tous les navires et aéronefs se rendant dans la Zone, et les autorités nationales compétentes doivent informer tout le personnel opérant à proximité de, accédant à ou survolant la Zone, de ses limites et des restrictions d'accès et de survol qui s'appliquent à l'intérieur de celle-ci ;
- Les programmes nationaux doivent prendre des mesures pour s'assurer que les limites de la zone et les restrictions qui s'appliquent à l'intérieur de celle-ci soient indiquées sur les cartes concernées et sur les cartes nautiques / aéronautiques ;
- aucune borne, ni aucun panneau ou structure ne doivent être érigés dans la Zone hormis à des fins scientifiques ou de gestion essentielles. S'ils sont érigés, ils doivent être recensés, fixés et maintenus en bon état et enlevés lorsqu'ils ne seront plus nécessaires par le responsable du programme antarctique national ;
- Des visites seront organisées dans la zone en fonction des besoins afin de déterminer si elle répond toujours aux objectifs pour lesquels elle a été désignée et de s'assurer que les mesures de gestion et d'entretien sont adéquates. Ces évaluations sont réalisées au moins une fois tous les cinq ans, bien que des visites à des intervalles plus longs soient possibles le cas échéant, au regard de la rareté des visites et des difficultés d'accès.

4. Durée de la désignation

La Zone est désignée pour une durée indéterminée.

5. Cartes et photographies

Carte 1 : ZSPA N° 176 îles Rosenthal, île Anvers – Carte de localisation.
Projection : Conique conforme de Lambert ; Méridien central : 64° 00' O ; Parallèles standard : 64° 40' S, 65° 00' S ; Latitude d'origine : 66° 00' S ; Datum sphéroïde et horizontal : WGS84 ; Courbe de niveau : Terre – 250 m, Mer – 200 m.
Sources : côtes & topographie base de données numériques sur l'Antarctique SCAR v4.1 (2005) ; Bathymétrie : IBCSO v.1 (2013) ; Zones protégées : ERA (août 2018) ; Stations : COMNAP (août 2018).
Encart : emplacement de l'île Anvers et de l'archipel Palmer sur la péninsule antarctique.

Carte 2 : ZSPA N°. 176 îles Rosenthal, île Anvers – Carte régionale.
Projection : conique conforme de Lambert : Méridien central : 64° 25' O ; Parallèles types : 64° 38' S, 64° 44' S ; Latitude origine : 63° 45' S ; Datum sphéroïde et horizontal : WGS84 ; Courbe de niveau : 100 m. Les données du littoral sont tirées d'ERA (2014) près de la station Palmer.

numérisées à partir d'imagerie satellite géoréférencée (GeoEye 13 mars 2013 ; WV3 25 févr. 2016 ; imagerie © Digital Globe). Colonies d'oiseaux et autres caractéristiques : tirées d'imagerie, d'une étude GPS (ERA 13 déc. 2016), et de communications personnelles avec Fraser / Patterson-Fraser. 2018.

Carte 3 : ZSPA N°. 176 îles Rosenthal, île Anvers – Carte topographique.
Les spécifications de la carte sont les mêmes que pour la Carte 2, à l'exception du méridien central : 64° 15' O ; Parallèles types : 64° 34' S, 64° 40' S ; Latitude origine : 64° 00' S.

6. Description de la Zone

6(i) Coordonnées géographiques, bornage et caractéristiques du milieu naturel

Vue d'ensemble

Les îles Rosenthal (64°36' S 64°15' O) se trouvent dans la partie méridionale de la côte ouest de l'île Anvers, dans l'archipel Palmer, péninsule Antarctique, à l'ouest de la péninsule antarctique (Carte 1). Elles se trouvent à environ 15 km au nord du cap Monaco et à environ 22 km de la station Palmer (États-Unis) (Carte 2). L'ensemble Rosenthal regroupe environ 80 petites îles, la plus grande étant l'île Gerlache, qui s'élève à ~100 m de haut et s'étend sur environ 2,5 km par 1,2 km (Carte 3). Les îles plus petites sont toutes inférieures à 100 m de hauteur, et sont généralement inférieures à 500 m de large. L'île Gerlache est presque entièrement recouverte par une calotte polaire permanente, tandis que les îles plus petites sont généralement libres de glace. Plusieurs promontoires prolongent la côte de l'île Anvers, beaucoup d'entre eux étant également en partie libres de glace. L'île Anvers est quant à elle recouverte par une calotte polaire permanente, appelée le piémont de glace Marr, à proximité des îles Rosenthal et se dressant à environ 500 m de haut et à ~7 km de la côte (Carte 2). De nombreuses autres petites îles et péninsules bordent le littoral de l'île Anvers, tant vers le nord que vers le sud, en direction du cap Monaco (Carte 2).

Une échancrure d'eau relativement profonde sépare les îles Rosenthal d'un ensemble plus petit d'environ 35 îles et de péninsules s'étendant à environ 6 km au sud sur le littoral de l'île Anvers, chacune étant incluses à l'intérieure de la Zone (Carte 3). Ces îles et ces péninsules plus méridionales fournissent un habitat pour une diversité d'oiseaux reproducteurs. Les caractéristiques physiques précises de l'échancrure n'ont pas encore été décrites, mais il est probable que les chenaux plus profonds aient été formés lorsqu'un glacier a asséché un bassin versant sur l'île Anvers à une période où la glace était plus répandue. Des observations de la reproduction de la faune sur les îles adjacentes et des comportements de recherche de nourriture dans cette échancrure en particulier, notamment des mammifères marins, suggèrent qu'il pourrait s'agir d'une zone de remontée d'eau profonde, donnant lieu à des niveaux relativement élevés de productivité près de la surface, soutenant alors l'écosystème marin et aviaire riche et diversifié (Fraser, communication personnelle, 2018).

Les îles et les péninsules à l'intérieur de la Zone sont généralement rocheuses, escarpées et exposées, les îles faisant face à la mer ayant tendance à avoir des pentes plus abruptes et des littoraux inaccessibles à tout sauf les oiseaux volants. Les littoraux sont irréguliers et présentent de nombreux îlots et de rochers en mer, la plupart d'entre eux ne figurant pas sur les cartes. Un certain nombre d'îles et de péninsules près de l'île Anvers présentent une topographie plus douce et des littoraux plus accessibles, les rendant adaptés à l'établissement de colonies de manchots, certains ayant même des plages où des mammifères tels que les éléphants de mer (*Mirounga leonina*), les phoques de Weddell (*Leptonychotes weddellii*) et les otaries de Kerguelen (*Arctocephalus gazella*) viennent se prélasser.

Les îles Rosenthal ont été initialement répertoriées par l'expédition antarctique allemande en 1873/74, menée par Dallmann et portant le nom du Directeur de la Société de navigation polaire allemande de l'époque. Elles ont ensuite été répertoriées de façon plus détaillée par l'expédition antarctique française de Charcot en 1903-05, qui a cartographié et nommé la pointe de Gerlache comme faisant partie de l'île Anvers, qui devait l'être à l'époque ; il s'agit aujourd'hui de l'île Gerlache. Les premières personnes à poser le pied sur les îles Rosenthal furent les membres d'une expédition géologique britannique venue étudier la côte occidentale de l'île Anvers, en mai 1956.

Un système de numérotation non officiel est utilisé pour faciliter l'identification des principales îles et péninsules à l'intérieur de la Zone (Fraser et Patterson-Fraser, communications personnelles, 2018) (Carte 3). Le système de numérotation a été conçu pour répondre aux besoins de recensement destinés à des recherches ornithologiques et écologiques en cours et a été utilisé pour permettre l'identification de sites particuliers comme étant nécessaire à ce plan de gestion. Le système de numérotation n'a pas été adopté de façon officielle, et pourrait changer en fonction de l'évolution des besoins de recherche.

Limites et coordonnées

La Zone s'étend sur ~14 km du nord au sud et sur ~9 km d'est en ouest, recouvrant une superficie totale de 111 km^2. Les limites de la Zone ont été conçues de façon à inclure toutes les îles de l'ensemble Rosenthal, l'échancrure immédiatement au sud, le regroupement d'îles bordant le côté méridional de cette échancrure, ainsi que l'environnement marin associé (Carte 3). En tant que mesure de précaution pour protéger les caractéristiques à l'intérieur de la Zone, la limite est définie comme une zone tampon s'étendant vers le large sur environ un kilomètre.

La limite septentrionale partage le parallèle 64° 33' S qui définit également la limite septentrionale de la ZGMA n° 7 SO île Anvers et bassin de Palmer. La limite orientale partage aussi la limite de la ZGMA, qui part en direction du sud de 64° 06' O, 64° 33' S pendant trois kilomètres, avant de suivre une ligne méridionale parallèle vers le littoral de l'île Anvers pendant ~13 km, protégée de la côte sur un kilomètre. La limite méridionale s'étend sur environ 3 km dans une petite baie, avant de s'étendre au NO sur 7 km dans l'échancrure sud des îles Rosenthal. La limite occidentale suit la ligne de tampon sur 1 km parallèle aux littoraux des autres îles de l'ensemble Rosenthal.

Climat

Aucune donnée météorologique n'est disponible à propos des îles Rosenthal, bien que des données à long terme soient disponibles pour la station proche de Palmer, où les conditions sont sans doute semblables, quoique moins extrêmes.

Les températures régionales à proximité de la station Palmer sont relativement douces en raison des conditions océanographiques locales et de la persistance d'une couche de nuages fréquente dans la région de Port Arthur (Lowry, 1975). Les températures de l'air moyennes et annuelles enregistrées à la station Palmer entre 1974 et 2012 indiquent clairement une tendance au réchauffement, bien que les températures varient fortement d'une année à l'autre. Entre 2010 et 2017, la température annuelle moyenne à la station Palmer était de –1,8 °C, avec une température mensuelle moyenne de l'air en août de –5,94 °C, et en janvier de 1,72 °C. La température maximale enregistrée d'avril 1989 à octobre 2018 a atteint +11,6 °C le 8 mars 2010, tandis que la température minimale était de -26,0 °C le 24 août 1995. Les orages et les précipitations sont fréquents à la station Palmer, les vents sont persistants, mais généralement faibles à modérés et soufflent de secteur nord-est, bien que les conditions du vent puissent différer de celles de la station Palmer. La couverture nuageuse et fréquente et vaste, avec un plafond nuageux inférieur à 300 m. Entre 1989 et 2018, la précipitation annuelle moyenne correspondait à un équivalent en eau de 636 mm, avec une profondeur de neige annuelle moyenne de 344 cm.

Les îles Rosenthal présenteront des différences climatiques mineures résultant de la géographie locale, en particulier en raison de leur position plus exposée aux vents d'ouest et aux houles océaniques. Des preuves anecdotiques suggèrent que la couche de neige serait plus persistante dans les îles Rosenthal qu'à Port Arthur (Gantz *et al.* 2018).

Géologie, géomorphologie et sols

Trois principaux amas rocheux ont été décrits dans la région des îles Rosenthal (Hooper 1962). Les affleurements rocheux de l'île Anvers en face de l'île Gerlache sont composés de granit de cap Monaco, tandis que les îles de l'ensemble Rosenthal comprennent des roches volcaniques du Jurassique supérieur. Le granit de cap Monaco occupe une ceinture étroite et peut-être intermittente d' ~8 km de large et d'~60 km de long, s'étendant le long de la marge occidentale de l'île Anvers en partant des îles Joubin, qui, selon une suggestion de Hooper (1962 : 50), ont pu se développer le long d'une faille parallèle au littoral NO de l'île Anvers. À l'intérieur de la Zone au sud de l'échancrure des îles Rosenthal, des affleurements sur les péninsules et les îles proches sont composés de tonalite intacte de la suite intrusive andine. La géomorphologie et les caractéristiques pédologiques des îles Rosenthal n'ont pas encore été décrites.

Écologie terrestre

L'environnement dulçaquicole à l'intérieur de la Zone n'a pas encore été décrit. Étant donnée l'étendue limitée de sol libre de glace disponible, il est probable qu'il y ait peu de ruisseaux et d'étangs, et que ceux-ci soient petits et saisonniers. Par exemple, plusieurs petits étangs sont visibles sur une image satellite (10 mars 2013) des îles 201 et 202, qui seront vraisemblablement enrichis de nutriments de manchots reproducteurs locaux. L'inspection d'une image satellite à haute résolution (25 févr. 2016) n'a révélé qu'un nombre modeste de corps d'eau douce ou de ruisseaux sur les sols libres de glace dans les autres parties de la Zone.

La végétation des îles Rosenthal n'a pas encore été décrite en détail, bien que plusieurs espèces des îles 202 et 205 aient été identifiées (Annexe Un, Tableau 1). Ces observations sont issues d'îles colonisées de façon intensive par des manchots reproducteurs, où un habitat adapté à la végétation est relativement rare. En outre, ces observations ont été opportunes dans certains sites, et non effectuées dans le cadre d'un recensement systématique. Ces relevés représentent par conséquent le minimum absolu d'espèces susceptibles d'être présentes.

Des observations préliminaires à base d'images de télédétection par satellite à haute résolution indiquent une couverture végétale plus vaste sur certaines autres îles et péninsules, particulièrement sur celles qui ne sont pas colonisées par des manchots reproducteurs. L'île 206 semble accueillir une couverture végétale plus vaste que les autres îles, en particulier sur ses versants nord-est. Les plantes à fleurs *Deschampsia antarctica* et *Colobanthus quitensis* sont relativement courantes sur les sols libres de glace qui longent le littoral sud de l'île Anvers (Greene et Holtom 1971), la première ayant été recensée à environ cinq km au sud de la Zone sur le cap Monaco et l'île Dream (Komárková *et al.* 1985). Bien qu'il n'ait pas encore été possible de la visiter et de vérifier la présence ou l'abondance de cette espèce à l'intérieur de la Zone, il est anticipé qu'une grande partie des espèces présentes soient semblables à celles des sites où on trouve de la végétation, aux sites proches de l'île Anvers au sud et dans les îles au large.

Une étude préliminaire des arthropodes terrestres dans la Zone a été réalisée le 13 déc. 2016 (Gantz *et al.*, 2018). L'étude ne concernait que les îles 201, 202 et 205, toutes étant occupées de façon intensive par des manchots reproducteurs. Des relevés ont été pris le long de colonies d'oiseaux de mer (en portant une attention particulière au sol ornithogénique sous les roches) et dans les sites comportant de la mousse et *P. crispa* qui étaient inutilisés ou inaccessibles aux oiseaux de mer nicheurs. D'autres îles et péninsules libres de glace à l'intérieur de la Zone, dont beaucoup abritent une couverture végétale, pourraient fournir un habitat convenable pour les populations invertébrées, mais n'ont pas encore été recensées.

Cette étude a identifié deux espèces de Collembola (*Cryptopygus antarcticus* et *Friesea grisea*), quatre espèces d'acariens (*Alaskozetes antarcticus*, *Hydrogamasellus racovitzai*, *Tectopenthalodes villosus* et *Rhagidia* sp.), et le moucheron de la famille des Chironomidae *Belgica antarctica.* On trouve couramment des acariens *A. antarcticus* et des collemboles *C. antarcticus* dans des agrégats aux sites de collecte, et à l'occasion à la surface de guano de manchots sans couverture végétative. Bien qu'il y ait un nombre important de collemboles *C. antarcticus* et d'acariens *A. antarcticus*, leur distribution est éparse. *Belgica antarctica* est moins courant et n'a été trouvé que dans des zones végétalisées dans un site sur les îles 201 et 202. Les résultats préliminaires de Gantz *et al.* (2018) montrent que la diversité d'arthropodes dans les îles Rosenthal est semblable à celle de la station Palmer. Aucune autre information n'est disponible concernant les assemblages d'invertébrés dans la Zone. Aucune information n'est disponible non plus pour ce qui concerne les communautés fongiques et bactériennes locales.

Oiseaux en phase de reproduction et mammifères

Au moins huit espèces d'oiseaux se reproduisent dans les îles Rosenthal : Le manchot Adélie (*Pygoscelis adeliae*), le manchot à jugulaire (*Pygoscelis antarctica*), le manchot papou (*Pygoscelis papua*), le pétrel géant du sud (*Macronectes giganteus*), la sterne couronnée (*Sterna vittata*), le cormoran impérial (*Leucocarbo atriceps bransfieldensis*), le goéland dominicain (*Larus dominicanus*) et le labbe de McCormick (*Stercorarius maccormicki*) (Annexe Un, Tableau 2). L'océanite de Wilson (*Oceanites oceanicus*) est un oiseau courant et probablement reproducteur. Le chionis blanc (*Chionis alba*) est présent en petits nombres dans les colonies de manchots et de cormorans, et bien que sa nidification n'ait pas été observée, il se peut qu'il se reproduise aussi dans la Zone. Les pétrels des neiges (*Pagodroma nivea*) sont couramment observés, mais ne sont pas connus pour se reproduire dans la région. Certains oiseaux reproducteurs initialement bagués près de la station Palmer ont été observés à l'intérieur de la Zone (Fraser communication personnelle, 2018). Les données disponibles sur les populations d'oiseaux de mer sont résumées à l'Annexe Un, Tableau 2.

Les oiseaux de mer reproducteurs sont présents sur presque toutes les grandes îles et les péninsules libres de glace de la Zone, bien qu'ils aient tendance à être concentrés dans les sites plus abrités près de l'île Anvers, alors que les îles faisant face à la mer ont tendance à être uniquement occupées par des labbes de McCormick, des goélands dominicains et des sternes couronnées en faibles densités (Fraser *et al.* 2016). Les îles et les péninsules présentant le plus grand nombre d'oiseaux de mer sont la 201, 202, 203, 204, 205, 303, 306, et la 307. Des images satellites à haute résolution indiquent que des colonies pourraient se trouver sur d'autres îles de la Zone, par exemple sur plusieurs îles de l'extrémité nord-est, bien que la présence d'oiseaux de mer reproducteurs à cet endroit n'ait pas encore été vérifiée et qu'il n'y ait aucune trace de visite humaine sur ces îles.

La colonie de cormorans impériaux est totalement inhabituelle en ce que sa population reproductrice résidente constituée de 65 couples sur l'île 205 en 2016 semble avoir très peu changé, par rapport aux 70 couples observés lors du premier relevé, en 1975 (Annexe Un, Tableau 2). Ceci tranche radicalement avec la tendance générale d'une population en déclin pour cette espèce dans d'autres régions de la péninsule antarctique occidentale depuis les années 70 (Fraser *et al.* 2016). Des preuves indiquent qu'au moins certains oiseaux passent l'hiver dans la Zone (Vicknair *et al.* 2015) (Annexe Un, Tableau 2). De même, le nombre de manchots Adélie se reproduisant sur l'île 202 a décliné relativement moins qu'ailleurs dans la région, avec une chute de 40 %, passant de 153 couples en 1975 à 92 couples en 2016, soit environ la moitié de la baisse en pourcentage observée pour cette espèce près de la station Palmer (Fraser *et al.* 2016). Les raisons de cette continuité comparative de reproduction dans les îles Rosenthal n'est pas encore comprise, bien qu elles puissent être liées à des facteurs tels que les conditions de glaces de mer locales et à la disponibilité de proies ; ceci fait l'objet de recherches en cours.

Le nombre de manchots nicheurs à jugulaire et papou, quant à eux, semble être en nette expansion dans les îles Rosenthal depuis 1975, ce qui pourrait être attribuable à l'émergence d'un habitat adapté suite au retrait glaciaire (Fraser *et al.* 2016). Les manchots à jugulaire comptent désormais ~4 000 à 5 000 couples reproducteurs dans l'ensemble de la Zone, ce qui est semblable aux chiffres recensés en 1979, 1985 et 1987, bien que considérablement plus que les 1 140 couples recensés en 1975 (Fraser *et al.* 2016 et communication personnelle. 2018). Le nombre de manchots papou semble avoir augmenté de façon plus considérable, avec ~7 324 couples recensés en 2012/13, par rapport à seulement 811 couples en 1975 (Fraser *et al.* 2016 et communication personnelle. 2018) (Annexe Un, Tableau 2). La tendance d'une population de manchots nicheurs Adélie en déclin dans les îles Rosenthal et l'augmentation du nombre de manchots nicheurs papous confirme les récentes observations de colonies effectuées à la station Palmer avoisinante (Ducklow *et al.* 2013) et ailleurs dans la région de la péninsule antarctique (Hinke *et al.* 2007). Des recherches à long terme sur l'écologie des oiseaux de mer ont été menées près de la station Palmer dans le cadre de la grille PAL-LTER, et les observations aux îles Rosenthal constituent une zone de comparaison et de référence importante pour ces études.

La population de pétrels géants a aussi augmenté de façon considérable, le recensement de févr. 2016 estimant la présence d'~320 – 350 individus répartis dans la Zone, et l'île 303 ayant désormais un site de reproduction important pour cette espèce ; seuls ~35 individus étaient présents dans la Zone en 1975 (Fraser *et al.* 2016).

Les sternes couronnées se reproduisent également dans la Zone, et les observations opportunes du 13 déc. 2016 ont identifié environ 24 individus perchés sur une crête rocheuse escarpée d'une petite île à environ 50 m à l'est de l'île 205, dont certains semblaient être en phase de nidification, et environ 25 autres individus perchés à proximité, sur des rochers près de la ligne de flottaison.

Un manchot empereur solitaire en transit (*Aptenodytes forsteri*) a été observé le 11 févr. 2016 (Fraser, communication personnelle 2018 ; et a été mal identifié par Pickett en 2016 comme étant un manchot royal). Aucune autre information sur des individus en transit n'est disponible.

La Zone importante pour la conservation des oiseaux de l'Antarctique (ZICO) n °088 a été identifiée pour une grande colonie de manchots papous située au sud de la zone (Harris *et al.* 2015) (Carte 3). Des données cartographiques mises à jour et améliorées montrent que ce site ne se trouve pas sur l'île 303 mais sur la péninsule 306. Au sein de l'unité de gestion définie par la limite de la zone protégée, le nombre de couples reproducteurs de manchots papous présents en 2012/13 (7324; annexe un, tableau 2) qualifie la zone de ZICO (critères de ZICO A4 : Le site est connu ou considéré comme abritant des rassemblements de ≥1 % de la population mondiale d'une ou plusieurs espèces sur une base régulière ou prévisible. Les données collectées en février 2016 pour des îles individuelles (annexe 1, tableau 2) montrent qu'un nombre important de manchots papous continuent de se reproduire, bien que le total pour la zone ne puisse être donné car le dénombrement de cette année était incomplet. Pour cette raison, le statut IBA de la zone est confirmé sur la base des données de 2012/13. Des révisions des limites de l'IBA d'origine ont été apportées pour être cohérentes avec les limites de la zone, et celles-ci ont été soumises à Birdlife International pour être incorporées dans la base de données mondiale d'IBA.

De petits nombres d'éléphants de mer du sud (*Mirounga leonina*), de phoques de Weddell (*Leptonychotes weddellii*), et d'otaries de Kerguelen non reproducteurs (*Arctocephalus gazella*) ont été observés sur des plages à l'intérieur de la Zone en été, ces chiffres ayant tendance à être plus importants à proximité de l'île Anvers (Fraser *et al.* 2016). Aucune autre information relative au nombre et au statut de reproduction, ou concernant d'autres espèces de phoques, n'est disponible. Des baleines de deux espèces (petits rorquals de l'Atlantique (*Balaenoptera bonaerensis*) et à bosse (*Megaptera novaeangliae*)) ont été observées à proximité de la Zone. Aucune information en matière d'environnement marin local n'est disponible.

Activités humaines et leur impact

Les activités humaines à l'intérieur de la Zone ont été minimes. Les premières personnes à poser le pied sur les îles Rosenthal furent les membres d'une expédition géologique britannique venue étudier la côte occidentale de l'île Anvers, en mai 1956. (Hooper 1956, 1962). Cette expédition a voyagé par voie terrestre en traineau à chiens, partant de la Base N à Port Arthur pour la « pointe de Gerlache » (désormais appelée île de Gerlache) et une péninsule à « quatre miles du cap Monaco » (c.-à-d. la péninsule 306), où ils ont effectué des observations géologiques, étudié le littoral, et observé un « nombre considérable de manchots papou et de pétrels géants » (Hooper 1956).

Les visites suivantes aux îles Rosenthal ayant été rapportées ont eu lieu pendant l'été 1974/75 (Fraser, communication personnelle, 2018), puis le 03 févr. 1979, le 08 déc. 1984 (en hélicoptère, aucun atterrissage), et le 02 janv.1985 (Parmelee *et al.* 1987), avec l'assistance du R/V *Hero*, du *Glacier*, le navire des gardes-côtes américains, et en hélicoptère. Une visite en yacht a eu lieu le 08 févr.1987 (Poncet et Poncet 1987). Pendant la période de 32 ans de 1956 à 88, il est estimé que moins de ~20 personnes ont visité les îles Rosenthal.

Pendant la période de trente ans depuis 1988, un seul navire de tourisme a été recensé comme ayant visité les îles Rosenthal pendant la saison 2010/11, avec 6 personnes à bord du yacht *Golden Fleece* (statistiques touristiques de l'IAATO, 2010/11), et plusieurs autres visites en yacht ont eu lieu depuis les années 80 pour des tournages, autour de février (J. Poncet, communication personnelle, 2018). De brefs recensements ornithologiques par des équipes de recherche de la station Palmer ont été réalisés au cours de l'été 2012/13, le 11 févr.2016 et le 13 déc. 2016. Au cours de cette dernière visite, un gros flotteur de pêche (~1 m de diamètre) a été retrouvé incrusté dans le littoral oriental de l'île 201, et retiré de la Zone. Il est estimé que moins de 40 autres personnes ont visité la zone au cours de cette période plus récente.

Étant donnés le nombre extrêmement faible et la brève durée de ces visites humaines, à savoir moins d'~60 visiteurs au total, il est estimé que les impacts humains dérivés de sources locales dans la Zone sont très faibles. La Zone est donc considérée comme étant presque vierge, et ce faible niveau d'impact humain est une valeur importante de la Zone qu'il convient de maintenir.

6(ii) Accès à la Zone

L'accès à la zone peut se faire au moyen d'une petite embarcation, d'un aéronef piloté ou télépiloté, ou à pied. Les atterrissages d'aéronefs pilotés sont interdits et des restrictions de survol s'appliquent aux aéronefs évoluant dans la zone. Les conditions spécifiques d'accès sont énoncées à la section 7(ii) ci-dessous.

L'accès aux îles Rosenthal avant 2016 se faisait généralement par le déploiement de petites embarcations gonflables en caoutchouc (jusqu'à environ 6 m [environ 20 pieds] de longueur) à partir d'un navire à proximité, avec de rares visites effectuées par des pneumatiques depuis la station Palmer. Les canots pneumatiques à coque rigide (RHIB), d'une longueur d'environ 10 m (33,5 pieds), opèrent à partir de la station Palmer depuis 2016, et avec une portée allant jusqu'à environ 32 km (environ 20 miles), ces petites embarcations ont rendu les îles Rosenthal plus accessibles à la station Palmer qu'auparavant.

La glace de mer saisonnière autour du sud-ouest de l'île Anvers est variable, sa formation commençant généralement entre mars et mai, et pendant la période 1979 à 2004, persistant entre cinq à 12 mois (Stammerjohn *et al.*, 2008). On trouve fréquemment de denses sarrasins à proximité du littoral, qui peuvent empêcher de petites embarcations d'accéder à la Zone.

6(iii) Emplacement de structures à l'intérieur et à proximité de la Zone

Aucune structure, instrument, caches ou marqueurs n'est connu pour être présent à l'intérieur ou à proximité de la zone.

6(iv) Emplacement d'autres Zones protégées à proximité

Les zones protégées les plus proches des îles Rosenthal sont : l'île Litchfield (ZSPA n° 113), située à ~12 km au sud-est de Port Arthur ; la pointe Biscoe (ZSPA n° 139), qui se trouve approximativement à 25 km au sud-est de l'île Anvers méridionale ; et la baie du Sud (ZSPA n° 146), qui se trouve à environ 37 km au sud-est de l'île Doumer (Carte 1).

6(v) Zones spéciales à l'intérieur de la Zone

Il n'y a aucune aire spéciale à l'intérieur de la Zone. Les aires à accès limité les plus proches à l'intérieur de la ZSGA n° 7 île Southwest Anvers et du bassin Palmer sont les îles Joubin (environ 10 km au sud) et l'île Dream (environ 5 km au sud) (carte 2).

7. Critères de délivrance des permis d'accès

7(i) Critères généraux

L'accès à la Zone est interdit sauf si un permis a été délivré par une autorité nationale compétente. Les critères de délivrance de permis d'accès à la Zone sont les suivants :

- le permis est délivré pour des recherches scientifiques qui ne peuvent être réalisées ailleurs, et particulièrement pour la conduite de recherches sur l'écosystème marine ou terrestre et la faune de la Zone ou pour des raisons indispensables à la gestion de la Zone ;
- Les actions autorisées le seront conformément au présent plan de gestion ;
- Les activités autorisées veilleront à ne pas porter atteinte à la protection continue des valeurs environnementales, scientifiques et historiques de la zone par le biais du processus d'évaluation d'impact sur l'environnement ;
- le permis est délivré pour des raisons pédagogiques ou de sensibilisation indispensables qui ne peuvent être satisfaites ailleurs, et qui n'entrent pas en conflit avec les objectifs du Plan de gestion en question ;
- le permis est délivré pour une période limitée ;
- le permis ou une copie sera emporté à l'intérieur de la zone ;

7(ii) Accès à la Zone et déplacements à l'intérieur de celle-ci

L'accès à la Zone doit se faire au moyen d'une petite embarcation, d'un aéronef, ou à pied. L'accès par véhicule est interdit.

Accès à pied et déplacements dans la Zone

Tout déplacement sur la terre ferme dans la Zone doit être effectué à pied. Toute personne à bord de navires n'est pas autorisée à se déplacer à pied dans les alentours immédiats du site de débarquement sauf autorisation expresse prévue par un permis.

Les piétons devraient garder leurs distances avec la faune, sauf s'ils doivent s'en approcher pour des raisons accordées par le permis :

- Pétrels géants (*Macronectes giganteus*) – 50 m
- Otaries de Kerguelen – 15 m
- autres oiseaux et phoques – 5 m

Les visiteurs doivent se déplacer avec précaution afin d'éviter au maximum de perturber la flore, la faune, les sols et les étendues d'eau. Les piétons devraient marcher sur la neige ou sur des sols rocheux s'ils sont praticables, en prenant garde de ne pas endommager les lichens. Les piétons devraient contourner les colonies de manchots et ne pas entrer dans des sous-groupes de manchots nicheurs sauf à des fins de recherche ou de gestion. Les déplacements à pied doivent être réduits au minimum en fonction des objectifs des activités autorisées et il convient à tout moment de veiller à réduire les effets nuisibles du piétinement.

Accès au moyen d'une petite embarcation

Aucun itinéraire n'est prévu pour l'accès de petites embarcations dans la Zone, et au regard des très faibles niveaux de visites et des conditions variables, aucune restriction n'est d'application quant aux itinéraires de petites embarcations ou leurs sites de débarquement. Toutefois l'itinéraire le plus adapté aux petites embarcations se trouve parallèle et à ~800 m et jusqu'à 1 km du littoral de l'île Anvers, en fonction des conditions de la glace et du vent (Carte 3). Un certain nombre de petites échancrures relativement abritées et offrant une protection aux petites embarcations se trouve près des îles 201-203 et 303-309, ainsi qu'à l'extérieur de la Zone, dans les îles Gossler et près du cap Monaco (Carte 2).

La Zone présente de nombreuses îles ne figurant pas sur les cartes, de rochers et de hauts-fonds submergés ou partiellement submergés, qui peuvent présenter un danger aux opérations menées à bord de petites embarcations. Les informations bathymétriques pour la Zone et la région environnante sont incomplètes et peu fiables. Les conditions de glace, des houles océaniques fréquentes et souvent considérables, ainsi que l'exposition à des vents d'ouest et / ou catabatiques descendant de l'île Anvers peuvent aussi avoir des conséquences sur les opérations menées à bord de petites embarcations dans la Zone.

Accès en aéronef et survols

Des restrictions sur les opérations aériennes sont d'application toute l'année, durant laquelle les pilotes doivent survoler la Zone en observant scrupuleusement les conditions suivantes :

1) l'atterrissage d'aéronefs pilotés, y compris les hélicoptères, est interdit dans la Zone.
2) Le survol de la Zone par des aéronefs pilotés à moins de ~610 m (2 000 ft) est interdit, sauf avis contraire stipulé dans un permis émis par une autorité nationale compétente. Les pilotes opérant à l'intérieur de la Zone doivent respecter les Lignes directrices environnementales sur l'exploitation de systèmes d'aéronefs pilotés à distance (Résolution 2 (2004)).
3) L'atterrissage et le survol de la Zone à moins de 610 m (2000 ft) par des systèmes d'aéronef pilotés à distance (RPAS) est interdit, sauf avis contraire stipulé dans un permis émis par une autorité nationale compétente. L'utilisation de RPAS dans la Zone doit respecter les Lignes directrices environnementales sur l'exploitation de systèmes d'aéronef pilotés à distance (RPAS) en Antarctique (Résolution 4 (2018)).

7(iii) Activités pouvant être menées à l'intérieur de la Zone

- Les travaux de recherches scientifiques qui ne mettront pas en péril l'écosystème ou les valeurs de la Zone ;
- Les activités à caractère pédagogique et/ou à des fins de sensibilisation (comme les rapports documentaires, photographiques, audio ou par écrit, ou la production de ressources ou services pédagogiques) qu'il n'est pas possible de satisfaire ailleurs pour des raisons impérieuses. Les activités aux fins pédagogiques et/ou de sensibilisation n'incluent pas le tourisme ;
- activités de gestion essentielles, y compris la surveillance et l'inspection.

7(iv) Installation, modification ou enlèvement de structures

- Aucune structure ne doit être érigée dans la Zone sauf si un permis l'autorise et, à l'exception des bornes, toute structure ou installation permanente est interdite;
- Toutes les balises, les structures ou les matériels scientifiques installés dans la Zone doivent être autorisés par un permis et clairement identifiés, indiquant le pays, le nom du principal chercheur, l'année d'installation et la date d'enlèvement prévue. Ces objets ne doivent pas contenir d'organismes, de propagules (par ex. semences, œufs) ou de terre non stérilisée et doivent être formés de matériaux résistants aux conditions environnementales et présentant un risque minimal de contamination ou de dommage pour les valeurs de la Zone ;
- L'installation (et la sélection du site), l'entretien, la modification ou l'enlèvement des structures et équipements ne doivent pas perturber la faune et la flore, et doivent idéalement se faire en dehors de la saison de reproduction (du 1er octobre au 31 mars).

- L'enlèvement de structures / de matériel spécifiques dont le permis a expiré incombe à l'autorité qui a délivré le permis originel, et doit constituer l'un des critères de délivrance du permis.

7(v) Emplacement des camps de base

Le campement temporaire est autorisé à l'intérieur de la Zone. Des emplacements de camps spécifiques n'ont pas encore été identifiés ou désignés, bien qu'il soit préférable que tout emplacement de camp se trouve sur des plages à graviers, des surfaces enneigées, ou en terrain rocheux. Tout campement sur des surfaces où le couvert végétal est abondant est interdit.

7 (vi) Restrictions sur les matériaux et organismes pouvant être introduits dans la Zone

Outre les critères du Protocole au Traité sur l'Antarctique relatif à la protection de l'environnement, les restrictions concernant les matériaux et les organismes pouvant être introduits dans la zone sont les suivantes :

- L'introduction délibérée d'animaux, de matières végétales, de micro-organismes et de terre non stérile dans la Zone ne sera pas autorisée. Des précautions doivent être prises pour éviter l'introduction accidentelle d'animaux, de matières végétales, de microorganismes et de terre non stérile qui proviennent d'autres régions différentes en termes biologiques (faisant partie de la zone du Traité sur l'Antarctique et au-delà) ;
- Les visiteurs veilleront à ce que le matériel d'échantillonnage et / ou les balises soient propres ; Dans la mesure du possible, les vêtements, chaussures et autres équipements (y compris par exemple les sacs à dos, les sacs à provision, les tentes, les bâtons de marche, les trépieds, etc.) doivent être soigneusement nettoyés avant de pénétrer dans la Zone. Les visiteurs doivent également consulter et observer les recommandations contenues dans le Manuel sur les espèces non indigènes du Comité pour la protection de l'environnement (Résolution 4 [2016] ; CPE, 2019) et dans le Code de conduite environnemental pour la recherche scientifique de terrain en zone continentale en Antarctique (Résolution 5 [2018]) ;
- Les volailles et produits à base de volaille sont interdits dans la zone ;
- Les herbicides et pesticides sont interdits dans la Zone ;
- Tout autre produit chimique, y compris les radionucléides ou isotopes stables, susceptibles d'être introduits à des fins scientifiques ou de gestion en vertu du permis, seront retirés de la Zone au plus tard dès que prendront fin les activités prévues par le permis ;
- Il est interdit de déposer dans la Zone des combustibles, des aliments et d'autres matériaux à moins qu'ils ne soient nécessaires à des fins essentielles liées à l'activité pour laquelle le permis a été délivré. En général, tous les matériaux sont introduits dans la Zone pour une période déterminée. Ils en seront retirés au plus tard à la fin de cette période ;
- Tous les matériaux seront entreposés et manipulés de telle sorte que les risques posés par leur introduction dans l'environnement soient réduits au minimum ;
- Si des matériaux sont introduits qui risquent de mettre en péril les valeurs de la Zone, ils ne seront enlevés que si l'impact de leur enlèvement ne sera vraisemblablement pas supérieur à celui consistant à les laisser in situ.

7(vii) Prélèvement de végétaux et capture d'animaux ou perturbations nuisibles à la faune et la flore

Tout prélèvement ou toute interférence nuisible à la flore et à la faune indigènes est interdite, sauf si un permis a été délivré à cet effet conformément à l'article 3 de l'Annexe II du Protocole au Traité sur l'Antarctique relatif à la protection de l'environnement. En cas de capture d'animaux ou d'interférence nuisible, celles-ci devront au minimum respecter le Code de conduite du SCAR pour l'utilisation d'animaux à des fins scientifiques dans l'Antarctique.

7(viii) Collecte ou retrait de matériaux qui n'ont pas été introduits dans la zone par le titulaire du permis

- Les matériaux ne peuvent être ramassés ou enlevés de la Zone qu'en conformité avec un permis, mais ils doivent être limités au minimum requis pour répondre aux besoins scientifiques ou de gestion. Cela inclut des échantillons biologiques et des spécimens de roches ou de sol.

- Tout matériau d'origine humaine susceptible de porter atteinte aux valeurs de la zone et qui n'a pas été introduit par le titulaire du permis ou par toute autre personne autorisée peut être enlevé de n'importe quelle partie de la zone dans la mesure où les conséquences de cet enlèvement sont moindres que si le matériau est laissé in situ. Si tel est le cas, il convient d'en informer l'autorité compétente et d'obtenir son approbation.
- L'autorité nationale compétente devra être informée de tous les objets enlevés de la zone qui n'ont pas été introduits par le détenteur du permis.

7(ix) Élimination des déchets

Tous les déchets, y compris les déchets humains, doivent être retirés de la zone.

7(x) Mesures nécessaires pour que les buts et objectifs du plan de gestion continuent d'être atteints

Des permis peuvent être délivrés pour avoir accès à la Zone afin de :

1) mener des activités de suivi et d'inspection de la Zone, qui peuvent inclure le prélèvement d'un petit nombre d'échantillons ou de données à des fins d'analyses ou d'audit ;
2) installer ou entretenir des panneaux de signalisation, des balises, des structures ou des équipements scientifiques ;
3) mener à bien des mesures de protection ;
4) mener des activités de recherche ou de gestion qui n'interfèrent pas avec les activités de recherche ou de gestion à long terme et qui ne fassent pas double emploi. Les personnes prévoyant de nouveaux projets à l'intérieur de la Zone doivent consulter les programmes en place à l'intérieur de la zone, tels que ceux des États-Unis, avant de débuter leurs travaux.

7(xi) Rapports de visites

- Pour chaque visite effectuée dans la Zone, le principal titulaire du permis soumettra un rapport à l'autorité nationale compétente aussi rapidement que faire se peut après la fin de ladite visite, conformément aux procédures nationales.
- Ces rapports doivent contenir, le cas échéant, les catégories d'informations mentionnées dans le formulaire de rapport de visite du Guide pour l'élaboration des plans de gestion des zones spécialement protégées de l'Antarctique (Résolution 2 (2011)). Le cas échéant, l'autorité nationale doit également transmettre une copie du rapport de visite aux Parties qui sont à l'origine du plan de gestion, afin de les aider à gérer la zone et à réviser le plan de gestion ;
- Dans la mesure du possible, les Parties sont tenues de déposer les originaux ou les copies de ces rapports de visite originels dans un lieu d'archivage accessible au public, en vue d'un réexamen du plan de gestion et de l'organisation scientifique de la zone.
- L'autorité compétente devra être notifiée de toutes les activités entreprises, de toutes les mesures prises à titre exceptionnel et de tous les matériaux utilisés et non enlevés qui n'étaient pas inclus dans le permis délivré.

8. Support documentaire

CEP (Committee for Environmental Protection). 2019. Non-Native Species Manual: Revision 2019. Secretariat of the Antarctic Treaty, Buenos Aires.

Ducklow, H.W., Fraser, W.R., Meredith, M.P., Stammerjohn, S.E., Doney, S.C., Martinson, D.G., Sailley, S.F., Schofield, O.M., Steinberg, D.K., Venables, H.J. & Amsler, C.D. 2013. West Antarctic Peninsula: An ice-dependent coastal marine ecosystem in transition. *Oceanography* **26**(3):190–203.

Fraser, W.R., Farry, S., McAtee, C., Cook, B., Roberts, D. and Greto, C. 2016. A survey of the Rosenthal Islands during LMG Cruise 16-01. Unpublished report submitted to the Division of Polar Programs, National Science Foundation, Arlington, VA.

Gantz, J.D., Spacht, D.E. & Lee, R.E. 2018. A preliminary survey of the terrestrial arthropods of the Rosenthal Islands, Antarctica. *Polar Research* **37**(1). DOI: 10.1080/17518369.2018.1500266.

Greene, D.M. & Holtom, A. 1971. Studies in *Colobanthus quitensis* (Kunth) Bartl. and *Deschampsia antarctica* Desv.: III. Distribution, habitats and performance in the Antarctic botanical zone. *British Antarctic Survey Bulletin* **26**: 1-29.

Harris, C.M., Lorenz, K., Fishpool, L.D.C., Lascelles, B., Cooper, J., Coria, N.R., Croxall, J.P., Emmerson, L.M., Fijn, R.C., Fraser, W.L., Jouventin, P., LaRue, M.A., Le Maho, Y., Lynch, H.J., Naveen, R., Patterson-Fraser, D.L., Peter, H.-U., Poncet, S., Phillips, R.A., Southwell, C.J., van Franeker, J.A., Weimerskirch, H., Wienecke, B., & Woehler, E.J. 2015. *Important Bird Areas in Antarctica 2015*. BirdLife International and Environmental Research & Assessment Ltd., Cambridge.

Hinke, J.T., Salwicka, K., Trivelpiece, S.G., Watters, G.M. & Trivelpiece, W.Z. 2007. Divergent responses of Pygoscelis penguins reveal a common environmental driver. *Oecologia* **153** (4) (October): 845–55.

Hooper, P.R. (ed) 1956. Sledge reports 1956 Base 'N' Anvers Island. Unpublished Report, Ref AD6/2N/1956/K. Archives of the British Antarctic Survey, Cambridge.

Hooper, P.R. 1962. The petrology of Anvers Island and adjacent islands. *FIDS Scientific Reports* **34**.

Komárková, V., Poncet, S. & Poncet, J. 1985. Two native Antarctic vascular plants, *Deschampsia antarctica* and *Colobanthus quitensis*: a new southernmost locality and other localities in the Antarctic Peninsula area. *Arctic and Alpine Research* **17**(4): 401-416.

Müller-Schwarze, C. & Müller-Schwarze, D. 1975. A survey of twenty-four rookeries of pygoscelid penguins in the Antarctic Peninsula region. In Stonehouse, B. (ed) *The biology of penguins*. Macmillan Press, London.

Parmelee, D.F., Fraser, W.R. & Neilson, D.R. 1987. Birds of the Palmer Station area. *Antarctic Journal of the United States* **12**(1-2): 15-21.

Parmelee, D.F. & Parmelee, J.M. 1987. Revised penguin numbers and distribution for Anvers Island, Antarctica. *British Antarctic Survey Bulletin* **76**: 65-73.

Pickett, E. 2016. The finale: the Rosenthal Islands. Accessed online 20 Aug 2018 at: http://blogs.oregonstate.edu/ltercetaceans/2016/02/15/the-finale-the-rosenthal-islands/

Poncet, S. & Poncet, J. 1987. Censuses of penguin populations of the Antarctic Peninsula, 1983-87. *British Antarctic Survey Bulletin* **77**: 109-29.

Stammerjohn, S.E., Martinson, D.G., Smith, R.C. & Iannuzzi, R.A. 2008.Sea ice in the western Antarctic Peninsula region: Spatio-temporal variability from ecological and climate change perspectives. *Deep-Sea Research II* **55:** 2041-58.

Vicknair, K., Lewis, M., Chin, A., Holloway, C., Mowatt, J., Moret, S. & Dalberth, M. 2015. Rosenthal Island Report from LMG 15-05. Unpublished ASC Report, Centennial, CO.

Liste des coordonnées des limites

Coin nord-ouest: 64 ° 33'S 64 ° 15'W.

Coin nord-est: 64 ° 33'S 64 ° 06'W.

Étendue nord maximale: 64 ° 33'S.

Extension sud maximale: 64 ° 40 '54 "S.

Étendue est maximale: 64 ° 06'W.

Étendue ouest maximale: 64 ° 21 '24 "O.

Limite nord: coïncidant avec la limite de l'ASMA n ° 7 SW Anvers Island et Palmer Basin.

Limite orientale: Zone tampon à 1 km à l'intérieur des terres de la côte ouest de l'île Anvers, coïncidant avec la limite de l'ASMA n ° 7 SO de l'île Anvers et du bassin Palmer.

Frontières ouest et sud: Zone tampon à 1 km des côtes occidentales des îles à l'intérieur et au sud du groupe des îles Rosenthal.

Annexe Un

Recensements d'espèces

Tableau 1. Espèces végétales identifiées dans les îles Rosenthal [1].

Emplacement	Espèces	Description
Île 202	*Sanionia uncinata* *Prasiola crispa* *Staurothele gelida (?)* *Caloplaca cirrochrooides* *Turgidosculum complictulum* *Xanthoria elegans*	Mousse. Sur la corniche rocheuse d'une forte pente, au sud de l'île près des manchots reproducteurs. Algues. Comme ci-dessus. Lichen. Comme ci-dessus, sur un rocher près de mousses / algues. ID incertain. Lichen. Comme ci-dessus, moins étendu. Lichen. Comme ci-dessus, en touffes. Lichen. Vaste couverture orange vif sur les falaises au sud de l'île.
Île 205	*Turgidosculum complictulum* *Xanthoria candelaria* *Acarospora macrocyclos* *Staurothele gelida (?)*	Lichen. Sur un rocher dans la partie septentrionale de la colonie de manchots. Lichen. Comme ci-dessus, dans une anfractuosité de rocher associée à *T. complictulum* Lichen. Comme ci-dessus. Lichen. Comme ci-dessus. ID incertain.

1. Identifications par R.I. Lewis Smith, communication personnelle, 2018, à partir de photographies de C. Harris (13 déc. 2016).

Tableau 2. Population de manchots reproducteurs, de cormorans impériaux et de pétrels géants dans les îles Rosenthal et aux alentours 1975-2017.

Emplacement		*Manchot d'Adélie Pygoscelis adeliae*			*Manchot à jugulaire Pygoscelis antarctica*			*Manchot papou Pygoscelis papouasie*			*Cormoran impérial Leucocarbo atriceps bransfieldensis*			*Pétrel géant Macronectes giganteus*		
Date	**Site**	**Couples**	**Type[1]**	**Source[2]**	**Couples**	**Type[1]**	**Source[2]**	**Couples**	**Type[1]**	**Source[2]**	**Couples**	**Type[1]**	**Source[2]**	**Couples**	**Type[1]**	**Source[2]**
1974-75	202	153	N1	4												
	205										70	N1	4			
	Total[3]				1140	N1	4	811	N1	4				35	A	4
03-févr.-79	201/ 202				4000	A5	1	2000	A5	1						
	306							950	C1	1						
02-janv.-85	201	1	N1	1	1500	N5	1	873	N1	1						
	202	170	N1	1	1000	N5	1	150	N1	1						
…	203				500	N5	1									
08-févr.-87	205				4000		3									
	306				2		3	3000	C3	3						
2012-13	Total	124	C1	4	5163	C1	4	7324	C1	4						
05-juin-15											10[4]	A1	5			
11-févr.-16	201				1005	C1	4	1123	C1	4						
	202	92	C1	4	2005	C1	4	471	C1	4						
	203				62	C1	4									
	205				1410	C1	4				65		4			
	306							2442	C1	4						
	307							483	C1	4						
	Total													350	A	4
13-déc.-16	201			6	437	N1		1329	N1							
	202	76	N1		1848	N1		677	N1							
	203				17	N1										
	205				1388	N1										
	306															

1. N = Nid, C = Poussin, A = Adultes ; 1 = < ± 5 %, 2 = ± 5-10 %, 3 = ± 10-15 %, 4 = ± 25-50 % (classification d'après Woehler, 1993)
2. Source : 1. Parmelee et Parmelee 1987 ; 2. Parmelee, Fraser et Neilson 1987 ; 3. Poncet et Poncet 1987 ; 4. Fraser *et al* 2016 ; 5. Vicknair *et al* 2015. 6. Fraser, communication personnelle, 2018.
3. « Total » donné lorsque l'emplacement des oiseaux comptés à l'intérieur de la Zone n'a pas été déterminé par la source des données.
4. 10 cormorans impériaux (adultes reproducteurs) en vol groupé à la bordure SO des îles Rosenthal.

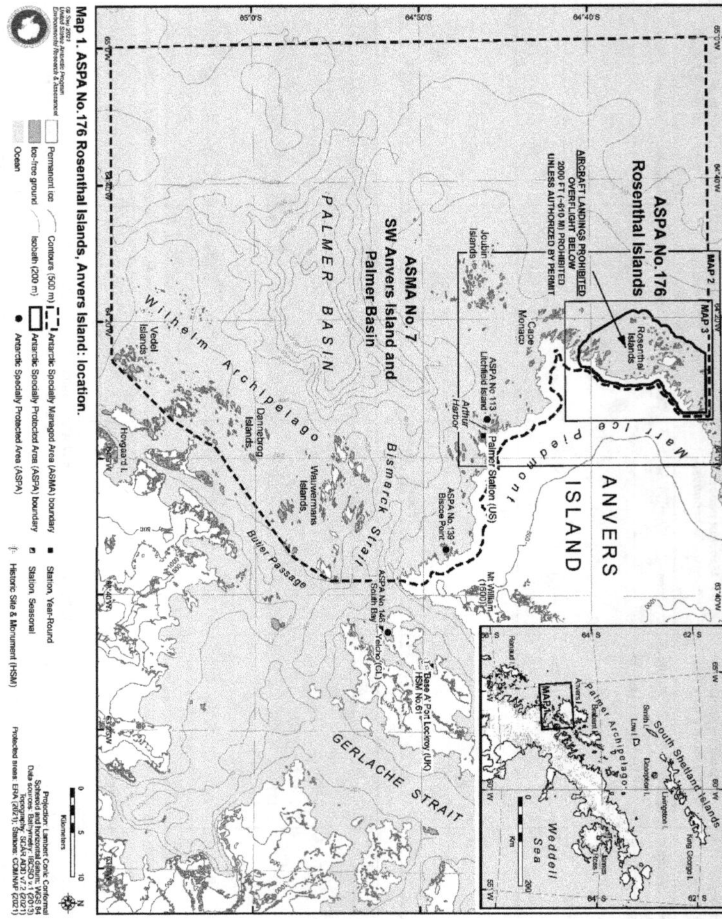

Map 1. ASPA No.176 Rosenthal Islands, Anvers Island: location.

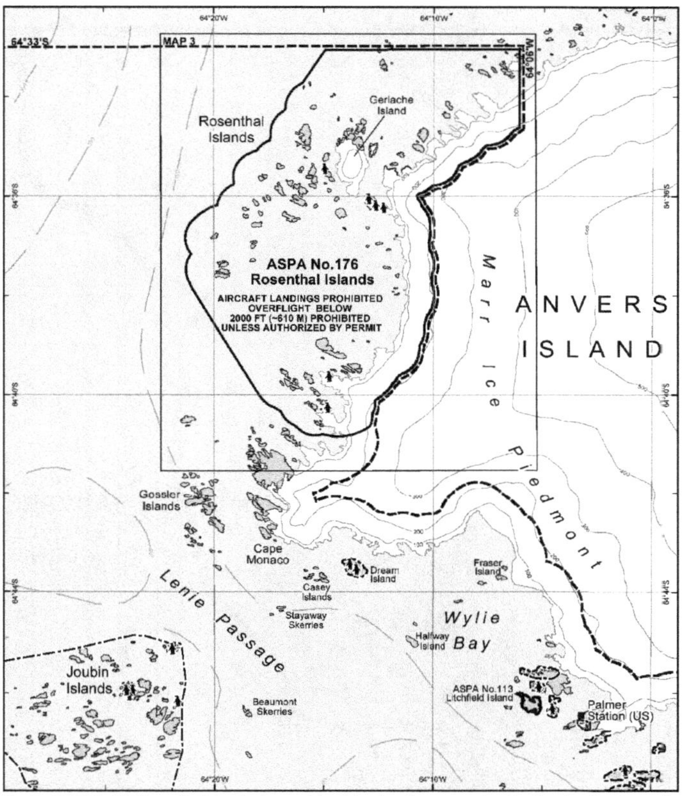

Map 2. ASPA No.176 Rosenthal Islands, Anvers Island: local region

0 1 2 3 4 5
Kilometers
N

09 Sep 2021
United States Antarctic Program
Environmental Research & Assessment

Permanent ice
Ice-free ground
Ocean
Contours (100 m)
Isobath (100 m) (approx)
ASMA boundary
ASPA boundary
Restricted Zone
Station, Year-Round
Penguin colony

Projection: Lambert Conformal Conic
Spheroid & horizontal datum: WGS84
Data sources: Topography SCAR ADD v7.2 (2021)
Contours: SCAR ADD 7.3 (2021) derived from REMAv1.1
Bathymetry: IBCSO v.1 (2013)
Protected areas: ERA (2021); Stations: COMNAP (Aug 2021)
Wildlife - Polar Oceans Research Group / ERA (Aug 2018)

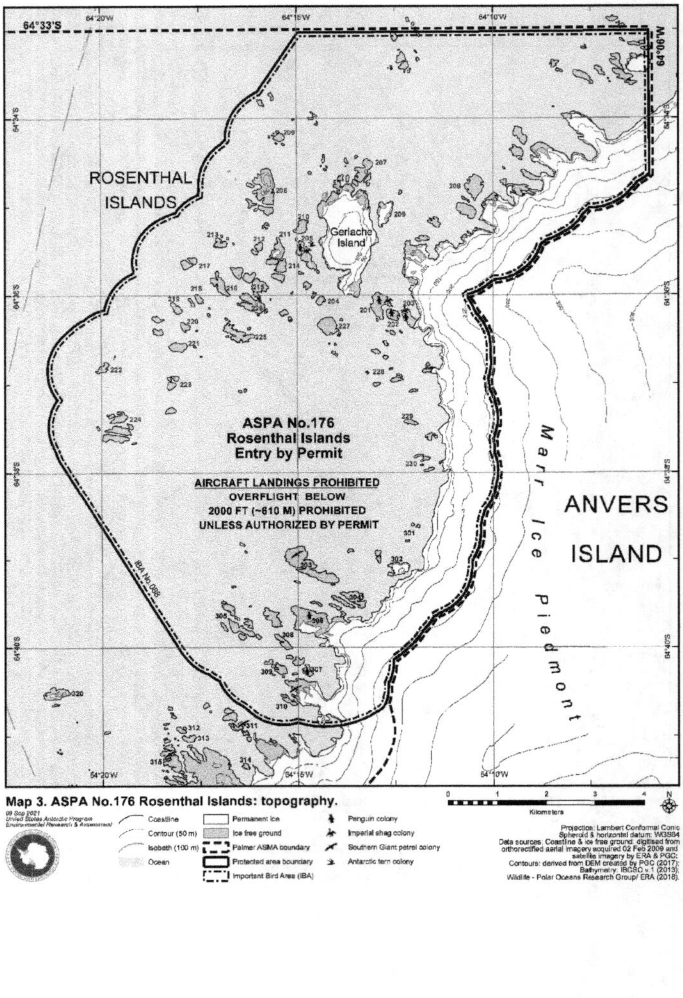

Map 3. ASPA No.176 Rosenthal Islands: topography.

09 Sep 2021
United States Antarctic Program
Environmental Research & Assessment

Coastline
Contour (50 m)
Isobath (100 m)
Ocean
Permanent ice
Ice free ground
Palmer ASMA boundary
Protected area boundary
Important Bird Area (IBA)
Penguin colony
Imperial shag colony
Southern Giant petrel colony
Antarctic tern colony

0 1 2 3 4
Kilometers

Projection: Lambert Conformal Conic
Spheroid & horizontal datum: WGS84
Data sources: Coastline & ice free ground: digitised from orthorectified aerial imagery acquired 02 Feb 2009 and satellite imagery by ERA & PGC;
Contours: derived from DEM created by PGC (2017);
Bathymetry: IBCSO v.1 (2013);
Wildlife - Polar Oceans Research Group/ ERA (2018).

Plan de gestion de la zone spécialement protégée de l'Antarctique n °177

ÎLES LÉONIE ET ÎLE ADÉLAÏDE SUD-EST, PÉNINSULE ANTARCTIQUE

Introduction

La principale raison de la désignation des six sites situés sur les îles Léonie, la baie Ryder et le sud-est de l'île Adélaïde, péninsule antarctique (lat. -67,60 °; Long. -68,23 °), en tant que zone spécialement protégée de l'Antarctique (ZSPA) est de protéger une combinaison de valeurs scientifiques, environnementales, de nature sauvage et esthétiques exceptionnelles et, en particulier, liées à l'avifaune et aux communautés biologiques terrestres de la zone.

La Zone comprend plusieurs sites situés dans les îles Léonie (baie Ryder) et dans le sud-est de l'île d'Adélaïde, péninsule antarctique (voir le tableau 1). Six sites, plus précisément, sont inclus dans la ZSPA : Île d'Anchorage (Lat. -67,593°; Long. -68,189°), Île Donnelly (Lat. -67,606°; Longue. -68,189°), East Lagoon Island (Lat. -67,590°; Longue. -68,239°), Terrasses Walton, île Léonie (Lat. -67,596°; Long. -68,350°), Île Mucklescarf (Lat. -67,594°; Long. -68,261°) et les glaciers Horton, Hurley et Turner (Lat. -67,58°; Long. -68,49°). Ces six sites représentent une superficie totale de 102,1 km^2, dont 2,7 km^2 de terres libres de glace. La zone est considérée comme étant de taille suffisante car elle englobe de nombreux sites de nidification d'oiseaux et d'importantes concentrations de végétation terrestre dans la localité, ainsi que des zones d'une valeur scientifique, sauvage et esthétique exceptionnelle.

Tableau 1. Liste des six sites qui composent la ZSPA n °177 Îles Léonie et sud-est de l'île d'Adélaïde, péninsule antarctique.

Nom du site	Coordonnées générales	Valeur principale	Superficie (ha)
Île Anchorage	Lat. -67,593°; Long. -68,189°	Scientifique et environnemental	60
Île Donnelly	Lat. -67,606°; Long. -68,189°	Scientifiques	12
Île Lagoon orientale	Lat. -67,590°; Long. -68,239°	Environnementales	20
Terrasses Walton, île Léonie	Lat. -67,596°; Long. -68,350°	Environnement, nature sauvage et esthétique	15
Île Mucklescarf	Lat. -67,594°; Long. -68,261°	Environnementales	0,2
Glaciers Horton, Hurley et Turner	Lat. -67,584°; Long. -68,490°	Nature sauvage et esthétique	10100

L'île Lagoon orientale, les terrasses Walton sur l'île Léonie et l'île Mucklescarf sont incluses dans la ZSPA n °177 pour assurer la conservation des valeurs environnementales qui y sont contenues et devrait donc être soumis au moins de visites humaines et d'impact que possible (bien que la science essentielle devrait être autorisée). La désignation de l'île Anchorage vise à protéger des valeurs scientifiques. Dans la mesure du possible, en cas d'activités scientifiques ne pouvant être réalisées en dehors de la ZSPA, il convient de réaliser les dites activités sur ce site plutôt que les autres sites de la ZSPA N 177. S'agissant de l'île Donnelly, elle a été désignée comme site de contrôle pour surveiller l'impact de la station de recherche de Rothera sur l'écosystème d'altitude environnant. En conséquence, il est capital que les visites ne soient organisées qu'à des fins de surveillance de l'environnement. En ce qui concerne les glaciers Horton, Hurley et Turner et les terrasses Walton sur l'île Léonie occidentale, ils ont été désignés afin de protéger leur état sauvage et des valeurs esthétiques exceptionnels.

Les sites de la Zone sont tous situés à entre 3,5 et 11 km de la station de recherche de Rothera. Historiquement, ils faisaient l'objet de visites par des touristes (y compris les navires de croisière et les petits voiliers) et des membres du personnel du programme national antarctique, de sorte qu'ils étaient exposés à des perturbations découlant de ces activités de recherche, logistiques et de loisir. La désignation de la ZSPA contribue donc à garantir la protection de ces zones de toutes les activités organisées à proximité (qu'elles soient d'ordre scientifique, logistique ou récréatif) et à faire en sorte que les activités autorisées se déroulent selon les règles afin de minimiser les effets sur les valeurs de la Zone.

Selon la classification des domaines environnementaux, les îles Léonie et le sud-est de l'île Adélaïde appartiennent principalement au Domaine environnemental B (Géologie des latitudes septentrionales moyennes de la péninsule antarctique). Parmi les autres zones protégées couvrant le domaine environnemental B, on compte notamment les ZSPA nº 108, 115, 134, 140 et 153 ainsi que la ZGSA nº 4. La zone se trouve dans la Région de conservation biogéographique de l'Antarctique (RCBA) 3 : Nord-ouest de la péninsule antarctique. Les îles de la ZSPA font partie de la Zone importante pour la conservation des oiseaux de l'Antarctique (ZICO) n °47236 (AQ205), qui a été désignée en 2018.

Parallèlement, on trouve quatre autres ZSPA dans la zone de la baie Marguerite : ZSPA n° 107, île Empereur, îles Dion ; ZSPA n° 115, île Lagotellerie ; ZSPA n° 117, île Avian ; et ZSPA n° 129, pointe Rothera. Si les ZSPA n° 107 et 117 ont été désignées essentiellement dans le but de protéger la faune aviaire de la zone, la ZSPA n° 115 l'île Lagotellerievise quant à elle à protéger les communautés terrestres et la faune aviaire, et la ZSPA n° 129, pointe Rothera, à surveiller l'impact de la station avoisinante sur un écosystème d'altitude antarctique. Aussi, la ZSPA n° 177, îles Léonie et sud-est de l'île Adélaïde, viennent compléter le réseau local de ZSPA par la protection, principalement, des communautés biologiques terrestres d'une richesse exceptionnelle et de la faune aviaire très dense qui niche dans la région. Il convient en outre de faire remarquer que, s'il est vrai que la biodiversité végétale de la pointe Rothera et de l'île Léonie est importante, le nombre d'espèces végétales que ces deux sites ont en commun se révèle très limité, mettant en exergue la nécessité de protéger des sites de végétation différents au sein de la baie Ryder (Cannone *et al.*, 2018). La ZSPA n° 177, îles Léonie et sud-est de l'île Adélaïde, comprend plus de 8,1 % de la population mondiale connue de labbes de McCormick, de sorte qu'elle constitue l'une des plus grandes populations protégées de cette espèce dans le monde. En outre, la ZSPA protège 2,2 % de la population mondiale connue de cormorans impériaux ; elle protège une colonie de la ZSPA n° 177 dont la taille est à peu près équivalente à celle des colonies de la ZSPA n° 117, île Avian, et de la ZSPA n° 115 sur l'île Lagotellerie. En ce qui concerne la population présente dans la ZSPA n° 107, île Emperor, elle est de taille supérieure. La ZSPA assure par ailleurs la protection d'une vie sauvage fabuleuse d'un point de vue esthétique et en grande partie vierge, alors même qu'elle jouxte des zones où l'activité humaine est continue et parfois intense en raison de la présence de stations de recherche à proximité.

1. Description des valeurs à protéger

La principale raison à l'origine de la désignation de la Zone comme ZSPA est de protéger la vie sauvage et les valeurs scientifiques et environnementales exceptionnelles qu'elle recèle, en particulier la faune aviaire et les communautés biologiques terrestres (voir Tableau 2). Parmi les valeurs spécifiques de la Zone, on retrouve :

- des valeurs scientifiques liées aux écosystèmes terrestres découverts dans une zone utilisée à des fins de recherche scientifique internationale continue ;

- des valeurs scientifiques relatives à une zone de contrôle par rapport à laquelle il est possible de comparer les impacts humains de la station de recherche Rothera. Depuis que la ZSPA n° 129, pointe Rothera, île Adélaïde, a été désignée en 1985 comme zone de contrôle pour comparer l'impact de la station de recherche de Rothera, l'empreinte de la station s'est élargie, notamment en raison de la construction d'une piste d'atterrissage rocailleuse à 300 m de la ZSPA. Il se peut donc que la ZSPA n° 129 soit soumise à un degré d'impact local plus élevé que celui envisagé au moment où la zone a été désignée. En conséquence, une partie de la Zone (île Donnelly, à environ 5 km de la station et très rarement visitée) a été désignée comme site de contrôle supplémentaire à des fins de surveillance environnementale ;
- des valeurs environnementales liées à la faune aviaire :
    - labbes de McCormick (*Stercorarius maccormicki)* – plus de 8,1 % de la population mondiale, selon une estimation révisée de la population mondiale (Phillips *et al.* 2019).
    - cormorans impériaux (*Phalacrocorax [atriceps] bransfieldensis*) – 2,2 % de l'estimation révisée de la population mondiale (Schrimpf *et al.* 2018, Phillips *et al.* 2019).

  Les sites insulaires de la ZSPA font partie de la Zone importante pour la conservation des oiseaux (ZICO) n° 47236 (AQ205) désignée en 2018. Il s'agit par ailleurs de la première ZICO à être identifiée en Antarctique depuis l'examen approfondi des sites candidats mené par Harris *et al.* (2015) (voir la Résolution 5 [2015]). Une désignation qu'elle doit aux grandes populations reproductrices de labbes de McCormick et de cormorans impériaux. La ZICO comprend la pointe Rothera et les îles dans la baie Ryder, qui en janvier 2018 abritaient 978 territoires occupés de labbes de McCormick, 259 labbes de McCormick sur des sites de rassemblement et 405 couples de cormorans impériaux (Phillips *et al.* 2019). Sur la base de ces chiffres, les îles de la zone de la baie Ryder accueillent environ 3,5 % de la totalité des populations reproductrices de cormorans impériaux et environ 10,3 % de l'intégralité des populations reproductrices de labbes de McCormick (voir Phillips *et al.*, 2019, pour des estimations de population actualisées pour ces deux espèces). La ZSPA n° 177 comprend environ 80 % des labbes et 62 % des cormorans qui nichent dans la ZICO.
- des valeurs environnementales liées à des zones de végétation terrestre d'une richesse inhabituelle ; Des communautés riches dominées par les lichens se trouvent sur les îles Anchorage et Lagoon orientale. Les terrasses Walton, sur l'île Léonie, abritent des peuplements végétaux vastes et diversifiés (y compris les *Deschampsia antarctica* et *Colobanthus pratensis*), ainsi que des zones de blocs qui abritent une communauté typique de champs de lichens.
- Wilderness valorise que sont exceptionnels pour la région géographique en raison de la fréquentation très limitée de certains des sites de l'ASPA, par rapport aux zones où se trouvent l'infrastructure scientifique locale et la station de recherche de Rothera. Conformément à une acceptation commune du concept de vie sauvage (Dudley 2008 ; Bastmeijer 2016), les parties pertinentes de la ZSPA se caractérisent par un niveau élevé de « naturalité » (écosystèmes indigènes non modifiés) et de « non-développement » (absence et éloignement de toute infrastructure permanente ou semi-permanente, d'objets, de voies de transport ou de toute autre trace de présence humaine visible présente ou passée) ;
- des valeurs esthétiques liées au paysage merveilleux que les sites renvoient depuis la baie Ryder. Ces valeurs esthétiques sont renforcées par une combinaison remarquable de montagnes, de glaciers en cascade, de ruisseaux, de végétation et de vie sauvage présents au sein de la Zone.

Les valeurs spécifiques trouvées dans chacun des sites de la zone sont détaillées dans le tableau 2 et décrites ci-dessous :

Île Anchorage : l'île abrite une association de valeurs scientifiques et environnementales remarquables. C'est un site de recherche scientifique internationale en cours sur l'écologie terrestre, entreprise par des chercheurs de plusieurs pays dont le Royaume-Uni, les Pays-Bas, l'Allemagne, l'Italie et la Malaisie (voir la section *8. Support documentaire*). Les recherches réalisées sur l'île Anchorage sont axées sur l'impact potentiel du réchauffement climatique sur le fonctionnement des écosystèmes antarctiques terrestres, notamment la façon dont la végétation, les communautés du sol et les processus des écosystèmes réagissent à l'augmentation des températures. Une étude, qui porte sur le réchauffement climatique et utilise des chambres à ciel ouvert, se déroule d'ailleurs sur une base permanente depuis 17 ans. D'autres études sont axées sur le rôle des vertébrés marins et des espèces envahissantes dans le fonctionnement de l'écosystème. Il est fort probable que ces deux facteurs évoluent avec le changement climatique et qu'ils aient un impact plus fort sur les écosystèmes terrestres de l'Antarctique que le réchauffement climatique à lui seul. L'île Anchorage revêt également une grande importance écologique, puisqu'elle fait office de site de reproduction pour 460 couples de labbes de McCormick. À côté de cela, on y a également observé la présence localisée d'une végétation principalement constituée de mousses et la présence plus large de lichens.

Île Donnelly : ce site assure la protection de valeurs scientifiques. Il sert en effet de zone de contrôle permettant de surveiller les effets des impacts humains liés à la station de recherche de Rothera située à proximité (Royaume-Uni ; à 5 km de distance). L'île fait également office de site de reproduction pour environ 25 couples de labbes de McCormick.

Île Lagoon orientale : le site présente des valeurs environnementales. Il accueille notamment 150 couples de labbes de McCormick reproducteurs et abrite un habitat d'altitude exceptionnellement riche en lichens.

Terrasses Walton, île Léonie : Les terrasses Walton, situées sur le côté ouest de l'île Léonie, contiennent des valeurs environnementales dont c. 160 paires de skuas polaires sud et une zone inhabituellement grande de végétation terrestre riche et biodiversifiée. Les terrasses Walton sont situées à environ 10 km de la station de recherche de Rothera, a été soumise à peu de visites par rapport à d'autres sites de la baie Ryder et il n'y a pas de ligne de vue directe vers la station de Rothera. Le site est l'un des plus verdoyants de la région et abrite une végétation riche, des ruisseaux et un grand nombre d'oiseaux. Il a également une valeur sauvage et esthétique considérable en raison de l'absence de preuves de présence ou d'activités humaines.

Île Mucklescarf : cette petite île, large de seulement 55 m, présente des valeurs environnementales exceptionnelles en raison de la présence d'une colonie de 251 couples de cormorans impériaux.

Glaciers Horton, Hurley et Turner : cette zone du sud-est de l'île Adélaïde présente des valeurs remarquables liées à la vie sauvage. Elle est demeurée presque vierge comparativement à d'autres sites des environs qui ont parfois été soumis à une activité humaine intense au cours des 112 dernières années. Sur le plan des valeurs esthétiques, le site offre un paysage fabuleux lorsqu'on l'observe depuis la baie Ryder. Il a d'ailleurs été peint par des artistes tels que Philip Hughes (né en 1936 : parmi les œuvres figurent « Hurley and Horton Glaciers from Lagoon Island » et « Notebook Antarctic Volume 4. Leonie Island »), Keith Grant (né en 1930) et Sandra Chapman (NESTA Dreamtime Fellowship). Sir Peter Maxwell Davies, compositeur d'une « Symphonie antarctique » (Symphony n° 8), a décrit les montagnes couvertes de neige comme « déchirantes de beauté » et a écrit que « le paysage surplombant la mer vers les montagnes au loin est fabuleux ».

2. Buts et objectifs

Les buts et les objectifs du présent plan de gestion sont les suivants :

- éviter la dégradation des valeurs de la Zone, ou les préjudices éventuels, en empêchant les perturbations humaines injustifiées dues à l'accès non règlementé et aux prélèvements inadaptés des matériaux biological ;
- éviter les changements majeurs de la structure et de la composition des écosystèmes terrestres, en particulier de l'écosystème des champs et des oiseaux nicheurs, en (i) empêchant le développement physique à l'intérieur du site, (ii) en limitant l'accès humain à la zone et (iii) en interdisant la collecte inappropriée de matériel biologique ;
- empêcher l'installation ou le développement de toute infrastructure permanente ou semi-permanente, artéfacts, voies de transport ou tout autre preuve de présence humaine visible présente ou passée dans ou à proximité du sites désignés pour protéger les valeurs de la nature sauvage (voir le tableau 2).
- empêcher l'introduction involontaire d'espèces non indigènes dans la zone ;

- limiter le risque d'introduction d'agents pathogènes susceptibles de provoquer des maladies au sein des populations fauniques de la Zone ;
- permettre d'effectuer des recherches scientifiques dans la Zone, pour autant qu'elles soient indispensables, qu'elles ne puissent être menées ailleurs et qu'elles ne portent pas atteinte à l'écosystème naturel de la Zone ;
- préserver l'écosystème naturel de la Zone en tant que zone de référence pour des études futures, y compris des études comparatives au sein des écosystèmes situés à proximité de la station de recherche de Rothera ;
- permettre l'organisation de visites à des fins de gestion pour venir appuyer les objectifs du plan de gestion.

3. Activités de gestion

Les activités de gestion suivantes devront être entreprises pour protéger les valeurs de la Zone :

- Les équipes de terrain en visite seront pleinement informées par les programmes antarctiques nationaux opérant dans la zone des valeurs à protéger dans la zone et des précautions et mesures d'atténuation détaillées dans ce plan de gestion.
- le personnel qui travaille à proximité de la Zone, qui y accède ou qui la survole doit être informé par son programme national ou les autorités nationales compétentes des dispositions et du contenu du présent plan de gestion ;
- les visites sur le site des glaciers Horton, Hurley et Turner et sur le site de l'île Léonie occidentale doivent être limitées au strict minimum ;
- Une carte indiquant l'emplacement de la zone (indiquant les restrictions spéciales applicables) sera affichée bien en vue à la station de recherche de Rothera (Royaume-Uni; Lat. -67,56944 °; Long - 68,12222 °), Station Teniente Luis Carvajal (Chili; Lat. -67,76056) °; Long. -68.91472 °) et General San Martin Station (Argentine; Lat. -68.12972 °; Long. -67.10278 °), où des copies de ce plan de gestion doivent être mises à disposition.
- des exemplaires du présent plan de gestion doivent être mis à la disposition des navires et aéronefs ayant l'intention de visiter les alentours de la Zone ;
- Le plan de gestion devra être réexaminé au moins tous les cinq ans et mis à jour s'il y a lieu.
- les bornes, les panneaux ou autres structures érigés dans la Zone à des fins scientifiques et de gestion doivent être fixés comme il se doit et maintenus en bon état ;
- le matériel ou l'équipement abandonné doit être enlevé dans toute la mesure du possible, à moins que leur enlèvement n'engendre des impacts irréversibles sur les valeurs de la Zone ;
- la Zone doit faire l'objet de visites en fonction des besoins afin de déterminer si elle répond toujours aux objectifs pour lesquels elle a été désignée et de s'assurer que les mesures de gestion et d'entretien sont adéquates ;
- des visites seront autorisées autant que de besoin afin de faciliter l'étude et la surveillance des changements anthropiques susceptibles d'affecter les valeurs protégées dans la Zone ; les études d'impact et la surveillance doivent être menées, dans toute la mesure du possible, par des méthodes non invasives et, le cas échéant, au moyen de techniques de télédétection ;
- les programmes antarctiques nationaux opérant dans la région devront se consulter pour veiller à l'exécution des activités de gestion susmentionnées.

4. Durée de la désignation

La Zone est désignée pour une durée indéterminée.

5. Cartes

Carte 1. Emplacement de la ZSPA n° 177, îles Léonie et sud-est de l'île Adélaïde, dans la zone plus large de la baie Marguerite. Spécifications de la carte : WGS84 UTM Zone 19S. Méridien central 68.encart : WGS84 Stéréographique polaire antarctique. Méridien central 55 ° W, parallèle standard: 71° S)

Carte 2. Carte générale de la ZSPA multisite n ° 177 Îles Léonie et sud-est de l'île d'Adélaïde, péninsule antarctique. Le site des glaciers Horton, Hurley et Turner est détaillé sur la carte ci-dessous. Le site Walton Terraces sur l'île Léonie est détaillé sur la carte 3. Les sites des îles Anchorage, Lagoon oriental, Donnelly et Mucklescarf sont détaillés sur la carte 4. Spécifications de la carte : WGS84 UTM Zone 19S. Méridien central 68 ° W. Les détails des coordonnées des limites se trouvent dans le tableau 3.

Carte 3. Carte des sites Walton Terraces qui font partie de la ZSPA multisite n ° 177 Îles Léonie et sud-est de l'île d'Adélaïde, péninsule antarctique. Spécifications de la carte : WGS84 UTM Zone 19S. Méridien central 68 ° W. Les détails des coordonnées des limites se trouvent dans le tableau 3.

Carte 4. Carte des sites de l'île Anchorage, de l'île East Lagoon, de l'île Donnelly et de l'île Mucklescarf, qui font partie de la ZSPA multisite n ° 177 Îles Léonie et sud-est de l'île d'Adélaïde, péninsule antarctique. Spécifications de la carte : WGS84 UTM Zone 19S. Méridien central 68 ° W. Les détails des coordonnées des limites se trouvent dans le tableau 3.

6. Description de la Zone

6(i) Coordonnées géographiques, bornage et caractéristiques naturelles

Description générale

La baie Ryder, située au nord de la baie Marguerite, présente une largeur de 11 km à son embouchure et s'enfonce de 7 km dans le côté sud-est de l'île Adélaïde, sud-ouest de la péninsule antarctique (Carte 1). Les sommets à l'est de la baie Ryder s'élèvent jusqu'à 2 315 m au-dessus du niveau de la mer, et trois glaciers (les glaciers Horton, Hurley et Turner) chutent à plus de 1 km d'altitude depuis la base des sommets pour se jeter dans la baie. Toutes les îles Léonie sont situées dans la baie Ryder. La date minimale de déglaciation pour la baie Marguerite a été estimée à environ 9 000 ans. La plupart des îles de la baie présentent des plaques de neige persistante et l'île Léonie, la plus grande et la plus haute des îles Léonie, contient une large calotte de glace permanente. Les îles sont de nature rocheuse et affichent un littoral irrégulier, composé de plages, de falaises abruptes, de rochers et de pierres épars, un paysage qui offre un vaste terrain libre de glace et des crevasses pour les oiseaux nicheurs et favorise le développement de communautés terrestres. Plusieurs étangs d'eau douce éphémères, des chenaux de fonte et de petits cours d'eau ont été observés, particulièrement sur l'île Léonie. Quant aux îles Lagoon orientale et Anchorage, elles abritent de petits étangs et des bassins d’eau de fonte. La végétation est clairsemée et dominée par des lichens et des mousses, bien que l'on ait également recensé la présence de deux plantes à fleurs indigènes de l'Antarctique : la *Deschampsia antarctica* et la *Colobanthus quitensis*.

Limites

Les coordonnées des limites de la zone sont fournies dans le tableau 3, mais pour plus de détails, veuillez consulter les cartes, 2, 3 et 4. La Zone n’est délimitée par aucune borne, étant donné que, en règle générale, la côte elle-même représente une limite claire et bien visible. La présence de bornes nuirait en outre aux valeurs liées à la nature sauvage de la Zone.

Ci-après figure une description des limites pour chacun des cinq constituant la Zone :

Île Anchorage : le site englobe tous les sols libres de glace ainsi que la glace permanente et semi-permanente que contient l'île. Cependant, il exclut le milieu marin s'étendant à plus de 10 m au large de la ligne de marée basse, toutes les îles et îlots adjacents sans nom et une zone au nord-ouest de l'île où se trouve une hutte pour soutenir les équipes de terrain travaillant sur l'île.

Île Donnelly : le site comprend la totalité de l'île Donnelly, mais exclut toutes les îles et tous les îlots adjacents sans noms. Il englobe tous les sols libres de glace ainsi que la glace permanente et semi-permanente que l'on trouve sur l'île, mais exclut le milieu marin s'étendant à plus de 10 m au large à partir de la laisse de basse mer.

Île Lagoon orientale : Le site englobe la majeure partie de l'île Lagoon prientL, mais exclut tous les îlots adjacents sans nom, l'environnement marin s'étendant à plus de 10 m au large de la ligne de flottaison à marée basse et la zone de l'île à l'ouest de la longitude -68,23888° (Coordonnées des limites 1 à 2 sur la carte 4). Un panneau détaillant l'étendue du site la frontière sera installée sur l'île sur un terrain libre de glace à l'extérieur de la zone.

Terrasses Walton, île Léonie : le site comprend les sols libres de glace situés à l'ouest de l'île Léonie, jusqu'à une altitude maximale de 100 m, mais il exclut le milieu marin s'étendant à plus de 10 m au large à partir de la laisse de basse mer. À partir du point le plus au nord du site, situé sur la côte nord-ouest de l'île Léonie (coordonnées de la frontière (BC) 1), la limite suit la côte sud-ouest (BC 2) puis au sud, jusqu'à une grande pente de neige, c . 225 m de large, est traversé (BC3). La limite suit la pente de neige à l'intérieur des terres pendant c. 250 m à une altitude de 100 m au-dessus du niveau de la mer. (BC 4). La limite suit la ligne de contour de 100 m dans une direction nord-nord-ouest jusqu'à ce qu'une grande pente de spectacle soit franchie (BC 6). La limite traverse ensuite la pente vers le bas en direction nord pour rejoindre la côte au point le plus au nord du site (BC 1). Un panneau détaillant l'étendue du site la frontière sera installée sur un sol côtier libre de glace à l'extrémité la plus au nord de l'île à l'extérieur de la limite de la zone.

Île Mucklescarf : le site comprend tous les sols libres de glace ainsi que la glace semi-permanente contenue sur l'île, mais il exclut l'environnement marin s'étendant à plus de 10 m au large à partir de la laisse de basse mer.

Glaciers Horton, Hurley et Turner : le site englobe tous les sols libres de glace ainsi que la glace permanente et semi-permanente que l'on trouve principalement dans les bassins versants des glaciers Horton, Hurley et Turner. Une grande partie de la limite suit les crêtes rocheuses qui limitent le bassin versant et sont décrites dans le sens inverse des aiguilles d'une montre en commençant par le point le plus au nord, situé au sommet du mont Barré (coordonnée de la limite (C.-B.) 1 ; carte 2). La limite s'étend le long de la crête sud-ouest du mont Barré jusqu'au col entre le mont Barré et le mont Gaudry (BC 2). Il continue ensuite le long de la crête nord-est du mont Gaudry jusqu'au sommet (BC 4). De là, la frontière passe au sud puis au sud-est le long de la crête sud du mont Gaudry jusqu'au glacier Hurley (BC 5 et 6). La frontière suit ensuite une ligne ouest (vers BC 7), puis nord-ouest (BC 9) pour rejoindre la crête nord-ouest du mont Liotard. La limite suit cette crête au sud, puis est-sud-est jusqu'au sommet du mont Liotard (BC 11), puis descend la crête sud-est du mont Liotard jusqu'à la côte de la baie Ryder (BC 13). En suivant le littoral nord, la frontière traverse ensuite l'océan au niveau du museau du glacier Turner (14 à 15 BC) puis des glaciers Hurley et Horton (15 à 16 BC) pour ensuite rejoindre le littoral (16 BC). La limite suit la côte nord-est pendant env. 1 km, après quoi il passe à l'intérieur des terres (BC 17) le long du bas de la face nord-est de la crête sud-est du mont Barré. À un point un peu moins à mi-chemin le long de la crête sud-est du mont Barré (BC 19), la limite monte pour rejoindre la ligne de crête et se poursuit est-nord-est jusqu'au sommet du mont Barré (BC 1). Au niveau des fronts glaciaires (dont la position a fluctué jusqu'à 100 m au cours des 60 dernières années), la limite est délimitée par des affleurements rocheux libres de glace (marqués par les BC 14, 15 et 16). Cela implique cependant l'inclusion d'une petite zone marine (environ 3,3 km^2) dans la Zone (Carte 2). Là où la limite suit le littoral, elle exclut le milieu marin s'étendant à plus de 10 m au large à partir de la laisse de basse mer.

L'accès aux limites de la Zone doit se faire par véhicule terrestre, par petite embarcation ou par motoneige sur la glace de mer. Les points d'accès aux sites de l'île Léonie prévus pour les petites embarcations sont décrits à la section *6(ii) Accès à la Zone*. L'utilisation de véhicules terrestres à l'intérieur de la Zone est interdite. Les aéronefs à voilure fixe et les hélicoptères ne sont pas autorisés à atterrir dans la Zone. Les déplacements à l'intérieur de la Zone doivent se faire exclusivement à pied et Le trafic piétonnier sera maintenu au minimum pour garantir le bon déroulement des activités autorisées.

Conditions climatiques

Les températures dans la région de la baie Ryder se situent généralement entre 0 et +5 °C en été et entre -5 et -20 °C en hiver. Cependant, en raison de la situation du littoral de la région et des systèmes météorologiques de basse pression de l'océan Austral, les températures sont susceptibles d'enregistrer de grands écarts à tout moment de l'année. De la glace de mer peut se former dans la baie Ryder de la fin mai à la fin novembre, bien qu'il faille de longues périodes de calme pour que la glace puisse se former et se solidifier. Les vents dominants proviennent du nord et soufflent en rafale environ 70 jours par an. S'il peut neiger à tout moment de l'année, les principales chutes de neige se sont produites à la fin de l'hiver ces dernières années. La pluie ne tombe qu'occasionnellement pendant les mois d'été ; les précipitations annuelles s'élèvent à environ 700 mm. En outre, comme la région est située juste au sud du cercle polaire antarctique, il fait jour 24 heures par jour pendant l'été. Et en hiver, pendant quelques semaines, le soleil ne passe pas au-dessus de l'horizon.

Géologie

Aucune zone de valeur géologique exceptionnelle n'est située dans la zone; cependant, une description de la géologie générale de chaque site ZSPA est fournie ci-dessous :

Îles Anchorage et Donnelly : la géologie des îles Anchorage et Donnelly fait partie de la suite intrusive de l'île Adélaïde, dominée par des granodiorites, des tonalites et des roches gabbroïques. Sur l'île Anchorage, la granodiorite occupe une place prédominante, bien que l'on observe aussi de faibles quantités de diorite et de diorite quartzique. La géologie des îles Anchorage et Donnelly apparaît cohérente avec le reste de la suite intrusive de l'île Adélaïde, de sorte que l'on peut estimer qu'elle remonte à environ 48 millions d'années (période éocène). Les xénolithes dioritiques/andésitiques, feldspathiques-pyriques sont assez répandus et peuvent représenter 30 à 40 % de la roche. La minéralogie de la granodiorite de l'île Anchorage se compose de plagioclase, de quartz, d'amphibole, de biotite et de quantités variables de chlorite et d'épidote, qui se sont formés le long des fissures et des joints présents dans la roche à la suite d'une altération hydrothermale. La minéralisation de malachite (cuivre) est une autre caractéristique des granodiorites des îles Anchorage et Donnelly. À l'extrémité nord de l'île Anchorage, on a découvert un bloc granitique mégacrystique de 20 m^2 dans la granodiorite.

Îles Lagoon orientale et Mucklescarf : des laves et des brèches basaltiques et andésitiques affleurent dans les parties orientale et occidentale de l'île Lagoon. Elles sont généralement grises/vertes, quoique certaines expositions affichent une altération minéralisée rouge/jaune intense en hématite. Les roches basaltiques identifiées sur l'île Lagoon sont liées aux successions de lave observées à d'autres endroits plus au nord de l'île Adélaïde, notamment Bond Nunatak et le mont Vélain. Les roches basaltiques de l'île Lagoon orientale sont généralement des laves massives à grain fin, le plus souvent feldspathiques et porphyriques. Des brèches et des brèches autoclastiques sont liées aux laves, de même que des unités vulcanoclastiques plus minces. La géologie de l'île Mucklescarf n'a pas été étudiée, mais on peut supposer qu'elle est semblable à celle des îles Lagoon.

Terrasses Walton, île Léonie : l'île Léonie occidentale présente une composition différente du massif principal de l'île, qui présente une composition gabbroïque. La zone côtière occidentale fait partie de la formation du contrefort Buchia, également observé dans la région du glacier Turner sur l'île Adélaïde. Cette section se caractérise par des lits de grès volcanoclastiques avec des conglomérats pierreux/rocheux, typiques de dépôts en eau peu profonde. Les roches datent du Jurassique supérieur.

Glaciers Horton, Hurley et Turner : trois types de roches distincts dominent cette région. La formation du mont Liotard est exposée sur le mont Liotard et dans la région au nord et à l'ouest. Au moins 1 800 m de coulées de lave d'andésite basaltique et d'andésite multiple sont exposés dans toute la région. Il est difficile de distinguer des unités de lave individuelles et complètes. Cependant, là où c'était possible, des laves individuelles de 30 à 40 m d'épaisseur ont été identifiées dans la succession. Ces unités, dont l'âge est estimé à environ 70 millions d'années, sont très souvent porphyriques et feldspathiques et sont coupées par de rares filons-couches basaltiques. Le mont Gaudry et la région à l'est du mont Liotard sont dominés par des granodiorites de la période éocène et des plutons de gabbro-granodiorite hybrides. Nombre de ces plutons sont hétérogènes et se caractérisent par des concentrations de xénolithes bien arrondis, qui sont généralement plus mafiques que la roche hôte. La marge côtière de cette région est caractérisée par des brèches volcaniques, des tufs cristallins, des roches volcanoclastiques et des unités de grès volcanoclastiques à gros grains avec des conglomérats pierreux/rocheux interstratifiés de la formation du contrefort Buchia remontant à la période du Jurassique supérieur.

Sols

Sur des terrasses rocheuses, en particulier sur l'île Léonie, des étendues compactes de mousses et d'herbes ont développé un sol limoneux relativement riche jusqu'à 25 cm de profondeur. Le même phénomène a été observé sur l'île Anchorage, mais seulement dans des parcelles isolées. Dans la Zone, les sols peu fertiles contiennent parfois des fragments de coquille d'œuf et d'os, ce qui tend à indiquer l'existence d'anciennes colonies de manchots. Une observation qui a également été faite à la pointe Rothera située non loin.

Habitats terrestres et végétation

Une liste des espèces de plantes et de lichens observées sur les sites qui composent la Zone et dans d'autres ZSPA de la région de la baie Marguerite est présentée dans le Tableau 4. Les espèces de plantes et de lichens sont très différentes selon les endroits. En conséquence, hormis l'île Léonie et la pointe Rothera (ZSPA n° 129) qui abritent toutes deux une biodiversité végétale élevée, le nombre d'espèces végétales communes entre les sites est assez limité, ce qui démontre bien la nécessité de protéger ces différents sites de végétation dans la région de la baie Ryder. Un apport important d'éléments nutritifs provenant de sources vertébrées a été observé sur toutes les îles de la baie Ryder et joue peut-être un rôle dans la détermination de la richesse biologique relative de la Zone.

<u>Île Anchorage :</u> cette île de forme irrégulière s'étend sur environ 3 km de long, comprend plusieurs crêtes rocheuses et culmine à une hauteur maximale de 57 m au-dessus du niveau de la mer. Sur les pentes de ces crêtes, on trouve des parcelles de mousse *Sanionia uncinata* et d'herbe *Deschampsia antarctica*. Cela étant, la végétation est principalement constituée de lichens. Lles zones dominées par les Lichens affichent une couverture élevée des espèces *Buellia latemarginata*, *Usnea antarctique*, *Rhizoplaca aspidophora*, *Acarospora macrocyclos* et *Buellia* spp, avec des bryophytes rares ou totalement absents. En revanche, les habitats dominés par les mousses, qui sont eux beaucoup plus rares, présentent généralement une couverture élevée des mousses *Sanionia uncinata*, *Brachythecium austro-salebrosum*, *Pohlia nutans* et de l'algue *Prasiola crispa*, auxquelles il faut ajouter la faible présence de l'hépatique *Cephaloziella varians* et des lichens *Buellia spp*, *Usnea antarctica* et *Acarospora macrocyclos*.

<u>Île Donnelly :</u> la végétation de l'île Donnelly n'a pas encore fait l'objet d'études approfondies. On sait cependant qu'une grande partie des zones rocheuses sont dominées par l'*Usnea antarctica*. *Deschampsia antarctica* et *Colobanthus quitensis* sont présentes sur l'île et de petites zones de mousse luxuriante ont été observées dans certaines ravines. Les plantes et les lichens recensés sur l'île Donnelly sont vraisemblablement un sous-ensemble de ceux de l'île Anchorage située tout à côté.

<u>Île Lagoon orientale :</u> une grande partie de l'île, jusqu'aux rochers situés juste au-dessus de la ligne des hautes eaux, est recouverte de communautés de lichens d'altitude denses et bien développées dont la composition des espèces est semblable aux lichens observés sur l'île Anchorage. Néanmoins, les terrasses de plage surélevées des versants orientaux de l'île sont localement dominées par l'herbe *Deschampsia antarctica* et la mousse *Polytrichastrum alpinum,* tandis que les ravines et les pentes humides orientées vers l'ouest sont couvertes d'un tapis de mousse dominé par *Sanionia uncinatus,Brachythecium austro salebrosum* et *Andreaea* spp. Les

parois humides des roches sont recouvertes de grands thalles de macrolichens (notamment *Umbilicaria* spp. et *Usnea* spp).

Terrasses Walton, île Léonie : Les terrasses Walton, sur la partie ouest de l'île Léonie, sont abritées et reçoivent beaucoup de rayonnement réfléchi par les glaciers Hurley et Turner à proximité sur l'île Adelaide. En outre, grâce à des couches de neige tardives et permanentes, et à un certain nombre de petits cours d'eau, l'eau est continuellement disponible pendant l'été. Depuis le niveau de la mer jusqu'à environ 100 m d'altitude, on trouve des terrasses, des falaises et des ravines stables qui abritent de grands peuplements diversifiés de végétaux, tandis que, à la même altitude, des éboulis rocheux mieux consolidés accueillent une communauté typique de lichens d'altitude. Sur le littoral, plusieurs terrasses abritent des peuplements de végétation de 400 à 500 m^2, notamment de nombreux peuplements compacts de plantes supérieures *(Deschampsia antarctica, Colobanthus quitensis)* pouvant atteindre 10 m^2. Parmi les bryophytes les plus présents figurent *Andreaea* spp, *Barbilophozia hatcheri, Cephaloziella* spp, *Brachythecium austro-salebrosum, Bryum* spp, *Sanionia uncinatus, Pohlia nutans* et *Polytrichastrum alpinum*. Il existe également une flore de lichens très diversifiée (Tableau 4).

Île Mucklescarf : on sait peu de choses au sujet de la biologie terrestre de l'île. On peut néanmoins préciser que, en raison de la petite taille de l'île, de la forte densité des populations d'oiseaux et des grandes quantités de guano en surface, la végétation terrestre se révèle peu abondante.

Glaciers Horton, Hurley et Turner : la biologie des sols libres de glace à l'intérieur du site demeure mal connue. Cependant, la prédominance de la glace permanente et des glaciers, couplée à l'altitude élevée et à l'angle généralement abrupt des sols libres de glace, tend à indiquer que les communautés biologiques terrestres ne sont pas très étendues et se limitent en grande partie à de petites parcelles de communautés dominées par des lichens sur les surfaces rocheuses disponibles à basse altitude.

Invertébrés

Les îles de la baie Ryder abritent des communautés d'invertébrés exceptionnellement diversifiées. Néanmoins, des différences ont été enregistrées entre les sites en ce qui concerne la richesse des espèces présentes. C'est d'ailleurs l'île Léonie qui offre la richesse la plus importante, comparativement à la richesse moyenne de l'île Anchorage et la richesse plus limitée des îles Lagoon (Tableau 5). S'agissant de l'île Léonie, les espèces les plus répandues sont *Globoppia loxolineata, Gamasellus racovitzai, Eupodes minutus, Nanorchestes berryi, Stereotydeus villosus, Cryptopygus antarcticus, Cryptopygus badasa* et *Friesia grisea*. Sur les îles Anchorage et Lagoon orientale, il s'agit plutôt des espèces *Gamasellus. racovitzai, Cryptopygus antarcticus* et *Friesia grisea*. À côté de cela, *Halozetes belgicae* a été largement recensée sur l'île Lagoon orientale, et *Alaskozetes antarcticus* sur l'île Anchorage. La présence de ces deux dernières espèces témoigne de l'influence marine côtière sur ces îles de faible altitude. Deux acariens prédateurs, *Gamasellus racovitzai* et *Rhagidia gerlachei*, sont présents dans la plupart des échantillons de substrats, et l'herbivore/détritivore *Stereotydeus villosus* (Prostigmata) a quant à lui souvent été observé en grand nombre à la surface des substrats de pierre. Les collemboles *C. antarcticus* et *C. badasa* présentent une très faible correspondance en termes de répartition dans les sites de la baie Ryder. La deuxième espèce est plus abondante dans le matériel provenant de petites pousses de mousse récoltées sur des rebords et dans des crevasses à haute altitude (en particulier sur l'île Léonie). Quant à la première, elle domine des habitats côtiers plus vastes (et peut-être plus constamment humides). L'espèce *F. grisea* est généralement peu représentée dans les substrats côtiers, à l'exception des mousses gazonnantes *Polytrichastrum alpinum*, plus sèches, où elle domine. On ne dispose pour l'heure pas de données relatives aux invertébrés pour les îles Mucklescarf et Donnelly ni les glaciers Horton, Hurley et Turner, bien que l'on puisse raisonnablement supposer qu'ils représentent un sous-ensemble de ceux figurant au Tableau 5.

La présence d'un collembole non indigène, *Hypogastrura viatica*, a été signalée sur l'île Léonie ; il a probablement été introduit avant 1993. En 2015, on a entrepris d'évaluer la présence continue et la répartition de cette espèce dans la zone environnante, notamment dans les îles de la baie Ryder et de la pointe Rothera. *Hypogastrura viatica* n'a pas été identifiée parmi les spécimens de collembole extraits d'échantillons prélevés dans les îles et à la pointe Rothera. En l'absence de preuves attestant de la présence continue de ce collembole non indigène dans la zone environnante, il convient de conclure ce qui suit : soit *H. viatica* s'est éteinte, soit le programme de surveillance n'a pas réussi à la détecter en raison d'une répartition spatiale extrêmement restreinte. À la lumière de ces résultats, les mesures de biosécurité sont décrites comme une mesure de précaution visant à réduire le risque de dispersion anthropique de cette espèce potentiellement envahissante (voir *7(i) Conditions générales pour l'obtention d'un permis*).

Faune vertébrée

Le nombre de territoires de labbes recensés en janvier 2018 au sein des sites de la ZSPA sur chacune des îles était le suivant : île Léonie (occidentale) (159 et 58 labbes sur un site de rassemblement), île Lagoon orientale (144), île Anchorage (439 et 136 labbes sur deux sites de rassemblement) et île Donnelly (25). Ces territoires étaient en grande majorité répartis sur les sols libres de neige, excepté l'éboulis situé à 100 m d'altitude sur l'île Léonie.

Des cormorans impériaux se reproduisent sur l'île Mucklescarf (251 couples), au sein d'une colonie exceptionnellement grande pour cette espèce lorsque l'on sait que l'on a recensé seulement 11 autres colonies (< 10 % de toutes les colonies recensées) de ≥ 200 couples (Schrimpf *et al.* 2018). Aucun territoire de labbes n'a été observé sur l'île.

Parmi les autres espèces nicheuses figure le goéland dominicain *(Larus dominicanus*), représenté sur les îles Lagoon orientale (15-25 couples), Anchorage (10-20 couples), Léonie (20-30 couples) et Donnelly (10-20 couples) (ces recensements datent de 2018 ; British Antarctic Survey, données non publiées). Les sternes antarctiques *(Sterna vittata*), quant à eux, ne se reproduisent pas dans la Zone, mais on compte environ 10 couples nicheurs ailleurs sur l'île Léonie. Cela étant, dans les années 1990, des sternes antarctiques ont été signalés se reproduisant en petits nombres sur les îles Lagoon et Anchorage (Milius 2000). Des océanites de Wilson *(Oceanites oceanicus*) se reproduisent sur l'île Anchorage, comme l'ont confirmé, en 2018, des enregistrements d'adultes chantant depuis des crevasses en pleine journée ou l'observation d'un individu en train de couver. Il y a en outre fort à parier que les océanites se reproduisent également sur l'île Lagoon orientale, vu le très grand nombre d'habitats adéquats que renferme l'île. Des manchots Adélie *(Pygoscelis adeliae*) en mue sont présents en nombre considérable (de 10 à 100 individus) sur l'île Anchorage, et en plus petit nombre ailleurs dans la Zone à la fin de l'été. En revanche, aucune colonie de manchots ni de pétrels géants n'est présente dans la Zone.

Sur tous les sites, des phoques de Weddell (*Leptonychotes weddellii*) viennent s'échouer sur les rivages des plages surélevées. Un grand nombre (> 100) d'éléphants de mer en mue *(Mirounga leonina)* s'établit sur les îles Anchorage et Lagoon orientale en été, de même qu'on peut également observer des centaines d'otaries de Kerguelen *(Arctocephalus gazella*) non reproductrices sur ces îles à la fin de l'été. Le nombre d'otaries de Kerguelen est actuellement faible, mais est susceptible d'augmenter, ce qui pourrait à terme constituer une menace pour l'environnement terrestre, comme on l'a observé sur des sites des îles Orcades du Sud.

Activités humaines et leur impact

Cela fait plus de 112 ans que des activités humaines ont lieu sur les îles Léonie. Les îles ont été cartographiées pour la première fois en janvier 1909 par Jean-Baptiste-Etienne-Auguste Charcot pendant l'expédition antarctique française (1908-1910), puis par la British Graham Land Expedition en février 1936, au moment où il a été décidé d'appliquer le nom de la plus grande île à l'ensemble du groupe d'îles. Les îles ont ensuite fait l'objet d'études par des expéditions britanniques depuis « Stonington Island » (1948-50) et ont été cartographiées par une unité d'étude hydrographique de la Royal Navy du HMS Endurance (1976-77). Les îles ont été visitées occasionnellement suite à la création de la station d'Adélaïde (1961-77) et plus régulièrement à la suite de la création de la station de recherche de Rothera (Lat. -67,56944 °; Long -68,12222 °) en 1975, située à seulement 3,5 km de la île dans la zone. Les îles Léonie ont concentré d'importants travaux de recherche en matière de biologie terrestre à la suite de la construction en 1997 du laboratoire Bonner à la station de recherche de Rothera. Dans l'ensemble, les activités se sont limitées à des visites de recherche scientifique ainsi qu'à des visites récréatives du personnel de la station, sans oublier les visites occasionnelles de touristes à bord de voiliers et, plus rarement, de navires de croisière.

Île Anchorage : l'île Anchorage a fait l'objet de recherches intensives depuis le milieu des années 1990. La cabane de l'île (située juste à l'extérieur de la Zone) sert d'abri aux chercheurs depuis plusieurs années. Un mât en bois a été érigé à des fins d'enquête dans les années 1960 sur le point le plus élevé de l'île (Lat. -67,59778 °; Long. -68,20417 °), mais celui-ci s'est effondré par la suite et le mât, les câbles d'ancrage et les piquets ont été retirés en janvier 2018.

Île Donnelly : l'île Donnelly a été visitée par deux personnes pendant une heure le 31 janvier 2018 à des fins de gestion environnementale. À notre connaissance, personne ne l'avait visitée depuis au moins 20 ans. On sait néanmoins qu'une brève visite avait eu cours au milieu des années 1990 afin d'installer une petite plaque commémorative en l'honneur de John P. Donnelly, chef mécanicien pour la British Antarctic Survey, qui a donné son nom à l'île.

Île Lagoon orientale : l'île Lagoon orientale fait l'objet de recherches depuis les années 1990, en particulier ses communautés de lichens. La proximité de l'île Lagoon orientale avec la cabane de l'île Lagoon occidentale indique que les sites ont fait l'objet de plusieurs visites récréatives. Les deux îles sont séparées par un chenal peu profond et d'une largeur de 50 m. À marée basse, il est possible de le traverser à l'aide de cuissardes.

Terrasses Walton, île Léonie : située du côté de l'île Léonie le plus éloigné de la station de recherche de Rothera, la région a reçu des visites occasionnelles de chercheurs et des visites récréatives plus rares du personnel de la station de recherche.

Île Mucklescarf : en raison de sa petite taille et de la forte densité des populations d'oiseaux nicheurs, l'île n'a pas manqué de susciter l'intérêt des ornithologues, bien qu'elle n'ait été visitée que de façon irrégulière (à quelques années d'intervalle) pour procéder au recensement des populations.

Glaciers Horton, Hurley et Turner : contrairement aux nombreuses visites réalisées sur certains autres sites de la Zone au cours du dernier siècle ou avant, la fréquentation des glaciers Horton, Hurley et Turner a été presque nulle. Les sommets situés aux limites nord et ouest du site de la Zone ont bien été gravis par des groupes géologiques, mais ceux-ci ne sont pas entrés dans la Zone. Un atterrissage a été effectué par une petite équipe géologique au cours du 2006/7 pour c. 1 heure à la limite est du site à la falaise rocheuse au sud du front du glacier Turner (Lat. -67,57778 °; Long. -68,38750 °). Aucun autre accès au site n'est connu. On ne sait rien non plus de la présence d'infrastructures permanentes ou semi-permanentes, d'objets, de voies de transport ni d'autres preuves d'une présence humaine visible.

Autres stations de recherche à proximité

Deux stations de recherche scientifique fonctionnant toute l'année se trouvent à proximité : Général San Martín (Argentine; Lat. -68,12972 °; Long. -67,10278 °) qui est à 75 km au sud-est, et la station de recherche de Rothera (ROYAUME-UNI; Lat. -67,56944 °; Long -68.12222 °) qui est c. 3,5 km au nord-est. Une station d'été uniquement, Teniente Luis Carvajal (Chili; Lat. -67,76056 °; Longue. -68,91472 °), situé à 35 km au sud-ouest à l'extrémité sud de l'île d'Adélaïde, est exploité par le Chili depuis 1985. La station de recherche antarctique turque temporaire (TARS; Lat. -67,829676 °; Longue -67.237757 °) est situé sur l'île Horseshoe, c. 45 km à l'est-sud-est de la zone.

6(ii) Accès à la Zone

En raison de la présence de roches immergées, l'accès à chacun des sites de la Zone doit se faire de préférence à l'aide de petites embarcations à fond plat. En présence d'une couche de glace de mer suffisamment solide, la Zone peut également être accédée en motoneige. Les points d'accès pour les petits bateaux sont indiqués sur les cartes 3 et 4 et sont décrits ci-dessous.

Île Anchorage : L'accès à l'île se fait mieux sur les rochers situés près de la cabane de recherche sur la rive nord-ouest de l'île aux coordonnées Lat. -67,60278 °; Long -68,21319 °. Un autre point d'accès est à l'est de l'île à Lat. -67,60167 °; Longu. -68.20056 °, mais des débarquements à d'autres endroits autour de l'île peuvent être possibles.

<u>Île Donnelly :</u> Le site d'atterrissage recommandé est situé à Lat. -67,61000 °; Longue. -68.20222°, mais des débarquements à d'autres endroits autour de l'île peuvent être possibles.

<u>Île Lagoon orientale :</u> Le débarquement peut être possible à de nombreux endroits sur la plage à l'est du « lagon » qui sépare West Lagoon Island et East Lagoon Island, par exemple à Lat. -67,59344 °; Longue. -68,24003°.

<u>Terrasses Walton, île Léonie</u> : comme le site a été inclus dans la Zone en vue de protéger les valeurs relatives à la nature sauvage, l'accès au site n'est autorisé que pour des raisons scientifiques impérieuses, qu'il n'est pas possible de satisfaire ailleurs dans la ZSPA, ou pour des raisons essentielles à la gestion de la Zone. Il est préférable d'accéder à l'île Léonie à l'extrémité nord de l'île en dehors de la zone (lat. -67,59250 °; Long. -68,34139°). D'autres sites de débarquement sont possibles, mais les roches immergées constituent un risque important pour les navires.

<u>Île Mucklescarf :</u> L'accès à l'île est mieux fait à une petite crique au sud de l'île aux coordonnées Lat. -67,59411 °; Longue. -68,26119°. Atterrir à d'autres endroits peut être difficile en raison des rochers et de la grande densité d'oiseaux sur l'île.

<u>Glaciers Horton, Hurley et Turner :</u> Étant donné que le site est inclus dans la zone pour protéger ses valeurs de nature sauvage, l'entrée n'est autorisée que pour des raisons scientifiques impérieuses, qui ne peuvent être servies ailleurs dans la ZSPA, ou pour des raisons essentielles à la gestion de la zone. S'il s'avère nécessaire d'accéder à l'île pour de telles raisons, l'accès peut se faire par petite embarcation à partir de la baie Ryder ou par voie terrestre par divers cols de montagne recouverts de neige au nord et à l'ouest du site.

6 (iii) Emplacement de structures à l'intérieur et à proximité de la Zone

Il n'y a pas de structures permanentes à l'intérieur de la Zone. La station de recherche scientifique la plus proche est la station de recherche de Rothera, située à 3,5 km au nord-est de l'île d'Anchorage (voir la carte 2). Un refuge, qui est actuellement en cours de remplacement, est situé sur l'île d'Anchorage juste à l'extérieur de la zone, v. À 200 m du site de débarquement le plus recommandé à l'ouest. Du matériel scientifique a été installé à plusieurs endroits sur l'île d'Anchorage, notamment des cloches (lat. -67,60611 °; long -68,21806 °), une station météorologique automatique (lat. -67,60253 °; long. -68,20292 °) et des expériences sur des plantes artificielles (Lat. -67,60556 °; Long. -68.20556 ° et Lat. -67,64583 °; Longue. -68,20417°). Sur l'île Donnelly, une plaque commémorative a été installée avec les mots « Cette île a été nommée en mémoire de John P. Donnelly (1948-1993), chef mécanicien du RRS James Clarke Ross » (Lat. -67.60806°; Long. -68,19667°). Aucune structure n'est située sur l'île East Lagoon, les terrasses Walton sur l'île Léonie, l'île Mucklescarf ou la Glaciers Horton, Hurley et Turner.

6(iv) Emplacement d'autres Zones protégées à proximité

ZSPA n ° 129 Rothera Point, baie Marguerite se trouve à 4 km au nord-est de l'île Anchorage. Tout d'abord la ZSPA n° 107, île Emperor, îles Dion, baie Marguerite, qui se trouve à environ 15 km au sud de l'île Adélaïde. Ensuite, la ZSPA n° 115, île Lagotellerie, baie Marguerite, qui se trouve, elle, à environ 11 km au sud de l'île Pourquoi Pas. Et enfin, la ZSPA n° 117, île Avian, baie Marguerite, située à environ 0,25 km au sud de l'extrémité sud-ouest de l'île Adélaïde. SMH n° 63 'Base Y' est situé sur l'île Horseshoe, v. À 45 km à l'est-sud-est de la zone. Les emplacements de ces aires protégées sont indiqués sur la carte 1.

6(v) Zones spéciales à l'intérieur de la Zone

Aucune

7. Critères de délivrance des permis d'accès

7(i) Critères généraux

L'accès à la Zone est interdit sauf sur délivrance d'un permis par l'autorité nationale compétente conformément au paragraphe 4 de l'article 3 et à l'article 7 de l'Annexe V du Protocole au Traité sur l'Antarctique relatif à la protection de l'environnement.

Les critères de délivrance de permis d'accès à la Zone sont les suivants :

- le permis est délivré à des fins scientifiques impérieuses ne pouvant être satisfaites ailleurs ou pour des raisons essentielles à la gestion de la Zone ;
- pour les sites qui sont inclus dans la zone pour protéger les valeurs de nature sauvage, c'est-à-dire les glaciers Horton, Hurley et Turner et les terrasses Walton sur l'île Léonie (voir le tableau 2), les activités ne doivent être entreprises que pour des raisons scientifiques impérieuses, qui ne peuvent être servies ailleurs dans la ZSPA, ou pour des raisons essentielles à la gestion de la zone.
- les activités autorisées veilleront, au moyen d'un processus d'évaluation d'impact sur l'environnement, à la protection permanente de la vie sauvage et des valeurs environnementales, scientifiques et esthétiques de la Zone ;
- les activités autorisées sont conformes aux objectifs du présent plan de gestion ;
- le permis, ou une copie certifiée, doit être emporté à l'intérieur de la Zone ;
- le permis est délivré pour une période limitée ;
- un rapport est adressé à l'autorité ou aux autorités mentionnées sur le permis ; et
- L'autorité compétente devra être notifiée de toutes les activités entreprises, de toutes les mesures prises à titre exceptionnel et de tous les matériaux utilisés et non enlevés qui n'étaient pas inclus dans le permis délivré.

7(ii) Accès à la Zone et déplacements à l'intérieur de celle-ci

Afin de protéger les valeurs de la Zone, les restrictions suivantes sont de rigueur à l'intérieur de celle-ci :

- Afin de protéger les valeurs de nature sauvage de la zone, conformément aux buts et objectifs de ce plan de gestion, les visites du site des glaciers Horton, Hurley et Turner et des terrasses Walton sur l'île Léonie seront réduites au strict minimum.
- L'accès aux limites du site de la zone se fera par petit bateau (p. Ex., Bateau pneumatique rigide (RIB)) ou par motoneige ou autre véhicule terrestre. Les points d'accès aux sites de l'île Léonie prévus pour les petites embarcations sont décrits à la section *6(ii) Accès à la Zone* et ci-dessous :

  - Île Anchorage : Lat. -67,60278 °; Long. -68,21306 ° ou Lat. -67,60167 °; Long -68.20056 °

  - Île Donnelly : Lat. -67,61000 °; Long. -68.20222°

  - Île East Lagoon: Lat. -67,59344°; Long. -68.24003°

  - Terrasses Walton, île Léonie: Lat. -67,59250°; Long. -68.34139°

  - Île Mucklescarf: Lat. -67,59411°; Long. -68.26119°

  - Glaciers Horton, Hurley et Turner : Accès en bateau non recommandé
- L'utilisation de véhicules terrestres à l'intérieur de la Zone est interdite.
- Les déplacements à travers la terre et la glace à l'intérieur de la zone se feront uniquement à pied. être réduits au minimum nécessaire pour remplir les objectifs des activités autorisées. Il convient à tout moment de veiller à minimiser tout effet nuisible du piétinement. La Zone ne comprend pas de sentiers. Les visiteurs doivent éviter de marcher dans les zones où la végétation est visible. Toutes les

précautions nécessaires doivent être prises lorsque l'itinéraire passe par des sols humides, en particulier les lits de cours d'eau, où la circulation à pied peut facilement endommager les sols, les plantes et les populations d'algues délicates, et porter atteinte à la qualité de l'eau.

- Les aéronefs à voilure fixe et les hélicoptères ne sont pas autorisés à atterrir dans la Zone
- La piste de la station de recherche de Rothera a été mise en service en 1991 et est située à moins de 3,5 km de certains sites de la Zone. Compte tenu de la proximité de la piste, il peut s'avérer occasionnellement nécessaire de survoler la Zone à des fins opérationnelles ou scientifiques. Dans toute la mesure du possible, l'exploitation des aéronefs doit se faire conformément aux *Lignes directrices pour l'exploitation d'aéronefs à proximité de concentrations d'oiseaux dans l'Antarctique* inscrites dans la Résolution 2 (2004) (disponible à l'adresse : http://www.ats.aq/documents/recatt/Att224_e.pdf).
- Le survol de colonies d'oiseaux dans la Zone par des systèmes d'aéronefs pilotés à distance (Remotely Piloted Aircraft Systems ou RPAS) n'est pas autorisé, sauf à des fins scientifiques ou opérationnelles impérieuses et dans le cadre d'un permis émis par une autorité nationale compétente. En outre, l'exploitation de RPAS à l'intérieur ou au-dessus de la Zone doit respecter les *Lignes directrices environnementales pour l'exploitation des systèmes d'aéronef pilotés à distance (RPAS) en Antarctique* (Résolution 4 [2018]) (disponibles à l'adresse : https://www.ats.aq/devAS/ats_meetings_meeting_measure.aspx?lang=e).
- Des mesures de quarantaine rigoureuses doivent être prises à titre de précaution pour éviter l'introduction d'espèces non indigènes. Des mesures de précaution doivent également être prises lors des déplacements entre les différents sites qui composent la Zone. Plus précisément, les chaussures doivent être frottées pour enlever toute trace de terre ou de boue et les vêtements de dessus, les sacs et l'équipement expérimental doivent être exempts de terre, de boue, de guano et de propagules de plantes.

7(iii) Activités pouvant être menées à l'intérieur de la Zone

Les activités pouvant être menées dans la Zone sont les suivantes :

- les études scientifiques indispensables qui ne peuvent être menées ailleurs.
- les recherches scientifiques qui ne portent pas atteinte à la nature sauvage ni aux valeurs environnementales et scientifiques de la Zone ;
- activités de gestion essentielles, y compris la surveillance.

pour les sites qui sont inclus dans la zone pour protéger les valeurs de nature sauvage, c'est-à-dire les glaciers Horton, Hurley et Turner et les terrasses Walton sur l'île Léonie (voir le tableau 2), les activités ne doivent être entreprises que pour des raisons scientifiques impérieuses, qui ne peuvent être servies ailleurs dans la ZSPA, ou pour des raisons essentielles à la gestion de la zone.

7(iv) Installation, modification ou enlèvement de structures

- Aucune structure ne doit être érigée dans la Zone et aucun matériel scientifique ne doit y être installé, sauf pour des raisons scientifiques ou de gestion indispensables et pour une période préétablie définie dans un permis.
- pour les sites qui sont inclus dans la zone pour protéger les valeurs de nature sauvage, c'est-à-dire les glaciers , Horton, Hurley et Turner et les terrasses Walton sur l'île Léonie (voir le tableau 2), les activités ne doivent être entreprises que pour des raisons scientifiques impérieuses, qui ne peuvent être servies ailleurs dans la ZSPA, ou pour des raisons essentielles à la gestion de la zone.
- Les structures ou installations permanentes sont interdites.

- Toutes les bornes, les structures et tout l'équipement scientifique installés dans la Zone doivent être clairement identifiés et mentionner le pays, le nom du principal chercheur ou de l'agence, l'année d'installation et la date prévue d'enlèvement.
- Tous ces objets doivent être exempts d'organismes, de propagules (p. ex. semences, œufs et spores) et de terre non stérile ; ils doivent en outre être constitués de matériaux capables de résister aux conditions environnementales de l'Antarctique et présenter un risque marginal de contamination de la Zone.
- L'enlèvement de structures et équipements spécifiques dont le permis a expiré incombe à l'autorité qui a délivré le permis et doit figurer parmi les critères de délivrance du permis.
- Les structures existantes dans la zone ne doivent pas être enlevées, sauf en conformité avec un permis (voir la section *6(iii) Emplacement des structures à l'intérieur et à proximité de la zone*).

7(v) Emplacement des camps de base

- Le camping dans la zone est interdit.
- Il est possible de trouver un lieu d'hébergement à la station de recherche Rothera.
- Alternativement, les huttes / installations de terrain exploitées par le British Antarctic Survey sont situées sur West Lagoon Island (Lat. -67,59393 °; Long. -68,24311 °) et sur l'île d'Anchorage juste à l'extérieur de la zone (lat. -67,60222 °; Long. -68,20893 °) (voir carte 4).
- Camping en dehors de la zone sur l'île Léonie peut être possible sur la plage à l'emplacement Lat. 67,59361 °; Longue. -68,34389 ° (voir carte 3).

7(vi) Restrictions sur les matériaux et organismes pouvant être introduits dans la zone

Outre les exigences du Protocole au Traité sur l'Antarctique relatif à la protection de l'environnement, les restrictions relatives aux matériaux et organismes pouvant être introduites dans la Zone sont les suivantes :

- L'introduction délibérée d'animaux, de végétaux, de micro-organismes et de terre non stérile dans la Zone est interdite.
- Des précautions doivent être prises pour éviter l'introduction accidentelle d'animaux, de végétaux, de micro-organismes et de terre non stérile provenant d'autres régions biologiquement distinctes (au sein ou en dehors de la zone couverte par le Traité sur l'Antarctique). En outre, des différences substantielles de biodiversité ont été enregistrées entre les différents sites qui composent la ZSPA, par conséquent, des précautions doivent être prises pour empêcher le transfert d'espèces entre les sites au sein de la ZSPA. Les visiteurs doivent par ailleurs consulter et se conformer aux recommandations appropriées figurant dans le *Manuel sur les espèces non indigènes du Comité pour la protection de l'environnement* et dans le *Code de conduite environnemental pour la recherche scientifique de terrain en zone continentale en Antarctique*. Des mesures de biosécurité spécifiques supplémentaires sont énumérées dans la section *7(x)*.
- Aucun produit avicole, y compris les produits alimentaires contenant de la poudre d'œufs non cuits, ne doit être introduit dans la Zone.
- Aucun herbicide ni pesticide ne doit être introduit dans la Zone. Tout autre produit chimique, y compris les radionucléides ou les isotopes stables, qui peuvent être introduits pour des raisons scientifiques ou des raisons de gestion visées dans le permis, seront enlevés de la Zone au plus tard à la fin des activités pour lesquelles le permis a été délivré. L'émission de radionucléides ou d'isotopes stables directement dans l'environnement par une méthode les rendant irrécupérables doit être évitée.
- Les carburants, les aliments et autres matériaux ne peuvent être entreposés dans la Zone, sauf en cas de nécessité absolue liée aux activités pour lesquelles le permis a été délivré. Ils doivent être stockés

et manipulés de façon à limiter le risque d'introduction accidentelle dans l'environnement. Les dépôts permanents sont interdits.

- Le matériel doit être introduit dans la Zone pour une période déterminée uniquement et il doit être retiré à la fin de ladite période.

7 (vii) Prélèvement de végétaux, capture d'animaux ou perturbations nuisibles de la faune et la flore

- Toute capture d'animaux ou toute perturbation nuisible à la faune et la flore indigène est interdite sauf avec un permis distinct délivré spécifiquement à cette fin en vertu de l'Annexe II du Protocole au Traité sur l'Antarctique relatif à la protection de l'environnement.
- Dans le cas de prélèvements ou de perturbations nuisibles d'animaux, le *Code de conduite du SCAR pour l'utilisation d'animaux à des fins scientifiques dans l'Antarctique* devra être utilisé comme norme minimale.
- Les activités d'échantillonnage d'eau, de sédiments, du sol ou de la végétation doivent se limiter au strict minimum requis à des fins scientifiques ou à des fins de gestion et exécutées avec des techniques qui minimisent les perturbations susceptibles d'être causées au sol, aux structures de glace et au biote.

7(viii) Collecte ou retrait de matériaux non introduits dans la Zone par le titulaire du permis

Le matériel peut être collecté ou retiré de la zone uniquement conformément à un permis et doit être limité au minimum nécessaire pour répondre aux besoins scientifiques ou de gestion (voir les sections *7(iii) Activités pouvant être menées dans la zone, 7(x) Mesures qui peuvent être nécessaires pour continuer à atteindre les objectifs du plan de gestion* et *7(vii) Prélèvement ou interférence nuisible avec la flore et la faune indigènes*). En ce qui concerne l'échantillonnage géologique, le permis ne sera pas délivré s'il y a lieu de croire que l'échantillonnage envisagé impliquerait de prélever, de retirer ou d'endommager des quantités de roches (y compris des fossiles) de sorte que leur abondance dans la Zone en serait significativement altérée. Les matériaux d'origine humaine susceptibles de mettre en péril les valeurs de la Zone, qui n'ont pas été introduits dans celle-ci par le détenteur du permis ou qui n'ont pas été autrement autorisés, peuvent être enlevés de la Zone à moins que l'impact environnemental de l'enlèvement ne soit plus grand que si les matériaux sont laissés *in situ*. Si tel est le cas, l'autorité compétente doit en être informée et son autorisation obtenue.

7(ix) Élimination des déchets

Tous les déchets, y compris les déchets humains, doivent être retirés de la Zone.

7(x) Mesures nécessaires pour que les buts et objectifs du plan de gestion continuent d'être atteints

Des permis peuvent être délivrés pour avoir accès à la Zone afin de :

- mener des activités de suivi et d'inspection de la Zone, qui peuvent inclure le prélèvement d'un petit nombre d'échantillons ou de données à des fins d'analyses ou d'audit ;
- entretenir l'équipement scientifique ; et
- pour prendre des mesures de protection ;
- mener des activités de recherche ou de gestion qui n'interfèrent pas avec les activités de recherche ou de gestion à long terme et qui ne fassent pas double emploi. Les personnes qui planifient de nouveaux projets dans la zone devraient consulter les programmes établis travaillant dans la zone, tels que ceux du Royaume-Uni ou des Pays-Bas, avant de commencer les travaux.

Tous les sites spécifiques faisant l'objet d'une surveillance à long terme doivent être correctement signalisés et inscrits sur les cartes de la Zone. L'autorité nationale compétente délivrera les positions GPS obtenues par le biais du Système de répertoire de données de l'Antarctique.

Pour aider à maintenir les valeurs écologiques et scientifiques de la zone, les visiteurs doivent prendre des précautions spéciales contre les introductions biologiques et entre chacun des six sites qui composent la ZSPA. Il est particulièrement important de veiller à ce qu'aucune introduction microbienne, animale et végétale issus des sols d'autres sites, stations comprises, ou des régions extérieures à l'Antarctique ne se produise. Dans la mesure du possible, les visiteurs doivent s'assurer que les chaussures, les vêtements et l'équipement - en particulier tout équipement d'échantillonnage - sont soigneusement nettoyés avant d'entrer dans la zone ou d'être déplacés entre les six sites qui composent la zone.

La zone n'a pas été spécifiquement désignée pour protéger les valeurs géologiques; toutefois, étant donné que l'échantillonnage géologique est à la fois permanent et entraîne un impact cumulatif, les mesures suivantes doivent être prises pour sauvegarder les valeurs de la zone:

- Les visiteurs qui collectent des échantillons rocheux dans la zone doivent remplir un formulaire décrivant le type de roche, la quantité et le lieu du prélèvement, puis le remettre à tout le moins à leur centre national de données antarctiques et/ou au Répertoire maître sur l'Antarctique.
- Les visiteurs envisageant de procéder à des prélèvements dans la Zone doivent démontrer qu'ils ont pris connaissance des précédents prélèvements afin d'éviter les doubles échantillonnages.

7(xi) Rapports de visites

- Pour chaque visite dans la Zone, le titulaire principal du permis doit soumettre un rapport aux autorités nationales compétentes dans les meilleurs délais et au plus tard six mois après la fin de la visite.
- Ces rapports doivent contenir, le cas échéant, les catégories d'informations mentionnées dans le formulaire de rapport de visite repris dans le Guide pour l'élaboration des plans de gestion des zones spécialement protégées de l'Antarctique (Annexe 2) (Résolution 2 [2011]).
- Ce rapport doit précisément mentionner les zones libres de glace spécifiques visitées au sein de la Zone (en indiquant, dans la mesure du possible, les coordonnées GPS de ces sites), le temps passé à chaque endroit et les activités menées.
- L'autorité nationale doit, chaque fois qu'elle le peut, également transmettre une copie du rapport de visite à la Partie étant à l'initiative du plan de gestion, afin de l'aider dans la gestion de la Zone et dans la révision du plan de gestion.
- Dans la mesure du possible, les Parties sont tenues de déposer les originaux ou les copies de ces rapports de visite originels dans un lieu d'archivage accessible au public, en vue d'un réexamen du plan de gestion et de l'organisation scientifique de la zone.

8. Support documentaire

Bastmeijer, K. (2016). (Ed.) Wilderness Protection in Europe. The Role of International, European and National Law. Cambridge University Press.

Bentley, M.J., Hodgson, D.A., Smith, J.A., and Cox, N. J. (2005). Relative sea level curves for the South Shetland Islands and Marguerite Bay, Antarctic Peninsula. Quaternary Science Reviews 24: 1203-1216.

Black, M., Riley, T. R., Ferrier, G., Fleming, A.H., and Fretwell, P.T. (2016). Automated lithological mapping using airborne hyperspectral thermal infrared data: A case study from Anchorage Island, Antarctica. Remote Sensing of Environment 176: 225-241.

Bokhorst, S., Ronfort, C., Huiskes, A., Convey, P. and Aerts, R. (2007). Food choice of Antarctic soil arthropods clarified by stable isotope signatures. Polar Biology 30: 983-990.

Bokhorst, S., Huiskes, A.H.L., Convey, P., Sinclair, B.J., Lebouvier, M., Van de Vijver, B., Wall, D.H. (2011). Microclimate impacts of passive warming methods in Antarctica: implications for climate change studies. Polar Biology 34: 1421-1435.

Bokhorst, S., Huiskes, A., Aerts, R., Convey, P., Cooper, E.J., Dalenk, L., Erschbamer, B., Gudmundsson, J. N., Hofgaard, A., Hollister, R. D., Johnstone, J., Jonsdottir, I. S., Lebouvier, M., Van De Vijver, B., Wahren, C.-H., and Dorrepaal, E. (2013) Variable temperature effects of Open Top Chambers at polar and alpine sites explained by irradiance and snow depth. Global Change Biology 19: 64-74.

Bokhorst, S., Convey, P., Aerts, R. Nitrogen inputs by marine vertebrates drive abundance and richness in Antarctic terrestrial ecosystems. Current Biology 29: 1721-1727.

Cannone, N., Convey, P., Malfasi, F. (2018) Antarctic Specially Protected Areas (ASPA): a case study at Rothera Point providing tools and perspectives for the implementation of the ASPA network in the Antarctic Peninsula. Biodiversity and Conservation 27: 2641-2660.

Chong, C.W., Pearce, D.A., Convey, P., Yew, W.C. and Tan, I.K.P. 2012. Patterns in the distribution of soil bacterial 16S rRNA gene sequences from different regions of Antarctica. Geoderma 181: 45-55.

Committee for Environmental Protection (CEP). (2019). Non-native species manual – 2nd Edition. Manual prepared by Intersessional Contact Group of the CEP and adopted by the Antarctic Treaty Consultative Meeting through Resolution 4 (2016). Buenos Aires, Secretariat of the Antarctic Treaty.

Convey, P., and Smith, R.I.L. (1997). The terrestrial arthropod fauna and its habitats in northern Marguerite Bay and Alexander Island, maritime Antarctic. Antarctic Science 9: 12-26.

Convey, P, Barnes, D.K.A., and Morton, A. (2002). Debris accumulation on oceanic island shores of the Scotia Arc, Antarctica. Polar Biology 25: 612-617.

Davies, P. M. (2001). Notes from a cold climate: Antarctic Symphony (Symphony No. 8) Browns, London. 152 pp.

Dudley, N. (2008) (Ed.) Guidelines for Applying Protected Area Management Categories Gland: World Conservation Union/IUCN.

Fretwell, P.T., Convey, P., Fleming, A.H., Peat, H.J., and Hughes, K.A. (2011). Detecting and mapping vegetation distribution on the Antarctic Peninsula from remote sensing data. Polar Biology 34: 273-281.

Hawes, T.C., Worland, M.R., Convey, P., and Bale, J.S. (2007). Aerial dispersal of springtails on the Antarctic Peninsula: implications for local distribution and demography. Antarctic Science 19: 3-10.

Holderegger, R., Stehlik, I., Smith, R.I.L., and Abbott, R.J. (2003). Populations of Antarctic hairgrass *(Deschampsia antarctica)* show low genetic diversity. Arctic, Antarctic, and Alpine Research 35: 214-217.

Hughes, K.A., Greenslade, P., and Convey, P. (2017). The fate of the non-native Collembolon, *Hypogastrura viatica*, at the southern extent of its introduction range in Antarctica. Polar Biology 40: 2127–2131. DOI: 10.1007/s00300-017-2121-4

Huiskes, A.H.L., Boschker, H.T.S., Lud, D., and Moerdijk-Poortvliet, T.C.W. (2006). Stable isotope ratios as a tool for assessing changes in carbon and nutrient sources in Antarctic terrestrial ecosystems. In: Rozema, J., Aerts, R., Cornelissen, H. (eds) Plants and Climate Change. Tasks for Vegetation Science, vol. 41. Springer, Dordrecht.

Maslen, N.R., and Convey, P. (2006). Nematode diversity and distribution in the southern maritime Antarctic – clues to history? Soil Biology and Biochemistry 38: 3141-3151.

Milius, N. (2000). The birds of Rothera, Adelaide Island, Antarctic Peninsula. *Marine Ornithology* 28: 63–67.

Morgan, F., Barker, G., Briggs, C., Price, R., and Keys, H. (2007). Environmental Domains of Antarctica Version 2.0 Final Report. Landcare Research Contract Report LC0708/055.

Peat, H. J., Clarke, A., and Convey, P. (2007). Diversity and biogeography of the Antarctic flora. Journal of Biogeography 34: 132-146.

Phillips, R.A., Silk, J.R.D., Massey, A. and Hughes, K.A. (2019). Surveys reveal increasing and globally important populations of south polar skuas and Antarctic shags in Ryder Bay. Polar Biology 42: 423–432.

Rinnan, R., Rousk, J., Yergeau, E., Kowalchuk, G. A., and Baath, E. (2009) Temperature adaptation of soil bacterial communities along an Antarctic climate gradient: predicting responses to climate warming. Global Change Biology 15: 2615-2625.

SCAR (2018). SCAR's environmental code of conduct for terrestrial scientific field research in Antarctica. ATCM XLI WP001. Adopted by the Antarctic Treaty Consultative Meeting through Resolution 5 (2018).

SCAR (2011). SCAR code of conduct for the use of animals for scientific purposes in Antarctica. ATCM XXXIV IP53.

Schrimpf, M., Naveen, R., Lynch, H.J. (2018). Population status of the Antarctic shag *Phalacrocorax (atriceps) bransfieldensis*. Antarctic Science 30:151–159.

Terauds, A., Chown, S. L., Morgan, F., Peat, H. J., Watt, D., Keys, H., Convey, P., and Bergstrom, D. M. (2012). Conservation biogeography of the Antarctic. Diversity and Distributions 18: 726–41.

Upson, R., Newsham, K.K., and Read, D.J. (2008). Root-fungal associations of *Colobanthus quitensis* and *Deschampsia antarctica* in the maritime and sub-Antarctic. Arctic, Antarctic, and Alpine Research 40: 592-599.

Upson, R., Newsham, K.K., Bridge, P.D., Pearce, D.A., and Read, D.J. (2009). Taxonomic affinities of dark septate root endophytes of *Colobanthus quitensis* and *Deschampsia antarctica*, the two native Antarctic vascular plant species. Fungal Ecology 2: 184-196.

Yergeau, E., Bokhorst, S. Huiskes, A.H.L., Boschker, H. T. S., Aerts, R., and Kowalchuk, G. A. (2007). Size and structure of bacterial, fungal and nematode communities along an Antarctic environmental gradient. FEMS Microbiology Ecology 59: 436–451.

Yergeau, E, Newsham, K.K., Pearce, D.A., and Kowalchuk, G.A. (2007). Patterns of bacterial diversity across a range of Antarctic terrestrial habitats. *Environmental Microbiology* 9: 2670-2682.

Yergeau, E., Kang, S., He, Z., Zhou, J., and Kowalchuk, G. A. (2007). Functional microarray analysis of nitrogen and carbon cycling genes across an Antarctic latitudinal transect. The ISME Journal 1: 163–179.

Yergeau, E., and Kowalchuk, G. A. (2008) Responses of Antarctic soil microbial communities and associated functions to temperature and freeze-thaw cycle frequency. Environmental Microbiology 10: 2223-2235.

Yergeau, E., Schoondermark-Stolk, S. A., Brodie, E. L., Dejean, S., DeSantis, T. Z., Goncalves, O., Piceno, Y. M., Andersen, G. L. and Kowalchuk, G. A. (2009) Environmental microarray analyses of Antarctic soil microbial communities. ISME Journal 3: 340-351.

Yergeau E., Bokhorst S., Kang S., Zhou J. Z., Greer C. W., Aerts R. and Kowalchuk G. A. (2012) Shifts in soil microorganisms in response to warming are consistent across a range of Antarctic environments. ISME Journal 6: 692-702.

Carte 1. Emplacement de la ZSPA nº 17, îles Léonie et sud-est de l'île Adélaïde, dans la zone plus large de la baie Marguerite. Spécifications de la carte : WGS84 UTM Zone 19S. Méridien central 68.encart : WGS84 Stéréographique polaire antarctique. Méridien central 55 ° W, parallèle standard: 71° S)

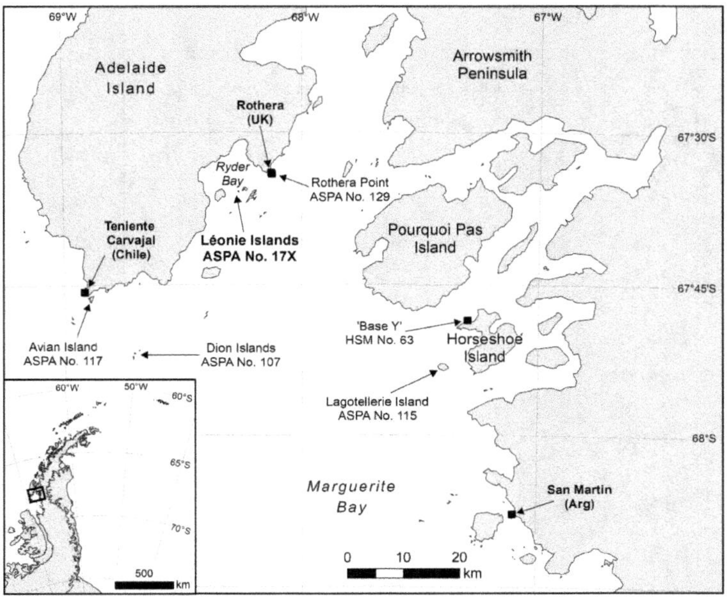

Carte 2. Carte générale de la ZSPA multisite n ° 177 Îles Léonie et sud-est de l'île d'Adélaïde, péninsule antarctique. Le site des glaciers Horton, Hurley et Turner est détaillé sur la carte ci-dessous. Le site Walton Terraces sur l'île Léonie est détaillé sur la carte 3. Les sites des îles Anchorage, Lagoon oriental, Donnelly et Mucklescarf sont détaillés sur la carte 4. Spécifications de la carte : WGS84 UTM Zone 19S. Méridien central 68 ° W. Les détails des coordonnées des limites se trouvent dans le tableau 3.

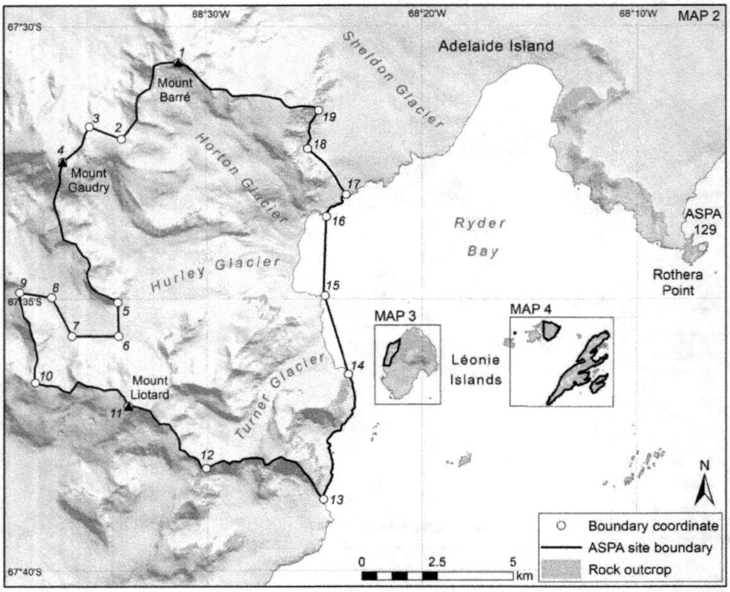

Carte 3. Carte générale de la ZSPA multisite n ° 177 Îles Léonie et sud-est de l'île d'Adélaïde antarctique. Spécifications de la carte : WGS84 UTM Zone 19S. Méridien central 68 ° W. Les détails des coordonnées des limites se trouvent dans le tableau 3.

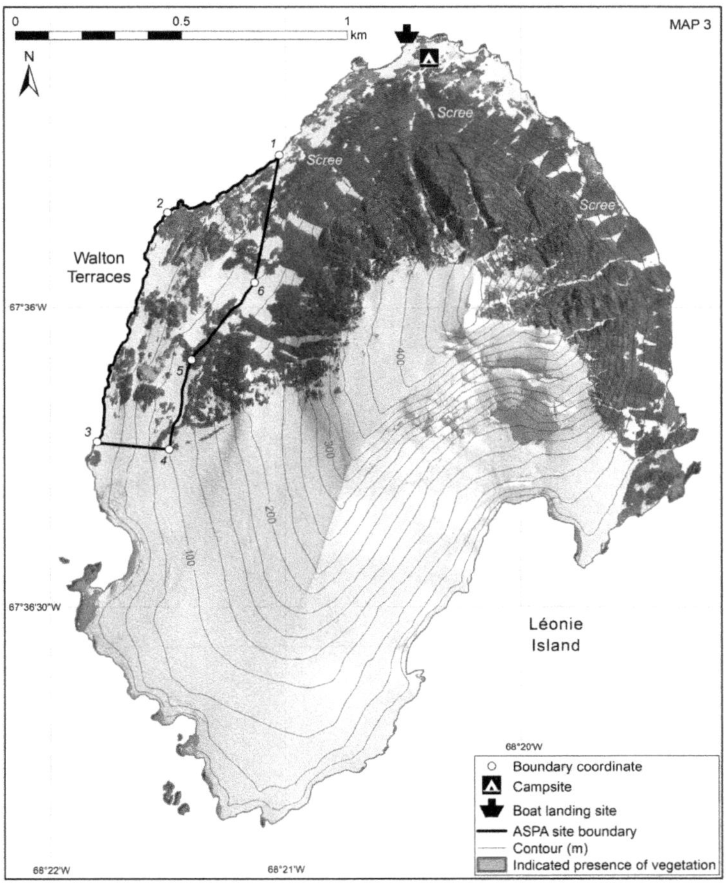

Carte 4. Carte des sites de l'île Anchorage, de l'île East Lagoon, de l'île Donnelly et de l'île Mucklescarf, qui font partie de la ZSPA multisite n ° 177 Îles Léonie et sud-est de l'île d'Adélaïde, péninsule antarctique. Spécifications de la carte : WGS84 UTM Zone 19S. Méridien central 68 ° W. Les détails des coordonnées des limites se trouvent dans le tableau 3.

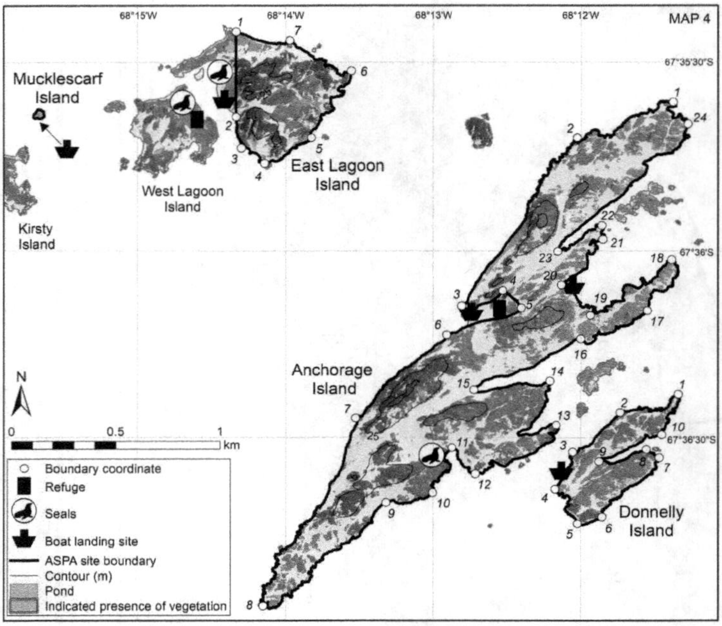

Tableau 2. Valeurs exceptionnelles présentes dans chacun des sites qui composent la ZSPA n° 177 Îles Léonie et sud-est de l'île d'Adélaïde, péninsule antarctique.

	Valeurs					
	Scientifiques		Environnementales		Nature sauvage	Esthétiques
	Recherche	Zone de contrôle de l'environnement	Avifaune	Communautés terrestres		
Île Anchorage	✓		✓	✓		
Île Donnelly		✓	✓			
Île Lagoon orientale			✓	✓		
Terrasses Walton, île Léonie			✓	✓	✓	✓
Île Mucklescarf			✓			
Glaciers Horton, Hurley et Turner					✓	✓

Tableau 3. Coordonnées des limites des cinq sites qui composent la ZSPA n° 177, îles Léonie, et sud-est de l'île Adélaïde, péninsule Antarctique.

Site	Superficie (ha)	Numéro de coordonnée limite	Latitude	Longitude
Île Anchorage	60	1	-67,59343	-68,18966
		2	-67,59500	-68,20047
		3	-67,60244	-68,21346
		4	-67,60175	-68,20882
		5	-67,60252	-68,20673
		6	-67,60373	-68,21517
		7	-67,60744	-68,22540
		8	-67,61580	-68,23586
		9	-67,61121	-68,22198
		10	-67,61078	-68,21674
		11	-67,60879	-68,21456
		12	-67,60996	-68,21190
		13	-67,60777	-68,20280
		14	-67,60578	-68,20351
		15	-67,60617	-68,21206
		16	-67,60390	-68,20002
		17	-67,60264	-68,19252
		18	-67,60040	-68,18981
		19	-67,60285	-68,19893
		20	-67,60151	-68,20222
		21	-67,59949	-68,19752
		22	-67,59887	-68,19763
		23	-67,60003	-68,20262
		24	-67,59441	-68,18798
Île Donnelly	12	1	-67,60637	-68,18904
		2	-67,60719	-68,19556
		3	-67,60899	-68,20094
		4	-67,61063	-68,20291
		5	-67,61216	-68,20040
		6	-67,61185	-68,19761
		7	-67,60923	-68,19119
		8	-67,60886	-68,19263

		9	-67,60940	-68,19792
		10	-67,60820	-68,19092
Île Lagoon orientale	20	1	-67,59032	-68,23888
		2	-67,59409	-68,23888
		3	-67,59547	-68,23829
		4	-67,59615	-68,23571
		5	-67,59502	-68,23040
		6	-67,59205	-68,22590
		7	-67,59070	-68,23286
Terrasses Walton, île Léonie	15	1	-67,59574	-68,35042
		2	-67,59734	-68,35836
		3	-67,60377	-68,36337
		4	-67,60399	-68,35826
		5	-67,60149	-68,35656
		6	-67,59930	-68,35218
Île Mucklescarf	0,2	1	-67,59410	-68,26058
		2	-67,59376	-68,26123
		3	-67,59413	-68,26170
Glaciers Horton, Hurley et Turner	10100	1	-67,51119	-68,52134
		2	-67,53467	-68,56558
		3	-67,53070	-68,59038
		4	-67,54162	-68,61102
		5	-67,58448	-68,56908
		6	-67,59470	-68,56850
		7	-67,59465	-68,60456
		8	-67,58291	-68,62003
		9	-67,58135	-68,64524
		10	-67,60882	-68,63338
		11	-67,61618	-68,56115
		12	-67,63532	-68,50071
		13	-67,64501	-68,40953
		14	-67,60650	-68,39021
		15	-67,58256	-68,40812
		16	-67,55850	-68,40703
		17	-67,55176	-68,39190
		18	-67,53782	-68,42167
		19	-67,52601	-68,41303

Tableau 4. Espèces de plantes vasculaires, mousses, lichens, algues présentes dans les sites comprenant la ZSPA n ° 177 Îles Léonie et sud-est de l'île Adélaïde, et autres ZSPA dans la région de la baie Marguerite. Données tirées de Cannone *et al*. (2018) et de la base de données de la British Antarctic Survey. Aucune donnée n'est disponible pour les îles Donnelly et Mucklescarf. Cependant, vu leur proximité immédiate (115 m entre les points les plus proches), la flore de l'île Donnelly est vraisemblablement un sous-ensemble de la flore de l'île Anchorage. Quant à l'île Mucklescarf, sa diversité végétale devrait être très faible vu la forte densité des populations d'oiseaux nicheurs – ils couvrent presque tout le terrain – et la petite taille de l'île (largeur maximum 55 m). En outre, aucune donnée n'est disponible pour le site des glaciers Horton, Hurley et Turner, bien que l'altitude et la pente du sol libre de glace disponible laissent à penser que la diversité végétale y est sans doute assez faible.

Nom du site	**Île Léonie***	**Île Anchorage**	**Îles Lagoon***	**ZSPA nº 129 pointe Rothera**	**ZSPA nº 117 île Avian**	**ZSPA nº 115 île Lagotellerie**
Source des données :	BAS	BAS	BAS	Cannone *et al.* (2018)	BAS	BAS
Plantes vasculaires						
Deschampsia antarctica	1	1	1	1		1
Colobanthus quitensis	1	1	1	1		1
Hépatiques						
Barbilophozia hatchery	1					
Cephaloziella varians	1	1	1		1	1
Lophozia excisa	1		1			
Marchantia berte roana	1					
Mousses						
Andreaea depressinervis	1	1	1	1	1	
Andreaea parallela var. gainii	1					
Andreaea regularis	1	1	1			
Bartramia patens	1	1	1			1
Brachythecium austro-salebrosum	1	1	1		1	1

Bryoerythrophyllum recurvirostrum	1					
Bryum archangelicum	1	1	1			1
Bryum argenteum	1		1		1	1
Bryum pallescens	1					1
Bryum pseudotriquetrum	1				1	1
Bryum urbanskyi	1					
Ceratodon purpureus	1	1	1		1	1
Coscinodon reflexidens	1		1			
Didymodon brachyphyllus	1					
Distichium capillaceum	1					
Encalypta rhaptocarpa	1					
Grimmia plagiopodia	1					
Hennediella heimii		1				1
Hypnum revolutum	1		1			1
Orthogrimmia sessitana						
Platydictya jungermannioides	1					1
Pohlia cruda	1		1		1	
Pohlia nutans	1	1	1		1	1
Polytrichastrum alpinum	1		1			
Sanionia uncinata	1	1	1	1	1	1
Schistidium andinum	1					
Schistidium antarctici	1	1	1			
Syntrichia magellanica	1	1	1		1	1
Syntrichia sarconeurum	1					1
Tortella alpicola	1					
Warnstorfia fontinaliopsis					1	

Willia austroleucophaea						1
Lichens						
Acarospora convoluta	1					
Acarospora macrocyclos		1		1		1
Amandinea coniops	1					
Amandinea isabellina				1		
Amandinea petermannii	1	1		1		
Bacidia tubercolata	1					
Bryonora peltata	1					
Buellia anisomera	1		1	1		
Buellia babingtonii				1		
Buellia cladocarpiza	1					
Buellia darbishirei				1		
Buellia falklandica	1					
Buellia illaetabilis				1		
Buellia latemarginata	1	1		1		
Buellia perlata				1		
Buellia pycnogonoides	1					
Buellia russa				1		
Buellia sp.				1		
Caloplaca athallina			1			
Caloplaca cirrochrooides				1		
Caloplaca isidioclada	1			1		1
Caloplaca lucens	1					
Caloplaca psoromatis	1					
Caloplaca sublobulata	1			1		
Caloplaca tiroliensis	1					

Candelariella flava	1			1		
Candelariella vitellina	1					1
Cladonia fimbriata					1	
Cladonia galindezii	1					1
Cladonia pleurota	1		1			
Cladonia pocillum						1
Cladonia pyxidata	1					
Dermatocarpon polyphyllizum	1					
Flavoparmelia gerlachei	1		1			1
Frutidella caesioatra	1					
Huea cerussata						1
Huea corallifera	1			1		
Lecania brialmontii			1			1
Lecanora dispersa agg.	1			1		
Lecanora physciella				1		
Lecanora polytropa	1			1		
Lecidea atrobrunnea	1					1
Lecidea placodiiformis	1					1
Lepraria caesioalba	1	1				
Lepraria sp.				1		
Leproloma cacuminum				1		
Leproloma vouauxii						1
Leptogium puberulum	1		1			1
Massalongia carnosa			1	1		
Mastodia tessellata	1			1		1
Megaspora verrucosa	1					
Ochrolechia frigida	1	1	1	1		

Parmelia saxatilis	1		1			
Phaeophyscia endococcina	1					
Physcia caesia	1		1	1	1	1
Physconia muscigena	1		1			1
Pleopsidium chlorophanum				1		1
Pseudephebe minuscula	1		1	1		
Pseudephebe pubescens			1	1		1
Psoroma cinnamomeum			1			
Psoroma hypnorum	1		1			
Rhizocarpon disporum	1					
Rhizocarpon distinctum				1		
Rhizocarpon geographicum	1					
Rhizocarpon grande				1		
Rhizocarpon griseolum	1					
Rhizoplaca aspidophora	1	1	1			1
Rhizoplaca melanophthalma	1		1	1		1
Rinodina olivaceobrunnea	1		1	1		
Stereocaulon alpinum	1		1			
Stereocaulon antarcticum	1			1		
Umbilicaria antartica	1	1	1			
Umbilicaria decussata	1		1	1		1
Umbilicaria kappeni			1	1		
Umbilicaria nylanderiana	1					
Umbilicaria umbilicarioides	1					
Usnea antartica	1	1	1	1	1	1
Usnea aurantiaco-atra	1	1	1			
Usnea sphacelata	1			1		1

Usnea subantarctica	1	1	1	1		
Xanthoria candelaria	1		1	1		1
Xanthoria elegans	1	1	1	1		1
Autre						
Prasiola crispa		1		1		

* Les données sont susceptibles d'inclure certaines espèces des îles Léonie et Lagoon qui ont été observées à l'extérieur des limites de la ZSPA.

Tableau 5. Microarthropodes signalés sur les îles Anchorage, Lagoon et Léonie.

	Île Anchorage	**Île Lagoon**	**Île Léonie**
Cryptostigmates			
Austroppia crozetensis			?
Alaskozetes antarcticus	1	1	1
Halozetes belgicae	1	1	1
Globoppia loxolineata	1		1
Globoppia intermedia			?
Magellozetes antarcticus	1	1	1
Mésostigmates			
Gamasellus racovitzai	1	1	1
Prostigmates			
Eupodes exiguus		1	
Eupodes minutus			1
Eupodes parvus			1
Apotriophtydeus sp.	1		
Pretriophtydeus tilbrooki	1	1	
Nanorchestes berryi	1	1	1
Nanorchestes gressitti	1		1
Nanorchestes sp.	1	1	
Stereotydeus villosus	1	1	1
Rhagidia gerlachei	1	1	1
Collemboles			
Cryptopygus antarcticus	1	1	1
Cryptopygus badasa	1	1	1
Friesia grisea	1	1	1
Folsomotoma octo-oculatata			1

Plan de gestion pour la zone spécialement protégée de l'Antarctique n° 178

ÎLE INEXPRESSIBLE ET BAIE SEAVIEW, MER DE ROSS

Introduction

L'île Inexpressible et la baie Seaview se situent dans la baie Terra Nova, terre Victoria, ouest de la mer de Ross à 74° 54.2' de latitude sud, 163° 43.5' de longitude est (carte 1). La ZSPA (ci-après également désignée « Zone ») couvre une superficie d'environ 3,31 km^2, dont 0,99 km^2 de zone marine (35 %) et 2,32 km^2 de zone terrestre (65 %) (carte 2) et a été proposée par la Chine, l'Italie et la République de Corée. La zone est distinctive et les principales raisons de sa désignation comme ZSPA sont la nécessité de protéger l'environnement et les valeurs scientifiques exceptionnelles. En particulier, cette zone abrite l'un des plus anciens manchots Adélie (*Pygoscelis adeliae*) et un important site de reproduction de la labbe polaire sud (*Stercorarius maccormicki*). La zone a été identifiée comme une zone importante pour les oiseaux (IBA178) par BirdLife International sur la base de la colonie de labbes polaire sud et de la concentration d'oiseaux de mer, en particulier le manchot Adélie (Résolution 5, 2015). Son écosystème particulier est relié à la polynie de la baie Terra Nova adjacente et permet d'effectuer des comparaisons avec d'autres sites voisins où la dynamique de la banquise est différente tout au long de l'année. Par ailleurs, dans la ZSPA, plusieurs lacs sont influencés par l'apport nutritif en guano, et d'autres non.

Le premier recensement documenté d'un groupe de reproduction de manchots Adélie dans la Zone date de 1963 et une surveillance continue a été mise en place depuis les années 1980 jusqu'à ce jour, ce qui constitue l'un des premiers recensements statistiques de manchots Adélie dans la région de la mer de Ross. La colonie active de manchots occupe la zone de manière permanente depuis environ 7 000 ans et forme la colonie de manchots Adélie la plus ancienne de la région de la mer de Ross. Il y a plus de 20 000 couples reproducteurs de manchots Adélie. La ZSPA inclut la zone cruciale d'accès au ravitaillement des manchots à la polynie de la baie Terra Nova. En ce qui concerne les labbes polaires sud, alors que jusqu'à 60 couples reproducteurs ont été signalés dans les années 80, une enquête récente a révélé qu'il n'y avait pas plus de 30 couples reproducteurs, ce qui signifie que le succès de la reproduction de ces espèces dans la région est assez faible.

La ZSPA est située dans le domaine S (McMurdo-South Victoria Land géologique) sur la base de l'analyse des domaines environnementaux pour le continent antarctique (Résolution 3, 2008). Par ailleurs, la ZSPA se trouve dans la région de conservation biogéographique de l'Antarctique (RCBA) 8 et terre Victoria du Nord (Résolution 3, 2017).

La zone marine de la ZSPA est située dans la zone de protection générale de la zone marine protégée de la région de la mer de Ross. Les données de recherche et de surveillance générées par la ZSPA pourraient profiter aux travaux scientifiques du RSRMPA.

1. Description des valeurs à protéger

Les valeurs scientifiques et écologiques exceptionnelles de la Zone sont fondées sur les caractéristiques suivantes :

La colonie de manchots Adélie de l'île Inexpressible est l'une des plus anciennes populations de manchots Adélie surveillées (plus de 30 ans) dans la région de la mer de Ross (Woehler et Croxall, 1997). Installée dans la baie Seaview (74°54'04" S, 163°43'20" E) et la Baie South (74°54'40" S, 163°43'31" E), la colonie de manchots est actuellement formée de plus de 20 000 couples reproducteurs dans la baie Seaview et environ 100 couples reproducteurs dans la baie South (carte 3). Le dernier décompte donne un nombre total de 29899 couples reproducteurs en 2019 (MOE, 2020). Une surveillance planifiée à long terme de la dynamique de la population permettra d'étayer l'étude des dynamiques des populations de reproduction de manchots et du lien entre les populations et le changement climatique.

La colonie reproductrice de manchots Adélie a la plus longue histoire d'occupation continue, plus de 7 000 ans dans la zone (Baroni et Orombelli, 1991, 1994 ; Lambert et al., 2002 ; Baroni et Hall, 2004 ; Shepherd et al. 2005 ; Emslie et al, 2007 ; Mazgec et al., 2017). Le prélèvement d'ADN ancien sur des corps de manchots est important pour estimer et corriger les taux d'évolution moléculaire et analyser les dynamiques historiques de la population, les modifications de la structure du génome ainsi que le changement climatique (Lambert et al., 2002 ; 2010 ; Ritchie et al., 2004 ; Sheperd et al., 2005 ; Millar et al., 2008 ; 2012; Submaranian et al., 2009 ; Parks et al., 2015). Des échantillons d'ossements subfossiles de manchots Adélie qui conservent de l'ADN depuis 7 000 ans sont cryopréservés dans la zone. De fait, dans les zones de reproduction actuelles, il existe une densité élevée (1-5/m^2) de momies de manchots de différents âges bien préservées, ce qui fournirait une bibliothèque d'échantillons riche et unique pour étudier les dynamiques historiques, le changement climatique et l'évolution moléculaire à l'échelle géologique. Par ailleurs, l'apport de guano de manchots dans les sédiments lacustres est également propice aux recherches paléoécologiques. Les restes subfossiles d'éléphants de mer du sud (*Mirounga leonina*) ont également été retrouvés dans la zone (Hall et al., 2006 ; Koch et al., 2019).

Dans la baie Terra Nova et les zones environnantes (baie Wood), trois colonies de manchots Adélie sont présentes : Pointe Edmonson (baie Wood, ZSPA 165), anse Adélie et île Inexpressible (2 000, 11 000 et 25 000 couples, respectivement ; Lyver *et al.* 2014 ; Pezzo *et al.*, 2007), installées sur une bande côtière d'environ 75 km de long en ligne droite (carte 1). La plus grande population de manchots de l'île Inexpressible, installée dans un habitat de haute qualité à proximité de la polynie, peut servir de source pour les sous-populations voisines plus petites de colonies de manchots Adélie (Olmastroni, communication personnelle).

Des nids de labbes antarctiques sont répartis autour de la colonie de manchots Adélie de la ZSPA (carte 3). Les nids sont des creux peu profonds situés sur le sol plat parmi les blocs erratiques en terrasse de différentes tailles formés à partir de la crête Moraine. Jusqu'à 60 couples reproducteurs ont été enregistrés dans le passé (Ainley et al., 1986). Plus récemment, un recensement réalisé par des scientifiques italiens (2010) et chinois (2018) comptait 25 à 29 couples en phase de - reproduction et 17 à 34 couples non reproducteurs dans la zone de la colonie de manchots. La surveillance et la recherche à long terme sur les dynamiques des populations de reproduction, l'écologie et les liens interspécifiques des labbes antarctiques omnivores du niveau trophique le plus élevé favorisent non seulement la conservation des espèces, qui ont un taux de succès de reproduction faible établi dans les zones de la baie Terra Nova (Pezzo et al., 2001), mais contribue également à révéler la réponse de leurs diverses proies au changement climatique (Rehinardt et al., 2000 ; Hahn et al., 2008).

La proximité entre les sites de reproduction du manchot Adélie et de la labbe polaire sud sur l'île Inexpressible et la polynie de Terra Nova Bay pourrait améliorer l'efficacité alimentaire et déterminer la composition du régime alimentaire des manchots Adélie, car il a été démontré que la présence de polynie influence positivement l'écologie d'alimentation des manchots Adélie ailleurs sur le continent (par exemple Widmann et al., 2015). Cette proximité du point chaud de la polynie pourrait expliquer les différences possibles de succès de reproduction (Davis et al., 2017), de position trophique et d'exposition aux polluants, lorsque la population de l'île Inexpressible est comparée à d'autres zones de la mer de Ross (Ainley 2002, Ainley et al., 1998, Olmastroni et al., 2004, Signa et al., 2018, Olmastroni et al., in press). Notamment, les ZSPA d'Edmonson Point et du cap Hallett (n° 165 et n °106 respectivement), situées au nord de la mer de Ross et toutes deux en dehors de la zone de la polynie, ont notamment des colonies de manchots Adélie et de labbes antarctiques ayant déjà fait l'objet d'études par des scientifiques italiens et coréens (respectivement), et constituent ainsi des sites pertinents pour la comparaison de sites bénéficiant de niveaux de protection similaires.

La Zone est un site de référence pour les études de la structure de la chaîne alimentaire marine et des effets des dynamiques de la banquise sur l'écosystème marin benthique et pélagique. En effet, la présence de la polynie permet d'étudier la structure et le fonctionnement de la chaîne alimentaire marine inchangée dans des conditions sans glace, ce qui permet de réaliser des comparaisons dans le temps et l'espace avec ce qui est observé dans d'autres zones voisines où la présence de glace est plus persistante (Norkko et al., 2007; Mezgec et al., 2017 ; Cummings et al., 2018 ; Calizza et al., 2018). La communauté benthique de la baie Terra Nova (ZSPA 161) est étudiée depuis longtemps et pourrait offrir la possibilité de réaliser des comparaisons. Cela confère une valeur scientifique importante au site de l'île Inexpressible.

Cette zone abrite également plusieurs lacs d'eau douce au sein des colonies de manchots, ce qui permet des études de comparaison entre les lacs recevant des apports en éléments nutritifs du guano et les lacs sans intrants. Des niveaux plus élevés de nutriments associés à une salinité plus élevée, en raison des embruns marins, et un Chl-a plus élevé produisent des statuts physiochimiques et trophiques particuliers par rapport aux autres masses d'eau douce oligotrophes de l'Antarctique continental (Barbaro et al., 2014, Borghini et al., 2007; Michaud et al., 2012; Wei et al., 2016). Des conditions riches en nutriments et des dépôts historiques de guano peuvent générer des communautés aquatiques distinctes avec une faible teneur en picocyanobactéries et une forte abondance constante en gammaprotéobactéries.

Le niveau de la mer des plages de l'île Inexpressible s'est élevé de 30 m pendant l'Holocène (Baroni et Orombelli, 1991), et la baie Terra Nova abrite le paysage océanique le mieux préservé (Baroni et Hall, 2004). L'île Inexpressible et la baie Seaview sont formées de terrasses côtières de 14 niveaux entre 0 et 33 m au-dessus du niveau de la mer, avec des nids de manchots abandonnés et/ou des restes anciens de manchots répartis sur tous les niveaux dans les sols ornithogènes (Orombelli et al., 1990 ; Baroni et Orombelli, 1991, 1994 ; Lambert et al., 2002 ; Baroni et Hall, 2004 ; Emslie et al., 2007). Ces caractéristiques géomorphologiques uniques ont une grande valeur scientifique pour étudier les changements géologiques et glaciaires, l'évolution des modèles de répartition des manchots et le changement climatique à l'Holocène.

L'île Inexpressible et la baie Seaview sont accessibles par voie terrestre, maritime ou aérienne depuis la nouvelle future base chinoise à proximité de la Zone et depuis les bases de recherche voisines dans la baie Terra Nova. L'activité aérienne est fréquente dans la région pendant la saison d'été, avec essentiellement des déplacements d'hélicoptères.

La ZSPA nécessite une protection spéciale à long terme en raison de ses valeurs environnementales, scientifiques et écologiques exceptionnelles, et de sa vulnérabilité potentielle aux nuisances causées par les activités scientifiques, logistiques et touristiques.

2. Buts et objectifs

La gestion de l'Île Inexpressible et de la baie Seaview de la ZSPA 178 vise à :

- éviter tout changement majeur dans les fonctions et les écosystèmes de la zone, toute dégradation ou tout risque important de dégradation des valeurs de la ZSPA, en empêchant les nuisances inutiles causées par l'activité humaine dans la zone.
- préserver les valeurs environnementales de la ZSPA zone de référence pour les futures études comparatives avec d'autres populations de reproduction de manchots Adélie et de labbes antarctiques dans la baie Terra Nova et les zones environnantes, ainsi que pour la recherche et la surveillance à long terme des écosystèmes terrestres, marins et lacustres.
- permettre la poursuite des études sur les indices historiques de l'évolution du manchot Adélie et d'autres espèces sous-fossiles et sols ornithogènes.
- permettre la recherche scientifique respectant le système écologique naturel de la zone, favorisant la coordination internationale, assurant ainsi la protection contre le suréchantillonnage, en particulier du sol, de la faune et de la flore, afin de réduire l'impact cumulatif dans la zone.
- autoriser les visites à des fins éducatives dans la zone pour autant qu'elles soitent indispensables, qu'elles ne puissent être menées ailleurs et qu'elles ne mettront pas en péril le système écologique naturel de la zone.
- Éviter, dans toute la mesure du possible, l'introduction d'espèces non indigènes et pathogènes susceptibles de mettre en péril ou d'altérer les écosystèmes locaux restés vierges .
- permettre l'organisation de visites à des fins de gestion pour venir appuyer les objectifs du plan de gestion.

3. Activités de gestion

Les activités de gestion suivantes devront être mises en œuvre pour protéger les valeurs de la ZSPA :

- Des panneaux indiquant l'emplacement et les limites de la zone (indiquant les restrictions spéciales applicables) sont sécurisés et maintenus en bon état, et retirés lorsqu'ils ne sont plus nécessaires. Ils seront placés de manière à respecter au maximum la valeur esthétique de la ZSPA.

- Des exemplaires du présent plan de gestion devront être mis à la disposition de toutes les bases situées dans un rayon de 50 km autour de la Zone, à tous les navires et aéronefs se rendant dans la Zone et/ou opérant à proximité des bases adjacentes. Par ailleurs, tout le personnel opérant dans la région devra être informés de l'emplacement de la Zone, de ses limites et des restrictions d'accès et de survol applicables à l'intérieur de la Zone.
- Les programmes nationaux doivent prendre des mesures pour s'assurer que les limites de la zone et les restrictions qui s'appliquent à l'intérieur de celle-ci soient indiquées sur les cartes concernées et sur les cartes nautiques / aéronautiques.
- Tout équipement ou matériel abandonné devra être enlevé dans toute la mesure du possible, sous réserve que ce retrait ne nuise pas à l'environnement et aux valeurs de la Zone.
- La zone sera visitée en fonction des besoins (au moins une fois tous les cinq ans) afin de déterminer si elle répond toujours aux objectifs pour lesquels elle a été désignée et de s'assurer que les mesures de gestion et d'entretien sont appropriées.
- Les programmes antarctiques nationaux opérant dans la région se consulteront et partageront des informations sur les activités prévues à mettre en œuvre, afin de minimiser l'impact global sur la zone.

4. Durée de la désignation

La Zone est désignée pour une durée indéterminée.

5. Cartes

- **Carte 1 :** ZSPA 178 : île Inexpressible et baie Seaview – carte régionale
- **Carte 2 :** ZSPA 178 : île Inexpressible et baie Seaview – carte topographique avec indications d'accès et bathymétrie.
- **Carte 3 :** ZSPA 178 : île Inexpressible et baie Seaview – colonie de manchots Adélie.

6. Description de la Zone

6(i) Coordonnées géographiques, bornage et caractéristiques du milieu naturel

Description générale

La ZSPA se situe au cœur de la baie Terra Nova (carte 1). La zone se situe dans la partie sud de l'île, qui est bordée par deux plateformes de glace, l'inlandsis Nansen à l'ouest et la plateforme de glace Hells Gate, cette dernière étant alimentée par la glace marine (Baroni, 1988, Sochez et al., 1991). Elle comprend une zone libre de glace et quelques lacs, face à la baie Seaview et au nord de la baie South sur l'île Inexpressible, ainsi qu'une zone côtière marine qui définit la limite est de la Zone (cartes 2 et 3). Les forts vents catabatiques provenant de la barrière de glace Nansen et de la plateforme de glace Hells Gate ont ouvert une grande polynie dans les eaux situées à l'est en dehors de la zone de nidification des manchots Adélie, facilitant potentiellement une collecte de nourriture efficace et, par conséquent, la croissance des oisillons. Cette zone présente un relief particulier avec des plages surélevées bien définies, des sédiments marins, des terrasses découpées par les vagues et un substratum rocheux lavé par les vagues caractérisant la terre libre de glace (Baroni et al., 2004) et comprend principalement des terrasses côtières incurvées de 14 niveaux formées par des crêtes de plage à 0-33 m au-dessus du niveau de la mer. Il s'agit de l'une des formes de relief océaniques les mieux préservées de la baie de Terra Nova (Salvatore et al., 1997 ; Baroni et al., 2005). Des dépôts marins de taille allant du rocher au gravier sont répartis sur les terrasses. Des parcelles de dépôts marins plus fins conservent des coquilles subfossiles marines (Adamussium colbecki et Laternula elliptica) adaptées à la datation au radiocarbone des gisements de plage.

Limites et coordonnées

La Zone se situe dans l'est de la partie centrale de l'île Inexpressible, incluant la baie Seaview et la partie nord de la baie South. La superficie totale de la ZSPA proposée est de 3,31 km2, dont 2,32 km2 sont une zone terrestre et 0,99 km2 une zone marine. Au total, les limites s'étendent sur 7,86 km. À l'est, les limites de la ZSPA sont principalement maritimes et la zone inclut les itinéraires d'accès au ravitaillement que les manchots empruntent très fréquemment pour accéder à la mer. À l'ouest, les limites longent la zone de nidification actuelle des labbes antarctiques et la zone historique de répartition des manchots Adelie, et elles incluent des lacs d'eau douce situés à l'écart des nids des oiseaux.

La limite est de la Zone s'étend à l'extrémité nord-ouest entre les coordonnées B1, sur la côte est de la baie Seaview, et les coordonnées B8, dans la baie South (tableau 1, carte 2). La limite nord s'étend depuis les coordonnées B1, suit la côte jusqu'aux coordonnées B2, puis vers B3 et B4, et longe la base de la colline jusqu'aux coordonnées B5. La limite ouest va des coordonnées B5 à B6 (sur la même longitude que B5), puis jusqu'aux coordonnées B7 (sur la même latitude que B8).

Tableau 1. Coordonnées des limites de la ZSPA 178 (voir cartes 2 et 3 pour le site)

Nom	Latitude	Longitude
B1	74°53'46.13"S	163°45'00.00"E
B2	74°53'40.41"S	163°44'31.07"E
B3	74°53'29.99"S	163°43'44.97"E
B4	74°53'14.17"S	163°43'30.65"E
B5	74°53'14.17"S	163°42'11.02"E
B6	74°54'28.93"S	163°42'11.02"E
B7	74°54'46.54"S	163°43'11.11"E
B8	74°54'46.54"S	163°45'00.00"E

Climat

Huit stations météorologiques ont été installées dans les parties sud et centrale de l'île Inexpressible, dont deux directement à l'intérieur des limites de la ZSPA proposée. D'après les données de la station météorologique automatique Manuela (74°56'45.6" de latitude sud, 163°41'13.2" de longitude est, 78 m au-dessus du niveau de la mer), la température moyenne annuelle dans la Zone est de -18,5°C. Le nombre de jours en dessous de -40 °C n'excède pas 0,1 % ; le nombre de jours entre -30 et -15°C est d'environ 63 %, et le nombre de jours entre -15 et 0 °C est de 33 %. La température moyenne annuelle minimale est de -19,2 °C (1998) et la maximale est de -17,4 °C (2012). La température moyenne quotidienne en hiver se situe en dessous de -35 °C, la minimale est de -40,6 °C (2 septembre 1992) ; la température moyenne quotidienne maximale en été est supérieure à 0 °C, la plus haute valeur étant 6,9 °C. La température moyenne la plus élevée a été enregistrée en décembre, -3,6 ± 1,26 °C ; la plus basse en août, -26,66 ± 2,87 °C.

La vitesse moyenne annuelle du vent est de 14,2 m/s, la vitesse moyenne quotidienne maximale du vent est de 34,2 m/s (juillet 1989) et la vitesse instantanée maximale du vent est de 45 m/s (février 1985) (Bromwich, 1988). En novembre, décembre et janvier, la vitesse du vent inférieure à 15 m/s représente 90 %. La vitesse du vent varie selon les saisons. La vitesse moyenne mensuelle du vent la plus élevée a été enregistrée en août (16,54 m/s) et la plus basse en décembre (5,20 m/s). Au total, 298 épisodes de vent catabatique fort ont été enregistrés en 10 ans, dont 49,8 % en hiver (21 % en juillet) et leur durée moyenne est d'environ 10 heures. Aucun épisode de vent catabatique fort n'a été enregistré en décembre et en janvier. La vitesse moyenne mensuelle de vents catabatiques forts se situe entre 25 et 30 m/s, avec une vitesse maximale supérieure à 40 m/s.

D'après les données d'observation des stations météorologiques (74°54'04.02" de latitude sud, 163°43'45.85" de longitude est) situées dans la ZSPA, la température moyenne en janvier est de -4,8 °C ; la vitesse instantanée moyenne du vent est de 5,7 m/s, avec une vitesse instantanée maximale de 18,1 m/s.

Zone marine et polynie

La baie Terra Nova est l'un des plus profonds bassins hydriques de la mer de Ross, pouvant atteindre jusqu'à environ 1 100 m de profondeur (Buffoni *et al.*, 2002). La circulation océanique dans la baie se déplace vers le nord parallèlement à la côte pour la couche superficielle, et tourne dans le sens horaire en profondeur (Vacchi *et al.*, 2012). Le fort vent catabatique et le blocage des blocs de glace par la langue glaciaire Drygalski ont formé une énorme polynie dans la baie Terra Nova (Bromwich et Kurtz, 1984 ; Van Woert,1999), d'une superficie moyenne d'environ 1 300 km^2 (0-5 000 km^2, Kurtz et Bromwich, 1983) et ayant atteint jusqu'à 2 500 km^2 en décembre 2017. Le sel libéré de la formation glaciaire a augmenté la salinité de l'eau de mer (jusqu'à 34,87 ‰) et le point de congélation de la surface de la mer était de -1,9 °C.

La partie marine de la ZSPA inclut la zone littorale face à la colonie de manchots Adélie, s'étendant sur 0,99 km^2 et moins de 50 m de profondeur (carte 2). Les communautés benthiques de cette zone sont peu connues. Des sondages préalables au moyen de caméras sous-marines indiquent la présence abondante de macroalgues, principalement *Iridaea cordata*, à 5-10 m de profondeur (M.C. Chiantore, comm. pers.), associée à la présence abondante d'agrégats filamenteux de composition inconnue. Des organismes animaux ont été observés pendant le sondage. Ils incluent deux espèces de poissons de petite taille, *Trematomus bernacchii* et *T. pennellii*, l'étoile des mers *Odontaster validus* et des amphipodes appartenant probablement à la famille des Lysianassidae (M. Vacchi et E. Calizza, comm. pers.).

Lacs d'eau douce et lagune saumâtre

La Zone présente six lacs d'eau douce et une lagune saumâtre (carte 3) situés de 0,13 km à 1,16 km de la côte et qui occupent une superficie totale estimée à 17 780 m^2 (allant de 97 m^2 à 8 162 m^2). Certains d'entre eux, à proximité de la colonie de manchots Adélie et de labbes antarctiques, subissent l'influence des apports nutritifs de guano, tandis que d'autres plus éloignés peuvent servir de référence des conditions actuelles et pour des comparaisons à long terme (Blais *et al.*, 2005 ; Borghini *et al.*, 2007).

Six lacs d'eau douce de cette région ont été étudiés pendant les saisons estivales 2017/2018 et 2018/2019 et une concentration incroyablement élevée de nutriments a été enregistrée. La concentration de NH_4-N variait de 0,40 mg/L à 61,22 mg/L ; la concentration de NO_2^-variait de 0,8 à 0,49 mg/L et la concentration d'eau douce PO_4^{3-} variait de 0,08 à 17,72 mg/L. La concentration de carbone organique total (COT) variait de 5,12 mg/L à 33,38 mg/L. Ces concentrations sont élevées par rapport à celles d'autres lacs polaires ultra-oligotrohphiques typiques, y compris ceux de trois lacs d'eau douce échantillonnés à une plus grande distance en dehors de la zone pendant la saison estivale 2018/2019. Quarante-deux phytoplanctons ont été identifiés ; *Bacillariophyta, Cyanophyta* et *Chlorophyta* étant les taxons de phytoplancton dominants. La densité variait de $1{,}65\times10^4$ à $1{,}02\times10^7$cellules/L. Prorodon viridis, Urotricha farcta, Lacrymaria minima, Trachelophyllum sigmoides, Colpoda cucullus, Vorticella sp. et Strobilidium gyrans étaient les espèces de zooplanctons dominants (Zhang, communication personnelle).

Oiseaux

Le dernier recensement de 2017 comptait 25 089 couples reproducteurs de manchots Adélie (*Pygoscelis adeliae*) (ministère de l'Environnement, 2019). Les manchots sont principalement répartis dans la partie centrale de la baie Seaview et on compte environ 100 couples reproducteurs (131 en 2017) dans la baie South (carte 3). Il n'y a aucune divergence génétique significative chez les manchots entre la baie South et la baie Seaview selon l'analyse du polymorphisme d'une seule nucléotide (Zhang, comm. pers.). Le premier signalement documenté du manchot Adélie avec 11 000 couples reproducteurs dans la zone a été publié en 1963, l'un des premiers relevés statistiques du manchot Adélie dans la mer de Ross (Stonehouse, 1969; Woehler et Croxall, 1997). Depuis les années 80, des scientifiques de Nouvelle-Zélande, d'Italie, de Corée et de Chine surveillent la population. Le suivi GPS en 2019 a montré que les manchots se dispersent sur l'île de Ross au cours d'une saison de reproduction donnée (Xia et Zhang, comm. Pers.).

Tableau 2. Taille de la population de manchots Adélie dans la ZSPA 178 (couples reproducteurs)

Année	Taille de la population	Référence
1963	11 000	Stonehouse, 1969
1982	9 217	Woehler et Croxall, 1997
1983	17 120	He et al., 2017
1984	24 864	Wilson et coll., 2017

1987	28 715	Woehler et Croxall, 1997
1989	23 528	Woehler et Croxall, 1997
1991	20 029	Woehler et Croxall, 1997
2001	24 142	Olmastroni et al., sous presse
2012	24 450	Lyver *et al.*, 2014.
2017	25 089	Ministère de l'Environnement, 2019
2019	29 899	Ministère de l'Environnement, 2020

Dans la baie Seaview Bay, les aires de reproduction des manchots sont réparties sur des pentes de 10 à 700 m de large le long du littoral. Le site de nidification se trouve entre 0,5 et 33 m au-dessus du niveau de la mer et plus de 80 % des individus reproducteurs sont répartis entre 0,5 et 10 m au-dessus du niveau de la mer. Pendant la période de reproduction, les manchots rapportant de la nourriture rejoignent la zone principale de la colonie puis se déplacent pendant encore 14,4±19,3 minutes pour atteindre la zone de reproduction la plus élevée. Les nids de manchots Adélie ont été installés sur les terrasses de tous les niveaux, qui sont parsemées de nombreux nids dans des creux plus ou moins profonds. Plus tard dans la saison, des « crèches » allant d'une dizaine à des milliers de poussins se forment sur les collines. Des études menées sur des poussins de manchots Adélie ont montré que le régime alimentaire dans la zone de la baie de Terra Nova se composait principalement de lépismes antarctiques (*Pleuragramma antarctica*) et aussi de krill des glaces (*Euphausia crystallorophias*), et de krill antarctique (*E. superba*) dans une moindre mesure (Olmastroni et al, sous presse).

Dans la baie South, le site de nidification se situe sur le versant sud à 5-10 m du littoral, à 3-10 m au-dessus du niveau de la mer et n'occupe pas plus de 1000 m^2. Les poussins y forment une seule «c rèche ».

Les restes de manchots ont suscité l'intérêt scientifique de l'Italie, des États-Unis et d'autres pays au cours des 30 dernières années (Stuiver, 1981 ; Whitehouse et al., 1989 ; Orombelli et al. 1990 ; Baroni et Orombelli, 1987, 1991, 1994 ; Baroni et Hall, 2004; Lambert et al., 2002 ; 2010 ; Ritchie et al., 2004 ; Sheperd et al., 2005 ; Emslie et al., 2007 ; Millar et al., 2008 ; Submaranian et al., 2009 ; Lorenzini et al., 2009 ; 2010, 2011, 2012, 2014 ; Parks et al., 2015 ; Megzec et al., 2017).

Des scientifiques d'Italie et de Nouvelle-Zélande ont extrait dans le passé 15 subfossiles individuels de manchots Adélie, datant d'il y a environ 6 100 ans et ont effectué des analyses génétiques et phylogénie (Lambert et al., 2002 ; 2010; Ritchie et al., 2004 ; Shepherd et al., 2005 ; Millar et al., 2008 ; Submaranian et al., 2009). Plusieurs échantillons de guano et autres restes de manchots Adélie, creusés dans la 14e terrasse de la baie Seaview, South Bay et en périphérie de la zone colonisée, ont été collectés par des chercheurs italiens (Orombelli et al., 1990 ; Baroni et Orombelli, 1991 ; 1994 ; Baroni et Hall, 2004). Les sols orrnithogéniques ont permis de récupérer des informations pertinentes sur les conditions environnementales passées et sur le régime alimentaire des manchots Adélie de l'Holocène, à travers les coquilles d'œufs, les os et les restes de proies (arêtes et otholithes de poissons, abeilles de calamars, etc.; Lorenzini et al., 2009; 2010, 2014). Les scientifiques chinois au cours des 5 dernières années, ont collecté plus de 130 échantillons (voir matériel supplémentaire). Ces précieux échantillons peuvent offrir la possibilité d'étudier le changement climatique et l'évolution moléculaire.

Jusqu'à 60 couples reproducteurs de labbes antarctiques ont été recensés dans la Zone (Ainley *et al.*, 1986). Dans le monde, on recense entre 6 000 et 15 000 labbes antarctiques adultes (BirdLife International, 2017) ou 5 000 à 8 000 couples reproducteurs (De Hoyo *et al.*, 1996). Les labbes antarctiques se reproduisent principalement dans la ceinture rocheuse autour de la colonie de reproduction de manchots Adélie et, dans certaines zones, les nids des deux espèces d'oiseaux présentent une distribution en mosaïque (carte 3 pour les points de reproduction de 2018). Des groupes de 20 à 30 labbes polaires sud sont parfois observés. Les enquêtes menées fin décembre 2016 et 2017 ont permis de constater la présence de 2 œufs et/ou 2 poussins dans chaque nid de labbes polaires du Sud. Une enquête menée en janvier 2018 a montré que pas plus d'un poussin a été trouvé dans chaque nid (Zhang et Xia, comm. Pers.), suggérant une prédation conspécifique (de Hoyo et al., 1992). De même, les labbes antarctiques de la pointe Edmonson produisent 1,9±0,2 œufs, mais le taux de succès de la reproduction est limité à seulement 0,2±0,4. Le comportement agressif des congénères, le caïnisme (les grands oisillons tuent les petits), le climat rigoureux et la ponte tardive sont les principales causes d'un taux de reproduction bas (Pezzo *et al.*, 2001). Le succès de la reproduction et les facteurs affectant la reproduction des labbes sur l'île Inexpressible nécessitent une enquête plus approfondie.

Dans la Zone, on peut aussi observer occasionnellement des manchots empereurs (*Aptenodytes forsteri*), des océanites de Wilson (*Oceanites oceanicus*), des pétrels des neiges (*Pagodroma nivea*) et des fulmars antarctiques (*Thalassoica antarctica*). Il n'existe aucun registre de reproduction des espèces aviaires susmentionnées dans la zone.

Mammifères

Dans les eaux proches de la Zone, il est possible d'observer des phoques de Weddell (*Leptonychotes weddellii*), des léopards de mer (*Hydrurga leptonyx*) et moins fréquemment des phoques crabiers (*Lobodon carcinophagus*). Les phoques de Weddell se reposent souvent dans la colonie de manchots. Les léopards de mer ont régulièrement été observés à chasser les manchots (adultes et jeunes) dans la mer en face de la colonie (2001 et ultérieur, Olmastroni, comm. pers.). En 2017, deux attaques inhabituelles de phoques de Weddell contre des manchots Adélie ont été observées (Miao, comm. Pers.). Des restes d'éléphants de mer subfossiles indiquent une large présence de cette espèce dans le passé (Hall *et al.*, 2006). Aujourd'hui, la présence d'éléphants de mer (*Mirounga leonina*) est très rare dans la baie Terra Nova (un seul individu a été recensé au cours des deux dernières décennies).

Des restes de phoques (os, peau, organes internes et graisse) ont été trouvés sur les plages (Baroni et Hall, 2004 ; Hall et al., 2006 ; de Bruyn et al., 2009, 2014). Les éléphants de mer momifiés (Mirounga leonina) dans divers états de conservation reposent sur des plages surélevées de l'Holocène et témoignent de la colonisation par reproduction holocène de la zone qui s'est écrasée il y a environ 1000 ans (Koch et al., 2019).

Invertébrés terrestres

Seuls furent recensés *Gressittacantha terranova* (Collemboles, Entognathes), par Fanciulli *et al.* (2001) dans la première étude de la génétique de la population de microathropodes du sol antarctique, et *Acutuncus antarcticus* (Eutardigrades, Hypsibiidae) par Cesari *et al.* (2016).

Mousses et lichens

Des scientifiques ont déterminé que la biodiversité des mousses et des lichens était élevée dans certains habitats terrestres particuliers de cette région (Castello, 2003 ; Cannone et Seppelt, 2008). Au total, neuf lichens ont été recensés en 2016-2017, notamment l'espèce largement répandue *Buellia frigida* (en tant qu'espèce constructive), et d'autres espèces telles que *Acarospora gwynnii, Candelariella flava, Lecanora expectans, Lecanora fuscobrunnea, Umbilicaria decussata, Xanthoria elegans et Xanthomendoz*une *borealis*. Sur la crête rocheuse sud de la colonie de manchots dans la baie Seaview, *Bryum argenteum* est largement répandue. Les lichens se développent sur des rochers et des galets marins, les thalles individuels augmentant en taille en fonction de l'élévation. La taille maximale *Buellia* sp. thalles est > 290 mm à 24 m asl et témoigne de l'âge croissant des plages surélevées en fonction de l'émersion progressive des zones côtières (Baroni et Orombelli, 1987 ; Baroni, 1994).

Algues terrestres et microorganismes

Des champignons tolérant au froid comme *Chrysosporium verrucosum Tubaki*, *Thelebolus microsporus* et les levures Kimbrough et White ont été retrouvés dans le guano des manchots et dans le sol de la Zone (Del Frate et Caretta, 1990). Une souche fongique, isolée de l'île Inexpressible, a été cultivée pour sa capacité à produire des enzymes extracellulaires (Fenice *et al.*, 1997). Les bactéries de cinq lacs différents de cette Zone ont été recensées pendant la saison d'été 2017-2018 par séquençage Illumina Miseq. Le genre *Flavobacterium* parmi les Bacteroidetes était le plus fréquent dans tous les lacs, et d'autres genres comme *Polaribacter* (Bacteroidetes) et des cyanobactéries étaient très abondants dans deux de ces lacs. Michaud *et al.* (2012) ont documenté dans un lac de l'île Inexpressible la forte abondance constante de gammaprotéobactéries (qui sont typiquement marines), l'absence d'actinobactéries (qui ont une importance majeure dans les environnements d'eau douce), ainsi que la faible abondance de picocyanobactéries (dont la présence n'est pas favorisée par un ratio N:P relativement élevé).

La diversité des espèces d'algues dans les lacs de la Zone est semblable à celle du lac Gondwana et des lacs des vallées sèches. Les genres typiques de procaryote (*Synechococcus*) et d'eucaryote (*Chlorella*) ont été déterminés à la fois par cytométrie en flux et par microscopie électronique (Andreoli *et al.*, 1992).

Dans les sédiments lacustres, les pigments ont confirmé que les cyanophytes constituaient le groupe d'algues le plus important, suivi des chlorophytes et des diatomées (Borghini *et al.*, 2011). Des eucaryotes microbiens dans cinq lacs différents de cette zone ont été enregistrés pendant la saison estivale 2017/2018 par microscopie et séquençage Illumina Miseq. Le genre *Geminigera* (Cryptophyceae) était significativement prédominant dans trois lacs, et dans les deux autres lacs, *Chlamydomonas* (Chlorophyta) et *Spumelle* (Chrysophyta) dominaient.

Géologie

Le sous-sol est un bloc de glace. Le principal type de roche intrusive est le quartz monzonite, et on trouve du quartz monzodiorite en petite quantité. Les principaux affleurements dans cette zone sont des dépôts glaciaires du Quaternaire et l'accumulation côtière moderne, ainsi que des monzonites et des granites intrusifs du Paléozoïque ordovicien calédonien (Wang et al., 2014). La surface des blocs ondulés dans la baie Seaview et dans la baie South correspond à la surface de prise au vent de l'Holocène (Baroni et Hall, 2004). Une terrasse côtière est formée à une altitude de 0 à 33 m et sur un littoral de 0 à 700 m.

SMH 14

Le Site et monument historique SMH 14 se trouve juste en dehors des limites de la Zone et est associé à l'expédition Terra Nova de Robert Falcon Scott (1910-1913), où l'équipe nord, dirigée par Victor Campbell, a été obligée de passer l'hiver en 1912. La grotte de neige de 3,7 m × 2,7 m et d'une hauteur de 1,7 m a été creusée en mars 1912, et elle a offert des réparations à l'équipage pendant l'hiver dans des conditions extrêmes. Le site de la grotte de neige a été désigné site et monument historique de l'Antarctique n° 14 (SHM 14) en 1995. Un point d'ancrage pour les bateaux est suggéré sur la carte 2 et l'accès au SMH 14 est encouragé par les petites embarcations. Le débarquement est suggéré le long du rivage à l'extérieur des frontières de la ZSPA. L'emplacement du SMH 14 peut alors être atteint à pied depuis le point d'atterrissage préféré. L'orographie du site et l'état des glaces ne permettent pas d'avoir un chemin clairement indiqué.

Activités humaines

Depuis les années 80, des activités humaines sont régulièrement menées dans la zone de la baie de Terra Nova. La station Gondwana (Allemagne, 74°38'07″S, 164°13'15″E), établie en 1983, fonctionne certains étés avec une capacité d'environ 25 personnes et se situe à 35 km de la Zone. La station Mario Zucchelli (Italie, 74°41'43″S, 164°06'55″E), établie en 1985, fonctionne en été seulement avec jusqu'à 100 personnes et se situe à 27 km de la Zone. La station Jang Bogo (Corée, 74°37'26″S, 164°13'40″E), à 36 km de la Zone, est opérationnelle toute l'année avec 17 personnes l'hiver et jusqu'à 60 en été depuis 2014. La Chine prévoit d'établir une base de recherche scientifique opérationnelle toute l'année (74°56'04″S, 163°42'52″E) avec 30 personnes en hiver et jusqu'à 80 en été sur l'île Inexpressible, et qui se situera à 3 km de la Zone.

Les activités de recherche actuelles dans la Zone menées par les bases scientifiques à proximité portent principalement sur les restes de manchots et la fouille des sols ornithogéniques, les flux génétiques, l'écologie et le suivi quantitatif des manchots Adélie et des labbes antarctiques, l'écologie moléculaire, la paléogéologie, le plancton, les études portant sur la biodiversité dans l'environnement terrestre et marin et l'écologie de la chaîne alimentaire. Au cours des 10 dernières années, les touristes ont visité l'île Inexpressible, avec une moyenne de 100 personnes par an, entre 2003 et 2017 et jusqu'à 480 visiteurs pendant la saison 2005-2006 (voir ressources supplémentaires) (IAATO, https://iaato.org/tourism-statistics)

6(ii) Accès à la Zone

La Zone est accessible par voie terrestre, maritime ou aérienne. Il n'y a pas d'itinéraire particulier pour entrer dans la Zone par voie terrestre. L'accès par hélicoptère est recommandé sur les sites d'atterrissage suggérés (carte 2) en dehors de la Zone. L'accès par la mer peut être effectué au moyen de petites embarcations. Les déplacements dans la zone sur des petites embarcations devraient être limités afin de réduire les nuisances subies par espèces sauvages. Les petites embarcations qui pénètrent dans les eaux de la Zone devront de préférence ancrer entre B1 et B2 et les grands navires ne devront pas pénétrer dans la Zone. Se reporter à la section 7(ii) pour de plus amples informations. L'accès devra toujours être choisi au-delà de la distance de séparation minimum avec les espèces sauvages et, dans la mesure du possible, de façon à réduire au maximum les nuisances lors de l'approche.

6(iii) Emplacement de structures à l'intérieur et à proximité de la Zone

Aucune structure permanente n'est présente à l'intérieur ou à proximité de la Zone. Au total, quatre stations météorologiques sont installées autour de la zone et fournissent des données météorologiques détaillées. Deux stations météorologiques de Corée (74°54'01.00"S, 163°43'33.00"E) et de Chine (74°54'04.02"S, 163°43'45.85"E) sont présentes dans la zone (voir carte 2). Les deux autres sont situés en dehors de la région ZSPA proposée (USA-Manuela, ITA-Virginie) et n'ont pas pu être affichés sur les cartes. Dans la région de la baie Terra Nova, d'autres stations météorologiques sont également situées dans les stations de recherche à proximité.

6(iv) Emplacement d'autres Zones protégées à proximité

- Les autres zones protégées dans les environs sont les suivantes (voir carte 1) :
- SMH 14, Site de la grotte de glace de l'île Inexpressible, 74°54'de latitude sud, 163°43', de longitude est à la limite nord de la zone.
- ZSPA 161, baie Terra Nova, 74°45' de latitude sud, 164°01' de longitude est, à 16 km au nord.
- ZSPA 173, cap Washington et baie Silverfish, 74° 37' 06" de latitude sud, 164° 57' 36" de longitude est, à 48 km au nord-ouest.
- ZSPA 175, zones géothermiques de haute altitude de la région de la mer de Ross, mont Melbourne, 74°21' de latitude sud, 164°42' de longitude est, à 68 km au nord.
- ZSPA 165, pointe Edmonson, 74° 20' de latitude sud, 165°08' de longitude est, à 76 km au nord-ouest.
-

Outre les zones protégées susmentionnées, la CCAMLR a créé une zone de protection marine de la région de la mer de Ross. La zone marine de la ZSPA est située dans la zone de protection générale de la zone marine protégée de la région de la mer de Ross.

6(v) Zones spéciales à l'intérieur de la ZSPA

Il n'y a aucune aire spéciale à l'intérieur de la Zone.

7. Critères de délivrance des permis d'accès

7(i) Critères généraux

L'accès à la Zone est interdit sauf si un permis a été délivré par une autorité nationale compétente. Les critères de délivrance de permis d'accès à la Zone sont les suivants :

- Le permis est délivré à des fins pédagogiques, scientifiques, de conservation ou de sensibilisation qui sont indispensables et qui ne peuvent être satisfaites ailleurs, ou pour des raisons essentielles à la gestion de la Zone.
- Les activités autorisées veilleront dûment, en appliquant les procédures d'évaluation d'impact sur l'environnement, à la protection continue des valeurs écologiques et scientifiques de la Zone .
- Les actions autorisées le seront conformément au présent plan de gestion .
- Le permis devra être délivré pour une période définie .
- Le permis, ou une copie, sera emporté pour tout passage à l'intérieur de la Zone.

7(ii) Accès à la Zone et déplacements à l'intérieur de celle-ci

L'accès à la Zone est autorisé à pied, par petite embarcation ou par hélicoptère uniquement à des fins indispensables, conformément aux dispositions du permis délivré. Les vêtements (en particulier les chaussures et les vêtements pour l'extérieur) et l'équipement pour le terrain seront entièrement nettoyés avant d'entrer dans la zone.

Accès à pied

Aucune route d'accès spéciale n'est désignée pour accéder à la zone à pied, mais il est nécessaire d'éviter de traverser les plages surélevées à moins d'être autorisé à des fins scientifiques impérieuses. Tous les efforts raisonnables doivent être faits pour réduire au minimum les nuisances. Une distance minimum de 5 m doit obligatoirement être tenue avec la faune. Si l'on observe une perturbation de la faune, il faut augmenter la distance de séparation ou modifier l'activité en cours jusqu'à ce la perturbation cesse d'être évidente. Les exceptions à cette règle ne sont autorisées que lorsqu'une distance d'approche inférieure est autorisée dans un permis.

Accès par véhicule

Il est interdit aux véhicules de se déplacer dans la zone.

Accès par aéronef

Les Lignes directrices sur l'exploitation d'aéronefs à proximité de concentrations d'oiseaux dans l'Antarctique, de la Résolution 2 (2004), devront être observées à tout moment. En raison des habitats de reproduction dans cette zone, des restrictions s'appliquent aux hélicoptères pendant la période du 15 octobre au 15 février inclus, conformément aux observations strictes des dispositions suivantes :

- Les trajectoires d'approche en hélicoptère et les sites d'atterrissage préférables en dehors de la Zone sont indiqués sur la carte 2. Les pilotes devront éviter de survoler les territoires de la colonie de manchots et de labbes antarctiques reproducteurs. Les pilotes suivront la voie d'approche désignée dans toute la mesure du possible, et devront interrompre le trajet si les conditions sont telles qu'elles forceraient de prendre une voie d'approche qui pourrait entraîner le survol de la colonie de manchots.
- L'atterrissage par hélicoptère dans la zone est interdit, à moins qu'un permis les autorise à des fins inscrites dans le plan de gestion
- le survol de la zone en dessous de 610 m est interdit sauf si le permis le prévoit à des fins autorisées par le plan de gestion; Les hélicoptères à deux moteurs doivent respecter l'altitude de survol minimum ainsi que la distance horizontale de 3 281 pieds (1 000 m) afin de limiter les nuisances.
- Si en raison des conditions météorologiques ou d'autres motifs de sécurité les pilotes ne pouvaient pas suivre la trajectoire d'approche indiquée et atterrir sur les sites prévus, ils devraient retourner au point de décollage si possible ou atterrir en dehors de la zone. Les atterrissages dans la zone ne sont autorisés qu'en cas d'urgence.
- Le survol de colonies d'oiseaux dans la Zone par des systèmes d'aéronefs pilotés à distance (RPAS) ne devra pas être autorisé, sauf à des fins scientifiques ou opérationnelles et en vertu d'un permis délivré par les autorités nationales compétentes, et sous réserve de la consultation et de l'application des recommandations appropriées prévues dans les Lignes directrices environnementales pour l'exploitation des systèmes d'aéronef pilotés à distance (RPAS) en Antarctique (Résolution 4, 2018).

Accès par navire et petite embarcation

Il n'y a pas de zone de débarquement désignée pour les petites embarcations qui fait référence aux navires d'une capacité de 15 personnes ou moins, tels que les embarcations gonflables Zodiac ou de taille similaire. Il est suggéré aux navires de jeter l'ancre en dehors de la zone comme indiquée sur la carte 2 (74°54'02.03 "de latitude sud, 163°45'52.31 « de longitude est) . Pendant la période de reproduction des manchots, du 15 octobre au 15 février, les petites embarcations ne devraient atterrir que sur le littoral au nord-est de la baie Seaview entre les points limites B1 et B2. Pendant cette période, les débarquements de petites embarcations dans d'autres endroits sont interdits, à moins qu'un permis l'autorise pour des raisons scientifiques impérieuses. L'approche du site de débarquement entre les points limites B1 et B2 doit être à faible vitesse pour minimiser les nuisances et éviter le contact avec les manchots.

Le point d'atterrissage suggéré (74°53′50.96″de latitude sud,163°45′20.85″ de longitude est) pour visiter le SMH 14 est indiqué sur la carte 2.

7(iii) Activités pouvant être menées à l'intérieur de la Zone

Les activités qui peuvent être menées à l'intérieur de la Zone ne devront pas menacer ses valeurs scientifiques et écologiques. Les activités pouvant être menées dans la Zone sont les suivantes :

- les études scientifiques indispensables qui ne peuvent être menées ailleurs.
- l'échantillonnage, qui devrait être le minimum requis pour les programmes de recherche approuvés.
- activités de gestion essentielles, y compris la surveillance et l'inspection.
- activités à des fins éducatives ou de sensibilisation telles que des reportages documentaires (par exemple visuels, audio ou écrits) ou la production de ressources ou de services éducatifs et de sensibilisation.

7(iv) Installation, modification ou retrait de structures et d'équipement

- Aucune structure ne doit être installée dans la Zone, sauf à des fins scientifiques ou de gestion indispensables et pour une période préétablie, définis dans un permis.
- Toutes les structures, l'équipement scientifique ou les balises installés dans la Zone devront être clairement identifiés en indiquant le pays, le nom du chercheur principal, l'année d'installation et la date d'enlèvement prévue. Tous ces éléments ne doivent contenir aucun organisme, propagule (p. ex. semences, œufs) ou sol non stérile et doivent être faits de matériaux résistants aux conditions environnementales et présentant un risque de pollution minime pour la Zone.
- L'installation (y compris le choix du site), l'entretien, la modification ou l'enlèvement de structures ou d'équipements devront être effectués de façon à minimiser les nuisances aux valeurs de la Zone.
- Les structures et les installations doivent être enlevées lorsqu'elles ne sont plus nécessaires, ou une fois que le permis est arrivé à expiration, selon le scénario qui se produit en premier lieu.
- Le retrait de structures ou d'équipements particuliers pour lesquels le permis est expiré relèvera de la responsabilité de l'autorité qui a délivré le permis initial et devra constituer une condition du permis.

7(v) Emplacement des camps de base

L'établissement de camps permanents est interdit à l'intérieur de la Zone. Il y a un camping (74°54'34.76" de latitude sud, 163°42'03.22"de longitude est) situé à l'extérieur de la zone.

7(vi) Restrictions sur les matériaux et organismes pouvant être introduits dans la zone

Outre les critères du Protocole au Traité sur l'Antarctique relatif à la protection de l'environnement, les restrictions concernant les matériaux et les organismes pouvant être introduits dans la Zone sont les suivantes :

- L'introduction délibérée d'animaux, de matières végétales, de micro-organismes et de terre non stérile dans la Zone ne sera pas autorisée. Des mesures de précaution doivent être prises pour éviter l'introduction accidentelle de tout animal, forme végétale, micro-organisme et terre non-stérilisée provenant de régions biologiques distinctes (comprises à l'intérieur ou à l'extérieur de la zone du Traité de l'Antarctique) ;
- Les visiteurs devront s'assurer que le matériel de prélèvement d'échantillons et les balises sont propres avant d'entrer dans la Zone. Les chaussures et autres équipements utilisés ou introduits dans la Zone (y compris les sacs à dos, les bagages et les tentes) devront dans toute la mesure du possible être nettoyés exhaustivement avant d'entrer dans la zone. Les visiteurs devraient également consulter et appliquer les recommandations appropriées prévues dans le *Manuel sur les espèces non indigènes* du Comité pour la protection de l'environnement (Résolution 4, 2016) et dans le *Code de conduite du SCAR pour la recherche scientifique de terrain en zone continentale en Antarctique* (Résolution 5, 2018).
- Les œufs frais et la viande de volaille fraiche devront être introduits dans la Zone. Tous les déchets de volaille cuisinés devront être intégralement retirés de la Zone.

- Aucun herbicide ni pesticide ne doit être introduit dans la Zone.
- Les combustibles, produits chimiques et autres matériaux ne doivent pas être stockés dans la zone, à moins qu'un permis ne le prévoie spécifiquement, et doivent être stockés et gérés d'une façon qui limite les risques d'introduction accidentelle dans l'environnement .
- Tout le matériel devra être introduit dans la Zone pour une période déterminée et devra être retiré à la fin de ladite période.

7(vii) Prélèvement de végétaux et capture d'animaux ou perturbations nuisibles à la faune et la flore

Toute capture d'animaux ou toute perturbation nuisible à la faune et la flore indigène est interdite sauf avec un permis distinct délivré spécifiquement à cette fin en vertu de l'Annexe II du Protocole au Traité sur l'Antarctique relatif à la protection de l'environnement.

En cas de capture d'animaux ou d'interférence nuisible, celles-ci devront au minimum respecter le ' *Code de conduite du SCAR pour l'utilisation d'animaux à des fins scientifiques dans l'Antarctique* (Résolution 4, 2019).

7(viii) Ramassage ou enlèvement de toute chose qui n'a pas été apportée dans la Zone par le détenteur du permis

À moins qu'un permis ne l'autorise expressément, il est interdit aux visiteurs de la Zone d'interférer avec le matériel anthropique ou de le manipuler, le prendre ou l'endommager. De même, le déplacement ou le retrait d'objets à des fins de préservation et de protection n'est autorisable que moyennant un permis. Tout matériel anthropique nouveau ou nouvellement identifié trouvé devrait être signalé aux autorités nationales compétentes.

Le ramassage ou le retrait de tout élément devrait être effectué dans les conditions suivantes :

- Les matériaux ne peuvent être ramassés ou enlevés de la Zone qu'en conformité avec un permis, mais ils doivent être limités au minimum requis pour répondre aux besoins scientifiques ou de gestion.
- Le matériel d'origine humaine susceptible de mettre en péril les valeurs de la Zone et qui n'a pas été introduit par le détenteur du permis ou qui n'a pas été autrement autorisé peut être enlevé de la Zone, à moins que l'impact environnemental du retrait puisse être plus grand que si le matériel était laissé *in situ*. Si tel est le cas, les autorités compétentes doivent impérativement être informées et une autorisation doit être obtenue.

7(ix) Élimination des déchets

Tous les déchets, y compris les déchets humains, doivent être retirés de la zone.

7(x) Mesures nécessaires pour que les buts et objectifs du plan de gestion continuent d'être atteints

Des permis peuvent être délivrés pour avoir accès à la Zone afin de :

- Mener des activités de suivi et d'inspection de la zone, qui peuvent inclure le prélèvement d'un petit nombre d'échantillons ou de données à des fins d'analyses ou d'audit .
- installer ou entretenir des panneaux de signalisation, des balises, des structures ou des équipements scientifiques.
- pour prendre des mesures de protection ;

7(xi) Rapports de visites

- Pour chaque visite effectuée dans la Zone, le principal titulaire du permis devra soumettre un rapport aux autorités nationales compétentes dans les meilleurs délais et conformément aux procédures nationales.
- Ces rapports doivent contenir, le cas échéant, les informations mentionnées dans le formulaire de rapports de visite repris dans le « Guide pour l'élaboration des plans de gestion des Zones specialement protégées de l'Antarctique » (Résolution 2, 2011).

- L'autorité nationale doit, chaque fois qu'elle le peut, également transmettre une copie du rapport de visite à la Partie étant à l'initiative du plan de gestion, afin de l'aider dans la gestion de la Zone et dans la révision du plan de gestion.
- Les Parties travaillant dans la Zone sont encouragées à échanger les informations concernant les rapports de visite sur une base annuelle. Dans la mesure du possible, les Parties sont tenues de déposer les originaux ou les copies de ces rapports de visite originels dans un lieu d'archivage accessible au public, en vue d'un réexamen du plan de gestion et de l'organisation scientifique de la zone.

8. Support documentaire

Abollino, O., Aceto, M., Buoso, S., Gasparon, M., Green, W. J., Malandrino, M., Mentasti, E. (2004). Distribution of major, minor and trace elements in lake environments of Antarctica. Antarctic Science, 16(3), 277-291.

Ainley, D.G. (2002). The Adélie penguin: Bellwether of climate change. Columbia University Press, pp 416.

Ainley, D. G., Morrell, S. H., & Wood, R. C. (1986). South polar skua breeding colonies in the Ross Sea region, Antarctica. Notornis, 33(3), 155-63.

Ainley, D. G., Wilson, P. R., Barton, K. J., Ballard, G., Nur, N., Karl, B. (1998). Diet and foraging effort of Adélie penguins in relation to pack-ice conditions in the southern Ross Sea. Polar Biology, 20(5), 311-319.

Andreoli, C., Scarabel, L., Spini, S., Grassi, C. (1992). The picoplankton in Antarctic lakes of northern Victoria Land during summer 1989–1990. Polar Biology, 11(8), 575-582.

ATCM XLII and CEP XXII (2019). Resolution 4, SCAR's Code of Conduct for the Use of Animals for Scientific Purposes in Antarctica.

Barbaro, E., Zangrando, R., Vecchiato, M., Turetta, C., Barbante, C., & Gambaro, A. (2014). D-and L-amino acids in Antarctic lakes: assessment of a very sensitive HPLC-MS method. Analytical and bioanalytical chemistry, 406(22), 5259-5270.

Baroni, C., Orombelli, G (1987). Glacial Geology and Geomorphology of Terra Nova Bay (Antarctica). In: RICCI C.A. (Ed.), Proc. meeting Geosciences in Victoria Land, Antarctica. Siena, 2-3 Sept. 1987. Mem. Soc. Geol. It., 33, 171-193.

Baroni, C. (1988). The Hells Gate and Backstairs Passage Ice Shelves, Victoria Land - Antarctica. In: RICCI C.A. (Ed.), Proceedings of the meeting Earth Science in Antarctica, Siena 27-28 September 1988. Mem. Soc. Geol. It., 43, 123-144.

Baroni, C., Orombelli, G. (1991). Holocene Raised Beaches at Terra Nova Bay, Victoria Land, Antarctic. Quaternary Research, 36: 157-178.

Baroni, C.. (1994). Notes on Late-glacial retreat of the Antarctic Ice sheet and Holocene environmental changes along the Victoria land coast.. Mem. National Institute Polar Research, Tokyo, Spec. Issue, 50, 85-87.

Baroni, C., Orombelli, G. (1994). Abandoned Penguin rookeries as Holocene paleoclimatic indicators in Antarctica. Geology, 22: 23-26.

Baroni, C., Hall, B.L. (2004). A new Holocene relative sea-level curve for Terra Nova Bay, Victoria Land, Antarctica. Journal of Quaternary Science, 19(4): 377–396.

Baroni C. (ed.), Biasini A., Bondesan A., Denton G.H., Frezzotti M., Grigioni P., Meneghel, M., Orombelli G., Salvatore M.C., Della Vedova A.M. & Vittuari L. (2005) - Mount Melbourne Quadrangle, Victoria Land, Antarctica 1:250,000 (Antarctic Geomorphological and Glaciological Map Series). In: Haeberli W., Zemp M., Hoelzle M., Frauenfelder R. & Kääb A. (eds.), 2005, Fluctuations of Glaciers 1995-2000

(Vol. VIII). IUGG (CCS) / UNEP / UNESCO, World Glacier Monitoring Service, Zurich, Switzerland: 288 pp.

BirdLife International. 2017. *Catharacta maccormicki* (amended version of 2016 assessment). The IUCN Red List of Threatened Species 2017: e.T22694218A119402983.

Blais, J. M., Kimpe, L. E., McMahon, D., Keatley, B. E., Mallory, M. L., Douglas, M. S., Smol, J. P. (2005). Arctic seabirds transport marine-derived contaminants. Science, 309(5733), 445-445.

Borghini, F., Colacevich, A., Bargagli, R. (2007). Water geochemistry and sedimentary pigments in northern Victoria Land lakes, Antarctica. Polar Biology, 30(9), 1173-1182.

Borghini, F., Colacevich, A., Caruso, T., Bargagli, R. (2011). An update on sedimentary pigments in Victoria Land lakes (East Antarctica). Arctic, Antarctic, and Alpine Research, 43(1), 22-34.

Bromwich, D.H., Kurtz, D.D. (1984). Katabatic wind forcing of the Terra Nova Bay polynya. Journal of Geophysical Research, 89 (C3): 3561–72.

Bromwich, D.H. (1988). An Extraordinary Katabatic Wind Regime at Terra Nova Bay, Antarctica. Monthly weather review (American meteorology Society), 17: 688-695.

Budillon, G., Spezie, G. (2000) Thermohaline structure and variability in Terra Nova Bay polynya, Ross Sea. Antarctic Science, 12: 493–508.

Buffoni, G., Cappelletti, A., Picco, P. (2002). An investigation of thermohaline circulation in Terra Nova Bay polynya. Antarctic Science, 14 (1): 83-92.

Cesari M., McInnes S.J., Bertolani R., Rebecchi L., Guidetti R. (2016) Genetic diversity and biogeography of the south polar water bear *Acutuncus antarcticus* (Eutardigrada : Hypsibiidae) – evidence that it is a truly pan-Antarctic species. Invertebrate Systematics, 30: 635–649.

Calizza, E., Careddu, G., Caputi, S. S., Rossi, L., Costantini, M. L. (2018). Time-and depth-wise trophic niche shifts in Antarctic benthos. PloS one, 13(3): e0194796.

Cannone, N., Seppelt, R. (2008). A preliminary floristic classification of southern and northern Victoria Land vegetation, continental Antarctica. Antarctic Science, 20(6): 553-562.

Castello, M. (2003). Lichens of Terra Nova Bay area, Northern Victoria land (continental Antarctica). Studia Geobotanica, 22: 3-54.

CEP (2016) Committee for Environmental Protection (CEP). Non-native Species Manual. Edition 2016. Buenos Aires: Secretariat of the Antarctic Treaty, 2016, 41 pp.

Cummings, V. J., Hewitt, J. E., Thrush, S. F., Marriott, P. M., Halliday, N. J., Norkko, A. M. (2018). Linking Ross Sea coastal benthic communities to environmental conditions: documenting baselines in a spatially variable and changing world. Frontiers in Marine Science, 5: art. 232.

Davis, L.B., HOFMANN, E.E., KLINCK, J.M., PIÑONES, A., DINNIMAN, M.S. 2017. Distributions of krill and Antarctic silverfish and correlations with environmental variables in the western Ross Sea, Antarctica. Marine Ecology Progress Series, 584, 10.3354/meps12347

De Bruyn M., Pinsky M.L., Hall B., Koch P., Baroni C., Hoelzel A. R. (2014) - Rapid increase in southern elephant seal genetic diversity after a founder event. Proceedings - Royal Society. Biological Sciences, 281, 20133078-20133085. doi: 10.1098/ rspb.2013.3078

De Bruyn M., Hall B.L., Chauke L.F., Baroni C., Koch P.L. & Hoelzel A.R. (2009) - Rapid Response of a Marine Mammal Species to Holocene Climate and Habitat Change. PLoS Genetics, 5(7): e1000554. doi:10.1371/journal.pgen.1000554

Del Frate, G., Caretta, G. (1990). Fungi isolated from Antarctic material. Polar Biology 11: 1- 7.

De Hoyo, J., Elliot, A., Sargatal, J. (1992). Handbook of the Birds of the World. Barcelona: Lynx Editions.". Jutglar, Francesc.

Emslie, S.D., Coats, L., Licht, K. (2007). A 45,000 yr record of Adélie penguins and climate change in the Ross Sea, Antarctica. Geology, 35(1): 61-64.

Fanciulli, P.P., Summa, D., Dallai, R., Frati, F. (2001). High levels of genetic variability and population differentiation in *Gressittacantha terranova* (Collembola, Hexapoda) from Victoria Land, Antarctica. Antarctic Science, 13 (3): 246-254.

Fenice, M., Selbmann, L., Zucconi, L., Onofri, S. (1997). Production of extracellular enzymes by Antarctic fungal strains. Polar Biology, 17(3): 275-280.

Frezzotti, M., Salvatore, M.C., Vittuari, L., Grigioni, P., De Silvestri L. (2001). Satellite Image Map: Northern Foothills and Inexpressible Island Area (Victoria Land, Antarctica). Terra Antarctica Reports n° 6, 8 p. + map - ISBN 88-900221-9-1

Guglielmo, L., Granata, A., Greco, S. (1997). Distribution and abundance of postlarval and juvenile *Pleuragramma antarcticum* (Pisces, Nototheniidae) off Terra Nova bay (Ross sea, antarctica). Polar Biology, 19(1): 37-51.

Hahn, S., Ritz, M. S., & Reinhardt, K. (2008). Marine foraging and annual fish consumption of a south polar skua population in the maritime Antarctic. Polar Biology, 31(8), 959-969.

Hall, B.L., Hoelzel A.R., Baroni C., Denton G.H., Le Boeuf B.J., Overturf B., Töpf A.L. (2006). Holocene elephant seal distribution implies warmer-than-present climate in the Ross Sea. PNAS, 103: 10213-10217

He, H., Cheng. X., Li, X.L., Zhu, R.B., Hui, F.M., Wu,W.H, Zhao, T.C., Kang, J., Tang, J.W. (2017). Aerial photography based census of Adélie Penguin and its application in CH_4 and N_2O budget estimation in Victoria Land, Antarctic. Scientific Reports 7(1): 12942.

Koch P.L., Hall B.L., de Bruyn M., Hoelzel A.R., Baroni C. & Salvatore M.C. (2019) - Mummified and skeletal southern elephant seals (mirounga leonina) from the victoria land coast, ross sea, antarctica. Marine Mammal Science, 35 (3), 934-956. doi:10.1111/mms.12581

Kurtz, D.D., Bromwich, D.H. (1983). Satellite observed behaviour of the Terra Nova Bay polynya. Journal of Geophysical Research, 88: 9717-22.

Kurtz, D.D., Bromwich, D.H. (1985) A recurring, atmospherically forced polynya in Terra Nova Bay. In: Jacobs SS (ed.) Oceanology of the Antarctic continental shelf. Antarct Res Ser 43, American Geophysical Union, Washington DC, pp 178–201.

Lambert, D., Ritchie, P., Millar, C., Holland, B., Drummond, A., Baroni. C. (2002). Rates of evolution in ancient DNA from Adélie penguins. Science, 295: 2270-2273.

Lee, W. Y., Jung, J.-W, Chung, H., Kim, J.-H. (2019) Weddell seal feeds on Adélie Penguins in the Ross Sea, Antarctica. Polar Biology, 42: 1621-1624.

Lorenzini, S., Baneschi, I., Fallick, A.E., Salvatore, M.C., Zanchetta, G., Dallai, L., Baroni, C. (2012). Insights into the Holocene environmental setting of Terra Nova Bay region (Ross Sea, Antarctica) from oxygen isotope geochemistry of Adelie penguin eggshells. Holocene, 22: 63-69.

Lorenzini, S., Baroni, C., Fallick, A.E., Baneschi, I., Salvatore, M.C., Zanchetta, G., Dallai, L., (2010). Stable isotopes reveal Holocene changes in the diet of Adélie penguins in Northern Victoria Land (Ross Sea, Antarctica). Oecologia, 164: 911-919.

Lorenzini S., Baroni C., Baneschi I., Salvatore M.C., Fallick A.E., Hall B.L. (2014) - Adélie Penguin dietary remains reveal Holocene environmental changes in the western Ross Sea (Antarctica). Palaeogeography Palaeoclimatology Palaeoecology, 395, 21 - 28. doi: 10.1016/j.palaeo.2013.12.014

Lorenzini S., Olmastroni S., Pezzo F., Salvatore M.C. & Baroni C. (2009) - Holocene Adélie Penguin diet in Victoria Land, Antarctica. Polar Biology, 32 (7), 1077-1086. doi:10.1007/s00300-009-0607-4

Lyver, P.O., Barron, M., Barton, K.J., Ainley, D.G., Pollard, A., et al. (2014). Trends in the Breeding Population of Adélie Penguins in the Ross Sea, 1981–2012: A Coincidence of Climate and Resource Extraction Effects. PLoS ONE, 9(3): e91188.

Mezgec K., Stenni B., Crosta X., Masson Delmotte V., Baroni C., Braida M., Ciardini V., Colizza E., Melis,R., Salvatore M.C., Severi M., Scarchilli C., Traversi R., Udisti R., Frezzotti M. (2017) - Holocene sea ice variability driven by wind and polynya efficiency in the Ross Sea. NATURE COMMUNICATIONS, 8, 1-12. doi: 10.1038/s41467-017-01455-x

Michaud, L., Caruso, C., Mangano, S., Interdonato, F., Bruni, V., Lo Giudice, A. (2012). Predominance of *Flavobacterium*, *Pseudomonas*, and *Polaromonas* within the prokaryotic community of freshwater shallow lakes in the northern Victoria Land, East Antarctica. FEMS microbiology ecology, 82(2): 391-404.

Millar C.D., Dodd A., Anderson J., Gibb G.C., Ritchie P.A., Baroni C., Woodhams M.D., Hendy M.D., Lambert D.M. (2008) - Mutation and Evolutionary Rates in Adélie Penguins from the Antarctic. PLoS Genetics 4(10): e1000209. doi: 10.1371/journal.pgen.1000209

Millar C.D., Subramanian S., Heupink T.H., Swaminathan S., Baroni C., Lambert D.M. (2012) - Adélie penguins and temperature changes in Antarctica: a long-term view. Integrative Zoology, 7(2), 113–120. doi: 10.1111/j.1749-4877.2012.00288.x

Ministry of Environment (MOE) 2019. Environmental monitoring and management of the Antarctic Specially Protected Areas and the Antarctic Stations (5). Korean Ministry of Environment. 292pp.

Ministry of Environment (MOE) 2020. Environmental monitoring and management of the Antarctic Specially Protected Areas and the Antarctic Stations (6). Korean Ministry of Environment. in press.

Norkko, A., Thrush, S. F., Cummings, V. J., Gibbs, M. M., Andrew, N. L., Norkko, J., Schwarz, A. M. (2007). Trophic structure of coastal Antarctic food webs associated with changes in sea ice and food supply. Ecology, 88(11): 2810-2820.

Parks M., Subramanian S., Baroni C., Salvatore M.C., Zhang G., Millar C.D., Lambert D.M. (2015). Ancient population genomics and the study of evolution. Philosophical Transactions Of The Royal Society Of London Series B: Biological Sciences (ISSN:0962-8436) p. 1 - 10 Vol. 370. doi: 10.1098/rstb.2013.0381

Olmastroni S., Pezzo F., Volpi V., Focardi S. (2004). Effects of weather and sea ice on Adélie penguin reproductive performance. CCAMLR Science 11:99-109

Olmastroni S., Fattorini N., Pezzo F., Focardi S. Gone fishing: Adélie penguin site-specific foraging tactics and breeding performance. Antarctic Science, in press.

Orombelli G., Baroni C. & Denton G.H. (1990) - Late Cenozoic glacial history of the Terra Nova Bay Region, northern Victoria Land, Antarctica. Geografia Fisica e Dinamica Quaternaria, 13 (2), 139-163.

Petz, W., Valbonesi, A., Schiftner, U., Quesada, A., Cynan Ellis-Evans, J. (2007). Ciliate biogeography in Antarctic and Arctic freshwater ecosystems: endemism or global distribution of species? FEMS Microbiology Ecology, 59(2): 396-408.

Pezzo, F., Olmastroni, S., Corsolini, S., Focardi, S.(2001). Factors affecting the breeding success of the south polar skua *Catharacta maccormicki* at Edmonson Point, Victoria Land, Antarctica. Polar Biology, 24: 389. https://doi.org/10.1007/s003000000213.

Pezzo, F., Olmastroni, S., Volpi, V., Focardi, S. (2007). Annual variation in reproductive parameters of Adélie penguins at Edmonson Point, Victoria Land, Antarctica. Polar Biology, 31: 39-45.

Reinhardt, K., Hahn, S., Peter, H. U., & Wemhoff, H. (2000). A review of the diets of Southern Hemisphere skuas. Marine ornithology, 28, 7-19.

Ritchie P.A., Millar C.D., Gibb G.C., Baroni C., & Lambert D.M. (2004) - Ancient DNA Enables Timing of the Pleistocene Origin and Holocene Expansion of Two Adélie Penguin Lineages in Antarctica. Molecular Biology and Evolution, 21 (2), 240-248. doi: 10.1093/molbev/msh012

Salvatore M.C., Bondesan A., Meneghel M., Baroni C. & Orombelli G. (1997) – Geomorphological sketch map of the Evans Cove Area (Victoria Land, Antarctica). Geografia Fisica e Dinamica Quaternaria, 20 (2), pp. 283-290

Shepherd, L. D., Millar, C. D., Ballard, G., Ainley, D. G., Wilson, P. R., Haynes, G. D., Lambert, D. M. (2005). Microevolution and mega-icebergs in the Antarctic. Proceedings of the National Academy of Sciences, 102(46): 16717-16722.

Signa, G., Calizza, E., Costantini, M. L., Tramati, C., Caputi, S. S., Mazzola, A., Rossi, L. Vizzini, S. (2018). Horizontal and vertical food web structure drives trace element trophic transfer in Terra Nova Bay, Antarctica. Environmental Pollution, 246: 772-781.

Souchez R., Meneghel M., Tison J.L., Lorrain R., Ronveaux D., Baroni C., Lozej A., Tabacco I. & Jouzel J. (1991) - Ice composition evidence of marine ice transfer along the bottom of a small Antarctic ice shelf. Geophysical Research Letters, 18 (5), 849-852. doi:10.1029/91GL01077

Stonehouse, B. (1969). Air Census of two colonies of Adélie penguins in Ross Dependency, Antarctic. Polar Record, 14: 471-475.

Stuiver, M. (1981). History of the marine ice sheet in West Antarctica during the last glaciation: a working hypothesis. The last great ice sheets, 319-436.

Subramanian S., Denver D.R., Millar C.D., Heupink T., Aschrafi A., Emslie D.S., Baroni C., Lambert D.M. (2009) - High mitogenomic evolutionary rates and time dependency. Trends in Genetics, 25 (11), 482-486. doi:10.1016/j.tig.2009.09.005

Terauds, A., Chown, S. L., Morgan, F., J. Peat, H., Watts, D. J., Keys, H., ... & Bergstrom, D. M. (2012). Conservation biogeography of the Antarctic. Diversity and Distributions, 18(7): 726-741.

Vacchi, M., DeVries, A. L., Evans, C. W., Bottaro, M., Ghigliotti, L., Cutroneo, L., Pisano, E. (2012). A nursery area for the Antarctic silverfish *Pleuragramma antarcticum* at Terra Nova Bay (Ross Sea): first estimate of distribution and abundance of eggs and larvae under the seasonal sea-ice. Polar biology, 35(10): 1573-1585.

Van Woert, M.L. (1999). Wintertime dynamics of the Terra Nova Bay polynya. Journal of Geophysical Research, 104: 1153-69.

Wang, W., Hu, J.M., Chen, H., Yu, G.W., Zhao, Y., Liu, X.C. (2014). LA-ICP-MS zircon U-Pb ages and geological constraint of intrusive rocks from the Inexpressible Island, Northern Victoria Land, Antarctica. Geological Bulletin of China, 33(12): 2023-2031.

Wei, Y., Jin Jing, Nie Y, Chen X, Wu L, Fu P, Emslie SD (2016). Sources of organic matter and paleo-environmental implications inferred from carbon isotope compositions of lacustrine sediments at Inexpressible Island, Ross Sea, Antarctica. Advances in Polar Science, 233-244.

Whitehouse, I., Chinn, T., Hoefle, H. (1989). Radiocarbon dates from raised beaches. Terra Nova Bay, Antarctica. Geologisches Jahrbuch E, 38: 321-334.

Widmann, M., Kato, A., Raymond, B., Angelier, F., Arthur, B., Chastel, O., Pellé, M., Raclot, T. Ropert-Coudert, Y. (2015). Habitat use and sex-specific foraging behavior of Adélie penguins throughout the breeding season in Adélie Land, East Antarctica. Widmann et al. Movement Ecology, 3: 30.'

Wilson, D.J., Lyver, P.O., Greene, T.C. Whitehead, A.L., Dugger, K.M., Karl, B.J., Barringer, J.R.F., McGarry, R., Pollard, A.M., Ainley, D.G. (2017). South Polar Skua breeding populations in the Ross Sea assessed from demonstrated relationship with Adélie Penguin numbers. Polar Biology. 40: 577.

Woehler, E.J., Croxall, J.P. (1997). The status and trends of Antarctic and sub-Antarctic seabirds Marine Ornithology, 25: 43-66.

RESSOURCES SUPPLÉMENTAIRES

Des ressources supplémentaires pour la « Proposition d'une nouvelle zone spécialement protégée de l'Antarctique sur l'île Inexpressible et dans la Baie Seaview, mer de Ross » sont disponibles au lien suivant, notamment « A Summary of Dated Penguin Guano and Remains on Inexpressible Island » [Résumé des restes et du guano datés de manchots sur l'île Inexpressible] et « Figure: The number of visitors to Inexpressible Island since 2003 » [Figure: nombre de visiteurs à l'île Inexpressible depuis 2003]. http://www.chinare.org.cn/en/difDetailPublic/?id=9800

Carte 1. ZSPA 178 : île Inexpressible et baie Seaview – carte régionale

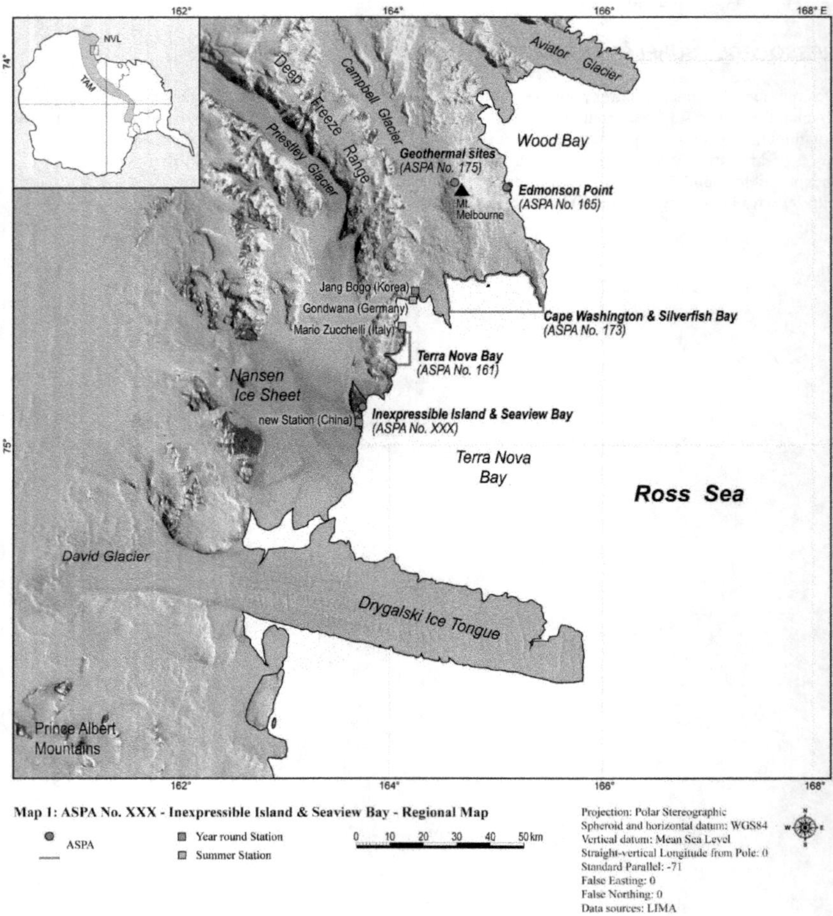

Carte 2. ZSPA 178 : île Inexpressible et baie Seaview – carte topographique avec indications d'accès et bathymétrie

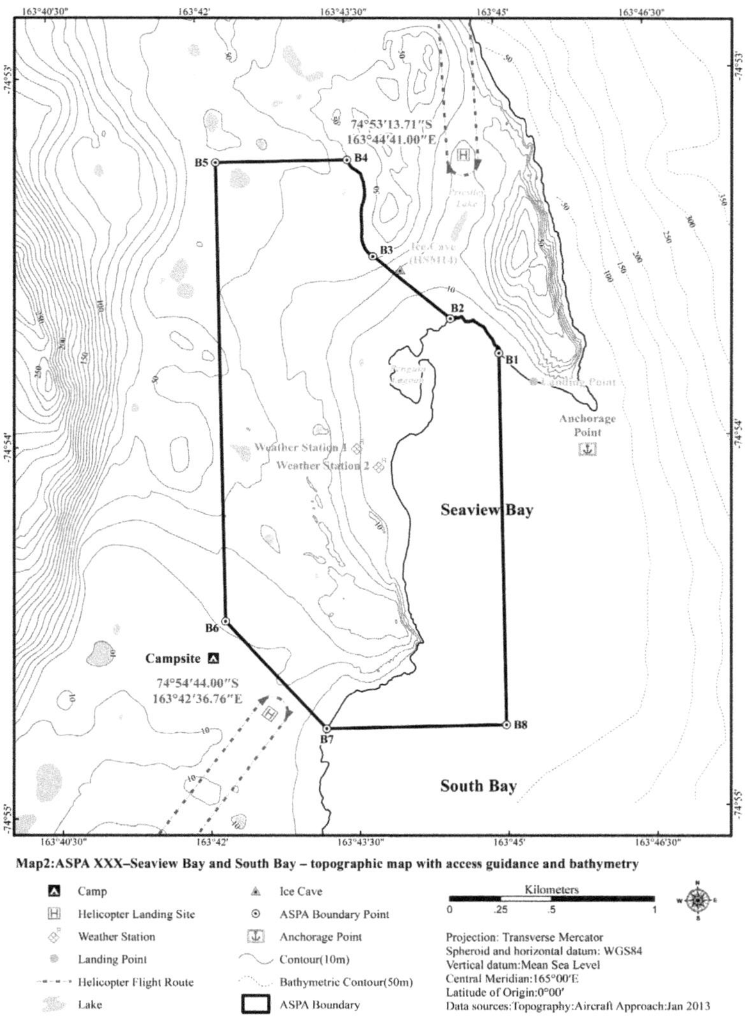

Map2:ASPA XXX–Seaview Bay and South Bay – topographic map with access guidance and bathymetry

Carte 3. ASPA 178 : île Inexpressible et baie Seaview – colonie de manchots Adélie

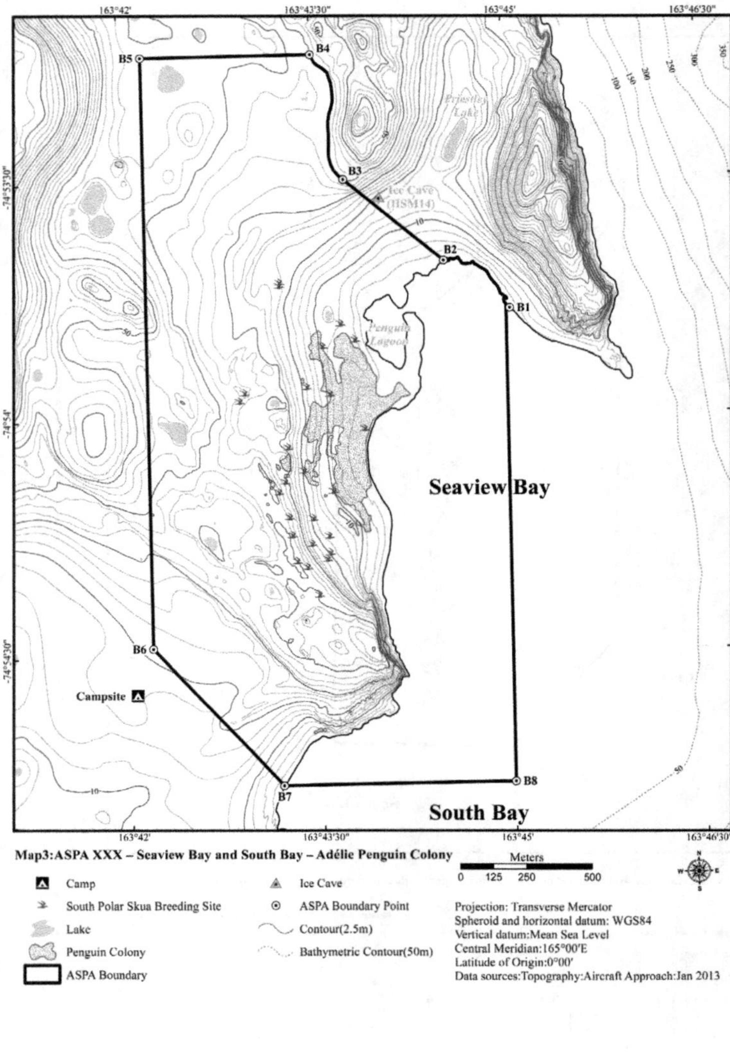

PARTIE III

Discours d'ouverture et de clôture et rapports

1. Discours des d’ouverture et de clôture

Mot de bienvenue du Premier ministre français M. Jean Castex

Paris, Maison de la Mutualité – 15 juin 2021

Mesdames et messieurs,

Nous avons de bonnes raisons d'être heureux et fiers d'accueillir la 43e Réunion consultative du Traité sur l'Antarctique en France, pour la troisième fois dans l'histoire du Traité et pour la première fois au 21e siècle. Nous sommes ravis de voir désormais 54 États réunis dans le cadre de ce Traité, qui célébrera le 60e anniversaire de son entrée en vigueur le 23 juin 1961, lors de notre rencontre à Paris.

Cette rencontre est aussi l'occasion de mesurer le chemin parcouru depuis cette date, et en particulier depuis la précédente RCTA organisée en France en 1989, car c'est à cette occasion qu'a été prise la décision de renforcer la protection de l'environnement en Antarctique. Cette décision s'est concrétisée par l'adoption du Protocole de Madrid. Je voudrais saisir cette occasion pour rendre hommage à Michel Rocard, alors Premier ministre, qui a joué un rôle déterminant aux côtés de son homologue australien Bob Hawke lors de ces négociations. Nous célébrerons le 30e anniversaire de sa signature le 4 octobre prochain. N'oublions pas que mon prédécesseur a été notre premier ambassadeur aux pôles, et qu'il a maintenu sa fonction jusqu'à son décès en 2016.

Rassembler les Parties aux Traités aujourd'hui, alors que la Réunion Consultative prévue en 2020 a été annulée, est une autre source de satisfaction, même si la pandémie continue à nous tenir à distance les uns des autres et nous oblige à mener nos travaux en visioconférence. Je sais bien qu'il s'agit d'une contrainte importante et inédite qui pèse sur nos échanges mais je ne doute pas que nous parviendrons à la surmonter grâce à l'implication sans faille de toutes les délégations, dont je salue chaleureusement la participation virtuelle, malgré l'étendue de leur présence géographique sur 18 fuseaux horaires. En outre, rien n'aurait été possible sans le soutien inestimable du Secrétariat du Traité sur l'Antarctique, et c'est pour cette raison que je tiens à saluer la présence du Secrétaire ici parmi nous aujourd'hui. Cette rencontre internationale est un exploit et je tiens à féliciter les équipes qui l'ont rendue possible.

Nous sommes prêts depuis longtemps à accueillir et célébrer cet événement, et à faire connaître les défis de l'Antarctique à nos concitoyens. Ce travail de découverte et d'éducation a été mené par des organismes publics comme l'Institut polaire français Paul-Emile Victor (IPEV) et grâce à des expositions pédagogiques préparées à Paris par les ministères de l'Europe et des Affaires étrangères, de la Transition écologique et des Outre-mer. Pour ne pas être en reste, la société civile s'est également impliquée. Une grande manifestation culturelle et scientifique intitulée « Été polaire 2021 » se déroulera en France, au cours des quatre prochains mois, dans plus de 25 grandes villes et ciblera plusieurs millions de participants. Nos mairies et bâtiments officiels porteront les couleurs de l'Antarctique pour cet événement.

La France a développé une véritable histoire avec l'Antarctique, malgré la distance qui les sépare. C'est de nos côtes que Kerguelen et Dumont d'Urville sont partis à la recherche du continent austral. Ce sont les récits des expéditions entreprises par Charcot et Paul-Emile Victor qui ont révélé ce lieu lointain aux Français qui en ont fait un rêve national. Aujourd'hui, c'est le travail internationalement reconnu de nos chercheurs, ingénieurs et techniciens présents dans nos bases scientifiques en Antarctique qui nous permet de veiller à son intégrité tout en faisant progresser nos connaissances scientifiques. Mon pays comprend l'importance d'améliorer notre connaissance de ces terres et mers lointaines, qui déterminent en partie notre avenir : le niveau futur des mers dépend fortement des processus à l'œuvre au cœur du continent blanc, et la capacité de la biodiversité à se régénérer trouve certaines des réponses sur les côtes de l'Antarctique.

Cette recherche difficile et exigeante ne peut aboutir sans une base scientifique solide. En Arctique et en Antarctique, l'Institut polaire français Paul-Emile Victor assume ce rôle pour l'État français. En tant que chef du gouvernement français, j'entends également attacher la plus grande importance à la rénovation de notre base antarctique, qui sera évidemment entreprise selon les normes environnementales les plus strictes, dans l'esprit du protocole de Madrid. Je tiens à rendre hommage à l'IPEV et au CNRS, au Muséum national d'histoire naturelle et aux universités françaises pour leurs contributions décisives à la recherche scientifique, à la protection de l'environnement et à la diplomatie polaire internationale. Autant d'éléments d'une grande importance pour nos sociétés.

Fort de cette longue expérience, et en réponse aux défis actuels, notre pays doit développer une stratégie polaire ambitieuse, la première de son histoire. Cela couvrira à la fois notre engagement dans l'Antarctique et notre action dans l'Arctique. Il s'inscrira d'emblée dans le cadre d'une synergie avec nos partenaires de l'UE et d'autres pays qui partagent notre volonté de faire des pôles un lieu de concorde et de progrès. J'ai donc demandé à notre nouvel ambassadeur des pôles et des enjeux maritimes, Olivier Poivre d'Arvor, de piloter et de coordonner, avec tous les experts et décideurs politiques, l'élaboration de cette feuille de route qui me sera présentée d'ici la fin de cette année.

L'Antarctique reste un continent unique que la grande majorité d'entre nous ne visitera jamais. C'est peut-être une bonne chose pour sa préservation, et pourtant ce lieu a définitivement marqué les femmes et les hommes qui ont pu s'y rendre.

Le premier trait distinctif de ce continent est d'être longtemps resté une hypothèse : d'Aristote à Mercator, le continent austral n'était d'abord qu'une hypothèse, voire un rêve. Puis, grâce aux navigateurs modernes, cette *terre inconnue* est devenue un vaste territoire d'exploration et de découverte. C'est une région du globe où les humains ne sont toujours que de passage.

Enfin, depuis le 20e siècle, l'Antarctique a été principalement un espace réservé à la nature, à la science et à la paix. Ce grand mérite et le poids de responsabilité qui incombe au Traité nous réunissent ici aujourd'hui.

Le Traité sur l'Antarctique et le système qui l'entoure sont donc un héritage précieux, que nous devons préserver et faire fructifier.

En montrant que les États pouvaient surmonter leurs différends en recherchant l'intérêt collectif, la signature de ce traité était d'autant plus remarquable qu'elle intervenait au plus fort de ce que l'Histoire a appelé la « Guerre froide ». Ce fut un succès remarquable pour les négociateurs de cette période, qui ont su mettre en avant l'esprit de coopération conféré par l'Année géophysique internationale face aux tendances belliqueuses de l'époque. Et surtout, cela a créé un bon précédent, prouvant qu'il est possible de régler les différends par la négociation plutôt que par une démonstration de force. À cet égard, le Traité sur l'Antarctique reste un bel exemple de multilatéralisme efficace.

Mais ce traité est aussi louable en raison de la portée importante et durable de ses dispositions. Il joue avant tout un rôle clé en excluant l'Antarctique de toute activité non pacifique. L'interdiction d'exercices, d'essais ou de constructions militaires en Antarctique est à la fois un acquis et un atout dont nous bénéficions tous aujourd'hui et que nous devons préserver collectivement.

Cette coopération concerne avant tout la recherche scientifique : l'échange d'informations, de personnels, d'observations et de résultats fait partie de la présence scientifique en Antarctique et doit se poursuivre pour minimiser les moyens déployés et optimiser les résultats obtenus. Qu'il s'agisse de l'observation de l'Antarctique et de son écosystème, ou de recherches nécessitant des conditions particulières liées à sa situation ou à son environnement, l'activité scientifique dans ces conditions extrêmes doit profiter à tous.

Nous devons prendre conscience que notre ère numérique et mondialisée a également rendu nos contemporains particulièrement attentifs à l'état de notre planète, et dans ce contexte, eux aussi se concentrent sur l'Antarctique. Aujourd'hui, chacun sait bien que l'impact de l'activité humaine peut même se faire sentir dans les pôles et que les actions correctives doivent également être globales, y compris en Antarctique.

En s'engageant à assurer la protection globale de l'environnement de l'Antarctique et de ses écosystèmes dépendants et associés, les États parties au Traité sur l'Antarctique ont marqué leur détermination à placer cet objectif au-dessus d'autres considérations. En déclarant l'Antarctique une « réserve naturelle, consacrée à la paix et à la science », ils ont clairement défini le cadre de la présence humaine sur ce continent.

Le Traité de Washington a jeté les bases du système du Traité sur l'Antarctique, dont le pilier principal est la RCTA, le second étant la Commission pour la conservation de la faune et de la flore marines de l'Antarctique, ou CCAMLR (*prononcé camelar*), qui, comme son nom l'indique, traite de la protection des mers du sud. Bien que ce sujet ne soit pas à l'ordre du jour de vos débats, car il relève de la compétence de la CCAMLR (*prononcé camelar*), permettez-moi de mentionner l'importance pour la France de l'adoption de projets concernant les zones marines protégées de l'Antarctique oriental et de la mer de Weddell, représentant plus de deux millions de kilomètres carrés de biodiversité, dont la résilience doit être assurée.

La tâche qui attend les délégations dans les prochains jours n'est évidemment pas aisée, notamment dans le cadre restrictif d'une réunion virtuelle. Mais elle est porteuse d'ambition et d'espoir pour tous les pays, qu'ils soient ou non parties au Traité, comme pour leurs citoyens, actuels et futurs. L'ambition et l'espoir que nous puissions répéter l'exploit de nos prédécesseurs, en transcendant les éventuels réflexes d'appropriation et d'exploitation qui pourraient émerger.

Dans des conditions difficiles et un environnement international complexe et compte tenu de ces enjeux, le risque de vivre le phénomène optique bien connu en milieu polaire est élevé : le voile blanc qui apparaît lorsque la lumière blanche, la neige et une couche nuageuse basse masquent tout contraste et rendent difficile de distinguer l'horizon et de discerner les formes. C'est pour l'Antarctique ce que le mirage est pour désert.

Dans de telles circonstances, tous les explorateurs vous diront qu'il n'y a qu'une seule solution : rester calme et solidaire pour surmonter ensemble les obstacles.

Merci.

Mot de bienvenue du Ministre en charge des Affaires européennes et des Affaires étrangères M. Jean-Yves Le Drian

Monsieur le Premier Ministre,

Madame la Ministre,

Mesdames et Messieurs les chefs de délégation,

Excellences,

Mesdames, Messieurs,

C'est un **très grand honneur** pour la France que d'accueillir à nouveau les travaux de la **Réunion consultative des Etats parties au Traité de Washington sur l'Antarctique**.

Soixante ans après son entrée en vigueur, je crois que nous pouvons aujourd'hui, mieux que jamais, mesurer **la portée *historique* de cette décision collective**, prolongée, trente ans plus tard, par le ***Protocole de Madrid relatif à la protection de l'environnement***.

- Dans un monde divisé et particulièrement tendu, ceux qui nous ont précédés ont reconnu, *ensemble*, la nécessité de **placer l'Antarctique hors des compétions de puissance**, au nom de la **paix** et de la **stabilité internationales**, du **progrès de la connaissance scientifique** et de la **préservation de la biodiversité de notre planète**. Avant l'heure, ils ont décidé d'en faire **un *bien commun***.
- Depuis, notre monde a bien changé, mais ces enjeux n'ont rien perdu de leur importance. Ils ont même acquis – nous le savons tous – **une urgence nouvelle.**

*

Voilà ce qui, à mes yeux, rend la réunion qui s'ouvre aujourd'hui absolument essentielle.

1) *Essentielle*, elle l'est d'abord parce que notre **combat pour le climat et la biodiversité est le combat de notre siècle**, et que cette année est cruciale avec des échéances majeures : le Congrès mondial de l'Union internationale pour la conservation de la nature (UICN) du 4 au 7 septembre prochains, la COP15 sur la biodiversité en octobre, puis la COP26 sur le changement climatique en novembre. Il est indispensable que tous les pays rehaussent leurs engagements climatiques d'ici à la COP26 de Glasgow, comme l'accord de Paris nous le demande. Ce relèvement de l'ambition doit notamment passer par de nouveaux objectifs d'ici à 2030. Nous aurons à livrer certaines batailles décisives de ce combat sur le *continent austral* et –

c'est tout aussi crucial – dans les océans qui le bordent. Tout doit être fait pour préserver **ces écosystèmes si précieux et cependant menacés par l'activité humaine**. Il nous faut réagir, et réagir vite, notamment en définissant des **aires gérées ou protégées.**

2) *Essentielle,* cette réunion l'est aussi parce que **les recherches scientifiques conduites dans l'Antarctique sont elles-mêmes *essentielles.***

Et je veux profiter de cette occasion pour **saluer tous les scientifiques présents sur place**, et en particulier nos chercheurs actuellement en mission dans nos deux bases : la base ***Dumont d'Urville*** et la base ***Concordia***, que nous sommes très heureux de partager avec nos amis italiens.

Ces recherches doivent se poursuivre, dans le respect – évidemment – du caractère unique de ce continent.

- Certaines des **observations et expériences** menées dans l'Antarctique ne sont envisageables nulle part ailleurs sur notre planète.
- Elles sont pourtant **déterminantes**, notamment pour la lutte contre le changement climatique et la préservation de la biodiversité que je viens d'évoquer.

Je pense, bien sûr, aux études effectuées sous l'égide du ***Comité pour la protection de l'environnement*** [CPE], notamment dans le cadre du *Programme de travail pour répondre au changement climatique* en liaison avec le **SCAR** *[Scientific Committee on Antarctic Research].*

A l'occasion du **trentième anniversaire du Protocole de Madrid**, j'ai le plaisir de vous annoncer que nous avons choisi de décerner une **médaille spéciale** au **Professeur Steven Chown** de *l'Université Monash* de Melbourne, que **l'Institut Polaire Paul Emile Victor** [IPEV] et le **Comité National Français pour des recherches Arctiques et Antarctiques** [CNFRA] ont voulu distinguer pour la qualité de ses travaux et marquer notre estime et notre reconnaissance.

3) C'est enfin le **développement du tourisme en Antarctique** qui rend cette réunion *essentielle.*

Bien que parfaitement compréhensible, cet intérêt nouveau est, pour nous tous, une source de préoccupation majeure. Un seul chiffre suffit à l'expliquer : en seulement deux décennies, le nombre de visiteurs a augmenté de **450%** ! Je dis bien : 450% ! Nous devinons ce que cela peut signifier.

Notre responsabilité collective est de **veiller à ce que cette tendance ne porte pas atteinte aux principes dont nous sommes les garants,** ceux du *Traité sur l'Antarctique* et de son *Protocole relatif à la protection de l'environnement.*

Ce sujet mérite donc toute l'attention des Parties, et je salue les efforts déjà engagés pour conduire ces débats comme la conduite très raisonnable de certains croisiéristes polaires et maritimes.

*

Si la **crise pandémique** – Mesdames et Messieurs – ne permettait malheureusement pas que nous nous retrouvions tous à Paris, je veux néanmoins vous assurer que **notre capitale et plusieurs de nos grandes villes se sont emparées de cette occasion pour célébrer le *Continent blanc***, à travers nombre de très belles **expositions** et **rencontres** qui s'annoncent passionnantes, des rives de la Seine à celles de l'Atlantique. Nous sommes, en vérité, très fiers de cette **saison culturelle et éducative baptisée « 2021, *un été polaire* »**, qui permettra à des millions de personnes de découvrir, en même temps que les mille facettes de cet univers fascinant, **la valeur du travail scientifique que nos chercheurs y accomplissent au quotidien**. Nous considérons, en effet, que la défense de nos biens communs passe par une **prise de conscience**, aussi large que possible, de ce qui en fait la singularité et de ce qu'il est nécessaire de faire pour en assurer l'avenir.

L'engagement de la France en faveur de nos biens communs est également au cœur de notre diplomatie. C'est, bien sûr, le cas s'agissant de l'Antarctique, grâce à l'action de notre nouvel *Ambassadeur pour les pôles et les enjeux maritimes*, **Olivier Poivre d'Arvor**, qui présidera vos travaux.

- A ma demande, il s'est déjà rendu **en mission auprès de nos partenaires étrangers** pour évoquer nos priorités, en particulier la première d'entre elle : **la création de nouvelles aires marines protégées autour de l'Antarctique**, dont je rappelais la nécessité tout à l'heure. Cette ambition fait désormais l'objet d'un large consensus au sein de la communauté internationale. J'espère que les deux grands pays qui nous restent à convaincre en verront bientôt, eux aussi, tout le bien-fondé.
- Et c'est bien sur la base de ces déplacements et de ces échanges, que nous préparons[, comme l'a dit le Premier Ministre,] **la première stratégie polaire française**, qui me sera présentée en septembre, englobera notre politique arctique et antarctique et nous servira de feuille de route pour les années à venir.

*

L'Antarctique – mes chers amis – n'a plus rien, aujourd'hui, d'un horizon inaccessible ou d'une région hors du monde. Car nous savons qu'une part considérable de **l'avenir de notre planète** et donc de **notre propre avenir** va s'y jouer. Bien qu'inhabité, ce continent est à l'évidence **un trésor pour l'humanité tout entière**.

J'espère donc que, collectivement, nous serons à la hauteur des **responsabilités immenses** que nous portons ensemble.

Je vous remercie.

2. Rapports des dépositaires et des observateurs

Rapport du Gouvernement dépositaire du Traité sur l'Antarctique et de son Protocole conformément à la Recommandation XIII-2

Document d'information soumis par les États-Unis

Le présent rapport couvre les évènements relatifs au Traité sur l'Antarctique et au Protocole au Traité sur l'Antarctique relatif à la protection de l'environnement.

Depuis le dernier rapport, on compte aucune adhésion au traité et une approbation du protocole. La Colombie a déposé un instrument d'approbation du Protocole le 13 février 2020, et le Protocole est entré en vigueur pour la Colombie le 14 mars 2020. Il y a cinquante-quatre (54) Parties au Traité et quarante et une (41) Parties au Protocole.

La liste des Parties au Traité, au Protocole, à l'Annexe V, à l'Annexe VI, et des Recommandations et Mesures, et leur adoption, accompagne le présent document.

Date de l'action la plus récente : 22 avril 2019

Le Traité sur l'Antarctique

Fait : Washington ; 1 décembre 1959

Entrée en vigueur : 23 juin 1961
Conformément à l'article XIII, le Traité a été soumis à la ratification des États signataires et il est ouvert à l'adhésion de tout État membre de l'Organisation des Nations Unies, ou de tout autre État qui pourrait être invité à adhérer au Traité avec le consentement de toutes les Parties contractantes, dont les représentants sont habilités à participer aux réunions énoncées à l'article IX du Traité ; les instruments de ratification et les instruments d'adhésion seront déposés au gouvernement des États-Unis d'Amérique. À l'issue du dépôt des instruments de ratification par tous les États signataires, le Traité est entré en vigueur pour ces États et pour les États qui avaient déposé des instruments d'adhésion au Traité. Le Traité est ensuite entré en vigueur pour tout État adhérent au dépôt de son instrument d'adhésion.

Légende : (aucune marque) = ratification ; a = accession ; d = succession ; w = retrait ou action équivalente

Participant	Signature	Consentement à être lié		Autre action	Notes
Argentine	1 décembre 1959	23 juin 1961			
Australie	1 décembre 1959	23 juin 1961			
Autriche		25 août 1987	a		
Bélarus		27 décembre 2006	a		
Belgique	1 décembre 1959	26 juillet 1960			
Brésil		16 mai 1975	a		
Bulgarie		11 septembre 1978	a		
Canada		4 mai 1988	a		
Chili	1 décembre 1959	23 juin 1961			
Chine		8 juin 1983	a		
Colombie		31 janvier 1989	a		
Cuba		16 août 1984	a		
République tchèque		1 janvier 1993	d		1
Danemark		20 mai 1965	a		
Équateur		15 septembre 1987	a		
Estonie		17 mai 2001	a		
Finlande		15 mai 1984	a		
France	1 décembre 1959	16 septembre 1960			

Participant	Signature	Consentement à être lié		Autre action	Notes
Allemagne		5 février 1979	a		2
Grèce		8 janvier 1987	a		
Guatemala		31 juillet 1991	a		
Hongrie		27 janvier 1984	a		
Islande		13 octobre 2015	a		
Inde		19 août 1983	a		
Italie		18 mars 1981	a		
Japon	1 décembre 1959	4 août 1960			
Kazakhstan		27 janvier 2015	a		
Corée (RPDC)		21 janvier 1987	a		
Corée (ROK)		28 novembre 1986	a		
Malaisie		31 octobre 2011	a		
Monaco		31 mai 2008	a		
Mongolie		23 mars 2015	a		
Pays-Bas		30 mars 1967	a		3
Nouvelle-Zélande	1 décembre 1959	1 novembre 1960			
Norvège	1 décembre 1959	24 août 1960			
Pakistan		1 mars 2012	a		
Papouasie-Nouvelle-Guinée		16 mars 1981	d		4
Pérou		10 avril 1981	a		
Pologne		8 juin 1961	a		
Portugal		29 janvier 2010	a		
Roumanie		15 septembre 1971	a		5
Fédération Russe	1 décembre 1959	2 novembre 1960			6
République slovaque		1 janvier 1993	d		7
Slovénie		22 avril 2019	a		
Afrique du Sud	1 décembre 1959	21 juin 1960			
Espagne		31 mars 1982	a		
Suède		24 avril 1984	a		
Suisse		15 novembre 1990	a		
Turquie		24 janvier 1996	a		
Ukraine		28 octobre 1992	a		
Royaume-Uni	1 décembre 1959	31 mai 1960			
États-Unis d'Amérique	1 décembre 1959	18 août 1960			
Uruguay		11 janvier 1980	a		8
Venezuela		24 mars 1999	a		

[1] Date d'entrée en vigueur de la succession de la République tchèque. La Tchécoslovaquie a déposé un instrument d'adhésion au Traité le 14 juin 1962. Le 31 décembre 1992, à minuit, la Tchécoslovaquie a cessé d'exister et a été scindée en deux États séparés et indépendants, la République tchèque et la République slovaque.

[2] L'ambassade de la République fédérale d'Allemagne à Washington a transmis au Département d'État une note diplomatique en date du 2 octobre 1990, libellée comme suit :

« L'ambassade de la République fédérale d'Allemagne présente ses compliments au Département d'État et a l'honneur d'informer le gouvernement des États-Unis d'Amérique, en sa qualité de Gouvernement dépositaire du Traité sur l'Antarctique, que, suite à l'accession de la République démocratique allemande à la République fédérale d'Allemagne, qui a pris effet à compter du 3 octobre 1990, les deux États allemands s'uniront pour former un seul État souverain qui, en sa qualité de Partie contractante au Traité sur l'Antarctique, demeurera lié par les dispositions du Traité, et soumis aux recommandations adoptées lors des 15 réunions consultatives que la République fédérale d'Allemagne a approuvées. À compter de la date de réunification de l'Allemagne, la République fédérale d'Allemagne agira sous la désignation de « Allemagne » dans le cadre du Système de l'Antarctique.

« L'ambassade serait reconnaissante au gouvernement des États-Unis d'Amérique de bien vouloir informer toutes les Parties contractantes au Traité sur l'Antarctique du contenu de la présente note.

« L'ambassade de la République fédérale d'Allemagne saisit cette occasion pour renouveler au Département d'État l'assurance de sa plus haute considération. »

Avant l'unification, le 19 novembre 1974, la République démocratique allemande avait déposé un instrument d'accession au Traité, en l'accompagnant d'une déclaration traduite en anglais par le Département d'État américain, libellée comme suit :

« la République démocratique d'Allemagne considère que le premier paragraphe de l'article XIII du Traité est contradictoire au principe selon lequel tous les États qui sont guidés dans leurs politiques par les objectifs et principes de la Charte des Nations Unies sont habilités à devenir Parties aux traités qui touchent les intérêts de tous les États. »

Ultérieurement, le 5 février 1979, la République fédérale d'Allemagne a déposé un instrument d'adhésion au Traité, en l'accompagnant d'une déclaration traduite en anglais par l'ambassade de la République fédérale d'Allemagne, libellée comme suit :

« Monsieur le Secrétaire,

« En relation avec le dépôt aujourd'hui de l'instrument d'adhésion au Traité sur l'Antarctique signé à Washington le 1er décembre 1959, j'ai l'honneur de déclarer au nom de la République fédérale d'Allemagne qu'à compter de la date d'entrée en vigueur du Traité pour la République fédérale d'Allemagne, ce dernier sera également appliqué à Berlin (Ouest), sous réserve des droits et responsabilités de la République française, du Royaume-Uni de Grande-Bretagne et d'Irlande du Nord, et des États-Unis d'Amérique, notamment ceux relatifs au désarmement et à la démilitarisation.

« Je vous prie d'agréer, Excellence, l'expression de ma plus haute considération. »

[3] L'instrument d'adhésion au Traité déposé par les Pays-Bas signale que l'adhésion concerne le Royaume en Europe, le Suriname et les Antilles néerlandaises.

Le Suriname est devenu un État indépendant le 25 novembre 1975.

L'ambassade du Royaume des Pays-Bas à Washington a transmis au Département d'État une note diplomatique en date du 9 janvier 1986, libellée comme suit :

« L'ambassade du Royaume des Pays-Bas présente ses compliments au Département d'État et a l'honneur d'attirer l'attention du Département sur le point suivant concernant son rôle de dépositaire [du Traité sur l'Antarctique].

« Depuis le 1er janvier 1986, l'île d'Aruba - qui faisait antérieurement partie des Antilles néerlandaises - a obtenu l'autonomie interne en tant que pays au sein du Royaume des Pays-Bas. En conséquence, le Royaume des Pays-Bas comporte 3 pays depuis le 1er janvier 1986, à savoir : les Pays-Bas en Europe, les Antilles néerlandaises et Aruba.

« L'événement susmentionné porte uniquement sur un changement des relations constitutionnelles internes du Royaume des Pays-Bas, et le Royaume en tant que sujet de droit international, reste lié par les traités qu'il a conclu, les changements susmentionnés n'ayant aucune conséquence sur le droit international relatif aux traités conclus par le Royaume, traités dont l'application était étendue aux Antilles néerlandaises, y compris Aruba.

« Ces traités resteront alors applicables à Aruba dans son nouveau statut de pays autonome au sein du Royaume des Pays-Bas à compter du 1er janvier 1986.

« En conséquence, le [Traité sur l'Antarctique] auquel le Royaume des Pays-Bas est Partie, et qui a été étendu aux Antilles néerlandaises, sera appliqué aux trois pays du Royaume des Pays-Bas à compter du 1er janvier 1986.

« L'ambassade vous serait reconnaissante de bien vouloir informer les autres Parties concernées du point susmentionné.

« L'ambassade du Royaume des Pays-Bas saisit cette occasion pour renouveler au Département d'État l'assurance de sa plus haute considération. »

L'ambassade du Royaume des Pays-Bas à Washington avait transmis une note diplomatique au Département d'État en date du 6 octobre 2010, dont voici en substance la teneur :

« Le Royaume des Pays-Bas comporte actuellement trois parties : les Pays-Bas, les Antilles néerlandaises et Aruba. Les Antilles néerlandaises comportent les îles de Curaçao, Saint-Martin, Bonaire, Saint-Eustache et Saba.

« À compter du 10 octobre 2010, les Antilles néerlandaises cesseront d'exister au sein du Royaume des Pays-Bas. À partir de cette date, le Royaume sera constitué de quatre parties : les Pays-Bas, Aruba, Curaçao et Saint-Martin. Curaçao et Saint-Martin jouiront d'un gouvernement autonome au sein du Royaume, au même titre qu'Aruba, et jusqu'au 10 octobre 2010, que les Antilles néerlandaises.

« Ces changements constituent une modification des relations constitutionnelles internes du Royaume des Pays-Bas. Le Royaume des Pays-Bas restera en conséquence sujet de droit international dans le cadre des accords conclus. Par conséquent, la modification de la structure du Royaume n'affectera pas la validité des accords internationaux ratifiés par le Royaume pour les Antilles néerlandaises ; ces accords continueront à s'appliquer à Curaçao et à Saint-Martin.

« Les autres îles qui ont jusqu'ici fait partie des Antilles néerlandaises – Bonaire, Saint-Eustache et Saba – continueront de faire partie des Pays-Bas, et formeront « la partie des Pays-Bas située dans les Caraïbes ». Les accords qui s'appliquent actuellement aux Antilles néerlandaises continueront à s'appliquer à ces îles ; toutefois, le gouvernement des Pays-Bas sera dorénavant responsable de la mise en œuvre de ces accords. »

[4] Date du dépôt de la notification de succession par la Papouasie-Nouvelle-Guinée ; à compter du 16 septembre 1975, date de son indépendance.

[5] L'instrument d'adhésion de la Roumanie au Traité s'est accompagné d'une note signée de l'ambassadeur de la République socialiste de Roumanie aux États-Unis d'Amérique, en date du 15 septembre 1971, libellée comme suit :

« Monsieur le Secrétaire,

« Soumettant l'instrument d'adhésion de la République socialiste de Roumanie au Traité sur l'Antarctique, signé à Washington le 1er décembre 1959, j'ai l'honneur de vous informer des faits suivants :

« Le Conseil d'État de la République socialiste de Roumanie indique que les dispositions du premier paragraphe de l'article XIII du Traité sur l'Antarctique ne sont pas conformes au principe selon lequel les traités multilatéraux dont l'objet et les objectifs concernent la communauté internationale, dans son ensemble, devraient être ouverts à la participation universelle. »

« Je vous demande cordialement, Monsieur le Secrétaire, de transmettre à toutes les Parties concernées le texte de l'instrument d'adhésion de la Roumanie au Traité sur l'Antarctique, ainsi que le texte du présent courrier contenant la déclaration du gouvernement roumain mentionnée ci-dessus.

« Je saisis cette occasion pour vous renouveler, Monsieur le Secrétaire, l'assurance de ma plus haute considération. »

Des exemplaires de la lettre de l'ambassadeur et de l'instrument d'adhésion de la Roumanie au Traité ont été transmis aux Parties au Traité sur l'Antarctique par le Secrétaire d'État, dans sa note circulaire en date du 1er octobre 1971.

[6] Le Traité a été signé et ratifié par l'ancienne Union des républiques socialistes soviétiques. Dans une note en date du 13 janvier 1992, la Fédération de Russie a informé le gouvernement des États-Unis d'Amérique qu'elle « continuera d'assumer les droits et remplir les obligations faisant suite aux accords internationaux signés par l'Union des républiques socialistes soviétiques. »

[7] Date d'entrée en vigueur de la succession de Slovaquie. La Tchécoslovaquie a déposé un instrument d'adhésion au Traité le 14 juin 1962. Le 31 décembre 1992, à minuit, la Tchécoslovaquie a cessé d'exister et a été scindée en deux États séparés et indépendants, la République tchèque et la République slovaque.

[8] L'instrument d'adhésion de l'Uruguay au Traité s'est accompagné d'une déclaration traduite en anglais par le Département d'État américain, libellée comme suit :

« Le gouvernement de la République orientale de l'Uruguay considère que, par son adhésion au Traité sur l'Antarctique signé à Washington (États-Unis d'Amérique) le 1er décembre 1959, il contribue à affirmer les principes en faveur de l'utilisation exclusive de l'Antarctique à des fins pacifiques, de l'interdiction de toute explosion nucléaire ou déchet radioactif dans cette région, de la liberté de recherche scientifique en Antarctique au service de l'humanité, et de la coopération internationale dans la réalisation des objectifs qui sont fixés dans ledit Traité. « Dans le contexte de ces principes, l'Uruguay propose, par le biais d'une procédure fondée sur le principe d'égalité juridique, l'établissement d'un statut général et définitif sur l'Antarctique dans lequel, tout en respectant les droits des États tels que reconnus dans le droit international, les intérêts de tous les États engagés dans, et appartenant à la communauté internationale, prise dans son ensemble, seraient considérés équitablement.

« La décision du gouvernement uruguayen d'adhérer au Traité sur l'Antarctique se fonde non seulement sur l'intérêt que l'Uruguay, à l'instar des membres de la communauté internationale, porte à l'Antarctique, mais également sur l'intérêt spécial, direct et substantiel qui provient de son emplacement géographique, du fait que sa ligne côtière atlantique s'ouvre sur le continent de l'Antarctique, de son influence qui en résulte sur le climat, l'écologie et la biologie marine, des liens historiques qui remontent aux premières expéditions lancées pour explorer ce continent et ses eaux et également des obligations souscrites conformément au Traité interaméricain d'assistance réciproque qui inclut une partie du territoire antarctique dans la zone décrite à l'Article 4, en vertu duquel l'Uruguay partage la responsabilité de la défense de la région.

« En communiquant sa décision d'adhérer au Traité sur l'Antarctique, le gouvernement de la République orientale de l'Uruguay déclare qu'il réserve ses droits en Antarctique, conformément au droit international. »

Date de l'action la plus récente : 13 février 2020

Protocole au Traité sur l'Antarctique relatif à la protection de l'environnement, accompagné des annexes I-IV

Fait : Madrid, le 4 octobre 1991

Ouvert à la signature : Madrid, le 4 octobre 1991 ; puis à Washington jusqu'au 3 octobre 1992

Entrée en vigueur : 14 janvier 1998
Le Protocole est entré en vigueur initialement au trentième jour après la date de dépôt des instruments de ratification, d'acceptation, d'approbation ou d'adhésion par tous les États qui étaient Parties consultatives au Traité sur l'Antarctique à la date où le Protocole a été adopté (Article 23).

Légende : (aucune marque) = ratification ; a = accession ; c = acceptation ; d = succession ;
p = approbation ; w = retrait ou action équivalente

Participant	**Signature**	**Consentement à être lié**		**Date d'entrée en vigueur**	**Notes**
Argentine	4 octobre 1991	28 octobre 1993		14 janvier 1998	1
Australie	4 octobre 1991	6 avril 1994		14 janvier 1998	
Autriche	4 octobre 1991				
Bélarus		16er juillet. 2008	a	15 août 2008	
Belgique	4 octobre 1991	26 avril 1996		14 janvier 1998	
Brésil	4 octobre 1991	15 août 1995		14 janvier 1998	
Bulgarie		21 avril 1998	a	21 mai 1998	
Canada	4 octobre 1991	13 novembre 2003		13er décembre 2003	
Chili	4 octobre 1991	11 janvier 1995		14 janvier 1998	
Chine	4 octobre 1991	2 août 1994		14 janvier 1998	
Colombie	4 octobre 1991	13 février 2020	p	14 mars 2020	
République tchèque	1 janvier 1993	25 août 2004		24 septembre 2004	2
Danemark	2 juillet 1992				
Équateur	4 octobre 1991	4 janvier 1993		14 janvier 1998	
Finlande	4 octobre 1991	1 novembre 1996	c	14 janvier 1998	
France	4 octobre 1991	5 février 1993	p	14 janvier 1998	
Allemagne	4 octobre 1991	25 novembre 1994		14 janvier 1998	
Grèce	4 octobre 1991	23 mai 1995		14 janvier 1998	
Hongrie	4 octobre 1991				
Inde	2 juillet 1992	26 avril 1996		14 janvier 1998	

Participant	Signature	Consentement à être lié		Date d'entrée en vigueur	Notes
Italie	4 octobre 1991	31 mars 1995		14 janvier 1998	
Japon	29 septembre 1 992	15er décembre 1997	c	14 janvier 1998	
Corée (RPDC)	4 octobre 1991				
Corée (Républiq ue de Corée)	2 juillet 1992	2 janvier 1996		14 janvier 1998	
Malaisie		15 août 2016	a	14 septembre 2016	
Monaco		1er juillet. 2009	a	31er juillet. 2009	
Pays-Bas	4 octobre 1991	14 avril 1994	c	14 janvier 1998	3
Nouvelle-Zélande	4 octobre 1991	22er décembre 1994		14 janvier 1998	
Norvège	4 octobre 1991	16 juin 1993		14 janvier 1998	
Pakistan		1 mars 2012	a	31 mars 2012	
Pérou	4 octobre 1991	8 mars 1993		14 janvier 1998	
Pologne	4 octobre 1991	1 novembre 1995		14 janvier 1998	
Portugal		10 septembre 2014	a	10 octobre 2014	
Roumanie	4 octobre 1991	3 février 2003		5 mars 2003	
Fédération de Russie	4 octobre 1991	6 août 1997		14 janvier 1998	
Slovaquie	1 janvier 1993				4
Afrique du Sud	4 octobre 1991	3 août 1995		14 janvier 1998	
Espagne	4 octobre 1991	1 juillet 1992		14 janvier 1998	
Suède	4 octobre 1991	30 mars 1994		14 janvier 1998	
Suisse	4 octobre 1991	2 mai 2017		1 juin 2017	5
Turquie		27 septembre 2017	a	27 octobre 2017	
Ukraine		25 mai 2001	a	24 juin 2001	
Royaume-Uni	4 octobre 1991	25 avril 1995		14 janvier 1998	6
États-Unis d'Amérique	4 octobre 1991	17 avril 1997		14 janvier 1998	
Uruguay	4 octobre 1991	11 janvier 1995		14 janvier 1998	
Venezuela		1 août 2014	a	31 août 2014	

---

1 Elle s'est accompagnée d'une déclaration dont la traduction informelle en anglais a été fournie par l'ambassade d'Argentine, libellée comme suit : « La République argentine déclare que, dans la mesure où le Protocole au Traité sur l'Antarctique relatif à la protection de l'environnement constitue un accord complémentaire du Traité sur l'Antarctique, et que son article 4 respecte pleinement ce qui a été énoncé au paragraphe A de la sous-section 1 de l'article IV dudit Traité, aucune de ses clauses ne devrait être interprétée ou mise en application comme affectant ses droits, fondés sur des titres juridiques, ses actes de possession, sa contigüité et sa continuité géologique dans la région située au sud du 60e parallèle, dans laquelle elle a proclamé et maintenu sa souveraineté. »

2 La République fédérale tchèque et slovaque a signé le Protocole le 2 octobre 1992 et a accepté la juridiction de la Cour internationale de justice et du Tribunal arbitral pour la résolution des litiges conformément à l'article 19, paragraphe premier du Protocole. Le 31 décembre 1992, à minuit, la République fédérale tchèque et slovaque a cessé d'exister et a été scindée en deux États séparés et indépendants, la République tchèque et la République

slovaque. Le 1er janvier 1993 est la date effective de la succession par la République tchèque en ce qui concerne la signature du protocole par la République fédérale tchèque et slovaque.

L'instrument de ratification du Protocole déposé par la République tchèque était accompagné d'une déclaration, dont la traduction informelle a été assurée par l'Ambassade de la République tchèque, libellée comme suit : « La République tchèque accepte la juridiction de la Cour internationale de justice et du Tribunal arbitral au titre de l'article 19, paragraphe premier du Protocole au Traité sur l'Antarctique relatif à la protection de l'environnement, fait à Madrid, le 4 octobre 1991. »

[3] L'acceptation prévaut pour le Royaume en Europe. Au moment de l'acceptation, le Royaume des Pays-Bas a déclaré qu'il choisissait les deux recours possibles pour la résolution des litiges mentionnés à l'article19, paragraphe premier du Protocole, à savoir la Cour internationale de justice et le Tribunal arbitral.

Une déclaration du Royaume des Pays-Bas en date du 15 octobre 2004 acceptant le Protocole pour les Antilles néerlandaises a été déposée le 27 octobre 2004, accompagnée d'une déclaration confirmant qu'il choisissait les deux recours possibles pour la résolution des litiges mentionnés à l'Article 19, paragraphe premier du Protocole.

L'ambassade du Royaume des Pays-Bas à Washington avait transmis une note diplomatique au Département d'État en date du 6 octobre 2010, dont voici en substance la teneur :

« Le Royaume des Pays-Bas comporte actuellement trois parties : les Pays-Bas, les Antilles néerlandaises et Aruba. Les Antilles néerlandaises comportent les îles de Curaçao, Saint-Martin, Bonaire, Saint-Eustache et Saba.

« À compter du 10 octobre 2010, les Antilles néerlandaises cesseront d'exister au sein du Royaume des Pays-Bas. À partir de cette date, le Royaume sera constitué de quatre parties : les Pays-Bas, Aruba, Curaçao et Saint-Martin. Curaçao et Saint-Martin jouiront d'un gouvernement autonome au sein du Royaume, au même titre qu'Aruba, et jusqu'au 10 octobre 2010, que les Antilles néerlandaises.

« Ces changements constituent une modification des relations constitutionnelles internes du Royaume des Pays-Bas. Le Royaume des Pays-Bas restera en conséquence sujet de droit international dans le cadre des accords conclus. Par conséquent, la modification de la structure du Royaume n'affectera pas la validité des accords internationaux ratifiés par le Royaume pour les Antilles néerlandaises ; ces accords continueront à s'appliquer à Curaçao et à Saint-Martin.

« Les autres îles qui ont jusqu'ici fait partie des Antilles néerlandaises – Bonaire, Saint-Eustache et Saba – continueront de faire partie des Pays-Bas, et formeront « la partie des Pays-Bas située dans les Caraïbes ». Les accords qui s'appliquent actuellement aux Antilles néerlandaises continueront à s'appliquer à ces îles ; toutefois, le gouvernement des Pays-Bas sera dorénavant responsable de la mise en œuvre de ces accords. »

[4] La République fédérale tchèque et slovaque a signé le Protocole le 2 octobre 1992 et a accepté la juridiction de la Cour internationale de justice et du Tribunal arbitral pour la résolution des litiges conformément à l'article 19, paragraphe premier du Protocole. Le 31 décembre 1992, à minuit, la République fédérale tchèque et slovaque a cessé d'exister et a été scindée en deux États séparés et indépendants, la République tchèque et la République slovaque. Le 1er janvier 1993 est la date effective de la succession par la République slovaque en ce qui concerne la signature du protocole par la République fédérale tchèque et slovaque.

[5] L'instrument de ratification du Protocole par la Suisse comprend une déclaration, selon l'article 19, paragraphe premier du Protocole, indiquant que la Suisse choisit la Cour internationale de Justice pour la résolution des litiges.

[6] La ratification effectuée au nom du Royaume-Uni de Grande-Bretagne et d'Irlande du Nord, du bailliage de Jersey, du bailliage de Guernesey, de l'île de Man, d'Anguilla, des Bermudes, de la Terre antarctique britannique, des îles Caïman, des îles Falkland, de Montserrat, Sainte-Hélène et Dépendances, des îles Géorgie du Sud et Sandwich du Sud, des îles Turques-et-Caïques et des îles Vierges britanniques.

Date de l'action la plus récente : 13 février 2020

Annexe V relative à la protection et à la gestion des zones au Protocole au Traité sur l'Antarctique relatif à la protection de l'environnement

Fait : Bonn, le 17 octobre 1991

Ouvert à la signature : Non soumis à la signature. Fait à Bonn, le 17 octobre 1991, en tant que Recommandation 10 adoptée par la XVIe réunion consultative du Traité sur l'Antarctique.

Entrée en vigueur : 24 mai 2002

L'Annexe est entrée en vigueur à la date à laquelle le Protocole sur la protection de l'environnement est entré en vigueur et à la date à laquelle la Recommandation 10 adoptée par la XVIe réunion consultative du Traité sur l'Antarctique a été approuvée par toutes les Parties consultatives autorisées à participer à ladite réunion.

Légende : (aucune marque) = ratification ; a = accession ; d = succession ; c = acceptation ; p = approbation ; h =adhésion

Participant	Consentement à être lié		Date d'entrée en vigueur	Notes
Argentine	4 août 1995	c	24 mai 2002	
Australie	7 juin 1995	p	24 mai 2002	
Bélarus	4 novembre 2019	p	4 novembre 2019	
Belgique	23 octobre 2000	p	24 mai 2002	
Brésil	20 mai 1998	p	24 mai 2002	
Bulgarie	5 mai 1999	p	24 mai 2002	
Chili	25 mars 1998	p	24 mai 2002	
Chine, République populaire de	26 janvier 1995	p	24 mai 2002	
Colombie	13 février 2020	p	14 mars 2020	
République tchèque	23 avril 2014	p	23 avril 2014	
Équateur	15 novembre 2001	p	24 mai 2002	
Finlande	2 avril 1997	p	24 mai 2002	
France	26 avril 1995	p	24 mai 2002	
Allemagne	1 septembre 1998	p	24 mai 2002	
Inde	24 mai 2002	p	24 mai 2002	
Italie	11 février 1998	p	24 mai 2002	
Japon	15er décembre 1997	p	24 mai 2002	
Corée (République de Corée)	5 juin 1996	p	24 mai 2002	

Participant	Consentement à être lié		Date d'entrée en vigueur	Notes
Pays-Bas	18 mars 1998	p	24 mai 2002	
Nouvelle-Zélande	21 octobre 1992	p	24 mai 2002	
Norvège	13 octobre 1993	p	24 mai 2002	
Pérou	17 mars 1999	p	24 mai 2002	
Pologne	20 septembre 1995	p	24 mai 2002	
Roumanie	3 février 2003	c	5 mars 2003	
Fédération de Russie	19 juin 2001	p	24 mai 2002	
Afrique du Sud	14 juin 1995	p	24 mai 2002	
Espagne	18 février 2000	p	24 mai 2002	
Suède	7 avril 1994	p	24 mai 2002	
Suisse	2 mai 2017	c	1 juin 2017	
Ukraine	25 mai 2001	c	24 mai 2002	
Royaume-Uni	21 mai 1996	p	24 mai 2002	
États-Unis d'Amérique	6 mai 1998	p	24 mai 2002	
Uruguay	15 mai 1995	p	24 mai 2002	

Date de l'action la plus récente : 13 février 2020

Annexe VI du Protocole au Traité sur l'Antarctique sur l'Antarctique relatif à la protection de l'environnement et à la responsabilité découlant de situations critiques pour l'environnement

Fait : Stockholm, 17 juin 2005

Ouvert à la signature : Non soumis à la signature. Fait à Stockholm le 17 juin 2005, en tant que Mesure 1 adoptée par la XXVIIIe réunion consultative du Traité sur l'Antarctique.

Entrée en vigueur : pas encore en vigueur

L'Annexe entre en vigueur à la date à laquelle la Mesure 1 adoptée par la XVIIIe réunion consultative du Traité sur l'Antarctique a été approuvée par toutes les Parties consultatives autorisées à participer à ladite réunion.

Légende : (aucune marque) = ratification ; a = accession ; d = succession ; c = acceptation ;
p = approbation ; h = adhésion

Participant	Consentement à être lié		Date d'entrée en vigueur	Notes
Australie	15 mai 2014	p		
Colombie	13 février 2020	p		
Équateur	11 mai 2016	p		
Finlande	14er décembre 2010	p		
Allemagne	15 septembre 2017	p		
Italie	12 octobre 2011	p		
Pays-Bas	28 avril 2014	p		1
Nouvelle-Zélande	31 mai 2013	p		
Norvège	24 mai 2013	p		
Pérou	10er juillet. 2007	p		
Pologne	15 janvier 2009	p		
Fédération de Russie	24 avril 2013	p		
Afrique du Sud	12 novembre 2013	p		
Espagne	17er décembre 2008	p		
Suède	8 juin 2006	p		
Ukraine	14 juin 2018	p		
Royaume-Uni	18 avril 2013	p		
Uruguay	23 août 2017	p		

[1] L'approbation du 28 avril 2014 est valable pour la partie européenne des Pays-Bas. Le 3 septembre 2014, les Pays-Bas ont approuvé la Mesure 1 (2005) pour la partie des Pays-Bas située dans les Caraïbes (les îles de Bonaire, Saint-Eustache et Saba).

Approbation, ainsi que notifié par le gouvernement des États-Unis d'Amérique, des mesures relatives à la promotion des principes et objectifs du Traité sur l'Antarctique

	16 Recommandations adoptées à la première Réunion (Canberra 1961)	10 Recommandations adoptées à la deuxième Réunion (Buenos Aires 1962)	11 Recommandations adoptées à la troisième Réunion (Bruxelles 1964)	28 Recommandations adoptées à la quatrième Réunion (Santiago 1966)	9 Recommandations adoptées à la cinquième Réunion (Paris 1968)	15 Recommandations adoptées à la sixième Réunion (Tokyo 1970)
	Approuvé	Approuvé	Approuvé	Approuvé	Approuvé	Approuvé
Argentine	TOUTES	TOUTES	TOUTES	TOUTES	TOUTES	TOUTES
Australie	TOUTES	TOUTES	TOUTES	TOUTES	TOUTES	TOUTES
Belgique	TOUTES	TOUTES	TOUTES	TOUTES	TOUTES	TOUTES
Brésil (1983)+	TOUTES	TOUTES	TOUTES	TOUTES	TOUTES	TOUTES sauf 10
Bulgarie (1998)+						
Chili	TOUTES	TOUTES	TOUTES	TOUTES	TOUTES	TOUTES
Chine (1985)+	TOUTES	TOUTES	TOUTES	TOUTES	TOUTES	TOUTES sauf 10
République tchèque (2014)+	1-7, 10 & 12-14	1, 4, 6-7 & 9	1-2, 7 & 11	14-15, 18, 21-24 & 27	2-3 & 6-7	1, 3, 5-7 & 10-13
Équateur (1990)+						
Finlande (1989)+						
France	TOUTES	TOUTES	TOUTES	TOUTES	TOUTES	TOUTES
Allemagne (1981)+	TOUTES	TOUTES	TOUTES sauf 8	TOUTES sauf 16-19	TOUTES sauf 6	TOUTES sauf 9
Inde (1983)+	TOUTES	TOUTES	TOUTES sauf 8***	TOUTES sauf 18	TOUTES	TOUTES sauf 9 & 10
Italie (1987)+	TOUTES	TOUTES	TOUTES	TOUTES	TOUTES	TOUTES
Japon	TOUTES	TOUTES	TOUTES	TOUTES	TOUTES	TOUTES
République de Corée (1989)+	TOUTES	TOUTES	TOUTES	TOUTES	TOUTES	TOUTES
Pays-Bas (1990)+	TOUTES sauf 11 & 15	TOUTES sauf 3, 5, 8 & 10	TOUTES sauf 3, 4, 6 & 9	TOUTES sauf 20, 25, 26 & 28	TOUTES sauf 1, 8 & 9	TOUTES sauf 15
Nouvelle-Zélande	TOUTES	TOUTES	TOUTES	TOUTES	TOUTES	TOUTES
Norvège	TOUTES	TOUTES	TOUTES	TOUTES	TOUTES	TOUTES
Pérou (1989)+	TOUTES	TOUTES	TOUTES	TOUTES	TOUTES	TOUTES
Pologne (1977)+	TOUTES	TOUTES	TOUTES	TOUTES	TOUTES	TOUTES
Russie	TOUTES	TOUTES	TOUTES	TOUTES	TOUTES	TOUTES
Afrique du Sud	TOUTES	TOUTES	TOUTES	TOUTES	TOUTES	TOUTES
Espagne (1988)+	TOUTES	TOUTES	TOUTES	TOUTES	TOUTES	TOUTES
Suède (1988)+						
R.-U.	TOUTES	TOUTES	TOUTES	TOUTES	TOUTES	TOUTES
Uruguay (1985)+	TOUTES	TOUTES	TOUTES	TOUTES	TOUTES	TOUTES
États-Unis	TOUTES	TOUTES	TOUTES	TOUTES	TOUTES	TOUTES

* IV-6, IV-10, IV-12, et V-5 annulées par VIII-2
*** Acceptée en tant que ligne directrice temporaire
\+ Année d'obtention du statut de membre consultatif. Acceptation par cet État nécessaire pour que les recommandations ou mesures adoptées au cours des Réunions entrent en vigueur à partir de cette année.

Approbation, ainsi que notifié par le gouvernement des États-Unis d'Amérique, des mesures relatives à la promotion des principes et objectifs du Traité sur l'Antarctique

	9 Recommandations adoptées à la septième Réunion (Wellington 1972)	14 Recommandations adoptées à la huitième Réunion (Oslo 1975)	6 Recommandations adoptées à la neuvième Réunion (Londres 1977)	9 Recommandations adoptées à la dixième Réunion (Washington 1979)	3 Recommandations adoptées à la onzième Réunion (Buenos Aires 1981)	8 Recommandations adoptées à la douzième Réunion (Canberra 1983)
	Approuvé	Approuvé	Approuvé	Approuvé	Approuvé	Approuvé
Argentine	TOUTES	TOUTES	TOUTES	TOUTES	TOUTES	TOUTES
Australie	TOUTES	TOUTES	TOUTES	TOUTES	TOUTES	TOUTES
Belgique	TOUTES	TOUTES	TOUTES	TOUTES	TOUTES	TOUTES
Brésil (1983)+	TOUTES sauf 5	TOUTES	TOUTES	TOUTES	TOUTES	TOUTES
Bulgarie (1998)+						
Chili	TOUTES	TOUTES	TOUTES	TOUTES	TOUTES	TOUTES
Chine (1985)+	TOUTES sauf 5	TOUTES	TOUTES	TOUTES	TOUTES	TOUTES
République tchèque (2014)+	4 & 6-8	1, 4, 6-10, 12 & 14	1 et 2	1-3 & 8	TOUTES sauf 2	TOUTES sauf 3-5
Équateur (1990)+						
Finlande (1989)+						
France	TOUTES	TOUTES	TOUTES	TOUTES	TOUTES	TOUTES
Allemagne (1981)+	TOUTES sauf 5	TOUTES sauf 2 & 5	TOUTES	TOUTES	TOUTES	TOUTES
Inde (1983)+	TOUTES	TOUTES	TOUTES	TOUTES sauf 1 & 9	TOUTES	TOUTES
Italie (1987)+	TOUTES sauf 5	TOUTES	TOUTES	TOUTES sauf 1 & 9		
Japon	TOUTES	TOUTES	TOUTES	TOUTES	TOUTES	TOUTES
République de Corée (1989)+	TOUTES	TOUTES	TOUTES	TOUTES	TOUTES	TOUTES
Pays-Bas (1990)+	TOUTES	TOUTES	TOUTES sauf 3	TOUTES sauf 9	TOUTES sauf 2	TOUTES
Nouvelle-Zélande	TOUTES	TOUTES	TOUTES	TOUTES	TOUTES	TOUTES
Norvège	TOUTES	TOUTES	TOUTES	TOUTES	TOUTES	TOUTES
Pérou (1989)+	TOUTES	TOUTES	TOUTES	TOUTES	TOUTES	
Pologne (1977)+	TOUTES	TOUTES	TOUTES	TOUTES	TOUTES	TOUTES
Russie	TOUTES	TOUTES	TOUTES	TOUTES	TOUTES	TOUTES
Afrique du Sud	TOUTES	TOUTES	TOUTES	TOUTES	TOUTES	TOUTES
Espagne (1988)+	TOUTES	TOUTES	TOUTES	TOUTES sauf 1 & 9	TOUTES sauf 1	TOUTES
Suède (1988)+						
R.-U.	TOUTES	TOUTES	TOUTES	TOUTES	TOUTES	TOUTES
Uruguay (1985)+	TOUTES	TOUTES	TOUTES	TOUTES	TOUTES	TOUTES
États-Unis	TOUTES	TOUTES	TOUTES	TOUTES	TOUTES	TOUTES

* IV-6, IV-10, IV-12, et V-5 annulées par VIII-2
*** Acceptée en tant que ligne directrice temporaire
+ Année d'obtention du statut de membre consultatif. Acceptation par cet État nécessaire pour que les recommandations ou mesures adoptées au cours des Réunions entrent en vigueur à partir de cette année.

Approbation, ainsi que notifié par le gouvernement des États-Unis d'Amérique, des mesures relatives à la promotion des principes et objectifs du Traité sur l'Antarctique

	16 Recommandations adoptées à la treizième Réunion (Bruxelles 1985)	10 Recommandations adoptées à la quatorzième Réunion (Rio de Janeiro 1987)	22 Recommandations adoptées à la quinzième Réunion (Paris 1989)	13 Recommandations adoptées à la seizième Réunion (Bonn 1991)	4 Recommandations adoptées à la dix-septième Réunion (Venise 1992)	1 Recommandation adoptée à la dix-huitième Réunion (Kyoto 1994)
	Approuvé	Approuvé	Approuvé	Approuvé	Approuvé	Approuvé
Argentine	TOUTES	TOUTES	TOUTES	TOUTES	TOUTES	TOUTES
Australie	TOUTES	TOUTES	TOUTES	TOUTES	TOUTES	TOUTES
Belgique	TOUTES	TOUTES	TOUTES	TOUTES	TOUTES	TOUTES
Brésil (1983)+	TOUTES	TOUTES	TOUTES	TOUTES	TOUTES	TOUTES
Bulgarie (1998)+				XVI-10		
Chili	TOUTES	TOUTES	TOUTES	TOUTES	TOUTES	TOUTES
Chine (1985)+	TOUTES	TOUTES	TOUTES	TOUTES	TOUTES	TOUTES
République tchèque	1-3, 5-6, 8, 11 & 15-16	1, 3, 5, 7-8 & 10	2, 5, 12-19 & 21	1, 2, 5-6 & 10-12	TOUTES sauf 2	TOUTES
Équateur (1990)+				1, 2, 5, 6, 10 & 12	TOUTES sauf 2 & 3	TOUTES
Finlande (1989)+			TOUTES	TOUTES	TOUTES	TOUTES
France	TOUTES	TOUTES	TOUTES	TOUTES	TOUTES	TOUTES
Allemagne (1981)+	TOUTES	TOUTES	TOUTES sauf 3, 8, 10, 11 & 22	TOUTES	TOUTES	TOUTES
Inde (1983)+	TOUTES	TOUTES	TOUTES	TOUTES	TOUTES	TOUTES
Italie (1987)+		TOUTES	TOUTES	TOUTES	TOUTES	TOUTES
Japon	TOUTES	TOUTES	TOUTES	TOUTES sauf 3-9 & 13	TOUTES sauf 1-2 & 4	TOUTES
République de Coré	TOUTES	TOUTES	TOUTES sauf 1-4, 6-11,16, 18 & 19	TOUTES	TOUTES sauf 1	TOUTES
Pays-Bas (1990)+	TOUTES	TOUTES sauf 9	TOUTES sauf 22	TOUTES	TOUTES	TOUTES
Nouvelle-Zélande	TOUTES	TOUTES	TOUTES	TOUTES	TOUTES	TOUTES
Norvège	TOUTES	TOUTES	TOUTES	TOUTES	TOUTES	TOUTES
Pérou (1989)+			TOUTES sauf 22	TOUTES sauf 13	TOUTES	TOUTES
Pologne (1977)+	TOUTES	TOUTES	TOUTES	TOUTES	TOUTES	TOUTES
Russie	TOUTES	TOUTES	TOUTES	TOUTES	TOUTES	TOUTES
Afrique du Sud	TOUTES	TOUTES	TOUTES	TOUTES	TOUTES	TOUTES
Espagne (1988)+	TOUTES	TOUTES	TOUTES	TOUTES	TOUTES	TOUTES
Suède (1988)+			TOUTES	TOUTES	TOUTES	TOUTES
R.-U.	TOUTES	TOUTES sauf 2	TOUTES sauf 3, 4, 8, 10 & 11	TOUTES sauf 4, 6, 8 & 9	TOUTES	TOUTES
Uruguay (1985)+	TOUTES	TOUTES	TOUTES	TOUTES	TOUTES	TOUTES
États-Unis	TOUTES	TOUTES	TOUTES sauf 1-4, 10 & 11	TOUTES	TOUTES	TOUTES

* IV-6, IV-10, IV-12, et V-5 annulées par VIII-2
*** Acceptée en tant que ligne directrice temporaire
\+ Année d'obtention du statut de membre consultatif. Acceptation par cet État nécessaire pour que les recommandations ou mesures adoptées au cours des Réunions entrent en vigueur à partir de cette année.

Approbation, ainsi que notifié par le gouvernement des États-Unis d'Amérique, des mesures relatives à la promotion des principes et objectifs du Traité sur l'Antarctique

	5 Mesures adoptées à la dix-neuvième Réunion (Séoul 1995)	**2 Mesures adoptées à la vingtième Réunion (Utrecht 1996)**	**5 Mesures adoptées à la vingt et unième Réunion (Christchurch 1997)**	**2 Mesures adoptées à la vingt-deuxième Réunion (Tromsø 1998)**	**1 Mesure adoptées à la vingt-troisième Réunion (Lima 1999)**
	Approuvé	**Approuvé**	**Approuvé**	**Approuvé**	**Approuvé**
Argentine	TOUTES	TOUTES	TOUTES	TOUTES	TOUTES
Australie	TOUTES	TOUTES	TOUTES	TOUTES	TOUTES
Belgique	TOUTES	TOUTES	TOUTES	TOUTES	TOUTES
Brésil (1983)+	TOUTES	TOUTES	TOUTES	TOUTES	TOUTES
Bulgarie (1998)+					
Chili	TOUTES	TOUTES	TOUTES	TOUTES	TOUTES
Chine (1985)+	TOUTES	TOUTES	TOUTES	TOUTES	TOUTES
République tchèque (:	TOUTES sauf 1 & 2	TOUTES sauf 1	TOUTES sauf 1 & 2	TOUTES sauf 1	
Équateur (1990)+	XIX-3		XXI-3		
Finlande (1989)+	TOUTES	TOUTES	TOUTES	TOUTES	TOUTES
France	TOUTES	TOUTES	TOUTES	TOUTES	TOUTES
Allemagne (1981)+	TOUTES	TOUTES	TOUTES	TOUTES	TOUTES
Inde (1983)+	TOUTES	TOUTES	TOUTES	TOUTES	TOUTES
Italie (1987)+	TOUTES	TOUTES			
Japon	TOUTES (sauf 2 & 5)	TOUTES (sauf 1)	TOUTES (sauf 1-2 & 5)		
République de Corée	TOUTES	TOUTES	TOUTES	TOUTES	TOUTES
Pays-Bas (1990)+	TOUTES	TOUTES	TOUTES	TOUTES	TOUTES
Nouvelle-Zélande	TOUTES	TOUTES	TOUTES	TOUTES	TOUTES
Norvège	TOUTES	TOUTES	TOUTES		
Pérou (1989)+	TOUTES	TOUTES	TOUTES	TOUTES	TOUTES
Pologne (1977)+	TOUTES	TOUTES	TOUTES	TOUTES	TOUTES
Russie	TOUTES	TOUTES	TOUTES	TOUTES	TOUTES
Afrique du Sud	TOUTES	TOUTES	TOUTES	TOUTES	TOUTES
Espagne (1988)+	TOUTES	TOUTES	TOUTES	TOUTES	TOUTES
Suède (1988)+	TOUTES	TOUTES	TOUTES	TOUTES	TOUTES
R.-U.	TOUTES	TOUTES	TOUTES	TOUTES	TOUTES
Uruguay (1985)+	TOUTES	TOUTES	TOUTES	TOUTES	TOUTES
États-Unis	TOUTES	TOUTES	TOUTES	TOUTES	TOUTES

« + Année d'obtention du statut de membre consultatif. Acceptation par cet État nécessaire pour que les recommandations ou mesures adoptées au cours des Réunions entrent en vigueur à partir de cette année. »

Approbation, ainsi que notifié par le gouvernement des États-Unis d'Amérique, des mesures relatives à la promotion des principes et objectifs du Traité sur l'Antarctique

	2 Mesures adoptées à la douzième Réunion extraordinair (La Haye 2000)	**3 Mesures adoptées à la vingt-quatrième Réunion (St.-Pétersbourg 2001)**	**1 Mesure adoptées à la vingt-cinquième Réunion (Varsovie 2002)**	**3 Mesures adoptées à la vingt-sixième Réunion (Madrid 2003)**	**4 Mesures adoptées à la vingt-septième Réunion (Le Cap 2004)**
	Approuvé	**Approuvé**	**Approuvé**	**Approuvé**	**Approuvé**
Argentine			*	XXVI-1, XXVI-2 *, XXVI-3 **	XXVII-1 *, XXVII-2 *, XXVII-3 **, XXVII-4
Australie	TOUTES	TOUTES	TOUTES	XXVI-1, XXVI-2 *, XXVI-3 **	XXVII-1 *, XXVII-2 *, XXVII-3 **, XXVII-4
Belgique	TOUTES	TOUTES	TOUTES	TOUTES	TOUTES
Brésil (1983)+	TOUTES	TOUTES	TOUTES	TOUTES	XXVII-1, XXVII-2, XXVII-3
Bulgarie (1998)+			*	XXVI-1, XXVI-2 *, XXVI-3 **	XXVII-1 *, XXVII-2 *, XXVII-3 **
Chili	TOUTES	TOUTES	TOUTES	TOUTES	TOUTES
Chine (1985)+	TOUTES	TOUTES	TOUTES	TOUTES	XXVII-1 *, XXVII-2 *, XXVII-3 **
République tchèque (20	TOUTES	TOUTES	TOUTES	TOUTES	TOUTES
Équateur (1990)+	RCETA XII-1	XXIV-3	*	XXVI-1, XXVI-2 *, XXVI-3 **	XXVII-1 *, XXVII-2 *, XXVII-3 **, XXVII-4
Finlande (1989)+	TOUTES	TOUTES	*	XXVI-1, XXVI-2 *, XXVI-3 **	XXVII-1 *, XXVII-2 *, XXVII-3 **, XXVII-4
France	TOUTES (sauf RCETA XII-2)	TOUTES	*	XXVI-1, XXVI-2 *, XXVI-3 **	XXVII-1, XXVII-2 *, XXVII-3, XXVII-4
Allemagne (1981)+	TOUTES	TOUTES	TOUTES	TOUTES	XXVII-1 *, XXVII-2 *, XXVII-3 **
Inde (1983)+	TOUTES	TOUTES	TOUTES	TOUTES	XXVII-1 *, XXVII-2 *, XXVII-3 **
Italie (1987)+			*	XXVI-1, XXVI-2 *, XXVI-3 **	XXVII-1 *, XXVII-2 *, XXVII-3 **
Japon		TOUTES	*	TOUTES	XXVII-1 *, XXVII-2 *, XXVII-3 **, XXVII-4
République de Corée (1	TOUTES	TOUTES	*	XXVI-1, XXVI-2 *, XXVI-3 **	XXVII-1 *, XXVII-2 *, XXVII-3 **
Pays-Bas (1990)+	TOUTES	TOUTES	TOUTES	TOUTES	TOUTES
Nouvelle-Zélande	TOUTES	TOUTES	TOUTES	TOUTES	XXVII-1 *, XXVII-2 *, XXVII-3 **, XXVII-4
Norvège		TOUTES	*	XXVI-1, XXVI-2 *, XXVI-3 **	XXVII-1 *, XXVII-2 *, XXVII-3 **, XXVII-4
Pérou (1989)+	TOUTES	TOUTES	TOUTES	XXVI-1, XXVI-2 *, XXVI-3 **	XXVII-1 *, XXVII-2 *, XXVII-3 **
Pologne (1977)+		TOUTES	TOUTES	TOUTES	TOUTES
Russie	TOUTES	TOUTES	TOUTES	XXVI-1, XXVI-2, XXVI-3 **	XXVII-1 *, XXVII-2 *, XXVII-3 **, XXVII-4
Afrique du Sud	TOUTES	TOUTES	TOUTES	TOUTES	TOUTES
Espagne (1988)+			*	XXVI-1, XXVI-2 *, XXVI-3 **	XXVII-1 *, XXVII-2 *, XXVII-3 **
Suède (1988)+	TOUTES	TOUTES	TOUTES	TOUTES	XXVII-1 *, XXVII-2 *, XXVII-3 **
Ukraine (2004)+					XXVII-1 *, XXVII-2 *, XXVII-3 **, XXVII-4
R.-U.	TOUTES (sauf RCETA XII-2)	TOUTES (sauf XXIV-3)	TOUTES	TOUTES	XXVII-1 *, XXVII-2 *, XXVII-3 **, XXVII-4
Uruguay (1985)+	TOUTES	TOUTES	*	XXVI-1, XXVI-2 *, XXVI-3	XXVII-1 *, XXVII-2 *, XXVII-3 **, XXVII-4
États-Unis	TOUTES	TOUTES	*	XXVI-1, XXVI-2 *, XXVI-3 **	XXVII-1 *, XXVII-2 *, XXVII-3 **

« + Année d'obtention du statut de membre consultatif. Acceptation par cet État nécessaire pour que les recommandations ou mesures adoptées au cours des Réunions entrent en vigueur à partir de cette année. »

* Les plans de gestion annexés à cette mesure ont été jugés approuvés conformément à l'article 6(1) de l'Annexe V au Protocole relatif à la protection de l'environnement au Traité sur l'Antarctique, et la mesure ne précisait pas de méthode d'adoption différente.

** La liste des sites et monuments historiques révisée et actualisée annexée à cette mesure a été jugée approuvée conformément à l'article 8(2) de l'Annexe V au Protocole relatif à la protection de l'environnement au Traité sur l'Antarctique, et la mesure ne précisait pas de méthode d'adoption différente.

Approbation, ainsi que notifié par le gouvernement des États-Unis d'Amérique, des Mesures relatives à la promotion des principes et objectifs du Traité sur l'Antarctique

	5 Mesures adoptées à la vingt-huitième Réunion (Stockholm 2005)	**4 Mesures adoptées à la vingt-neuvième Réunion (Édimbourg 2006)**	**3 Mesures adoptées à la trentième Réunion (New Delhi 2007)**	**14 Mesures adoptées à la trente et unième Réunion (Kiev 2008)**
	Approuvé	**Approuvé**	**Approuvé**	**Approuvé**
Argentine	XXVIII-2 *, XXVIII-3 *, XXVIII-4 *, XXVIII-5 **	XXIX-1 *, XXIX-2 *, XXIX-3 **, XXIX-4 ***	XXX-1 *, XXX-2 *, XXX-3 **	XXXI-1 - XXXI-14 *
Australie	XXVIII-1, XXVIII-2 *, XXVIII-3 *, XXVIII-4 *, XXVIII-5 **	XXIX-1 *, XXIX-2 *, XXIX-3 **, XXIX-4 ***	XXX-1 *, XXX-2 *, XXX-3 **	XXXI-1 - XXXI-14 *
Belgique	TOUTES sauf Mesure 1	TOUTES	TOUTES	TOUTES
Brésil (1983)+	TOUTES sauf Mesure 1	XXIX-1 *, XXIX-2 *, XXIX-3 **, XXIX-4 ***	XXX-1 *, XXX-2 *, XXX-3 **	XXXI-1 - XXXI-14 *
Bulgarie (1998)+	XXVIII-2 *, XXVIII-3 *, XXVIII-4 *, XXVIII-5 **	XXIX-1 *, XXIX-2 *, XXIX-3 **, XXIX-4 ***	XXX-1 *, XXX-2 *, XXX-3 **	XXXI-1 - XXXI-14 *
Chili	TOUTES sauf Mesure 1	XXIX-1 *, XXIX-2 *, XXIX-3 **, XXIX-4 ***	XXX-1 *, XXX-2 *, XXX-3 **	XXXI-1 - XXXI-14 *
Chine (1985)+	XXVIII-2 *, XXVIII-3 *, XXVIII-4 *, XXVIII-5 **	XXIX-1 *, XXIX-2 *, XXIX-3 **, XXIX-4 ***	XXX-1 *, XXX-2 *, XXX-3 **	XXXI-1 - XXXI-14 *
République tchèque (2(	TOUTES sauf Mesure 1	TOUTES	TOUTES	TOUTES sauf Mesure 8
Équateur (1990)+	XXVIII-1, XXVIII-2 *, XXVIII-3 *, XXVIII-4 *, XXVIII-5 **	XXIX-1 *, XXIX-2 *, XXIX-3 **, XXIX-4 ***	XXX-1 *, XXX-2 *, XXX-3 **	XXXI-1 - XXXI-14 *
Finlande (1989)+	XXVIII-1, XXVIII-2 *, XXVIII-3 *, XXVIII-4 *, XXVIII-5 **	XXIX-1 *, XXIX-2 *, XXIX-3 **, XXIX-4 ***	XXX-1 *, XXX-2 *, XXX-3 **	XXXI-1 - XXXI-14 *
France	XXVIII-2 *, XXVIII-3 *, XXVIII-4 *, XXVIII-5 **	XXIX-1 *, XXIX-2 *, XXIX-3 **, XXIX-4 ***	XXX-1 *, XXX-2 *, XXX-3 **	XXXI-1 - XXXI-14 *
Allemagne (1981)+	XXVIII-1, XXVIII-2 *, XXVIII-3 *, XXVIII-4 *, XXVIII-5 **	XXIX-1 *, XXIX-2 *, XXIX-3 **, XXIX-4 ***	XXX-1 *, XXX-2 *, XXX-3 **	XXXI-1 - XXXI-14 *
Inde (1983)+	XXVIII-2 *, XXVIII-3 *, XXVIII-4 *, XXVIII-5 **	XXIX-1 *, XXIX-2 *, XXIX-3 **, XXIX-4 ***	XXX-1 *, XXX-2 *, XXX-3 **	XXXI-1 - XXXI-14 *
Italie (1987)+	XXVIII-1, XXVIII-2 *, XXVIII-3 *, XXVIII-4 *, XXVIII-5 **	XXIX-1 *, XXIX-2 *, XXIX-3 **, XXIX-4 ***	XXX-1 *, XXX-2 *, XXX-3 **	XXXI-1 - XXXI-14 *
Japon	XXVIII-2 *, XXVIII-3 *, XXVIII-4 *, XXVIII-5 **	XXIX-1 *, XXIX-2 *, XXIX-3 **, XXIX-4 ***	XXX-1 *, XXX-2 *, XXX-3 **	XXXI-1 - XXXI-14 *
République de Corée (´	XXVIII-2 *, XXVIII-3 *, XXVIII-4 *, XXVIII-5 **	XXIX-1 *, XXIX-2 *, XXIX-3 **, XXIX-4 ***	XXX-1 *, XXX-2 *, XXX-3 **	XXXI-1 - XXXI-14 *
Pays-Bas (1990)+	TOUTES	TOUTES	TOUTES	TOUTES
Nouvelle-Zélande	XXVIII-1, XXVIII-2 *, XXVIII-3 *, XXVIII-4 *, XXVIII-5 **	XXIX-1 *, XXIX-2 *, XXIX-3 **, XXIX-4 ***	XXX-1 *, XXX-2 *, XXX-3 **	XXXI-1 - XXXI-14 *
Norvège	XXVIII-1, XXVIII-2 *, XXVIII-3 *, XXVIII-4 *, XXVIII-5 **	XXIX-1 *, XXIX-2 *, XXIX-3 **, XXIX-4 ***	XXX-1 *, XXX-2 *, XXX-3 **	XXXI-1 - XXXI-14 *
Pérou (1989)+	XXVIII-1, XXVIII-2 *, XXVIII-3 *, XXVIII-4 *, XXVIII-5 **	XXIX-1 *, XXIX-2 *, XXIX-3 **, XXIX-4 ***	XXX-1 *, XXX-2 *, XXX-3 **	XXXI-1 - XXXI-14 *
Pologne (1977)+	TOUTES	TOUTES	TOUTES	XXXI-1 - XXXI-14 *
Russie	XXVIII-1, XXVIII-2 *, XXVIII-3 *, XXVIII-4 *, XXVIII-5 **	XXIX-1 *, XXIX-2 *, XXIX-3 **, XXIX-4 ***	XXX-1 *, XXX-2 *, XXX-3 **	XXXI-1 - XXXI-14 *
Afrique du Sud	XXVIII-1, XXVIII-2 *, XXVIII-3 *, XXVIII-4 *, XXVIII-5 **	TOUTES	XXX-1 *, XXX-2 *, XXX-3 **	XXXI-1 - XXXI-14 *
Espagne (1988)+	XXVIII-1, XXVIII-2 *, XXVIII-3 *, XXVIII-4 *, XXVIII-5 **	XXIX-1 *, XXIX-2 *, XXIX-3 **, XXIX-4 ***	XXX-1 *, XXX-2 *, XXX-3 **	XXXI-1 - XXXI-14 *
Suède (1988)+	XXVIII-1, XXVIII-2 *, XXVIII-3 *, XXVIII-4 *, XXVIII-5 **	XXIX-1 *, XXIX-2 *, XXIX-3 **, XXIX-4 ***	XXX-1 *, XXX-2 *, XXX-3 **	XXXI-1 - XXXI-14 *
Ukraine (2004)+	XXVIII-1, XXVIII-2 *, XXVIII-3 *, XXVIII-4 *, XXVIII-5 **	XXIX-1 *, XXIX-2 *, XXIX-3 **, XXIX-4 ***	XXX-1 *, XXX-2 *, XXX-3 **	XXXI-1 - XXXI-14 *
R.-U.	XXVIII-1, XXVIII-2 *, XXVIII-3 *, XXVIII-4 *, XXVIII-5 **	XXIX-1 *, XXIX-2 *, XXIX-3 **, XXIX-4 ***	XXX-1 *, XXX-2 *, XXX-3 **	XXXI-1 - XXXI-14 *
Uruguay (1985)+	XXVIII-1, XXVIII-2 *, XXVIII-3 *, XXVIII-4 *, XXVIII-5 **	XXIX-1 *, XXIX-2 *, XXIX-3 **, XXIX-4 ***	XXX-1 *, XXX-2 *, XXX-3 **	XXXI-1 - XXXI-14 *
États-Unis	XXVIII-2 *, XXVIII-3 *, XXVIII-4 *, XXVIII-5 **	XXIX-1 *, XXIX-2 *, XXIX-3 **, XXIX-4 ***	XXX-1 *, XXX-2 *, XXX-3 **	XXXI-1 - XXXI-14 *

« + Année d'obtention du statut de membre consultatif. Acceptation par cet État nécessaire pour que les recommandations ou mesures adoptées au cours des Réunions entrent en vigueur à partir de cette année. »

* Les plans de gestion annexés à cette mesure ont été jugés approuvés conformément à l'article 6(1) de l'Annexe V au Protocole relatif à la protection de l'environnement au Traité sur l'Antarctique, et la mesure ne précisait pas de méthode d'adoption différente.

** La liste des sites et monuments historiques révisée et actualisée annexée à cette mesure a été jugée approuvée conformément à l'article 8(2) de l'Annexe V au Protocole relatif à la protection de l'environnement au Traité sur l'Antarctique, et la mesure ne précisait pas de méthode d'adoption différente.

*** La modification apportée à la Pièce-jointe A de l'Annexe II au Protocole relatif à la protection de l'environnement au Traité sur l'Antarctique a été jugée approuvée conformément à l'article 9(1) de l'Annexe II au Protocole relatif à la protection de l'environnement au Traité sur l'Antarctique et la mesure ne précisait pas de méthode d'adoption différente.

Approbation, ainsi que notifié par le gouvernement des États-Unis d'Amérique, des Mesures relatives à la promotion des principes et objectifs du Traité sur l'Antarctique

	16 Mesures adoptées à la trente-deuxième Réunion (Baltimore 2009)	**15 Mesures adoptées à la trente-troisième Réunion (Punta del Este 2010)**	**12 Mesures adoptées à la trente-quatrième Réunion (Buenos Aires 2011)**	**11 Mesures adoptées à la trente-cinquième Réunion (Hobart 2012)**	**21 Mesures adoptées à la trente-sixième Réunion (Bruxelles 2013)**
	Approuvé	**Approuvé**	**Approuvé**	**Approuvé**	**Approuvé**
Argentine	XXXII-1 - XXXII-13* et XXXII-14** ; XXXII-15	XXXIII-1 - XXXIII-14* et XXXIII-15**	XXXIV-1 - XXXIV-10* et XXXIV-11 - XXXIV-12**	XXXV-1 - XXXV-10* et XXXV-11**	XXXVI-1 - XXXVI-17* et XXXVI-18 - XXXVI-21**
Australie	XXXII-1 - XXXII-13* et XXXII-14** ; XXXII-15	XXXIII-1 - XXXIII-14* et XXXIII-15**	XXXIV-1 - XXXIV-10* et XXXIV-11 - XXXIV-12**	XXXV-1 - XXXV-10* et XXXV-11**	XXXVI-1 - XXXVI-17* et XXXVI-18 - XXXVI-21**
Belgique	TOUTES	TOUTES	TOUTES	TOUTES	TOUTES
Brésil (1983)+	XXXII-1 - XXXII-13* et XXXII-14**	XXXIII-1 - XXXIII-14* et XXXIII-15**	XXXIV-1 - XXXIV-10* et XXXIV-11 - XXXIV-12**	XXXV-1 - XXXV-10* et XXXV-11**	XXXVI-1 - XXXVI-17* et XXXVI-18 - XXXVI-21**
Bulgarie (1998)+	XXXII-1 - XXXII-13* et XXXII-14**	XXXIII-1 - XXXIII-14* et XXXIII-15**	XXXIV-1 - XXXIV-10* et XXXIV-11 - XXXIV-12**	XXXV-1 - XXXV-10* et XXXV-11**	XXXVI-1 - XXXVI-17* et XXXVI-18 - XXXVI-21**
Chili	XXXII-1 - XXXII-13* et XXXII-14**	XXXIII-1 - XXXIII-14* et XXXIII-15**	XXXIV-1 - XXXIV-10* et XXXIV-11 - XXXIV-12**	XXXV-1 - XXXV-10* et XXXV-11**	XXXVI-1 - XXXVI-17* et XXXVI-18 - XXXVI-21**
Chine (1985)+	XXXII-1 - XXXII-13* et XXXII-14**	XXXIII-1 - XXXIII-14* et XXXIII-15**	XXXIV-1 - XXXIV-10* et XXXIV-11 - XXXIV-12**	XXXV-1 - XXXV-10* et XXXV-11**	XXXVI-1 - XXXVI-17* et XXXVI-18 - XXXVI-21**
République tchèque (201	TOUTES sauf 2 et 16	TOUTES	TOUTES	TOUTES	TOUTES
Équateur (1990)+	XXXII-1 - XXXII-13* et XXXII-14** ; XXXII-15	XXXIII-1 - XXXIII-14* et XXXIII-15**	XXXIV-1 - XXXIV-10* et XXXIV-11 - XXXIV-12**	XXXV-1 - XXXV-10* et XXXV-11**	XXXVI-1 - XXXVI-17* et XXXVI-18 - XXXVI-21**
Finlande (1989)+	XXXII-1 - XXXII-13* et XXXII-14**; XXXII-15 - XXXII-16	XXXIII-1 - XXXIII-14* et XXXIII-15**	XXXIV-1 - XXXIV-10* et XXXIV-11 - XXXIV-12**	XXXV-1 - XXXV-10* et XXXV-11**	XXXVI-1 - XXXVI-17* et XXXVI-18 - XXXVI-21**
France	XXXII-1 - XXXII-13* et XXXII-14** ; XXXII-15	XXXIII-1 - XXXIII-14* et XXXIII-15**	XXXIV-1 - XXXIV-10* et XXXIV-11 - XXXIV-12**	XXXV-1 - XXXV-10* et XXXV-11**	XXXVI-1 - XXXVI-17* et XXXVI-18 - XXXVI-21**
Allemagne (1981)+	XXXII-1 - XXXII-13* et XXXII-14**	XXXIII-1 - XXXIII-14* et XXXIII-15**	XXXIV-1 - XXXIV-10* et XXXIV-11 - XXXIV-12**	XXXV-1 - XXXV-10* et XXXV-11**	XXXVI-1 - XXXVI-17* et XXXVI-18 - XXXVI-21**
Inde (1983)+	XXXII-1 - XXXII-13* et XXXII-14**	XXXIII-1 - XXXIII-14* et XXXIII-15**	XXXIV-1 - XXXIV-10* et XXXIV-11 - XXXIV-12**	XXXV-1 - XXXV-10* et XXXV-11**	XXXVI-1 - XXXVI-17* et XXXVI-18 - XXXVI-21**
Italie (1987)+	XXXII-1 - XXXII-13* et XXXII-14**	XXXIII-1 - XXXIII-14* et XXXIII-15**	XXXIV-1 - XXXIV-10* et XXXIV-11 - XXXIV-12**	XXXV-1 - XXXV-10* et XXXV-11**	XXXVI-1 - XXXVI-17* et XXXVI-18 - XXXVI-21**
Japon	XXXII-1 - XXXII-13* et XXXII-14** ; XXXII-15	XXXIII-1 - XXXIII-14* et XXXIII-15**	XXXIV-1 - XXXIV-10* et XXXIV-11 - XXXIV-12**	XXXV-1 - XXXV-10* et XXXV-11**	XXXVI-1 - XXXVI-17* et XXXVI-18 - XXXVI-21**
République de Corée (19	XXXII-1 - XXXII-13* et XXXII-14**	XXXIII-1 - XXXIII-14* et XXXIII-15**	XXXIV-1 - XXXIV-10* et XXXIV-11 - XXXIV-12**	XXXV-1 - XXXV-10* et XXXV-11**	XXXVI-1 - XXXVI-17* et XXXVI-18 - XXXVI-21**
Pays-Bas (1990)+	XXXII-1 - XXXII-13 et XXXII-14 ; XXXII-15 - XXXII-16	TOUTES	XXXIV-1 - XXXIV-10* et XXXIV-11 - XXXIV-12**	TOUTES	XXXVI-1 - XXXVI-17* et XXXVI-18 - XXXVI-21**
Nouvelle-Zélande	XXXII-1 - XXXII-13* et XXXII-14** ; XXXII-15	XXXIII-1 - XXXIII-14* et XXXIII-15**	XXXIV-1 - XXXIV-10* et XXXIV-11 - XXXIV-12**	XXXV-1 - XXXV-10* et XXXV-11**	XXXVI-1 - XXXVI-17* et XXXVI-18 - XXXVI-21**
Norvège	XXXII-1 - XXXII-13* et XXXII-14**	XXXIII-1 - XXXIII-14* et XXXIII-15**	XXXIV-1 - XXXIV-10* et XXXIV-11 - XXXIV-12**	XXXV-1 - XXXV-10* et XXXV-11**	XXXVI-1 - XXXVI-17* et XXXVI-18 - XXXVI-21**
Pérou (1989)+	XXXII-1 - XXXII-13* et XXXII-14**	XXXIII-1 - XXXIII-14* et XXXIII-15**	XXXIV-1 - XXXIV-10* et XXXIV-11 - XXXIV-12**	XXXV-1 - XXXV-10* et XXXV-11**	XXXVI-1 - XXXVI-17* et XXXVI-18 - XXXVI-21**
Pologne (1977)+	XXXII-1 - XXXII-13* et XXXII-14**	XXXIII-1 - XXXIII-14* et XXXIII-15**	XXXIV-1 - XXXIV-10* et XXXIV-11 - XXXIV-12**	XXXV-1 - XXXV-10* et XXXV-11**	XXXVI-1 - XXXVI-17* et XXXVI-18 - XXXVI-21**
Russie	XXXII-1 - XXXII-13* et XXXII-14** ; XXXII-15	XXXIII-1 - XXXIII-14* et XXXIII-15**	XXXIV-1 - XXXIV-10* et XXXIV-11 - XXXIV-12**	XXXV-1 - XXXV-10* et XXXV-11**	XXXVI-1 - XXXVI-17* et XXXVI-18 - XXXVI-21**
Afrique du Sud	XXXII-1 - XXXII-13* et XXXII-14**	XXXIII-1 - XXXIII-14* et XXXIII-15**	XXXIV-1 - XXXIV-10* et XXXIV-11 - XXXIV-12**	XXXV-1 - XXXV-10* et XXXV-11**	XXXVI-1 - XXXVI-17* et XXXVI-18 - XXXVI-21**
Espagne (1988)+	XXXII-1 - XXXII-13* et XXXII-14**	XXXIII-1 - XXXIII-14* et XXXIII-15**	XXXIV-1 - XXXIV-10* et XXXIV-11 - XXXIV-12**	XXXV-1 - XXXV-10* et XXXV-11**	XXXVI-1 - XXXVI-17* et XXXVI-18 - XXXVI-21**
Suède (1988)+	XXXII-1 - XXXII-13* et XXXII-14**	XXXIII-1 - XXXIII-14* et XXXIII-15**	XXXIV-1 - XXXIV-10* et XXXIV-11 - XXXIV-12**	XXXV-1 - XXXV-10* et XXXV-11**	XXXVI-1 - XXXVI-17* et XXXVI-18 - XXXVI-21**
Ukraine (2004)+	XXXII-1 - XXXII-13* et XXXII-14** ; XXXII-15	XXXIII-1 - XXXIII-14* et XXXIII-15**	XXXIV-1 - XXXIV-10* et XXXIV-11 - XXXIV-12**	XXXV-1 - XXXV-10* et XXXV-11**	XXXVI-1 - XXXVI-17* et XXXVI-18 - XXXVI-21**
R.-U.	XXXII-1 - XXXII-13* et XXXII-14**; XXXII-15 - XXXII-16	XXXIII-1 - XXXIII-14* et XXXIII-15**	XXXIV-1 - XXXIV-10* et XXXIV-11 - XXXIV-12**	XXXV-1 - XXXV-10* et XXXV-11**	XXXVI-1 - XXXVI-17* et XXXVI-18 - XXXVI-21**
Uruguay (1985)+	XXXII-1 - XXXII-13* et XXXII-14** ; XXXII-15	XXXIII-1 - XXXIII-14* et XXXIII-15**	XXXIV-1 - XXXIV-10* et XXXIV-11 - XXXIV-12**	XXXV-1 - XXXV-10* et XXXV-11**	XXXVI-1 - XXXVI-17* et XXXVI-18 - XXXVI-21**
États-Unis	XXXII-1 - XXXII-13* et XXXII-14** ; XXXII-16	XXXIII-1 - XXXIII-14* et XXXIII-15**	XXXIV-1 - XXXIV-10* et XXXIV-11 - XXXIV-12**	XXXV-1 - XXXV-10* et XXXV-11**	XXXVI-1 - XXXVI-17* et XXXVI-18 - XXXVI-21**

« + Année d'obtention du statut de membre consultatif. Acceptation par cet État nécessaire pour que les recommandations ou mesures adoptées au cours des Réunions entrent en vigueur à partir de cette année. »

* Les plans de gestion annexés à ces mesures ont été jugés approuvés conformément à l'article 6(1) de l'Annexe V au Protocole relatif à la protection de l'environnement au Traité sur l'Antarctique, et la mesure ne précisait pas de méthode d'adoption différente.

** Les modifications et/ou les ajouts apportés à la liste des sites et monuments historiques ont été jugés approuvés conformément à l'Article 8(2) de l'Annexe V au Protocole relatif à la protection de l'environnement au Traité sur l'Antarctique, et la mesure ne précisait pas de méthode d'adoption différente

Approbation, ainsi que notifié par le gouvernement des États-Unis d'Amérique, des Mesures relatives à la promotion des principes et objectifs du Traité sur l'Antarctique

	16 Mesures adoptées à la trente-septième Réunion (Brasilia 2014)	**19 Mesures adoptées à la trente-huitième Réunion (Sofia 2015)**	**9 Mesures adoptées à la trente-neuvième Réunion (Santiago 2016)**	**8 Mesures adoptées à la quarantième Réunion (Beijing 2017)**	**6 Mesures adoptées à la quarante et unième Réunion (Buenos Aires 2018)**
	Approuvé	**Approuvé**	**Approuvé**	**Approuvé**	**Approuvé**
Argentine	XXXVII-1 - XXXVII-16*	XXXVIII-1 - XXXVIII-18* et XXXVIII-19**	XXXIX-1 - XXXIX-8* et XXXIX-9**	XL-1 - XL-8*	XLI-1 - XLI-6*
Australie	XXXVII-1 - XXXVII-16*	XXXVIII-1 - XXXVIII-18* et XXXVIII-19**	XXXIX-1 - XXXIX-8* et XXXIX-9**	XL-1 - XL-8*	XLI-1 - XLI-6*
Belgique	TOUTES	TOUTES	TOUTES	TOUTES	XLI-1 - XLI-6*
Brésil (1983)+	XXXVII-1 - XXXVII-16*	XXXVIII-1 - XXXVIII-18* et XXXVIII-19**	XXXIX-1 - XXXIX-8* et XXXIX-9**	XL-1 - XL-8*	XLI-1 - XLI-6*
Bulgarie (1998)+	XXXVII-1 - XXXVII-16*	XXXVIII-1 - XXXVIII-18* et XXXVIII-19**	XXXIX-1 - XXXIX-8* et XXXIX-9**	XL-1 - XL-8*	XLI-1 - XLI-6*
Chili	XXXVII-1 - XXXVII-16*	XXXVIII-1 - XXXVIII-18* et XXXVIII-19**	XXXIX-1 - XXXIX-8* et XXXIX-9**	XL-1 - XL-8*	XLI-1 - XLI-6*
Chine (1985)+	XXXVII-1 - XXXVII-16*	XXXVIII-1 - XXXVIII-18* et XXXVIII-19**	XXXIX-1 - XXXIX-8* et XXXIX-9**	XL-1 - XL-8*	XLI-1 - XLI-6*
République tchèque (2014	XXXVII-1 - XXXVII-16*	XXXVIII-1 - XXXVIII-18* et XXXVIII-19**	XXXIX-1 - XXXIX-8* et XXXIX-9**	XL-1 - XL-8*	XLI-1 - XLI-6*
Équateur (1990)+	XXXVII-1 - XXXVII-16*	XXXVIII-1 - XXXVIII-18* et XXXVIII-19**	XXXIX-1 - XXXIX-8* et XXXIX-9**	XL-1 - XL-8*	XLI-1 - XLI-6*
Finlande (1989)+	XXXVII-1 - XXXVII-16*	XXXVIII-1 - XXXVIII-18* et XXXVIII-19**	XXXIX-1 - XXXIX-8* et XXXIX-9**	XL-1 - XL-8*	XLI-1 - XLI-6*
France	XXXVII-1 - XXXVII-16*	XXXVIII-1 - XXXVIII-18* et XXXVIII-19**	XXXIX-1 - XXXIX-8* et XXXIX-9**	XL-1 - XL-8*	XLI-1 - XLI-6*
Allemagne (1981)+	XXXVII-1 - XXXVII-16*	XXXVIII-1 - XXXVIII-18* et XXXVIII-19**	XXXIX-1 - XXXIX-8* et XXXIX-9**	XL-1 - XL-8*	XLI-1 - XLI-6*
Inde (1983)+	XXXVII-1 - XXXVII-16*	XXXVIII-1 - XXXVIII-18* et XXXVIII-19**	XXXIX-1 - XXXIX-8* et XXXIX-9**	XL-1 - XL-8*	XLI-1 - XLI-6*
Italie (1987)+	XXXVII-1 - XXXVII-16*	XXXVIII-1 - XXXVIII-18* et XXXVIII-19**	XXXIX-1 - XXXIX-8* et XXXIX-9**	XL-1 - XL-8*	XLI-1 - XLI-6*
Japon	XXXVII-1 - XXXVII-16*	XXXVIII-1 - XXXVIII-18* et XXXVIII-19**	XXXIX-1 - XXXIX-8* et XXXIX-9**	XL-1 - XL-8*	XLI-1 - XLI-6*
République de Corée (198	XXXVII-1 - XXXVII-16*	XXXVIII-1 - XXXVIII-18* et XXXVIII-19**	XXXIX-1 - XXXIX-8* et XXXIX-9**	XL-1 - XL-8*	XLI-1 - XLI-6*
Pays-Bas (1990)+	XXXVII-1 - XXXVII-16*	XXXVIII-1 - XXXVIII-18* et XXXVIII-19**	XXXIX-1 - XXXIX-8* et XXXIX-9**	XL-1 - XL-8*	XLI-1 - XLI-6*
Nouvelle-Zélande	XXXVII-1 - XXXVII-16*	XXXVIII-1 - XXXVIII-18* et XXXVIII-19**	XXXIX-1 - XXXIX-8* et XXXIX-9**	XL-1 - XL-8*	XLI-1 - XLI-6*
Norvège	XXXVII-1 - XXXVII-16*	XXXVIII-1 - XXXVIII-18* et XXXVIII-19**	XXXIX-1 - XXXIX-8* et XXXIX-9**	XL-1 - XL-8*	XLI-1 - XLI-6*
Pérou (1989)+	XXXVII-1 - XXXVII-16*	XXXVIII-1 - XXXVIII-18* et XXXVIII-19**	XXXIX-1 - XXXIX-8* et XXXIX-9**	XL-1 - XL-8*	XLI-1 - XLI-6*
Pologne (1977)+	XXXVII-1 - XXXVII-16*	XXXVIII-1 - XXXVIII-18* et XXXVIII-19**	XXXIX-1 - XXXIX-8* et XXXIX-9**	XL-1 - XL-8*	XLI-1 - XLI-6*
Russie	XXXVII-1 - XXXVII-16*	XXXVIII-1 - XXXVIII-18* et XXXVIII-19**	XXXIX-1 - XXXIX-8* et XXXIX-9**	XL-1 - XL-8*	XLI-1 - XLI-6*
Afrique du Sud	XXXVII-1 - XXXVII-16*	XXXVIII-1 - XXXVIII-18* et XXXVIII-19**	XXXIX-1 - XXXIX-8* et XXXIX-9**	XL-1 - XL-8*	XLI-1 - XLI-6*
Espagne (1988)+	XXXVII-1 - XXXVII-16*	XXXVIII-1 - XXXVIII-18* et XXXVIII-19**	XXXIX-1 - XXXIX-8* et XXXIX-9**	XL-1 - XL-8*	XLI-1 - XLI-6*
Suède (1988)+	XXXVII-1 - XXXVII-16*	XXXVIII-1 - XXXVIII-18* et XXXVIII-19**	XXXIX-1 - XXXIX-8* et XXXIX-9**	XL-1 - XL-8*	XLI-1 - XLI-6*
Ukraine (2004)+	XXXVII-1 - XXXVII-16*	XXXVIII-1 - XXXVIII-18* et XXXVIII-19**	XXXIX-1 - XXXIX-8* et XXXIX-9**	XL-1 - XL-8*	XLI-1 - XLI-6*
R.-U.	XXXVII-1 - XXXVII-16*	XXXVIII-1 - XXXVIII-18* et XXXVIII-19**	XXXIX-1 - XXXIX-8* et XXXIX-9**	XL-1 - XL-8*	XLI-1 - XLI-6*
Uruguay (1985)+	XXXVII-1 - XXXVII-16*	XXXVIII-1 - XXXVIII-18* et XXXVIII-19**	XXXIX-1 - XXXIX-8* et XXXIX-9**	XL-1 - XL-8*	XLI-1 - XLI-6*
États-Unis	XXXVII-1 - XXXVII-16*	XXXVIII-1 - XXXVIII-18* et XXXVIII-19**	XXXIX-1 - XXXIX-8* et XXXIX-9**	XL-1 - XL-8*	XLI-1 - XLI-6*

« + Année d'obtention du statut de membre consultatif. Acceptation par cet État nécessaire pour que les recommandations ou mesures adoptées au cours des Réunions entrent en vigueur à partir de cette année. »

* Les plans de gestion annexés à ces mesures ont été jugés approuvés conformément à l'article 6(1) de l'Annexe V au Protocole relatif à la protection de l'environnement au Traité sur l'Antarctique, et la mesure ne précisait pas de méthode d'adoption différente.

** Les modifications et/ou les ajouts apportés à la liste des sites et monuments historiques ont été jugés approuvés conformément à l'Article 8(2) de l'Annexe V au Protocole relatif à la protection de l'environnement au Traité sur l'Antarctique, et la mesure ne précisait pas de méthode d'adoption différente.

Approbation, ainsi que notifié par le gouvernement des États-Unis d'Amérique, des Mesures relatives à la promotion des principes et objectifs du Traité sur l'Antarctique

12 Mesures
adoptées lors de la quarante-deuxième Réunion
(Prague 2019)

	Approuvé
Argentine	XLII-1 - XLII-11* et XLII-12**
Australie	XLII-1 - XLII-11* et XLII-12**
Belgique	XLII-1 - XLII-11* et XLII-12**
Brésil (1983)+	XLII-1 - XLII-11* et XLII-12**
Bulgarie (1998)+	XLII-1 - XLII-11* et XLII-12**
Chili	XLII-1 - XLII-11* et XLII-12**
Chine (1985)+	XLII-1 - XLII-11* et XLII-12**
République tchèque (2014	XLII-1 - XLII-11* et XLII-12**
Équateur (1990)+	XLII-1 - XLII-11* et XLII-12**
Finlande (1989)+	XLII-1 - XLII-11* et XLII-12**
France	XLII-1 - XLII-11* et XLII-12**
Allemagne (1981)+	XLII-1 - XLII-11* et XLII-12**
Inde (1983)+	XLII-1 - XLII-11* et XLII-12**
Italie (1987)+	XLII-1 - XLII-11* et XLII-12**
Japon	XLII-1 - XLII-11* et XLII-12**
République de Corée (198	XLII-1 - XLII-11* et XLII-12**
Pays-Bas (1990)+	XLII-1 - XLII-11* et XLII-12**
Nouvelle-Zélande	XLII-1 - XLII-11* et XLII-12**
Norvège	XLII-1 - XLII-11* et XLII-12**
Pérou (1989)+	XLII-1 - XLII-11* et XLII-12**
Pologne (1977)+	XLII-1 - XLII-11* et XLII-12**
Russie	XLII-1 - XLII-11* et XLII-12**
Afrique du Sud	XLII-1 - XLII-11* et XLII-12**
Espagne (1988)+	XLII-1 - XLII-11* et XLII-12**
Suède (1988)+	XLII-1 - XLII-11* et XLII-12**
Ukraine (2004)+	XLII-1 - XLII-11* et XLII-12**
R.-U.	XLII-1 - XLII-11* et XLII-12**
Uruguay (1985)+	XLII-1 - XLII-11* et XLII-12**
États-Unis	XLII-1 - XLII-11* et XLII-12**

« + Année d'obtention du statut de membre consultatif. Acceptation par cet État nécessaire pour que les recommandations ou mesures adoptées au cours des Réunions entrent en vigueur à partir de cette année. »

* Les plans de gestion annexés à ces mesures ont été jugés approuvés conformément à l'article 6(1) de l'Annexe V au Protocole relatif à la protection de l'environnement au Traité sur l'Antarctique, et la mesure ne précisait pas de méthode d'adoption différente.

** Les modifications et/ou les ajouts apportés à la liste des sites et monuments historiques ont été jugés approuvés conformément à l'Article 8(2) de l'Annexe V au Protocole relatif à la protection de l'environnement au Traité sur l'Antarctique, et la mesure ne précisait pas de méthode d'adoption différente.

Bureau du conseiller juridique adjoint pour les affaires relatives au Traité
Ministère des Affaires étrangères
Washington, 5 décembre 2021.

Rapport du gouvernement dépositaire de la Convention sur la conservation de la faune et de la flore marines de l'Antarctique (CCAMLR)

Résumé

L'Australie, en tant que dépositaire de la *Convention sur la conservation de la faune et de la flore marines de l'Antarctique* de 1980, présente un rapport sur l'état de la Convention.

Rapport du dépositaire

L'Australie, en sa qualité de gouvernement dépositaire de la *Convention sur la conservation de la faune et la flore marines de l'Antarctique* de 1980 (ci-après « la Convention »), a le plaisir de rendre compte à la quarante-troisième Réunion consultative du Traité sur l'Antarctique de l'état de la Convention.

L'Australie informe les Parties au Traité sur l'Antarctique qu'aucun nouvel État n'a adhéré à la convention depuis l'adhésion du Panama, en 2013. Le nombre de Parties contractantes à la Convention s'élève à trente-six (36).

Le 7 mai 2020, la République populaire de Chine (RPC) a informé le dépositaire de la déclaration suivante :

> *Conformément à la loi fondamentale de la région administrative spéciale de Hong Kong de la RPC, le gouvernement de la RPC décide que la Convention s'appliquera à la région administrative spéciale de Hong Kong de la RPC à partir du 1er juillet 2020.*

Un exemplaire de la liste de l'état de la Convention est disponible sur la Base de données australienne des Traités, à l'adresse suivante :
http://www.austlii.edu.au/au/other/dfat/treaty_list/depository/CCAMLR.html

Rapport du gouvernement dépositaire de l'Accord sur la conservation des albatros et des pétrels (ACAP)

Résumé

L'Australie, en tant que dépositaire de l'*Accord sur la conservation des albatros et des pétrels* 2001, présente un rapport sur l'état de l'Accord.

Rapport du dépositaire

L'Australie, en sa qualité de gouvernement dépositaire de l'*Accord sur la conservation des albatros et des pétrels* de 2001 (ci-après « l'Accord »), a le plaisir de rendre compte à la quarante-troisième Réunion consultative du Traité sur l'Antarctique de l'état de l'Accord.

L'Australie informe les Parties au Traité sur l'Antarctique qu'aucune Partie n'a adhéré à l'Accord depuis l'adhésion de l'Uruguay en 2008. Il y a actuellement treize (13) Parties à l'Accord.

Un exemplaire de la liste de l'état de l'accord est disponible sur la Base de données australienne des Traités, à l'adresse suivante :

http://www.austlii.edu.au/au/other/dfat/treaty_list/depository/consalbnpet.html

Rapport rédigé par le Royaume-Uni en sa qualité de gouvernement dépositaire de la Convention pour la protection des phoques de l'Antarctique (CCAS) en vertu de la Recommandation XIII-2, paragraphe 2(d) 2018/19 et 2019/20

Parties à la Convention et nouvelles adhésions

En sa qualité de gouvernement dépositaire de la Convention pour la protection des phoques de l'Antarctique (CCAS), le Royaume-Uni a fait savoir qu'aucune nouvelle demande d'adhésion à cette Convention, ni aucun instrument d'adhésion, n'avait été déposé depuis le précédent rapport (ATCM XLII (2019) IP001).

Dans ATCM XLII WP069, l'Ukraine a déclaré son intention d'adhérer à la Convention. Toutefois, l'Ukraine a officiellement confirmé depuis au Royaume-Uni, en tant que gouvernement dépositaire, que l'adhésion ne se poursuivra plus.

La liste exhaustive des États signataires originels de la Convention, ainsi que des États qui y ont adhéré par la suite, est jointe au présent rapport (Annexe A).

Rapports annuels de la CCAS pour 2018/2019 et 2019/2020

L'Annexe B reprend les données fournies par les Parties contractantes à la CCAS relatives au nombre de phoques de l'Antarctique capturés et tués au cours la période allant du 1er mars 2018 au 28 février 2019. Toutes les captures signalées avaient des fins scientifiques.

L'Annexe C reprend les données fournies par les Parties contractantes à la CCAS relatives au nombre de phoques de l'Antarctique capturés et tués au cours la période allant du 1er mars 2019 au samedi 29 février 2020. Toutes les captures signalées avaient des fins scientifiques

Prochaine déclaration annuelle pour la CCAS

Le Royaume-Uni rappelle aux Parties contractantes à la CCAS que l'échange d'informations dont il est question dans le paragraphe 6(a) de l'Annexe à la Convention, pour la période du 1er mars 2020 au dimanche 28 février 2021, est attendu pour le **mercredi 30 juin 2021**. Les Parties à la CCAS sont priées de présenter leurs déclarations, y compris ceux portant la mention « néant », au Royaume-Uni et au SCAR. Le Royaume-Uni invite toutes les Parties contractantes à la CCAS à soumettre leurs déclarations dans les délais impartis.

Le rapport de la CCAS pour la période examinée, soit 2020-2021, sera présenté à la ATCM XLIV, après l'échéance de juin 2021 fixée pour l'échange d'informations.

ANNEXE A

Parties à la Convention pour la protection des phoques de l'Antarctique (CCAS)

Londres, 1er juin - 31 décembre 1972 ; la Convention est entrée en vigueur le 11 mars 1978.

État	**Date de signature**	**Date de dépôt (Ratification ou Acceptation)**
Argentine*	9 juin 1972	mardi 7 mars 1978
Australie	jeudi 5 octobre 1972	mercredi 1 juillet 1987
Belgique	9 juin 1972	jeudi 9 février 1978
Chili*	jeudi 28 décembre 1972	jeudi 7 février 1980
France**	mardi 19 décembre 1972	mercredi 19 février 1975
Japon	jeudi 28 décembre 1972	jeudi 28 août 1980
Norvège	9 juin 1972	lundi 10 décembre 1973
Russie****	9 juin 1972	mercredi 8 février 1978
Afrique du Sud	9 juin 1972	mardi 15 août 1972
Royaume-Uni**	9 juin 1972	10 septembre 1974***
États-Unis d'Amérique	mercredi 28 juin 1972	mercredi 19 janvier 1977

Adhésions

État	**Date de dépôt de l'instrument d'adhésion**
Brésil	lundi 11 février 1991
Canada	jeudi 4 octobre 1990
Allemagne	mercredi 30 septembre 1987
Italie	jeudi 2 avril 1992
Pologne	vendredi 15 août 1980
Pakistan	lundi 25 mars 2013

* Déclaration ou réservation
** Objection
*** L'instrument de ratification incluait les îles anglo-normandes et l'île de Man
**** Ex-URSS

ANNEXE B

Rapport annuel de la CCAS 2018-2019

Résumé des déclarations, conformément à l'article 5 et à l'Annexe à la Convention : Capture et mise à mort de phoques durant la période allant du 1er mars 2018 au jeudi 28 février 2019.

Partie contractante	**Phoques antarctiques capturés**	**Phoques antarctiques tués**
Argentine	159 (a)	0
Australie	0	0
Belgique	0	0
Brésil	Pas de déclaration reçue	Pas de déclaration reçue
Canada	0	0
Chili	56 (b)	0
France	116 (c)	1 (d)
Allemagne	0	0
Italie	0	0
Japon	17 (e)	0
Norvège	Pas de déclaration reçue	Pas de déclaration reçue
Pakistan	Pas de déclaration reçue	Pas de déclaration reçue
Pologne	Pas de déclaration reçue	Pas de déclaration reçue
Russie	0	0
Afrique du Sud	Pas de déclaration reçue	Pas de déclaration reçue
Royaume-Uni	19 (f)	0
États-Unis d'Amérique	1 351 (g)	0

Toutes les captures communiquées avaient des fins scientifiques.

(a) **Éléphants de mer du sud :** 100 petits sevrés, et 13 juvéniles (sexe inconnu). **Léopard de mer :** 13 adultes (sexe inconnu). **Phoques de Weddell :** 15 adultes, et 3 bébés (sexe inconnu). **Phoques crabiers :** 10 adultes (sexe inconnu). **Otaries de Kerguelen :** 5 adultes (sexe inconnu).

(b) **Éléphants de mer du sud :** 42 femelles adultes, 10 mâles adultes et 4 juvéniles.

(c) **Phoques de Weddell :** 19 mâles adultes, 41 femelles adultes ; 2 adultes (sexe inconnu), 19 bébés mâles, 16 bébés femelles, 19 bébés (sexe inconnu)

(d) **Phoque de Weddell** : 1 bébé (sexe inconnu) tué accidentellement lors de la pesée et de la prise de sang.

(e) **Phoques de Weddell :** 10 femelles adultes, 4 mâles adultes, 3 juvéniles mâles

(f) **Éléphants de mer du sud :** 2 femelles. **Phoques de Weddell :** 17 adultes/juvéniles (sexe inconnu)

(g) **Otaries de Kerguelen :** 26 adultes/jeunes, et 460 bébés (sexe inconnu). **Léopard de mer :** 29 adultes/juvéniles. **Phoques de Weddell :** 372 adultes, et 464 bébés (sexe inconnu).

ANNEXE C

Rapport annuel de la CCAS 2019-2020

Résumé des déclarations, conformément à l'article 5 et à l'Annexe à la Convention : Capture et mise à mort de phoques durant la période allant du 1er mars 2019 au samedi 29 février 2020.

Partie contractante	**Phoques antarctiques capturés**	**Phoques antarctiques tués**
Argentine	Pas de déclaration reçue	Pas de déclaration reçue
Australie	Pas de déclaration reçue	Pas de déclaration reçue
Belgique	Pas de déclaration reçue	Pas de déclaration reçue
Brésil	Pas de déclaration reçue	Pas de déclaration reçue
Canada	0	0
Chili	50 (a)	0
France	Pas de déclaration reçue	Pas de déclaration reçue
Allemagne	Pas de déclaration reçue	Pas de déclaration reçue
Italie	Pas de déclaration reçue	Pas de déclaration reçue
Japon	0	0
Norvège	Pas de déclaration reçue	Pas de déclaration reçue
Pakistan	Pas de déclaration reçue	Pas de déclaration reçue
Pologne	Pas de déclaration reçue	Pas de déclaration reçue
Russie	Pas de déclaration reçue	Pas de déclaration reçue
Afrique du Sud	0	0
Royaume-Uni	12 (b)	0
États-Unis d'Amérique	1 286 (c)	1 (d)

Toutes les captures communiquées avaient des fins scientifiques.

(a) **Phoques de Weddell :** 40 (age et sexe inconnus). **Léopard de mer : 10** (age et sexe inconnus).

(b) Éléphant de mer : 4 (3 hommes et 1 femme). **Phoques de Weddell :** 8 (7 hommes et 1 femme)

(c) **Otaries de Kerguelen :** 22 adultes/jeunes, et 395 bébés (sexe inconnu). **Léopard de mer :** 23 adultes/juvéniles (sexe inconnu). **Éléphants de mer du sud :** 4 jeunes (sexe inconnu). **Phoques de Weddell :** 236 adultes, et 606 bébés (sexe inconnu).

(d) **Phoques de Weddell :** 1 bébé (sexe inconnu) au cours d'une activité autorisée pour étudier l'adaptation thermique des jeunes phoques.

Rapport de l'observateur de la CCAMLR à la quarante-troisième réunion consultative du Traité sur l'Antarctique

CCAMLR-38 (octobre 2019)

1. La 38e réunion annuelle de la CCAMLR (CCAMLR-38) s'est tenue à Hobart, en Australie, du 21 octobre au 1er novembre 2019 sous la présidence de M. Fernando Curcio Ruigómez (Espagne).

2. Le rapport de la réunion est librement disponible (https://www.ccamlr.org/en/ccamlr-38).

3. L'Australie, en sa qualité de dépositaire, a annoncé que le 8 octobre 2019, les Pays-Bas sont devenus État membre de la Commission. La Commission a accueilli les Pays-Bas pour leur première séance en tant que Membre.

Application et observation de la réglementation

4. La Commission a approuvé une nouvelle stratégie d'engagement des Parties non contractantes (PNC) et un plan d'action pour 2020–2022 et décidé d'élargir le processus d'évaluation de la conformité aux États adhérents à titre expérimental pour 2020.

5. La Commission a observé que le nombre de navires de pêche illicite, non déclarée et non régle-mentée (INN) signalés dans la zone de la Convention affichait une baisse constante et que le dernier signalement datait de 2016. Aucun nouveau navire n'a été inscrit sur les listes INN de la CCAMLR.

Administration et Finances

6. La Commission a accepté les modifications de la formule de calcul des frais correspondant aux notifications de projets de pêche au krill, à la légine et à d'autres espèces dans la zone de la Convention, y compris les notifications de projets de pêche de recherche.

Conservation des ressources marines

7. La Commission a constaté que la capture totale de krill de la saison de pêche 2018/19 déclarée au 13 septembre 2019 s'élevait à **381 922 tonnes**. Onze navires ont pêché, représentant cinq Membres.

8. La Commission a noté qu'une campagne multi-Membres d'évaluation synoptique du krill réalisée pendant l'été austral 2018/19 a évalué la biomasse de krill dans la zone 48 à 62,6 millions de tonnes. (Note à l'intention de la RCTA : cette estimation de la biomasse est similaire à celle obtenue à l'issue de la dernière campagne d'évaluation synoptique menée en 2000.)

9. La Commission a pris note de l'état d'avancement de la nouvelle stratégie de gestion de la pêcherie mise au point par le Comité scientifique et souligné qu'il est important de fournir des avis sur la nouvelle stratégie d'ici 2021. La stratégie sera fondée sur trois éléments clés prioritaires :

i) une évaluation du stock pour permettre d'estimer les taux d'exploitation de précaution
ii) des mises à jour régulières d'estimations actualisées de la biomasse, au départ à l'échelle de la sous-zone, mais potentiellement à diverses échelles, et
iii) un cadre d'évaluation des risques pour guider l'allocation spatiale des captures.

10. En 2018/19, 13 Membres ont pêché de la légine australe (*Dissostichus eleginoides*) et/ou de la légine antarctique (*D. mawsoni*). Les Membres ont également mené une pêche de recherche sur la légine dans des zones fermées. La capture totale déclarée dans la zone de la Convention de *D. eleginoides* au 13 septembre 2019 s'élevait à **8 340** tonnes et celle de *D. mawsoni* à **4 097** tonnes.

11. La Commission a fixé des limites de capture pour la légine et le poisson des glaces. Néanmoins, elle n'est pas parvenue à un consensus sur les propositions de recherche dans la division 58.4.1 qui reste donc fermée.

12. La Commission a constaté que l'estimation de 103 oiseaux marins tués pendant la saison 2018/19 représente la 3e mortalité la plus basse jamais enregistrée.

Gestion spatiale

13. La Commission a accepté de donner son accord préalable aux projets de plans de gestion de nouvelles zones spécialement protégées de l'Antarctique (ZSPA) aux îles Rosenthal et à l'île Inexpressible. **La RCTA devrait prendre note de cette approbation qui a également été transmise au CPE.**

14. La Commission a noté qu'en mai 2019, le Royaume-Uni a informé les Membres que le secteur du glacier de l'île du Pin avait perdu 15,1 % de sa surface totale depuis 2017, indiquant l'applicabilité des critères de désignation d'une zone spéciale destinée à l'étude scientifique. Le 1er juin 2019, la zone du glacier de l'île du Pin entrait dans la 1re étape de désignation. Conformément au paragraphe 24 de la mesure de conservation (MC) 24-04, **l'attention de la RCTA est attirée sur les informations relatives à la 1re étape de désignation.** La RCTA est par ailleurs incitée à envisager de prendre des mesures adéquates pour compléter et faciliter l'étude scientifique dans le secteur.

15. La CCAMLR a adopté l'aire marine protégée (AMP) du plateau sud des îles Orcades du Sud en 2009 (MC 91-03). En adéquation avec les dispositions de la MC 91-03, l'UE et ses États membres ont présenté la seconde évaluation quinquennale de l'AMP. L'adoption de cette évaluation n'a pas fait consensus au sein de la Commission. La MC 91-03 sera maintenue sous sa forme actuelle jusqu'à la prochaine évaluation en 2024.

16. La Commission a également examiné le plan de recherche et de suivi de l'AMP de la région de la mer de Ross et les propositions d'AMP de l'Antarctique de l'Est, de la mer de Weddell et de la région de la péninsule antarctique. Aucun n'a fait consensus.

Changement climatique

17. La Commission a souligné l'importance des considérations relatives au changement climatique dans ses procédures et examiné diverses suggestions visant à mieux tenir compte de ses implications dans ses approches de la gestion.

Mise en œuvre des objectifs de la Convention

18. La Commission a salué la Déclaration de Prague faite par les Parties consultatives au Traité sur l'Antarctique le 8 juillet 2019.

19. La Commission a accepté d'établir un fonds de renforcement des capacités générales (FRCG) pour soutenir des projets, activités ou déplacements spécifiques, ou répondre à des besoins particuliers des Membres sur décision de la Commission, en vue de rehausser leur capacité à mieux réaliser l'objectif de la Convention CAMLR. Les Membres peuvent déposer une demande de financement, mais aussi les États adhérents ou les PNC coopérant avec le SDC si leur demande est soutenue par un Membre.

CCAMLR-39 (octobre 2020)

1. La 39e réunion annuelle de la CCAMLR (CCAMLR-39) s'est tenue en ligne du 27 au 30 octobre 2020 sous la présidence de M. Fernando Curcio Ruigómez (Espagne).

2. Le rapport de la réunion est librement disponible (www.ccamlr.org/node/107598).

3. Le comité permanent sur l'application et l'observation de la réglementation (SCIC) et le Comité permanent sur l'administration et les finances (SCAF) ont tenu des réunions virtuelles informelles et n'ont pas adopté de rapport. Néanmoins, la présidente du SCIC et la présidente intérimaire du SCAF ont présenté des résumés des discussions des e-groupes à la Commission.

4. L'Australie, en sa qualité de dépositaire, a annoncé que, le 7 mai 2020, la République populaire de Chine (RPC) a fait une déclaration selon laquelle conformément à la Loi fondamentale de la Région administrative spéciale de Hong Kong de la RPC, le gouvernement de la RPC a décidé que la Convention s'appliquerait à la Région administrative spéciale de Hong Kong de la RPC à partir du 1er juillet 2020.

5. La Commission a rendu hommage à Denzil Miller qui est décédé le 30 novembre 2019. Denzil Miller a joué un rôle central dans les affaires de la CCAMLR et de l'Antarctique pendant plus de quarante ans.

Application et observation de la réglementation

6. La Commission a inscrit le navire *Nika* sur la liste des navires INN de Parties contractantes. Le Panama a par la suite informé la Commission que le *Nika* avait été supprimé de son registre des navires.

7. La Commission a examiné la recommandation de la Nouvelle-Zélande visant à inscrire le navire *Palmer*, battant pavillon russe, sur la liste des navires INN des Parties contractantes, mais n'est pas parvenue à un consensus sur son inscription sur cette liste en 2020.

8. Du fait que le SCIC a tenu uniquement des réunions virtuelles informelles en 2020, la Commission a conclu qu'il n'était pas possible d'adopter le rapport de conformité de 2020.

Administration et Finances

9. La Commission a approuvé les recommandations du comité chargé du fonds de renforcement des capacités générales et accepté de financer deux projets de renforcement des capacités, l'un de l'Ukraine et l'autre de l'Uruguay. La Commission a noté que les termes de référence du fonds de renforcement des capacités scientifiques générales (FCSG) seraient finalisés en vue d'une présentation en 2021.

10. La Commission a reconduit David Agnew dans ses fonctions de secrétaire exécutif pour la période 2022–2026.

Conservation des ressources marines

11. La Commission a constaté qu'au 1er octobre 2020, la capture totale de krill déclarée pour la saison de pêche 2019/20 s'élevait à **446 783 tonnes** et qu'il s'agissait de la capture la plus élevée jamais déclarée dans la zone 48. Par ailleurs, la capture totale de *Dissostichus eleginoides* s'élevait à **11 924 tonnes** et celle de *Dissostichus mawsoni* à **4 399 tonnes**.

12. La Commission s'est félicitée du volume important de travail réalisé par le Comité scientifique et ses groupes de travail en 2020 spécifiquement sur le développement de la stratégie révisée de gestion du krill.

13. La Norvège a présenté les résultats préliminaires d'un essai de mesures d'atténuation des interactions des oiseaux marins avec les câbles de contrôle des filets sur les navires de pêche au krill. Un groupe de correspondance dédié a été organisé pendant la période d'intersession 2020/21 pour résoudre les problèmes liés aux collisions d'oiseaux marins sur les câbles de contrôle des filets et les funes.

14. La Commission a reconduit toutes les mesures de conservation qui devaient expirer en 2020. La liste révisée des mesures est disponible sur la page suivante : www.ccamlr.org/node/112002.

Autres questions

15. Étant donné les contraintes de la réunion en ligne, plusieurs points qui auraient été inscrits à l'ordre du jour principal de la Commission en temps normal, ont été débattus dans le cadre d'autres questions.

16. La Commission a décidé d'établir un e-groupe en vue de faciliter les discussions sur le renforcement de l'objectif de la Convention, afin de mettre en route la préparation de la 40e session de la Commission.

17. La Commission a indiqué que la 1re étape de désignation de la zone marine nouvellement exposée adjacente au glacier de l'île du Pin comme zone spéciale d'étude scientifique (voir ci-dessus le premier paragraphe 14 concernant le rapport CCAMLR-38) expire le 31 mai 2021. La Commission n'a pas réussi à s'accorder sur une proposition de prolongation d'un an de ce délai ni de classement de la zone en 2e étape.

18. La Commission a pris note des versions révisées des propositions d'établissement d'AMP dans le domaine 1 (péninsule antarctique), l'Antarctique de l'Est et la région de la mer de Weddell.

19. La Commission a également pris note de la définition de nouveaux termes de référence pour l'e-groupe sur le changement climatique afin de développer les mécanismes garantissant que la recherche la plus récente sur le changement climatique est intégrée aux travaux du Comité scientifique et prise en compte dans l'élaboration d'avis de gestion pour la Commission.

Prochaine réunion

20. La Suède (Jakob Granit) présidera la Commission lors des réunions de 2021 et 2022. La vice-présidence continuera d'être assurée par l'Argentine (Máximo Gowland). Meggan Engelke-Ros (États-Unis) a été élue à la présidence du SCIC et Stephanie Langerock (Belgique) à celle du SCAF pour 2021 et 2022.

21. Sauf décision contraire de Commission, celle-ci tiendra sa 40e réunion à Hobart (Australie) du 18 au 29 octobre 2021. La Commission a demandé de commencer à planifier les réunions le plus tôt possible et de prévoir des réunions officielles du SCIC et du SCAF.

Rapport annuel 2021 du Comité scientifique pour la recherche en Antarctique à la XLIIIe Réunion consultative du Traité sur l'Antarctique

Résumé

Ce document présente le rapport annuel du Comité scientifique pour la recherche antarctique (SCAR) à la Réunion consultative du Traité sur l'Antarctique. Pour faciliter leur examen, les principaux éléments de ce rapport sont présentés sous forme d'infographies (Pièce jointe1).

Contexte

La mission du SCAR est de faire progresser la recherche en Antarctique, notamment les observations de l'Antarctique, et de promouvoir la connaissance, la compréhension et l'éducation scientifiques de chaque aspect de la région de l'Antarctique. À cette fin, le SCAR est chargé de lancer et de gérer la coordination internationale des recherches en Antarctique et dans l'océan Austral au profit de la société mondiale. Le SCAR fournit des conseils et des informations scientifiques indépendants et objectifs au système du Traité sur l'Antarctique ainsi qu'à d'autres organismes, et agit comme principal moyen d'échange d'informations sur l'Antarctique au sein de la communauté scientifique. Une description des programmes des activités et des résultats scientifiques du SCAR est disponible sur le site : https://www.scar.org/.

Priorités scientifiques

Trois nouveaux programmes phares de recherche scientifique (PRS) ont été approuvés en 2020 et six PRS existants ont pris fin. Les nouveaux SRP sont :

- **Science intégrée pour étayer la conservation de l'Antarctique et de l'océan Austral (Ant-ICON)** répondra aux questions scientifiques fondamentales (telles qu'identifiées par le SCAR Horizon Scan), relatives à la conservation et à la gestion de l'Antarctique et de l'océan Austral et se concentrera sur la recherche pour stimuler et éclairer la prise de décision et le changement de politique au niveau international.
- **Instabilités et seuils en Antarctique (INSTANT)** répondra à une question de premier ordre sur la contribution de l'Antarctique au niveau de la mer. Comprenant la géoscience, les sciences physiques et les sciences biologiques, il vise à quantifier la contribution de la calotte glaciaire antarctique aux changements passés et futurs du niveau de la mer dans le monde.
- **Variabilité à court terme et prévision du système climatique antarctique (AntClim[à présent])** étudiera la prévision des conditions à court terme dans le système climatique antarctique sur des échelles de temps allant de plusieurs années à plusieurs décennies. Adoptant une approche intégrée, il considérera l'environnement antarctique dans son ensemble.

Les détails de ces programmes peuvent être trouvés à https://www.scar.org/science/srp/.

Récentes évolutions

Les principaux résultats et activités du SCAR sont présentés dans la pièce jointe 1. Les trois groupes scientifiques, les programmes de recherche scientifique et les groupes subsidiaires spécialisés du SCAR ont entrepris une grande variété d'activités et produit de nombreux résultats, dont une série est officiellement présentée à cette réunion.

En janvier 2020, le SCAR a pris en charge l'hébergement du portail des environnements antarctiques de l'Université de Canterbury, en Nouvelle-Zélande. Plus de détails peuvent être trouvés dans WP 19 *Portail des environnements antarctiques*.

À la suite de l'annulation de la conférence biennale sur la science ouverte du SCAR à Hobart en août 2020 en raison de la pandémie, le SCAR a accueilli SCAR 2020 en ligne, qui présentait de nombreux faits saillants de la réunion de Hobart et a attiré 2712 participants de 60 pays. Plus de détails sont disponibles sur https://www.scar2020.org/.

Le SCAR, par le biais de son portail sur la biodiversité antarctique, coordonne un effort communautaire pour contribuer à la Décennie des Nations Unies pour les sciences océaniques au service du développement durable (2021-2030) à travers le développement d'un plan d'action pour l'océan Austral. Il s'agit d'un partenariat avec le Southern Ocean Observing System (SOOS) et de nombreux autres groupes et organisations appelés collectivement le Southern Ocean Task Force. Un site Web a récemment été lancé (https://www.sodecade.org) pour partager des informations sur le processus et plus de détails sont fournis dans IP 136 *The Southern Ocean contribution to the United Nations Decade of Ocean Science for Sustainable Development*.

Afin de mieux comprendre les conséquences complexes et profondes de la pandémie du COVID-19 pour la communauté antarctique, le Comité permanent des sciences humaines et sociales du SCAR (SC-HASS) a lancé un programme de recherche pour évaluer les impacts de la pandémie sur la recherche antarctique. et les chercheurs, ainsi que les implications à long terme du COVID-19 pour les opérations antarctiques, le tourisme et la gouvernance, dans le but primordial d'aider à éclairer les décisions sur la manière d'atténuer les impacts négatifs. Vous trouverez de plus amples informations sur https://www.scar.org/science/hass/covid-project/info/.

En mars 2021, la première réunion virtuelle des délégués du SCAR a eu lieu. Lors de la réunion, la République tchèque et la Turquie sont passées du statut de membre associé au statut de membre à part entière du SCAR, et le Mexique a été admis en tant que membre associé. De plus, deux nouveaux membres du Comité Exécutif ont été élus par les Délégués: Le Dr Yeadong Kim (République de Corée) a été élu président du SCAR et le professeur Deneb Karentz (États-Unis) a été élu vice-président et assume la responsabilité de la science. Le professeur Jefferson Simoes (Brésil) a été réélu pour un second mandat en tant que vice-président et conserve la responsabilité des finances. Deux vice-présidents restent en fonction : Dr M. Ravichandran (Inde) en tant que vice-président pour le renforcement des capacités, l'éducation et la formation, et le Dr Gary Wilson (Nouvelle-Zélande) en tant que vice-président pour l'administration. Le professeur Steven Chown reste au comité exécutif pendant deux ans en tant que président sortant.

Le Dr Chandrika Nath est la directrice exécutive du SCAR. Le Dr Susie Grant est la représentante du SCAR auprès du Comité pour la protection de l'environnement. Le Dr Grant a repris ce rôle du Dr Aleks Terauds en septembre 2020.

Sélection de réunions à venir

La Conférence sur la science ouverte 2022 et les réunions du SCAR seront accueillies par l'Inde dans la ville d'Hyderabad à partir du 19 août^e - 28e. Les réunions sont actuellement planifiées en personne et des éventualités sont incluses pour les options en ligne et hybrides pour les réunions en raison des incertitudes découlant de la pandémie.

La Conférence 2024 sur la science ouverte et les réunions du SCAR seront accueillies par le Chili dans la ville de Pucón. La Conférence 2026 sur la science ouverte et les réunions du SCAR seront accueillies par la Norvège dans la ville d'Oslo. Les dates des deux réunions seront confirmées ultérieurement.

Scientific Committee on Antarctic Research Annual Report 2020-2021
SCAR
SCAR 2020 Online
3-7 August 2020, www.scar2020.org
21
594
2712
New Scientifc Research Programmes
INTEGRATED SCIENCE TO INFORM ANTARCTIC AND SOUTHERN OCEAN CONSERVATION (ANT-ICON)
Answering fundamental questions relating to the conservation and management of Antarctica and the Southern Ocean.
INSTABILITIES AND THRESHOLDS IN ANTARCTICA (INSTANT)
Aiming to quantify the ice sheet's contribution to past and future global sea-level change.
NEAR-TERM VARIABILITY AND PREDICTION OF THE ANTARCTIC CLIMATE SYSTEM (ANTCLIMNOW)
Investigating the prediction of near-term conditions in the Antarctic climate system.
Membership
Turkey and Czech Republic became Full Members
Mexico became Associate Member
XXXVI SCAR Delegates' Meeting
In March 2021, the first virtual SCAR Delegates' Meeting was held online. Delegates agreed that participation at all future meetings could be virtual.
Dr Yeadong Kim was elected as as SCAR President, Prof Deneb Karentz as Vice-President for Science and Prof Jefferson Simões was re-elected as Vice-President for Finance. Ongoing office bearers are Dr M Ravichandran, Vice-President for Capacity Building, and Prof Gary Wilson, Vice-President for Administration. Prof Steven Chown will stay on the Executive Committee as the immediate Past-President for a term of two years.
SCAR Medals
EXCELLENCE IN ANTARCTIC RESEARCH
Dr W Berry Lyons
EDUCATION AND COMMUNICATION
Dr Huw Griffiths
INTERNATIONAL SCIENTIFIC COORDINATION
Dr Carlota Escutia
SCAR PRESIDENT'S MEDAL FOR OUTSTANDING ACHIEVEMENT IN ANTARCTIC SCIENCE
Dr Valérie Masson-Delmotte
Year in Numbers
45
MEMBER COUNTRIES
6
NEW GROUPS CREATED
4
EARLY CAREER FELLOWSHIPS AWARDED
2
VISITING SCHOLARS APPOINTED

Rapport annuel 2020/2021 du COMNAP

15 mars 2020 – 30 juin 2021

Contexte

Adhésion au Conseil

Créé officiellement le 15 septembre 1988, le COMNAP réunit les responsables nationaux qui programment, dirigent et gèrent les soutiens apportés à la recherche en Antarctique au nom de leurs gouvernements respectifs. Le COMNAP est une association internationale dont les membres sont les 30 programmes antarctiques nationaux menés par les pays suivants : Afrique du Sud, Allemagne, Argentine, Australie, Belgique, Brésil, Bulgarie, Chili, Chine, Équateur, Espagne, États-Unis, Fédération de Russie, Finlande, France, Inde, Italie, Japon, Norvège, Nouvelle-Zélande, Pays-Bas, Pérou, Pologne, République de Corée, République du Bélarus, République tchèque, Royaume-Uni, Suède, Ukraine et Uruguay. Les programmes antarctiques nationaux du Canada (à partir d'août 2016), de la Colombie (à partir d'avril 2021), de la Malaisie (à partir d'août 2017), du Portugal (à partir d'août 2015), de la Suisse (à partir d'avril 2018), de la Turquie (à partir d'avril 2018) et du Venezuela (à partir d'août 2015) sont des observateurs du COMNAP.

Notre mission

La mission du COMNAP vise à élaborer et à promouvoir les bonnes pratiques en matière de gestion des soutiens à la recherche scientifique dans l'Antarctique. En tant qu'organisation, le COMNAP s'emploie à apporter de la valeur aux efforts des programmes antarctiques nationaux en servant de forum pour développer des pratiques visant à renforcer l'efficacité des activités dans le respect de l'environnement, en favorisant des partenariats internationaux et à travers l'échange d'informations.
Le COMNAP s'efforce de fournir au Système du Traité sur l'Antarctique des conseils techniques pratiques, objectifs et apolitiques qu'il tire de l'expérience des programmes antarctiques nationaux et de leurs connaissances directes de l'Antarctique, contribuant a 38 documents de travail, 121 documents d'information à ce jour.

Notre leadership

Le COMNAP est une organisation dirigée par ses membres avec un comité exécutif élu (EXCOM) dirigé par le Dr Kelly K. Falkner (programme antarctique américain) en tant que président, avec les vice-présidents Manuel Burgos (Institut uruguayen de l'Antarctique), John Guldahl (Institut polaire norvégien), Agnieszka Kruszewska (Institut de biochimie et biophysique de l'Académie polonaise des sciences), Uwe Nixdorf (Centre Helmholtz de recherche polaire et marine de l'Institut Alfred Wegener [AWI], Allemagne) et Gen Hashida (Institut national de recherche polaire, Japon). Michelle Rogan-Finnemore remplit les fonctions de Secrétaire exécutive. L'Université de Canterbury, Christchurch, Nouvelle-Zélande accueille le secrétariat du COMNAP dans le cadre d'un protocole d'accord renouvelé jusqu'en septembre 2027.

Opérations du COMNAP 2020/2021 : Relever les défis de manière proactive

Préparation à la COVID-19

Reconnaissant la gravité de la situation mondiale actuelle, le Comité exécutif du COMNAP s'est réuni en ligne en urgence le 9 mars 2020. La réunion n'avait qu'un seul point à l'ordre du jour et un seul objectif : « Se concentrer sur l'élaboration d'une stratégie qui renforce collectivement les efforts nationaux pour éviter l'introduction du coronavirus (COVID-19) en Antarctique ; décrire les principaux points à prendre en compte pour notre stratégie collective et les actions à entreprendre pour un plan de mise en œuvre ; veiller à s'engager en tant que EXCOM avec les membres du COMNAP en ce qui concerne l'échange d'informations sur la COVID-19 et également avec d'autres membres de la communauté antarctique (en particulier avec l'IAATO), au sujet des pratiques de prévention, de la capacité à réagir des stations antarctiques et des plans médiatiques/de communication ».

Le 9 mars 2020, trois jours avant que l'OMS ne déclare la pandémie de COVID-19, l'EXCOM a établi le **Sous-comité *ad hoc* COVID-19** dirigé par le Dr Tim Heitland (AWI) avec le Dr Pradip Malhotra (NCPOR, Inde) et le Dr Fabio Catalano (ENEA, Italie) et en collaboration avec le Dr Anne Hicks (BASMU, Royaume-Uni, et le chef du Joint Expert Group on Human Biology and Medicine [JEGHBM]). Avec le secrétaire exécutif, le sous-comité a élaboré le document de travail « Recommandations COMNAP SARS-CoV-2/COVID-19 (non obligatoires) dans le contexte des opérations antarctiques » (publié le 16 mars 2020). Le message clé était « Agissez tôt, agissez fermement, car il faut donner priorité au confinement et à la prévention pour empêcher l'introduction du SRAS-CoV-19 en Antarctique ».

Le sous-comité reste réuni et les directives, désormais connues sous le nom de « Directives du COMNAP pour la prévention et la gestion de l'épidémie de COVID-19 » (version du 14 janvier 2021) continuent d'être examinées et mises à jour sur la base des recherches actuelles, des directives de l'OMS et de la situation dans le monde. Des communications régulières et ouvertes se poursuivent avec nos membres, observateurs et autres parties prenantes.

La planification des urgences et interventions médicales est un risque abordé dans la planification du programme national antarctique dans des circonstances normales. La saison antarctique 2020/2021 a cependant été sans précédent. L'incapacité à répondre à un nouveau virus hautement infectieux avec une mortalité et une morbidité significatives dans l'environnement extrême et austère de l'Antarctique dont les soins médicaux et les réponses de santé publique sont précaires a été précocement identifiée. Par conséquent, les programmes antarctiques nationaux ont été proactifs dans leur reconnaissance de l'importance d'un développement et d'une mise en œuvre rapide des protocoles sur la COVID-19.

Les programmes du COMNAP donnent la priorité à la sécurité de la vie humaine dans toutes les activités de planification, d'exécution et de fonctionnement. Tous les programmes antarctiques nationaux ont agi pour atténuer le risque présenté par la pandémie mondiale. Plusieurs programmes ont annulé leurs saisons antarctiques 2020/2021. La majorité a considérablement réduit ses activités prévues tout en continuant à maintenir les infrastructures essentielles de l'Antarctique, à échanger du personnel et à fournir un soutien opérationnel, logistique et scientifique qui a permis la poursuite de recherches antarctiques d'importance mondiale. Tous ont mis en œuvre des protocoles pour assurer la sécurité des membres de leur équipe ; ils ont été nombreux à modifier leur méthode de transport habituelle ou leur itinéraire pour le personnel en transit vers/depuis l'Antarctique et ont élargi leurs critères médicaux de pré-déploiement (voir également IP082).

Opérations du COMNAP 2020/2021 : Faits saillants et réalisations

Trente-deuxième Assemblée générale annuelle (AGA) (2020)

L'AGA devait se tenir le 3-6 août 2020 à Hobart, Australie, et accueillie par le Département australien de l'antarctique (AAD). En raison de la pandémie mondiale de COVID-19, les réunions en présentiel ont été annulées et l'AGA a été déplacée vers une plateforme en ligne aux mêmes dates. C'était la première fois en 32 ans que l'AGA ne se tenait pas en présentiel. La plateforme en ligne s'est avérée très utile, avec la participation de 151 personnes des 30 programmes membres.

Les travaux en plénière et les séances régionales en petits groupes en étaient les principaux composants. Les membres, les observateurs et d'autres opérateurs ont échangé des informations d'avant-saison 2020/2021 et débattu de la gestion des risques, en particulier dans le contexte des opérations avec la pandémie mondiale de COVID-19. Les séances régionales étaient notamment : La Péninsule, la mer de Ross, l'Antarctique oriental, le Groupe de gestion de Larsemann Hills, Dronning Maud Land et le haut plateau inaugural. La phase II du projet « Groupe de travail sur l'efficacité : la Péninsule » du COMNAP a été mis en veille en raison de la réduction de la saison estivale en Antarctique.

Symposium
Le dix-neuvième Symposium du COMNAP « Antarctic Station Modernization: Future-proofing Infrastructure to Support Research and to Reduce Environmental Impact » [Modernisation de la station antarctique : Une infrastructure pérenne pour soutenir la recherche et réduire l'impact sur l'environnement] s'est tenu via la Chaîne YouTube du COMNAP à partir du 7 août 2020. Les comptes-rendus sont publiés (voir BP010).

Projet d'aviation antarctique
Ce projet se poursuit (https://www.comnap.aq/projects/Antarctic-aviation) selon un calendrier révisé. L'atelier sur l'aviation antarctique est annulé en tant que réunion en présentiel (15-16 juillet 2021, Toyama, Japon). Il est prévu est de se concentrer désormais sur les questions clés liées à l'examen par la RCTA de la Résolution 1 (2013) (voir WP8), l'équipement minimum de survie à bord des aéronefs et l'examen de la technologie en amont d'un atelier en présentiel (voir IP059) qui devrait se tenir fin avril/début mai 2022 (probablement combiné avec l'atelier V de SAR du COMNAP).

Prix COMNAP 2020/2021
Primés par le président du COMNAP pour leur contribution exceptionnelle aux objectifs et principes du COMNAP, les colauréats sont Valery Lukin, ancien MNAP de l'AARI/de la RAE, et Heinz Miller, ancien MNAP de l'AWI.

10e bourse de recherche en études antarctiques du COMNAP
La bourse de recherche en études antarctiques du COMNAP 2020 a été accordée à Cinthya Elizabeth Bello Chirinos, (Université nationale agraire de La Molina, Pérou et Division des affaires antarctiques du ministère des Affaires étrangères du Pérou) « Classification de la vitesse de surface et du faciès du glacier Znosko, île du Roi George, Antarctique, à l'aide de séries chronologiques de données satellitaires du SAR ». La bourse sera mise à profit pour entreprendre des recherches en collaboration avec l'Institut d'océanographie de l'Université fédérale de Rio Grande, au Brésil. Cette année, une deuxième bourse de recherche en études antarctiques a été attribuée grâce à un accord entre l'IAATO et le COMNAP. Le lauréat est Miguel González Pleiter (Université d'Alcala, Espagne) « Comprendre les conséquences de l'introduction des microplastiques dans l'environnement antarctique : le « Résistome de la plastisphère ». Avec le soutien de l'Institut antarctique uruguayen, Miguel intégrera l'équipe du programme AntarPLAST de l'Université de la République d'Uruguay.

Produits et outils du COMNAP

Base de données du COMNAP
La base de données Quickbase comprend des informations de tous les membres sur les installations, les navires, les contacts du programme et les détails qui sont utilisés pour informer

les produits du COMNAP, y compris e-AFIM, ATOM et le « Catalogue des stations ». Les données sont communiquées au secrétariat du Traité sur l'Antarctique.
Données accessibles au public aux adresses https://www.comnap.aq/antarctic-information/, https://github.com/PolarGeospatialCenter/comnap-antarctic-facilities/releases et https://github.com/PolarGeospatialCenter/comnap-antarctic-vessels.

Manuel d'information sur les vols en Antarctique (e-AFIM)
Informations générales sur l'AFIM du COMNAP
L'e-AFIM est un manuel d'informations aéronautiques publié par le COMNAP au format PDF ; il s'agit d'un outil visant à améliorer la sécurité des opérations aériennes en Antarctique conformément à la Résolution 1 de la RCTA (2013). Il a été publié le 15 septembre et le 1er décembre 2020 et le 15 mars 2021.

Système de surveillance des biens (CATS) du COMNAP
Informations générales sur le système de surveillance des biens du COMNAP
Le CATS est un système volontaire d'échange de données sur la position des navires et des aéronefs mis au point par l'AAD. À son pic d'utilisation pour la saison 2020/2021, il contenait des positions pour 36 biens (20 aéronefs et 16 navires). Le CATS n'est pas pleinement utilisé. Nous invitons tous les navires et aéronefs travaillant dans la zone du Traité sur l'Antarctique à communiquer davantage de rapports.

Manuel des opérateurs de télécommunications en Antarctique (ATOM)
ATOM est le manuel reprenant les coordonnées de contact auquel la Recommandation X-3 de la RCTA fait référence. Les membres du COMNAP, les observateurs et les autorités du SAR y ont accès par l'intermédiaire du site web du COMNAP et du CATS.

Recherche et sauvetage (SAR)
Conformément à la Résolution 4 de la RCTA (2013), le COMNAP fournit une page Web du SAR contenant tous les contacts du RCC. La planification du prochain atelier triennal SAR en Antarctique du COMNAP (V/2022) est en cours. L'accent sera mis sur l'aviation.

---

www.comnap.aq
@comnap1
Chaîne YouTube : https://www.youtube.com/channel/UCjzR1uM_ZP62eEy6QLCbHxw

Annexe 1 : Responsables, projets, groupes d'experts et réunions du COMNAP

Tableau 1 : Comité exécutif du COMNAP (EXCOM)

Le président et les vice-présidents du COMNAP sont les responsables élus du COMNAP. Les responsables élus et le secrétaire exécutif constituent le comité exécutif du COMNAP :

Fonction	Responsable	Le mandat se termine fin
Président	Kelly K. Falkner (USAP) kfalkner@nsf.gov	AGA 2021
Vice-présidents	Manuel Burgos (AIU) mburgos@iau.gub.uy	AGA 2023
	John Guldahl (NPI) john.guldahl@npolar.no	AGA 2021
	Agnieszka Kruszewska (PAS IBB) agnieszkak@ibb.waw.pl	AGA 2021
	Uwe Nixdorf (AWI) uwe.nixdorf@awi.de	AGA 2021
	Gen Hashida (NIPR) gen@nipr.ac.jp	AGA 2023
Secrétaire exécutif	Michelle Rogan-Finnemore michelle.finnemore@comnap.aq	

Tableau 2 : Projets du COMNAP

Projet	Gestionnaire de projet	Responsable EXCOM (supervision)
Dix-neuvième Symposium « Antarctic Station Modernization: Future-proofing Infrastructure to Support Research and to Reduce Environmental Impact » [Modernisation de la station antarctique : Une infrastructure pérenne pour soutenir la recherche et réduire l'impact sur l'environnement]	Charlton Clark (animateur) et Andrea Colombo	Agnieszka Kruszewska
Aviation antarctique	Paul Sheppard	John Guldahl
Système de surveillance des biens (CATS) du COMNAP	Robb Clifton	John Guldahl
Base de données	Andrea Colombo	Michelle Rogan-Finnemore
Groupe de travail sur l'efficacité : Péninsule (phase 2)	Antonio Quesada	Agnieszka Kruszewska
Suppression des incendies/sécurité incendie	Simon Trotter et Mike Gencarelli	Agnieszka Kruszewska
Construction de nouveaux navires	Michelle Rogan-Finnemore	Manuel Burgos

Tableau 3 : Groupes d'experts du COMNAP

Groupe d'experts (thème)	Responsable du groupe d'experts	Responsable EXCOM (supervision)
Opérations aériennes (y compris les RPA-WG)	Paul Sheppard	John Guldahl
Faire progresser les technologies stratégiques	Pavel Kapler	Uwe Nixdorf
Protection de l'environnement	Ceisha Poirot	Gen Hashida
Éducation, sensibilisation et formation	Dragomir Mateev	Agnieszka Kruszewska
Groupe conjoint d'experts sur la biologie et la médecine humaines (JEGHBM)	Anne Hicks	Kelly Falkner
Plateformes marines	Miguel Ojeda	Manuel Burgos
Sécurité	Simon Trotter	Agnieszka Kruszewska
Facilitation de la recherche scientifique	Robb Clifton	Kelly Falkner

Réunions - toutes en ligne

Du 15 mars 2020 au 1er avril 2021

- Réunions extraordinaires du Comité exécutif du COMNAP : Relever les défis présentés par la COVID-19,
  1 : 9 mars 2020
  2 : 3 avril 2020
  3 : 3 juin 2020
  4 : 9 juillet 2020
  5 : 18 novembre 2020
  6 : 22 décembre 2020
  7 : 28 janvier 2021
  8 : 17 mars 2021.

- Réunion annuelle du Comité exécutif du COMNAP, 7 et 21 octobre 2020.
- Discussions sur les échanges d'informations entre le secrétariat du COMNAP et le secrétariat de l'IAATO, 12 mars 2020, 28 avril 2020, 19 juin 2020, 1er septembre 2020 et 23 octobre 2020.
- Réunions du COMNAP Round 1 « Townhall Meetings », 7, 8 et 15 avril 2020 (à diverses reprises).
- Conseils médicaux/mises à jour du COMNAP sur la COVID-19, 8 juin 2020, 8 juillet 2020, 22 septembre 2020 et 21 février 2021.
- Réunions du COMNAP Round 2 « Advanced Planning Forums », 9-12 juin 2020 (à diverses reprises).
- COMNAP et « Autres opérateurs » 30 juin 2020.
- Discussions entre le secrétariat et le président du COMNAP/le secrétariat et le président du SCAR, 1er juillet 2020.
- Trente-deuxième Assemblée générale annuelle du COMNAP (AGA) (2020), y compris les petits groupes régionaux, du 3 au 6 août 2020.
- Table ronde conjointe SCAR/COMNAP : Impact de la COVID-19 sur la recherche antarctique, 5 août 2020.
- Le dix-neuvième Symposium du COMNAP « Antarctic Station Modernization: Future-proofing Infrastructure to Support Research and to Reduce Environmental Impact »

[Modernisation de la station antarctique : Une infrastructure pérenne pour soutenir la recherche et réduire l'impact sur l'environnement], 7 août 2020.

À venir (du 1er avril 2021 au 30 juin 2022)

- Réunions du COMNAP Round 1 « Townhall Meetings », 7, 8, 13 et 14 avril 2021 (en ligne/à diverses reprises).
- Réunion extraordinaire du Comité exécutif du COMNAP, 9 (en ligne) : Relever les défis présentés par la COVID-19, 12 mai 2021.
- Trente-deuxième Assemblée générale annuelle du COMNAP (AGM) (2021) (en ligne), y compris les groupes d'experts/forums de discussion thématique (2, 3, 9 et 10 juin 2021), les petits groupes régionaux (12, 13 et 14 juillet 2021) et la séance plénière des travaux du 14 juillet 2021.
- Réunion annuelle du Comité exécutif du COMNAP (en ligne, dates à confirmer).
- Atelier du COMNAP sur l'aviation antarctique (Atelier SAR V), fin avril/début mai 2022 (éventuellement lieu de réunion en présentiel et dates à confirmer).

3. Rapports des Experts

Rapport de l'ASOC à la RCTA

Introduction

L'ASOC se réjouit d'être présente à la XLIIIe Réunion consultative du Traité sur l'Antarctique. Ce rapport décrit brièvement le travail de l'ASOC au cours des deux dernières années.

Le Secrétariat de l'ASOC se trouve à Washington, DC, États-Unis, et son site internet est le suivant : https://www.asoc.org. L'ASOC compte 23 groupes membres représentant un large éventail de pays STA. Nous sommes heureux d'annoncer que trois nouveaux groupes se sont joints depuis la RCTA de 2019 : Blue Marine Foundation, Global Choices et World Parks Inc.

Activités intersessions

Depuis la XLIIe RCTA qui a eu lieu à Prague en 2019, beaucoup de choses ont changé dans le monde antarctique. Alors que la réunion de la CCAMLR de 2019 s'est tenue en tête-à-tête, la RCTA de 2020 a été annulée et réunion de la CCAMLR s'est tenue virtuellement pour la première fois de son histoire. Cela a nécessité des changements importants dans les travaux de l'ASOC. Bien que notre équipe internationale ait l'habitude de se connecter virtuellement, le fait de ne pas avoir d'occasions périodiques de se rencontrer en personne a radicalement changé notre travail.

Engagement en ligne

Par exemple, l'année dernière, durant la période pendant laquelle la RCTA devait avoir lieu, nous avons préparé une variété de contenu sur les médias sociaux sous le thème « Semaine de la RCTA » à partager avec le public. Cela comprenait des entretiens avec des experts de la RCTA, des infographies et des animations sur le changement climatique en Antarctique. Les animations, en Espagnol et en Anglais, ont été produites par l'Institut antarctique chilien (INACH), qui s'est gracieusement associé à l'ASOC afin que nous puissions les partager simultanément sur les médias sociaux et atteindre un public plus large.

L'ASOC a également organisé deux webinaires très suivis sur les questions antarctiques *Qu'est-ce qui empêche la protection de l'océan Antarctique ?* et *L'avenir de la protection de la péninsule antarctique.* Les webinaires comprenaient des panélistes issus de domaines différents tels que la politique, la science, l'industrie et la photographie de paysages naturels, lesquels ont présenté un large éventail de perspectives sur la façon de protéger l'environnement antarctique. De nombreux membres du public ont par la suite fourni des commentaires exprimant leur appréciation pour les discussions intéressantes et parfois provocantes.

Présentation de l'ASOC à la réunion virtuelle du SCAR et au Symposium virtuel sur le droit polaire. L'ASOC a également participé à la réunion virtuelle de la CCAMLR en octobre 2020. Au cours de la réunion, en remplacement de la réception habituelle que nous organisons, nous avons invité les délégués à un festival de films virtuel présentant plusieurs courts métrages sur l'Antarctique.

En avril 2021, The Pew Charitable Trusts et l'Institut polaire du Wilson Center ont réuni en ligne un groupe de travail d'experts composé de scientifiques antarctiques de diverses disciplines pour explorer l'impact des changements dans l'océan austral sur la régulation du climat mondial, les écosystèmes marins et les communautés humaines, et explorer la gestion à court terme et les actions gouvernementales nécessaires pour faire face aux risques climatiques.

L'ASOC prévoit d'organiser un événement virtuel public plus tard dans l'année pour célébrer le 30e anniversaire du Protocole.

Soutien à la science pertinente pour les politiques

Le WWF a soutenu le projet d'analyse rétrospective des données de suivi antarctique (RAATD) dirigé par le SCAR, avec le soutien du Centre de synthèse et d'analyse sur la biodiversité, France. La RAATD est une démonstration impressionnante de l'esprit de coopération internationale de la science antarctique, rassemblant 4060 pistes individuelles d'animaux provenant de 17 espèces de prédateurs, notamment des roquals à bosse, des manchots empereurs, des éléphants de mer du sud et des albatros errants, collectés par plus de 70 scientifiques dans le cadre de 12 programmes antarctiques nationaux. Bien que ce travail soit censé être utile dans la conception des aires marines protégées (AMP), il peut également être utile pour comprendre quels habitats des zones côtières et terrestres sont essentiels pour les espèces antarctiques, et donc informer également l'action de la RCTA.

Greenpeace a entrepris une expédition avec deux de ses navires, facilitant la recherche sur le déclin des populations de manchots à jugulaire dans des colonies relativement éloignées, enregistrant un déclin allant jusqu'à 70 % dans certaines zones. Il a également exposé les problèmes sous-jacents liés à la réglementation des activités de transbordement, en observant un certain nombre de transbordements autour des îles Orcades du Sud et en publiant le rapport Fishy Business qui détaille les nombreux problèmes rencontrés dans ce domaine.

Engagement avec d'autres organisations

L'ASOC continue de participer aux réunions virtuelles de l'Organisation maritime internationale (OMI) par l'intermédiaire des membres de l'ASOC dotés du statut consultatif auprès de l'OMI, en mettant l'accent sur le développement de mesures de sécurité pour les navires non SOLAS, en particulier les navires de pêche et les yachts privés opérant dans les eaux polaires. Des lignes directrices pour les navires de pêche de plus de 24 m de longueur (c'est-à-dire tous les navires de pêche de l'océan austral) et pour les yachts privés de 300 jauges brutes et plus, non engagés dans le commerce, ont été récemment adoptées. Ces directives sont importantes pour les opérations des navires au sud de 60°de latitude Sud puisque plus de 50 % des navires sont qualifiés de navires non SOLAS et il est important que les Parties au Traité sur l'Antarctique (PTA) et les Parties consultatives au Traité sur l'Antarctique (CTA) encouragent l'application des directives de l'OMI aux navires de pêche et aux yachts privés naviguant au sud de 60°de latitude Sud. L'ASOC continue de participer aux travaux de l'OMI pour introduire des dispositions obligatoires de navigation et de planification de voyage pour ces mêmes navires, ainsi que dans d'autres aspects des travaux de l'OMI qui auront un intérêt pour les opérations des navires dans l'océan austral, y compris le traitement des déchets plastiques marins, du bruit sous-marin et des émissions climatiques (CO_2 et carbone noir) des navires.

Greenpeace, Pew et le WWF ont travaillé avec les opérateurs d'Association of Responsible Krill (ARK) et un certain nombre de scientifiques indépendants pour examiner les zones à accès limité volontaires convenues par l'industrie du krill en 2018, notamment en acceptant une extension à une zone fermée tout au long de l'année autour de la Baie de l'Espoir.

Remarques finales

La pandémie a sans aucun doute rendu le travail de la RCTA plus difficile. Cependant, avec le 30e anniversaire du Protocole, la pandémie nous donne une raison de réfléchir à notre relation actuelle avec le monde naturel. La signature du Protocole a été un moment décisif pour la protection de l'environnement. Le monde est maintenant confronté à de nouvelles menaces urgentes pour la planète entière. L'ASOC estime que la RCTA et le Protocole ont un rôle essentiel à jouer pour répondre à ces menaces. Un message que nous avons été heureux de recevoir au cours de notre engagement en ligne avec le public est que l'Antarctique continue d'inspirer les gens partout dans le monde. Même s'ils ne l'ont pas visitée en personne, ils sont fascinés par la région et ses incroyables espèces et veulent qu'elle reste intacte. De même, il a été gratifiant de voir le dévouement et l'engagement de nos collègues, y compris les autres observateurs et experts, qui ont trouvés des moyens créatifs de continuer à faire le travail lié à la RCTA et au CEP malgré les limites imposées par la pandémie.

L'ASOC se réjouit de célébrer l'anniversaire du Protocole cette année et exhorte les CTA, et le STA dans leur ensemble, non seulement à réfléchir sur les succès du Protocole, mais à réexprimer leur engagement à le mettre en œuvre. Si nous voulons relever les défis et les menaces pour la santé de l'Antarctique et de l'océan austral, la RCTA et la CCAMLR doivent voir plus grand et adopter de nouvelles mesures de protection globales telles que les AMP et les ZSPA. Nous sommes convaincus qu'il est possible de faire en sorte que les trente prochaines années soient encore plus fructueuses que les trente premières, mais seulement avec une volonté politique suffisante.

En conclusion, l'ASOC tient également à exprimer ses plus sincères condoléances à la famille d'Adrian Dahood-Fritz, décédé dans un tragique accident en septembre 2019. Une scientifique brillante et rapporteure dédiée à la RCTA, Adrian était connue par beaucoup d'entre nous au sein de l'ASOC et sa passion pour l'Antarctique nous manquera beaucoup.

Rapport 2020-21 de l'Association internationale des organisateurs de voyages dans l'Antarctique

En vertu de l'article III (2) du Traité sur l'Antarctique

Introduction

L'Association internationale des organisateurs de voyages dans l'Antarctique (IAATO) a le plaisir de rendre compte de ses activités à la XLIIIe RCTA.

L'IAATO continue de mener ses activités de manière à servir sa mission, à savoir encourager le secteur privé à organiser des voyages dans l'Antarctique sûrs et respectueux de l'environnement. Une description détaillée de l'IAATO, sa mission, ses principales activités et les développements récents sont disponibles à l'adresse : www.iaato.org.

Vue d'ensemble

Il y a trente ans, l'IAATO a été créée en s'engageant en faveur de voyages sûrs et respectueux de l'environnement organisés par le secteur privé. L'IAATO a maintenu cette orientation au cours de trois grandes périodes de croissance et des ralentissements qui ont suivies, mettant à profit la force de ses membres et de ses parties prenantes pour améliorer les procédures et la gestion. La saison 2019-20 a vu un nombre record de visiteurs voyageant avec les opérateurs de l'IAATO (74 401). La saison 2020-21 contraste fortement avec seulement deux expéditions individuelles, comprenant trois yachts et un total de 15 visiteurs en raison de la pandémie SARS-CoV-2 (COVID-19).

Bien qu'il soit difficile de dire quand les opérations retrouveront un niveau similaire à l'avant COVID-19, l'engagement de l'IAATO en matière de voyages sûrs et respectueux de l'environnement organisés par le secteur privé reste inchangé et durable. Au cours des douze derniers mois, on s'est beaucoup penché sur les changements opérationnels attribuables au COVID-19, mais l'association pense également à la croissance future qui est prévue après la pandémie. Parmi les mesures prises récemment, on peut citer le renforcement des besoins en matière d'expérience du personnel sur le terrain, la création de nouveaux groupes de travail et de nouveaux comités, la mise à jour du programme des ambassadeurs de l'Antarctique et le renforcement des opérations à proximité des baleines.

Pour de plus amples informations sur les activités des opérateurs de l'IAATO, veuillez consulter *ATCM XLIII IPxx IAATO Overview of Antarctic Tourism : Un bilan historique de la croissance, de la saison 2020-21 et des estimations préliminaires pour 2021-22*

Réponse à la pandémie de COVID-19 et impact sur l'adhésion à l'IAATO

Lorsque la saison 2019-20 a été raccourcie en raison des préoccupations mondiales autour du COVID-19, l'IAATO et ses membres ont commencé à se préparer pour la saison 2020-21 en mettant l'accent sur les nouveaux défis liés à la pandémie. Le Groupe directeur de l'IAATO dédié au COVID-19 (maintenant le Groupe consultatif sur le COVID-19 de l'IAATO) a été formé pour partager régulièrement des informations avec les membres, y compris des mises à jour provenant des ports d'entrée et des renseignements sur les nouveaux conseils à suivre en vue d'effectuer des déplacements sûrs et respectueux de l'environnement pendant la pandémie.

De plus, deux assemblées publiques virtuelles ont été organisées par l'IAATO afin de permettre aux membres de partager leurs points de vue et les leçons apprises sur le fonctionnement dans ce nouvel environnement, une initiative essentielle à l'élaboration des meilleures pratiques de l'industrie.

Le Groupe consultatif sur le COVID-19 a également fourni aux opérateurs un cadre pour les aider à préparer leur propre évaluation des risques. Étant donné que les opérateurs IAATO ont chacun leur propre environnement d'exploitation spécifique, chacun doit analyser individuellement chaque élément de son fonctionnement afin de relever les défis liés au COVID-19, en tenant compte des exigences pertinentes de leurs autorités nationales compétentes respectives, le cas échéant, ainsi que du point de vue et des informations qui leur sont donnés depuis les ports d'entrée.

En outre, pendant cette période, l'IAATO s'est félicitée de collaborer régulièrement avec le COMNAP et le SCAR dans l'esprit de partager les meilleures pratiques et des connaissances et de mieux comprendre l'impact de la pandémie sur l'Antarctique.

La majorité des opérateurs de l'IAATO avaient pris la décision de ne pas opérer pendant la saison 2020-21, vers novembre 2020 et, en fin de compte, la saison a été limitée à seulement deux expéditions.

À la suite de l'assemblée annuelle 2020 de l'IAATO, l'IAATO comptait 42 opérateurs, 14 opérateurs provisoires et 53 associés (soit un total de 113 membres). Par la suite, il y a eu une augmentation du nombre d'opérateurs provisoires, suivie cependant d'une diminution nette du nombre de membres en raison du départ de plusieurs membres associés à la suite de la pandémie. Il y a actuellement 109 membres. D'autres changements devraient être apportés à la composition de l'IAATO si les opérateurs de l'IAATO ne sont pas en mesure d'opérer pendant la saison d'été de l'hémisphère nord et si ces défis se poursuivent jusqu'à la saison de l'Antarctique 2021-22.

Les membres de l'IAATO s'organisent ou commencent avec 15 Parties consultatives au Traité sur l'Antarctique. Au cours de la saison 2019-20, la majorité des ressortissants (95,5 %) transportés par les opérateurs de l'IAATO provenaient de 51 Parties au Traité ; le reste provenait de 53 autres pays non parties au Traité.

Le répertoire des membres de l'IAATO ainsi que les informations complémentaires sur les activités des membres de l'IAATO sont disponibles sur le site www.iaato.org.

Réunion annuelle de l'IAATO

La réunion annuelle 2021 de l'IAATO s'est tenue virtuellement du 11 au 13 mai 2021. Avant l'assemblée annuelle, deux assemblées publiques axées sur le COVID-19 et trois autres assemblées publiques ont été consacrées à des questions prioritaires, comme l'amélioration de certains règlements administratifs et l'examen du mandat des comités de l'IAATO. Les points à l'ordre du jour de ces assemblées publiques et de l'assemblée annuelle comprenaient :

- La création des comités en charge des zones reculées / des opérations aériennes et du changement climatique (anciennement Groupes de travail)
- La création du Groupe de travail sous-marin
- Renforcer les exigences en matière d'expérience du personnel sur le terrain et exiger que tous les membres de l'équipe d'expédition réussissent l'évaluation du personnel de terrain de l'IAATO.
- La révision et le renforcement des listes de contrôle du Programme d'observateurs obligatoires.

- Revoir et mettre à jour les lignes directrices relatives à la biosécurité et à l'observation de la faune en mettant l'accent sur les lignes directrices relatives à l'observation des oiseaux et des phoques.
- Parvenir à un accord visant à rendre obligatoire la limite de vitesse précédemment volontaire de 10 nœuds dans les zones se trouvant dans un périmètre défini dans le temps de l'IAATO, avec certaines exceptions d'urgence et de sécurité disponibles pour atténuer les impacts des baleines. Parvenir à un accord visant à élaborer un processus pour évaluer régulièrement l'efficacité du périmètre défini dans le temps.
- Approbation de la collaboration entre SOOS DueSouth et l'IAATO.

Soutien de l'IAATO envers la recherche et la conservation

L'IAATO encourage les opportunités de collaboration avec les organisations scientifiques, en particulier lorsque celles-ci permettent à la communauté antarctique de mieux comprendre les activités humaines dans la région et aident l'IAATO à proposer des voyages privés sûrs et respectueux de l'environnement. Les projets comprennent (d) :

- Le Plan de conservation systématique IAATO et SCAR — L'intensification de l'activité humaine dans la péninsule Antarctique combinée à la nécessité de mieux comprendre et protéger les zones importantes pour la biodiversité terrestre a conduit l'IAATO et le SCAR à proposer l'élaboration d'un plan de conservation systématique (PCS). Le PCS est un outil de soutien à la prise de décisions et à la gestion, capable d'utiliser une énorme quantité de données pour générer différents scénarios en fonction des questions posées ou des incertitudes traitées. L'IAATO prévoit la publication d'un rapport final de l'Université Monash au cours du troisième trimestre 2021. L'IAATO discutera de l'utilisation de l'outil avec ses membres et travaillera avec le SCAR pour communiquer les résultats du PCS aux parties prenantes.
- Projet de recherche SC-HASS : L' impact du COVID-19 sur l'Antarctique — L'IAATO participe au projet de recherche du Comité permanent sur les sciences humaines et sociales du SCAR, Paquet de travail 3, afin de mieux comprendre l'impact du COVID-19 sur le tourisme en Antarctique, y compris les opérations, les politiques et les permis.
- Bourses IAATO/COMNAP — L'IAATO, en partenariat avec le COMNAP, investira dans le développement de chercheurs en début de carrière en attribuant sa troisième bourse de 15 000 $ en 2021. L'IAATO et le COMNAP ont conjointement attribué une bourse 2020 au chercheur en début de carrière Miguel González Pleiter de l'Université d'Alcala (Espagne) pour ses travaux sur les microplastiques.
- Soutien en Antarctique — Les expéditions de l'opérateur IAATO durant la saison 2020-21 ont été limitées à deux expéditions individuelles, composées de trois yachts. L'une de ces expéditions a recueilli des données pour le projet de surveillance à long terme Penguin Lifelines, Université d'Oxford. Trois opérateurs de l'IAATO ont également fourni un soutien aérien ou maritime dédié aux programmes antarctiques nationaux.

Autres travaux et activités

L'IAATO continue également d'accorder la priorité aux activités qui renforcent sa structure institutionnelle et qui l'aident à se positionner comme un partenaire réputé et apprécié au sein de la communauté polaire en général. Au cours de la dernière année, ces activités ont été les suivantes :

- Développement d'une campagne de sensibilisation au 30e anniversaire de l'IAATO qui met en lumière les réalisations passées et qui traite des ambitions pour l'avenir
- Achèvement de la phase 1 de la base de données de l'IAATO pour faciliter l'utilisation d'outils et la création de rapports efficaces
- Développement de la page d'atterrissage des Ambassadeurs de l'Antarctique sur le site Web de l'IAATO et d'un plan stratégique pour renforcer davantage l'engagement avec les visiteurs en Antarctique
- Poursuite de la collaboration avec l'Association of Arctic Expedition Cruise Operations (AECO) concernant les normes du personnel sur le terrain polaire et la séance d'assemblée publique conjointe avec le personnel sur le terrain polaire

De plus, le personnel du Secrétariat de l'IAATO et les représentants des opérateurs ont participé à des réunions internes et externes, se sont entretenues avec les représentants des Parties au Traité, le personnel des programmes antarctiques nationaux et les organisations gouvernementales, scientifiques, environnementales et industrielles, y compris, mais sans s'y limiter :

- **Réunion annuelle du COMNAP**, en ligne, août 2020
- **SCAR2020 en ligne**, août 2020
- **Conférence et réunion annuelle de l'Association of Arctic Expedition Cruise Operators (AECO)**, en ligne, octobre 2020
- **Trente-neuvième réunion de la Commission pour la conservation de la faune et de la flore marines de l'Antarctique (CCAMLR)**, en ligne, octobre 2020

Incidents liés au tourisme 2020-21

La politique de l'IAATO est de se faire l'écho des incidents qui ont lieu afin de s'assurer que tous les opérateurs antarctiques prennent conscience des risques qui existent et qu'ils en tirent les enseignements adéquats. Il n'y a eu aucun incident majeur impliquant des opérateurs de l'IAATO au cours de la saison 2020-21.

Remerciements

L'IAATO apprécie de pouvoir collaborer avec les Parties au Traité sur l'Antarctique, le COMNAP, le SCAR, la CCAMLR, l'OHI/HCA, l'OMM, l'ASOC et d'autres organisations afin d'assurer la protection à long terme de l'Antarctique.

Rapport du Secrétariat de l'Organisation hydrographique internationale en tant que président de la Commission hydrographique de l'OHI sur l'Antarctique

Résolutions 5 (2008), 5 (2014) et 6 (2019) de la RCTA - Quelle sera la prochaine étape ?

Introduction

L'Organisation hydrographique internationale (OHI) est une organisation intergouvernementale consultative et technique. Elle comprend 94 Etats membres. Chaque État est normalement représenté par le Directeur de son Service hydrographique national.

L'OHI coordonne, à l'échelle mondiale, l'établissement de normes pour les données hydrographiques et la fourniture de services hydrographiques, à l'appui de la sécurité de la navigation ainsi que de la protection et de l'utilisation durable de l'environnement marin. Le principal objectif de l'OHI est de s'assurer que toutes les mers, tous les océans et toutes les eaux navigables du monde sont hydrographiés et cartographiés.

Importance de l'hydrographie dans l'Antarctique

Les informations hydrographiques sont un prérequis fondamental pour le développement d'activités humaines réussies et écologiquement durables dans les mers et les océans. Malheureusement, on ne dispose que de peu voire d'aucune information hydrographique pour un certain nombre de régions du monde, notamment dans l'Antarctique.

Commission hydrographique sur l'Antarctique (CHA) de l'OHI et plus encore

La CHA est le principal organe de l'OHI qui est chargé de traiter des questions relatives à l'Antarctique.

La CHA comprend 24 Etats membres de l'OHI (Afrique du Sud, Allemagne, Argentine, Australie, Brésil, Chili, Chine, Colombie, Equateur, Espagne, Fédération de Russie, France, Grèce, Inde, Italie, Japon, République de Corée, Norvège, Nouvelle-Zélande, Pérou, Royaume-Uni, Uruguay, Etats-Unis d'Amérique, Venezuela), qui ont tous adhéré au Traité sur l'Antarctique et qui sont donc également directement représentés au sein de la RCTA.

La Commission hydrographique sur l'Antarctique (HCA) de l'OHI a été créée en 1998 dans le but de coordonner les activités entre ses Etats membres afin d'améliorer la qualité, la couverture et la disponibilité de la cartographie marine et d'autres informations et services géospatiaux et hydrographiques couvrant la région de l'Antarctique.

L'OHI est engagée dans des activités liées aux régions polaires en général, par le biais de la CHA pour l'Antarctique, mais aussi via la Commission hydrographique régionale arctique (CHRA) pour la région arctique, à l'appui du Conseil de l'Arctique et de son groupe de travail pour la protection du milieu marin dans l'Arctique (PAME) en particulier. Ce double engagement dans les régions polaires au sein de l'OHI est un élément clé pour le développement de synergies dans divers domaines (technologies autonomes de cartographie des fonds marins, développement de nouveaux services opérationnels de la S-100 et de portails géospatiaux à l'appui des besoins des utilisateurs).

CHA et IBCSO de la GEBCO

Le Dr Boris Dorschell (de l'Alfred Wegener Institute for Polar and Marine Research, Allemagne) est responsable de la compilation de la 2ème version de la Carte bathymétrique internationale de l'océan Austral (IBCSO) de la GEBCO[1], un nouveau modèle bathymétrique maillé à haute résolution (500 m). Début 2021, la CHA a lancé un appel aux membres de la CHA pour qu'ils partagent leurs données avec le responsable du projet afin de soutenir la phase de compilation. Cet appel s'adresse non seulement aux Services hydrographiques représentant leurs nations à l'OHI, mais aussi aux instituts scientifiques et de recherche du monde entier.

CHA et RCTA

La RCTA a établi de bonnes relations avec la RCTA, avec le Secrétariat du traité sur l'Antarctique et avec d'autres organisations de soutien (IAATO, SCAR, COMNAP, Quantarctica, ...) depuis de nombreuses années via la collecte de données, l'échange d'informations, la participation régulière aux réunions consultatives de la RCTA en tant qu'observateur ou l'organisation de séminaires et d'ateliers en marge des réunions des groupes de travail de la RCTA.

Suite à une offre faite par l'OHI lors de la RCTA XL tenue à Pékin en 2017, l'OHI a été invitée à mener un séminaire de sensibilisation lors de la RCTA XLII tenue à Prague en 2019. Depuis, le secrétaire exécutif du Traité sur l'Antarctique a aimablement invité l'OHI à envisager d'envoyer des experts à la réunion RCTA XLIII qui se tiendra à Paris en 2021.

L'OHI a l'honneur de confirmer que la 17ème conférence de la CHA devrait avoir lieu à Paris les 14-15 juin 2021, aimablement accueillie par le Shom, Service hydrographique et océanographique de la Marine française. Cet événement sera l'occasion pour les membres de la CHA de participer à la RCTA XLIII et d'apporter un soutien à leur délégation.

Du point de vue de la RCTA, les principaux résultats de cette coopération de longue date entre la RCTA et l'OHI peuvent être résumés simplement en rappelant trois importantes résolutions adoptées par la RCTA entre 2008 et 2019, à savoir :

- Résolution 5 (2008) de la RCTA : *Amélioration des levés hydrographiques et de la cartographie marine à l'appui de la sécurité de la navigation dans la région Antarctique.*

[1] Carte générale bathymétrique des océans, un programme OHI-COI.

- Résolution 5 (2014) de la RCTA : *Renforcement de la coopération dans les levés hydrographiques et la cartographie marine dans les eaux de l'Antarctique.*
- Résolution 6 (2019) de la RCTA : *Cartographie hydrographique des eaux de l'Antarctique.*

Il ne fait aucun doute que les recommandations fournies dans ces Résolutions sont des facilitateurs clés pour certaines nations impliquées dans la recherche scientifique dans les eaux de l'Antarctique. Elles sont également des moteurs clés pour certains Services hydrographiques de l'OHI. Elles sont très bien identifiées par les parties prenantes dans les semaines et les mois suivant les réunions annuelles de la RCTA mais elles tendent ensuite à se « sédimenter » et à tomber dans l'oubli ...jusqu'au prochain séminaire, atelier, effort de lobbying de la part de l'OHI ...suivi par une nouvelle Résolution de la RCTA.

La question devrait donc être : ***quelle sera la prochaine étape ?***

Au séminaire de l'OHI tenu à Prague (RCTA XLII, 2019), le Secrétaire général de l'OHI avait suggéré dans son allocution de clôture :

OHI **ALORS, QUE POUVONS-NOUS FAIRE DE MIEUX ? PROPOSITIONS**

Organisation Hydrographique Internationale

1. *La RCTA devrait envisager des méthodes et moyens pour mettre en œuvre les Résolutions 5 (2008, 2014) de la RCTA, en établissant :*
   a. *des objectifs clés pour l'hydrographie en Antarctique basés sur les cibles stratégiques de la RCTA*
   b. *des priorités en matière de zones et d'applications*
   c. *des directives pour une approche coordonnée en matière de collecte de données basée sur l'"infrastructure de bathymétrie participative de l'OHI*
2. *La CHA devrait examiner les objectifs et directives de la RCTA et développer des procédures de mise en œuvre*
3. *La CHA devrait rendre compte de manière périodique à la RCTA des progrès réalisés dans la mise en œuvre et mettre des données à disposition du public via des services SIG de données ouvertes*

Pour transformer la Résolution en un plan d'opération efficace qui pourrait être soutenu par l'OHI, un plan opérationnel répondant aux exigences de la RCTA, la 1ère étape est certainement d'identifier, de collecter et de prioriser ces exigences. Cette tâche est sous la responsabilité de la RCTA.

Propositions à l'examen de la RCTA

Conformément aux Résolutions 5 (2008), 5 (2014) et 6 (2019) de la RCTA, l'OHI se tient prête à soutenir la mise en œuvre par la RCTA des étapes 1a, 1b et 1c (voir ci-dessus) et reste à la disposition du secrétariat du Traité sur l'Antarctique pour ce faire.

La RCTA est aimablement invitée à prendre note des travaux en cours concernant la compilation de la version 2.0 de la grille bathymétrique à haute résolution IBSCO de la GEBCO et à partager ses données bathymétriques avec le gestionnaire du projet en application des Résolutions de la RCTA. Les exigences techniques peuvent être fournies sur demande (adcs@iho.int ou boris.dorschel@awi.de)

Pour terminer, pour plus d'informations sur les activités de l'OHI en Antarctique : https://lnkd.in/dQEzM2h

Rapport annuel de l'OMM

L'Organisation météorologique mondiale[1](OMM) est une agence spécialisée des Nations Unies et comprend 193 États et territoires membres. Elle fait autorité au sein de l'ONU quant à l'état et au comportement de l'atmosphère de la Terre, à son interaction avec les océans, au climat qu'elle produit et à la répartition des ressources hydriques qui en résulte.

L'OMM élabore maintenant ses activités polaires et de haute montagne dans le cadre du Plan stratégique 2020- 2023 avec les priorités suivantes : (i) l'intégration des observations de surface et de l'espace, (ii) des prévisions et des services polaires, y compris les services climatiques, (iii) la veille mondiale de la cryosphère en phase pré-opérationnelle, (iv) les activités de haute montagne, (v) le passage de la recherche à l'exploitation et aux services, et (vi) les ressources et les partenariats.
Les activités de l'OMM liées à l'Antarctique sont coordonnées par le Groupe d'experts du Conseil exécutif sur les observations, la recherche et les services polaires et des hautes montagnes (EC-PHORS) depuis 2007. En 2021, l'EC-PHORS a tenu sa 10e session dont le rapport est disponible en ligne. La réunion a recommandé de réviser le mandat du Groupe, y compris la nécessité de se concentrer sur l'évolution de la coordination de ces activités en Antarctique où l'OMM pourrait contribuer à faire avancer des objectifs actuels et émergents spécifiques, ainsi que les engagements avec d'autres acteurs de la région, comme par exemple le SCAR, le COMNAP, etc.

Activités d'observation et de données de l'OMM concernant l'Antarctique :

L'OMM continue de jouer un rôle clé en facilitant les programmes d'observations météorologiques de surface et en altitude dans l'Antarctique, en travaillant avec les organisations scientifiques compétentes et en normalisant les pratiques d'observation, de codage, d'échange de données et de gestion des données appliquées à l'Antarctique. À la suite de la réforme de la gouvernance des activités de l'OMM, celles-ci bénéficieront d'un soutien actif par le biais des structures de la Commission de l'OMM pour les systèmes d'observation, d'infrastructure et d'information (Commission des infrastructures).

La 73e session du Conseil exécutif de l'OMM (EC-73), qui se tiendra en juin 2021, examinera pour approbation le plan pré-opérationnel de la Veille mondiale de la cryosphère (VMC). Un résumé des objectifs de la VMC concernant la glace de mer a été publié dans le Bulletin de l'OMM Vol 70 (1) - 2021[2].

Les stations d'observation opérées en Antarctique fournissent une contribution essentielle aux modèles de prévision mondiaux et la disponibilité de leurs données en temps réel est essentielle. Pour faciliter l'enregistrement des stations de surface disponibles dans l'Outil d'analyse des capacités du système d'observation de l'OMM (OSCAR / Surface), l'OMM a fourni des précisions supplémentaires concernant l'attribution des identificateurs de station WIGOS (WSI) pour les stations opérant en Antarctique. Plus précisément, les exploitants de stations sont invités à se connecter avec leurs points focaux nationaux pour OSCAR / Surface qui sont autorisés à émettre des WSI pour les stations basées en Antarctique et exploitées par des institutions nationales. Ces points focaux fourniront également des conseils sur le processus d'enregistrement, selon les politiques convenues au niveau national. La liste des points focaux nationaux pour OSCAR / Surface est disponible sur

[1] www.wmo.int

[2] https://library.wmo.int/doc_num.php?explnum_id=10595

https://community.wmo.int/governance/commission-membership/national-focal-points-oscarsurface.
En outre, plusieurs autres programmes, dont la Veille mondiale de la cryosphère, ont été autorisés à émettre des WSI, lorsque ceux-ci ne sont pas émis par les points focaux nationaux. Cette clarification devrait faciliter davantage l'engagement des opérateurs de stations en Antarctique, dans le but de faciliter l'échange de données en temps réel à partir de ces stations.

Au cours de la période intersessions actuelle, l'OMM élabore deux politiques essentielles qui seront examinées à la CE-73. La première porte sur la politique de données unifiées pour l'échange international de données du système terrestre et la seconde sur l'établissement du cadre réglementaire d'un réseau mondial d'observation de base, auquel les stations d'observation de l'Antarctique devraient apporter une contribution essentielle.
Un concept de système de surveillance de la qualité des données du WIGOS (WDQMS) mis au point par l'OMM est relativement mature. Un projet pilote utilisant les capacités de surveillance existantes des centres mondiaux de prévision numérique du temps pour la composante surface du système mondial d'observation est en cours de transition vers un statut pré-opérationnel et a déjà démontré la valeur d'un tel système. L'OMM souhaite soutenir la mise en œuvre de ce concept pour les stations opérées en Antarctique et collaborer avec les organisations intéressées, dans ce sens.

Périodes d'observation ciblées de l'Antarctique en hiver et autres plans de l'année de la prévision polaire dans l'hémisphère sud (APP-HS)

L'Année de la prévision polaire (APP) 2017-2019 a galvanisé des efforts supplémentaires d'observation et de modélisation dans l'Arctique et l'Antarctique. L'APP fait partie du projet de prévision polaire (PPP) de l'Organisation météorologique mondiale. À partir de juillet 2019, le PPP est entré dans sa phase de consolidation. Cette phase finale du PPP (jusqu'à la fin de 2022) est cruciale pour synthétiser les données et la recherche des phases de préparation et de base et pour déterminer le succès à long terme de l'APP. L'APP-HS prévoit actuellement une deuxième période d'observation spéciale, de la mi-avril à la mi-juillet 2022, coïncidant avec l'expansion rapide de la couche de glace marine (voir IP 94 associé).

Réseau du Centre régional du climat polaire de l'Antarctique (AntRCC) : portée et concept

L'OMM, avec ses partenaires, a poursuivi la mise en place d'un réseau de centres régionaux du climat polaire antarctique (AntRCC). Pour faciliter l'engagement des pays (y compris les Parties au Traité, les Membres de l'OMM, etc.) intéressés par les services climatologiques pour la région de l'Antarctique, y compris les représentants des communautés opérationnelles, de recherche et d'utilisateurs, l'OMM, en coordination avec le Secrétariat du Traité sur l'Antarctique et d'autres partenaires, a organisé un « Atelier de cadrage sur les services climatologiques pour les régions polaires : Vers la mise en œuvre d'un réseau RCC antarctique ». La majorité de représentants de pays ont clairement manifesté leur intérêt à contribuer aux activités du réseau RCC en Antarctique et ont convenu d'un commun accord que la mise en œuvre du RCC pour l'Antarctique serait probablement basée sur un modèle de fonctions distribuées, similaire à celui de l'Association régionale de l'OMM VI desservant l'Europe, c'est-à-dire que les pays dotés de fortes capacités dans les fonctions obligatoires pourraient assumer la responsabilité principale de certaines fonctions et impliquer d'autres contributeurs pour former un consortium. De plus amples détails sont fournis dans l'IP 95 associé.

Activités scientifiques antarctiques du Programme mondial de recherche sur le climat

Par le biais de son programme mondial de recherche sur le climat[3] coparrainé, l'OMM mène un certain nombre d'activités de recherche et de modélisation à diverses échelles où le climat de la région antarctique est un aspect clé. Par exemple, son Climate and Cryosphere Core Project (http://www.climate-cryosphere.org) ayant un bureau international au Bjerknes Centre, en Norvège, se concentre sur la composante cryosphère du système climatique. Cela comprend la coordination d'un certain nombre d'activités de recherche (souvent en partenariat avec le SCAR) sur le bilan de masse de la calotte glaciaire et le niveau des mers, la glace de mer, le pergélisol et d'autres composants de la cryosphère. Le PMRC coordonne également un certain nombre d'activités de modélisation présentant un intérêt pour les Parties au Traité, y compris le CORDEX antarctique[4] (l'expérience régionale coordonnée de réduction d'échelle, avec un bureau à l'Institut suédois de météorologie et d'hydrologie) et le projet d'intercomparaison de modèles couplés qui produit les scénarios utilisés par le GIEC[5] (désormais également avec un nouveau bureau de projet hébergé par l'Agence spatiale européenne au Royaume-Uni).

Dans le cadre de la mise en œuvre de son plan stratégique 2019-2028[6] le PMRC a lancé un nombre de nouvelles activités présentant un intérêt pour les Parties. Parmi celles-ci figurent les nouvelles activités phares du PMRC[7] en cours de développement (voir la figure 1 ci-dessous). Nous nous félicitons de l'engagement dans le développement de ces activités et avons l'intention de fournir des informations supplémentaires sur leur pertinence pour la région antarctique lors d'une future RCTA.

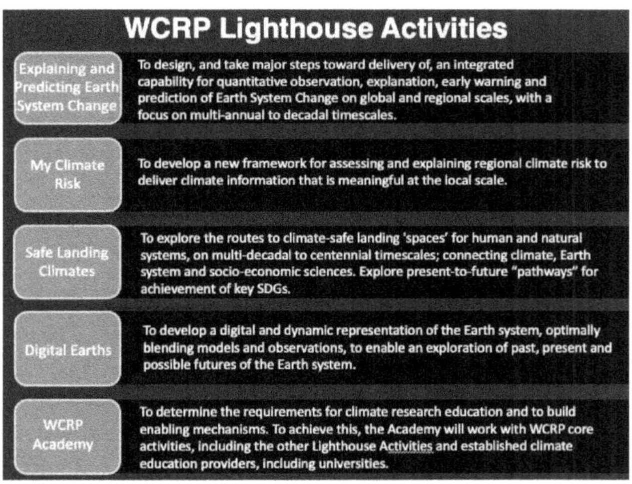

Figure 1 : Nouvelles activités phares du PMRC. Pour plus de détails, veuillez consulter le site : https://www.wcrp-climate.org/wcrp-ip-la pour plus de détails.

De nombreux forums régionaux de recherche sur le climat[7] pour échanger des idées et discuter de nouvelles activités et opportunités sont développées par le PMRC, dans le but d'explorer les

[3] https://cordex.org/domains/region-10-antarctica/

[4] https://www.wcrp-climate.org/wgcm-cmip

[5] https://www.wcrp-climate.org/wcrp-sp

[6] https://www.wcrp-climate.org/wcrp-ip-la

[7] https://www.wcrp-climate.org/climate-research-forums

moyens par lesquels notre communauté de scientifiques, les programmes partenaires, les bailleurs de fonds et les utilisateurs finaux de notre climatologie peuvent s'engager. Nous invitons les Parties intéressées et d'autres à participer.

Déclaration de l'OMM sur l'état du climat mondial

Chaque année, l'OMM publie une « Déclaration sur l'état du climat mondial » de haut niveau[8] avec des partenaires clés, dont le SCAR. Ces déclarations sont présentées aux réunions de la Conférence des Parties (COP) et dans d'autres forums et sont disponibles en Anglais, Espagnol, Russe, Français, Chinois et Arabe. Des copies peuvent être téléchargées sur le lien suivant : https://library.wmo.int/doc_num.php?explnum_id=10618

L'OMM continue à espérer un engagement positif et mutuellement avantageux avec les Parties au Traité dans le domaine des observations, des services et de la recherche sur la météorologie et le climat de l'Antarctique. Pour plus d'informations, veuillez contacter Mike Sparrow (msparrow@wmo.int) dans un premier temps.

[8] https://public.wmo.int/en/our-mandate/climate/wmo-statement-state-of-global-climate

PARTIE IV

Documents supplémentaires de la XLIII^è RCTA

1. Liste des documents

1. Liste des documents

PITA 2019/2021 (2020)

Documents du Travail

No.	Points de l'ordre du jour	Titre	Soumis par	A	E	F	R	Pièces jointes
WP001	CPE 9b	Proposition d'inclusion de l'épave du navire San Telmo à la liste des Sites et monuments historiques	Espagne	⤓	⤓	⤓	⤓	
WP002	CPE 9a	Examen des plans de gestion de la zone spécialement protégée de l'Antarctique (ZSPA) n° 113 Île Litchfield, port Arthur, archipel Palmer, n° 119 vallée Davis et étang Forlidas, Massif Dufek et n° 139 pointe Biscoe, archipel Palmer.	Etats-Unis d'Amérique	⤓	⤓	⤓	⤓	ASPA 113 Map 1 ASPA 113 Map 2 ASPA 119 Map 1 ASPA 119 Map 2 ASPA 139 Map 1 ASPA 139 Map 2 ASPA 139 Map 3 ZSPA n° 119 vallée Davis et étang Forlidas : Plan de gestion révisé ZSPA no 113 île Litchfield : Plan de gestion révisé ZSPA no 139 pointe Biscoe : Plan de gestion révisé
WP003	CPE 9a	Plan de gestion révisé pour la zone spécialement protégée n° 121 cap Royds, île de Ross	Etats-Unis d'Amérique	⤓	⤓	⤓	⤓	ASPA 121 Map 1 ASPA 121 Map 2 ASPA 121 Map 3 ZSPA n° 121 cap Royds : Plan de gestion révisé
WP004	CPE 9a	Plan de gestion révisé de la zone spécialement protégée de l'Antarctique n° 124 cap Crozier, île de Ross	Etats-Unis d'Amérique	⤓	⤓	⤓	⤓	ASPA 124 Map 1 ASPA 124 Map 2 ZSPA n° 124 Plan de gestion révisé

Documents d' Information

No.	Points de l'ordre du jour	Titre	Soumis par	A	E	F	R	Pièces jointes
IP001	RCTA 4	Rapport rédigé par le Royaume-Uni en sa qualité de gouvernement dépositaire de la Convention pour la protection des phoques de l'Antarctique (CCAS) en vertu de la Recommandation XIII-2, paragraphe 2(D)	Royaume-Uni	⤓	⤓	⤓	⤓	
IP002	CPE 5	Rapport rédigé par le Royaume-Uni en sa qualité de gouvernement dépositaire de la Convention pour la protection des phoques de l'Antarctique (CCAS) en vertu de la Recommandation XIII-2, paragraphe 2(D)	CCAMLR	⤓				

Documents d' Information								
No.	**Points de l'ordre du jour**	**Titre**	**Soumis par**	**A**	**E**	**F**	**R**	**Pièces jointes**
IP003	RCTA 13	Atténuation de l'érosion du littoral à la base antarctique espagnole « Gabriel de Castilla »	Espagne	↓	↓	↓	↓	
IP004	RCTA 13	Mise en œuvre du Code polaire de l'OMI en Espagne: Certification du navire océanographique Sarmiento de Gamboa	Espagne	↓	↓	↓	↓	
IP005	CPE 10c	First Evidence for Underwater Hearing in Gentoo Penguins	Allemagne	↓				
IP006	RCTA 17 CPE 13	Handling of scientific activities associated with tourism activities	Allemagne	↓				
IP007	RCTA 15	Turkish Antarctic Expedition (TAE - IV) 2019 - 2020	Turquie	↓				
IP008	RCTA 15	Antarctic Publications by Turkish Scientists	Turquie	↓				
IP009	RCTA 15	Maintenance of Automatic Weather Station (AWS) in Antarctica	Turquie	↓				
IP010	RCTA 15	Belarus-Turkey Scientific Collaboration in Antarctica	Bélarus Turquie	↓				
IP011	RCTA 15	Bulgaria-Turkey Scientific Collaboration in Antarctica	Bulgarie Turquie	↓				
IP012	RCTA 13	COVID-19 Precautions during the Turkish Antarctic Expedition (TAE-IV) 2019 – 2020	Turquie	↓				
IP013	RCTA 11	Education & Outreach Activities during the Turkish Antarctic Expedition - IV (TAE-IV) 2019-2020	Turquie	↓				
IP014	RCTA 15	Installation of GNSS (Global Navigation Satellite Systems) station at Faure Islands	Turquie	↓				
IP015	RCTA 6 CPE 13	Harmonizing the Protocol on Environmental Protection to the Antarctic Treaty with Turkish Legislation	Turquie	↓				
IP016	RCTA 15	Search for Antarctic Meteorites and Micrometeorites in Collaboration with Belgian and Japanese Scientists	Turquie	↓				
IP017	RCTA 15	Turkish Scientific Project at Henryk Arctowski Polish Antarctic Station, King George Island	Turquie	↓				
IP018	RCTA 15	Opportunities for Turkish Scientists to participate in scientific projects related to Antarctica	Turquie	↓				

Documents d' Information

No.	Points de l'ordre du jour	Titre	Soumis par	A	E	F	R	Pièces jointes
IP019	RCTA 6	The Foundation of the Polar Research Institute of the Republic of Turkey	Turquie	↓				
IP020	RCTA 13	Hydrographic and Oceanographic Survey Activities of the Turkish Navy Office of Navigation, Hydrography and Oceanography (TN-ONHO) in Antarctic Region	Turquie	↓				
IP021	RCTA 13	Search and Rescue Cases in the Antarctic Peninsula area year 2019/2020 MRCC Chile	Chili	↓	↓			
IP022	CPE 8b	Towards assessment of trends of air quality impact of diesel generator power plants emission in Antarctica	Bélarus	↓			↓	
IP023	CPE 10a	Horizon scanning exercise to identify likely invasive non-native species in the Antarctic Peninsula region	Royaume-Uni	↓				
IP024	RCTA 17 CPE 6	Report on Environmental Remediation	Royaume-Uni	↓				
IP025	RCTA 6	Report of Antarctic Parliamentarians Assembly 2-3 December 2019: London	Royaume-Uni	↓				Assembly Statement
IP026	RCTA 13	Report on the 22nd edition of the Joint Antarctic Naval Patrol between Chile and Argentina	Argentine Chili	↓	↓			
IP027	RCTA 13 CPE 9e	Surveillance volcanique de l'île de la Déception, îles Shetland du Sud	Espagne	↓	↓	↓	↓	Protocolo de actuación del Comité Polar Español para la vigilancia volcánica de la isla Decepción
P028	RCTA 4 CPE 5	Rapport annuel 2019/20 du Conseil des directeurs des programmes antarctiques nationaux (COMNAP)	COMNAP	↓	↓	↓	↓	
IP029	CPE 8b	Information on the initiation of renovations at the Henryk Arctowski Polish Antarctic Station on King George Island, South Shetland Islands	Pologne	↓				
P030	RCTA 13	Closing of the Arctowski Polish Antarctic Station for tourist traffic due to the ongoing COVID-19 pandemic	Pologne	↓				
P031	CPE 10a	Non-native species Trichocera maculipennis (Diptera) eradication from Arctowski Polish Antarctic station, Western Shore of Admiralty Bay, King George Island, South Shetland Islands	Pologne	↓				
P032	CPE 10a	Eradication of a non-native grass Poa annua L. from Western Shore	Pologne	↓				

Documents d' Information								
No.	**Points de l'ordre du jour**	**Titre**	**Soumis par**	**A**	**E**	**F**	**R**	**Pièces jointes**
		of Admiralty Bay, King George Island, South Shetland Islands – update 2019/2020						
IP033	RCTA 13	Preliminary COMNAP advice in regards to ATCM process of review of Resolution 1 (2013)	COMNAP	⤓				
IP034	RCTA 15 CPE 11	Time-lapse camera monitoring of species in the Antarctic Treaty area	Royaume-Uni	⤓				
IP035	RCTA 17	Data Collection and Reporting on Yachting Activity in Antarctica in 2019-20	IAATO Chili Argentine Royaume-Uni	⤓				
IP036	RCTA 17 RCTA 4	Rapport 2019-2020 de l'Association internationale des organisateurs de voyages dans l'Antarctique	IAATO	⤓	⤓	⤓	⤓	
IP037	RCTA 17	IAATO Overview of Antarctic Tourism: 2019-20 Season	IAATO	⤓				
IP038	RCTA 17 CPE 9c	Report on IAATO Operator Use of Antarctic Peninsula Landing Sites and ATCM Visitor Site Guidelines, 2019-20 Season	IAATO	⤓				

Documents du Secrétariat								
No.	**Points de l'ordre du jour**	**Titre**	**Soumis par**	**A**	**E**	**F**	**R**	**Pièces jointes**
SP001	RCTA 3 CPE 2	Ordre du jour préliminaire de la XLIIIe RCTA et du XXIIIe CPE	STA	⤓	⤓	⤓	⤓	Plan de travail stratégique pluriannuel de la RCTA
SP002	RCTA 6	Liste des Mesures portant la mention « N'est pas entrée en vigueur »	STA	⤓	⤓	⤓	⤓	
SP003	RCTA 7	Rapport du Secrétariat 2019/2020	STA	⤓	⤓	⤓	⤓	Contributions reçues par le Secrétariat du Traité sur l'Antarctique 2019/2020 Rapport financier certifié 2018-2019 Rapport financier provisoire 2019-2020
SP004	RCTA 7	Programme du Secrétariat pour l'exercice 2020/2021	STA	⤓	⤓	⤓	⤓	Barème des contributions pour l'exercice financier 2021/2022 Grille des salaires Rapport prévisionnel de l'exercice financier 2019/2020,

Documents du Secrétariat

No.	Points de l'ordre du jour	Titre	Soumis par	A	E	F	R	Pièces jointes
								budget de l'exercice financier 2020/2021, budget prévisionnel de l'exercice financier 2021/2022
SP005	RCTA 7	Profil budgétaire prévisionnel quinquennal 2021/2022 - 2025/2026	STA	↓	↓	↓	↓	Profil budgétaire prévisionnel quinquennal 2021/2022 – 2025/2026
SP006	RCTA 8	Limites de responsabilité et restauration de l'environnement	STA	↓	↓	↓	↓	Limites de responsabilité dans les instruments internationaux pertinents Résumé de toutes les mesures et résolutions et des avis antérieurs du CPE pertinents liés à la remise en l'état de l'environnement et à la responsabilité.
SP007	RCTA 17 CPE 9e	Nouvelle carte et rapports de tous les sites recevant des visites par bateau en Antarctique	STA	↓	↓	↓	↓	
SP008	RCTA 15	Priorités scientifiques clés des programmes nationaux en Antarctique	STA	↓	↓	↓	↓	Submission form

Documents de référence

No.	Points de l'ordre du jour	Titre	Soumis par	A	E	F	R	Pièces jointes
BP001	RCTA 14 CPE 12	Follow-up on recommendations from the inspection of the Spanish Antarctic Base Gabriel de Castilla	Espagne	↓	↓			
BP002	RCTA 14 CPE 12	Follow-up on recommendations from the inspection of the Spanish Antarctic Base Juan Carlos I	Espagne	↓	↓			
BP003	CPE 8b	Initial EIA of Three GNSS Stations Assembled by Turkey	Turquie	↓				
BP004	RCTA 11	Turkey Journey to the White Continent: A Book of Turkish Antarctic Expeditions	Turquie	↓				

RCTA XLIII - CPE XXIII (2021)

Documents du Travail

No.	Points de l'ordre du	Titre	Soumis par	A	E	F	R	Pièces jointes
WP001	CPE 9b	Proposition d'inclusion de l'épave du navire San Telmo à la liste des Sites et monuments historiques	Espagne	↓	↓	↓	↓	
WP002 rev. 1	CPE 9a	Examen des plans de gestion de la zone spécialement protégée de l'Antarctique (ZSPA) n° 113 Île Litchfield, port Arthur, archipel Palmer, n° 119 vallée Davis et étang Forlidas, Massif Dufek et n° 139 pointe Biscoe, archipel Palmer.	Etats-Unis d´Amérique	↓	↓	↓	↓	ASPA 113 Map 1 ASPA 113 Map 2 ASPA 119 Map 1 ASPA 119 Map 2 ASPA 139 Map 1 ASPA 139 Map 2 ASPA 139 Map 3 ZSPA n° 119 vallée Davis et étang Forlidas : Plan de gestion révisé ZSPA no 113 île Litchfield : Plan de gestion révisé ZSPA no 139 pointe Biscoe : Plan de gestion révisé
WP003	CPE 9a	Plan de gestion révisé pour la zone spécialement protégée n° 121 cap Royds, île de Ross	Etats-Unis d´Amérique	↓	↓	↓	↓	ASPA 121 Map 1 ASPA 121 Map 2 ASPA 121 Map 3 ZSPA n° 121 cap Royds : Plan de gestion révisé
WP004	CPE 9a	Plan de gestion révisé de la zone spécialement protégée de l'Antarctique n° 124 cap Crozier, île de Ross	Etats-Unis d´Amérique	↓	↓	↓	↓	ASPA 124 Map 1 ASPA 124 Map 2 ZSPA n° 124 Plan de gestion révisé
WP005	CPE 9e	Lignes directrices suggérées en vue du déclassement des zones spécialement protégées de l'Antarctique (ZSPA)	Etats-Unis d´Amérique Royaume-Uni Nouvelle-Zélande Chine Australie Norvège	↓	↓	↓	↓	
WP006	CPE 9a	Révision du plan de gestion pour la Zone spécialement protégée de l'Antarctique (ZSPA) n° 106 Cap Hallett, terre Victoria du nord, mer de Ross	Etats-Unis d´Amérique	↓	↓	↓	↓	ASPA 106 Map 1 ASPA 106 Map 2 ASPA 106 Map 3 ASPA 106 Map 4 ASPA 106 Map 5 ZSPA n° 106 Plan de gestion révisé
WP007	CPE 9c	Lignes directrices pour les visiteurs révisées du Site n° 28 de Seabee Hook, Cape Hallett, terre Victoria du Nord, mer de Ross	Etats-Unis d´Amérique	↓	↓	↓	↓	guide du visiteur: Seabee Hook, cap Hallett
WP008	RCTA	Avis préliminaire du COMNAP	COMNAP	↓	↓	↓	↓	

Documents du Travail

No.	Points de l'ordre du	Titre	Soumis par	A	E	F	R	Pièces jointes
	13	concernant l'examen par la RCTA de la Résolution 1 (2013)						
WP009 rev. 1	CPE 9a	Révision du plan de gestion pour la zone spécialement protégée de l'Antarctique (ZSPA) n° 163 : glacier Dakshin Gangotri, Terre de la reine Maud	Inde	↓	↓	↓	↓	ASPA 163 Figure 1 ASPA 163 Figure 2 ASPA 163 Map 1 ASPA 163 Map 2 ASPA 163 Map 3 ASPA 163 Map 4 ASPA 163 Map 5 ZSPA n° 163 Plan de gestion révisé
WP010	CPE 8a	Rapport du groupe de contact intersessions (GCI) à composition non limitée pour examiner le projet d'évaluation environnementale globale préparé par la Nouvelle-Zélande pour le « réaménagement de la base antarctique Scott »	Espagne	↓	↓	↓	↓	
WP011	CPE 9c	Rapport du Groupe de contact intersessions (GIC) sur le renforcement des lignes directrices existantes pour les visiteurs de l'Antarctique - Proposition visant à adopter des lignes directrices générales mises à jour pour les visiteurs de l'Antarctique	Allemagne	↓	↓	↓	↓	Lignes directrices générales mises à jour pour les visiteurs de l'Antarctique
WP012	CPE 8a	Rapport du Groupe de contact intersessions à composition non limitée (GCI) chargé d'examiner le projet d'évaluation globale d'impact sur l'environnement préparé par la Turquie pour la "Construction et l'exploitation de la station antarctique turque..."	Australie	↓	↓	↓	↓	
WP013	CPE 9b	Évaluation et gestion des vestiges historiques d'avant 1958 à Camp Lake, collines Vestfold, Antarctique oriental	Australie	↓	↓	↓	↓	
WP014	CPE 7b	Rapport du Groupe subsidiaire chargé de la réponse au changement climatique (GSRCC) 2019-2021	Royaume-Uni	↓	↓	↓	↓	Attachment D Current CCRWP presentation Attachment E Updated CCRWP presentation Pièce jointe A Projet de CCRWP Pièce jointe B Projet de besoins scientifiques Pièce jointe C Processus de demande d'informations scientifiques. Pièce jointe F Plan de travail du SGCCR
WP015	RCTA 11	Quatrième rapport du Groupe de contact intersessions sur l'éducation et la sensibilisation	Royaume-Uni Espagne Portugal	↓	↓	↓	↓	

Documents du Travail

No.	Points de l'ordre du	Titre	Soumis par	A	E	F	R	Pièces jointes
			Chili Brésil Belgique Bulgarie					
WP016	RCTA 9	Bioprospection antarctique : Enquête SCAR auprès des pays membres	SCAR	↓	↓	↓	↓	
WP017	RCTA 16 CPE 7a	Changement climatique de l'Antarctique et de l'océan Austral dans un contexte mondial	SCAR	↓	↓	↓	↓	
WP018	CPE 8a	Projet d'évaluation globale d'impact sur l'environnement (EGIE) pour la construction et l'exploitation de la station turque de recherche antarctique (TARS) sur l'Île Horseshoe, Antarctique	Turquie	↓	↓	↓	↓	Sommaire non tehnique
WP019	CPE 11	Portail des environnements en Antarctique	SCAR	↓	↓	↓	↓	Portal Content Management Plan
WP020	CPE 9a	Révision du plan de gestion de la zone spécialement protégée de l'Antarctique (ZSPA) n° 104 : Île Sabrina, île Balleny	Nouvelle-Zélande	↓	↓	↓	↓	ZSPA n° 104 Plan de gestion révisé
WP021	CPE 9d	Rapport sur les discussions informelles sur les mesures de protection de l'environnement marin	Nouvelle-Zélande	↓	↓	↓	↓	
WP022	CPE 9a	Révision du plan de gestion de la zone spécialement protégée de l'Antarctique n° 105 : île Beaufort, détroit McMurdo, mer de Ross	Nouvelle-Zélande	↓	↓	↓	↓	ASPA 105 Map 1 ASPA 105 Map 2 ASPA 105 Map 3 ZSPA n° 105 Plan de gestion révisé
WP023 rev. 1	CPE 9a	Examen du plan de gestion pour la zone spécialement protégée de l'Antarctique (ZSPA) n° 155 cap Evans, île Ross	Nouvelle-Zélande	↓	↓	↓	↓	ASPA 155 Map 1 ASPA 155 Map 2 ZSPA n° 155 Plan de gestion révisé
WP024 rev. 1	CPE 9a	Examen du plan de gestion pour la zone spécialement protégée de l'Antarctique (ZSPA) No°°157, Baie Backdoor, cap Evans, île Ross	Nouvelle-Zélande	↓	↓	↓	↓	ASPA 157 Map 1 ASPA 157 Map 2 ASPA 157 Map 3 ZSPA n° 157 Plan de gestion révisé
WP025 rev. 1	CPE 9a	Examen du plan de gestion pour la zone spécialement protégée de l'Antarctique (ZSPA) n° 158 Cabane pointe, île Ross	Nouvelle-Zélande	↓	↓	↓	↓	ASPA 158 Map 1 ZSPA n° 158 Plan de gestion révisé
WP026 rev. 1	CPE 9a	Examen du plan de gestion pour la zone spécialement protégée de l'Antarctique (ZSPA) n° 159 cap Adare, côte de Borchgrevink	Nouvelle-Zélande	↓	↓	↓	↓	ASPA 159 Map 1 ASPA 159 Map 2 ZSPA n° 159 Plan de gestion révisé

Documents du Travail

No.	**Points de l'ordre du**	**Titre**	**Soumis par**	**A**	**E**	**F**	**R**	**Pièces jointes**
WP027	CPE 7a	Conception d'une station antarctique durable : Réduire les contributions au changement climatique	Nouvelle-Zélande Royaume-Uni	↓	↓	↓	↓	
WP028	CPE 9a	Révision du plan de gestion pour la zone spécialement protégée de l'Antarctique (ZSPA) N° 103 îles Ardery et Odbert, côte Budd, Terre Wilkes, Antarctique oriental	Australie	↓	↓	↓	↓	ASPA 103 Map A ASPA 103 Map B ASPA 103 Map C ASPA 103 Map D ZSPA n° 103 Plan de gestion révisé
WP029	CPE 9a	Révision du plan de gestion de la zone spécialement protégée de l'Antarctique (ZSPA) n °102 îles Rookery, baie Holme, terre Mac.Robertson	Australie	↓	↓	↓	↓	ASPA 102 Map A ASPA 102 Map B ASPA 102 Map C ZSPA n° 102 Plan de gestion révisé
WP030	CPE 9a	Révision du plan de gestion de la zone spécialement protégée de l'Antarctique (ZSPA) n °167 île Hawker, terre Princesse Elizabeth	Australie	↓	↓	↓	↓	ASPA 167 Map A ASPA 167 Map B ZSPA 167 Plan de gestion révisé
WP031	CPE 9a	Examen des plans de gestion de la zone gérée spéciale de l'Antarctique (ZGSA) n °6 Collines de Larsemann et de la zone spécialement protégée de l'Antarctique (ZSPA) n °174 Stornes, Antarctique oriental	Australie Chine Fédération de Russie Inde	↓	↓	↓	↓	ASMA 6 Map A ASMA 6 Map B ASMA 6 Map C ASMA 6 Map D ASMA 6 Map E ASMA 6 Map F ZGSA no 6 Plan de gestion révisé
WP032	RCTA 16	L'Antarctique dans le contexte du changement climatique	Royaume-Uni Allemagne Australie Belgique Espagne Etats-Unis d´Amérique Finlande France Norvège Nouvelle-Zélande Pays-Bas Suede	↓	↓	↓	↓	
WP033	CPE 8b	Code de conduite environnemental du SCAR sur les activités de recherche géoscientifiques sur le terrain en Antarctique	SCAR	↓	↓	↓	↓	Code de conduite environnemental du SCAR sur les activités de recherche géoscientifiques sur le terrain en Antarctique
WP034	CPE 9e	Identification systématique des sites géologiques d'importance mondiale en Antarctique	SCAR	↓	↓	↓	↓	Méthode d'identification systématique des sites géologiques d'importance

Documents du Travail								
No.	**Points de l'ordre du**	**Titre**	**Soumis par**	**A**	**E**	**F**	**R**	**Pièces jointes**
								mondiale en Antarctique
WP035	RCTA 17	Installations permanentes pour le tourisme et autres activités non gouvernementales en Antarctique	Pays-Bas	↓	↓	↓	↓	
WP036	RCTA 16 CPE 7a	Acidification des océans dans l'océan Austral	SCAR	↓	↓	↓	↓	
WP037	CPE 10b	Les projections du déclin futur de la population mettent en évidence la nécessité de désigner le manchot empereur comme espèce spécialement protégée de l'Antarctique	SCAR	↓	↓	↓	↓	
WP038	RCTA 10	Mise à jour des exigences en matière d'échange d'informations sur les expéditions nationales	Etats-Unis d´Amérique Italie	↓	↓	↓	↓	Modifications proposées à l'annexe de la Décision 7 (2019) Exigences en matière d'échange d'informations
WP039 rev. 1	CPE 9a	Plan de gestion révisé de la Zone spécialement protégée de l'Antarctique n° 145 Port Foster, île de la Déception, îles Shetland du Sud	Chili Espagne	↓	↓	↓	↓	Plan de gestion révisé de la ZSPA 145
WP040	CPE 9a	Révision du plan de gestion de la zone spécialement protégée de l'Antarctique (ZSPA) n °148, mont Flora, baie Hope, péninsule antarctique	Royaume-Uni Argentine	↓	↓	↓	↓	ZSPA n° 148 Plan de gestion révisé
WP041	RCTA 17	Rapport du groupe de contact intersessions (GCI) sur un cadre opérationnel volontaire d'observateurs à bord des navires touristiques opérant dans la zone du Traité sur l'Antarctique	France Argentine	↓	↓	↓	↓	Cadre opérationnel des observateurs volontaires à bord pour les navires touristiques opérant dans la zone du Traité sur l'Antarctique Cadre opérationnel des observateurs volontaires embarqués pour le tourisme maritime dans la zone du Traité sur l'Antarctique (2021) Liste de contrôle pour l'observation - Cadre opérationnel des observateurs volontaires à bord pour les navires touristiques opérant dans la zone du Traité sur l'Antarctique
WP042	RCTA 13	Éclipse dans la péninsule Antarctique	Argentine Chili	↓	↓	↓	↓	
WP043	CPE 9e	Zones importantes pour la conservation des oiseaux et zones spécialement protégées de l'Antarctique : Vers l'élaboration de critères de sélection	Allemagne Australie Espagne Etats-Unis d´Amérique	↓	↓	↓	↓	

Documents du Travail								
No.	**Points de l'ordre du**	**Titre**	**Soumis par**	**A**	**E**	**F**	**R**	**Pièces jointes**
			Norvège Nouvelle-Zélande Royaume-Uni					
WP044	CPE 9c	Guides des sites touristiques du Traité sur l'Antarctique pour les sites historiques importants de la région de la mer de Ross	Etats-Unis d'Amérique Nouvelle-Zélande	↓	↓	↓	↓	Lignes directrices relatives aux sites pour les visiteurs Cap Adare Lignes directrices relatives aux sites pour les visiteurs Cap Evans Lignes directrices relatives aux sites pour les visiteurs Cap Royds Lignes directrices relatives aux sites pour les visiteurs Pointe Hut
WP045	CPE 9a	Révision du plan de gestion de la zone spécialement protégée de l'Antarctique (ZSPA) n° 131 : Glacier Canada, lac Fryxell, vallée Taylor, Terre Victoria	Nouvelle-Zélande	↓	↓	↓	↓	ASPA 131 Map 1 ASPA 131 Map 2 ASPA 131 Map 3 ZSPA n° 131 Plan de gestion révisé
WP046	CPE 8a	Ébauche d'évaluation environnementale complète (CEE) pour le projet de réaménagement de la base Scott	Nouvelle-Zélande	↓	↓	↓	↓	Presentation on the Draft Comprehensive Environmental Evaluation (CEE) for the Proposed Scott Base Redevelopment (Powerpoint presentation 34 Mb)
WP047	CPE 10a	Le SRAS-CoV-2 chez les espèces de l'Antarctique par voie de zoonose inverse	COMNAP	↓	↓	↓	↓	
WP048	RCTA 17	Rapport de la discussion informelle sur l'élaboration d'un Manuel des règlements et lignes directrices relatifs au tourisme et aux activités non gouvernementales en Antarctique	France Argentine Etats-Unis d'Amérique	↓	↓	↓	↓	Brochure des opérateurs touristiques Manual of Regulations and Guidelines Relevant to Tourism and NGO Activities (Ready to print format) Manuel des règlements et lignes directrices applicables au tourisme et aux activités non gouvernementales dans la Zone du Traité sur l'Antarctique (format synoptique)
WP049	RCTA 11	Examen des informations relatives à l'éducation et à la sensibilisation disponibles sur la page Web du Secrétariat du Traité sur l'Antarctique	Espagne Bulgarie Belgique Brésil Chili Portugal Royaume-Uni	↓	↓	↓	↓	

Documents du Travail

No.	Points de l'ordre du	Titre	Soumis par	A	E	F	R	Pièces jointes
WP050	CPE 9a	Révision du plan de gestion pour la Zone spécialement protégée de l'Antarctique (ZSPA) n° 101 Roquerie Taylor, Terre Mac.Robertson	Australie	⤓	⤓	⤓	⤓	ASPA 101 Map A ASPA 101 Map B ASPA 101 Map C ASPA 101 Map D ZSPA n° 101 Plan de gestion révisé
WP051	CPE 9a	Plan de gestion pour la ZSPA No166, Port-Martin, Terre Adélie. Proposition de prorogation du plan existant	France	⤓	⤓	⤓	⤓	
WP052	CPE 10c	Analyse rétrospective des données de suivi sur l'Antarctique (RAATD) : Zones d'importance écologique dans l'environnement marin antarctique	France Australie Belgique Allemagne Royaume-Uni Etats-Unis d´Amérique Afique du Sud	⤓	⤓	⤓	⤓	
WP053	CPE 10c	Aires importantes pour les mammifères marins (IMMA)	France Royaume-Uni Chili Allemagne Monaco Afique du Sud	⤓	⤓	⤓	⤓	
WP054	CPE 9a	Révision du plan de gestion la Zone spécialement protégée de l'Antarctique (ZSPA) n° 120 – Pointe Géologie	France	⤓	⤓	⤓	⤓	ZSPA 120 Plan de gestion révisé
WP055	RCTA 6b	Compte-rendu des consultations informelles sur les questions, tendances et défis actuels relatifs au Système du Traité sur l'Antarctique	Fédération de Russie	⤓	⤓	⤓	⤓	
WP056	CPE 9c	Lignes directrices proposées pour les sites touristiques des îles argentines, archipel de Wilhelm	Ukraine	⤓	⤓	⤓	⤓	Lignes directrices relatives aux sites pour les visiteurs Îles argentines
WP057	RCTA 15a CPE 9d	Proposition pour renforcer la coopération dans la recherche et la surveillance de la dynamique des populations de manchots dans la région de la mer de Ross	Chine	⤓	⤓	⤓	⤓	Population Dynamics of Emperor Penguins and Adelie Penguins in the Ross Sea Region
WP058	CPE 9e	Promouvoir la recherche scientifique pour éclairer la prise de décision en Antarctique	Chine	⤓	⤓	⤓	⤓	L'extrait du plan quinquennal 2019 du CPE
WP059 rev. 1	RCTA 7	Proposition de régime disciplinaire et modifications du Règlement du personnel du STA	Argentine	⤓	⤓	⤓	⤓	

Documents du Travail

No.	Points de l'ordre du	Titre	Soumis par	A	E	F	R	Pièces jointes
WP060 rev. 1	CPE 9b	Reformatage de la liste des sites et monuments historiques conformément à la décision 1 (2019)	Argentine Norvège Royaume-Uni	↓	↓	↓	↓	Guide révisé pour la présentation de documents de travail contenant des propositions de désignation de Zones spécialement protégées de l'Antarctique, de Zones gérées spéciales de l'Antarctique ou de Sites et monuments historiques Liste des sites et monuments historiques
WP061	RCTA 17	Rapport du Groupe de contact intersessions (GIC) sur les rapports post-visite	Argentine	↓	↓	↓	↓	Instructions pour les rapports post-visite (révision) Post-Visit Report Form
WP062	CPE 9a	Rapport d'activités du Groupe subsidiaire sur les plans de gestion pendant la période intersessions 2019-2021	Argentine	↓	↓	↓	↓	ASPA XXX Rosenthal Islands Map 1 ASPA XXX Rosenthal Islands Map 2 ASPA XXX Rosenthal islands Map 3 Plan de gestion révisé de l'île Inexpressible et de la baie Seaview Plan de gestion révisé des îles Léonie ZSPA XXX Îles Rosenthal, île Anvers, plan de gestion de l'archipel Palmer
WP063	RCTA 6b	COVID-19 et Antarctique	Nouvelle-Zélande Argentine Australie Chili Norvège Royaume-Uni SCAR	↓	↓	↓	↓	
WP064	CPE 9a	Examen du plan de gestion pour la zone spécialement protégée de l'Antarctique (ZSPA) n° 134, pointe Cierva et îles situées au large, côte Danco, péninsule Antarctique	Argentine	↓	↓	↓	↓	Plan de gestion révisé de la ZSPA 134
WP065	RCTA 13	Système de gestion des urgences sismiques	Chili	↓	↓	↓	↓	

Documents d' Information

No.	Points de l'ordre du jour	Titre	Soumis par	A	E	F	R	Pièces jointes
IP001	RCTA 14 CPE 12	United States Report of Inspection, February 2020	Etats-Unis d'Amérique	↓				2020 United States Antarctic Inspection
IP002	RCTA 4	Rapport du gouvernement dépositaire du Traité sur l'Antarctique et de son Protocole conformément à la Recommandation XIII-2	Etats-Unis d'Amérique	↓	↓	↓	↓	1. Tableau relatif au statut concernant le Traité sur l'Antarctique 2. Tableau relatif au statut concernant le Protocole sur l'environnement 3. Annexe V Tableau relatif au statut 4. Annexe VI Tableau relatif au statut 5. Liste des Recommandations/Mesures et leur approbation
IP003	RCTA 4	Rapport de l'observateur de la CCAMLR à la quarante-troisième réunion consultative du Traité sur l'Antarctique	CCAMLR	↓	↓	↓	↓	
IP004	RCTA 13 RCTA 4	Rapport de l'Organisation hydrographique internationale (OHI)	OHI	↓	↓	↓	↓	
IP005	RCTA 6a	Sur la question de l'examen de la demande de la République du Bélarus en vue d'obtenir le statut de Partie consultative	Bélarus	↓	↓	↓	↓	
IP006	CPE 10a	Horizon scanning exercise to identify likely invasive non-native species in the Antarctic Peninsula region	Royaume-Uni	↓				
IP007	RCTA 17 CPE 6	Report on Environmental Remediation	Royaume-Uni	↓				
IP008	RCTA 6b	Report of Antarctic Parliamentarians Assembly 2-3 December 2019: London	Royaume-Uni	↓				Assembly Statement
IP009	RCTA 15a CPE 11	Time-lapse camera monitoring of species in the Antarctic Treaty area	Royaume-Uni	↓				
IP010 rev. 1	RCTA 4	Rapport rédigé par le Royaume-Uni en sa qualité de gouvernement dépositaire de la Convention pour la protection des phoques de l'Antarctique (CCAS) en vertu de la Recommandation XIII-2, paragraphe 2(d) 2018/19 et 2019/20	Royaume-Uni	↓	↓	↓	↓	

Documents d' Information								
No.	**Points de l'ordre du jour**	**Titre**	**Soumis par**	**A**	**E**	**F**	**R**	**Pièces jointes**
IP011	RCTA 4 CPE 5	Rapport annuel 2020/2021 du Conseil des directeurs des programmes antarctiques nationaux (COMNAP)	COMNAP	↓	↓	↓	↓	
IP012	RCTA 9	Antarctic Bioprospecting: SCAR Survey of Member Countries	SCAR	↓				
IP013	RCTA 17	A case of fruitful cooperation between Chile and Ukraine National Competent Authorities regarding yacht's activity in Antarctica	Chili Ukraine	↓				
IP014	CPE 13	Antarctic wilderness and inviolate areas	Australie Nouvelle-Zélande Pays-Bas	↓				
IP015	RCTA 14 CPE 12	Australian Antarctic Treaty and Environmental Protocol inspections: January/February 2020	Australie	↓				Inspection Report
IP016	CPE 7a	A custom Green Star Antarctic Tool: A sustainable design standard	Nouvelle-Zélande	↓				
IP017	CPE 12	Sur les activités de la République du Bélarus concernant la mise en œuvre en 2019-2021 des principes de protection de l'environnement du Protocole de Madrid de 1991	Bélarus	↓	↓	↓	↓	
IP018	CPE 10c	Operationalizing the use of Unmanned Aerial Vehicles (UAV) for assessing Antarctic wildlife populations	Allemagne	↓				
IP019	CPE 10c	Managing the Effects of Anthropogenic Noise in the Antarctic – Steps towards the development of an underwater noise protection concept for 'Antarctica'	Allemagne	↓				
P020 ev. 1	CPE 10c	Assessment of communication masking in Antarctic marine mammals by airgun sound	Allemagne	↓				
P021	CPE 11	A step towards a structured sample and data collection of environmental contamination in the Antarctic	Allemagne Italie	↓				
IP022 ev. 1	CPE 10b	Projections of future population decline indicate the need to designate the emperor penguin as an Antarctic Specially Protected Species	SCAR	↓				
P023	CPE 9e	Important Bird Areas and Antarctic Specially Protected Areas: Toward the development of selection criteria	Allemagne Australie Espagne Etats-Unis d'Amérique Norvège	↓				

Documents d' Information

No.	Points de l'ordre du jour	Titre	Soumis par	A	E	F	R	Pièces jointes
			Nouvelle-Zélande Royaume-Uni					
IP024	CPE 10c	Important Marine Mammal Areas (IMMAS) within the Antarctic Treaty area: An international collaboration to inform habitat-related conservation decision-making and conservation planning for marine mammal species	SCAR UICN	↓				
IP025	RCTA 15a	Report of the Asian Forum for Polar Sciences (AFoPS) 2019–2021	Japon	↓				
IP026	RCTA 15a	Actividades del Programa Nacional Antártico de Perú Período 2020 - 2021	Pérou		↓			
IP027	RCTA 15a	Expedición Científica del Perú a la Antártida	Pérou		↓			
IP028	RCTA 18 CPE 15	Proposal of Finland to host the 45. ATCM in Helsinki in 2023	Finlande	↓				
IP029 rev. 1	RCTA 4 CPE 5	Rapport annuel 2021 du Comité scientifique pour la recherche en Antarctique à la XLIIIe Réunion consultative du Traité sur l'Antarctique	SCAR	↓	↓	↓	↓	SCAR Annual Report Infographic
IP030	CPE 8b	Information provision of quantitative assessment of cumulative air impacts in the framework of environmental impact assessment in Antarctica	Bélarus	↓			↓	
IP031	RCTA 15a CPE 11	Breeding of seabirds insensitive to shifting ocean temperatures	Portugal Canada Nouvelle-Zélande Afique du Sud Royaume-Uni	↓				
IP032	RCTA 11 CPE 13	Education and outreach by the Antarctic Treaty Parties under ATCM framework: a review	Portugal Belgique Bulgarie Royaume-Uni	↓				
IP033	RCTA 11 CPE 13	Celebrating Magellan and Elcano	Espagne Portugal	↓	↓			

Documents d' Information

No.	Points de l'ordre du jour	Titre	Soumis par	A	E	F	R	Pièces jointes
IP034	CPE 11	Using treated wastewater for hydroponic cultivation of vegetables in the Antarctic	Portugal Bulgarie	↓				
IP035	CPE 10a	Progress and plan towards eradication of the Non-native flies in King George Island, South Shetland Islands	Chili Corée République de Fédération de Russie Uruguay	↓				Genetic variability analyses of Non-native files
IP036	RCTA 13	The response of the Italian National Antarctic Program to COVID-19 pandemic in the 2020-2021 expedition	Italie	↓				
IP037	RCTA 15a CPE 10a	Seeds for Future. Global Wild Plant Seed Vault	Italie	↓				
IP038	RCTA 13	Report on the 23rd edition of the Joint Antarctic Naval Patrol between Argentina and Chile - 2020/2021	Chili Argentine	↓	↓			
IP039	RCTA 13	Report on the tasks completed by the Naval Hydrographic Service in Antarctica 2020/21	Argentine	↓	↓			
IP040	RCTA 15a	Malaysia's activities and achievements in Antarctic research and diplomacy	Malasia	↓				
IP041	RCTA 6b	A review of the activities conducted by Italy in support of the established CCAMLR Ross Sea Region Marine Protected Area (RSRMPA)	Italie	↓				
IP042	RCTA 13	Chile's experience in the implementation of the COVID-19 protocol for control and monitoring	Chili	↓	↓			
IP043	RCTA 15a	Gender Agenda of the Chilean Scientific Program	Chili	↓	↓			
IP044	RCTA 11	Antarctic Communication and Education in a Pandemic Year	Chili	↓	↓			
IP045	RCTA 15a	Diversity in Polar Science Initiative: Polar Horizons	Royaume-Uni	↓				Polar Horizons - How-to Guide
IP046	RCTA 16	Latitudinal network of multiparametric stations in Antarctica and Climate Change Observatory	Chili	↓	↓			Brochure Climate Change Observatory
IP047	CPE 10a	Potential for zoonotic transmission of SARS-CoV-2 from humans to Antarctic wildlife	Chili	↓	↓			
IP048	CPE 10c	Second Edition of the Wildlife Awareness Manual	Royaume-Uni Allemagne	↓				

Documents d' Information								
No.	**Points de l'ordre du jour**	**Titre**	**Soumis par**	**A**	**E**	**F**	**R**	**Pièces jointes**
			IAATO					
IP049 rev. 1	CPE 10c	The Retrospective Analysis of Antarctic Tracking Data identifies Areas of Ecological Significance in the Southern Ocean	SCAR	↓				
IP050	RCTA 15a	Chilean Antarctic Science Program (PROCIEN) and challenges of the 2020-2025 Five-Year Plan	Chili	↓	↓			
IP051	RCTA 15a CPE 8b	Current glaciological research activities at the Dome Fuji station and its vicinity	Japon	↓				
IP052	RCTA 15a	Australian Antarctic Science Program 2019-20 and 2020-21	Australie	↓				
IP053	CPE 9a	Initiation of the review of the Management Plan for Antarctic Specially Protected Area No. 126 Byers Peninsula, Livingston Island, South Shetland Islands	Royaume-Uni Chili Espagne	↓				
IP054	RCTA 17	Data Collection and Reporting on Yachting Activity in Antarctica in 2019-20 and 2020-21	Royaume-Uni Argentine Chili IAATO	↓				
IP055	CPE 10a	Risks of COVID-19 to Antarctic Wildlife	SCAR	↓				
IP056	RCTA 13	Atténuation de l'érosion du littoral à la base antarctique espagnole « Gabriel de Castilla »	Espagne	↓	↓	↓	↓	
IP057	RCTA 13	Mise en œuvre du Code polaire de l'OMI en Espagne: Certification du navire océanographique Sarmiento de Gamboa	Espagne	↓	↓	↓	↓	
IP058	RCTA 17	Competent Authorities discussion forum on tourism regulatory activities: report by the convener	Australie	↓				
IP059	RCTA 13	COMNAP Antarctic Aviation Project: Update	COMNAP	↓				
IP060 rev. 1	CPE 10c	State of Antarctic Penguins 2020 Report	SCAR	↓				
IP061	RCTA 13	Concept study for Troll station	Norvège	↓				
IP062	RCTA 17	Norwegian supervision scheme for Antarctic cruise operators	Norvège	↓				
IP063	RCTA 11	Education & Outreach Activities of Turkey in 2020-2021	Turquie	↓				

Documents d' Information

No.	Points de l'ordre du jour	Titre	Soumis par	A	E	F	R	Pièces jointes
IP064	RCTA 11	Polar Research Projects Contest for High School Students in Turkey	Turquie	↓				
IP065	RCTA 15a	The Letter of Endorsement between the Association of Polar Early Career Scientists (APECS) and APECS National Committee of Turkey	Turquie	↓				
IP066	RCTA 15a	The Fifth Turkish Antarctic Expedition (TAE-V)	Turquie	↓				
IP067	RCTA 6b	New Legislation for Turkish Polar Scientific Expeditions	Turquie	↓				
IP068	RCTA 15a	Turkey's Membership to the European Polar Board	Turquie	↓				
IP069	RCTA 15a	Turkey's Full Membership to the SCAR	Turquie	↓				
P070	RCTA 15a	The Turkish Academy of Sciences Young Scientists Award Programme Polar Studies Prize	Turquie	↓				
P071	RCTA 15a	A Letter of Intent between the Scientific and Technological Research Council of Turkey, Marmara Research Center, Polar Research Institute and the Korea Polar Research Institute	Turquie Corée République de	↓				
P072	RCTA 15a	A Memorandum of Understanding between the Scientific and Technological Research Council of Turkey, Marmara Research Center, Polar Research Institute and the Bulgarian Antarctic Institute	Turquie Bulgarie	↓				
P073	RCTA 15a	A Memorandum of Understanding between the Scientific and Technological Research Council of Turkey, Marmara Research Center, Polar Research Institute and the State Institution National Antarctic Scientific Centre of Ukraine	Turquie Ukraine	↓				
P074	RCTA 15a	Antarctic Publications by Turkish Scientists (2020/2021 Update)	Turquie	↓				
P075	RCTA 11	Training Book for the Turkish Scientific Polar Expeditions	Turquie	↓				
P076	RCTA 15a	Project Calls and Evaluation Processes in Turkish Antarctic Expeditions	Turquie	↓				
P077	RCTA 15a	Observing the Changing Southern Ocean and its Global Connections	Etats-Unis d'Amérique	↓				

Documents d' Information

No.	Points de l'ordre du jour	Titre	Soumis par	A	E	F	R	Pièces jointes
	CPE 9d							
IP078	RCTA 15a	Delivering the Promise of Antarctic Science through Inclusiveness and Diversity	Etats-Unis d´Amérique Royaume-Uni	↓				
IP079	RCTA 15a	High-precision Map of Antarctic Ice Sheet Bed Topography	Etats-Unis d´Amérique	↓				
IP080	RCTA 4	Rapport de l'ASOC à la RCTA	ASOC	↓	↓	↓	↓	
IP081	RCTA 6b CPE 13	The Madrid Protocol at Thirty: Where Do We Go From Here?	ASOC	↓				
IP082	RCTA 15a RCTA 6b	National Antarctic Programs' operations during an unprecedented Antarctic season	COMNAP	↓				
IP083	RCTA 4	Rapport du gouvernement dépositaire de la Convention sur la conservation de la faune et de la flore marines de l'Antarctique (CCAMLR)	Australie	↓	↓	↓	↓	
IP084	RCTA 4	Rapport du gouvernement dépositaire de l'Accord sur la conservation des albatros et des pétrels (ACAP)	Australie	↓	↓	↓	↓	
IP085	RCTA 15a	Japan's Antarctic Research Highlights 2020–21	Japon	↓				
IP086	RCTA 17	Closing of the Arctowski Polish Antarctic Station for tourist traffic due to the COVID-19 pandemic and the ongoing renovation of station facilities	Pologne	↓				
IP087	RCTA 15a	Polish-Russian Collaboration in East Antarctica	Fédération de Russie Pologne	↓				
IP088	CPE 10a	Non-native species Trichocera maculipennis (Diptera) eradication from Arctowski Polish Antarctic Station, Western Shore of Admiralty Bay, King George Island, South Shetland Islands – update 2020/2021	Pologne	↓				
IP089	CPE 10a	Eradication of a non-native grass Poa annua L. from the Western Shore of Admiralty Bay, King George Island, South Shetland Islands – update 2020/2021	Pologne	↓				
IP090	RCTA 6b	Adoption of the Polish Polar Policy. From Past Expeditions to Future Challenges	Pologne	↓				

Documents d' Information

No.	Points de l'ordre du jour	Titre	Soumis par	A	E	F	R	Pieces jointes
IP091	CPE 8a	The Initial Responses to the Comments on the Draft CEE for the Construction and Operation of the Turkish Antarctic Research Station (TARS) at Horseshoe Island, Antarctica	Turquie	↓				
IP092	RCTA 13	Autonomous Science Operations at Halley Research Station	Royaume-Uni	↓				
IP093	RCTA 4 CPE 5	Rapport annuel de l'OMM	OMM	↓	↓	↓	↓	
IP094	RCTA 15a	Winter Targeted Observing Periods and Further Plans of the Year of Polar Prediction in the Southern Hemisphere (YOPP-SH)	OMM	↓				
IP095	RCTA 15a CPE 5	Antarctic Regional Climate Centre Network: the scope and concept	OMM	↓				WMO AntRCC Appendix
IP096	RCTA 17 CPE 8b	Framework for assessing 'New, Novel or Particularly Concerning Activities'	Royaume-Uni	↓				
IP097	CPE 8b	Update and CEE Compliance Report: Rothera Wharf Reconstruction and Coastal Stabilisation Project	Royaume-Uni	↓				
IP098	CPE 10a	Detection and eradication of a non-native Lepidoptera incursion in a food deposit at Carlini Station	Allemagne Argentine	↓				
IP099	CPE 9c	Tourism Management Policy for Esperanza Antarctic Station	Argentine	↓	↓			Visitor guideline for Esperanza Station
IP100	CPE 9e	Deception Island Antarctic Specially Managed Area (ASMA No. 4) – 2019/2021 Management report	Argentine Chili Norvège Espagne Royaume-Uni Etats-Unis d´Amérique ASOC IAATO	↓				
IP101	CPE 9e	Evaluation of Ecosystem Services and preliminary identification of their trade-offs	Espagne	↓	↓			
IP102	CPE 8a	Preparation of a Comprehensive Environmental Evaluation for the proposed construction and operation of an aerodrome near Australia's Davis research station (the Davis Aerodrome Project)	Australie	↓				

Documents d' Information								
No.	**Points de l'ordre du jour**	**Titre**	**Soumis par**	**A**	**E**	**F**	**R**	**Pièces jointes**
IP103	RCTA 13	Modernisation of Australia's Antarctic Program	Australie	↓				Davis Aerodrome Project Fact Sheet
IP104	RCTA 17 CPE 9e	Guidance on Short Overnight Stays: Consistency and Coordination through Knowledge Sharing	Etats-Unis d´Amérique Canada	↓				Attachment A: Questionnaire
IP105	RCTA 6b	Notification de l'intention du Canada de demander la reconnaissance du statut de Partie consultative	Canada	↓		↓		
IP106	CPE 13	The Ice Memory Programme	France Italie	↓				
IP107	RCTA 15a	Report about 2020-2021 Antarctic Summer Campaign Uruguayan National Antarctic Program	Uruguay	↓				
IP108	RCTA 13	Protocolo sanitario aplicable a ciudadanos nacionales y extranjeros que participaron de actividades en la Campaña Antártica 2020-2021	Uruguay		↓			
IP109	RCTA 17 RCTA 4	Rapport 2020-21 de l'Association internationale des organisateurs de voyages dans l'Antarctique	IAATO	↓	↓	↓	↓	
IP110	RCTA 17	IAATO Overview of Antarctic Tourism: A Historical Review of Growth, the 2020-21 Season, and Preliminary Estimates for 2021-22	IAATO	↓				
IP111	RCTA 17 CPE 9c	A Five-Year Overview and 2020–21 Season Report on IAATO Operator Use of Antarctic Peninsula Landing Sites and ATCM Visitor Site Guidelines	IAATO	↓				
IP112	RCTA 15a	Avances en la participación de Colombia en el SCAR	Colombie		↓			
IP113	RCTA 15a CPE 13	Adhesión de Colombia al Protocolo del Tratado Antártico sobre Protección del Medio Ambiente: Retos y Oportunidades	Colombie		↓			
IP114	RCTA 11	Primer Congreso Internacional "Colombia y su proyección en la Antártida"	Colombie		↓			
IP115	RCTA 15a	VII Expedición Científica de Colombia a la Antártica, verano austral 2020-2021	Colombie		↓			
IP116	RCTA 15a	Determinación del aporte de la presión Atmosférica sobre las variaciones del nivel del mar en la	Colombie Equateur		↓			

Documents d' Information

No.	Points de l'ordre du jour	Titre	Soumis par	A	E	F	R	Pièces jointes
		Antártica, verano austral 2020-2021						
IP117	RCTA 6b	Colombia, Miembro Observador del Consejo de Administradores de los Programas Antárticos Nacionales (COMNAP)	Colombie		⬇			
IP118	RCTA 13	Implementación de una Turbina Eólica en la Antártica	Colombie		⬇			
IP119	RCTA 15a	Cooperación de Colombia con la Comisión para la Conservación de los Recursos Vivos Marinos Antárticos (CCRVMA): Implementación Voluntaria de la Medida de Conservación 10-05 (2018)	Colombie		⬇			
IP120	RCTA 15a	Cooperación Internacional para el Estudio de Mamíferos Marinos en el Pacífico Sudeste y la Antártica	Colombie		⬇			
IP121	RCTA 6b	Fortalecimiento del Programa Antártico Colombiano (PAC)	Colombie		⬇			
IP122	RCTA 11	Resultados XIX Encuentro de Historiadores Antárticos Latinoamericanos y I Feria de Historia Antártica Latinoamericana	Colombie		⬇			
P123	RCTA 15a	Cooperación entre Colombia y Argentina sobre análisis magnetoeléctrico en tectónica: Instalación de una Estación Geofísica Permanente en la Base Antártica Isla Marambio	Colombie		⬇			
P124	CPE 8b	Procedimiento implementado en el marco del Programa Antártico Colombiano para la evaluación de impacto ambiental de las actividades desarrolladas en el área del Tratado Antártico	Colombie		⬇			
P125	RCTA 13	Gestión y eliminación de residuos a bordo del buque ARC "20 de Julio", en el marco de las expediciones científicas de Colombia a la Antártica	Colombie		⬇			
P126	RCTA 15a	Aportes de Colombia a la Investigación Antártica: Publicaciones Científicas	Colombie		⬇			
P127	RCTA 13	Comunicaciones Satelitales de la Fuerza Área Colombiana (FAC) en la Antártica	Colombie		⬇			
P128	RCTA 13	Brazilian Antarctic Operation (OPERANTAR) - OPERANTAR	Brésil	⬇				

Documents d' Information

No.	Points de l'ordre du jour	Titre	Soumis par	A	E	F	R	Pièces jointes
		XXXIX (2020/2021) and OPERANTAR XL (2021/2022)						
IP129	RCTA 11	New Ferraz Station book and stamp	Brésil	↓				
IP130	RCTA 13	Comandante Ferraz Antarctic Station	Brésil	↓				
IP131	RCTA 11	PROANTAR Education & Outreach Activities	Brésil	↓				
IP132	RCTA 13	Brazilian Hydrographic Surveying of Antarctic Waters	Brésil	↓				
IP133	CPE 9a	Progress in the revision process of the Management Plan for Antarctic Specially Managed Area Nº 1, Admiralty Bay	Brésil Equateur Etats-Unis d´Amérique Pérou Pologne	↓				
IP134	RCTA 13 CPE 9e	Vigilancia volcánica de la isla Decepción durante la campaña antártica española 2020-2021	Espagne		↓			
IP135	CPE 9b	Développement d'un document de travail "Lignes directrices a propos de l'Archéologie terrestre et sous-marine en Antarctique"	SCAR	↓	↓	↓	↓	
IP136	RCTA 15a	The Southern Ocean contribution to the United Nations Decade of Ocean Science for Sustainable Development	SCAR	↓				
IP137	CPE 11	Persistent Organic Chemicals in Antarctica: A horizon scan of priority challenges	SCAR	↓				
IP138	RCTA 13	On the work of the Russian Antarctic Expedition during the COVID-19 pandemic: lessons from the 2020–2021 season	Fédération de Russie	↓			↓	
IP139	RCTA 14	Response to Australia's 2019/2020 Inspection Observations	Fédération de Russie	↓			↓	
IP140	RCTA 17	Participation of a Russian scientist in Heritage Expeditions voyage	Fédération de Russie	↓			↓	
IP141	RCTA 11	Celebrating the bicentennial of the discovery of Antarctica	Fédération de Russie ASOC	↓			↓	
IP142	RCTA 15a	Report on the scientific activity of the Argentine Antarctic Institute – 2020	Argentine	↓	↓			
IP143	CPE 4	Committee for Environmental Protection (CEP): summary of	Norvège	↓				

Documents d' Information								
No.	**Points de l'ordre du jour**	**Titre**	**Soumis par**	**A**	**E**	**F**	**R**	**Pieces jointes**
		activities during the 2019/21 intersessional period						
IP144	RCTA 14 CPE 12	Summary of the intersessional discussion on inspection reports under Article VII of the Antarctic Treaty and Article 14 of the Environment Protocol	Espagne Norvège	↓	↓			
IP145	RCTA 18	Preparation of the 44 th Meeting - Berlin, 2022	Allemagne	↓				

Document du Secrétariat								
No.	**Points de l'ordre du jour**	**Titre**	**Soumis par**	**A**	**E**	**F**	**R**	**Pièces jointes**
SP001 rev. 6	RCTA 3	Ordre du jour et calendrier de la XLIIIe RCTA et du XXIIIe CPE	STA	↓	↓	↓	↓	Lignes directrices ad hoc pour la réunion virtuelle de la XLIIIe RCTA - du XXIIIe CPE Plan de travail stratégique pluriannuel de la RCTA
SP002	CPE 2	Ordre du jour prévisionnel et Plan de travail quinquennal de la XXIIIe réunion du CPE	STA	↓	↓	↓	↓	Lignes directrices ad hoc pour la réunion virtuelle de la XLIIIe RCTA - du XXIIIe CPE
SP003	RCTA 6b	Liste des Mesures portant la mention « N'est pas entrée en vigueur »	STA	↓	↓	↓	↓	
SP004	RCTA 7	Rapport du Secrétariat 2020/2021	STA	↓	↓	↓	↓	Contributions perçues par le Secrétariat du Traité sur l'Antarctique 2020/21 Rapport financier certifié 2019/20 Rapport financier provisoire 2020/21
SP005	RCTA 7	Programme du Secrétariat pour l'exercice 2021/2022	STA	↓	↓	↓	↓	Barème des contributions pour l'exercice financier 2022/2023 Grille des salaires Programme du Secrétariat pour l'exercice 2021/2022 Rapport prévisionnel de l'exercice financier 2020/2021, budget de l'exercice financier 2021/2022, budget prévisionnel de l'exercice financier 2022/2023
SP006	RCTA 7	Profil budgétaire quinquennal prévisionnel 2022/23 - 2026/27	STA	↓	↓	↓	↓	Profil budgétaire quinquennal prévisionnel 2022/23 - 2026/27
SP007	RCTA 17 CPE 9e	Nouvelle carte et rapports de tous les sites recevant des visites par bateau en Antarctique	STA	↓	↓	↓	↓	
SP008	RCTA 15a	Priorités scientifiques clés des programmes nationaux en Antarctique	STA	↓	↓	↓	↓	submission form
SP009	RCTA 10	Refonte du Système électronique d'échange d'informations (SEEI)	STA	↓	↓	↓	↓	
SP010	RCTA 10	Analyse de l'utilisation du Système électronique d'échange d'informations : évolution du chargement des Rapports annuels et autres observations additionnelles	STA	↓	↓	↓	↓	
SP011	RCTA 7	État des archives des rapports finaux du Secrétariat	STA	↓	↓	↓	↓	

Document du Secrétariat								
No.	**Points de l'ordre du jour**	**Titre**	**Soumis par**	**A**	**E**	**F**	**R**	**Pièces jointes**
SP012	CPE 8b	Liste annuelle des évaluations préliminaires d'impact sur l'environnement (EPIE) et des évaluations globales d'impact sur l'environnement (EGIE) effectuées entre le 1er avril 2019 et le 31 mars 2021	STA	⤓	⤓	⤓	⤓	
SP013	RCTA 10 RCTA 11 RCTA 12 RCTA 6b RCTA 7 RCTA 8 RCTA 9	ATCM Working Group 1 Schedule, Annotated Agenda and Summary of Papers	STA	⤓				
SP014 rev. 1	CPE 2	CEP XXIII Schedule, Annotated Agenda and Summary of Papers	STA	⤓				
SP015 rev. 1	RCTA 13 RCTA 14 RCTA 15a RCTA 16 RCTA 17	ATCM Working Group 2 Schedule, Annotated Agenda and Summary of Papers	STA	⤓				
SP016 rev. 1	RCTA 1 RCTA 18 RCTA 19 RCTA 2 RCTA 20 RCTA 21 RCTA 3 RCTA 4 RCTA 5 RCTA 6a	ATCM Plenary - Schedule, Annotated Agenda and Summary of Papers	STA	⤓				

Documents de référence								
No.	**Points de l'ordre du jour**	**Titre**	**Soumis par**	**A**	**E**	**F**	**R**	**Pièces jointes**
BP001	CPE 10c	Unoccupied Aerial System (UAS) Surveys Minimize Predator Response relative to Ground Surveys	Etats-Unis d'Amérique	↓				
BP002	RCTA 6b	On the publication of the "Chilean Antarctic Statute"	Chili	↓	↓			Estatuto Chileno Antártico - Le 21255
BP003	RCTA 17	On the Chilean Antarctic Tourism Policy	Chili	↓	↓			Política Nacional de Turismo Antártico
BP004	RCTA 6b	Recent amendments in Antarctica legislation of the Kingdom of the Netherlands	Pays-Bas	↓				
BP005	CPE 6	Characterising Antarctic Fuels to Inform the Clean Up of Fuel Spill Sites	Argentine Australie	↓				
BP006	CPE 10c	The Animal Audiogram Database	Allemagne	↓				
BP007	RCTA 14	Follow-up on Recommendations from the Inspection at the Antarctic Jang Bogo Station during 2019-2020 Antarctic Summer Season	Corée République de	↓				
BP008	RCTA 15a	Scientific and Science-related Cooperation with the Consultative Parties and the Wider Antarctic Community and COVID-19 Responses	Corée République de	↓				
BP009 rev. 1	RCTA 11	Italian activities in Antarctica before the institution of the Italian National Research Program in Antarctica (PNRA)	Italie	↓				
BP010	RCTA 16	The 19th Council of Managers of National Antarctic Programs (COMNAP) Symposium (2020)	COMNAP	↓				
BP011	RCTA 11	Documentaries of the Turkish Antarctic Expedition (TAE - IV) 2019 - 2020	Turquie	↓				
BP012	RCTA 11	Turkish Polar Encyclopedia Project	Turquie	↓				
BP013	CPE 8b	Information on the Progress of the Renovation of the Henryk Arctowski Polish Antarctic Station on King George Island, South Shetland Islands	Pologne	↓				
BP014	RCTA 13	Fire at the Russian Antarctic station Mirny	Fédération de Russie	↓			↓	
BP015	RCTA 13	On the postponement of the first stage of assembly of a new wintering building at Vostok station for the season 2021/2022	Fédération de Russie	↓			↓	
BP016	RCTA 13	Informe de ejecución de la XXIV Expedición Antártica Ecuatoriana (2019-2020)	Equateur		↓			

Documents de référence

No.	Points de l'ordre du jour	Titre	Soumis par	A	E	F	R	Pièces jointes
BP017	RCTA 15a	Cooperación Científica entre Programas Antárticos Nacionales ECUANTAR XXIV (2019-2020)	Equateur		⤓			
BP018	RCTA 13	Informe de ejecución de la XXV Expedición Antártica Ecuatoriana (2020-2021)	Equateur		⤓			
BP019	RCTA 15a	Cooperación Científica entre Programas Antárticos Nacionales ECUANTAR XXV (2020-2021)	Equateur		⤓			
BP020	RCTA 15a	Estudios toxicológicos de metales pesados, microplásticos y ecología microbiana con potencial biotecnológico en la Península Antártica	Equateur		⤓			
BP021	RCTA 13	Informe de actividades y resultados REFUGIO ANTÁRTICO ECUATORIANO Expediciones XXIV y XXV	Equateur		⤓			
BP022	RCTA 15a	Informe de avance sobre el proyecto "Estructura microalgal y su relación con la variabilidad físico-químicas en el ecosistema marino de las islas Shetland del Sur	Equateur		⤓			
BP023	RCTA 15a	South Africa's first Antarctic and Southern Ocean Strategy gazetted	Afique du Sud	⤓				Gazetted South Africa's Antarctic and Southern Ocean Strategy

2. Liste des participants

2. Liste des participants

Parties consultatives			
Partie	**Titre**	**Nom**	**Fonction**
Argentine	MSc.	Abas, Marina	Conseiller
Argentine	Lic.	Abbeduto, María Luz	Conseiller
Argentine	Coronel	Acosta, Oscar Alfredo	Conseiller
Argentine	Dr	Ansaldo, Martin	Conseiller
Argentine	Coronel	Ballerini, Enrique Marcelo	Conseiller
Argentine	Mme	Balsalobre, Silvina	Conseiller
Argentine	Général	Calandin, Edgar Fernando	Délégué
Argentine	Lic.	Casela, Paula	Délégué
Argentine	Conseiller	Conde Garrido, Rodrigo	Suppléant
Argentine	Dr	Curtosi, Antonio	Conseiller
Argentine	Dr	Diaz, Martin Andres	Délégué
Argentine	Dr	Fontana, Pablo	Conseiller
Argentine	Min.	Gowland, Máximo	Chef de délégation
Argentine	Dr	Libertelli, Marcela	Conseiller
Argentine	Dr	Lirio, Juan Manuel	Conseiller
Argentine	Min	Lopez Crozet, Fausto	Suppléant
Argentine	Coronel	López Meyer, Lorenzo Matías	Conseiller
Argentine	Dr	Mac Cormack, Walter	Suppléant
Argentine	Dr	Martinez Alvarez, Lucas	Conseiller
Argentine	Coronel	Mingorance, Ruben Alejandro	Conseiller
Argentine	Conseillère	Mulville, Cynthia	Délégué
Argentine	Dr	Negrete, Javier	Conseiller
Argentine	Lic.	Ortúzar, Patricia	Représentant du CFE
Argentine	Secr.	Pesaresi, Andrea Paula	Délégué
Argentine	Dr	Reguero, Marcelo	Conseiller
Argentine	Capitaine de corvette	Rivas, Julio Cesar	Conseiller
Argentine	Dr	Ruberto, Lucas	Conseiller
Argentine	Secr.	Santiago, Facundo	Délégué
Argentine	Lic.	Santillana, Sergio	Conseiller
Argentine	Dr	Schloss, Irene	Conseiller
Argentine	Lic.	Vereda, Marisol	Conseiller
Argentine	Conseiller	Violini, Patricio	Délégué
Australie	M.	Ellis, Kim	Suppléant

Parties consultatives			
Partie	**Titre**	**Nom**	**Fonction**
Australie	Mme	Kingston, Melissa	Délégué
Australie	M.	LaMacchia, Frank	Délégué
Australie	Mme	Mccourt, Suzanne	Suppléant
Australie	M.	Mcgee, Jeffrey	Conseiller
Australie	M.	Mcivor, Ewan	Représentant du CPE
Australie	M.	Newnham, Simon	Chef de délégation
Afrique du Sud	Mme	Brammer, Romi	Conseiller
Afrique du Sud	M.	Devanunthan, Nishendra	Délégué
Afrique du Sud	M.	Dopolo, Mbulelo Tomie	Chef de délégation
Afrique du Sud	Mme	Madlokazi, Ntombovuyo	Conseiller
Afrique du Sud	Mme	Malherbe, Carina	Conseiller
Afrique du Sud	Dr	Siko, Gilbert	Conseiller
Allemagne	Dr	Boetius, Antje	Délégué
Allemagne	Dr	Diedrich, Erhard	Délégué
Allemagne	Dr	Duennwald, Sonja	Délégué
Allemagne	Mme	Fabris, Rita	Délégué
Allemagne	Prof. Dr	Gaedicke, Christoph	Délégué
Allemagne	Dr	Hain, Stefan	Délégué
Allemagne	Dr	Herata, Heike	Délégué
Allemagne	Mme	Hilbert, Jacqueline	Délégué
Allemagne	M.	Hochmüller, Tilman	Chef de délégation
Allemagne	Dr	Krakau, Manuela	Délégué
Allemagne	Dr	Küster, Anette	Délégué
Allemagne	Dr	Läufer, Andreas	Délégué
Allemagne	M.	Liebschner, Alexander	Délégué
Allemagne	M.	Lindemann, Christian	Délégué
Allemagne	Mme	Marker, Benita	Délégué
Allemagne	M.	Mengedoht, Dirk	Délégué
Allemagne	Dr	Nixdorf, Uwe	Délégué
Allemagne	Dr	Reinke, Manfred	Délégué
Allemagne	M.	Schulz, Christian	Délégué
Allemagne	Dr	Vöneky, Silja	Conseiller
Allemagne	Dr	Wesche, Christine	Délégué
Allemagne	M.	Wilckens, Julian	Délégué
Allemagne	Mme	Wolter, Miriam	Délégué
Australie	M.	Playle, Ben	Délégué
Australie	M.	Quinn, Todd	Délégué

Parties consultatives			
Partie	**Titre**	**Nom**	**Fonction**
Australie	D^{r}	Tracey, Phillip	Délégué
Australie	Professeur	Webster, Nicole	Délégué
Australie	D^{r}	Wooding, Rob	Suppléant
Belgique	Ambassadeur	de Lannoy, Christian	Chef de délégation
Belgique	Mme	Langerock, Stephanie	Représentant du CPE
Belgique	M.	Mayence, Jean-François	Conseiller
Belgique	D^{r}	Van de Putte, Anton	Conseiller
Belgique	Mme	Vancauwenberghe, Maaike	Suppléant
Belgique	M.	Vanstappen, Nils	Conseiller
Belgique	M.	Verheyen, Koen	Conseiller
Belgique	Mme	Wilmotte, Annick	Conseiller
Brésil	M.	Diniz Guedes, Thomaz	Suppléant
Brésil	M.	Suarez Sampaio, Carlos Hugo	Conseiller
Brésil	M.	Belli , Guilherme	Conseiller
Brésil	M.	Carvalho Raposo, Philippe	Suppléant
Brésil	Mme	Cruz, Andrea	Délégué
Brésil	Contre-amiral	Da Rocha Martins, Antonio Cesar	Suppléant
Brésil	Mme	Hemetrio Valadares, Luciana	Représentant du CPE
Brésil	Mme	Messias E Silva, Julie	Conseiller
Brésil	M.	Obino, Rodrigo	Délégué
Brésil	M.	Peruch Viana, Benhur	Chef de délégation
Brésil	Mme	Trad Souza, Haynnée	Délégué
Bulgarie	Mme	Damyanova, Milena	Délégué
Bulgarie	Mme	Dramova, Dimana	Chef de délégation
Bulgarie	M.	Mateev, Dragomir	Représentant du CPE
Bulgarie	D^{r}sc.	Pimpirev, Christo	Suppléant
Bulgarie	Mme	Raycheva, Sasha	Délégué
Chili	Mme	Asencio, Geraldine	Délégué
Chili	M.	Barticevic, Elias	Délégué
Chili	M.	Benitez, Cristobal	Conseiller
Chili	M.	Canales, Reiner	Délégué
Chili	M.	Cariceo, Yanko	Représentant du CPE
Chili	Mme	Carvallo, Maria Luisa	Conseiller
Chili	M.	Castillo, Rafael	Conseiller
Chili	Cdt	Christiansen, Lars	Conseiller
Chili	M.	Ferrada, Luis Valentín	Conseiller
Chili	Cdt	Figueroa, Miguel	Conseiller

Parties consultatives			
Partie	**Titre**	**Nom**	**Fonction**
Chili	M.	Gamboa, Cesar	Conseiller
Chili	Mme	Gonzalez, Paula	Délégué
Chili	M.	González, Marcelo	Délégué
Chili	M.	Hawa, Samy	Conseiller
Chili	M.	Jarpa, Victor	Conseiller
Chili	Mme	Lazen, Chantal	Conseiller
Chili	Dr	Leppe, Marcelo	Suppléant
Chili	M.	Lertora, Francisco	Conseiller
Chili	Mme	Molina, Alejandra	Délégué
Chili	Mme	Movillo, Macarena	Conseiller
Chili	M.	Piña, Carlos	Conseiller
Chili	Dr	Ranson García, John	Conseiller
Chili	M.	Salazar, Miguel	Conseiller
Chili	Mme	Salinas, Carla	Délégué
Chili	M.	Santibañez, Miguel	Conseiller
Chili	Mme	Stockins, Christine	Conseiller
Chili	Mme	Vallejos, Verónica	Représentant du CPE
Chili	M.	Waghorn, Rodrigo	Chef de délégation
Chine	Mme	Bai, Jiayu	Conseiller
Chine	M.	Gou, Haibo	Chef de délégation
Chine	Mme	Li, Xueping	Conseiller
Chine	M.	Li, Linlin	Délégué
Chine	M.	Long, Wei	Représentant du CPE
Chine	Mme	Qiu, Yutong	Délégué
Chine	M.	Su, Wenlu	Délégué
Chine	Professeur	Tang, Jianye	Conseiller
Chine	M.	Yang, Lei	Suppléant
Chine	Mme	Yu, Xinwei	Délégué
Chine	Prof.	Zhang, Yanyun	Conseiller
Chine	M.	Zhang, Yang	Suppléant
Chine	Mme	Zheng, Yingqin	Conseiller
Corée (République de Corée)	M.	Ahn, Kukhyun	Chef de délégation
Corée (République de Corée)	M.	Choi, Seonung	Délégué
Corée (République de Corée)	Dr	Chung, Hosung	Délégué
Corée (République de Corée)	M.	Han, Seung Woo	Délégué
Corée	Mme	Han, Juhee	Délégué

Parties consultatives			
Partie	**Titre**	**Nom**	**Fonction**
(République de Corée)			
Corée (République de Corée)	Mme	Jung, Chaerin	Délégué
Corée (République de Corée)	Mme	Kim, Min Ji	Délégué
Corée (République de Corée)	Mme	Kim, Ji Hyun	Délégué
Corée (République de Corée)	Dr	Kim, Ji Hee	Délégué
Corée (République de Corée)	M.	Seo, Joonwoo	Délégué
Corée (République de Corée)	Dr	Shin, Hyoung Chul	Délégué
Corée (République de Corée)	Mme	Suh, Hyein	Délégué
Équateur	Ministre	Carranza, José Antonio	Délégué
Équateur	Capitaine de vaisseau	Correa Aguayo, Johny	Délégué
Équateur	M.	Mendoza, Javier	Délégué
Équateur	Capitaine de frégate	Morales Auz, Luis	Représentant du CPE
Équateur	Capitaine de frégate	Pinto, Edwin	Délégué
Équateur	Ambassadeur	Troya, Maria Gabriela	Chef de délégation
Équateur	Ing.	Vera Hidalgo, Andrea	Suppléant
Espagne	M.	Aguilera Aranda, Francisco	Chef de délégation
Espagne	M.	Díaz De La Guardia, Ignacio	Délégué
Espagne	M.	Ojeda Cardenes, Miguel Ángel	Délégué
Espagne	Dr	Quesada Del Corral, Antonio	Représentant du CPE
Espagne	Mme	Ramos García, Sonia	Délégué
Espagne	Dra Mme	Sobrido Prieto, Marta	Délégué

Parties consultatives			
Partie	**Titre**	**Nom**	**Fonction**
États-Unis d'Amérique	Mme	Arvis, Constance	Chef de délégation
États-Unis d'Amérique	M.	Edwards, David	Conseiller
États-Unis d'Amérique	D^r	Falkner, Kelly	Conseiller
États-Unis d'Amérique	M.	Gilanshah, Bijan	Conseiller
États-Unis d'Amérique	Professeur	Karentz, Deneb	Conseiller
États-Unis d'Amérique	M.	Kill, Theodore P.	Conseiller
États-Unis d'Amérique	D^r	McGinn, Nature	Conseiller
États-Unis d'Amérique	M.	Muntean, William	Suppléant
États-Unis d'Amérique	Mme	Ohnemus, Kimberly	Conseiller
États-Unis d'Amérique	D^r	O'Reilly, Jessica	Conseiller
États-Unis d'Amérique	D^r	Penhale, Polly A.	Représentant du CPE
États-Unis d'Amérique	Mme	Roemele, Julie	Conseiller
États-Unis d'Amérique	Mme	Scott, Lela	Conseiller
États-Unis d'Amérique	M.	Sheppard, Paul	Conseiller
États-Unis d'Amérique	M.	Shobert, William	Conseiller
États-Unis d'Amérique	Mme	Short, Stephanie	Conseiller
États-Unis d'Amérique	D^r	Sung, Nancy	Conseiller
États-Unis d'Amérique	Mme	Taylor, Heidi	Conseiller
États-Unis d'Amérique	D^r	Watters, George	Conseiller
États-Unis d'Amérique	Mme	Wheatley, Victoria	Conseiller
Fédération de Russie	Mme	Bystramovich, Anna	Suppléant
Fédération de Russie	M.	Kalinin, Andrey	Chef de délégation

Parties consultatives			
Partie	**Titre**	**Nom**	**Fonction**
Fédération de Russie	M.	Klepikov, Alexander	Représentant du CPE
Fédération de Russie	M.	Pomelov, Victor	Conseiller
Fédération de Russie	M.	Tarasenko, Sergey	Conseiller
Fédération de Russie	Mme	Zhuzhginova, Yulia	Délégué
Finlande	Mme	Haukka, Jenny	Suppléant
Finlande	M.	Kalakoski, Mika	Conseiller
Finlande	Mme	Kangas, Aino	Suppléant
Finlande	M.	Koivurova, Timo	Conseiller
Finlande	Mme	Mähönen, Outi	Représentant du CPE
Finlande	Mme	Tölö, Elina	Suppléant
Finlande	M.	Vuorimäki, Petteri	Chef de délégation
Finlande	Mme	Yletyinen, Anna	Suppléant
France	D^{r}	Chappellaz, Jérôme	Représentant du CPE
France	D^{r}	Choquet, Anne	Conseiller
France	M.	Cottarel, Guillaume	Délégué
France	Mme	Jolly, Maude	Représentant du CPE
France	M.	Le Lan, Julien	Suppléant
France	M.	Ortolland, Didier	Chef de délégation
France	Ambassadeur	Poivre D'arvor, Olivier	Président de la RCTA
France	M.	Raharinaivo, Jacques	Conseiller
France	M.	Ropert-Coudert, Yan	Délégué
Inde	D^{r}	Chaturvedi, Sanjay	Délégué
Inde	D^{r}	Gupta, G.V.M.	Délégué
Inde	D^{r}	Kumar, Vijay	Délégué
Inde	D^{r}	Rangreji, Luther	Délégué
Inde	D^{r}	Ravichandran, Muthalagu	Chef de délégation
Inde	D^{r}	Tiwari, Anoop Kumar	Représentant du CPE
Italie	Prof.	Andreone, Gemma	Délégué
Italie	D^{r}	Azzaro, Maurizio	Délégué
Italie	Prof.	Calizza, Edoardo	Conseiller
Italie	D^{r}	Ghigliotti, Laura	Conseiller
Italie	M.	Guanciale, Orazio	Chef de délégation
Italie	Ing.	Mecozzi, Roberta	Représentant du CPE
Italie	Prof.	Onofri, Silvano	Délégué
Italie	Dott.	Ubaldi, Carla	Délégué
Italie	D^{r}	Vacchi, Marino	Délégué
Japon	M.	Baba, Kentaro	Conseiller
Japon	Prof.	Hashida, Gen	Conseiller
Japon	Mme	Ichitsuka, Yuka	Représentant du CPE

Parties consultatives			
Partie	**Titre**	**Nom**	**Fonction**
Japon	Prof.	Imura, Satoshi	Conseiller
Japon	M.	Iwasaki, Atsushi	Chef de délégation
Japon	M.	Kayashima, Takuro	Suppléant
Japon	Prof.	Nakamura, Takuji	Conseiller
Japon	M.	Okumura, Kouki	Conseiller
Japon	Mme	Sato, Moeka	Conseiller
Japon	Mme	Shirai, Hikaru	Suppléant
Norvège	Mme	Galli, Aasta Louise Thorbjørnsrud	Délégué
Norvège	M.	Guldahl, John Erik	Délégué
Norvège	Mme	Høgestøl, Astrid Charlotte	Délégué
Norvège	Mme	Jørem, Ane	Suppléant
Norvège	Dr	Misund, Ole Arve	Délégué
Norvège	Mme	Nicolaisen, Kristine Oftedal	Délégué
Norvège	Mme	Njåstad, Birgit	Délégué
Norvège	Mme	Øseth, Ellen	Représentant du CPE
Norvège	Mme	Stoltenberg, Anne Elisabeth	Délégué
Norvège	Mme	Strengehagen, Mette	Chef de délégation
Norvège	M.	Theisen, Fredrik Juell	Délégué
Norvège	Mme	Von Quillfeldt, Cecilie	Délégué
Nouvelle-Zélande	M.	Jain, Arun	Suppléant
Nouvelle-Zélande	M.	Kirk, Hamish	Délégué
Nouvelle-Zélande	Mme	Newman, Jana	Chef de délégation
Nouvelle-Zélande	Mme	Poirot, Ceisha	Représentant du CPE
Nouvelle-Zélande	Mme	Sitter, Pauline	Délégué
Pays-Bas	Dr	Badhe, Renuka	Conseiller
Pays-Bas	Prof. Dr	Bastmeijer, Kees	Délégué
Pays-Bas	Dr	Eijs, Arthur	Représentant du CPE
Pays-Bas	Mme	Elstgeest, Marlynda	Conseiller
Pays-Bas	Mme	Eshuis, Nikki	Délégué
Pays-Bas	Dr	Kroef, Van Der, Dick A.	Délégué
Pays-Bas	Mme	Kuile, Ter, Liz	Délégué
Pays-Bas	M.	Peijs, Martijn	Délégué
Pays-Bas	M.	Pistecky, Michael	Chef de délégation
Pays-Bas	Mme	Wijmenga, Hannah	Délégué

Parties consultatives			
Partie	**Titre**	**Nom**	**Fonction**
Pérou	Mme	Bello Chirinos, Cinthya	Représentant du CPE
Pérou	M.	Franco Moreno, Enrique	Délégué
Pérou	M.	Londoñe Bailon, Pablo	Délégué
Pérou	Min.	Soarez Documet, Manuel	Chef de délégation
Pologne	Dr Hab.	Bialik, Robert	Suppléant
Pologne	M.	Jalukowicz, Tomasz	Délégué
Pologne	Mme	Krawczyk-Grzesiowska, Joanna	Délégué
Pologne	Mme	Kruszewska, Agnieszka	Représentant du CPE
Pologne	Prof.	Lewandowski, Marek	Délégué
Pologne	Dr	Marciniak, Konrad	Chef de délégation
Pologne	Mme	Tolkacz, Katarzyna	Représentant du CPE
République tchèque	M.	Beranek, Milan	Délégué
République tchèque	M.	Caban, Pavel	Délégué
République tchèque	Mme	Filippiova, Martina	Suppléant
République tchèque	Dr	Kapler, Pavel	Délégué
République tchèque	Mme	Krizova, Barbora	Délégué
République tchèque	Dr	Nyvlt, Daniel	Délégué
République tchèque	Dr	Štepánek, Premysl	Délégué
République tchèque	Dr	Válek, Petr	Chef de délégation
République tchèque	M.	Venera, Zdenek	Représentant du CPE
Royaume-Uni	M.	Chance, Thomas	Délégué
Royaume-Uni	Mme	Clarke, Rachel	Délégué
Royaume-Uni	M.	Clarkson, George	Représentant du CPE
Royaume-Uni	Dr	Crosbie, Kim	Délégué
Royaume-Uni	M.	Downie, Rod	Délégué
Royaume-Uni	M.	Eager, John	Délégué
Royaume-Uni	Prof. Dame	Francis, Jane	Délégué
Royaume-Uni	M.	Garrod, Simon	Délégué
Royaume-Uni	Dr	Hughes, Kevin	Délégué

Parties consultatives			
Partie	**Titre**	**Nom**	**Fonction**
Royaume-Uni	Mme	Purdasy, Margaret	Délégué
Royaume-Uni	Mme	Rumble, Jane	Chef de délégation
Suède	D^r	Dahl, Justiina	Représentant du CPE
Suède	Prof.	Gardfeldt, Katarina	Délégué
Suède	Directeur exécutif	Nilsson, Pernilla	Chef de délégation
Suède	D^r	Norling, Pia	Délégué
Suède	Administrateur, D^r	Ratcovich Leopardi, Martin	Conseiller
Ukraine	M.	Fedchuk, Andrii	Suppléant
Uruguay	Directeur	Danzov, Ernesto	Conseiller
Uruguay	Contre-amiral (ret.)	Burgos, Manuel	Suppléant
Uruguay	M.	Corbo, Richard	Conseiller
Uruguay	Lic.	Da Costa, Pamela	Conseiller
Uruguay	M.	Fraga, Rafael	Personnel
Uruguay	M.	Juri, Eduardo	Représentant du CPE
Uruguay	Lic.	Machado , Ana Laura	Conseiller
Uruguay	M.	Pache Soto, Jaime	Délégué
Uruguay	M.	Pereyra, Álvaro	Conseiller
Uruguay	Lic.	Quartarolo, Angela	Délégué
Uruguay	D^r	Rivero, Florencia	Conseiller
Uruguay	D^r	Vanerio Balbela, Gustavo	Chef de délégation

Parties non consultatives			
Partie	**Titre**	**Nom**	**Fonction**
Bélarus	Mme	Kaminskaya, Alena	Délégué
Bélarus	Dr	Haidashou, Aliaksei	Suppléant
Bélarus	Dr	Kakareka, Sergey	Représentant du CPE
Bélarus	Mme	Kharashun, Tamara	Délégué
Bélarus	Prof.	Loginov, Vladimir	Chef de délégation
Bélarus	M.	Ryzhikov, Vladimir	Délégué
Bélarus	M.	Shpakovsky, Alexander	Délégué
Bélarus	Mme	Velichko, Irina	Délégué
Canada	M.	Dupuis, Frederick	Délégué
Canada	Mme	Murji, Alyssa	Conseiller
Canada	M.	Paul, Amrita	Délégué
Canada	Mme	Rumbolt, Sara	Délégué
Canada	Mme	Song, Gloria	Suppléant
Canada	M.	Taillefer, David	Chef de délégation
Canada	Mme	Thompson, Jacqueline	Délégué
Canada	Mme	Wark, Jutta	Suppléant
Colombie	Capitaine	Arias Isaza, Francisco Armando	Suppléant
Colombie	M.	Barreto , Luis Reinaldo	Délégué
Colombie	M.	Bula Bohórquez, Alberto	Conseiller
Colombie	Capitaine de corvette	Burgos Uribe , Natalia	Représentant du CPE
Colombie	Ambassadeur	Cadena Montenegro, Diego Felipe	Délégué
Colombie	M.	Ceballos , Jorge Luis	Délégué
Colombie	Capitaine de vaisseau	Forero Hauzeur, Juan Camilo	Délégué
Colombie	Mme	Franco Torrente, Catalina	Délégué
Colombie	Mme	González , Ana María	Délégué
Colombie	Commandant	Jaimes Parada, Gerson Ricardo	Délégué
Colombie	Capitaine	Jiménez Lozano, César	Délégué
Colombie	Lieutenant-colonel	Jiménez Sánchez , Jorge Giovanni	Délégué
Colombie	M.	Marmolejo Egred , Andrés Felipe	Délégué
Colombie	Ambassadrice	Molina De La Villa, Olga Cielo	Délégué
Colombie	M.	Montenegro Coral, Ricardo	Chef de délégation
Colombie	Mme	Moreno , Kelly Joletii	Délégué
Colombie	M.	Navarro Hernández , Jesús Gabriel	Délégué
Colombie	Mme	Ricaurte , Constanza	Délégué
Colombie	Commandant	Rincón Urbina, Sonia Ruth	Délégué
Colombie	Lieutenant de	Rodríguez Saldaña, Danna	Délégué

Parties non consultatives			
Partie	**Titre**	**Nom**	**Fonction**
	frégate	María	
Colombie	Mme	Rubio Tamayo, Laura	Délégué
Colombie	Mme	Sierra Correa , Paula Cristina	Délégué
Colombie	Mme	Suárez Triviño , Natalia Del Pilar	Délégué
Malaisie	M.	Abd Rahman, Mohd Nasaruddin	Délégué
Malaisie	M.	Abu Bakar, Jamalulail	Chef de délégation
Malaisie	Prof. Dr	Abu Samah, Azizan	Délégué
Malaisie	M.	Baharuddin, Rosmahyuddin	Délégué
Malaisie	Mme	Mogan, Deepa	Délégué
Malaisie	Dr	Mohd Nor, Salleh	Délégué
Monaco	Dr	Le Bohec, Céline	Suppléant
Monaco	Dr	Planas, Victor	Conseiller
Monaco	Dél.	Van Klaveren-Impagliazzo, Céline	Représentant du CPE
Portugal	Prof.	Caetano Xavier, José Carlos	Chef de délégation
Portugal	Dr	Grafino, Carla Fonseca	Délégué
Portugal	Dr	Mendes, Maria Luís	Délégué
Portugal	Dr	Motta, Gonçalo	Délégué
Portugal	Mme	Santos, Maria Germana	Délégué
Slovaquie	Mme	Erdelská, ?ubica	Suppléant
Slovaquie	Mme	Pánisová Ležáková, Michaela	Suppléant
Slovaquie	S.E.	Slobodník, Igor	Chef de délégation
Slovaquie	Mme	Sykorova, Michaela	Délégué
Slovénie	Mme	Del Fabro, Elena	Délégué
Suisse	M.	Andrin, Studer	Représentant du CPE
Suisse	Mme	Carola, Göhlich	Délégué
Suisse	Mme	Danièle, Rod	Conseiller
Suisse	M.	Hauser, Grégoire	Délégué
Suisse	Dr	Margrit, Schwikowski	Conseiller
Suisse	Ambassadeur	Roberto, Balzaretti	Chef de délégation
Turquie	Mme	Bayar, Eda	Représentant du CPE
Turquie	Dr	Erguven, N. Sarp	Délégué
Turquie	Capitaine	Oktar, Özgün	Suppléant
Turquie	M.	Özigci, Yunus Emre	Délégué
Turquie	Prof.	Özsoy, Burcu	Chef de délégation
Turquie	M.	Ünlü, Bartu	Délégué
Turquie	Dr	Yilmaz, Atilla	Suppléant
Turquie	M.	Yüksel, Subutay	Délégué
Venezuela	M.	Castillo, Marco	Suppléant
Venezuela	Mme	Handt, Helga	Représentant du CPE
Venezuela	Mme	Requena, Ailing	Délégué

Observateurs, Experts et invités			
Partie	**Titre**	**Nom**	**Fonction**
CCAMLR	D^r^	Agnew, David	Chef de délégation
CCAMLR	D^r^	Granit, Jakob	Suppléant
CCAMLR	D^r^	Welsford, Dirk	Représentant du CPE
COMNAP	D^r^	Colombo, Andrea	Délégué
COMNAP	Mme	Rogan-Finnemore, Michelle	Chef de délégation
SCAR	D^r^	Grant, Susie	Représentant du CPE
SCAR	D^r^	Kennicutt, Mahlon C.	Délégué
SCAR	D^r^	Kim, Yeadong	Chef de délégation
SCAR	D^r^	Nath, Chandrika	Délégué
ASOC	Mme	Aiken, Kimberly	Conseiller
ASOC	Mme	Andrews, Olive	Conseiller
ASOC	M.	Chen, Jiliang	Conseiller
ASOC	Mme	Christian, Claire	Chef de délégation
ASOC	Mme	Grilly, Emily	Conseiller
ASOC	M.	Helten, Randy	Conseiller
ASOC	Mme	Kavanagh, Andrea	Conseiller
ASOC	D^r^	Kim, Eunhee	Conseiller
ASOC	M.	Markowitz, David	Conseiller
ASOC	D^r^	Prior, Sian	Conseiller
ASOC	D^r^	Roura, Ricardo	Représentant du CPE
ASOC	Mme	Schuetzek, Meike	Conseiller
ASOC	M.	Sonntag, Ralf	Conseiller
ASOC	M.	Walker, Mike	Conseiller
ASOC	M.	Wang, Charlie Sen	Conseiller
ASOC	M.	Werner Kinkelin, Rodolfo	Conseiller
ASOC	Mme	Zharkova, Elena	Conseiller
ASOC	Mme	Zhou, Wei	Conseiller
IAATO	Mme	Greer, Gina Marie	Délégué
IAATO	Mme	Kelley, Lisa	Chef de délégation
IAATO	Mme	Lynnes, Amanda	Représentant du CPE
OHI	M.	Guillam, Yves	Conseiller
OHI	D^r^	Jonas, Mathias	Chef de délégation
FIPOL	M.	Maura, José	Chef de délégation
FIPOL	M.	Okugawa, Yuji	Conseiller
UICN	Mme	Epps, Minna	Chef de délégation
UICN	D^r^	Francis, Elizabeth	Délégué
UICN	D^r^	Leung, Yu-Fai	Suppléant
UICN	D^r^	Spadone, Aurélie	Délégué
OMM	D^r^	Hovsepyan, Anahit	Délégué

Observateurs, Experts et invités			
Partie	**Titre**	**Nom**	**Fonction**
OMM	D[r]	Nitu, Rodica	Délégué
OMM	D[r]	Sparrow, Mike	Chef de délégation

Secrétariat du pays hôte			
Partie	**Titre**	**Nom**	**Fonction**
SECRÉTARIAT DU PAYS HÔTE	M.	Binachon, Martin	Personnel
SECRÉTARIAT DU PAYS HÔTE	Mme	Gourbeau, Alexana	Personnel
SECRÉTARIAT DU PAYS HÔTE	Mme	Krajka, Caroline	Chef de délégation
SECRÉTARIAT DU PAYS HÔTE	Mme	Lakhyali , Amelle	Personnel
SECRÉTARIAT DU PAYS HÔTE	M.	Mousnier-Lompre, Patrick	Personnel

Secrétariat du Traité sur l'Antarctique			
Groupe	**Titre**	**Nom**	**Fonction**
STA	M.	Agraz, José Luis	Personnel
STA	Mme	Balok, Anna	Personnel
STA	Mme	Choudhry, Iqra Asghar	Personnel
STA	Mme	Erceg, Diane	Personnel
STA	M.	González Vaillant, Joaquín	Personnel
STA	Mme	Hodgson-Johnston, Indiah	Personnel
STA	M.	Lluberas, Albert	Chef de delégation
STA	Dr	Nielsen, Hanne Fonss	Personnel
STA	M.	Papaserge, Walter	Personnel
STA	M.	Phillips, Andrew	Personnel
STA	Dr	Portella Sampaio, Daniela	Personnel
STA	M.	Sabev, Atanas	Personnel
STA	Mg.	Sánchez, Rodolfo Andrés	Personnel
STA	Mme	Van Der Watt, Lize-Marié	Personnel
STA	M.	Wainschenker, Pablo	Personnel
STA	M.	Wydler, Diego	Suppléant
Traduction et interprétation	M.	Arias, Iván	Personnel
Traduction et interprétation	Mme	Bocharova, Elena	Personnel
Traduction et interprétation	Mme	Buergo, Matilde	Personnel
Traduction et interprétation	Mme	Correa, Olivia	Personne
Traduction et interprétation	M.	Fleming, Jack	Personne
Traduction et interprétation	M.	Hoffman, Justin	Personne
Traduction et interprétation	Mme	Kryzhanovska, Ekaterina	Personne
Traduction et interprétation	Mme	Lantsuta-Davis, Ludmila	Personnel
Traduction et interprétation	M.	Lorente, Adriá	Personnel
Traduction et interprétation	Mme	Malyshenko, Alexandra	Personnel
Traduction et interprétation	Mme	Mateos, Maria Cristina	Personnel
Traduction et interprétation	Mme	Moroz, Victoria	Personnel
Traduction et interprétation	M.	Mossop, David	Personnel

Secrétariat du Traité sur l'Antarctique			
Groupe	**Titre**	**Nom**	**Fonction**
Traduction et interprétation	Mme	Palà, Silvia	Personnel
Traduction et interprétation	Mme	Poupin, Anna	Personnel
Traduction et interprétation	M.	Sandin, José Manuel	Personnel
Traduction et interprétation	M.	Seizilles De Mazancourt, Stephen	Personnel
Traduction et interprétation	M.	Skinner, Michael	Personnel
Traduction et interprétation	M.	Tazara, Spafford	Personnel
Traduction et interprétation	Mme	Vallvé, Caroline	Personnel
Traduction et interprétation	Mme	Vinarskaja, Valeria	Personnel
Traduction et interprétation	Mme	Zelenina, Acielle	Personnel

www.ingramcontent.com/pod-product-compliance
Lightning Source LLC
LaVergne TN
LVHW082158051026
849532LV00012B/3621